U0710644

本書出版得到國家古籍整理出版專項經費資助

中國佛教典籍選刊

淨土十要

上

〔明〕智旭 編
于海波 點校

中華書局

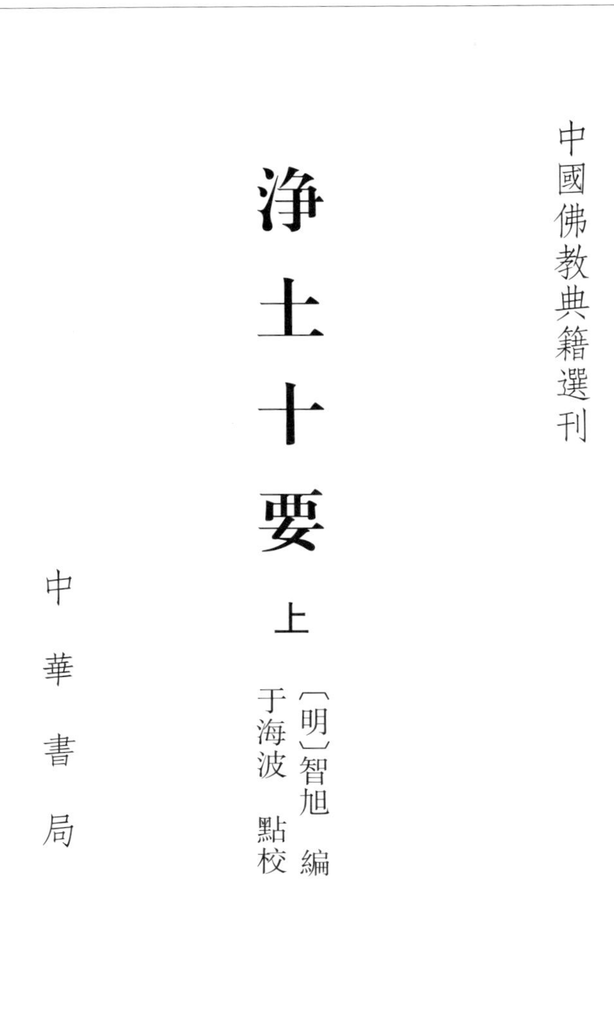

圖書在版編目(CIP)數據

净土十要/(明)智旭撰;于海波點校. —北京:中華書局,2015.1(2025.3 重印)
(中國佛教典籍選刊)
ISBN 978-7-101-10434-9

Ⅰ.净… Ⅱ.①智…②于… Ⅲ.净土宗-研究
Ⅳ.B946.8

中國版本圖書館 CIP 數據核字(2014)第 217766 號

封面題簽:徐　俊
責任編輯:朱立峰
封面設計:周　玉
責任印製:陳麗娜

中國佛教典籍選刊
净 土 十 要
(全二册)
〔明〕智　旭 撰
于海波 點校

*

中 華 書 局 出 版 發 行
(北京市豐臺區太平橋西里 38 號　100073)
http://www.zhbc.com.cn
E-mail:zhbc@zhbc.com.cn
河北博文科技印務有限公司印刷

*

850×1168 毫米 1/32 · 23⅜印張 · 4 插頁 · 420 千字
2015 年 1 月第 1 版　2025 年 3 月第 4 次印刷
印數:5401-5900 册　定價:98.00 元

ISBN 978-7-101-10434-9

中國佛教典籍選刊編輯緣起

佛教是世界三大宗教之一，約自東漢明帝時開始傳入中國，但在當時並没有産生多大影響。到魏晉南北朝時期，佛教和玄學結合起來，有了廣泛而深入的傳播。隋唐時期，中國佛教走上了獨立發展的道路，形成了衆多的宗派，在社會、政治、文化等許多方面特别是哲學思想領域産生了深刻的影響。這時佛教已經中國化，完全具備了中國自己的特點。而且，隨着印度佛教的衰落，中國成了當時世界佛教的中心。宋以後，隨着理學的興起，佛教被宣布爲異端而逐漸走向衰微。但是，佛教的部分理論同時也被理學所吸收，構成了理學思想體系中的有機組成部分。直到近代，佛教的思想影響還在某些著名思想家的身上時有表現。總之，研究中國歷史和哲學史，特别是魏晉南北朝隋唐時期的哲學史，佛教是一項重要内容。佛學作爲一種宗教哲學，在人類的理論思維的歷史上留下了豐富的經驗教訓。因此，應當重視佛學的研究。

佛教典籍有其獨特的術語概念以及細密繁瑣的思辨邏輯，研讀時要克服一些特殊的困難，不少人視爲畏途。解放以後，由於國家出版社基本上没有開展佛教典籍的整理出版工作，因此，對於系統地開展佛學研究來説，急需解決基本資料缺乏的問題。目前對佛學有較深研究的專家、學者，不少人年事已高，如果不抓緊組織他們整理和注釋佛教典籍，將來再開展這項工作就會遇到更多困難，也不利於中青年研究工作者的成長。爲此，我們在廣泛徵求各方面意見的基礎上，初步擬訂了中國佛教典籍選刊的整理出版計劃。其中，有重要的佛教史籍，有中國佛教幾個主要宗派（天台宗、三論宗、唯識宗、華嚴宗、禪宗）的代表性著作，也有少數與中國佛學淵源關係較深的佛教譯籍。所有項目都要選擇較好的版本作爲底本，經過校勘和標點，整理出一個便於研讀的定本。對於其中的佛教哲學著作，還要在此基礎上，充分吸取現有研究成果，寫出深入淺出、簡明扼要的注釋來。

由於整理注釋中國佛教典籍困難較多，我們又缺乏經驗，因此，懇切希望能够得到各方面的大力支持和協助，使這項工作得以順利完成。

中華書局編輯部

一九八二年六月

目録

前　言

一、十要的成書始末

淨土十要由明代高僧蕅益法師選定，蕅益法師與憨山、紫柏、蓮池大師並稱明末四大高僧，雖教宗天台，其對律、禪、儒等，均無所不通。曾自號「八不道人」，認爲禪教律都時久弊多，難契時機，唯有淨土一法，可爲依歸，故有「一念頓教歸佛海，何勞少室與天台」的感歎。

蕅益法師一生筆耕不輟，著作頗豐，其中阿彌陀經要解，乃爲調和禪與念佛之佳作，被列在淨土十要第一要的顯著位置上。要解作於順治四年（一六四七）九月，在要解跋中蕅益法師闡述了他棲心淨土及創作要解的經過：「經云：『末法億億人修行，罕一得道，唯依念佛得度。』嗚呼！今正是其時矣。舍此不思議法門，其何能淑？旭出家時，宗乘自負，藐視教典，妄謂持名曲爲中下。後因大病，發意西歸，復研妙宗、圓中二鈔及雲棲疏鈔等書，始知念佛三昧，實無上寶王。方肯死心執持名號，萬牛莫挽也。吾友去病久事淨業，欲令此經大旨辭不繁而炳著，請余爲述要解。余欲普與法界有情同生極樂，理不可卻，舉筆於丁亥九月二十有七，脱藁於十月初五，凡九日告成。」要解雖然在順治四年就寫完了，蕅益法師正式講解它卻在六年之後，即順治十年（一六五三），當時聽法的有性旦、允持循、蒼暉晟、堅密時等諸弟子，性旦對聽講内容做了記録。順治十一年（一六五四）冬，蕅益在病中把性旦叫到身邊，「口授數處令改正」，訂正了要解的若干内容。

當要解在門人弟子中流通的同時，蕅益法師對淨土宗重要典籍系統地考察了一番。在儒釋宗傳竊議一文中，蕅益法師稱智者的十疑論、飛錫的寶王論、天如的淨土或問、楚石的懷淨土詩、妙叶的念佛直指、幽溪的淨土生無生論、袁中郎的西方合論等都沿承了慧遠的淨土思想，是東晉至明代以來「堪稱完璧」的淨土著作。

順治十一年（一六五四），在上述著作的基礎上，蕅益法師將自己親作的阿彌陀經要解、遵式的往生淨土決疑行願二門和往生淨土懺願儀，以及梵琦的西齋淨土詩與前七種文獻合刊，稱爲淨土十要，在靈峰宗論蕅益法師自傳中有這樣的文字，云：「次年五十六歲甲午，於正月應豐南仁義院請，法施畢，出新安……夏卧病，選西齋淨土詩，制贊補入淨土九要，名淨土十要。」可見，最晚補入淨土十要的是西齋淨土詩，補入的時間是順治十一年（一六五四）夏天，在這一年，淨土十要的遴選工作可以算作初步告一段落。

在淨土十要的十位原作者中，智者、飛錫、遵式、妙叶、傳燈、蕅益都屬於天台學派，惟則與梵琦屬於禪宗，袁宏道是華嚴禪，可見蕅益選擇淨土十要的尺度是天台的淨土爲主，輔以禪與華嚴的淨土。蕅益法師雖然並不是專於任一佛教宗派的學者，但從其思想方法中考察，他是偏於天台宗的，故在選擇最重要的浄土文獻時，其對法相宗窺基的西方要訣和阿彌陀經疏、密宗不空三藏的般若理趣經釋、律宗元照的浄業禮懺儀等都置之不顧。

浄土十要的選定工作剛剛完成的第二年（一六五五），蕅益法師就病逝了。因此十要的刻版印刷尚未完成，特别是蕅益法師去世之後，浄土十要的書籍字版更是散落於四方。直到康熙七年（一六六八），蕅益法師的弟子成時才將散落的稿本收集起來，正式流通浄土十要。

成時是蕅益嫡傳弟子，對整理老師散落的文稿做出了重要的貢獻。他的浄土理念顯然深受老師的影響。成時，號堅密，俗姓吴，徽州歙縣人，少年時即考中秀才，二十八歲出家。曾遍參禪宗與教下的善知識，後遇到了蕅益法師，才決定終身依止學習。其一生都在弘傳蕅益法師的教法，不遺餘力地弘揚老師的遺教。在蕅益法師去世以後，成時有鑒於「浄土諸書，唯有以此十種能盡善盡美」，故將散落四處的浄土十要收集起來，加以標點評論，並做些節省簡略的工作，再以自己所做的觀經初門和彌陀行儀兩種附於浄土十要後流通。

在浄土十要之前，有成時所作的一篇序言，文字較長，對法界緣起和彌陀願力的關係、持名念佛的三大特色等都有説明。在闡釋心性與因果關係時，成時分因緣、約教、本迹、觀心等四個角度來詮釋。其中，成時將「因緣釋」放在首位，認爲正是由於種種因緣的不一，才産生了種種的教化方式和方便法門。浄土法門的因緣，是依仗阿彌陀佛的願力而産生的，只要對阿彌陀佛的願力産生信心，就能够由娑婆世界而遠取十方世界，由凡夫末流而廣闊地徹觀時間三際，現前的一念心性就會和西方極樂的依正莊嚴産生共鳴。

在序中，成時還很有創見地提出了净土持名「三要點」論：第一是説欣求净土厭離娑婆的心必須强烈，不可有一絲一毫留戀娑婆的心；二是説净土與禪宗不可混談，兩者攙雜在一起對修行來説是件很危險的事，「意見稍乘，二門俱破」；三是説净土宗貴專一，只要老實念佛，不必夾雜餘事。「三要點」論貫穿於全書的始終，反映了蕅益、成時師徒的净土思想特色。

成時在流通净土十要時，首先對其内容進行了若干調整，如他將明代幽溪的兩篇著述合二爲一，成爲一要，並補入了自己所作的觀無量壽佛經初心三昧門及阿彌陀經行願儀；其次，他對十部論著的順序重新進行了編排，净土十要成時流通序中有這樣一段話：「其序首要解，尊經也，要之要也；次慈雲，重行也；次新附二種，亦行經也；三者而後則天台、紫閣、師子林、鄞江、西齋、幽溪，以迄於袁，皆以時也。又天台以論主冠本宗，袁以白衣殿，不盡以時也。」上述文字表明，成時把蕅益法師、遵式和自己的著述放在前面，是因爲遵重經典和「行經」的緣故。從第四要净土十疑論開始，成時便以著述時間爲序依次排列諸要。袁宏道和幽溪兩人出生年接近，但袁宏道是居士，故西方合論排在最末。

成時於康熙七年（一六六八）正式倡募流通净土十要，此時距離蕅益初步選定的時間已經有十四年之久，離蕅益去世的時間也有十三年的時間了。關於本書散佚及全本十要流通的始末，在流通序中成時記載云：「靈峰老人，以正法眼，選定净土十要一書，剞劂未全。乙未之後，梨棗四散。迄丁未年，焚失數種。成時竊念像季久轉，唯此一門契理契機，而净土諸書，唯此諸要盡美盡善。爰加點評，稍事節略。」在倡募前，成時還作了若干删評的工作，因此現在所流通的十要版本多數都帶有成時點評的文字。經過十四年的春秋，這本淨土宗「第一奇書」終於問世，開始在僧俗二衆間廣爲流傳。

二、十要的主要内容

在妙真法師等人所編的印光大師言行録中有「夫千經萬論，處處指歸淨土；淨土著述，精華萃於十要」一語，對淨土一法在佛門中的地位，十要在淨土諸著述中的價值，可謂推崇備至。

那麽，十要到底在講什麽？包括哪些内容呢？

從體裁來看，十要第一要是解阿彌陀經的，第二要和三要是講淨土儀軌的，第四要以後是論述淨土宗要義的；從作者來看，第一要作者是明代的，第二要作者是宋代的，第三要作者是清代的，第四、五要作者是唐代的，第六、七要作者是元代的，第八、九、十要作者是明代的，作者年代跨越一千一百年之久；從判教來看，第一、二、三、四、五、八、九要作者是傾向於天台的，第十要作者是傾向於華嚴的，第六、七要作者是傾向於禪的。此外，各要在立論、思想、語言風格上也迥然不同，爲了能够窺其全貌，依諸要之次序，分論如下：

第一要、阿彌陀經要解。要解是蕅益法師的作品，在開篇蕅益法師依據天台判教方式，闡釋了阿彌陀經的五重玄義，即釋名、辨體、明宗、明力用、教相。

在釋名中蕅益法師對經題逐一解釋。在第二辨體中蕅益法師提出「大乘經皆以實相爲正體」的説法，用天台宗性具的觀點來論述心性的特點。在第三明宗中蕅益法師詮釋了淨土宗的三個修行要點信、願、行，認爲信有六信，即信自、信他、信因、信果、信事、信理。願則願早離塵世，早生淨土。行則執持名號，一心不亂。此節還指出信、願、行三者是相輔相成，缺一不可的，「非信不足啓願，非願不足導行，非持名妙行，不足滿所願而證所信」。第四明力用闡述了念誦阿彌陀佛的效果，認爲深信切願修習淨土法門，便可往生不退，一生必補佛位，説明了淨土法門功高易進的特點。第五教相中判阿彌陀經是大乘菩薩藏攝，含攝了「華嚴奧藏，法華秘髓，一切諸佛之心要，菩薩萬行之司南」，因此該經是「阿伽陀藥，萬病總持」，該法是「絶待圓融，不可思議」。

之後，蕅益以序分、正宗分和流通分的次序詳細解釋阿彌陀經。所論皆言簡意賅，印光法師評價云：「阿彌陀經，有蕅益法師所著要解，理事各臻其極，爲自佛説此經來第一註解，妙極確極。縱令古佛再出於世，重註此經，亦不能高出其上矣。不可忽略，宜諦信受。」

第二要、往生淨土懺願儀和往生淨土決疑行願二門。往生淨土懺願儀撰寫於大中祥符八年（一〇一五），其姊妹篇往生淨土決疑行願二門成書於天禧元年（一〇一七）。往生淨土懺願儀又稱淨土懺、淨土懺儀。其共分十科闡明懺儀行法。第一爲嚴淨道場科，第二爲明方便法科，第三爲明正修意科，第四爲燒香散華科，又名三業供養科，第五爲禮請法科，第六爲讚歎法科，第七爲禮佛法科，第八爲懺願法科，第九爲旋繞誦經法科，第十爲坐禪法科。

往生淨土決疑行願二門共有兩大部分内容。第一部分爲決疑門内容，又分疑師、疑法、疑自三科。第二大部分爲正修行願門，分四門：禮懺門、十念門、繫緣門、衆福門。欲修淨業，當「先禮佛懺悔，淨除業障，身心皎潔，故第一門如淨良田；次修十念，定心成行，立願要期，植往生正因，故第二門如下種子；次使繫心，愛護長養，滋發芽莖，故第三門如澍以膏雨；次假衆福，助令繁茂，使速成華果，故第四門如灌以肥膩」。

第三要、觀無量壽佛經初心三昧門和受持佛説阿彌陀佛經行願儀。觀無量壽佛經初心三昧門儀規大體如下：行者面西而立，供觀無量壽佛經一卷，專令人想現像，稱念禮拜阿彌陀佛，默念南無釋迦牟尼佛、阿彌陀佛名號等；至心唱和云「恭敬頂禮十方常住三寶」；之後念誦「諸佛如來，是法界身，入一切衆生心想中，心想佛時，是心即是三十二相，八十隨形好，諸佛正遍知海，從心想生」等經文；之後拈香並唱贊「一心頂禮本師釋迦牟尼佛，一心頂禮淨業正因過去未來現在三世諸佛，一心頂禮西方三聖」等頂禮詞；念偈已，應默觀西方極樂世界中現八尺身的阿彌陀佛像，並禮拜現八尺身的阿彌陀佛像及觀音、勢至二菩薩像；之後頂禮無量壽佛經及十方三世一切尊經，並長跪念求生西方極樂文等。

第四要、淨土十疑論。論中列舉了有關往生淨土的十種疑難問題，先述其疑，然後一一加以解説，其釋十疑分别爲：一釋求生淨土無大慈悲心疑；二釋求生係與無生平等相違疑；三釋偏求往生極樂係與法性平等相違疑；四釋偏念彌陀佛號疑；五釋具縛凡夫得以往生疑；六釋往生即得不退疑；七釋不求兜率往生疑；八釋十念得生疑；九釋女人根缺、二乘不生疑；十釋作何行業得生疑。

浄土十疑論被收録在十要第四要，統領其餘六要，可見蕅益、成時師徒對它的重視。在十疑論之前有無爲子楊傑的序言，其後有左宣義郎陳瓘的跋，對十疑論的旨趣均有一定程度的説明。

第五要、念佛三昧寶王論。此論係唐代飛錫法師所作，共二十門。分列在上、中、下三卷裏，其中上卷七門，包括念未來佛速成三昧門、蟞女群盗皆不可輕門、持戒破戒但生佛想門、現處湯獄不仿受記門、觀空無我擇善而從門、無善可擇無惡可棄門、一切衆生肉不可食門；中卷六門，包括念現在佛專注一境門、此生他生一念十念門、是心是佛是心作佛門、高聲念佛面向西方門、夢覺一心以明三昧門、念三身佛破三種障門；下卷七門，包括念過去佛因果相同門、無心念佛理事雙修門、了心境界妄想不生門、諸佛解脱心行中求門、三業供養真實表敬門、無相獻華信毁交報門、萬善同歸皆成三昧門。

念佛三昧寶王論提倡三世佛通念之説，認爲不獨要念過去及現在已成之佛，對未來當成之佛也應護念，這才契合心佛不二的宗旨。前七門先念未來佛，中間六門爲念現在佛，其後七門是念過去佛。

第六要、浄土或問。或問爲元代師子林天如維則所撰。天如惟則是元代臨濟宗著名的禪師，五燈會元續略卷第三下、五燈嚴統卷二十三、五燈全書卷五十八等都收録有他的事蹟。惟則繼承了永明延壽大師禪浄雙修的思想，在或問中以「唯心浄土、自性彌陀」的禪宗理論闡釋浄土義理，全書共有二十六組問答的内容，廣破群疑，特別是對禪、浄之間的異同有較詳盡的論述。

或問以禪宗心性的觀點釋、浄土之疑，對後代禪、浄著述的創作産生了一定的影響，是續永明四料簡之後又一部重要的帶有禪宗特色的浄土著作。

第七要、西齋浄土詩。西齋詩分兩卷，上卷包括懷浄土詩七十七首，下卷包括十六觀讚二十二首、化生讚八首、析善導和尚念佛偈八首、懷浄土百韻詩、娑婆苦漁家傲十六首、漁家傲西方樂十六首。其中，蕅益、成時師徒對許多詩句所含的浄土義理都進行了詮釋。因此，本詩集可以説是楚石梵琦初創、蕅益法師師徒再加工的作品。

蕅益最初選擇浄土要典成書時只選了九部，缺西齋詩，後來成時與老師見面時談到西齋詩一書是「千古絶倡」，應該與九要並行而成十要，蕅益法師「撫掌稱善」。後來，蕅益法師對西齋詩進行了評論與改定工作，使這部浄土詩文的含義更爲明晰了。如在「四色蕅華香氣遠」一句詩後，蕅益法師點評曰「諸天所居」，在「未歸極樂尚閻浮，漂泊風塵更幾秋」一句詩後，法師點評曰「自痛餘生」，對詩文均有較好的評述。

第八要、寶王三昧念佛直指。本書是明初妙叶法師所作，妙叶爲四明鄞江人，是天台宗傳人，有感末法時期邪説熾盛，故作念佛直指一書。此書成書不久後便失傳，明末的雲棲蓮池一心想求閲此書，卻數次未果。後來神廟年間的古吴萬融禪伯偶爾在亂書中發現了和念佛三昧寶王論合刊的念佛直指，交給韓朝集居士，韓朝集居士首先把念佛三昧寶王論一書刊録出版了。古本念佛直指流傳到蕅益法師手中，蕅益法師有感於該著作「簡切精到」，便勸如車居士刊佈流通此書，如車讀完此書後「踴躍歡喜」，認爲妙叶此書「得我心之所同然，又能發我之所未發也」，於是重新刊刻流通此書。

念佛直指共包括二十二小節，各小節之間的内容即單獨成章而又相互聯繫。蕅益師徒最初選十要時將本著述放到了第七的位置，後來印光法師有感於念佛直指成書要晚於西齋詩，故將兩者進行了一下對調。

第九要、淨土生無生論。生無生論的創作時間爲萬曆癸卯年（一六〇三），作者是幽溪。初次流通的時間是萬曆四十五年（一六一七）。順治三年（一六四六），有人把它與智者大師的淨土十疑論、飛錫法師的念佛三昧寶王論一起合梓，成淨土三論流通。

生無生論雖不足四千字，但文筆流暢，條理清晰，全文共立十門：一真法界門，二身土緣起門，三心土相即門，四生佛不二門，五法界爲念門，六境觀相吞門，七三觀法爾門，八感應任運門，九彼此恒一門，十現未互在門。

第十要、西方合論。此論係袁宏道所著，成書於萬曆二十七年（一五九九）十月二十三日至十二月二十二日。十要中唯此一部著述爲居士所作，其餘作者皆爲僧侣。

西方合論共分十門：第一剎土門、第二緣起門、第三部類門、第四教相門、第五理諦門、第六稱性門、第七往生門、第八見網門、第九修持門、第十釋異門。詳分淨土爲十門，和唐代李通玄劃分淨土爲十種頗爲類似。西方合論所列淨土十門中的一至七門，與李通玄新華嚴經論所列四至十種分別對應。但新華嚴經論區分淨土有權、實之別，體現了華嚴宗人的判教特色；而袁宏道則把淨土看作是極教，認爲它具有「攝受十方一切有情」的特點。周群認爲西方合論有兩個特徵：一是攝禪歸淨，二是以華嚴經爲構架。

十要諸篇各具特色，内涵豐富，十部文獻合在一起，可謂氣勢恢宏，無所不包，不僅囊括了歷代淨土宗著作之精華，也把佛教哲學的妙義精華描繪得淋漓盡致。

印光法師認爲：「十要，乃蕅益大師以金剛眼於闡揚淨土諸書中，選其契理契機至極無加者。第一阿彌陀經要解，乃大師自注。文淵深而易知，理圓頓而唯心。妙無以加，宜常研閲。至於後之九種，莫不理圓詞妙，深契時機。雖未必一一全能了然，然一經翻閲，如服仙丹。久之久之，即凡質而成仙體矣。」十部文獻緊緊圍繞往生淨土這一主題展開，評價其爲淨土文獻中立論最精當、闡述最詳實的作品集，當不爲過。

三、十要的價值與影響

印光法師喻十要爲淨土宗第一書：「一書者，淨土十要也。字字皆末法之津梁，言言爲蓮宗之寶鑑。痛哭流涕，剖心瀝血，稱性發揮，隨機指示。雖拯溺救焚，不能喻其痛切也。」並反復稱：「若論逗機最妙之書，當以淨土十要爲冠」；「若欲研究，當看淨土十要。此書乃蕅益法師大師於淨土諸書中，採其菁華，妙契時機，最爲第一」；「淨土十要乃諸佛諸祖所讚歎而宏揚者，當遵守之。如忠臣之奉明主聖旨，孝子之遵慈親遺囑，切勿見異思遷」；「得此一書，依之修持，譬如杲日當空，行大王路，一直前去，了無差錯」。

不光是印光祖師對此書推崇備至，其他大德高僧如弘一法師、圓瑛法師等也讚賞有加。那麽，爲何有那麽多的高僧大德盛讚本著述呢？這與十要巨大的學術價值及其對後世深遠的影響密切相關。下面試從三個方面論述之。

第一，浄土十要極大地豐富了浄土宗乃至佛教的哲學，爲浄土法門理論體系的建立提供了豐富的源泉。

如第一要阿彌陀經要解提出浄土宗信、願、行三綱宗説，言簡意賅，理事具足，「非信不足啓願，非願不足導行，非持名妙行不足滿所願而證所信。經中先陳依正以生信，次勸發願以導行，次示持名以徑登不退。信則信自，信他，信因，信果，信事，信理。願則厭離娑婆，欣求極樂。行則執持名號，一心不亂」。三綱宗説在後來演化爲浄土三資糧説，到徹悟禪師那裏又演化成「真爲生死，發菩提心，以深信願，持佛名號」的十六字綱宗。

此外，阿彌陀經要解有關浄土果覺因心的解説，精當之至，如在解釋「舍利弗，如我今者，讚歎阿彌陀佛不可思議功德之利」一段文字時，蕅益云：「此皆導師大願行之所成就，故曰阿彌陀佛不可思議功德之利。又行人信願持名，全攝佛功德成自功德，故亦曰阿彌陀佛不可思議功德之利。下又曰諸佛不可思議功德，我不可思議功德，是諸佛釋迦，皆以阿彌爲自也。復次，只此信願莊嚴，一聲阿彌陀佛，轉劫濁爲清浄海會，轉見濁爲無量光，轉煩惱濁爲常寂光，轉衆生濁爲蓮華化生，轉命濁爲無量壽。故一聲阿彌陀佛，即釋迦本師於五濁惡世所得之阿耨多羅三藐三菩提法。」其對彌陀願力合盤托出，透徹之極，無邊煩惱當下清涼矣！

其他各要裏面，淨土十疑論屢引曇鸞往生論注，又分别「難易二道，自他二力，鼓吹彌陀大悲願力」，完善了曇鸞、善導等人的淨土學説；念佛三昧寶王論第九「此生他生一念十念門」中所述寶王隨息念佛法，脱胎於天台止觀法門，影響深遠，歷代傳承不絶，如淨土聖賢録、樂邦文類、蓮宗寶鑑、印光文鈔等都有相關記載；淨土或問提出「參禪人最好念佛，根機或鈍，恐今生未能大悟，且假彌陀願力，接引往生」的主張，認爲「宗門大匠，已悟不空不有之法，秉志孜孜於淨業者，得非淨業之見佛，尤簡易於宗門乎」，積極提倡諸宗歸於淨土，「乃佛乃祖，在教在禪，皆修淨業，同歸一源。入得此門，無量法門，悉皆能入」，對禪淨合流的發展提供了理論依據；淨土生無生論提出「生則決定生，去則實無去」的説法，用性具理論精闢地論述了生與無生的關係，後世學者評價云：「從佛學本體論的角度來看，無盡傳燈基於天台性具法門而推演出的心土不二、心佛不二思想，既具有當下同一又具有當下超越的特徵。而在淨土修行論上看，不僅爲淨土念佛、淨土往生信仰提供了極爲簡易的可實踐性，同時又在理論上不至於喪失佛法義理的殊勝性與超越性。」

第二、十要用問答的形式對淨土宗一些最常見的疑難問題進行解答，斷疑啓信，堪爲後世淨土宗行者的修學良導。

如第一要阿彌陀經要解在論及七日行法一節時云：「問：『十念一念並得生，何須七日？』答：

『若無平時七日工夫，安有臨終十念一念？縱下下品逆惡之人，並是夙因成熟，故感臨終遇善友，聞便信願，此事萬中無一，豈可僥倖。』」又如關於極樂在西方一節時，要解云：「問：『何故極樂在西方？』答：『此非善問。假使極樂在東，豈非戲論？況自十一萬億佛土視之，又在東矣，何足致疑。』」這類的問答還很多，均切要詳實，印光法師評價要解「一字一珠」，「爲蕅益法師最精最妙之注。自佛說此經以來之注，當推第一。即令古佛再出於世，現廣長舌相，重注此經，當亦不能超出其上」，實爲浄土學人「千古絶無而僅有之良導」。

又如第四要浄土十疑論列舉了有關往生浄土的十個問題都很有普遍性，像求生浄土無大慈悲心疑和求生係與無生平等相違疑等，都是後世修學浄土法門經常會遇到的問題，浄土十疑論先述其疑，然後一一加以解説，使浄宗行者心中的疑惑，涣然冰釋矣！在解釋偏念彌陀佛號疑和具縛凡夫得以往生疑時，浄土十疑論廣泛引用華嚴經、隨願往生經、阿彌陀經中的語句加以説明，對浄土宗重要的範疇——自力與他力，易行道與難行道的區别予以解釋，其答問均明確切要，對曇鸞、道綽一系的「善導流」思想主旨有很精闢的發揮。

第六要浄土或問更是對浄土法門中存在的二十多個疑難問題一一作答，其核心部分主要是圍繞着三個問題展開，即「浄土、阿彌陀佛與佛性或本性、自性是什麼關係，既然『即心是佛』，那麼彌陀浄土是有方位的西方嗎？阿彌陀佛是在心性之外嗎？阿彌陀佛與一般意義上的佛、與等同佛性的法身佛是什麼關係」等。在書中，浄土或問的作者繼承了永明禪師四料簡的觀點，對上述問題做了較好的詮釋，指出如果有人能够堅持口頭念誦阿彌陀佛，不僅在念佛過程中能够見到阿彌陀佛和十方諸佛，也將有機會如帶角虎一般乘願渡化衆生。學者楊曾文在評價淨土或問一書的意義時指出：「惟則的淨土念佛思想對當時和後世都有較大影響。他的淨土或問的内容，在明代袁宏道編西方合論、袾宏編往生集、清代彭希涑編淨土聖賢録等淨土類的著作中都有或多或少的介紹或載録。他的淨土禪或念佛禪，標誌着進入宋代以後不斷發展着的禪、淨融合已經進入了新的階段。」

二十六組問答的内容，廣破群疑，特别是對禪、淨之間的異同有較詳盡的論述，印光法師評價淨土或問「斷疑啓信，乃破堅衝鋭之元勳」，實非溢美之詞。

第三，十要爲淨土法門乃至佛法在後世的普傳，提供了修行儀軌。

十要第二要收有宋代耆山沙門遵式兩篇儀規類文獻，即往生淨土懺願儀和往生淨土決疑行願二門。遵式是宋代著名的學者，世稱「天竺懺主」，學者林克智在通向極樂之路一書中寫道：「懺文中已將阿彌陀經及往生咒列入，本懺法爲專修極樂淨土之行法，隨淨土信仰之流行，據本書禮拜之懺法亦廣爲流行。」

決疑行願二門中的禮懺方法「世傳爲小淨土懺」，而其中的十念法、繫緣法和衆福二行，都是修淨業者必不可離之行。其中第二大部分爲正修行願門，共分四門，其中第一門禮懺門含禮敬三寶、香供養、贊願、懺悔、旋繞自歸、誦經諸科内容；第二門十念門要求「每晨面西正立合掌，連聲稱阿彌陀佛，盡一氣爲一念，如是十氣爲十念，隨氣長短，不限佛數，聲不高低，不緩急，調停得中，十氣連屬，令心不散，專精爲功」； 第三門繫係緣門要求「凡涉日常世務，常不忘佛，憶念浄土」； 第四門衆福門「依普賢觀經當修行五事： 一者正心不謗三寶，不障出家，不爲梵行人作惡留難； 二者孝養父母，奉事師長； 三者正當治國，不邪枉人民； 四者於六齋日，敕諸境内力所及處，令行不殺； 五者當深信因果，信一實道，知佛不滅。 若出家人修，則具依觀經三福爲行」。 據日本學者望月信亨考證，上述四種方法是遵式修習浄土法門的重要行業，「其中以禮懺、念佛爲浄土之要因，繫念、修福二門可任意修之，而十念之法必不可廢」。

決疑行願二門雖爲佛教俗家弟子馬亮啓請所述，但並不局限於在家人受持讀誦。 在決疑行願二門的舊跋中，就記述了明幽溪大師暮年奉行願爲日課的典故。 據載，幽溪年老時每日都要按決疑行願二門所述的方法修習浄業，臨命終時，他跏趺而坐，「以指書空，作妙法蓮華經五字而化」，可見其深受本書之益。 遵式的兩篇儀規類文獻，爲浄土法門乃至佛法在後世的普傳，提供了修行儀軌，是浄土宗儀規類文獻的經典之作，無論出家人還是在家都可依之修行。

此外，十要第三要還收録有成時的兩篇儀規文獻，即觀無量壽佛經初心三昧門和受持佛説阿彌陀佛經行願儀。 兩者爲姊妹篇，一「立持名妙行之準繩」，二「續觀經已斷之慧命」。 用成時的原話來説，兩篇著述「皆前古未揚，實叔季甘露」，同樣是述而不作，同樣是規範浄土宗修行的儀規之作。

這些儀軌性的文章，爲修行浄土法門提供了一套完整的方法，不僅有助於受持阿彌陀經、觀經等浄土經典，對出家、在家四衆修習浄土法門也有良好的指導性價值。 現在寺廟僧衆集體修行時就經常使用十要裏收録的儀軌内容，可見其强大的生命力和影響力。

四、十要的版本情況

浄土十要流行的版本雖多，實際上其源頭可追溯爲兩大版本體系，一是清光緒二十年（一八九四）揚州書院本體系，二是蘇州靈巖山寺民國二十年（一九三一）印行本體系。和揚州書院本系統非常接近的有日本卍續藏經本（民國十四年六月上海涵芬樓影印），清同治十一年（一八七二）慧空經房刻本。和蘇州靈巖山印行本系統有直接相承關係的有福建莆田廣化寺本（一九九二）、國光印書局本（一九三六）、四川省至樂縣報國寺印贈本、臺灣佛陀教育基金會印贈本、蘇州報國寺弘化社本等。

細比較兩大系統的優劣，可以發現蘇州靈巖山寺印行本體系的質量、評價度以及流行程度都要遠遠高於揚州書院本體系。

揚州書院本是直接以成時點評本爲底本刊刻的，共四册，録有清代古崐在同治十一年（一八七二）在揚州明因寺西樓所作的序。在序中古崐盛贊蕅益師徒結集、流通十要的功績，闡明了念佛法門的「功高易進」，並敘述了自己在咸豐十年（一八六一）閲讀十要時的激動心情和重刊十要的經過，云：「遂隱居於普陀佛頂山慧濟寺，於夏月間，細閲此書，感激之至。如多年闇室，忽遇明燈，可惜從前不肯細讀，空過光陰，悔之不及。自此盡棄舊習，專學持名，欲具欣厭，故然兩指，十念記數，皆從此起。有浄侣妙能大師，與余頗似宿緣，一見歡喜，乃共行之。見十要序云，像季久轉，唯净土一門，契理契機，而净土諸書，唯此諸要，盡美盡善。因兵燹之後，此板無存，遂發誠心，勸募重梓。唯願十方三世，共遵此書，同念彌陀，同生净土，方慰諸佛廣長，二師願力也哉。」

光緒二十年（一八九四）農曆七月十五日，釋觀如在揚州重刻了净土十要，並在廣陵藏經禪院爲之作序。在序中觀如詳細地闡述了净土宗與禪宗的互融性，認爲净土法門是當機法門，他宗人士不可輕易排斥。

但揚州書院本體系的版本存在種種不盡如人意的地方，印光法師所倡印的蘇州靈巖山寺印行本則在很大程度上彌補了它的缺點。

在十要原文發刊序中，印光法師論及蘇州靈巖山寺印行本發行始末時云：「大師逝後，其門人成時欲遍界流通，恐文言繁長，卷帙博大，費巨而難廣布。遂節略字句，於各要敘述意致加以評點，實煞費苦心。惜其自恃智能圓照，隨閱隨節，不加復勘，即行付刊，致文多隱晦，兼有口氣錯亂，詞不達意之處。民國七年，徐蔚如居士見訪，以彼經理刻藏經事，因祈彼搜刻原本。彼後即刻彌陀要解、西方合論二種。今具得原本。李圓净居士，擬照前十要章程重刊，凡時師所作序述評點，一一照録。唯補時師之歉缺，不滅時師之苦心。仍作四册，以所節有多少不同，故卷須重調。西齋詩，念佛直指，昔則前後倒置，今調令適宜。各册末附各要文，及徹悟語録。又另以往生論注、蓮華世界詩合一册，作附本，共成五册。」

揚州書院本體系即是文中所説的成時點校本，有「文多隱晦，兼有口氣錯亂，詞不達意之處」等缺點，而經過印光法師修訂的蘇州靈巖山寺印行本則無論在内容、卷數安排、質量上都更趨完美，現代學者釋秋爽指出：「印光法師鑒於成時法師的評點有剜瘡割肉之弊，故早在民國七年（一九一八）就囑咐徐蔚如居士搜集十要的原本，至民國十九年（一九三〇）夏始得其全。印老就逐一勘校，但印老仍依成時法師之序述評點，惟補其欠，不泯其功。這既顯示了印老尊重成時法師的煞費苦心的一面，又顯示了自己『只補其欠，不泯其功』的高風亮節。經過兩代大師的珠聯璧合，終使十要一書盡善盡美矣。」陳永革在佛教弘化的現代轉型中也高度評價了蘇州靈巖山寺印行本的影響力與生命力：「經過印光校訂重刊的浄土十要，至今盛行不衰，成爲浄土行者最爲推崇的修持元典。」

可見，蘇州靈巖山寺印行本是在揚州書院本體系的基礎上，又凝結了印光法師、徐蔚如居士等人的多年心血加工而成的，可稱得上是現存最完善的十要版本。

五、點校説明

（一）本書點校，以蘇州靈巖山寺印行本浄土十要爲底本，以廣陵藏經禪院本浄土十要（簡稱廣陵本）和日本卍續藏經本浄土十要（簡稱續藏經本）爲校本。

（二）校對過程中，第一要又參校了北京廣濟寺圓瑛法彙叢書佛説阿彌陀經要解講義（簡稱要解講義），中華大藏經本、永樂南藏本、徑山藏本、清藏本無量壽經；第二要參考了中華大藏經本、永樂南藏本、徑山藏本淨土懺願儀和決疑行願二門；第四要參考了中華大藏經本、永樂南藏本、徑山藏本淨土十疑論；第七要參考了福建莆田廣化寺本靈峰宗論（簡稱廣化寺本靈峰宗論）；第八要參考了臺灣廣文書局有限公司本寶王三昧念佛直指（簡稱廣文書局本念佛直指）；第十要參考了福建莆田廣化寺本印光法師文鈔（簡稱廣化寺本印光法師文鈔）、同治十年金陵錢板徹悟視禅師語録（簡稱金陵本語録）、福建莆田廣化寺本徹悟禪師文集（簡稱廣化寺本文集）。

（三）對一些特定的佛教名詞術語及文獻的出處，有簡要説明。

（四）文中重點符號及小字部分，大部分是成時的點評文字，此次整理予以保留。

净土十要原文發刊序[一]

如來一代所説一切法門，雖則大、小、頓、漸不同，權、實、偏、圓各異，無非令一切衆生，就路還家，復本心性而已。然此諸法，皆須自力修持，斷惑證真，了生脱死，絶無他力攝持，令其決於現生，入聖超凡，成就所願也。唯净土法門，仗佛誓願攝受之力，自己信願念佛之誠，無論證悟與否，乃至煩惑絲毫未斷者，均可仗佛慈力，即於現生，往生西方。既得往生，則已證悟者，直登上品，未斷惑者，亦預聖流。是知净土法門，廣大無外，如天普蓋，似地均擎，統攝群機，了無遺物。誠可謂十方三世一切諸佛，上成佛道，下化衆生，成始成終之總持法門。三根普被，利鈍全收，上之則等覺菩薩，不能超出其外，下之則逆惡凡夫，亦可預入其中。暢如來出世之本懷，開衆生歸元之正路。故得九界同歸，十方共讚，千經俱闡，萬論均宣也。而況時值末法，人根陋劣，捨此別修，不但具縛凡夫，莫由出離生死，即十地聖

[一] 本序於印光法師文鈔續編下中亦有收録。

人，亦難圓满菩提。以故文殊、普賢、馬鳴、龍樹、遠公、智者、清凉、永明，悉皆發金剛心，爲之宏贊。以期六道、三乘，同得横超三界，復本心性也。竺震著述，多難勝數。蕅益大師，選其最契時機者九種，併自所著之彌陀要解，名爲净土十要。欲學者由此具識如來度生之要，與一法普攝一切諸法之所以然。大師逝後，其門人成時，欲徧界流通，恐文言繁長，卷帙博大，費鉅而難廣布。遂節略字句，於各要叙述意致，加以評點，實殺費苦心。惜其自恃智能圓照，隨閱隨節，不加復勘，即行付刊，致文多隱晦，兼有口氣錯亂，詞不達意之處。民國七年，徐蔚如居士見訪，以彼經理刻藏經事，因祈彼搜刻原本。彼後即刻彌陀要解、西方合論二種。今具得原本，李圓净居士，擬照前十要章程重刊，凡時師所作序述評點，一一照録。唯補時師之歉缺，不滅時師之苦心。仍作四册，以所節有多少不同，故卷須重調。西齋詩、念佛直指，昔則前後倒置，今調令適宜。各册末附各要文及徹悟語録。又另以往生論註、蓮華世界詩合一册，作附本，共成五册。均與十要文義宗旨符合，了無差殊。如帝網珠，互相掩映。令諸閲者，深知净土法門，爲一切諸法之歸宿。一切諸法，無不從此法界流，無不還歸此法界也。民國十九年庚午冬，常慚愧僧印光謹撰。

靈峰蕅益大師選定浄土十要重刻序

此序西蜀潘存評點。

浄土法門者，法界緣起也。何謂法界？吾人現前一念之心，不唯非塊然，亦復非倏爾。纔有能起，即屬所緣，非能緣者，不得已强名之曰無相。然虚空兔角，亦受無相之名。而虚空有表顯相，兔角有斷無相，非真無相。又不得已强名此無相曰真。唯其無相而真，故十方三世依正色心自他凡聖等法，皆在我現前一念無相真心中炳然齊現。而皆以自心爲體，非别有物。心無相而真，從心所現一切諸法，莫不無相而真。是故於中隨拈一毫末，一一皆具十方三世依正色心自他凡聖等法，而無餘欠。乃至一欬一掉、一名一字，罔非自心之全體大用。而欬掉名字之外，更無一法可得。此所謂法界也。何謂法界緣起？聖凡皆此法界。非麤妙，無減增。不涉生死，不干迷悟。而悟順法界故，出生二種涅槃；迷逆法界故，妄現二種生死。迷逆生死，法界宛然。無奈衆生從未悟故，終不能了。諸佛菩薩愍之，從一真法界，起種種因緣。世出世間，事類無算。一介螻蟻，萬聖互援。神力既同，慈心亦等。而衆生迷逆妄故，受化不齊。於諸佛菩薩平等光中，有有緣無緣，及緣中淺深是故建化門久近之異。緣分差等，化辨從違。若或無緣，徒勞引領。此所謂法界緣起也。先聖以四釋闡明，因緣釋，約教釋，本迹釋，觀心釋。中，只論繫珠一義。如法華妙典，廣談宿因。下三段引證深密，須精研之。由教無方，故恩德貫徹。而必以因緣居首。由緣匪一，故教網弛張。從上列指本迹。由恩不可窮盡，故得消歸自己，領納家珍。指觀心。故知因緣，即第一義。祖，極重時節因緣。良以無法與人，亦無語句。情種熟處，假說心傳。儻其不然，契理而不契機，有句盡成非量。益信不從因緣起教，反成戲論。空華界裏，無自立宗。華嚴大經，王於三藏。末後一著，歸重願王。大義煌煌，無敢擬議。夫衆生情愛牽連，幻成世界。妄執緣影，遂立前塵。觸之則生死浩然，究竟皆歸於業海。然而業繫之内，尚且天經地義，萬邦作孚。此引三界六道因緣爲喻。況諸佛菩薩悲智無涯，色心俱寂。本真如以起用，稱法性以垂機。觸之則生死銷亡，究竟皆同歸祕藏。大事該乎九界，深恩施音異〔二〕，延也。於塵年。無不從此法界流，無不還歸此法界。此與六環業繫爲何如，而可反恣睽違，不從標準。是旨也，精研藏教，備考群宗。由忍土而遐攬十虛，從末流而曠觀三際。則求生淨土一法，誠法界第一緣起矣。下三段專就淨土明因緣第一。說者謂阿彌願勝，駕越諸方。然諸佛願等，子等心等。法性

〔二〕「音異」，廣陵本無。

海中，那容優劣。而千經萬論，極口指歸樂邦。十方廣長，同聲勸讚光壽者，何哉？緣在故耳。緣何謂在？信也。何謂不在？不信也。信不在處，惡業障之。的的指迷。如夜行者滅火而趨險道，如破浪者卷帆而鼓横橈。事同背馳，寧止紆曲。又諸佛四土，上三土容有横義。秘。至同居土，大都有豎無横。祕密故。唯極樂同居，横具四土。顯露故。是故有情以凡夫而例一生補處。國土即緣生而顯稱性五塵。佛身因應化而見法身真常。説法從衆鳥而聞梵音深遠。以要言之，法法圓融，塵塵究竟。從未道破。教海無一名相可筌蹄，法門無一因果可比擬。然此等希有，十方罕聞，而唯在極樂者，何哉？緣深故耳。緣何謂深？信深也。何謂淺？信淺也。信根淺處，恒情域之。的的指迷。如朝廷之有資格，高才皓齒而不遷。如麟鳳之於走飛，羽道毛群而一類。何由大方闊步，豁破無明。又諸佛度生，皆窮累劫。從凡階聖，不退爲難。今求生極樂，但七日竭誠，十念傾注。雖陷惡逆，悉記往生。纔得往生，便圓踞三不退地。且見阿彌，即見十方諸佛。生極樂，即生一切刹海。乃至阿彌一光，極樂一塵，心體全顯。悉能於中頓證十方三世依正色心自他凡聖等法，而不出刹那際三昧。夫諸佛度生如彼難，阿彌度生如此易者，何哉？緣久故耳。緣何謂久？信久也。何謂近？信近也。信緣近處，時分限之。的的指迷。如捨調弓而引彎弨，如放馴騄而服野駼，戰勝之功，當在異日。如上所論，專重有緣：緣深則境界難思，非等覺十地所能測； 緣久則神力迅速，非三祇百劫所可倫。要之阿彌非有加於吾心也。下即因緣明心要。吾心一念離絶，故聖凡無在。指凡夫例補處。吾心萬法頓融，故四土無在。指横具四土。吾心不屬時劫，故十世刹那無在。指圓三不退。吾心不屬方隅，故微塵刹海無在。指見十方佛生一切世界。吾何歉乎哉！ 特仗增上因緣一顯發之耳。曾有久習神呪者，一夜重魘，見獰物持之，置巨石下。其人怖急，憶誦素所習呪，遂見獰物倒散，裂石而醒。設素未習呪，或習未純熟，緣種不深，斯時也，欲不竄死得乎。此際尚可插入戲論否？ 然夢中真言，復是何物？倒獰裂石，誰實使之？皆即我現前一念之心也。自心神呪，而非無呪。喚醒自心魘人。净土法門亦如是。自心之阿彌，而非無佛。還度自心之生死。故知因緣之義，甚深甚深。抑聞魘之重者，不許持光照，照即死。不許抱令起，抱多失心。唯就闇中，俾熟識者大呼其名。連聲呼之，無不解者。净土法門亦如是。劫濁盛時，衆生魘重。毋以持名雜參話，毋以麤心習勝觀。雜參話，則濁智騰波，定起邪見，決定論。所謂照之即死者也。習勝觀，則非其境界，定起魔事，決定論。所謂抱多失心者也。唯以現前一念無明業識之心，闇中。令其專稱大呼。阿彌陀佛熟識。名號，其名。無間一心，連聲。未有不親證親到者。解。法門至此，愈卑而愈不勝仰，愈淺而愈不可俯。自呼自應，自魘自醒。一心之本元頓彰，法界之體用全揭。無庸鑽仰，祇麽修行。儻未悟透根源，寧可顓蒙合妙。已上雙明事理二持，以下專明事持。夫顓蒙念佛，至矣極矣，無復加矣。但恐法門之戲論難忘，二句是病根。生死之天懷不切。或執牟尼而視同瓦礫，此輕易念佛者。或以指爪而撮摩虛空，此高擡念佛者。或抉瞖而與眼以明，此疑情念佛者。或傳經而苦舌之鴂。此說不著者。如此，則揚之與抑，總莫暢乎本懷；而信之與疑，皆不成乎三昧。閒有大智，知進知退，知存知亡，而未遘至人，未獲圓悟，未窮極致，未學要詮，欲升永明之堂，入楚石之室，居五濁之世，闡難信之宗，殊非聊爾。約化他言。嗚呼！至人幽矣，圓悟皇哉！若無要詮，誰與窮極！昔靈峰老人，以正法眼，選定淨土十要一書，剞劂未全。乙未之後，梨棗四散。迄丁未年，焚失數種。成時竊念，像季久轉，唯此一門，契理契機。而淨土諸書，唯此諸要盡美盡善。爰加點評，稍事節略。又倣慈雲懺儀二門合行之例，會幽谿二要爲一要。自以觀經初門、彌陀行儀二種謬附之。其序首要解尊經也，要之要也；次慈雲，重行也；次新附二種，亦行經也。三者而後，則天台、紫閣、師子林、鄞江、西齋、幽谿，以迄於袁，皆以時也。又天台以論主冠本宗，袁以白衣殿，不盡以時也。訂訖，倡募流通，而大心緇白共成焉。修捨沙門成時，合掌稽首，推赤心置入腹中。重爲告曰：「淨土持名之法，有三大要焉。一者、六字弘名，念念之間，欣厭具足。如出幽獄，奔託王家，步步之間，欣厭具足。是故萬緣之唾不食，衆苦之忍莫回。令人欣欣向榮。高置身於蓮華，便訂盟於芬利。蛆蠅糞壤，可殺驚慙。二者、參禪必不可無淨土，爲防退墮，寧不寒心。真語、實語，至當不易之論。淨土必不可入禪機，意見稍乘，二門俱破。若夫餘宗，在昔之時，不必改絃，但加善巧迴向。在今之世，祇可助行，必須淨業專修。冷煖自知，何容强諍。三者、一句彌陀，非大徹不能全提，而最愚亦無少欠。儻有些子分别，便成大法魔殃。只貴一心受持，寧羡依稀解悟。可謂大哮吼。乞兒若見小利，急須吐棄無餘。棒打石人頭，嚗嚗論實事。已上三要，頗切今時。儻能真實指迷，我願捨身供養。十方三世，共聞此言。」戊申端陽日，相似菩薩近住男成時，稽首書於華陽度雲精舍之雲氣樓。清康熙七年。

浄土十要杭州重刻序

浄土十要者，乃靈峰大師徹底悲心之所結集也，堅密大師剖心瀝血之所流通也。自古宏浄土者，未有如此直剖心宗，力救時病。可謂將法王最勝寶藏一旦盡開，普施大地衆生現成受用。猶有不肯死心承當者，真是愚之甚癡之極矣！靈峰云：「深信發願[一]，的爲浄土指南。由此而執持名號，乃爲正行。若信願堅固，臨終十念一念，亦決得生。若無信願，縱將名號持至風吹不入、雨打不溼，如銀牆鐵壁相似，亦無得生之理。修浄業者，不可不知。」堅密云：「六字洪名，念念之間，欣厭具足。如出幽獄，奔託王家，步步之間，欣厭具足。是故萬緣之唾不食，衆苦之忍莫回。」又云：「一句彌陀，非大徹不能全提，而最愚亦無少欠。儻有些子分别，便成大法魔殃。」此乃二大師哀憐末世之大慈大悲真語實語。大舌輪之所同説，金色臂之所常垂，皆此意也。願深思之！願深思之！愧哉，吾本屠門

[一] 「願」下，靈峰阿彌陀經要解有「即無上菩提，合此信願」九字。

之子，地獄之人，賴佛光垂照，善友提攜，乃知厭苦，發心出家。屢蒙師友重重開示，始慕宗乘。愧宿障深厚，參究數年，只解偏空而已。於咸豐辛酉，在明因寺，忽遭兵災，方覺前來學未真實。幸佛恩加被，在大難中，雖傷一足，猶可奔逃，遂隱居於普陀佛頂山慧濟寺。於夏月間，細閱此書，感激之至。如多年闇室，忽遇明燈。可惜從前不肯細讀，空過光陰，悔之不及。自此盡棄舊習，專學持名。欲具欣厭，故然兩指。十念記數，皆從此起。有净侶妙能大師，與余頗似宿緣。一見歡喜，乃共行之。見十要序云：「像季久轉，唯净土一門契理契機。而净土諸書，唯此諸要盡美盡善。」因兵燹之後，此板無存，遂發誠心，勸募重梓。唯願十方三世，共遵此書，同念彌陀，同生净土。方慰諸佛廣長，二師願力也哉！同治十一年壬申夏日，戀西學人玉峰古崐，在明因寺西樓。敬燃臂香四十八炷，供養阿彌陀佛，稽首謹序。

净土十要揚州重刻序

甲午年，春王月，望日，吾弟某[一]，不辭勞苦，持古本十要而來。云及此書，現身説法。如多謗禪宗。噫！若作謗會，是真謗矣！夫諸宗讚揚者，皆法也；所呵者，皆弊也。如我禪宗呵斥教律净土者，尤甚。豈可竟作門庭人我鬬争法會耶！其實法法平等，一一皆同出於一源，我佛豈有自相矛盾之理乎？故楞嚴二十五大士，位位第一。獨大勢至一章，與其同倫五十二菩薩證入。足驗法門收機普、利益廣、易於成就者，不言可知。憶我始祖釋迦一代宣揚，處處指歸。此法乃當機之當機，又第一之第一，可以不必排抑矣！故列祖弘通修持者，不一而足。但我等多隨流俗知見，出口入耳之學，未肯曠觀古今，沈思默會其義，謂愚夫愚婦之工夫耳。倘能入得此門，法法皆不相背，何觸之有？請深思之可也。否則，滿目盡是荆棘泥途，豈能博覽諸宗，徧遊法界，受百城煙水知識之

[一]「某」下，廣陵本有「公」字。

益乎？清〔二〕光緒二十年甲午七月佛歡喜日，書成，釋觀如〔三〕略序緣起於廣陵藏經禪院之清泰室中。

〔二〕「清」，廣陵本作「時在大清」。

〔三〕「釋觀如」，廣陵本作「退安」。

靈峰蕅益大師選定浄土十要第一

述曰：佛法之妙，莫要於浄土；浄土之妙，莫要於持名；持名之妙，莫要於小本阿彌陀經；小本之妙，莫要於靈峰要解。儻未讀要解，或讀未精詳，或精詳未貫徹，便謂於小本無不知，無不信，無不悟入，可乎！既於本經有未盡，一行三昧，如何修行？既未善持名，浄土玄關，謂信願。如何優入？既未階浄信浄願，十方三世佛祖大道，如何荷擔？然則要解之有關於十方三世佛祖大道也甚矣！今定十要，以要解爲上首，厥義有三：一祖佛經，以小本爲浄土諸經之最要故；二重持名，以末法修行，總以持名爲行本故；三立本經之大宗，以今解精徹確正，堪爲要中之要故。讀十要者，請以要解爲主，以餘九爲伴。能令邪解莫入，正。能令意見不容，確。能令心宗圓明，徹。能令美善雙盡。精。夫然後不愧爲真學佛者，夫然後不自誤誤人，國之寶。夫然後必生浄土，此句方無戲論。夫然後可學一切佛法，夫然後知十方三世佛祖之大道，舉不外乎此矣！

佛説阿彌陀經要解重刻序

净土深旨，濫始於觀經之觀佛，匯澤於小本之持名。二經蓋不思議無上心要也。釋妙觀者，有天台聖祖大宗，稱經發明，要矣！釋小本者，振古於斯，諸美畢備。以言心要，似有待焉。歲在丁亥，靈峰大師述成要解。如燈照色，而非光華。文字者不能。以義定名，而非擬議。義學者不能。不過道屋裏事，而聆者若驚。以從來未道徹故。不外布帛菽粟之譚，而未曾有〔一〕。存門庭知見者不能。諸凡横豎四土事理一心，罔弗精義入神，要歸允當。使學者了然知生信發願以起妙行，無緐焉矣爾。此是諸佛護念。小本得是疏，便覺一行三昧，横吞萬派而卓立孤標，事出非常而道在伊邇。深固幽遠之藏，一旦盡開。吾聞善善之家，機理雙契。是故矢必應絃，藥必應病。今要解逗末世機，能提深警徹悟之人，俾其法界圓昭，盡杜虚解邪僻之習。又能使中下之輩，信而有勇。至於正譌訂誤，纖巨不遺，渾然德音，方正不割，誠諸祖所密印，諸佛所共加。以爲劫外優曇，掌中摩勒，匪阿也！癸巳歲，順治十年。大師在

〔一〕「有」下，疑有脱文。

歙浦演説，釋義分科，間有不同。尤覺聞所未聞，信所未信。華陽學人性旦録出，名歙浦本。今重梓十要，遂以此本授鋟，謹序而識之。時戊申端陽後三日也。古歙學人成時和南書。

佛説阿彌陀經要解

姚秦三藏法師鳩摩羅什譯

清西有沙門蕅益智旭解〔一〕

原夫諸佛憫念群迷，隨機施化。雖歸元無二，而方便多門。然於一切方便之中，求其至直捷即心是佛。至圓頓即佛是心。者，則莫若念佛求生浄土。又於一切念佛法門之中，求其至簡易不簡機務。至穩當不假方便。者，則莫若信願專持名號。是故浄土三經並行於世，而古人獨以阿彌陀經列爲日課，豈非有見於持名一法，普被三根，攝事理以無遺，統宗教而無外，尤爲不可思議也哉！古來註疏，代不乏人，世遠就湮，所存無幾。雲棲和尚著爲疏鈔，

〔一〕「清西有沙門蕅益智旭解」，廣陵本作「西有沙門智旭解」。

廣大精微；幽谿師伯述圓中鈔，高深洪博。蓋如日月中天，有目皆覩。特以文富義繁，邊涯莫測。或致初機淺識，信願難階。故復弗揣庸愚，再述要解。不敢與二翁競異，亦不必與二翁强同。譬如側看成峰，横看成嶺，縱皆不盡廬山真境，要不失爲各各親見廬山而已。

將釋經文五重玄義。

第一釋名：此經以能説所説人爲名。佛者，此土能説之教主，即釋迦牟尼。乘大悲願力，生五濁惡世。以先覺自覺。覺後覺，覺他。無法不知，無法不見者也。覺行圓滿。説者，悦所懷也。佛以度生爲懷，衆生成佛機熟，爲説難信法，令究竟脱，故悦也。阿彌陀，所説彼土之導師。以四十八願，接信願念佛衆生生極樂世界，永階不退者也。梵語阿彌陀，此云無量壽，亦云無量光。要之功德智慧、神通道力、依正莊嚴、説法化度，一一無量也。一切金口，通名爲經。對上五字，是通别合爲題也。教行理三，各論通别，廣如台藏所明。

第二辨體：大乘經皆以實相爲正體。吾人現前一念心性，學者須如此深研痛揆，不可徒落在語言作道理領過。不在内，不在外，不在中間。非過去，非現在，非未來。非青黄赤白，長短方圓。非香，非味，非觸，非法。覓之了不可得，而不可言其無。具造百界千如，而不可言其有。離一切緣慮分別，語言文字相。而緣慮分別，語言文字，非離此別有自性。要之離一切相，即一切法。離故無相，即故無不相，不得已强名實相。實相之體，非寂非照。而復寂而恒照，照而恒寂。照而寂，强名常寂光土。寂而照，强名清浄法身。又照寂强名法身，寂照强名報身。又性德寂照名法身，修德寂照名報身。又修德照寂名受用身，修德寂照名應化身。寂照不二，身土不二，性修不二，真應不二，無非實相。實相無二，亦無不二。是故舉體作依作正，作法作報，作自作他。乃至能説，釋迦。所説，彌陀。能度佛。所度，生。能信心。所信，法。能願欣厭。所願，極樂。能持三業。所持，名號。能生三資粮。所生，四浄土。能讚釋迦諸佛。所讚，彌陀依正。無非實相正印之所印也。

第三明宗：宗是修行要徑，會體樞機，而萬行之綱領也。提綱則衆目張，挈領則襟袖至，故體後應須辨宗。此經以信願持名爲修行之宗要。非信不足啓願，非願不足導行，非持名妙行，不足滿所願而證所信。經中先陳依正以生信，次勸發願以導行，次示持名以徑登不退。信則信自、信他、信因、信果、信事、信理；願則厭離娑婆，欣求極樂；行則執持名號，一心不亂。信自者，信我現前一念之心，學者須從者裏死盡偷心，不可草草。本非肉團，亦非緣影〔一〕。竪無初後，横絶邊涯。終日隨緣，終日不變。十方虚空微塵國土，元我一念心中所現物。我雖昏迷倒惑，苟一念回心，決定得生自心本具極樂，更無疑慮。是名信自。以心

〔一〕「亦非緣影」下，要解講義有小字「指第六識緣塵分別影事之心」。

性爲自。信他者，信釋迦如來決無誑語，彌陀世尊決無虚願，六方諸佛廣長舌決無二言。隨順諸佛真實教誨，決志求生，更無疑惑。是名信他。（以教爲他。）信因者，深信散亂稱名，猶爲成佛種子。況一心不亂，安得不生浄土。是名信因。（以念佛爲因。）信果者，深信浄土，諸善聚會，皆從念佛三昧得生。如種瓜得瓜，種豆得豆，亦如影必隨形，響必應聲，決無虚棄。是名信果。（以已生者爲果。）信事者，深信只今現前一念不可盡故，依心所現十方世界亦不可盡。實有極樂國在十萬億土外，最極清浄莊嚴，不同莊生寓言。是名信事。（以境爲事。）信理者，深信十萬億土，實不出我今現前介爾一念心外。以吾現前一念心性實無外故。又深信西方依正主伴，皆吾現前一念心中所現影。全事即理，全妄即真，全修即性，全他即自。我心偏故，佛心亦偏，一切衆生心性亦偏。譬如一室千燈，光光互偏，重重交攝，不相妨礙。是名信理。（以法界爲理。）如此信已，（此下明願。）則娑婆即自心（此即理之事。）所感之穢，而自心穢，理應厭離。極樂即自心所感之浄，而自心浄，理應欣求。厭穢須捨至究竟，（此即事之理。）方無可捨。欣浄須取至究竟，方無可取。故妙宗云：「取捨若極，與不取捨亦非異轍。」設不從事取捨，但尚不取不捨，即是執理廢事。既廢於事，理亦不圓。若達（信。）全事即理，則取願。亦即理，捨亦即理。一取一捨，無非法界。故次信而明願也。言執持〔一〕名號，一心不亂者，名以召德，德不可思議，故名號亦不可思議。信則便信，擬議則不堪。名號功德不可思議，故使散稱爲佛種，執持登不退也。然諸經示淨土行，萬別千差。如觀像、觀想、禮拜、供養、五悔、六念等，一一行成，皆生淨土。唯持名一法，收機最廣，下手最易。故釋迦慈尊，無問自説，特向大智舍利弗拈出。可謂方便行經。中第一方便，了義教經。中無上了義，圓頓理經。中最極圓頓。故云：「清珠投於濁水，濁水不得不清；古人圓極語。佛號投於亂心，亂心不得不佛也。」信願持名，以爲一乘真因。四種淨土，以爲一乘妙果。舉因則果必隨之，故以信願持名爲經正宗。其四種淨土之相，詳在妙宗鈔及梵網玄義，兹不具述。俟後釋依正文中，當略示耳。

第四明力用：此經以往生不退爲力用。往生有四土，各論九品。且略明得生四土之相。若執持名號，未斷見思，隨其或散或定，於同居土分三輩九品。若持至事一心不亂，見思任運先落，則生方便有餘淨土。若至理一心不亂，豁破無明一品，乃至四十一品，則生實報莊嚴淨土，亦分證常寂光土。若無明斷盡，則是上上實報，究竟寂光也。不退有四義：

〔一〕「言執持」下，要解講義有小字「行」。

一念不退，破無明，顯佛性，徑生實報，分證寂光；二行不退，見思既落，塵沙亦破，生方便土，進趨極果；三位不退，帶業往生，在同居土，蓮華託質，永離退緣；四畢竟不退，不論至心散心，有心無心，或解不解，但彌陀名號，或六方佛名，此經名字，一經於耳，假使千萬劫後，畢竟因斯度脱。如聞塗毒鼓，遠近皆喪，食少金剛，決定不消也。復次祇帶業生同居淨土，證位不退者，皆與補處俱，亦皆一生必補佛位。夫上善一處，是生同居，即已橫生上三土。（根據了了。從來未經道徹如此。）一生補佛，是位不退，即已圓證三不退。如斯力用，乃千經萬論所未曾有。較彼頓悟正因，僅爲出塵階漸。生生不退，始可期於佛階者，不可同日語矣。（鐵〔一〕案。）宗教之士，如何勿思。

第五教相：此大乘菩薩藏攝，又是無問自説，徹底大慈之所加持。能令末法多障有情，依斯徑登不退。故當來經法滅盡，特留此經住世百年，廣度含識。阿伽陀藥，萬病總持。絶待圓融，不可思議。華嚴（願王。）奥藏，法華（成佛。）祕髓，一切諸佛之心要，菩薩萬行之司南，皆不出於此矣！欲廣歎述，窮劫莫盡，智者自當知之。

入文分三：初、序分；二、正宗分；三、流通分。此三名初善中善後善。序如

〔一〕「鐵」上，廣陵本有「成」字。

首，五官具存，正宗如身，臟腑無闕，流通如手足，運行不滯。〈解中「判爾時」下三十九字爲別序，六方佛爲流通，與古不同，故科釋之。〉故智者釋法華，初一品皆爲序，後十一品半皆爲流通。又一時迹本二門，各分三段。則法師等五品，皆爲迹門流通。蓋序必提一經之綱，流通則法施不壅，關係非小。後人不達，見經文稍涉義理，便判入正宗，致序及流通，僅存故套。安所稱初語亦善，後語亦善也哉！

（甲）初序分二：初通序，二別序。（乙）初中二：初標法會時處，二引大衆同聞。（丙）今初。

如是我聞，一時佛在舍衛國，祇樹給孤獨園。

如是，標信順；我聞，標師承；一時，標機感；佛，標教主；舍衛等，標說經處也。實相妙理，古今不變名如；依實相理念佛求生淨土，決定無非曰是；〈悟此者少。〉實相非我非無我，阿難不壞假名，故仍稱我；耳根發耳識，親聆圓音，如空印空名聞；時無實法，以師資道合說聽周足名一時；自覺、覺他、覺行圓滿，人天大師名佛；舍衛，此云聞物，中印度大國之名，波斯匿王所都也。匿王太子名祇陀，此云戰勝。匿王大臣名須達多，此云給孤獨。給孤長者布金買太子園，供佛及僧。祇陀感歎，施餘未布少地，故並名祇樹給孤獨園也。

（丙）二引大衆同聞三：初、聲聞衆；二、菩薩衆；三、天人衆。聲聞居首者，出世相故，常隨從故，佛法賴僧傳故；菩薩居中者，相不定故，不常隨故，表中道義故；天人列後者，世間相故，凡聖品雜故，外護職故。（丁）初聲聞衆又三：初、明類標數；二、表位歎德；三、列上首名。（戊）今初。

與大比丘僧，千二百五十人俱。

大比丘，受具足戒出家人也。比丘梵語，含三義：一、乞士，一鉢資身，無所蓄藏，專求出要；二、破惡，正慧觀察，破煩惱惡，不墮愛見；三、怖魔，發心受戒，羯磨成就，魔即怖也。僧者，具云僧伽，此翻和合衆。同證無爲解脱，名理和；身同住、口無諍、意同悦、見同解、戒同修、利同均，名事和也。千二百五十人者，三迦葉[一]師資共千人，身子、目連師資二百人，耶舍子等五十人。皆佛成道，先得度脱。感佛深恩，常隨從也。

（戊）二表位歎德。

[一]「三迦葉」，指優樓頻螺迦葉、伽耶迦葉、那提迦葉。過去在迦葉佛時，三人共立刹竿，感爲兄弟。先事火婆羅門，後遇佛得度。

皆是大阿羅漢之位，其德爲**衆所知識**。

阿羅漢亦含三義：一應供，即乞士果；二殺賊，即破惡果；三無生，即怖魔果。復有慧解脱、俱解脱、無疑解脱三種不同。今是無疑解脱，故名大。又本是法身大士，示作聲聞，證此淨土不思議法，故名大也。從佛轉輪，廣利人天，故爲衆所知識。

（戊）三列上首名。

長老舍利弗、此云身子。**摩訶目犍連**、大采菽氏。**摩訶迦葉**、大飲光。**摩訶迦旃延**、大文飾。**摩訶拘絺羅**、大膝。**離婆多**、星宿。**周利槃陀伽**、繼道。**難陀**、喜。**阿難陀**、慶喜。**羅睺羅**、覆障。**憍梵波提**、牛呞。**賓頭盧頗羅墮**、不動利根。**迦留陀夷**、黑光。**摩訶劫賓那**、房宿。**薄拘羅**、善容。**阿㝹樓馱**，無貧。**如是等諸大弟子**。

德臘俱尊，故名長老。身子尊者聲聞衆中，智慧第一；目連尊者神通第一；飲光尊者身有金光，傳佛心印爲初祖，頭陀行第一；文飾尊者婆羅門種，論議第一；大膝尊者答問第一；星宿尊者無倒亂第一；繼道尊者因根鈍僅持一偈，辯才無盡，義持第一；喜尊者佛之親弟，儀容第一；慶喜尊者佛之堂弟，復爲侍者，多聞第一；覆障尊者佛之太子，密行第一；牛呞尊者宿世惡口，感此餘報，受天供養第一；不動尊者久住世間，應末世供，福田第一；黑光尊者爲佛使者，教化第一；房宿尊者知星宿第一；善容尊者壽命第一；無貧尊者亦佛堂弟，天眼第一。此等常隨衆，本法身大士。示作聲聞，爲影響衆。今聞净土攝受功德，得第一義悉檀之益，增道損生，自净佛土，復名當機衆矣。

(丁)二菩薩衆。

并諸菩薩摩訶薩：文殊師利此云妙德。**法王子、阿逸多**此云無能勝，彌勒菩薩之名。**菩薩、乾陀訶提**此云不休息。**菩薩、常精進菩薩，與如是等諸大菩薩。**

菩薩摩訶薩，此云大道心成就有情，乃悲智雙運，自他兼利之稱。佛爲法王，文殊紹佛家業，名法王子。菩薩衆中，智慧第一。非勇猛實智，不能證解净土法門，故居初；彌勒當來成佛，現居等覺，以究竟嚴净佛國爲要務，故次列；不休息者，曠劫修行不暫停故；常精進者，自利利他無疲倦故。此等深位菩薩，必皆求生净土。以不離見佛，不離聞法，不離親近供養衆僧，乃能速疾圓滿菩提故。事是大因緣，理是祕密藏，不可忽過。

(丁)三天人衆。

及釋提桓因等，無量諸天大衆俱。

釋提桓因，此云能爲主，即忉利天王；等者，下等四王，上等夜摩、兜率、化樂、他化、色、無色，無量諸天也；大衆俱，謂十方天人、八部修羅人非人等，無不與會，無非净土法門所攝之機也。唯廣大故微妙。通序竟。

（乙）二別序，發起序也。净土妙門，不可思議。無人能問，佛自唱依正名字爲發起。又佛智鑑機無謬，見此大衆應聞净土妙門而獲四益，故不俟問，便自發起。如梵網下卷自唱位號云：「我今盧舍那等。」智者判作發起序。例可知也。

爾時佛告長老舍利弗：從是娑婆世界。**西方過十萬億佛土，有世界名曰極樂。其土有佛，號阿彌陀。今現在説法。**

净土法門，三根普攝。絶待圓融，不可思議。圓收圓超一切法門，從未道徹。甚深難信。故特告大智慧者，非第一智慧，不能直下無疑也。可見正智庸愚兩不思議。西方者，横亙直西，標示現處也。十萬億者，千萬曰億，今積億至十萬也。佛土者，三千大千世界，通爲一佛所化。且以此土言之。一須彌山，東西南北各一洲，同一日月所照，一鐵圍山所繞，名一四天下。千四天下名小千世界，千小千名中千世界，千中千名大千世界。過如此佛土十萬億之西，是極樂世界也。問：「何故極樂在西方？」答：「此非善問。假使極樂在東，汝又問何故在東，豈非戲論？妙答，從來答者反添戲論。況自十一萬億佛土視之，又在東矣！何足致疑！」有世界名曰極樂，序依報國土之名也。

豎約三際以辨時劫，横約十方以定疆隅，故稱世界。極樂者，梵語須摩提，亦云安養、安樂、清泰等，乃永離衆苦第一安隱之謂，如下廣釋。然佛土有四，各分净穢。譌謬悉正。凡聖同居土，五濁重者穢，五濁輕者净；西方是同居净，以凡夫例聖故。方便有餘土，析空拙度證入者穢，體空巧度證入者净；西方是方便净，以小乘迴心故。實報無障礙土，次第三觀證入者穢，一心三觀證入者净；西方是實報净，以所證圓頓故。常寂光土，分證者穢，究竟滿證者净。西方是寂光净，以受用同佛故。今云極樂世界，正指同居净土，以經中是同居境故。亦即横具上三净土也。以上善俱會故。此論修德，不論性德。性德則一切微塵法爾具足，四種净穢佛土。今約信願行三，彌陀名號不可思議故。能令凡夫所感，同居極樂，最極清净也。此則十方佛土所無，極樂同居獨擅，方是極樂净土宗旨。下明義處皆然。有佛號阿彌陀，序正報教主之名也。翻譯如下廣釋。佛有三身，各論單複：法身單，指所證理性；報身單，指能證功德智慧；化身單，指所現相好色像。法身複者，自性清净法身，離垢妙極法身；報身複者，自受用報身，他受用報身；化身複者，示生化身，應現化身。又佛界化身，隨類化身，雖辨單複三身，實非一非三，而三而一。此論性德。不縱横，不並别，離過絶非，不可思議。今云阿彌陀佛，正指同居土中示生化身，此論修德，以是同居土中所見故。仍復即報即法也。以佛身隨横四土現故。復次世界及佛，皆言有者，具四義：四悉檀。的標實境，令欣求故〔一〕；誠語指示，令專一故〔二〕；簡非乾城陽燄，非魔。非權現曲示，非緣影虚妄，非邪。非保真偏但，破魔邪權小故〔三〕。非權，破華嚴合論之謬；非邪，破末世積迷之習。此二料簡，尤大有關係。圓彰性具，令深證故〔四〕。今現在説法者，簡上依正二有，非過去已滅，未來未成。正應發願往生，親覲聽法，速成正覺也。對此土，釋迦不久住，彌勒未生，無現佛可依。復次，二有現在，勸信序也；世界名極樂，勸願序也；佛號阿彌陀，勸持名妙行序也。復次，阿彌序佛；説法序法；現在海會〔五〕，序僧；佛法僧同一實相，序體；從此此字指一體三寶。起信願行，序宗；信願行成，必得往生見佛聞法，序用；唯一佛界爲所緣境，是真指南。不雜餘事，序教相也。言略意周矣！初序分竟。

（甲）二正宗分三：初、廣陳彼土依正妙果以啓信；二、特勸衆生應求往生以

〔一〕「令欣求故」下，要解講義有小字「世界悉檀」。
〔二〕「令專一故」下，要解講義有小字「爲人悉檀」。
〔三〕「破魔邪權小故」下，要解講義有小字「對治悉檀」。
〔四〕「令深證故」下，要解講義有小字「第一義悉檀」。
〔五〕「現在海會」下，要解講義有小字「所有大衆」。

發願；三、正示行者執持名號以立行。信願持名，一經要旨[一]。信願爲慧行，持名爲行行。得生與否，全由信願之有無；語如山岳，不可動移。品位高下，全由持名之深淺。故慧行爲前導，行行爲正修，如目足並運也。（乙）初文爲二：初、依報妙；二、正報妙。（丙）初又二：初、徵釋；二、廣釋。（丁）初又二：初、徵；二、釋。（戊）今初。

舍利弗！彼土何故名爲極樂？

（戊）二釋又二：初、約能受用釋；二、約所受用釋。（己）今初。

其國衆生，無有衆苦，但受諸樂，故名極樂。

衆生是能受用人，等覺以還皆可名。今且約人民言，以下下例上上也。淨宗不思議在此。娑婆苦樂雜：其實苦是苦苦，偪身心故；樂是壞苦，不久住故；非苦非樂是行苦，性遷流故。彼土永離三苦，不同此土對苦之樂，乃名極樂。衆苦極樂映釋。一往分別，同居五濁輕，無分段八苦，但受不病、不老、自在遊行、天食天衣、諸善聚會等樂；方便體觀巧，無沈空滯寂之苦，但受遊戲神通等樂；實報心觀圓，無隔別不融

[一] 「一經要旨」下，要解講義有小字「即正宗」。

之苦，但受無礙不思議樂； 寂光究竟等，無法身滲漏真常流注之苦，但受稱性圓滿究竟樂。然同居衆生，以持名善根福德同佛故，圓浄四土，圓受諸樂也。方是極樂浄宗。復次極樂最勝，不在上三土，而在同居。良以上之，則十方同居，遜[二]其殊特。下又可與此土較量，所以凡夫優入而從容，横超而度越，佛説苦樂，意在於此。

（己）二約所受用釋。此亦轉釋上無有衆苦，但受諸樂之故。下廣釋一科亦然。

又舍利弗！極樂國土，七重欄楯、以嚴際畔。**七重羅網、**以嚴空界。**七重行樹，**以嚴露地。**皆是四寶，周帀圍繞。是故彼國名爲極樂。**

七重，表七科道品； 四寶，表常、樂、我、浄四德； 周帀圍繞者，佛菩薩等無量住處也。皆四寶，則自功德深； 周帀繞，則他賢聖徧。此極樂真因緣也。内因外緣。此等莊嚴，同居浄土是增上善業所感，亦圓五品觀所感，以緣生勝妙五塵爲體； 方便浄土是即空觀智所感，亦相似三觀所感，以妙真諦無漏五塵爲體； 實報浄土是妙假觀智所感，亦分證三觀所感，以妙俗諦無盡五塵爲體； 常寂光土是即中觀智所感，亦究竟三觀所感，以妙中諦稱性五塵爲體。欲令易解，作此分別。實四土莊嚴，無非因緣

[二]「遜」下，要解講義有小字「讓也」。

所生法，無不即空假中。此論性，依此起修。所以極樂同居淨境，真俗圓融，不可限量。此論修，全修在性，如是方是極樂淨宗。下皆倣此。問：「寂光惟理性，何得有此莊嚴？」答：「一一莊嚴，全體理性；一一理性，具足莊嚴。方是諸佛究竟依果。若寂光不具勝妙五塵，何異偏真法性！」

（丁）二、廣釋二：初、別釋所受；二、合釋能受所受。（戊）初又二：初、釋生處；妙。二、結示佛力。（己）今初。

又舍利弗！極樂國土有七寶池，八功德水，充滿其中；池底純以金沙布地；四邊階道，金、銀、琉璃、玻瓈合成。上有樓閣，亦以金、銀、琉璃、玻瓈、硨磲、赤珠、瑪瑙而嚴飾之。池中蓮華，大如車輪，青色青光，黄色黄光，赤色赤光，白色白光，微妙香潔。

上明住處，今明生處。寶池金銀等所成，不同此方絶待之樂爲濁世衆生，須對待而論。土石也。八功德者[一]：一、澄清，異此方渾濁；二、清冷，異寒熱；三、甘美，異鹹淡劣味；四、輕輭，異沈重；五、潤澤，異宿腐褪色；六、安和，異急暴；七、除飢渴，異生冷；八、長養諸根，異損壞諸根，及沴戾增病没溺等也。充滿其中，異枯竭汎濫。

[一]「者」，要解講義作「水」。

底純金沙，異汙泥。階道四寶，異磚石。陛級名階，坦途名道，重屋名樓，岑樓名閣。七寶樓閣，異此方土木丹青也。樓閣是住處及法會處。但得寶池蓮胞開敷，便可登四岸，入法會，見佛聞法也。華輪者，輪王金輪，大四十里，且舉最小者言。若據觀經及無量壽會，大小實不可量，由同居淨土，身相不等故也。青色名優鉢羅，黄色名拘勿頭，赤色名鉢頭摩，白色名芬陀利。由生身有光，故蓮胞亦有光。然極樂蓮華，光色無量，此亦略言耳。微妙香潔，略歎蓮華四德：質而非形，曰微；無礙曰妙；非形則非塵，故潔也。蓮胞如此，生身可知。妙。

（己）二結示佛力。

舍利弗！極樂國土，成就如是功德莊嚴。

明上住處、生處種種莊嚴，皆是阿彌陀佛大願、大行，稱性功德之所成就。此義約佛。故能徧嚴四種淨土，普攝十方三世一切凡聖，令往生也。復次，佛以大願作衆生多善根之因，以大行作衆生多福德之緣。令信願持名者，念念成就如是功德，此義約生。而皆是已成，非今非當。誰解承當。此則以阿彌種種莊嚴作增上本質，性相圓明，撤盡法門邊畔界限。帶起衆生自心種種莊嚴。全佛即生，全他即自，故曰成就如是功德莊嚴。會上二義祇是一義。

(戊)二、合釋能受所受。又二：初、約五根五塵明受用；次、約耳根聲塵明受用。(己)初又二：初、正明；二、結示。(庚)今初。

又舍利弗！彼佛國土，空中。**常作天樂。**下是。**黄金爲地。**中間。**晝夜六時，雨天曼陀羅華。**上嚴空界，下嚴金地。**其土衆生，常以清旦，各以衣裓**[一]**，盛衆妙華，供養他方十萬億佛。即以食時，還到本國，飯食經行。**

樂是聲塵，地是色塵，華是色香二塵，食是味塵，盛華散華經行是觸塵，衆生五根對五塵可知。常作者，即六時也。黄金爲地者，七寶所嚴地界，體是黄金也。日分初中後，名晝三時；夜分初中後，名夜三時，故云晝夜六時。然彼土依正各有光明，不假日月，安分晝夜？且順此方，假説分際耳。但可順此方比擬，不可隨此方情見。曼陀羅，此云適意，又云白華。衣裓，是盛華器。衆妙華，明非曼陀羅一種，應如妙經四華，表四因位。供養他方佛，表真因會趣極果，果德無不徧也。且據娑婆言十萬億佛，意顯生極樂已，還供釋迦、彌勒，皆不難耳。若阿彌神力所加，何遠不到哉！食時，即清旦，故云即以。明其神足不可思議，不離彼土，常徧十方，不假逾時回還也。此文顯極

[一]「各以衣裓」下，要解講義有小字「音格」。

在娑婆，樂：一聲、一塵、一刹那，乃至跨步彈指，悉與十方三寶貫徹無礙。又顯：在娑婆，則濁重惡障，與極樂不隔而隔；生[一]極樂，則功德甚深，與娑婆隔而不隔也。飯食經行者，念食食至，不假安排；食畢鉢去，不勞舉拭。但經行金地，華樂娛樂，任運進修而已。

(庚)二、結示。

舍利弗！極樂國土，成就如是功德莊嚴。

(己)二、約耳根聲塵明受用。以此方耳根最利故，别就法音廣明其實。極樂攝法界機，五塵一一圓妙，出生一切法門也。又二：初、别明；二、總結。(庚)初中二：初、化有情聲；二、化無情聲。(辛)初又二：初、鳥音法利；二、徵釋略顯。

(壬)今初。

復次，舍利弗！彼國常有種種奇妙雜色之鳥：白鶴、孔雀、鸚鵡、舍利、迦陵頻伽、共命之鳥。是諸衆鳥，晝夜六時，出和雅音。其音演暢五根、五力、七菩提分、八聖道分如是等法。其土衆生，聞是音已，皆悉念佛、念法、念僧。

[一] 「生」，要解講義作「在」。

種種奇妙雜色，言多且美也。下略出六種：舍利，舊云「鶖鷺」，琦禪師云是「春鶯」，或然；迦陵頻伽，此云妙音，未出鷇時，音超衆鳥；共命，一身兩頭，識别報同。此二種，西域雪山等處有之，皆寄此間愛賞者，言其似而已。六時出音，則知浄土不以鳥棲爲夜。良以蓮華託生之身，本無昏睡，不假夜卧也。五根等者，三十七道品也。所謂四念處：一、身念處；二、受念處；三、心念處；四、法念處。四正勤：一、已生惡法令斷；二、未生惡法不令生；三、未生善法令生；四、已生善法令增長。四如意足：一、欲如意足；二、精〔一〕進如意足；三、心如意足；四、思惟如意足。五根者：信正道及助道法，名信根；行正道及諸助道善法，勤求不息，名精進根；念正道及諸助道善法，更無他念，名念根；攝心在正道及諸助道善法中，相應不散，名定根；爲正道及諸助道善法，觀於苦等四諦，名慧根。五力者：信根增長，能破疑惑，破諸邪信，及破煩惱，名信力；精進根增長，破種種身心懈怠，成辦出世大事，名精進力；念根增長，破諸邪念，成就一切出世正念功德，名念力；定根增長，能破亂想，發諸事理禪定，名定力；慧根增長，能遮通别諸惑，發真無漏，名慧力。七

〔一〕「精」，廣陵本無。

菩提分，亦名七覺分：　智慧觀諸法時，善能簡别真僞，不謬取諸虚僞法，名擇法覺分；　精進修諸道法時，善能覺了，不謬行於無益苦行，常勤心在真法中行，名精進覺分；　若心得法喜，善能覺了此喜，不依顛倒之法而喜，住真法喜，名喜覺分；　若斷除諸見煩惱之時，善能覺了，除諸虚僞，不損真正善根，名除覺分；　若捨所見念著境時，善能覺了，所捨之境，虚僞不實，永不追憶，名捨覺分；　若發諸禪定之時，善能覺了，諸禪虚假，不生愛見妄想，名定覺分；　若修出世道時，善能覺了，常使定慧均平，或心沈没，當念用擇法、精進、喜三覺分以察起之，或心浮動，當念用除、捨、定三覺分以攝持之，調和適中，名念覺分。八聖道分，亦名八正道分：　修無漏行觀，見四諦分明，名正見；　以無漏心，相應思惟，動發覺知籌量，爲令增長，入大涅槃，名正思惟；　以無漏慧，除四邪命，攝諸口業，住一切正語中，名正語；　以無漏慧，除身一切邪業，住清淨正身業中，名正業；　以無漏慧，通除三業中五種邪命，住清淨正命中，名正命；　五邪命，皆爲利養：　一、詐現異相奇特；　二、自説功德；　三、占相吉凶，爲人説法；　四、高聲現威，令人敬畏；　五、説所得供養，以動人心。　以無漏慧相應，勤[二]精進，修涅槃道，名正精進；　以無漏慧相

[二]「勤」下，要解講義有「行」字。

應，念正道及助道法，名正念；以無漏慧相應，入定，名正定；此等道品，皆有訂謌之功。依生滅四諦而修，即藏教道品；依無生四諦而修，即通教道品；依無量四諦而修，即別教道品；依無作四諦而修，即圓教道品。藏道品名「半字法門」，浄土濁輕，似不必用，爲小種先熟者或暫用之；通道品名「大乘初門」，三乘共稟，同居浄土多説之；別道品名「獨菩薩法」，同居方便浄土多説之；圓道品名「無上佛法」，有利根者，於四浄土皆得聞也。方是極樂浄宗。如是等法者：等前念處、正勤、如意足，等餘四攝、六度、十力、無畏，無量法門也。三十七品，收法雖盡，而機緣不等，作種種開合，名義不同，隨所欲聞，無不演暢。故令聞者，念三寶，發菩提心，伏滅煩惱也。灼見慈威不可思議，故念佛；法喜入心，法味充足，故念法；同聞共稟，一心修證，故念僧。此三句各具四益，詳見下釋念三寶中。能念即是三觀。所念三寶，有別相、一體及四教意義、三諦權實之不同。如上料簡道品，應知。

（壬）二、徵釋略顯。

舍利弗！汝勿謂此鳥，實是罪報所生。所以者何？彼佛國土，無三惡道。舍利弗！其佛國土，尚無惡道之名，何況有實。是諸衆鳥，皆是阿彌陀佛欲令法音宣流，變化所作。

徵釋可知。問：「白鶴等非惡道名耶？」答：「既非罪報，則一一名字，皆詮如來究竟功德。名字法界不思議如此。所謂究竟白鶴等，無非性德美稱，豈惡名哉！」問：「化作衆鳥何義？」答：「有四悉檀因緣，此經悉檀，皆是第一義中具下三悉。凡情喜此諸鳥，順情而化，令歡喜故；鳥尚説法，令聞生善故；不於鳥起下劣想，對治分别心故；鳥即彌陀，令悟法身平等，無不具無不造故。此中顯微風樹網等音，及一切依正假實，當體即是阿彌陀佛三身四德，毫無差别也。可謂法界標指。

（辛）二、化無情聲。

舍利弗！彼佛國土，微風吹動，諸寶行樹，及寶羅網，出微妙音。譬如百千種樂，同時俱作。聞是音者，自然皆生念佛、念法、念僧之心。

情與無情，同宣妙法。四教道品，無量法門，同時演説，隨類各解。能令聞者，念三寶也。念三寶，是從悉檀獲益；凡夫創聞，大踊徧身，是歡喜益；與三寶氣分交接，必能發菩提心，是生善益；由此伏滅煩惱，是破〔一〕惡益；證悟一體三寶，是入理益也。初别明竟。

（庚）二、總結。

〔一〕「破」，要解講義作「滅」。

舍利弗！其佛國土，成就如是功德莊嚴。

重重結示，令深信一切莊嚴，皆導師願行所成，種智所現。皆吾人淨業所感，唯識所變。佛心生心，互爲影質，如衆燈明，各徧似一。性相圓明。全理成事，全事即理。全性起修，全修在性。佛性修，皆是生性修〔一〕。亦可深長思矣！奈何離此淨土，別譚唯心淨土，離土談心，定是緣影妄想。甘墮鼠即烏空之誚也哉！初依報妙竟。

（丙）二、正報妙二：初、徵釋名號；深契佛意。二、別釋主伴。（丁）初中二：初、徵；二、釋。（戊）今初。

舍利弗！於汝意云何，彼佛何故號阿彌陀？

此經的示持名妙行，故特徵釋名號，欲人深信萬德洪名不可思議，一心執持，無復疑貳也。

（戊）二、釋二：初、約光明釋；二、約壽命釋。阿彌陀，正翻無量，本不可說。本師以光壽二義，收盡一切無量。確妙。光則橫徧十方，壽則豎窮三際。橫豎交徹，即法界體。舉此體作彌陀身土，亦即舉此體作彌陀名號。速須信入。是故彌陀名號，即衆

〔一〕「生性修」，依廣陵本、要解講義當作「性生是修」。

生本覺理性。持名，即始覺合本。始本不二，生佛不二。故一念相應一念佛，念念相應念念佛也。

（己）今初[一]。

舍利弗！彼佛光明無量，照十方國，無所障礙，是故號爲阿彌陀。

心性寂而常照，故爲光明。一切諸佛之心要。今徹證心性無量之體，故光明無量也。諸佛皆徹性體，皆照十方，皆可名無量光。而因中願力不同，隨因緣立别名。彌陀爲法藏比丘，發四十八願，有光明恒照十方之願，今果成如願也。可悟心佛。法身光明無分際，報身光明稱真性，此則佛佛道同。應身光明，有照一由旬者、十百千由旬者、一世界十百千世界者，唯阿彌普照，方是極樂淨宗。故别名無量光。然三身不一不異，爲令衆生得四益故，作此分别耳。當知無障礙，約人民言，由衆生與佛緣深，故佛光到處，一切世間無不圓見也。例下壽命確極，不然佛光皆照十方，何勞頌祝。

（己）二、約壽命釋。

又舍利弗！彼佛壽命及其人民壽命皆**無量無邊阿僧祇劫，故名阿彌陀。**

[一]「今初」下，要解講義有「約光明釋」四字。

心性照而常寂，故爲壽命。今徹證心性無量之體，故壽命無量也。法身壽命，無始無終，報身壽命，有始無終，此亦佛佛道同，皆可名無量壽。應身隨願隨機，延促不等。法藏願王，有佛及人壽命皆無量之願。今果成如願，別名無量壽也。阿僧祇、無邊無量皆算數名，實有量之無量。然三身不一不異，應身亦可即是無量之無量矣！當知光壽及者，併也。人民，指等覺以還。謂佛壽命，併其人民壽命，皆無量等也〔二〕。名號，皆本衆生建立。以生佛平等，能令持名者，光明壽命，同佛無異也。復次，由無量光義，故衆生生極樂，即生十方；見阿彌陀佛，即見十方諸佛；能自度即普利一切。由無量壽義，故極樂人民，即是一生補處。皆定此生成佛，不至異生。當知離卻現前一念無量光壽之心，何處有阿彌陀佛名號？而離卻阿彌陀佛名號，何由徹證現前一念無量光壽之心？願深思之！願深思之！

（丁）二、別釋主伴二：初、別釋；二、結示。（戊）初又二：初、主；二、伴。

（己）今初：此亦釋別序中今現在說法句。

舍利弗！阿彌陀佛成佛已來，於今十劫。

〔二〕「皆無量等也」，要解講義作「皆無有量也」。

此明極樂世界教主成就也。然法身無成無不成，不應論劫。報身因圓果滿名成，應身爲物示生名成，皆可論劫。又法身因修德顯，亦可論成論劫。報身別無新得，應身如月印川，亦無成不成，不應論劫。但諸佛成道，各有本迹，本地並不可測。且約極樂示成之迹而言；即是三身，一成一切成，亦是非成非不成，而論成也。又佛壽無量，今僅十劫，則現在説法，時正未央。普勸三世衆生，速求往生，同佛壽命，一生成辦也。又下文無數聲聞、菩薩及與補處，皆十劫所成就。正顯十方三世，往生不退者，多且易也。

（己）二伴。

又舍利弗！彼佛有無量無邊聲聞弟子，皆阿羅漢，非是算數之所能知。諸菩薩衆，亦復如是。

他方定性二乘，不得生彼。若先習小行，臨終迴向菩提，發大誓願者，生彼國已，佛順機説法，令斷見思，故名羅漢。如別教七住，斷見思之類，非實聲聞也。蓋藏通二教，不聞他方佛名。今聞彌陀名號，信願往生，總屬別圓二教所攝機矣！

（戊）二結示。

舍利弗！彼佛國土，成就如是功德莊嚴。

佛及聲聞、菩薩，並是彌陀因中願行所成。亦是果上一成一切成。是則佛、菩薩、聲聞，各各非自非他，自他不二，故云「成就如是功德莊嚴」。能令信願持名者，念念亦如是成就也。上重重無盡，總歸極於一聲名號。初廣陳彼土依正妙果，以啓信竟。

（乙）二、特勸衆生應求往生以發願。二：初、揭示無上因緣；此科關係極大。二、特勸淨土殊勝。謂帶業往生，横出三界，同居横具四土，開顯四教法輪，衆生圓淨四土，圓見三身，圓證三不退，人民皆一生成佛。如是等勝異超絶，全在此二科點示，須諦研之。（丙）今初〔二〕。

又舍利弗！極樂國土，衆生纔**生**彼土**者，皆是**三種**阿鞞跋致。其**三不退**中多有一生補處，其數甚多，非是算數所能知之，但可以無量無邊阿僧祇説。**

阿鞞跋致，此云不退。一、位不退：入聖流，不墮凡地；二、行不退：恒度生，不墮二乘地；三、念不退：心心流入薩婆若海。若約此土，藏初果，通見地，别初住，圓初信，名位不退；通菩薩，别十行，圓十信，名行不退；别初地，圓初住，名念

〔二〕「今初」，要解講義作「初揭示無上因緣」。

不退。今浄土，五逆十惡，十念成就，帶業往生，居下下品者，皆得三不退〔二〕。然據教道，若是凡夫，則非初果等；若是二乘，則非菩薩等；若是異生，則非同生性等。又念不退，非復異生；行不退，非僅見道；位不退，非是人民。躐等則成大妄，進步則捨故稱。唯極樂同居，一切俱非，一切俱是。十方佛土無此名相，無此階位，無此法門。極樂浄宗，如此如此。非心性之極致，持名之奇勳，彌陀之大願，何以有此！一生補處者，只一生補佛位，如彌勒、觀音等。極樂人民普皆一生成佛，人人必實證補處，故其中多有此等上善，不可數知也。復次，釋迦一代時教，惟華嚴明一生圓滿。而一生圓滿之因，則末後普賢行願品中，十大願王，導歸安養，且以此勸進華藏海衆。嗟乎！凡夫例登補處，奇倡極談，不可測度。華嚴所稟，卻在此經。而天下古今，信尠疑多，辭繁義蝕，余唯有剖心瀝血而已！

（丙）二、特勸〔三〕。

舍利弗！如上無上大事因緣。**衆生**幸得**聞者，應當發願，願生彼國。所以者何？得與如是**不可

〔二〕「皆得三不退」下，要解講義有「也」字。

〔三〕「勸」下，要解講義有「浄土殊勝」四字。

算數一生補處。

諸上善人，俱會一處。

前羅漢菩薩，但可云善人。唯補處居因位之極，故云上。其數甚多，故云諸。俱會一處，猶言凡聖同居。尋常，由實聖過去有漏業，權聖大慈悲願，故凡夫得與聖人同居。至實聖灰身，權聖機盡，便升沈碩異，苦樂懸殊。乃暫同，石火電光。非究竟同也。又天壤之間，見聞者少，幸獲見聞，親近步趨者少。又佛世聖人縱多，如珍如瑞，不能徧滿國土，如衆星微塵。又居雖同，而所作所辨則迥不同。今同以無漏不思議業，多善根福德因緣。感生俱會一處，得生彼國。爲師友，如壎如篪。同盡無明，同登妙覺。是則下凡衆生，於念不退中，超盡四十一因位。若[二]謂是凡夫，卻不歷異生，必補佛職，與觀音、勢至無別。若謂是一生補處，卻可名凡夫，不可名等覺菩薩。此皆教網所不能收，方是極樂浄宗。刹網所不能例。當知吾人大事因緣，同居一關，最難透脱。實話。唯極樂同居，超出十方同居之外，了此，方能深信彌陀願力。信佛力，方能深信名號功德。信持名，方能深信吾人心性本不可思議也。具此深信，方能發於大願。文中應當二字，即指深信。深信發願，即無上菩提。合此信願，的爲浄土指南。由此而執持名號，乃

[二]「若」，要解講義無。

爲正行。若信願堅固，臨終十念一念，亦決得生。若無信願，縱將名號持至風吹不入，雨打不溼，如銀牆鐵壁相似，亦無得生之理。世有此一輩，以持名壓捺妄想，不知求生，故爲極力道破。修淨業者，不可不知也。大本阿彌陀經，亦以發菩提願爲要，正與此同。

（乙）三、正示行者執持名號以立行。二：初、正示無上因果；二、重勸。（丙）今初。

舍利弗！不可以少善根福德因緣，得生彼國。舍利弗！若有善男子、善女人，聞説阿彌陀佛，執持名號。若一日、若二日、若三日、若四日、若五日、若六日、若七日，一心不亂。其人臨命終時，阿彌陀佛與諸聖衆現在其前。是人終時，心不顛倒，即得往生阿彌陀佛極樂國土。

菩提正道，名善根，即親因。種種助道，施戒禪等，名福德，即助緣。聲聞、緣覺，菩提善根少，人天有漏福業福德少，皆不可生淨土。唯以願信執持名號，則一一聲悉具多善根福德。散心稱名，福善亦不可量，況一心不亂哉！故使感應道交，文成印壞。彌陀聖衆，不來而來，親垂接引；行人心識，不往而往，託質寶蓮也。善男女者，不論出家、在家，貴賤、老少，六趣、四生，但聞佛名，即多劫善根成熟，五逆十惡，皆名善也。阿彌陀佛，是萬德洪名，以名召德，圓極語。罄無不盡。故即以執持名號爲正行，不必更涉觀想、參究等行。至簡易，至直捷也。聞而信，信而願，乃肯執持〔二〕。不信不願，與不聞等。雖爲遠因，不名聞慧。執持，則念念憶佛名號，故是思慧。然有事持理持：可訂久謌。事持者，信有西方阿彌陀佛，而未達是心作佛，是心是佛，但以決志願生故，如子憶母，無時暫忘；理持者，信西方阿彌陀佛，是我心具，是我心造，即以自心所具所造洪名，爲繫心之境，令不暫忘也。仍不廢事。一日至七日者，剋期辨事也。利根一日即不亂，鈍根七日方不亂，中根二、三、四、五、六日不定。此初學要期之法。下根則有若干七日，亦是隨樂剋期之法。又利根能七日不亂，此久學練習之法。鈍根僅一日不亂，上根則有若干七日。中根六、五、四、三、二日不定。一心亦二種：不論事持理持，可訂久謌。持至伏除煩惱，乃至見思先盡，皆事一心；不論事持理持，持至心開，見本性佛，皆理一心。事一心，不爲見思所亂，理一心，不爲二邊所亂，即修慧也。字字引商刻羽。不爲見思亂，故感變化身，佛及諸聖衆現前，心不復起娑婆界中三有顛倒，往生同居、方便二種極樂世界；不爲二邊亂，故感受用身，佛及諸聖衆現前，心不復起生死、涅槃二見顛倒，往生實報、寂光二種極樂世界。當知執持名號，即簡易直捷，仍至頓至

〔二〕「乃肯執持」下，要解講義有小字「行也」。

圓。以念念即佛故，不勞觀想，不必參究，當下圓明，無餘無欠。上上根，不能踰其閫；以念念即佛故。下下根，亦能臻其域。以念念即佛故。其所感佛，所生土，往往勝進，方是極樂淨宗。亦不一概。可謂横該八教，豎徹五時。圓收所以圓超。所以徹底悲心，無問自說，且深歎其難信也。問：「觀經專明作觀，何謂不勞觀想？」答：「此義即出觀經，彼經因勝觀，非凡夫心力所及，故於第十三，别開劣像之觀。兼爲觀經發蒙〔一〕。而障重者，猶不能念彼佛，故於第十六大，開稱名之門。此念字謂觀想，出觀經〔二〕。今經因末世障重者多，故專主第十六觀。當知人根雖鈍，而丈六八尺之像身，無量壽佛之名字，未嘗不心作心是。故觀劣者，不勞勝觀；而稱名者，並不勞觀想也。」問：「天奇、毒峰諸祖，皆主參念佛者是誰，何謂不必參究？」答：「此義即出天奇諸祖，前祖因念佛人不契釋迦徹底悲心，故傍不甘，直下詰問，一猛提醒，何止長夜復旦。我輩至〔三〕今日，猶不肯死心念佛，真宗之脱離窠臼老〔四〕作家。苦欲執敲門瓦子，向屋裏打親生爺娘。則

〔一〕要解講義無小字「兼爲觀經發蒙」。
〔二〕要解講義無小字「此念字謂觀想，出觀經」。
〔三〕「我輩至」，要解講義作「我等」。
〔四〕「老」上，廣陵本有「如此」二字。

於諸祖，成惡逆，非善順也。」進問：「此在肯心者則可，未肯者何得相應？」曰：「噫！正唯未肯，所以要你肯心相應。汝等正信未開，如生牛皮不可屈折。當知有目者，固無日下然燈之理，而無目者，亦何必於日中苦覓燈炬。平常之極愚者，未免驚其孤峻，所謂難信之法也。大勢至法王子云：『不假方便，自得心開。』此一行三昧中，大火聚語也。敢有觸者，寧不被燒。」問：「臨終佛現，寧保非魔？」答：「修心人不作佛觀，而佛忽現，非本所期，故名魔事。念佛見佛，已是相應。況臨終，非致魔時，何須疑慮。」問：「七日不亂，平時耶？臨終耶？」答：「平時也。」問：「七日不亂之後，復起惑造業，亦得生耶？」答：「果得一心不亂之人，無更起惑造業之事。」寶鑑照妖。問：「大本十念，寶王一念，平時耶？臨終耶？」答：「十念通二時：晨朝十念，屬平時；十念得生，與觀經十念稱名同，屬臨終時；一念則但約臨終時。」問：「十念一念並得生，何須七日？」答：「若無平時七日工夫，安有臨終十念一念？確確。縱下下品逆惡之人，並是夙因成熟，故感臨終遇善友，聞便信願。此事萬中無一，豈可僥倖！净土或問斥此最詳，今人不可不讀。」問：「西方去此十萬億土，何得即生？」答：「十萬億土，不出我現前一念心性之外，以心性本無外故。又仗自心之佛力接引，何難即生。如鏡中照數十層山水樓閣，層數宛然，實無遠近，一照俱了，見無先後。從是西方過十萬億佛土，有世界名曰極樂，亦如是；其土有佛號阿彌陀，今現在說法，亦如是；其人臨命終時，阿彌陀佛與諸聖衆現在其前，是人終時，心不顛倒，即得往生阿彌陀佛極樂國土，亦如是。當知字字皆海印三昧，大圓鏡智之靈文也。」問：「持名判行行，則是助行，何名正行？」答：「依一心說信、願、行，非先後，非定三。蓋無願行，不名真信；無行信，不名真願；無信願，不名真行。今全由信、願、持名，故信、願、行三，聲聲圓具，所以名多善根福德因緣。觀經稱佛名故，念念中除八十億劫生死之罪，此之謂也。若福善不多，安能除罪如此之大。」問：「臨終猛切，能除多罪。平日至心稱名，亦除罪否？」答：「如日出，群闇消，稱洪名，萬罪滅。」問：「散心稱名，亦除罪否？」答：「名號功德，不可思議，寧不除罪，但不定往生。以悠悠散善，難敵無始積罪故。當知積罪假使有體相者，盡虛空界，不能容受。雖百年晝夜，彌陀十萬，一一聲滅八十億劫生死[二]。然所滅罪，如爪上土；未滅罪，如大地土。唯念至一心不亂，則如健人突圍而出，非復三軍能制耳。然稱名便爲成佛種子，如金剛終不可壞。佛世一老人求出家，五百聖衆皆謂無善根。佛言：『此人無量劫前爲

[二] 「死」下，要解講義有「之罪」二字。

虎偪，失聲稱南無佛，今此善根成熟，值我得道，非二乘道眼所知也。』由此觀之，法華明過去佛所，散亂稱名，皆已成佛，豈不信哉〔一〕！」伏願緇素智愚，於此簡易、直捷、無上圓頓法門，勿視爲易，而漫不策勤；勿視爲淺，而妄致藐輕；勿視爲深，而弗敢承任。蓋所持之名號，真實不可思議；即心故。能持之心性，亦真實不可思議。即佛故。持一聲，則一聲不可思議；持十百千萬無量無數聲，聲聲皆不可思議也。讀者當知此優曇鉢羅出現時也。

（丙）二、重勸。

舍利弗！我見是利，故説此言。若有衆生，聞是説者，應當發願，生彼國土。

我見者，佛眼所見，究盡明了也。是利者，横出五濁，圓淨四土，直至不退位，盡是爲不可思議功德之利也。復次是利，約命終時心不顛倒而言。蓋穢土自力修行，生死關頭，最難得力。此解確甚令人骨寒。無論頑修狂慧，懵懂無功。即悟門深遠，操履潛確之人，儻分毫習氣未除，未免隨强偏墜。永明祖師，所謂「十人九蹉路，陰境若現前，瞥爾隨他去。」此誠可寒心者也。初果昧於出胎，菩薩昏於隔陰。者裏豈容强作主

〔一〕「哉」，要解講義作「歟」。

辛，僥倖顢頇。唯有信願持名，仗他力故，佛慈悲願，定不唐捐。彌陀聖衆，現前慰導，故得無倒，自在往生。佛見衆生臨終倒亂之苦，切膚刻骨。特爲保任此事。所以殷勤再勸發願，以願能導行故也。問：「佛既心作心是，何不竟言自佛，而必以他佛爲勝，何也？」答：「此之法門，全在了他即自。若諱言他佛，則是他見未忘。妙。若偏重自佛，卻成我見顛倒。妙妙。又悉檀四益，後三益事不孤起。儻不從世界深發慶信，牙慧者能不瞠然。則欣厭二益生善破惡。尚不能生，何況悟入理佛，唯即事持，達理持，所以彌陀聖衆現前，即是本性明顯。往生彼土，見佛聞法，即是成就慧身，不由他悟。法門深妙，破盡一切戲論，斬盡一切意見，唯馬鳴、龍樹、智者、永明之流，徹底擔荷得去。其餘世智辯聰，通儒禪客，盡思度量，確確。愈推愈遠。又不若愚夫婦老實念佛者，確確。爲能潛通佛智，暗合道妙也。我見是利，故說此言。分明以佛眼佛音，印定此事，豈敢違抗，不善順入也哉！二正宗分竟。

（甲）三、流通分。信願持名一法，圓收圓超一切法門。豎與一切法渾同，明白之極。橫與一切法門迴異。諸經論中，亦有橫義。乃隨斷惑淺深，即於同居見上三土，是則約證名橫，約斷仍豎也。既無問自說，誰堪倡募流通？唯佛與佛，乃能究盡諸法門實相。此經唯佛境界，唯佛佛可與流通耳。文爲二：初、普勸；二、結勸。（乙）初中三：初、勸信流通；二、勸願流通；三、勸行流通。(丙)初中二：初、略引標題；二、徵釋經題。

(丁)初中六：初、東方，至六、上方。唐譯十方，今略攝〔一〕故。(戊)今初。

舍利弗！如我今者，讚歎阿彌陀佛不可思議功德之利。東方亦有阿閦鞞佛、須彌相佛、大須彌佛、須彌光佛、妙音佛，如是等恒河沙數諸佛，各於其國，出廣長舌相，徧覆三千大千世界，説誠實言：「汝等衆生，當信是稱讚不可思議功德一切諸佛所護念經。」

不可思議，略有五意：一、橫超三界，不俟斷惑；二、即西方橫具四土，非由漸證〔二〕；不退一生等義皆攝第二義中。三、但持名號，不假禪觀諸方便；大有功於浄土。四、一七爲期，不藉多劫多生多年月；五、持一佛名，即爲諸佛護念，不異持一切佛名。此皆導師大願行之所成就，故曰：「阿彌陀佛不可思議功德之利。」又行人信願持名，全攝佛功德成自功德，伶俐者少。故亦曰：「阿彌陀佛不可思議功德之利。」下又曰：「諸佛不可思議功德，我不可思議功德，是諸佛釋迦，皆以阿彌爲自也。」阿閦鞞，此云無動。佛有無量德，應有無量名。隨機而立，或取因，或取果，或性，或相，或行願等。雖舉一隅，仍具四悉，隨一

〔一〕「攝」，要解講義作「取」。
〔二〕「證」，要解講義作「進」。

一名，顯所詮德，劫壽説之，不能悉也。東方虚空不可盡，世界亦不可盡。世界不可盡，住世諸佛，亦不可盡，略舉恒河沙耳。此等諸佛，各出廣長舌，勸信此經。而衆生猶不生信，頑冥極矣！常人三世不妄語，舌能至鼻。藏果頭佛，三大僧祇劫不妄語，舌薄廣長可覆面。今證大乘淨土妙門，所以徧覆三千，表理誠稱真，事實非謬也。標出經題，流通之本。什師順此方好略，譯今題，巧合持名妙行。奘師譯云：「稱讚淨土佛攝受經」，文有詳略，義無增減。（戊）二、南方。

舍利弗！南方世界，有日月燈佛、名聞光佛、大燄肩佛、須彌燈佛、無量精進佛，如是等恒河沙數諸佛，各於其國，出廣長舌相，徧覆三千大千世界，説誠實言：「汝等衆生，當信是稱讚不可思議功德一切諸佛所護念經。」

（戊）三、西方。

舍利弗！西方世界，有無量壽佛、無量相佛、無量幢佛、大光佛、大明佛、寶相佛、淨光佛，如是等恒河沙數諸佛，各於其國，出廣長舌相，徧覆三千大千世界，説誠實言：「汝等衆生，當信是稱讚不可思議功德一切諸佛所護念經。」

無量壽佛，與彌陀同名，十方各方面，同名諸佛無量也。然即是導師亦可，爲度衆生，不妨轉讚釋迦如來所説。

（戊）四、北方。

舍利弗！北方世界，有燄肩佛、最勝音佛、難沮佛、日生佛、網明佛，如是等恒河沙數諸佛，各於其國，出廣長舌相，徧覆三千大千世界，説誠實言：「汝等衆生，當信是稱讚不可思議功德一切諸佛所護念經。」

（戊）五下方

舍利弗！下方世界，有師子佛、名聞佛、名光佛、達磨佛、法幢佛、持法佛，如是等恒河沙數諸佛，各於其國，出廣長舌相，徧覆三千大千世界，説誠實言：「汝等衆生，當信是稱讚不可思議功德一切諸佛所護念經。」

此界水輪、金輪、風輪之下，復有下界，非非想天等，乃至重重無盡也。「達磨」，此云法。

（戊）六上方

舍利弗！上方世界，有梵音佛、宿王佛、香上佛、香光佛、大燄肩佛、雜色寶華嚴身佛、娑羅樹王佛、寶華德佛、見一切義佛、如須彌山佛，如是等恒河沙數諸佛，各於其國，出廣長舌相，徧覆三千大千世界，説誠實言：「汝等衆生，當信是稱讚不可思議功德一切諸佛所護念經。」

此界非非想天之上，復有上界風輪、金輪及三界等，重重無盡也。問：「諸方必有浄土，何偏讚西方？」答：「此亦非善問。妙答。假使讚阿閦佛國，汝又疑偏東方！展轉戲論。」問：「何不偏緣法界？」細研〔二〕下答，亦非善問。答：「有三義：令初機易標心故，阿彌本願勝故，佛與此土衆生偏有緣故。蓋佛度生，生受化，其間難易淺深，總在於緣。緣之所在，恩德弘深，願勝。種種教啓，標心。能令歡喜信入，歡喜。能令觸動宿種，生善。能令魔障難遮，破惡。能令體性開發。入理。諸佛本從法身垂迹，固結緣種。若世出世，悉不可思議。尊隆於教乘，世界。舉揚於海會，爲人。沁入於苦海，對治。慈契於寂光。第一義。所以萬德欽承，群靈拱極。當知佛種從緣起，緣即法界。一念一切念，一生一切生。一香一華，一聲一色，乃至受懺授記，摩頂垂手，十方三世，莫不偏融。故此增上緣因，名法界緣起，此正所謂偏緣法界者也。淺位人，便可決志專求；本不出法界外。深位人，亦不必捨西方而別求華藏。何以加於法界。若謂西方是權，華藏是實，西方小，華藏大者，全墮衆生偏計執情，以不達權實一體，大小無性故也。」解千餘年之惑。

〔二〕「細研」，要解講義作「研究」。

（丁）二、徵釋經題。

舍利弗！於汝意云何？稱讚功德之名，上來已群言矣。**何故名爲一切諸佛所護念經耶**〔二〕**？舍利弗！若有善男子、善女人，聞是經受持者，及聞諸佛名者，是諸善男子、善女人，皆爲一切諸佛之所護念，皆得不退轉於阿耨多羅三藐三菩提。是故舍利弗！汝等皆當信受我語，及諸佛所説。**

此經獨詮無上心要，諸佛名字，並詮無上圓滿究竟萬德，故聞者皆爲諸佛護念。又聞經受持，即執持名號。阿彌名號，諸佛所護念故。問：「但聞諸佛名，而未持經，亦得護念不退耶？」答：「此義有局有通。占察謂雜亂垢心，雖誦我名，而不爲聞。以不能生決定信解，但獲世間善報，不得廣大深妙利益。若到一行三昧，則成廣大微妙行心，名得相似無生法忍，及爲得聞十方佛名。此亦應爾，故須聞已執持，至一心不亂，方爲聞諸佛名，蒙諸佛護念，此局義也。通義者，諸佛慈悲，不可思議；名號功德，亦不可思議。故一聞佛名，不論有心無心，若信若否，皆成緣種。況佛度衆生，

〔二〕「耶」，要解講義無。

不簡怨〔二〕親，恒無疲倦。苟聞佛名，佛必護念，又何疑焉。然據金剛三論，根熟菩薩，爲佛護念，位在别地圓住。蓋約自力，必入同生性，乃可護念。今仗他力，故相似位，即蒙護念。乃至相似位以還，亦皆有通護念之義。下至一聞佛名，於同體法性，有資發力，亦得遠因，終不退也。」阿耨多羅，此云無上。三藐三菩提，此云正等正覺，即大乘果覺也。圓三不退，乃一生成佛異名，故勸身子等，皆當信受。聞名功德如此，釋迦及十方諸佛，同所宣説，可不信乎！初勸信流通竟。

（丙）二、勸願流通。

舍利弗！若有人已發願、今發願、當發願，欲生阿彌陀佛國者，是諸人等，皆得不退轉於阿耨多羅三藐三菩提。於彼國土，若已生、若今生、若當生。是故舍利弗！諸善男子、善女人，若有信者，應〔三〕當發願，生彼國土。

已願已生，今願今生，當願當生。正顯依信所發之願無虚也。非信，不能發願；非願，信亦不生。故云若有信者，應當發願。又願者，信之券，行之樞，尤爲要務。舉

〔二〕「怨」下，要解講義有小字「音寃」。
〔三〕「應」下，要解講義有「平聲」二小字。

願則信行在其中，所以殷勤三勸也。復次，願生彼國，即欣厭二門：厭離娑婆，與依苦集二諦所發二種弘誓相應；欣求極樂，與依道滅二諦所發二種弘誓相應。此皆净宗指訣，世人多夢夢不了，所以雖修無功。故得不退轉於大菩提道。問：「今發願但可云當生，何名今生？」答：「此亦二義：一、約一期名今，現生發願持名，臨終定生净土；有此義，方使一生要期非謬。二、約〔二〕剎那名今，一念相應，一念生，念念相應，念念生。有此義方能深入一行三昧。妙因妙果，不離一心。如稱兩頭低昂時等，何俟娑婆報盡，方育珍池。只今信願持名，蓮萼光榮，金臺影現，此即理之事，非徒論理。便非娑婆界內人矣。極圓極頓，難議難思。唯有大智，方能諦信。」

（丙）三、勸行流通二：初、諸佛轉讚；二、教主結歎。（丁）今初。

舍利弗！如我今者，稱讚諸佛不可思議功德。彼諸佛等，亦稱讚我不可思議功德。而作是言：「釋迦牟尼佛能爲甚難希有之事，能於娑婆國土五濁惡世，劫濁、見濁、煩惱濁、衆生濁、命濁中，得阿耨多羅三藐三菩提。爲諸衆生説是一切世間難信之法。」此句重在持名，故是勸行。

〔二〕「約」下，要解講義有「一」字。

諸佛功德智慧，雖皆平等，而施化則有難易。淨土成菩提易，濁世難；爲淨土衆生說法易，爲濁世衆生難；爲濁世衆生說漸法猶易，說頓法難；爲濁世衆生說餘頓法猶易，說淨土橫超頓法尤難；爲濁世衆生說淨土橫超頓修頓證妙觀，已自不易，說此無藉劬勞修證，但持名號，徑登不退，奇特勝妙，超出思議，第一方便，更爲難中之難。故十方諸佛，無不推我釋迦偏爲勇猛也。劫濁者，濁法聚會之時。劫濁中，非帶業橫出之行，突圍而出。必不能度。見濁者，五利使邪見增盛，謂身見、邊見、見取、戒取及諸邪見，昏昧汩沒，故名爲濁。見濁中，非不假方便之行，意見不容。必不能度。煩惱濁者，五鈍使煩惑增盛，謂貪、瞋、癡、慢、疑，煩動惱亂，故名爲濁。煩惱濁中，非即凡心是佛心之行，無取無捨。必不能度。衆生濁者，見煩惱所感麤弊五陰和合，假名衆生，色心並皆陋劣，故名爲濁。衆生濁中，非欣厭之行，取捨熾然。必不能度；命濁者，因果並劣，壽命短促，乃至不滿百歲，故名爲濁。命濁中，非不費時劫，不勞勤苦之行，應量而飽。必不能度。復次，祇此信願，莊嚴一聲阿彌陀佛，轉劫濁，爲清淨海會；轉見濁，爲無量光；轉煩惱濁，爲常寂光；轉衆生濁，爲蓮華化生；轉命濁，爲無量壽。故一聲阿彌陀佛，即釋迦本師，於五濁惡世所得之阿耨多羅三藐三菩提法。淨宗千古之蘊，一旦發盡希有哉！

今以此果覺全體授與濁惡衆生，乃諸佛所行境界，唯佛與佛能究盡，非九界自力所能信解也。諸衆生，别指五濁惡人。一切世間，通指四土器世間、九界有情世間也。

（丁）二、教主結歎。前勸信流通，是諸佛付囑。此本師付囑，囑語略别從通，但云一切世間，猶前諸佛所云：「汝等衆生。」當知文殊、迦葉等，皆在所囑也。

舍利弗！當知我於五濁惡世行此難事，得阿耨多羅三藐三菩提。爲一切世間，説此難信之法，是爲甚難。

信願持名一行，不涉施爲，圓轉五濁，唯信乃入，非思議所行境界。設非本師來入惡世，示得菩提，以大智、大悲，見此、行此、説此，衆生何由稟此也哉！然吾人處劫濁中，決定爲時所囿，爲苦所偪；此五段應與五必不能度之訓合觀。處見濁中，決定爲邪智所纏，邪師所惑〔二〕；處煩惱濁中，決定爲貪欲所陷，惡業所螯；處衆生濁中，決定安於臭穢而不能洞覺，甘於劣弱而不能奮飛；處命濁中，決定爲無常所吞，石火電光，措手不及，若不深知其甚難，將謂更有别法可出五濁。當知甚難之旨，從未經道破。確然，確然。熢焞宅裏，戲論紛然。唯深知其甚難，方肯死盡偷心，寳此一行。功在萬世。此本師所

〔二〕「邪師所惑」，廣陵本無。

以極口説其難甚，而深囑我等當知也。初普勸竟。

(乙)二結勸

佛説此經已，舍利弗及諸比丘，一切世間天、人、阿修羅等，聞佛所説，歡喜信受，作禮而去。

法門不可思議，難信、難知，無一人能發問者。佛智鑑機，知衆生成佛緣熟，無問自説。令得四益，如時雨化，故歡喜信受也。身心怡悦，名歡喜；毫無疑惑，名信；領納不忘，名受；感大恩德，投身歸命，名作禮；依教修持，一往不退[一]，名而去[二]。

經云：「末法億億人修行，罕一得道，唯依念佛得度。」嗚呼！今正是其時矣。捨此不思議法門，其何能淑！吐心吐膽。

旭出家時，宗乘自負，藐視教典，妄謂持名，曲爲中下。後因大病，現身説法。發意西歸。復研妙宗、圓中二鈔及雲棲疏鈔等書，始知念佛三昧，實無上寶王。方肯死心執持名號，萬牛莫挽也。吾友去病，久事淨業，欲令此經大旨，辭不繁而炳著，請余爲述要解。余欲普與法界有情，同生極樂，理不可卻。言有不獲已者。舉筆於丁亥順治四年[三]。九月二十有七，脱稿於十月初五，凡九日告成。所

[一]「一往不退」下，廣陵本有「報恩流通」。

[二]「名而去」下，廣陵本有「盡未來際，化他四益無盡也」。

[三]「順治四年」，廣陵本無。

願一句一字，咸作資糧，一見一聞，同階不退。字字道實，果然果然。信疑皆植道種，讃謗等歸解脱。仰唯諸佛菩薩攝受證明，同學友人隨喜加被。西有道人蕅益智旭，閣筆故跋。時年四十有九。

原　跋

經云：「三界唯心，萬法唯識。」古人云：「念自性彌陀，生唯心浄土。」合觀之，是心作佛，是心是佛，心外無佛，佛外無心之義明矣！後人不達，捨西方極樂，别言唯心浄土；捨萬德慈尊，别言自性彌陀。不幾心外有佛，佛外有心耶？靈峰大師深悟心性無外之體，特爲此經，拈出要解。一展讀時，信願持名，人可自操其券。不唯言簡意周，且使希有甚難之宗，如聲鼓鐸。盡開經藏，無復匱藏。誠古今所未有也！名曰「要解」，其斯爲無上心要矣乎！古吴浄業弟子正知去病氏謹識。

歙浦講録跋

此本係性旦癸巳歲，在歙浦栖雲院所聽録者。於時隨允持循、蒼暉晟、堅密時諸公之後，獲聞法要。覺老人此翻，心膽盡吐，蓋祕密之藏，會當大啓於今時，非偶然也。

因退而紀之。甲午冬，老人病中口授數處令改正，此本遂稱允當。及老人西逝，順治十二年〔二〕。性旦以病拙藪逋，薄福多障，無緣流通闡播。聊識其後，以誌不忘云。庚子夏，華陽學人性旦拭涕跋。

附録　無量壽經四十八願照隋慧遠疏〔三〕願標題，以便醒目。

阿彌陀佛，於世自在王佛時，作大國王，聞佛説法，心懷悦豫，尋發道意，棄國捐王，行作沙門，號曰「法藏」。復詣佛前，禮足右繞，長跪合掌，以頌讚佛。頌讚已畢，而白佛言：「我發無上正覺之心，願佛爲我敷演諸佛如來浄土之行。我聞此已，當如説修行，成滿所願。」時世自在王佛知其高明，志願廣大，即爲廣説二百一十億諸佛刹土，天人善惡，國土粗妙，應其心願，悉現與之。法藏即一其心，具足五劫，思惟修習。如是修已，復白佛言：「我已攝取莊嚴佛土，清浄之行。」佛告比丘：「汝今可説，悦可大衆。」比丘白佛：「唯垂

〔二〕「順治十二年」，廣陵本無。
〔三〕「隋慧遠疏」，指隋慧遠法師無量壽經義疏，全二卷，收録於大正藏三十七册中。

聽察，如我所願，當具説之。」于是發此四十八願。此一一願，皆爲阿彌陀佛西方浄土之最初緣起。念佛求生之士，不可不知，故爲附録於此。

此下正説之文，於中合有四十八願。義要唯三，文別有七。義要三者：一、攝法身願；二、攝浄土願；三、攝衆生願。四十八中，十二、十三及第十七，是攝法身；第三十一、第三十二，是攝浄土；餘四十三，是攝衆生。文別七者：初十一願，爲攝衆生；次有兩願，是其第二，爲攝法身；次有三願，是其第三，重攝衆生；次有一願，是其第四，重攝法身；次有十三，是其第五，爲攝衆生；次有兩願，是其第六，爲攝浄土；下有十六，是其第七，重攝衆生。

第一、國無惡道願：設我得佛，國有地獄、餓鬼、畜生者，覺。

第二、不更惡道願：設我得佛，國中天人〔二〕壽終之後，復更三惡道者，不取正覺。

第三、身真金色願：設我得佛，國中天人不悉真金色者，不取正覺。

第四、形色相同願：設我得佛，國中天人形色不同，有好醜者，不取正覺。

〔二〕「天人」，中華大藏經作「人天」。

第五、宿命智通願：　設我得佛，國中天人不識[一]宿命，下至知百千億那由他諸劫事者，不取正覺。

第六、天眼普見願：　設我得佛，國中天人不得天眼，下至見百千億那由他諸佛國者，不取正覺。

第七、天耳普聞願：　設我得佛，國中天人不得天耳，下至聞百千億那由他諸佛所説不悉[二]受持者，不取正覺。

第八、他心悉知願：　設我得佛，國中天人不得見他心智，下至知百千億那由他諸佛國中衆生心念者，不取正覺。

第九、神足無礙願：　設我得佛，國中天人不得神足於一念頃，下至不能超過百千億那由他諸佛國者，不取正覺。

第十、不貪計身願：　設我得佛，國中天人若起想念貪計身者，不取正覺。

第十一、住定證滅願：　設我得佛，國中天人不住定聚，必至滅度者，不取正覺。

[一]「識」，中華大藏經作「悉」。

[二]「悉」，永樂南藏作「得」。

就初段中，初有兩願，願生無苦；　後之九願，願生得樂。無苦中，初一願其自國無苦：「設我得佛，國有地獄、餓鬼、畜生，不取正覺。」不取正覺者，諸願不滿，終不成佛。假設所願不滿得成，誓終不取。是故説言：「設我得佛，國有地獄、畜生、餓鬼，不取正覺。」餘亦如是。言地獄者，地下牢獄，是其苦處，故云「地獄」；　言餓鬼者，饑渴名餓，恐怯多畏，故名爲「鬼」；　言畜生者，此乃從生畜養爲名，一切世人，或爲噉食，或爲驅使，畜養此生，故云「畜生」。後之一願，願己國中有衆生命，終不向他國受苦。此之兩願，願生無苦。後九願生得樂之中：　初之兩願，願生身樂；　後之七願，願生心樂。心中五通各別爲一，漏盡分二，故有七願。

第十二、光明無量願：　設我得佛，光明有能限量，下至不照百千億那由他諸佛國者，不取正覺。

第十三、壽命無量願：　設我得佛，壽命有能限量，下至百千億那由他劫者，不取正覺。

第二段中，明攝法身，文相易知。

第十四、聲聞無數願：　設我得佛，國中聲聞有能計量，乃至三千大千世界，衆生悉成[二]緣覺，於百千劫悉共計校，知其數者，不取正覺。

第十五、隨願修短願： 設我得佛，國中天人壽命無能限量，除其本願，修短自在。若不爾者，不取正覺。

第十六、不聞惡名願： 設我得佛，國中天人乃至聞有不善名者，不取正覺。

第三段中，明攝衆生，文相易知。

第十七、諸佛稱歎願： 設我得佛，十方世界無量諸佛不悉咨嗟稱我名者，不取正覺。

第四段中，明攝法身，文相易知。

第十八、十念必生願[三]： 設我得佛，十方衆生至心信樂，欲生我國，乃至十念，若不生者，不取正覺。唯除五逆，誹謗正法。

第十九、臨終接引願： 設我得佛，十方衆生發菩提心，修諸功德，至心發願，欲生我國。臨壽終時，假令不與大衆圍繞，現其人前者，不取正覺。

第二十、欲生果遂願： 設我得佛，衆生聞我名號，繫念我國，植衆德本，至心迴向，欲

[二] 「悉成」，中華大藏經無。

[三] 「第十八、十念必生願」，唐善導大師認爲該願是阿彌陀佛的根本大願。

生我國。不果遂者，不取正覺。

第二十一、三十二相願：　設我得佛，國中天人不悉成滿三十二大人相者，不取正覺。

第二十二、一生補處願：　設我得佛，他方佛土諸菩薩衆來生我國，究竟必至一生補處。除其本願自在所化，爲衆生故，被弘誓鎧，積累德本，度脱一切。遊諸佛國，修菩薩行，供養十方諸佛如來，開化恒沙無量衆生，使立無上正真之道，超出常倫諸地之行，現前修習普賢之德。若不爾者，不取正覺。

第二十三、供養諸佛願：　設我得佛，國中菩薩承佛神力，供養諸佛，一食之頃，不能徧至無量無數〔二〕億那由他諸佛國者，不取正覺。

第二十四、供具隨意願：　設我得佛，國中菩薩在諸佛前現其德本，諸所求欲供養之具，若不如意者，不取正覺。

第二十五、演説妙智願：　設我得佛，國中菩薩不能演説一切智者，不取正覺。

第二十六、那羅延身願：　設我得佛，國中菩薩不得金剛那羅延身者，不取正覺。

第二十七、一切嚴淨願：　設我得佛，國中天人，一切萬物，嚴淨光麗，形色殊特，窮微

〔二〕「無量無數」，徑山藏、清藏作「無數無量」。

極妙，無能稱量。其諸衆生乃至逮得天眼，有能明了辨其名數者，不取正覺。

第二十八、道樹高顯願：設我得佛，國中菩薩乃至少功德者，不能知見其道場樹無量光色高四百萬里者，不取正覺。

第二十九、誦經得慧願：設我得佛，國中菩薩若受讀經法，諷誦持説，而不得辯[二]才智慧者，不取正覺。

第三十、慧辯無限願：設我得佛，國中菩薩，智慧辯才，若可限量者，不取正覺。

第五段中：初三願、攝他國衆生；次一願、攝自國衆生；次一、還攝他國衆生；後八、還攝自國衆生。

第三十一、照見十方願：設我得佛，國土清浄，皆悉照見十方一切無量無數不可思議諸佛世界，猶如明鏡，覩其面像。若不爾者，不取正覺。

第三十二、寶香妙嚴願：設我得佛，自地已上，至於虚空，宫殿樓觀，池流華樹，國中所有一切萬物，皆以無量雜寶、百千種香而共合成。嚴飾奇妙，超諸天人。其香普熏十方世界，菩薩聞者，皆修佛行。若不爾者，不取正覺。

[二]「辯」，徑山藏、清藏作「佛」。

第六段中，明攝淨土，文顯可知。

第三十三、蒙光柔輭願：設我得佛，十方無量不可思議諸佛世界，衆生之類，蒙我光明，觸其體〔一〕者，身心柔輭，超過天人。若不爾者，不取正覺。

第三十四、聞名得忍願：設我得佛，十方無量不可思議諸佛世界，衆生之類，聞我名字，不得菩薩無生法忍，諸深總持者，不取正覺。

第三十五、脱離女身願：設我得佛，十方無量不可思議諸佛世界，其有女人，聞我名字，歡喜信樂，發菩提心，厭惡女身，壽終之後，復爲女像者，不取正覺。

第三十六、常修梵行願：設我得佛，十方無量不可思議諸佛世界，諸菩薩衆，聞我名字，壽終之後，常修梵行，至成佛道。若不爾者，不取正覺。

第三十七、天人致敬願：設我得佛，十方無量不可思議諸佛世界，諸天人民，聞我名字，五體投地，稽首作禮，歡喜信樂，修菩薩行。諸天世人，莫不致敬。若不爾者，不取正覺。

第三十八、衣服隨念願：設我得佛，國中天人欲得衣服，隨念即至。如佛所讚應法妙

〔一〕「體」，徑山藏、清藏作「身」。

服，自然在身。若有裁縫、染治、浣濯者，不取正覺。

第三十九、樂如漏盡願：設我得佛，國中天人所受快樂，不如漏盡比丘者，不取正覺。

第四十、樹中現刹願：設我得佛，國中菩薩隨意欲見十方無量嚴淨佛土，應時如意，於寶樹中皆悉照見。猶如明鏡，覩[一]其面像。若不爾者，不取正覺。

第四十一、諸根無缺願：設我得佛，他方國土諸菩薩衆，聞我名字，至於得佛，諸根缺漏，不具足者，不取正覺。

第四十二、清淨解脱願：設我得佛，他方國土諸菩薩衆，聞我名字，皆悉逮得清淨解脱三昧。住是三昧，一發意頃，供養無量不可思議諸佛世尊，而不失定意。若不爾者，不取正覺。

第四十三、聞名得福願：設我得佛，他方國土諸菩薩衆，聞我名字，壽終之後，生尊貴家。若不爾者，不取正覺。

第四十四、修行具德願：設我得佛，他方國土諸菩薩衆，聞我名字，歡喜踊躍，修菩薩行，具足德本。若不爾者，不取正覺。

[一]「覩」下，徑山藏、清藏有「見」字。

第四十五、普等三昧願：　設我得佛，他方國土諸菩薩衆，聞我名字，皆悉逮得普等三昧。住是三昧，至於成佛，常見無量不可思議一切如來〔二〕。若不爾者，不取正覺。

第四十六、隨願聞法願：　設我得佛，國中菩薩隨其志願所欲聞法，自然得聞。若不爾者，不取正覺。

第四十七、聞名不退願：　設我得佛，他方國土諸菩薩衆，聞我名字，不即得至不退轉者，不取正覺。

第四十八、得三法忍願：　設我得佛，他方國土諸菩薩衆，聞我名字，不即得至第一〔三〕、第二、第三法忍，於諸佛法不能即得不退轉者，不取正覺。

第七段中：　初五、攝取他國衆生；　次三、攝取自國衆生；　次五、還攝他國衆生；次一、還攝自國衆生；　後二、復攝他國衆生。

佛告阿難：「爾時，法藏比丘説此願已，以偈頌曰：『我建超世願，必至無上道，斯願不滿足，誓不成等覺。我於無量劫，不爲大施主，普濟諸貧苦，誓不成等覺。我至成佛

〔二〕「一切如來」，徑山藏、清藏作「諸佛」。
〔三〕「一」下，徑山藏、清藏有「忍」字。

道，名聲超十方，究竟靡所〔一〕聞，誓不成等覺。離欲深正念，浄慧修梵行，志求無上尊，爲諸天人師。神力演大光，普照無際土，消除三垢冥，明濟衆厄難。開彼智慧眼，滅此昏盲暗，閉塞諸惡道，通達善趣門。功祚成滿足，威曜朗十方，日月戢重暉，天光隱不現。爲衆開法藏，廣施功德寶，常於大衆中，説法師子吼。供養一切佛，具足衆德本，願慧悉成滿，得爲三界雄。如佛無礙智，通達靡不照，願我功德力，等此最勝尊。斯願若剋果，大千應感動，虚空諸天神，當雨珍妙華。』」佛語阿難：「法藏比丘説此頌已，應時普地六種震動，天雨妙華，以散其上。自然音樂空中讚言，決定必成無上正覺。」

〔一〕「所」，中華大藏經作「不」。

靈峰蕅益大師選定浄土十要第二

述曰：聞夫有行無教，必有墮坑落塹之虞；有教無行，還同説食數寶之誚。是故教即行也，行即教也。教行無乖，至理乃顯。故教行理三，皆名爲經。三經具足，是爲佛説；反是則波旬説，非佛説也。今稟斯義，謹奉慈雲懺主遵式所製往生浄土懺願儀及決疑行願二門，繼彌陀要解而列。行者得要之後，更能於此盡心焉。則不思議經王，不唯無剩語，亦復非義塗。而微妙要詮，不在佛，不在知識，卻在當人自己矣！隨自己教行所詣，分契理之淺深。隨契理淺深，立果位之差別。而此差別果位，要皆圓證三不退，一生同趣薩婆若海。是故差即無差，位次即非位次。誰謂一行三昧之外，別有法身向上事哉！此行最廣大，餘行則局；佛祖指南在此。此行最神速，餘行則殢；殢，替膩二音，困滯也。此行最不思議，餘行則可擬。其斯以爲三昧寶王也歟！行願儀，世傳爲大浄土懺；二門中行法，世傳爲小浄土懺。及晨朝十念，繫緣衆福二行，皆修浄業者必不可離。聖者作之於前，明者述之於後，我等如何肯自棄也。

往生淨土懺願儀[一]

宋耆山沙門遵式撰

沙門遵式，輒采大本無量壽經及稱讚淨土等諸大乘經，集此方法，流布諸後，普結淨緣。

原其諸佛憫物迷盲，設多方便而引取之。但唯安養淨業，捷直可修。諸大乘經，皆啓斯要。十方諸佛，無不稱美者也。若比丘四衆及善男女諸根缺具者，欲得速破無明諸闇，學者發心以此爲本。欲得永滅五逆十惡，以此爲急。犯禁重罪及餘輕過，當修此法。欲得還復清淨大小戒律，以此爲要。現前得念佛三昧及能具足一切菩薩諸波羅蜜門者，當學此法。欲得臨終離諸怖畏，以此爲切。身心安快，喜悦如歸，光照室宅，異香音樂。阿彌陀佛、觀音、勢至現在其前，送紫金臺，授手接引。五道橫截，九品長騖，謝去熱惱，安息清涼。初離塵勞，便至不退，不歷長劫，即得無生者，當學是法。欲修少法，以此爲大。而感妙報，十方諸佛俱時稱讚，現前授記。下皆妙報。一念供養，無央數佛即還本國，與彌陀坐食，觀音議論，勢至行步。眼、耳洞視徹聞，身量無際，飛空自在，宿命了了，徧見五道，如鏡面像，他心。念念證入

[一]「往生淨土懺願儀」前，中華大藏經有「一儀一門同卷　往生淨土懺願儀　往生淨土決疑行願二門」字樣。

無盡三昧。漏盡。如是稱述，不可窮盡，應當修習此之勝法。如所説者，皆實不虚。十方諸佛出廣長舌，稱美此事，以示不妄。我等云何敢不信佛。今取净土衆經，立此行法。若欲廣知，尋經補益，且聊爲十科説之。

一、嚴净道場；　二、明方便法；　三、明正修意；　四、燒香散華；　五、禮請法；　六、讚歎法；　七、禮佛法；　八、懺願法；　九、旋誦法；　十、坐禪法。

第一、嚴净道場

當選閒静堂室，一、處所。先去舊土，二、壇基。後於净處取新土，須地無瓦石，及先非穢染，用填其地。以香和塗，極令清净。次於其上懸新寶蓋，三、高處莊嚴。蓋中懸五雜旛，及徧室懸諸繒綵旛華。別無戲具之供。取好莊嚴，四、像設。安佛像西坐東向，觀音侍左，勢至侍右。像前列衆好華，五、像前莊嚴。及蓮華等，若安九往生像最好，無亦無妨。餘者嚴事，隨力安之。須如法雅重。次周設薦席，六、地下莊嚴。慮地卑溼。無氍毹之文，以佛頂經遮止故也。行人須新净衣，七、衣服。如絶無新净，即浣染身中上者，浴後披著，方入道場。應從門頰左右出入，八、出净。靴履齊正，不得雜亂。其所往時，所往謂登廁。須换故衣。沐浴後，卻著净衣。沐是浴後，洗頭、面、頸、臂。日日如是。次於道場，當自傾竭種種，供養三寶。九、供養。若不盡其所有供養，行法不專，必無感降。如絶無己物，方可外求。或果無己物，又果無可求，則乏種種供養，亦無過。行者十人已還，十、伴侣。多則不可。宜於六齋日建首。十一、建首。

第二、明方便法

行者欲入道場，身心散亂，須豫行方便。更有方便，前之預應知。當於七日營理別房，不得與道場同處。如無別屋，亦許共室。應日夜調習案試，及豫誦下五悔等文，極令精熟。即通染浣紉縫，及中辦事，餘治生雜務，即時併息。但念不久定生淨土，一心求懺，無有留難。各自剋期，不惜身命，定取淨業即時成就。不得一念思憶五塵。訶去愛欲，勤息恚癡。行人各有無始惡習，速求捨離，不爲正懺障礙。自當觀察何習偏重，至虛、至明、至精。訶棄調停，取令平復。勿使行法，唐喪其功。可以意解[一]。

第三、明正修意

大集，明七七日；鼓音王及大彌陀經，十日十夜；十六觀經及小彌陀經，明七日七夜。取此三等爲期，決不可減。言正修意者，天親論曰：「明何義？觀安樂世界，見阿彌陀佛，願生彼國土。云何觀？云何生信心？修五念門成就者，畢竟得生安樂國土，見阿彌陀佛。何等爲五？一者、禮拜門；二者、讚歎門；三者、作願門；四者、觀察門；

[一]「可以意解」，廣陵本無。

五者、迴向門。乃至菩薩巧方便迴向者，謂説禮拜等五種修行，所集一切功德善根，不求自身住持之樂，欲拔一切衆生苦故。作願攝取一切衆生，共生彼安樂佛國，是名菩薩巧方便迴向。如是善知迴向，得三種順菩提門：一者、無染清淨心，不爲自身求諸樂故；二者、安清淨心，以拔一切衆生苦故；三者、樂清淨心，令一切衆生得大菩提，以攝取衆生生彼國土故。」故全用論文，爲令正意。但加懺悔者，爲令除滅往生障故，爲順佛慈，速度生故。當須一心一意，滿七七日，乃至七日，晝夜六時，禮十方佛及彌陀世尊。若坐若行，皆勿散亂。不得如彈指頃念世五欲，及接對外人語論戲笑，亦不得[二]託事延緩，放逸睡眠。當於瞬息俯仰，繫念不斷。爲求往生，一心精進。問：「行法既多，云何一心？」答：「有理有事。一者、理一心，謂出入道場，乃至畢竟，雖涉衆事，皆是無性。不生不滅，法界一相，如法界緣，名理一心；二者、事一心，謂若[三]禮佛時，不念餘事，但專禮佛。誦經行道，亦復如是。是名事一心也。

第四、燒香散華此亦名三業供養。行者已淨三業，初入道場時，拈香訖，當正立，作如是思惟：「我爲衆生，

[二]「亦不得」，廣陵本無。

[三]「謂若」，廣陵本無。

發菩提心，願求浄土。故總禮三寶，廣修供養。三寶受供，必當念我。隨我請求，證知我願。」首者先當唱云：

「一切恭敬。

一心敬禮十方法界常住佛。總禮未須一一隨方想念，拜下，作如是想云：『己身及十方諸佛實相理體，本無能所，故無能禮所禮。想無能所，名法界海，願諸衆生同見同入。』

一心敬禮十方法界常住法。想同上。

一心敬禮十方法界常住僧。」想時，改諸佛爲賢聖。禮已，胡跪捧華。首者白：

「是諸衆等，各各胡跪。嚴持香華，如法供養。」各散華，和云：「供養十方法界三寶。」各執手鑪，廣運供養。想云：「願此香華徧十方，以爲微妙光明臺。諸天音樂天寶香，諸天餚饍天寶衣，不可思議妙法塵。一一塵出一切塵，一一塵出一切法。旋轉無礙互莊嚴，徧至十方三寶前。十方法界三寶前，皆有我身修供養。一一皆悉徧法界，彼彼無雜無障礙。盡未來際作佛事，普熏法界諸衆生。蒙熏皆發菩提心，同入無生證佛智。」想已，大衆仍執手鑪，口〔一〕發是言：

「願此香華雲，徧滿十方界。供養一切佛，尊法諸菩薩，無量聲聞衆。以起光明臺，過於無邊界。無邊佛土中，受用作佛事。普熏諸衆生，皆發菩提心。」皆發下一句接和，供養下獨唱：

〔一〕「口」，廣陵本作「復」。

「供養已，一切恭敬。」拜，如前總禮作想。下讚歎五悔、三歸、共九拜，皆如前作想。

第五、禮請法當更添香，如前胡跪。執香鑪，端意勤重，徧請三寶來入道場。不可輕率，延屈至尊。當須三業併切，一心奉請。若不爾者，虚請無益。各想一一如來，隨其方面，領諸眷屬入我道場。如住目前，叜塞虚空。不得刹那起於雜念。但初入日迎請，餘時不用。首人唱云：

「一心奉請南無本師釋迦牟尼佛。釋迦是我等師，説諸大乘，令我修浄土業，故須初請。當各運心感此恩德。如是三請，每一徧請時，想云：『我三業性如虚空，釋迦如來亦如是。不起真際爲衆生，與衆俱來受供養。』下去例爲三請。

一心奉請南無過去久遠劫中定光佛、光遠佛、龍音佛等五十三佛。五十三佛，即法藏比丘未出世前，次第有此諸佛。五十四方是世自在王佛，爲法藏師。請時應知之。想偈同前，但改佛名。

一心奉請南無過去久滅世自在王佛。世王佛即法藏本師。依彼佛所，發四十八願。請時須知之。偈同前。改云自在王佛亦如是。此佛并前五十三佛，出大本無量壽經。

一心奉請南無十方現在不動佛等，盡十方河沙浄土一切諸佛。此十方諸佛，皆出廣長舌相，徧覆大千，稱讚極樂。是故須請，求護念故。出稱讚浄土經。請時應想從彼十方來。改偈云十方諸佛亦如是。餘皆同前。

一心奉請南無往世七佛、現在[二]賢劫千佛、三世一切諸佛。

一心奉請南無極樂世界阿彌陀佛。彌陀是願攝之主，應想領無邊眷屬，至我道場，攝受護念。各各雨淚勤重三請，決定須來，正坐道場。餘佛菩薩，悉是證明。改偈如前。此最後請者，準普賢懺法。應知。

一心奉請南無大乘四十八願無量壽經、稱讚經等，及彼浄土所有經法，十方一切尊經，十二部真浄法寶。應想二處法寶：一、十方法寶；二、浄土法實。想浄土法時，徧想佛、菩薩、水、鳥、樂、樹，皆説妙法。隨我請來，顯現道場，令我道場如彼浄土無異。想云：『法性如空無所見，二處法寶難思議。我今三業如法請，俱時顯現受供養。』

一心奉請南無文殊師利菩薩、普賢菩薩、無能勝菩薩、不休息菩薩等，一切菩薩摩訶薩。偈同請佛，但改云諸大菩薩亦如是。當請時，想文殊、普賢等皆在浄土。如願王經説。○此中一切二字，該十方三世。

一心奉請南無極樂世界觀世音菩薩摩訶薩。想此菩薩坐蓮華座，侍佛左邊，威德光明，悉皆無量。偈改觀音菩薩。

一心奉請南無極樂世界大勢至菩薩摩訶薩。想此菩薩坐蓮華座，侍佛右邊，亦如觀音不異。偈改勢至菩薩。

一心奉請南無過去阿僧祇劫法藏比丘菩薩摩訶薩。即彌陀因身。修行四十八願，攝化衆生，當

[二]「現在」，中華大藏經、廣陵本作「未來」。

念此恩德。偈改法藏比丘。

一心奉請南無極樂世界新發道意、無生不退、一生補處、諸大菩薩摩訶薩。經云不退及一生補處諸大菩薩，請時應如是想。偈如前。

一心奉請南無此土舍利弗等一切聲聞、緣覺、得道賢聖僧。想徧法界，請賢聖僧。○一切二字，亦該十方三世。下禮拜中，亦同。

一心奉請此土梵釋四王一切天衆、摩羅天主、龍鬼諸王、閻羅五道、主善罰惡、守護正法護伽藍神、一切賢聖。」例皆三請，來此守護。唯除禮拜，應知〔一〕。

上所奉請彌陀世尊，觀世音菩薩，大勢至菩薩，清淨海衆，一切賢聖。唯願不捨大慈大悲。他心道眼，無礙見聞。身通自在，降來道場。安住法座，光明徧照。攝取我等，哀憐覆護，令得成就菩提願行。釋迦文佛、定光佛等，世自在王佛，十方三世一切正覺，及文殊師利菩薩，普賢菩薩，三乘聖衆，唯願悉來，慈悲攝護。諸天魔梵龍鬼等衆，護法諸神，一切賢聖，悉到道場，安慰堅守，同成淨行。三説。

第六、讚歎法當起立，恭敬合掌。想此身正對彌陀，及一一佛前，説偈讚願云：

〔一〕「唯除禮拜，應知」，廣陵本作「唯除叩拜」。

「色如閻浮金，面逾浄滿月。身光智慧明，所照無邊際。降伏魔怨衆，善化諸人天。乘彼八正船，能度難度者。聞名得不退，是故歸命禮。」禮起，復云：

「以此歎佛功德，修行大乘無上善根。奉福上界天龍八部、大梵天王、三十三天、閻羅五道、六齋八王、行病鬼王、各及眷屬，此土神祇、僧伽藍内護正法者，又爲國王帝主、土境萬民、師僧父母、善惡知識、造寺檀越、十方信施，廣及法界衆生，願藉此善根，平等熏修。功德智慧，二種莊嚴。臨命終時，俱生樂國。」

第七、禮佛法讚歎竟，應禮諸佛[二]。當禮佛時，須想一切諸佛，是我慈父。能令我生諸佛浄土故。

一心敬禮本師釋迦牟尼佛。唱竟，一禮。想云：「能禮所禮性空寂，感應道交難思議。我此道場如帝珠，釋迦如來影現中。我身影現釋迦前，頭面接足歸命禮。」下去同用。

一心敬禮過去久遠劫中定光佛、光遠佛、龍音佛等五十三佛。五十三佛，如禮請中説。當想此身如幻如化，自見對彼佛前作禮。偈同上。但改云「五十三佛影現中，我身影現諸佛前」。下去做此。

一心敬禮過去久滅世自在王佛。法藏本師，應知。

一心敬禮東方不動佛等，盡東方河沙浄土一切諸佛。此下十方佛，皆出廣長舌相，稱讚極樂。當

[二]「讚歎竟，應禮諸佛」，廣陵本無。

想此身對河沙浄土佛前。

一心敬禮東南方最上廣大雲雷音王佛等，盡東南方河沙浄土一切諸佛。

一心敬禮南方日月光佛等，盡南方河沙浄土一切諸佛。

一心敬禮西南方最上日光名稱功德佛等，盡西南方河沙浄土一切諸佛。

一心敬禮西方放光佛等，盡西方河沙浄土一切諸佛。

一心敬禮西北方無量功德火王光明佛等，盡西北方河沙浄土一切諸佛。

一心敬禮北方無量光嚴通達覺慧佛等，盡北方河沙浄土一切諸佛。

一心敬禮東北方無數百千俱胝廣慧佛等，盡東北方河沙浄土一切諸佛。

一心敬禮上方梵音佛等，盡上方河沙浄土一切諸佛。

一心敬禮下方示現一切妙法正理常放火王勝德光明佛等，盡下方河沙浄土一切諸佛。

一心敬禮往古來今三世諸佛、七佛世尊、賢劫千佛。

一心敬禮極樂世界阿彌陀佛。應三禮。但改偈云，爲求往生接足禮。

一心敬禮極樂世界佛菩薩等所説經法，乃至水、鳥、樂、樹一切法音，清浄法藏。想彼浄土法寶顯現道場。偈云：「真空法性如虚空，常住法寶難思議。我身影現法寶前，一一皆悉歸命禮。」

一心敬禮大乘四十八願無量壽經、稱讚經等，十方一切尊經，十二部真浄法藏。此土法寶[二]，偈如前。

一心敬禮極樂世界觀世音菩薩摩訶薩。想此菩薩，侍彌陀左邊，坐蓮華座。偈同禮佛。但改菩薩爲異。

一心敬禮極樂世界大勢至菩薩摩訶薩。想侍佛右邊，如觀音不異。

一心敬禮過去阿僧祇劫法藏比丘菩薩摩訶薩。

一心敬禮極樂世界一生補處諸大菩薩摩訶薩。

一心敬禮極樂世界無生不退諸大菩薩摩訶薩。

一心敬禮極樂世界新發道意菩薩及十方來生淨土一切菩薩摩訶薩。

一心敬禮文殊師利菩薩、普賢菩薩、彌勒菩薩、常精進菩薩等，盡十方一切諸大菩薩摩訶薩。

一心敬禮大智舍利弗、阿難持法者，諸大聲聞緣覺，一切得道賢聖僧。想偈已，不起於地，運下懺悔。

第八、懺願法總有五法，今舉初後，故云懺願。

[二]「此土法寶」，廣陵本無。

一、明懺悔法悔有事理，應須並運。事則竭其三業，不惜身命。流血雨淚，披露罪根，不敢覆諱。理則觀罪實相，能懺所懺，皆悉寂滅。如餘文廣説。知事理已，當須等心普爲一切懺悔。想云：「我及衆生，無始常爲三業、六根重罪所障。不見諸佛，不知出要。但順生死，不知妙理。我今雖知，猶與一切衆生，同爲一切重罪所障。今對彌陀、十方佛前，普爲衆生歸命懺悔。唯願加護，令障消滅。」想已，唱云：

「普爲法界一切衆生，悉願斷除三障，至誠懺悔。」唱已，一禮。各執手鑪。先運逆順十心：始則背真逐妄，名順十心；今則背妄向真，名逆十心。有事有理，應細思之。從初至撥無因果是順，故於今日深信下去是逆。至正陳懺悔時，亦須扶此逆順之意。想云：「我與衆生，無始來今，由愛見故，内計我人（一）；外加惡友（二）；不隨喜他一毫之善（三）；唯徧三業，廣造衆罪（四）；事雖不廣，惡心徧布（五）；晝夜相續，無有間斷（六）；覆諱過失，不欲人知（七）；不畏惡道（八）；無慚無愧（九）；撥無因果（十）；故於今日，深信因果（一）；生重慚愧（二）；生大怖畏（三）；發露懺悔（四）；斷相續心（五）；發菩提心，斷惡修善（六）；勤策三業，翻昔重過（七）；隨喜凡聖一毫之善（八）；念十方佛，有大福慧，能救拔我，及諸衆生。從二死海，置三德岸（九）；從無始來，不知諸法本性空寂，廣造衆惡。今知空寂，爲求菩提，爲衆生故，廣修諸善，徧斷衆惡（十）；唯願十方諸佛，彌陀世尊，慈悲攝受，聽我懺悔。」

我弟子某甲，至心懺悔。十方諸佛，真實見知。我及衆生，本性清浄。諸佛住處，名常寂光。徧在刹那，及一切法。而我不了，妄計我人。於平等法中，而起分别。於清浄心中，而生染著。以是顛倒五欲因緣，生死循環，經歷三界。坐此相續，不念出期。而復於中，造極惡業。四重五逆，及一闡提。非毁大乘，謗破三寶。謗無諸佛，斷學般若。用十方僧物，用佛塔物。汙梵行人，習近惡法。於破戒者，更相讚護。三乘道人，種種毀罵。内覆過失，外現威儀。常以五邪，招納四事。不浄説法，非律教人。因佛出家，反破佛法。違逆師長，如法教誨。恣行貪恚，無慚恥心。以是因緣，諸惡業力，命終當墮阿鼻地獄，猛火熾然，受無量苦。千萬億劫，無解脱期。今始覺知，生大慚愧，生大怖畏。十方世尊，阿彌陀佛，久已於我生大悲心。無數劫來，爲度我故，修菩提道，不惜身命。今已得佛，大悲滿足。真實能爲一切救護。我今造惡，必墮三途。願起哀憐，受我懺悔。重罪得滅，諸惡消除。乃至娑婆生因永盡。諸佛浄土，如願往生。當命終時，悉無障礙。起云：「懺悔已，歸命禮阿彌陀佛及一切三寶。」禮已，以頭〔二〕三叩於地，表三處作禮。一、謂彌陀世尊；二、浄土三寶；三、十方三寶。應三説懺悔等文。自看時早晚，若時促，略云第二、第三，亦如是説。下四悔準此。

二、明勸請法想對十方一切佛前，長跪勸請。請有二義：一、從初至轉於無上妙法輪，名請説法；二、諸佛下請久住世，意亦在説法。十方諸佛以道眼力，知我勸請。唯願久住，轉正法輪。所在生處，常能勸請。

我弟子某甲，至心勸請。十方所有世間鐙，最初成就菩提者。我今一切皆勸請，轉於無上妙法輪。諸佛若欲示涅槃，我悉至誠而勸請。唯願久住刹塵劫，利樂一切諸衆生。勸請

〔二〕「禮已以頭」，廣陵本無。

已，歸命禮阿彌陀佛及一切三寶。

三、明隨喜法十方凡聖，一毫之善，我亦隨喜。善根福德，能令見者生喜，我隨彼喜。我弟子某甲，至心隨喜。十方一切諸衆生，二乘有學及無學。一切如來與菩薩，所有功德皆隨喜。隨喜已，歸命禮阿彌陀佛及一切三寶。

四、明迴向法無始時來，乃至今日。一毫之善，迴向三有。故今悔之，誓求菩提。我弟子某甲，至心迴向。所有禮讃供養福，請佛住世轉法輪，隨喜懺悔諸善根，迴向衆生及佛道。迴向已，歸命禮阿彌陀佛及一切三寶。

五、明發願法大體須存滅罪除障，扶四弘誓，隨順菩提，求生浄土。唱時想的對彌陀，餘佛菩薩，悉爲〔一〕證明。我弟子某甲，至心發願。願共修浄行人，三業所生一切諸善，莊嚴浄願，福智現前。願得彌陀世尊、觀音、勢至，慈悲攝受，爲我現身，放浄光明，照觸我等。諸根寂静，三障消除。樂修浄行，身心潤澤。念念不失浄土善根。及於夢中，常見彼國衆妙莊嚴，慰悦我心，令生精進。願得臨命終時，預知時至，盡除障礙，慧念增明，身無病苦，心不顛倒。面奉彌陀及諸眷屬，歡喜快樂。於一刹那，即得往生極樂世界。到已，自見生蓮華中，蒙佛授記。得授

〔一〕「悉爲」，廣陵本無。

記已，自在化身微塵佛刹。隨順衆生，而爲利益。能令佛刹塵數衆生發菩提心，俱時離苦，皆共往生阿彌陀佛極樂世界。如是行願，念念現前。盡未來時，相續不斷。身語意業，常作佛事。發願，乃往生正行。須具足三説。不同前四悔，隨時廣略。應知。發願已，歸命禮阿彌陀佛，及一切三寶。

第九旋繞誦經法禮竟當起，各整衣服。定立少頃〔一〕，當想三寶賢聖，叕塞道場，各坐法座，見身一一繞旋法座，安詳而轉。然後口稱念云：

「南無佛，南無法，南無僧，南無釋迦牟尼佛，南無世自在王佛，南無阿彌陀佛，南無觀世音菩薩，南無大勢至菩薩，南無文殊師利菩薩，南無普賢菩薩，南無清淨大海衆菩薩摩訶薩。」如是三稱。當誦阿彌陀經，或十六觀經。誦畢復三稱前名號。當稱誦時，聲名句文，空無所得。猶空鳥迹，豈可取著。身語意三，如影響餤。雖皆不實，感應具在。自見其身，各旋法座，或多或少，經畢爲期。旋已唱云：

「自歸於佛，當願衆生，體解大道，發無上心。一拜。

自歸於法，當願衆生，深入經藏，智慧如海。一拜。

自歸於僧，當願衆生，統理大衆，一切無礙。和南聖衆。」一拜。首者跪唱云：

〔一〕「頃」，中華大藏經作「願」。

「白衆等聽説，經中如來偈。何不力爲善，念道之自然。宜各勤精進，努力自求之。必得超絶去，往生安養國。横截五惡道，惡趣自然閉。升道無窮極，易往而無人。何不棄世事，勤行求道德。各得極[一]長生，壽樂無窮極。」

第十坐禪法

如上事畢，當於一處，繩牀西向。易觀想故，表正向故。加[二]趺端坐，項脊相對，不昂不偃。調和氣息，定住其心。然所修觀門，經論甚多，初心凡夫，那曾徧習。今從要易想，略示二種。於二種中，仍逐所宜，未必併用。其有於餘觀想熟者任便。但得不離净土法門，皆應修習。所言二種：一者、扶普觀意。坐已自想，即時所修，計功合生極樂世界。當便起心生於彼想。於蓮華中，結加趺坐。作蓮華合想，作華開想。當華開時，有五百色光來照身想。作眼目開想，見佛菩薩及國土想。即於佛前，坐聽妙法。及聞一切音聲，皆説所樂聞法。所聞要與十二部經合。作此想時，大須堅固，令心不散。心想明了，如眼所見。經久乃起。二者、直想阿彌陀佛丈六金軀坐於華上，專繫眉間白毫一相。其毫長一丈

[一]「極」，徑山藏作「及」。
[二]「加」，廣陵本作「跏」。

五尺，周圍五寸，外有八棱，其毫中空，右旋宛轉在眉中間。瑩浄明徹，不可具説。顯映金顔，分齊分明。作此想時，停心注想，堅固勿移。然復應觀想念所見，若成未成。皆想念因緣，無實性相，所有皆空(一)；如鏡中面像，如水現月影，如夢如幻，雖空而亦可見(二)；皆心性所現，所有者即是自心。心不自知心，心不自見心。心有想即癡，無想即泥洹。心有心無，皆名有想。盡名爲癡，不見法性(三)。因緣生法，即空假中。不一不異，非縱非横，不可思議。心想寂静，則能成就念佛三昧。久而乃起。廣如別説。問：「念佛三昧，久習方成。十日七日修懺之者，云何卒學？」答：「緣有生熟，習有久近。若過去曾習，及今生豫修，至行懺時，薄修即得。若宿未經懷，近懺方學，此必難成。然雖不成，亦須依此繫心，爲坐禪觀境。」經云：「若成不成，皆滅無量生死之罪，生諸佛前。」又云：「但聞白毫名字，滅無量罪。」何况繫念？凡欲修者，勿生疑怖，自謂無分。彼佛有宿願力，令修此三昧者，皆得成就般舟。依三力成就：一、佛威力；二、三昧力；三、已功德力。觀經但聞無量壽佛二菩薩名，能滅無量生死之罪，况憶念者乎？若有樂修餘觀，當自隨情。坐已即起，隨意佛事。或要修觀，更坐無妨。若不慣習坐，乃行道稱念，亦得於夜夢中見彌陀佛。具如經説。

自跋

此法自撰集于今，凡二改治。前本越僧契凝已刊刻廣行。其後序首云：「予〔一〕自濫沾祖教等〔二〕是也。聖位既廣，比見行者拜起易勞，懺悔禪法皆事攻削，餘悉存舊。今之廣略既允，似可傳行。後賢無惑其二三焉。」刊詳删補，何嫌精措。時大中祥符八年太歲乙卯二月日序。即宋真宗十八年。真宗凡五改元，大中祥符，乃其第三。

往生淨土決疑行願二門

宋〔三〕耆山沙門遵式撰〔四〕

維安養寶刹，大覺攸讚，三輩高升。夕孕金華，列宿猶慚於海滴。晨遊玉沼，世鐙彊喻於河沙。良以十方爰來，四生利往。雖騰光而普示，終稽首而偏求。故其竺國皇州，自今

〔一〕「予」，廣陵本作「余」。
〔二〕「等」，廣陵本無。
〔三〕「宋」，永樂南藏無。
〔四〕「撰」，徑山藏作「述」。

觀古。彼則鉅賢至聖，咸舒藻以爲盟。文殊、普賢、天親、龍樹，聖賢之儔，或別譯願文，或著在經論，非此備載。此則覺德鴻儒，盡摛毫而作誓。且首從晉世東林淨社劉、雷等十八賢，洎一百二十三人同誓。遺民屬詞。其後冠蓋之士，德望之僧，潔志之俗，富於編簡。自茲迴向緜續，唱和相尋。誠爲道德之通衢，常樂之直濟者也。但世多創染割截，古今同慨。未識方隅，忽遇問津，靡慚濫吹，或攘臂排爲小教，或大笑斥作權乘。以其言既反經，人惑常典，謂反疑經。易不云乎，居其室，出其言不善，則千里之外違之，況其邇者乎？遂輒述往生淨土決疑行願二門。詞愧不文，理存或當。視菽麥而且辨，挹涇渭而永分，翦伊蘭之臭林，植栴檀之香榦。信、解、行、願，原始要終。不數千言而能備舉者，實茲二門矣！

第一、決疑門一、疑師；二、疑法；三、疑自。第二、行願門一、禮懺門；二、十念門；三、繫緣門；四、衆福門。

第一，決疑門者，疑爲信障。世間小善尚不能成，況菩提大道乎？或曰：「天台智者已有釋十疑論，何須此文？」然略由三意：一者、上爲王臣、宰官生信樂者，幾務少暇，難尋廣文。今舉大綱，及略出行相，易披覽故，易修行故；二者、論中多隨事釋難，唯第二、第三，略附理立。且事既無盡，疑亦叵窮。今直明一理，爲諸法源，指源則流可識矣；三者、正對説者反經乖理，自損損他，故於第二疑法中，簡小取大，明白權實，使來者不惑。

至於道安和尚往生論、（六卷）懷感法師群疑論、（七卷）道綽禪師安樂集、（三卷）慈敏三藏淨土慈悲集、（三卷）源信禪師淨土集，（二卷）古今諸師歸心淨域者，或製疏解經，或宗經造論，或隨情釋難，或伽陀讚揚。雖殊途同歸[一]，而各陳所見，動盈編帙，尋究良難。今統彼百家，以三疑收盡。然文出天台止觀，非敢臆說。一者、疑師；二者、疑法；三者、疑自。

一、疑師者，師有二種：一、邪外等師，倒惑化人，非所承也；二、正法之師，復有凡聖因果。凡及因位，容有未了，猶清辨謂今彌勒未是徧知，俟龍華道後，方復問津，即其事也。今顯示西方令迴向者，唯果佛聖師。釋迦如來，及十方諸佛[二]，出廣長舌，説誠實言，讚勸往生，更何所惑？

二、疑法者，佛法有二：一者、小乘不了義法；二者、大乘了義法。大乘中復有了不了義，今談淨土，唯是大乘了義中了義之法也。且小乘經部，括盡貝書，曾無一字讚勸往生他方淨土。故天親論云：「女人及根缺，二乘種不生」。此即明據也。問：「小彌陀經等，皆説彼國有聲聞弟子。及鼓音王經云：『佛母名殊勝妙顔。』亦應復有女人。」答：

[一]「歸」，中華大藏經作「居」。
[二]「諸」，中華大藏經作無。

「佛母恐指初降生時。成正覺已，國土隨淨，必無女人。其母或轉成男子，如此方龍女。或復命終如悉達母。有人注論引此經文，而云彼土亦有女人者，非也。聲、聞如觀經疏及十疑論和會。」今明大乘復有三種。一者，三乘通教。此則門雖通大，類狎二乘。又當教菩薩，雖復化他淨佛國土。化畢，還同二乘歸於永滅。淨土深理，非彼所知。非了義也。二者，大乘别教。此明大乘獨菩薩法。雖談實理，道後方證，因果不融。淨土則理外修成，萬法乃不由心具。雖塵劫修道，廣遊佛剎，指彼淨土因果，但是體外方便，斯亦未了。三者，佛乘圓教。此教詮旨圓融，因果頓足。佛法之妙，過此以往，不知所裁也。經曰：「十方諦求，更無餘乘，唯一佛乘。」斯之謂歟！是則大乘中大乘，了義中了義。十方淨穢，卷懷同在於剎那。自心淨穢，故取捨即非取捨。一念色心，羅列徧收於法界。並天真本具，非緣起新成。一念既然，一塵亦爾。故能一一塵中一切剎，一一心中一切心。一一心塵復互周，重重無盡無障礙。一時頓現非隱顯，一切圓成無勝劣。若神珠之頓含衆寶，猶帝網之交映千光。我心既然，生佛體等。如此則方了迴神億剎，實生乎自己心中。孕質九蓮，豈逃乎剎那際內？苟或事理攸隔，淨穢相妨，安令五逆凡夫，十念便登於寶土，二乘賢輩，迴心即達於金池也哉！信此圓談，則事無不達。昧斯至理，則觸類皆迷。故華嚴經〔一〕云：「心如工畫師，造種種五陰。一切世間中，無不從心造。」造通二種：一者、理具名造，十界依正，一念頓足；二者、變起名造，全理緣起，知無不爲。如心佛亦爾，如佛衆生然。心佛及衆生，是三無差別。」實由三無差別，方得感應道交，悲願相攝。共變各變，因果方成。若但知一理無差，不曉諸法互具，則未善圓旨。又起信論云：「所言法者，謂衆生心。直指凡心。是心即攝一切世間、六凡法界。出世間法。四聖法界也。攝義亦二種：一、理具；二、事造。並攝十界。十界之內，身土淨穢，何法不在。依於此心，顯示摩訶衍義。」摩訶衍，大乘也。若非此心，安堪乘運。十六觀云：「諸佛如來，是法界身。入一切衆生心想中。乃至是心作佛，是心是佛。」又般舟三昧經云：「佛是我心，是我心見佛，是我心作佛等。」談斯旨者，大乘卷中，粲然可舉。至若法華妙部，如來親記往生。華嚴頓談，普賢躬陳迴向。是知彌陀因地，觀此理而大誓普收。釋迦果成，稱此理而廣舌深讚。十方三世，莫不咸然。問：「如上所明，妙理圓極，爲世人盡須觀行，然始生耶？」答：「此不然也。今但直決疑情，令知淨土百寶莊嚴，九品因果，並在衆生介爾心中，理性具足，方得今日往生事用，隨願自然。是則旁羅十方，不離當念。往來法界，正協唯心。免信常流，執

〔一〕「經」，中華大藏經無。

此非彼。其行願之相，正在次門，非此所問。況九品生相，各有行類。上輩三品，須解須行，故文云『汝行大乘，解第一義』，即其人矣。若今之學者，見賢思齊，企金座而高升，唯妙觀而是託。若其中下之流，六品生因，只是精持禁戒，行世仁慈。乃至下下品生，本是惡逆，十念精誠，便生彼國。但能知有浄土，盡可迴心。苟不然者，寧容九品之差降也。」世人縱云浄土出大乘教，不能如上約教甄簡，寧逃混濫，未足決疑。

三、疑自者，問曰：「我是博地凡夫，世緣纏蓋。云何此身生諸浄土，入賢聖海，同正定聚耶？」釋曰：「若了如上法性虚通，扼要。及信彌陀本願攝受。但勤功福，寧俟問津。況十念者得生，唯除五逆，及謗正法。又定心十念，逆謗亦生。今幸無此惡，而正願志求，夫何惑矣？」

第二，正修行願門者，略開四門：一者、禮懺門；二者、十念門；三者、繫緣門；四者、衆福門。所以但四門者，修行整足，唯須此四。何者？先禮佛懺悔，浄除業障，身心皎潔，故第一門，如浄良田；次修十念，定心成行，立願要期，植往生正因，故第二門，如下種子；次使繫心，愛護長養，滋發芽莖，故第三門，如霔〔一〕以膏雨；次假衆福，助令繁茂，

〔一〕「霔」，中華大藏經作「澍」。

使速成華果，故第四門，如灌以肥膩。是知能具修此四行者，最上最勝。然相由雖爾，若或少暇，但隨修三二一者，皆生彼國。以四門中各有行願，皆是正因故也。又亦可於六齋日修禮懺法，於日日中修十念法。此爲中根。以十念是净因要切，必不可廢。後二門任力所能。若不然者，但隨所欲，任意行之。此爲下根。四門今當說。

第一、禮懺門者，應日日早晨，於常供養道場中，冠帶服飾，端莊謹肅。於佛像前，手自燒香，合掌定心，作是唱云：

「一切恭敬，一心頂禮常住三寶。」存心偏禮十方三世一切佛法僧寶。拜起，兩膝著地。手執香鑪，燒衆名香，唱云：

「願此香煙雲，徧滿十方界。無邊佛土中，無量香莊嚴。具足菩薩道，成就如來香。」唱已，冥心少頃，徧運香雲，供養三寶。普熏衆生，咸生净土。想已，置香鑪起，作一禮。起已合掌，曲躬懇切。想面對彌陀，及一切佛，而讚歎曰：

「如來妙色身，世間無與等。無比不思議，是故今頂禮。如來色無盡，智慧亦復然。一切法常住，是故我歸依。大智大願力，普度於群生。令捨熱惱身，生彼清涼國。我今净三業，歸依及禮讚。願共諸衆生，同生安樂刹。」讚願已，即便禮佛。一一存心專對，唱云：

「一心頂禮，常寂光净土，阿彌陀如來，清净妙法身，徧法界諸佛。

一心頂禮，實報莊嚴土，阿彌陀如來，微塵相海身，徧法界諸佛。

一心頂禮，方便聖居土，阿彌陀如來，解脱相嚴身，徧法界諸佛。

一心頂禮，西方安樂土，阿彌陀如來，大乘根界身，徧法界諸佛。

一心頂禮，西方安樂土，阿彌陀如來，十方化往身，徧法界諸佛。

一心頂禮，西方安樂土，教行理三經，極依正宣揚，徧法界尊法。靈峰大師註云：『此禮舊本無』。今依幽溪大師添入，使三寶具足。

一心頂禮，西方安樂土，觀世音菩薩，萬億紫金身，徧法界菩薩摩訶薩。

一心頂禮，西方安樂土，大勢至菩薩，無邊光智身，徧法界菩薩摩訶薩。

一心頂禮，西方安樂土，清浄大海衆，滿分二嚴身，徧法界聖衆。」即以兩膝跪地，手執香鑪，燒香至誠，而唱是言：

「我今普爲四恩三有，法界衆生，悉願斷除三障，歸命懺悔。」起禮。復跪地，執手鑪，唱云[一]：

「至心懺悔，此文最妙。（叩）我弟子（某甲），及法界衆生。從無始世來，無明所覆，顛倒迷惑。而由六根三業，習不善法。廣造十惡，及五無間一切衆罪，無量無邊，説不可盡。十方

[一] 「復跪地，執手鑪，唱云」，廣陵本作「復跪，執手鑪，云」。

諸佛，常在世間。法音不絶，妙香充塞，法味盈空。放浄光明，照觸一切。常住妙理，徧滿虚空。我無始來，六根内盲，三業昏闇。不見不聞，不覺不知。以是因緣，長流生死，經歷惡道，百千萬劫，永無出期。經云：『毗盧遮那，徧一切處。其佛所住，名常寂光。』是故當知，一切諸法，無非佛法。而我不了，隨無明流。是則於菩提中見不清浄，於解脱中而起纏縛。今始覺悟，今始改悔。奉對(叩)諸佛，彌陀世尊，發露懺悔。當令我與法界衆生，三業六根，無始所作，現作當作，自作教他，見聞隨喜，若憶不憶，若識不識，若疑不疑，若覆若露，一切重罪，畢竟清浄。我懺悔已，六根三業，浄無瑕累。所修善根，悉亦清浄。皆悉迴向，莊嚴浄土。普與衆生，同生安養。願(叩)阿彌陀佛，常來護持，令我善根，現前增進，不失浄因。臨命終時，身心正念，視聽分明。面奉(叩)彌陀，與諸聖衆，手執華臺，接引於我。一刹那頃，生在佛前。具菩薩道，廣度衆生，同成種智。」應具三説。若時促及事迫，一説亦得。起云：「懺悔發願已，歸命禮阿彌陀佛，及一切三寶。」一拜。次旋繞法，或三帀，或七帀，乃至多帀。口稱云：

「南無阿彌陀佛，南無觀世音菩薩，南無大勢至菩薩，南無清浄大海衆菩薩摩訶薩。」或三、或七、或多。如是稱念，隨意所欲，不拘徧數。次至佛前，三自歸[二]。唱云：

[二]「次至佛前，三自歸」，廣陵本無。

「自歸於佛，當願衆生，體解大道，發無上心。（拜）

自歸於法，當願衆生，深入經藏，智慧如海。（拜）

自歸於僧，當願衆生，統理大衆，一切無礙。和南聖衆。」（拜）

次至別座誦經。誦彌陀經，或十六觀經。若都不誦得經文，即一心稱阿彌陀佛名，量時而止。或更迴向結撮亦得。

第二、十念門者，每日清晨服飾已後，面西正立，合掌。連聲稱阿彌陀佛，盡一氣爲一念。如是十氣，名爲十念。但隨氣長短，不限佛數。唯長唯久〔二〕，氣極爲度。其佛聲不高不低，不緩不急，調停得中。如此十氣，連屬不斷。意在令心不散，專精爲功故。名此爲十念者，顯是藉氣束心也。作此念已，發願迴向云：

「我弟子（某甲），此文但直聲作白。一心歸命，極樂世界阿彌陀佛。願以淨光照我，慈誓攝我。我今正念，稱如來名，經十念頃。爲菩提道，求生淨土。佛昔本誓：『若有衆生，欲生我國，至心信樂，乃至十念。若不生者，不取正覺。唯除五逆，誹謗正法。』我今自憶，此生已來，不造逆罪，不謗大乘。願此十念，得入如來大誓海中。承佛慈力，衆罪消滅，淨因增長。若臨欲命終，自知時至，身不病苦，心無貪戀，亦不倒散，如入禪定。佛及聖衆，手持

〔二〕「唯長唯久」，廣陵本無。

金臺，來迎接我。如一念頃，生極樂國。華開見佛，即聞佛乘，頓開佛慧。廣度衆生，滿菩提願。」作此願已，便止，不必禮拜。要盡此一生，不得一日暫廢。唯將不廢，自要其心，得生彼國。

第三、繫緣門者，凡公臨私養，歷涉緣務，雖造次而常内心不忘於佛，及憶浄土。譬如世人切事繫心，雖經歷語言去來坐卧種種作務，而不妨密憶，前事宛然。念佛之心，亦應如是。或若失念，數數攝還。久久成性，任運常憶。楞嚴經云：「譬如有人，一專爲憶，譬佛常念衆生。一人專忘。念不切即是忘。譬衆生不〔二〕念佛。如是二人，若逢不逢，或見非見。二人相憶，二憶念深。如是乃至從生至生，同於形影，不相乖異。十方如來，憐念衆生，如母憶子，若子逃逝，雖憶何爲。子若憶母，如母憶時，母子歷生，不相違遠。若衆生心，憶佛念佛，現前當來，必定見佛。去佛不遠，不假方便，自得心開。如染香人，身有香氣。如此繫心，任運常遮一切惡念。上根。設欲作惡，憶佛之故，惡不能成。中根。縱使隨惡作惡業時，心常下輭。下根。如身有香，自然離臭。又復覺心微起惡念，即便憶佛，以佛力故，惡念自息。此三根共由之路，否則是無根。如人遇難，求彼彊援，必得免脱。又若見他受苦時，以念佛心，憐愍於彼，願其離苦。若斷刑獄，以念佛故，生愍念心。雖依王法，當密作願云：「我行王法，非

〔二〕「不」，廣陵本無。

若口言，作意迴向，方成淨因爾。業正因。若出家四衆，應具依觀經三福爲行。當自檢文。但隨作一福，並須即時若心念，知佛不滅。」此與十六觀經三福大同。但普賢觀正爲王臣，故特引用。此亦是三世諸佛淨

不殺；嚴禁漁捕，及誡姦鬭。六齋日者，白月初八日，四天王使者巡世；十四日，四王太子巡；十五日，四天大王[一]親巡。黑月二十三[二]日、二十九日、三十日，巡世，準上白月次第。終而復始。若四王親下，一切諸天、星宿、鬼神，俱時隨從。若遇修福齋戒者，諸天相慶。即爲此人注禄添算，護持福業，令其成就。

第四、明衆福門者，普賢觀經云：「若國王大臣，欲懺悔重罪者，當修行五事。一者、但當正心不謗三寶，不障出家，不爲梵行人作惡留難；於持戒四衆，勿行汙行。二者、孝養父母，奉事師長；三者、正法治國，不邪枉人民；四者、於六齋日，敕諸境内力所及處，令行

我本心。願生淨土，誓相救濟。」凡歷一切境界，若善若惡。由心憶佛，皆心念作願。故普賢願王云：「作一切惡，皆不成就。若作善業，皆悉和合。」即此意爾。如是相續念佛在心，能辦一切淨因功德。恐煩披覽，不復具説。誠哉此門，爲益最大。

[一]「四天大王」，中華大藏經作「四大天王」。
[二]「三」，永樂南藏作「二」。

勸修者於此四種法門，必須繫日專持修習，方可自期定生净土。此之四行，即是學習念佛三昧往生正因。經云：「行此三昧者，現身得見阿彌陀佛，及二菩薩。若人但聞佛名二菩薩名，除無量劫生死之罪，何況憶念？若念佛者，當知此人是人中芬陀利華，觀音、勢至爲其勝友。當坐道場，生諸佛家。此人現世，彼佛常遣無數化佛，無數化觀世音〔二〕，化大勢至，及娑婆世界常有二十五菩薩，晝夜擁護。常爲國王大臣，一切人民之所宗奉。若行住坐卧，若一切時處，不令惡鬼得便，不受一切災難。所得功德，一念之間，不可算數。如佛之辯，不能稱揚。除彼不肖人，孰聞不信樂。」

舊跋

慈雲大師既集往生净土懺願儀，復爲在家人述決疑行願二門。然出家人亦可修此行願。幽溪大師暮年，奉行願爲日課。臨終趺坐，以指書空，作「妙法蓮華經」五字而化。法門之妙，於斯驗矣。順治四年丁亥仲冬，净土弟子正知謹識。

〔二〕「觀世音」，中華大藏經作「觀音」。

附録　結蓮社普勸文[一]

如是我聞，西方有佛，名阿彌陀。亦名無量光，亦名無量壽。又有觀音、勢至二菩薩，助佛揚化。皆以大願力，濟度諸衆生。其國以七寶莊嚴，清淨自然，無諸雜穢，故名淨土。其人皆蓮華化生，壽命無量。衣食受用，隨念而至。更無諸苦，亦無輪轉，故又名極樂世界。以此返觀我等現今所受之身，所處之世，較彼國土，淨穢壽量，苦樂生死，豈止天地之相遠耶？而昧者不知，或知而不信，自作障礙。顛倒執迷，不思解脱。捨此生彼，豈不哀哉？故我今者，勸諸有緣，結此蓮社。假使難知難辨，猶當勉力精勤。况佛號甚易持，淨土甚易往。八萬四千法門，無如是之捷徑。但能輟清晨俛仰之暇，遂可爲永劫不壞之資。是則用力甚微，而收功乃無有盡。衆生亦何苦自棄而不爲乎？噫！夢幻非真，壽夭難保。呼吸之頃，即是來生。一失人身，萬劫不復。此時不悟，佛如衆生何？願深念於無常，勿徒貽於後悔。淨樂居士張掄[二]勸緣。

[一] 本文選自宋宗曉樂邦文類第二卷。

[二] 「張掄」，宋代人，官至浙西副都總管。淨土聖賢録有其詳細記載。

靈峰蕅益大師選定浄土十要第三 附

述曰：浄要一書，皆歷代善知識吹大法螺，擊大法鼓，摧邪顯正之大閑也。靈峰銓衡，一字不濫；成時何物，敢浪參耶？竊以十六觀經，浄土勝典。以非凡夫境界，屬想無從。論者，非妄勸修持，便概杜措意。然妄修則墮落阬塹，概杜則壅塞源流。進退兩乖，均失佛旨。不知經爲利鈍二性，平分勝劣兩門。利者，修前十二觀，感三輩生；鈍者，唯修第十三一觀，亦分三輩九品。是則人雖鈍，觀雖劣。而作是一心之宗，如來夙願之力，原無鈍劣。故名此爲雜想觀者，指雜亂垢心，即是阿彌陀佛不思議身土也。前人未發。敬宗此義，述觀經初心三昧門。既無妄修之虞，又免概杜之過。覺韋提哀請，再啓今時。而王宫法流，重通末運。關係匪小，避忌未遑。又以小本彌陀，字字是行人真歸，字字是行人妙觀。歸觀會一，即是行經。謬輯受持行儀，自作往生左券。同學修之，僉謂有四利焉。持名行人，二障均重。一行三昧，未可要期。今即持名，具破二障因緣，謂事理二行。令其速成，一心不亂。一利也。人多謂大本是廣文，觀經是深境。

不知小本文雖約而義甚廣，境雖近而觀甚深。深廣祇在一心。以此弘通寶王，庶幾允可。二利也。淨土依正，皆不思議境。慈雲懺法，略於觀境，且宗唐譯，未盡秦本之致。今宗秦本，專就觀境，具修事理二行。身居忍土，而瞻依禮覲，如已生樂邦。法巧趣幽，人懷悅慕。塵塵皆趣阿彌法身真體，將見往生品位必高，而華開見佛亦易。三利也。六方諸佛，恩德無涯。護念保綏，神力莫測。二大士及海衆，皆我現在加持，臨終救濟，當來教授之師。今悉併切投誠，革除慢易。使無障礙而有感通，無忝受持之軌。四利也。四利匪虛，并出請益。已上二種，初門續觀經已斷之慧命，行儀立持名妙行之準繩。皆前古未揚，實叔季甘露。述而非作，附入淨要，或者其有當乎？本擬寄西方合論前以行，而二皆行經，與大小懺法同一部類，遂竊附慈雲後，爲第三册。兼申法門旨趣，略闡芻言，而語涉游揚，倍增醜拙。前修同學，其尚愍而教之也哉！成時和南識。

觀無量壽佛經初心三昧門

清〔一〕古歙後學沙門成時依經録輯

經謂若欲至心生西方者，先當觀於一丈六像在池水上。先當二字，對前勝觀而言，非對後二侍。如先所説無量壽佛，身量無邊，非凡夫心力所及。然彼如來夙願力故，有憶想者，指劣觀。必得成就。指勝觀。則知捨勝觀劣，正是佛力所加。縱根鈍，修必成。像觀若成，具相亦現。故鈔謂觀佛入門要術也。又經前明勝相毫量，千六百五十萬里，疏僅取一丈五尺。蓋勝劣佛觀，皆發軔白毫。故疏勝相毫量，豫取後劣相文而釋。良以忍界末流，縱大機勝種，皆當創歸池像，決無頓契一切色身相者。韋提希等，於前見佛，經中盛明佛加，非通途修證教意。復次，雖觀劣身，亦圓符勝觀。鈔云：「境有勝劣，觀皆頓照，即空假中。」勝身心作心是，丈六非作是耶？經云：「阿彌陀佛神通如意，於十方國，變現自在。或現大身滿虚空中，或現小身丈六八尺。」明示人大身小身，無先無後，

〔一〕「清」，廣陵本「無」。

非所及，非所不及也。依第十三雜想觀，述初心三昧門，下筆故序。

行者面西，如三昧法治室，但供觀經一卷。專令心想現像。稱阿彌陀佛出入，入時投地，默白云：「南無釋迦牟尼佛，無憂惱處，我當往生，不樂閻浮提濁惡世也。此濁惡處，地獄、餓鬼、畜生盈滿，多不善聚。願我未來，不聞惡聲，不見惡人。」〇白已，起。於問訊時，復想云：「釋迦牟尼佛，身紫金色，坐百寶蓮華，佛頂有金臺，狀如須彌。極樂世界及十方淨土主伴，悉於中現。」想已，次互跪拈香，復想云：「阿彌陀佛，從金臺出，住立空中。觀音侍左，勢至侍右。皆熾盛金色，佛相八尺，大士不及八尺。」〇起，至心唱和云：

「一切恭敬，一心頂禮，十方常住三寶。」想云：「三寶三德如虛空，衆生三障亦如是。是故平等普歸敬，願速同入法界海。」〇應歸命三處三寶：謂導師、本師及金臺中十方諸佛。下除別禮，餘通禮。供養、讚歎、懺悔、三歸，共六拜。同此運想，同用上偈。想已起，主者白云：

「是諸衆等，各各互跪。嚴持香華，如法供養。」衆散華，和云：「供養十方法界三寶。」執鑪，想我此香華徧十方云云。想已，復云：

「願此香華雲，徧滿十方界。供養無量壽，金臺百寶蓮。如是佛世尊，佛法及佛子，普熏諸衆生，皆發菩提心。」起，唱和云：「供養已，一切恭敬。」拜起，置鑪，合掌，正立。讚云：

「諸佛如來，是法界身，入一切衆生心想中。心想佛時，是心即是三十二相，八十隨形好。諸佛正徧知海，從心想生。是故一心繫念諦觀，多陀阿伽度，阿羅訶，三藐三佛陀。」

拜，心想生之上，偏緣三三寶。是故下，偏緣阿彌陀佛。次起立，復云：

「以此歎佛功德，修行浄業正因。奉感拈香。釋梵，護世諸天。普雨天花，持供養者。又感問訊。南無逆順起教，五百思惟主伴。娑羅闍世，月光耆婆，天授惡友，及步虛以來好持是語無忘失者，咸降密室，大慈受熏。願一切世間，增長增損。大興末法，息諍揚宗。禪教律三，會歸祕藏」。次拈香云：

「一心頂禮，身紫金色，坐百寶蓮華，本師釋迦牟尼佛。想云：『能禮所禮性空寂，感應道交難思議。我此道場如帝珠，釋迦如來影現中。我身影現如來前，頭面接足歸命禮。』

一心頂禮，佛頂妙高臺中，十方無量諸佛。浄業正因，過去、未來、現在三世諸佛。」前偈改釋迦爲諸佛，此中應想無量主伴。次拈香云：

「一心頂禮，住立空中，觀世音、大勢至，二大士侍立左右，無量壽佛。應極感切，求哀救接。偈改阿彌陀佛影現中。想偈已，次即就地默想云：『室内浄池，涌三金蓮。佛同二侍，下立華上，垂手接引。復對佛前，涌一金華。自身住其上，對佛作禮。』

一心頂禮，西方極樂世界，在池水上，住寶蓮華，現八尺身，形真金色，圓光映徹，圓光中無量化佛菩薩，阿彌陀佛。圓光化佛，及寶蓮華，悉從八尺像身而觀。

一心頂禮，西方極樂世界，在池水上，阿彌陀佛。

一心頂禮，西方極樂世界，在池水上，住寶蓮華，阿彌陀佛。

一心頂禮，西方極樂世界，在池水上，住寶蓮華，現八尺身，阿彌陀佛。丈六之文，姑且莫禮，令八尺之觀成就。

一心頂禮，西方極樂世界，在池水上，住寶蓮華，現八尺身，形真金色，阿彌陀佛。

一心頂禮，西方極樂世界，在池水上，住寶蓮華，現八尺身，形真金色，圓光映徹，阿彌陀佛。

一心頂禮，西方極樂世界，在池水上，住寶蓮華，現八尺身，形真金色，圓光映徹，圓光中無量化佛菩薩，阿彌陀佛。

「一心頂禮，西方極樂世界，在池水上，身同衆生，觀世音菩薩，大勢至菩薩摩訶薩。偈改二大菩薩影現中，我身影現菩薩前。」次拈香云：

一心頂禮，西方極樂世界，在池水上，天冠立佛，觀世音菩薩摩訶薩。偈改二大爲觀音。

一心頂禮，西方極樂世界，在池水上，肉髻寶瓶，大勢至菩薩摩訶薩。偈改二大爲勢至。

一心頂禮，西方極樂世界，在池水上，於一切處身同衆生，助佛普化，觀世音菩薩，大勢至菩薩摩訶薩。」前身同衆生，謂同凡夫人中之身，七尺有零。此身同衆生，謂一切處身，乃九法界身也。次拈香云：

「一心頂禮，無量壽佛經。想云：『真空法性如虚空，常住法寶難思議。我皆影現法寶前，一心如法歸命禮。』

一心頂禮，浄除業障，得生佛前經。偈如上，下同。

一心頂禮，第十三雜想觀，及十方三世一切尊經。」若非此章，則忍界末流，妙觀絶分，故應頂禮。

又此中重在順扶觀道，故法寶結歸末位。次長跪叩云：

「南無極樂世界，阿彌陀佛，無憂惱處，我當往生。不樂閻浮提，濁惡世也。此濁惡處，地獄、餓鬼、畜生盈滿，多不善聚。願我未來，不聞惡聲，不見惡人。（叩）今向世尊，五體投地，求哀懺悔。我等愚人，多造惡法，無有慚愧。毁犯五戒八戒及具足戒，偷僧祇物，現前僧物，不浄説法。以諸惡業，而自莊嚴，乃至五逆十惡，具諸不善。應墮惡道，受苦無窮。（叩）唯願觀世音及大勢至，以大悲音聲，爲我廣説諸法實相，除滅罪法。令我聞已，發菩提心，應時即見極樂世界、廣長之相，得見佛身，及二菩薩。豁然大悟，逮無生忍。臨命終時，（叩）阿彌陀佛，授手迎接。不離金臺，徧十方界。於諸佛前，次第受記。還至本國，覲百寶蓮。廣爲多衆，宣説佛語。僧那大悲，盡未來際。」三説。次起云：

「懺悔發願已，歸命禮三寶。」拜，次起。拈香執鑪，如三昧法，至心行道。想降蓮華，行池水面。舉足下足，蓮華出没。三像肩背，及天衣痕等。一一諦想，極令明了。稱云：

「南無阿彌陀佛，南無觀世音菩薩，南無大勢至菩薩摩訶薩。七稱，或多稱。次誦雜觀章七徧，或多徧。次復如上三稱，想歸本位華上。結三歸。

自歸於佛，當願衆生，體解大道，發無上心。

自歸於法，當願衆生，深入經藏，智慧如海。

自歸於僧，當願衆生，統理大衆，一切無礙。

和南聖衆。」

次習坐，即觀立佛白毫。毫中空，周圍二寸五分，外八棱，右旋宛轉在眉間。瑩淨明徹，顯映金顔，分齊分明。復想舒毫下垂，長不及華臺一尺。顯映金軀，及與華足。耀琉璃水，照觸自身。此觀久久堅住。或將前行儀，端坐想禮一徧亦妙。問：「所禮佛位，何故重繁？」答：「爲鍊觀道。令開目閉目，了了現前。當知習觀不出總別二法。初則總不如別，以總略別詳故；久則別不如總，以別漸總頓故。」問：「入壇已白釋迦，懺時何又白彌陀？」答：「欣厭綿切，方得往生。故意業白本師，又口業白導師。文以重而表專。能白之業，所白之佛，以不重而無過。」問：「何故亦觀白毫？」答：「勝劣兩觀，皆以白毫爲初步。所以智者於勝相毫中，詳劣相毫狀，疏意正在此章。後世慈雲懺主等，皆扶此觀，以妙契經旨故。又末世根鈍，雖劣觀或有難習之者。故將本觀事境，詳在行儀。令行者不覺其難，而自純熟。其白毫觀，以經中前文義通故，專令坐時修習。且恐不善觀白毫者，又令坐中默然想禮行儀。既甫行行儀，想禮尤易成就。是法也，動静綿摎，事理互研，儀觀等熏，通别巧鍛。白毫爲通，本觀爲别。以斯應末世，庶可稱善順機宜也歟！其一心三觀，詳在妙宗，茲不贅。」

受持佛説阿彌陀經行願儀

清[一]古歙後學沙門成時依經録輯

行者西向治室，稱阿彌陀佛出入。入時，想云：「佛告舍利弗：『聞是經受持者，及聞諸佛名者，皆爲一切諸佛之所護念，皆得不退轉於阿耨多羅三藐三菩提。』是故舍利弗，汝等皆當信受我語，及諸佛所説。」〇想已，即對本師、導師、十方一切三寶，至心唱和云：

「一切恭敬，一心頂禮，十方常住三寶。」想云：「三寶三德如虚空，衆生三障亦如是。是故平等普歸敬，願速同入法界海。」〇次起，主者白云：

「是諸衆等，各各互跪。嚴持香華，如法供養。」衆散華，和云：「供養十方法界三寶。」執鑪想，我此香華徧十方云云。想已，復云：

〔一〕「清」，廣陵本無。

「願此香花雲，徧滿十方界。供養一切佛，世間難信法，及諸上善人。普熏諸衆生，皆發菩提心。」法寶、僧寶，語局義通。次起云：

「供養已，一切恭敬。」拜。用前總觀偈，下讚歎懺悔三歸拜處，皆用上偈。次起置鑪讚云：

「身光不思議，徧照於十方。無量光如來，西方大慈父。壽命不思議，無邊阿僧祇。無量壽如來，西方大導師[一]。國土純清淨，功德所莊嚴。一切諸群生，悉登不退地。十方恒沙佛，共讚於此邦。故我與衆生，願生極樂國。」拜。想已，次起拈香云：

「一心頂禮，娑婆世界，五濁惡世，本師釋迦牟尼佛。」想身及衆生，業重生惡世。本師大慈，入惡世中，説難信之法。應極愍傷，感此恩德。想云：「能禮所禮性空寂，感應道交難思議。我此道場如帝珠。釋迦如來影現中。我身影現如來前，爲求往生接足禮。」

一心頂禮，東方世界，阿閦鞞佛、須彌相佛、大須彌佛、須彌光佛、妙音佛，如是等恒河沙數諸佛。下偈皆同上，但逐位改名號。想諸佛出廣長舌，覆大千界。説誠實言[二]，勸發往生。應極信受，不敢疑貳。下六拜，悉同。

一心頂禮，南方世界，日月燈佛、名聞光佛、大燄肩佛、須彌燈佛、無量精進佛，如是等

[一]「師」，廣陵本作「首」。

[二]「言」，廣陵本作「話」。

恒河沙數諸佛。

一心頂禮，西方世界，無量壽佛、無量相佛、無量幢佛、大光佛、大明佛、寶相佛、净光佛，如是等恒河沙數諸佛。

一心頂禮，北方世界，燄肩佛、最勝音佛、難沮佛、日生佛、網明佛，如是等恒河沙數諸佛。

一心頂禮，四維世界，最上廣大雲雷音王佛、最上日光名稱功德佛、無量功德火王光明佛、無數百千倶胝廣慧佛，如是等恒河沙數諸佛。略準唐譯及净土懺，總補一禮。

一心頂禮，下方世界，師子佛、名聞佛、名光佛、達磨佛、法幢佛、持法佛，如是等恒河沙數諸佛。

一心頂禮，上方世界，梵音佛、宿王佛、香上佛、香光佛、大燄肩佛、雜色寶華嚴身佛、娑羅樹王佛、寶華德佛、見一切義佛、如須彌山佛，如是等恒河沙數諸佛。

一心頂禮，西方極樂世界，清旦所供十萬億佛，及一切時中所供十方三世一切諸佛。想西方一切衆生，豎窮横徧而作佛事。如是重重無盡功德，我皆隨喜，等修供養。次拈香云：

「一心頂禮，西方極樂世界，壽命無量無邊阿僧祇劫，阿彌陀佛。一往作即報即法之想。我及衆生，心性照而常寂。本與彌陀，契同一體。

一心頂禮，西方極樂世界，光明無量，照十方國，阿彌陀佛。一往作即法即報之想。普與衆生，拔九界苦，得佛界樂，等蒙光照。

一心頂禮，西方極樂世界，臨命終時，現前導引，阿彌陀佛。」一往作即真即應之想。願一切處，乃至臨終，分明覩見，親聆法音，倍應雨淚哀切。又拈香云：

「一心頂禮，佛説阿彌陀經。此一切世間難信之法，今得信受，應極敬重。想云：『真空法性如虚空，常住法寶難思議。我皆影現法寶前，一心如法歸命禮。』○下二拜同。

一心頂禮，稱讚不可思議功德一切諸佛所護念經。

一心頂禮，西方極樂世界，阿彌陀佛所説，及十方三世一切尊經。想導師、本師，及諸佛法寶，炳現道場。

一心頂禮，西方極樂世界，光明衆寶，無量真淨色塵。應預觀成，令禮想時頓現。下五塵，皆阿彌陀佛從我淨心中變化所作。一一即導師全體法性。想云：『如來法身如虚空，化事住世難思議。我皆影現化事前，一心如法歸命禮。』○下四拜，偈同上。

一心頂禮，西方極樂世界，和雅微妙，無量真淨聲塵。想天樂衆鳥，行樹羅網，無量妙音，及佛菩薩等，所有一切法音，悉現道場。

一心頂禮，西方極樂世界，身雲華雨，無量真淨香塵。想依報正報，一切衆香，悉現道場。

一心頂禮，西方極樂世界，飯食禪法，無量真淨味塵。想今道場，如在西方，飯食行坐，念佛、念法、念僧時不異。

一心頂禮，西方極樂世界，德水微風，無量真浄觸塵。」想今道場，如在西方，澡浴經行，盛華衣食禪觸等時不異。次拈香云：

「一心頂禮，西方極樂世界，同佛授手，觀世音菩薩，大勢至菩薩，及諸聖衆菩薩摩訶薩。願一切時，及臨命終，分明覩見。

一心頂禮，西方極樂世界，諸上善人，一生補處菩薩摩訶薩。想無量無邊阿僧祇，等覺大士，同時安慰授手。

一心頂禮，西方極樂世界，無量無邊諸大菩薩摩訶薩。

一心頂禮，西方極樂世界，阿鞞跋致，同佛壽命，十方往生菩薩摩訶薩。

一心頂禮，西方極樂世界，無量無邊聲聞弟子，諸大菩薩摩訶薩。雖證小果，實似位菩薩。

一心頂禮，極樂世界，欄楯行樹中，諸菩薩摩訶薩。想無量欄楯行樹，炳現道場。我同在其中，頂禮受法。已下悉同此意。

一心頂禮，極樂世界，寶池蓮華中，諸菩薩摩訶薩。

一心頂禮，極樂世界，階道樓閣中，諸菩薩摩訶薩。

一心頂禮，極樂世界，黄金地上，娱天華樂，諸菩薩摩訶薩。

一心頂禮，極樂世界，盛衆妙華，廣修佛事，諸菩薩摩訶薩。

一心頂禮，極樂世界，飯食經行，諸菩薩摩訶薩。

一心頂禮，極樂世界，聞音正念，諸菩薩摩訶薩。

一心頂禮，極樂世界，無有衆苦，但受諸樂，一切菩薩摩訶薩。

一心頂禮，文殊師利法王子、阿逸多菩薩、乾陀訶提菩薩、常精進菩薩，如是等諸大菩薩，及十方三世一切菩薩摩訶薩。諸菩薩同受佛語，同生西方，同垂接引。下同。

一心頂禮，舍利弗尊者、迦葉尊者、阿難陀尊者，如是等諸大弟子，及十方三世一切聖僧。」想偈已，復想云：「我及衆生，無始常爲三業、六根重罪所障。不見諸佛，不知出要。但順生死，不知妙理。我今雖知，猶與一切衆生，同爲一切重罪所障。今對彌陀、十方佛前，普爲衆生，歸命懺悔。唯願加護，令障消滅。」〇想已，跪云：

「普爲法界，一切衆生，悉願斷除三障，歸命懺悔。」叩，想云：「我與衆生，無始來今，由愛見故，内計我人，外加惡友。不隨喜他一毫之善，唯徧三業，廣造衆罪。事雖不廣，惡心徧布。晝夜相續，無有間斷。覆諱過失，不欲人知。不畏惡道，無慚無愧，撥無因果。故於今日，深信因果，生重慚愧，生大怖畏，發露懺悔，斷相續心。發菩提心，斷惡修善，勤策三業，翻昔重過。隨喜凡聖一毫之善，念十方佛，有大福慧，能救拔我及諸衆生。從二死海，置三德岸。從無始來，不知諸法本性空寂，廣造衆惡。今知空寂，爲求菩提，爲衆生故，廣修諸善，徧斷衆惡。唯願十方諸佛，彌陀世尊，慈悲攝受，聽我懺悔。」想已，仍跪於地，復叩云：

「至心懺悔。懺悔之辭，經無明文可採，故敬用慈雲小懺文〔一〕。我弟子（某甲），及法界衆生，從無始世來，無明所覆，顛倒迷惑。而由六根三業，習不善法，廣造十惡，及五無間一切衆罪，無量無邊，説不可盡。十方諸佛，常在世間，依正莊嚴，增四字顯色塵故。法音不絶。妙香充塞，法味盈空。放浄光明，照觸一切。常住妙理，徧滿虚空。我無始來，六根内盲，三業昏闇，不見不聞，不覺不知。以是因緣，長流生死，經歷惡道，百千萬劫，永無出期。經云：『毗盧遮那，徧一切處。其佛所住，名常寂光。』是故當知，一切諸法，無非佛法。而我不了，隨無明流。是則於菩提中，見不清浄。於解脱中，而起纏縛。今始覺悟，今始改悔。奉對（叩）諸佛，彌陀世尊，發露懺悔。當令我與法界衆生，三業六根，無始所作，現作當作，自作教他，見聞隨喜，若憶不憶，若識不識，若疑不疑，若覆若露，一切重罪，畢竟清浄。我懺悔已，六根三業，浄無瑕累。所修善根，悉亦清浄。皆悉迴向，莊嚴浄土。普與衆生，同生安養。（叩）願阿彌陀佛，常來護持。令我善根，現前增進，不失浄因。臨命終時〔二〕，身心正念，視聽分明〔三〕。（叩）面奉彌陀，與諸聖衆，手執華臺，接引於我。一刹那頃，生在佛前，具菩薩道，

〔一〕「慈雲小懺文」，指遵式往生浄土決疑行願二門，文比遵式文多「依正莊嚴」四字。
〔二〕「命終」，廣陵本作「捨命」。
〔三〕「視聽分明」下，廣陵本有小字「改命終作捨命以成時有捨身微願故」。

廣度衆生，同成種智。」應三説。次起唱和云：

「懺悔發願已，歸命禮阿彌陀佛，及一切三寶。」想導師處中，爲我作懺悔主。一切三寶，同爲證明。想偈已，次起立執鑪，想上三寶叅塞道場。我身語意，如影響影，若一若多，無雜無障。旋繞法座，安詳而轉。稱云：

「南無十方佛，悉稱讚净土者。南無十方法，一切世間難信之法，即法界海。十方法門，無不從此法界流，無不還歸此法界。南無十方僧，此土西方，十方一切僧寶，悉趨向净土者。南無本師釋迦牟尼佛，南無極樂世界阿彌陀佛，南無一切諸佛所護念經，南無觀世音菩薩，南無大勢至菩薩摩訶薩。」三稱，誦彌陀經，誦畢復三稱。稱誦時，隨文入觀，歷歷分明。然名句文，猶空鳥迹，不可思議，故能徧十方界而作佛事。

次歸位置鑪云：

「自歸於佛，當願衆生，體解大道，發無上心。

自歸於法，當願衆生，深入經藏，智慧如海。

自歸於僧，當願衆生，統理大衆，一切無礙。

和南聖衆。」次別處西向，如法端坐，執持名號，一心不亂。其觀道，略引要解於下〔二〕：

「經云：『不可以少善根福德因緣，得生彼國。菩提正道，名善根，即親因；種種助道，施戒禪

〔二〕「略引要解於下」，本段並非完全引用要解，删節較多。

等，名福德，即助緣。聲聞、獨覺菩提名少善根〔二〕，人天有漏福業名少福德。唯以信願持名，則一一聲悉具多善因福緣也。若有善男子善女人，聞説阿彌陀佛，聞慧。執持名號。思慧。若一日、若二日、若三日、若四日、若五日、若六日、若七日，一心不亂。修慧。其人臨命終時，阿彌陀佛與諸聖衆，現在其前。是人終時，心不顛倒，即得往生阿彌陀佛極樂國土。』要解云：『阿彌陀佛，是萬德洪名，以名召德，圓極語，不可忽過。罄無不盡。故即以執持名號爲正行，不必更涉觀想、參究等行。確極，不可違。至簡易，至直捷也。聞而信，信而願，乃肯執持。不信不願，與不聞等。雖爲遠因，不名聞慧。執持，則念念憶佛名號，故是思慧。然有事持理持：事持者，信有西方阿彌陀佛，而未達是心作佛，是心是佛，但以決志願求生故，如子憶母，無時暫忘；理持者，信西方阿彌陀佛，是我心具，是我心造，即以自心所具所造洪名爲繫心之境，令不暫忘也。利根一日，鈍根七日，中根二三四五六日，而得不亂。此初學要期法，亦是隨樂剋期之法。又利根七日，鈍根一日，中根六、五、四、三、二日，而能不亂。此久學鍊習法。上二種，若七日未辨，乃至多七，一一七中，咸分利鈍。此長期剋辦之法。一心亦二種：不論事持理持，持至伏除煩惱，乃至見思先盡，皆事一心；又不論事持理持，持至心開見本性佛，皆理一心。一心是所顯，非所生。蓋不論雜亂垢心，從來是一心。本不可亂，但迷強不顯耳。事一心，不爲見思所亂，理一心，不爲二邊

〔二〕「聲聞、獨覺菩提名少善根」，要解作「聲聞、緣覺菩提善根少」。

所亂，即修慧也。不爲見思亂，故感變化身佛，及諸聖衆現前，心不復起娑婆界中三有顛倒，往生同居、方便二種極樂世界；不爲二邊亂，故感受用身佛，及諸聖衆現前，心不復起生死、涅槃二見顛倒，往生實報寂光二種極樂世界。當知執持名號，既簡易直捷，仍至頓至圓。以念念即佛故，圓極語〔二〕。不勞觀想，不必參究，當下圓明，無餘無欠。上上根，不能踰其閫；念念即佛故。下下根，亦可臻其閾。念念即佛故。可謂横該八教，豎徹五時。所以徹底悲心，無問自説，且深歎其難信也。蓋所持之名號，真實不可思議；即我心性。能持之心性，亦真實不可思議。即佛名號。持一聲，一聲不可思議；即佛。持十百千萬無量無數聲，聲聲皆不可思議也。即佛。餘如要解所明，須悉研之。」

二行合跋

余向於觀經妙典，藴四疑焉：機收三輩九品，逆惡不遮，而境細觀深，唯收勝種，一疑也；經既有先當觀之觀文，解亦判爲初入門之要術，而觀道卻在第十有三，二疑也；利人日觀成就，僅齊〔三〕下品下生，亦是凡夫。諸觀中細境廣高，凡夫如何注想？

〔二〕「圓極語」，要解無。

〔三〕「齊」，廣陵本作「其」。

三疑也； 利人已成十二勝想，復令作於雜想，何異壓良爲賤？ 雖爲曲解，終未恰然。且本觀經文，何又專屬心劣凡夫？ 四疑也。 堅師初門一出，頓釋四疑。 而修此初門，勝觀決可成就。 然後妙典不付空言。 如昏夜中，落日重出。 興成破闇，有大功勳。 至於彌陀行儀，只就小本具足若觀若行。 隨文入觀，是真受持。 隨觀歸誠，是真信受。述而不作，厥旨愈彰。 末世弘經，罕有其匹。 因手録二行，爲跋其後云。 戊申夏，同邑弟子胡淨睿謹識。

附録　檀庵法師臨行自餞

吾聞西方有無上正徧知，壽命無量阿僧祇。 光明徧照沙界兮無邊際，慈悲普覆群生兮無盡期。 聞名稱念者皆不退轉，歸命發願者衆苦皆脱離。 黄金爲地或琉璃，晝夜六時天華飛。 樓閣幢幡千萬兮徧空界，寶林珠網音樂兮微風吹。 莊嚴美妙不思議，土無日月常光輝。 是故繫念者神魂西馳，父母之邦兮常思歸。 性無苦域兮今順性而捨其，性有樂邦兮今順性而取之。 去去，過十萬億佛土不是遠路歧。 内憑願力，外仗佛威，一刹那間便到七寶蓮池。

靈峰蕅益大師選定淨土十要第四

述曰：列次淨土十要，以教經居初，以行經居次二、次三，皆尊經以明道也。若夫作論通經，闡揚淨土，則當以天台智者大師十疑論奉爲頰弁。厥義有三：一、智者乃釋迦後身，人是大聖故；二、陳隋之世，接踵遠祖，時亦在先故；三、此十問答，統淨宗一切疑問，振菩提大道之綱。斷疑生信，厥功最巨故。雖後世種種異見，像季末生。其間破立，未能盡應末法邪僻之病。而綱宗所被，何疑不遣。故次教行二經，列當論部之首。

淨土十疑論序

宋〔一〕無爲子楊傑述

愛不重不生娑婆，知病。念不一不生極樂。識藥。娑婆，穢土也；極樂，淨土也。娑婆

〔一〕「宋」，永樂南藏無。

之壽有量，彼土之壽則無量矣。娑婆備諸苦，彼土則安養無苦矣。娑婆隨業輪轉生死，彼土一往則永證無生法忍，若願度生，則任意自在，不爲諸業縛矣。其浄穢、壽量、苦樂、生死，如是差别，而衆生冥然不知，可不哀哉！阿彌陀佛，浄土攝受之主也；釋迦如來，指導浄土之師也；觀音、勢至，助佛揚化者也。是以如來一代教典，處處叮嚀勸往生也。主導助皆最勝故，獨隆於一代時教。阿彌陀佛與觀音、勢至，乘大願船，泛生死海。不著此岸，不留彼岸，不止中流，唯以濟度爲佛事。是故阿彌陀經云：「若有善男子、善女人，聞説阿彌陀佛，執持名號。若一日，乃至若七日，一心不亂。其人臨命終時，阿彌陀佛與諸聖衆，現在其前。是人終時，心不顛倒，即得往生極樂國土。」又經云：「十方衆生，聞我名號，憶念我國，植諸德本，至心迴向，欲生我國。不果遂者，不取正覺。」所以祇桓[一]精舍無常院，令病者面西，作往生浄土想。蓋彌陀光明，徧照法界念佛衆生，攝受不捨。聖凡一體，機感相應。諸佛心内衆生，塵塵極樂；衆生心中浄土，念念彌陀。指上三無差。吾以是觀之，智慧者易生，能斷疑故；以此句爲首領。禪定者易生，不散亂故；持戒者易生，遠諸染故；布施者易生，不我有故；忍辱者易生，不瞋恚故；精進者易生，不退轉故；此上約具衆善而

[一]「桓」，中華大藏經作「洹」。

不造善、不作惡者易生，念能一故；諸惡已作、業報已現者易生，實慚懼故；此承上不造善二段反顯。雖有衆善，若無誠信心、無深心、無迴向發願心者，則不得上上品生矣。噫！夫造彌陀甚易持，浄土甚易往。佛説甚難，正欲明其甚易。衆生不能持，不能往，佛如衆生何？夫造惡業，入苦趣；念彌陀，生極樂。二者皆佛言也。世人憂墮地獄而疑往生者，不亦惑哉！

晉慧遠法師與當時高士劉遺民等，結白蓮社於廬山，蓋致精誠於此爾。總結三心三無差。其後七百年，僧俗修持，獲感應者非一。咸見於浄土傳記，豈誣也哉。然贊輔彌陀教觀者，其書山積，唯天台智者大師浄土十疑論，最爲首冠。援引聖言，開決群惑。萬年闇室，日至而頓有餘光；千里水程，舟具而不勞自力。非法藏後身，不能至於是也。傑頃於都下，嘗獲斯文。讀示所知，無不生信。自遭酷罰，感悟益深。將廣其傳，因爲序引〔二〕。

〔二〕「因爲序引」下，中華大藏經有「熙寧九年仲秋述」。

净土十疑論

隋[一]天台智者大師説

第一疑○問：「諸佛菩薩以大悲爲業，若欲救度衆生，祇應願生三界，於五濁三途中救苦衆生。欲速反遲，又云恰是。因何求生淨土，自安其生，捨離衆生。則是無大慈悲，專爲自利，障菩提道？」○答：「菩薩有二種。一者，久修行菩薩道，得無生忍者，實當所責。二者，未得無生忍[二]，已還及初發心[三]凡夫菩薩者，要須常不離佛。忍力成就，方堪處三界内，於惡世中，救苦衆生。故智度論云，具縛凡夫，有大悲心，願生惡世，救苦衆生者，無有是處。何以故？惡世界煩惱强，自無忍力，心隨境轉。聲色所縛，自墮三途，焉能救衆生？假令得生人中，聖道難得。或因施戒修福，得生人中，得作國王大臣，富貴自在。縱遇善知識，不肯信用。貪迷放逸，廣造衆罪。乘此惡業，一入三途，經無量劫，從地獄出，受

[一]「隋」，永樂南藏無。
[二]「無生忍」，原脱，據注十疑論補。
[三]「心」下原衍「凡夫」二字，據注十疑論删。

貧賤身。若不逢善知識，還墮地獄。如此輪迴，至於今日，邊城霜月聽胡笳。人人皆如是。此名難行道也。瞥。故維摩經云：『自疾不能救，而能救諸疾人。』又智度論云，譬如二人，各有親眷爲水所溺，一人情急，直入水救，爲無方便力故，彼此俱没。一人有方便，往取船筏，乘之救接，悉皆得脱水溺之難。新發意菩薩，亦復如是[二]未得忍力，不能救衆生。爲此常須近佛，得無生忍已，方能救衆生，如得船者。又論云，譬如嬰兒，不得離母。若也離母，或墮坑井，渴乳而死。又如鳥子，翅羽未成，祇得依樹傳枝，不能遠去。翅翮成就，方能飛空，自在無礙。凡夫無力，唯得專念阿彌陀佛，使成三昧。以業成故，臨終斂念得生，決定不疑。見彌陀佛，證無生忍已，還來三界，乘無生忍船，救苦衆生，廣施佛事，任意自在。故論云，遊戲地獄行者，生彼國得無生忍已，還入生死國，教化地獄受苦衆生。以是因緣，求生浄土，願識其教。故十住婆沙論名易行道也。」瞥。

第二疑○問：「諸法體空，本來無生，平等寂滅。寱語又云恰是。今乃捨此求彼，生西方彌陀浄土，豈不乖理哉？又經云：『若求浄土，先浄其心，心浄故，即佛土浄。』此云何通？」○答：「釋有二義：一者總答，二者別答。總答者，汝若言求生西方彌陀浄土，則

[二]「如是」，廣陵本無。

是捨此求彼，不中理者。汝執住此不求西方，則是捨彼著此，此還成病，不中理也。又轉計云：『我亦不求生彼，亦不求生此者，則斷滅見。』故金剛般若經云：『須菩提，汝若作是念，發阿耨菩提者，説諸法斷滅相。莫作是念，何以故？發菩提心者，於法不説斷滅相。』二別答者，夫不生不滅者，於生緣中，諸法和合，不守自性。求於生體，亦不可得。此生生時，無所從來，故名不生。不滅者，諸法散時，不守自性，言我散滅。此散滅時，去無所至，故言不滅。非謂因緣生外，別有不生不滅。亦非不求生浄土，喚作無生。爲此中論偈云：『因緣所生法，我説即是空，亦名爲假名，亦名中道義。』又云：『諸法不自生，亦不從他生，不共不無因，是故知無生。』又維摩經云：『雖知諸佛國，及與衆生空。而常修浄土，教化諸群生。』又云：『譬如有人造立宮室，若依空地，隨意無礙。若依虚空，終不能成。』諸佛説法，常依二諦，不壞假名，而説諸法實相。智者熾然求生浄土，達生體不可得，即是真無生。此謂心浄故，即佛土浄。愚者爲生所縛，聞生即作生解，聞無生即作無生解。不知生即是無生，無生即是生。不達此理，横相是非。瞋他求生浄土，幾許誤哉？此則是謗法罪人，邪見外道也。」前聖定論如此。

第三疑○問：「十方諸佛，一切浄土，法性平等，功德亦等。行者普念一切功德，生一切浄土。儱侗又云恰是。今乃偏求一佛浄土，與平等性乖，云何生浄土？」○答：「一切諸佛土，實皆平等。但衆生根鈍，濁亂者多。若不專繫一心一境[一]，三昧難成。專念阿彌陀佛，即是一相三昧。以心專至，得生彼國。如隨願往生經云，普廣菩薩問佛：『十方悉有淨土，世尊何故偏讚西方彌陀淨土，專念往生？』佛告普廣：『閻浮提衆生，心多濁亂。爲此偏讚西方一佛淨土，使諸衆生專心一境，即易得往生。』若總念一切佛者，念佛境寬，則心散漫，三昧難成，故不得往生。又求一佛功德，與一切佛功德無異，以同一佛法性故。爲此念阿彌陀佛，即念一切佛；生一淨土，即生一切淨土。故華嚴經云：『一切諸佛身，即是一佛身。一心一智慧，力無畏亦然。』又云：『譬如淨滿月，普應一切水。影像雖無量，本月未曾二。如是無礙智，成就等正覺。應現一切刹，佛身無有二。』智者以譬喻得解。智者若能達一切月影即一月影，一月影即一切月影，月影無二故。一佛即一切佛，一切佛即一佛，法身無二故。熾然念一佛時，即是念一切佛也。」

第四疑○問：「等是念求生一佛淨土，何不十方佛土中，隨念一佛淨土，隨得往生。何須偏念彌陀佛耶？」○答：「凡夫無智，不敢自專，專用佛語，故能偏念阿

杜撰又云恰是。

[一] 「若不專繫一心一境」，廣陵本作「若不繫一境」。

彌陀佛。云何[二]用佛語？釋迦大師一代説法，處處聖教，此通義。唯勸衆生專心偏念阿彌陀佛，求生西方極樂世界。如無量壽經、觀經、往生論等，此別義。數十餘部經論文等，殷勤指授勸生西方，故偏念也。已上舉教。又彌陀佛別有大悲四十八願，接引衆生。以下單舉因緣。又觀經云：『阿彌陀佛有八萬四千相，一一相有八萬四千好，一一好放八萬四千光明。偏照法界念佛衆生，攝取不捨。』若有念者，機感相應，決定得生。又阿彌陀經、大無量壽經、鼓音王陀羅尼經等云：『釋迦佛説經時，皆有十方恒沙諸佛，舒其舌相，偏覆三千大千世界。證成一切衆生念阿彌陀佛。』乘佛大悲本願力故，決定得生極樂世界。當知阿彌陀佛與此世界偏有因緣。此通義。何以得知？無量壽經云：『末世法滅之時，特駐[三]此經百年在世。接引衆生，往生彼國。』故知阿彌陀佛與此世界極惡衆生偏有因緣。此別義。其餘諸佛一切淨土，雖一經兩經略勸往生，不如彌陀佛國，處處經論，結因緣於聖教。殷勤叮嚀勸往生也。」

第五疑○問：「具縛凡夫，惡業厚重，一切煩惱，一毫未斷。西方淨土，出過三界，具

[二]「何」，中華大藏經作「阿」。
[三]「駐」，永樂南藏作「留」。

縛凡夫，云何得生？」〇答：「有二種緣：一者自力，二者他力。自力者，此世界修道，實未得生淨土。是故瓔珞經云，始從具縛凡夫，未識三寶，不知善惡因之與果。初發菩提心，以信爲本。住在佛家，以戒爲本。受菩薩戒，身身相續，戒行不闕。經一劫、二劫、三劫，始至初發心住。如是修行十信、十波羅蜜等無量行願，相續無間，滿一萬劫，方始至第六正心住。若更增進至第七不退住，即種性位，此約自力，卒未得生淨土。他力者，若信阿彌陀佛大悲願力，攝取念佛衆生，即能發菩提心，信願具足。行念佛三昧，行。厭離三界身。厭。起行施戒修福，欣。於一一行中，迴願生彼彌陀淨土。欣厭具足，方名真願。乘佛願力，機感相應，即得往生。是故十住婆沙論云：『於此世界修道，有二種。一者難行道，二者易行道。』難行者，在於五濁惡世，於無量佛時求阿鞞跋致，甚難可得。此難無數塵沙，説不可盡。略陳有五：一者，外道相善，亂菩薩法；邪種。二者，無賴惡人，破他勝德；三惡種。三者，顛倒善果，能壞梵行；三善種。四者，聲聞自利，障於大慈；小乘種。五者，唯有自力，無他力持。指大乘修餘法門者。譬如跛人步行，一日不過數里，極大辛苦，謂自力也。易行道者，謂信佛語，教念佛三昧，行。願生淨土，乘彌陀佛願力攝持，決定往生不疑也。如人水路行藉船力，故須臾即至千里，謂他力也。譬如劣夫從轉輪王一日一夜周行四天下，非是自力，轉輪王力也。若言有漏凡夫不得生淨土者，亦可有漏凡夫應不得見佛身。以正例依。

然念佛三昧，並無漏善根所起。有漏凡夫，隨分得見佛身麤相也。菩薩見微細相，浄土亦爾。雖是無漏善根所起，有漏凡夫發無上菩提心，信願。求生浄土，願。常念佛故，行。伏滅煩惱，得生浄土。隨分得見麤相，菩薩見微妙相，謂依報。此何所疑？故華嚴經說：『一切諸佛刹，平等普嚴浄。衆生業行異，所見各不同。』即其義也。」

第六疑〇問：「設令具縛凡夫，得生彼國。邪見三毒等常起，錯。云何得生彼國，即得不退，超過三界？」〇答：「得生彼國，有五因緣不退。云何爲五？一者，阿彌陀佛大悲願力攝持，故得不退；二者，佛光常照，故菩提心常增進不退；三者，水鳥、樹林、風聲、樂響皆説苦空，聞者常起念佛、念法、念僧之心，故不退；浄宗殊勝，全由念佛，伏惑力深，能圓浄四土，圓證三不退。四者，彼國純諸菩薩以爲良友，無惡緣境。外無神鬼魔邪，内無三毒等，邪歸愛黨見黨。煩惱畢竟不起，故不退；五者，生彼國即壽命永劫，共菩薩佛齊等，故不退也。在此惡世，日月短促。經阿僧祇劫，言彼土。復不起煩惱，長時修道，云何不得無生忍也？此理顯然，不須疑也。」

第七疑〇問：「彌勒菩薩，一生補處，即得成佛。上品十善，得生彼處。見彌勒菩薩，隨從下生。三會之中，自然而得聖果，何須求生西方浄土耶？」〇答：「求生兜率，亦曰[一]聞道見佛，勢欲相似。若細比較，大有優劣。且論二種：一者，縱持十善，恐不得生。何以得知？彌勒上生經云：『行衆三昧，深入正定。』方始得生，更無方便接引之義。不如阿彌陀佛本願力、光明力，但有念佛衆生，攝取不捨。又釋迦佛説九品教門，方便接引。殷勤發遣，生彼淨土。但衆生能念彌陀佛者，機感相應，必得生也。如世間慕人，能受慕者機會相投，必成其事。二者，兜率天宫是欲界，退位者多。無有水鳥、樹林、風聲、樂響，衆生聞者，悉念佛發菩提心，伏滅煩惱。又有女人，皆長諸天愛著五欲之心。又天女微妙，諸天耽玩，不能自勉。不如彌陀淨土，水鳥、樹林、風聲、樂響，衆生聞者，皆生念佛發菩提心，伏滅煩惱。又無女人二乘之心，純一大乘清淨良伴。爲此煩惱惡業畢竟不起，遂至無生之位。如此比較，優劣顯然，何須致疑也？如釋迦佛在世之時，大有衆生見佛不得聖果者，如恒沙。彌勒出世亦爾，大有不得聖果者。未如彌陀淨土，但生彼國已，悉得無生法忍，未有一人退落三界，爲生死業縛也。又聞西國傳云，有三菩薩，一名無著，二名世親，三名師子覺。此三人契志同生兜率，願見彌勒。若先亡者，得見彌勒，誓來相報。師子覺前亡，一去數年不來。後世親無常，臨終之時，無著語云：『汝見彌勒，即來相報。』世親去已，三

[一]「亦曰」，中華大藏經作「一日」。

年始來。無著問曰：『何意如許多時始來？』世親報云：『至彼天中，聽彌勒菩薩一座説法，旋繞即來相報。爲彼天日長，故此處已經三年。』又問：『師子覺今在何處？』世親報云：『師子覺爲受天樂，五欲自娱，在外眷屬。從去已來，總不見彌勒。』諸小菩薩生彼，尚著五欲，何况凡夫？爲此願生西方，定得不退，不求生兜率也。」

第八疑○問：「衆生無始以來，造無量業。今生一形不逢善知識，又復作一切罪業，無惡不造。云何臨終十念成就，即得往生。出過三界結業之事，云何可通？」○答：「衆生無始以來，善惡業種多少强弱，並不得知。但能臨終遇善知識，十念成就者，皆是宿善業强，始得遇善知識，十念成就。若惡業多者，善知識尚不可逢，何可論十念成就？又汝以無始以來惡業爲重，臨終十念爲輕者。今以道理三種較量，輕重不定，不在時節久近多少。此三段發明念佛三昧，深切著明，真大法鼓也。云何爲三？一者在心，二者在緣，三者在決定。在心者，造罪之時，從自虚妄顛倒生。念佛者，從善知識，聞説阿彌陀佛真實功德名號生。由實境而生實心，即始覺也。一虚一實，豈得相比？譬如萬年闇室，喻顛倒心。日光暫至，喻始覺。而闇頓滅。豈以久來之闇，不肯滅耶？在緣者，造罪之時，從虚妄癡闇心，緣虚妄境界顛倒生。念佛之心，從聞佛清淨真實功德名號，緣無上菩提心生。以實心而緣實境，即本覺也。一真一僞，豈得相比？譬如有人被毒箭中，喻妄境。箭深毒慘[一]，傷肌破骨。一聞滅除藥鼓，喻本覺真境。即箭出毒除。豈以箭深毒慘而不肯出也？在決定者，造罪之時，以有間心，有後心也。念佛之時，以無間心，無後心，遂即捨命。善心猛利，是以即生。譬如十圍之索，千夫不制，童子揮劍，須臾兩分。又如千年積柴，以一豆火焚，少時即盡。又如有人，一生以來，修十善業，應得生天。臨終之時，起一念決定邪見，即墮阿鼻地獄。惡業虛妄，以猛利故，尚能排一生之善業，令墮惡道。豈況臨終猛心念佛，真實無間善業，不能排無始惡業，得生淨土，無有是處。又云：『一念念佛，滅八十億劫生死之罪。』爲念佛時心猛利故，真指訣。伏滅惡業，決定得生，不須疑也。上古相傳，判十念成就作別時意者，謂夙世。此定不可。何以得知？攝論云：『由唯發願故，全無有行。』雜集論云：『若願生安樂國土即得往生，若聞無垢佛名即得阿耨菩提者，並是別時之因，全無有行。』若將臨終，無間十念，猛利善行，是別時意者，幾許誤哉？願諸行者深思此理，自牢其心。莫信異見，自墜陷也。」

第九疑○問：「西方去此十萬億佛刹，凡夫劣弱，云何可到？又往生論云：『女人及根缺，二乘種不生。』既有此教，當知女人及以根缺者，必定不得往生。」○答：「爲對凡

[一]「慘」，中華大藏經作「磣」。

夫肉眼生死心量説耳。西方去此十萬億佛刹，但使衆生浄土業成者，臨終在定之心，即是浄土受生之心。遠祇在自心，遠即非遠。動念即是生浄土時。爲此觀經云：『彌陀佛國去此不遠。』又業力不可思議，一念即得生彼，不須愁遠。又如人夢，身雖在牀，而心意識，偏至他方一切世界，如平生不異也。生浄土亦爾，動念即至，不須疑也。『女人及根缺，二乘種不生』者，但論生彼國無女人，及無盲聾瘖瘂人，不道此間女人、根缺人不得生彼。若如此説者，愚癡全不識經意。即如韋提夫人，是請生浄土主。及五百侍女，佛授記悉得往生彼國。但此處女人，及盲聾瘖瘂人，心念彌陀佛，悉生彼國已，更不受女身，亦不受根缺身。二乘人但迴心願生浄土，至彼更無二乘執心。爲此故云：『女人及根缺，二乘種不生。』非謂此處女人，及根缺人，不得生也。故無量壽經四十八願云：『設我得佛，十方世界一切女人，稱我名號，厭惡女身，捨命之後，更受女身者，不取正覺[一]。』況生彼國，更受女身根缺者亦爾。」

第十疑○問：「今欲決定求生西方，末後方爲正問。未知作何行業，以何爲種子，得生彼

[一] 曹魏康僧鎧譯無量壽經第三十五願云：「設我得佛，十方無量不可思議諸佛世界，其有女人聞我名字，欢喜信樂，發菩提心，厭惡女身，壽終之後，復爲女像者，不取正覺。」

國？又凡夫俗人皆有妻子，未知不斷淫欲，得生彼否？」〇答：「欲決定生西方者，具有二種行，定得生彼。一者厭離行，二者欣願行。言厭離行者，凡夫無始已來，爲五欲纏縛，輪迴五道，備受衆苦。不起心厭離五欲，未有出期。爲此常觀此身，膿血屎尿，一切惡露，不浄臭穢。故涅槃經云：『如是身城，愚癡羅刹，止住其中。誰有智者，當樂此身？』又經云：『此身衆苦所集，一切皆不浄。扼縛癰瘡等，根本無義利。上至諸天身，皆亦如是。』行者若行若坐，若睡若覺，常觀此身，唯苦無樂。深生厭離，縱使妻房不能頓斷，漸漸生厭，作七種不浄觀：一者、觀此淫欲身，從貪愛煩惱生，即是種子不浄；二者、父母交會之時，赤白和合，即是受生不浄；三者、母胎中在生臟下，居熟臟上，即是住處不浄；四者、在母胎時，唯食母血，即是食噉不浄；五者、日月滿足，頭向產門，膿血俱出，臭穢狼藉，即是初生不浄；六者、薄皮覆上，其內膿血徧一切處，即是舉體不浄；七者、乃至死後膖脹爛壞，骨肉縱横，狐狼食噉，即是究竟不浄。自身既爾，他身亦然。所愛境界，男女身等，深生厭離，常觀不浄。若能如此觀身不浄之者，淫欲煩惱，漸漸減少。又作十想等觀，廣如經說。又發願願我永離三界雜食、臭穢、膿血、不浄、耽荒、五欲、男女等身，願得浄土法性生身。此爲厭離行。二明欣願行者，復有二種：一者、先明求往生之意，二者、觀彼浄土莊嚴等事。欣心願求，明往生意者，所以求生浄土，浄土第一義。爲欲救拔一切衆生苦故。字字須頂戴受持。即自思忖，我今無力，若在惡世，煩惱境强，自爲業縛，淪溺三途，動經劫數。如此輪轉，無始已來，未曾休息。痛哉。何時能得救苦衆生？爲此求生净土，親近諸佛。若證無生忍，方能於惡世中救苦衆生。故往生論云：『言發菩提心者，正是願作佛心。願作佛心者，則是度衆生心。度衆生心者，則是攝衆生生佛國心。法界實理實事，此句方無戲論。又願生净土，須具二行：一者、必須遠離三種障菩提門法；二者、須得三種順菩提門法。何者爲遠離。三種障菩提法？一者、依智慧門，不求自樂，遠離我心貪著自身故；二者、依慈悲門，拔一切衆生苦，遠離無安衆生心故；三者、依方便門，當憐愍一切衆生，欲與其樂，遠離恭敬供養自身心故。若能遠三種菩提障，則得三種順菩提法。一者、無染清淨心，不爲自身求諸樂故。菩提是無染清淨處，若爲自身求樂，即染身心障菩提門。是故無染清淨心，是順菩提門。二者、安清淨心，爲拔衆生苦故。菩提心是安隱一切衆生清淨處，若不作心拔一切衆生，令離生死苦，即違菩提門。是故安清淨心是順菩提門。三者、樂清淨心，欲令一切衆生得大菩提涅槃故。菩提涅槃是畢竟常樂處，若不作心令一切衆生得畢竟常樂，即遮菩提門。』此菩提因何而得？要因生净土，常不離佛。設無此法，則一切都無實義。得無生忍已，於生死國中，救苦衆生。悲智內融，定而常用。自在無礙，即菩提心。此是願生之意。二明欣心願求者，希心起想，緣彌陀佛。若法身，若報身等，金色光明，八萬四千相，一一相中八萬四千好，一一好放八萬四千光明。常照法界，攝取念佛衆生。又觀彼浄土七寶莊嚴妙樂等，備如無量壽經、觀經[二]、十六觀等。常行念佛三昧，及施戒修等一切善行。悉以迴施一切衆生，同生彼國，決定得生。此謂欣願門也。」

後序[三]

宋左宣義郎陳瓘述

人心無常，法亦無定。心法萬差，其本在此。機感不一。信此則偏信，華嚴所以説十信，疑此則偏疑，智者所以説十疑。出疑入信，一入永入。元是千了百當之法。不離於此，得究竟處。浄土者，究竟處也。此處有説法之主，名無量壽。此佛説法，未嘗閒斷。疑障其耳，則聾而不聞；疑障其心，則昧而不覺。不聞不覺。安住惡習。讚歎不念，隨喜麤心。通病。妄指蓮胞，以爲虚誕。終不自念，此分段身，從何而得，自何而來？胎獄穢濁，真實安在？信憑業識，自隔真際。苦苦。於一幻境，非彼執此。生生

[二] 「觀經」，徑山藏無。
[三] 永樂南藏無「後序」全文。

不靈，永絶聖路。以如是故，釋迦如來，起大慈愍，於穢濁中，發大音聲，讚彼浄土，上妙之樂。於生死中，爲大船師，載以法船，令趨彼岸。晝夜度生，無有休息。然而彌陀之岸，本無彼此。釋迦之船，實非往來。譬如一燈，分照八鏡。鏡有東西，光影無二。彌陀説法，徧光影中。而釋迦方便，獨指西鏡。故已到彼岸者，乃可以忘彼此。未入法界者，何自而泯東西？於此法中，若未究竟，勿滯方隅，勿分彼此。愈分愈滯。但當正念，諦信而已。此二聖之意，妙極。而智者之所以信也。大智。信者萬善之母，疑者衆惡之根。能順其母，能鋤其根，則向之所謂，障緣衆生，聾可復聞，昧可復覺。未出生死，得出生死；未生浄土，得生浄土。順釋迦之誨，往面彌陀；隨彌陀之願，來助釋迦。在此而徧歷十方，即西而普入諸鏡。千了百當。自二聖建立以來，如是之人，如河沙數。云何不信？云何而疑？能自信已，又作方便，令諸未信，無不信者，此則智者之所以爲悲也。大悲。明智大師中立，學智者之道，不順其文，而順其悲，所以又印此論，冠以次公之序。予乃申廣其説，以助可助。其傳〔一〕。

〔一〕「以助其傳」下，中華大藏經有「元祐八年七月十一日左宣義郎前簽書鎮東軍節度判官廳公事陳瓘序」字樣。

附録四篇

唐五臺山竹林寺法照傳[一]

釋法照，不知何許人也。大曆二年，棲止衡州雲峰寺，勤修不懈。於僧堂内粥鉢中，忽睹五彩祥雲，雲内現山寺。寺之東北五十里已來，有山。山下有澗，澗北有石門。入可五里，有寺，金榜題云：「大聖竹林寺。」雖目擊分明，而心懷隕穫。他日齋時，還於鉢中五色雲内現其五臺諸寺。盡是金地，無有山林穢惡，純是池臺樓觀，衆寶莊嚴。文殊一萬聖衆而處其中。又現諸佛浄國，食畢方滅。心疑未決，歸院問僧：「還有曾遊五臺山已否？」時有嘉延、曇暉二師言曾到。言與鉢内所見，一皆符合，然尚未得臺山消息。暨四年夏，於衡州湖東寺内有高樓臺，九旬起五會念佛道場。六月二日未時，遥見祥雲彌覆臺寺。雲中有諸樓閣，閣中有數梵僧，各長丈許，執錫行道。衡州舉郭咸見彌陀佛與文殊、普賢一萬菩薩，俱在此會，其身高大。見之者皆深泣血設禮，至酉方滅。照其日晚，於道場外

[一] 本篇傳記選自宋高僧傳第二十卷。

遇一老人告照云：「師先發願往金色世界，奉覲大聖，今何不去？」照怪而答曰：「時難路艱，何可往也？」老人言：「但亟去，道路固無留難。」言訖不見。照驚入道場，重發誠願，夏滿約前往，任是火聚冰河，終無退衄。至八月十三日，於南嶽與同志數人，惠然肯來，果無沮礙。則五年四月五日到五臺縣。遥見佛光寺南，數道白光。六日到佛光寺，果如鉢中所見，略無差脱。其夜四更，見一道光，從北山下來射照。照忙入堂内，乃問衆云：「此何詳也？吉凶焉在？」有僧答言：「此大聖不思議光，常答有緣。」照聞已，即具威儀。尋光至寺東北五十里閒果有山，山下有澗，澗北有一石門。見二青衣，可年八九歲，顔貌端正，立於門首。一稱善財，二曰難陀。相見歡喜，問訊設禮，引照入門。向北行五里已來，見一金門樓。漸至門所，乃是一寺，寺前有大金榜，題曰：「大聖竹林寺。」一如鉢中所見者。方圓可二十里，一百二十院，皆有寶塔莊嚴。其地純是黄金，流渠華樹，充滿其中。照入寺，至講堂中，見文殊在西，普賢在東，各據師子之座。説法之音，歷歷可聽。文殊左右菩薩萬餘，普賢亦無數菩薩圍繞。照至二聖前作禮問言：「末代凡夫，去聖時遥，知識轉劣，垢障尤深，佛性無由顯現。佛法浩瀚，未審修行於何法門，最爲其要？唯願大聖，斷我疑網。」文殊報言：「汝今念佛，今正是時。諸修行門，無過念佛，供養三寶，福慧雙修，此之二門，最爲徑要。所以者何？我於過去劫中，因觀佛故，因念佛故，因供養故，今得一切種智。是故一切諸法，般若波羅蜜，甚深禪定，乃至諸佛，皆從念佛而生。故知念佛，諸法之王。汝當常念無上法王，令無休息。」照又問：「當云何念？」文殊言：「此世界西，有阿彌陀佛。彼佛願力不可思議，汝當繼念，令無閒斷。命終之後，決定往生，永不退轉。」說是語已，時二大聖各舒金手摩照頂，爲授記別：「汝以念佛故，不久證無上正等菩提。若善男女等，願疾成佛者，無過念佛，則能速證無上菩提。」語已，時二大聖互說伽陀。照聞已，歡喜踊躍，疑網悉除，又更作禮，禮已合掌。文殊言：「汝可往詣諸菩薩院，次第巡禮。」授教已，次第瞻禮。遂至七寶果園，其果纔熟，其大如盌，便取食之。食已，身意泰然，造大聖前，作禮辭退。還見二青衣，送至門外，禮已，舉頭遂失所在，倍增悲感。乃立石記，至今存焉。復至四月八日，於華嚴寺西樓下安止。洎十三日，照與五十餘僧，同往金剛窟，到無著見大聖處，虔[一]心禮三[二]十五佛名。照禮纔十徧，忽見其處廣博嚴淨琉璃宫殿，文殊、普賢一萬菩薩及佛陀波利居在一處。照見已，惟自慶喜，隨衆歸寺。其夜三更，於華嚴院西樓上，忽見寺東山半有五聖燈，其大方尺餘。照呪言：「請分百燈歸一

[一] 「虔」，中華大藏經作「處」。
[二] 「三」，永樂南藏作「二」。

畔。」便分如願。重謂分爲千炬，言訖便分千數，行行相對，徧於山半。又更獨詣金剛窟所，願見大聖。三更盡到，見梵僧，稱是佛陀波利，引之入聖寺。語在覺護傳。即佛陀波利傳[一]。至十二月初，遂於華嚴寺華嚴院，入念佛道場，絶粒要期，誓生淨土。至於七日初夜，正念佛時，又見一梵僧入乎道場，告云：「汝所見臺山境界，何故不説？」言訖不見。照疑此僧，亦擬不説。翌日申時，正念誦次，又見一梵僧，年可八十，乃語照曰：「師所見臺山靈異，胡不流布，普示衆生。令使見聞，發菩提心，獲大利樂乎？」照曰：「實無心祕蔽聖道，恐生疑謗故，所以不説。」僧云：「大聖文殊，現在此山，尚招人謗，況汝所見境界。但使衆生見聞之者，發菩提心，作毒鼓緣耳。」照聞斯語，便隨憶念録之。時江東釋慧從，以大曆六年正月内，與華嚴寺崇暉、明謙等三十餘人，隨照至金剛窟所，親示般若院立石標記。於時徒衆，誠心瞻仰，悲喜未已，遂聞鐘聲，其音雅亮，節解分明。衆皆聞之，驚異尤甚，驗乎所見不虛。故書於屋壁，普使見聞，同發勝心，共期佛慧。自後，照又依所見化竹林寺題額處，建寺一區，莊嚴精麗，便號「竹林」焉。又大曆十二年九月十三日，照與弟子八人，於東臺覩白光數四。次有異雲靉靆，雲開見五色通身光，光内有圓光紅色，文殊乘青

[一]「即佛陀波利傳」，中華大藏經無。

毛師子，衆皆明見，乃霏微下雪，及五色圓光，徧於山谷。其同見弟子純一、惟秀、歸政、智遠，沙彌惟英，優婆塞張希俊等。照後篤犖其心，修鍊無曠，不知其終。絳州兵掾王士詹，述聖寺記云。高僧傳三集感通篇。

唐洛陽[一]罔極寺慧日傳

釋慧日，俗姓辛氏，東萊人也。中宗朝得度，及登具足。後遇義淨三藏，造一乘之極，躬詣竺乾，心恒羡慕，日遂誓遊西域。始者泛舶渡海，自經三載，東南海中諸國崑崙、佛誓、師子洲等，經過略徧。乃達天竺，禮謁聖迹，尋求梵本，訪善知識，一十三年，咨稟法訓。思欲利人，振錫還鄉，獨影孤征，雪嶺胡鄉，又涉四載。既經多苦，深厭閻浮。何國何方，有樂無苦？何法何行，能速見佛？徧問天竺三藏學者，所説皆讚淨土。復合金口，極[二]於速疾，是一生路，盡此報身，必得往生極樂世界，親得奉事阿彌陀佛。聞已頂受，漸至北印度健馱羅國。王城東北，有一大山。山有觀音像，有志誠祈請，多得現身。日遂七日叩頭，又

[一]「洛陽」，資福藏作「洛京」。
[二]「極」，中華大藏經作「其」。

斷食，畢命爲期。至七日夜且未央，觀音空中現紫金色相，長一丈餘，坐寶蓮華，垂右手摩日頂曰：「汝欲傳法自利利他，西方浄土，極樂世界，彌陀佛國，勸令念佛誦經，迴願往生。到彼國已，見佛及我，得大利益。汝自當知浄土法門，勝過諸行。」説已忽滅。日斷食既困，聞此强壯。及登嶺東歸，計行七十餘國，總一十八年。開元七年，方達長安，進帝佛真容梵夾等，開悟帝心，賜號曰「慈愍三藏」。生常勤修浄土之業，著往生浄土集行於世。其道與善導、少康異時同化也。又以僧徒多迷五辛中興渠。興渠，人多説不同，或云蕓薹胡荽，或云阿魏。唯浄土集中别行書出云：「五辛，此土唯有四：一蒜、二韮、三葱、四薤，闕於興渠。梵語稍譌，正云形具。餘國不見，迴至于闐，方得見也。根粗如細蔓菁根而白，其臭如蒜。彼國人種取根食也。於時冬天，到彼不見枝葉。蕓荽非五辛，所食無罪，日親見爲驗歟。」以天寶七年，卒於住寺。報齡六十九，葬於白鹿原，成小塔焉。高僧傳三集聲德篇〔二〕。

〔二〕「高僧傳三集聲德篇」，指宋高僧傳卷二十九雜科聲德篇，作者贊寧等。

宗賾禪師蓮華勝會録文

夫以念爲念，以生爲生者，常見之所失也。以無念爲無念，以無生爲無生者，邪見之所惑也。念而無念，生而無生者，第一義諦也。是以實際理地，不受一塵，則上無諸佛之可念，下無淨土之可生。佛事門中，不捨一法，則總攝諸根，蓋有念佛三昧，還源要術，示開往生一門。所以終日念佛，而不乖於無念；熾然往生，而不乖於無生。故能凡聖各住自位，而感應道交；東西不相往來，而神遷淨刹。此不可得而致詰也。故經云：「若人聞説阿彌陀佛，執持名號，乃至是人終時，心不顛倒，即得往生阿彌陀佛極樂國土。」夫如來世尊，雖分折攝二門，現居淨穢兩土。然本聖之意，豈直以娑婆國土丘陵坑坎，五趣雜居，土石諸山，穢惡充滿，以是爲可厭；極樂世界黄金爲地，行樹參空，樓聳七珍，華敷四色，以是爲可忻。蓋以初心入道，忍力未淳，須託淨緣，以爲增上。何則？娑婆國土，釋迦已滅，彌勒未生；極樂世界，阿彌陀佛現在説法。娑婆國土，觀音、勢至徒仰嘉名；極樂世界，彼二上人親爲勝友。娑婆國土，諸魔競作，惱亂行人；極樂世界，大光明中，決無魔事。娑婆國土，邪聲擾亂，女色妖淫；極樂世界，水鳥、樹林咸宣妙法，正報清淨，實無女人。然則修行緣具，無若西方。淺信之人，横生疑謗。竊嘗論之，此方之人，無不厭俗舍之喧煩，慕蘭若之寂静。故有捨家出家，則殷勤讚歎。而娑婆衆苦，何止俗舍之喧煩？極樂優遊，豈直蘭若之寂静？知出家爲美，而不願往生，其惑一也。萬里辛勤，遠求知識者，蓋以發明大事，決擇死生。而彌陀世尊，色心業勝，願力洪深。一演圓音，無不明契。願參知識，而不欲見佛，其惑二也。叢林廣衆，皆樂棲遲。少衆道場，不欲依附。而極樂世界，一生補處，其數甚多，諸上善人，俱會一處。既欲親近叢林，而不慕清浄海衆，其惑三也。此方之人，上壽不過百歲，而童癡老耄，疾病相仍，昏沈睡眠，常居大半。菩薩猶昏隔陰，聲聞尚昧出胎。則尺璧寸陰，十喪其九。而未登不退，可爲寒心。西方之人，壽命無量，一託蓮苞，更無死苦，相續無間，直至菩提。所以便獲阿惟越致，佛階決定可期。流轉娑婆促景，而迷於浄土長年，其惑四也。若乃位居不退，果證無生，在欲無欲，居塵不塵，方能興無緣慈，運同體悲，迴入塵勞，和光五濁。其有淺聞單慧，或與少善相應，便謂永出四流，高超十地，詆訶浄土，耽戀娑婆，掩目空歸，宛然流浪，並肩牛馬，接武泥犂。不知自是何人，擬比大權菩薩，其惑五也。故經云：「應當發願，願生彼國。」則不信諸佛誠言，不願往生浄土，豈不甚迷哉？若夫信佛言而生浄土，則界繫之所不能拘，劫波之所不能害。謝人間之八苦，無天上之五衰。尚無惡道之名，何況有實？唯顯一乘之法，決定無三。歸依一體三寶，奉事十方如來。佛光照體，萬惑潛消。法味資神，六通具足。三十七品助道法，應念圓成。三十二應隨類身，徧塵刹土。周旋五趣，普被諸根。不動一心，徧行三昧。灑定水於三千，引衆生於火宅。自利利他，皆悉圓滿。然則唯心净土，自性彌陀，蓋解脱之要門，乃修行之捷徑。是以了義大乘，無不指歸净土。前賢後聖，自他皆願往生。凡以欲得度人，先須自度故也。嗚呼！人無遠慮，必有近憂。一失人身，萬劫深悔。故率大海衆，各念彌陀佛。百聲千聲，乃至萬聲，迴向同緣，願生彼國。竊冀蓮池勝會，金地法明。綺互相資，必諧斯願。操舟順水，更加櫓棹之功，則十萬之遥，可不勞而至也。元祐四年冬，宗賾夜夢一男子，烏巾白衣，可三十許，風貌清美，舉措閒雅。揖謂宗賾曰：「欲入公彌陀會，告書一名。」宗賾乃取「蓮華勝會録」，秉筆問曰：「公何名？」白衣者云：「名普慧。」宗賾書已，白衣者云：「家兄亦曾上名。」宗賾問曰：「令兄何名？」白衣云：「家兄名普賢。」白衣者遂隱。宗賾覺而詢諸耆宿，皆云華嚴離世間品，有二大菩薩名。宗賾以爲佛子行佛事，助佛揚化，必有賢聖幽贊。然預此會者，亦豈小緣？普賢變名易號，不知誰何？今更以二大菩薩爲首云〔一〕。

〔一〕本文選自樂邦文類卷二，作者宗曉，净土聖賢録也有收録。

大智律師〔一〕净業禮懺儀序

元照，自下壇來，便知學律。但禀性庸薄，爲行不肖。後遇天台神悟法師，苦口提誨，始知改迹。遂乃深求祖教，博究佛乘。而於佛祖微言，薄有所領。竊自思曰：「初心晚學，寧無夙善。但不遇良導，作惡無恥，虚喪一生，受苦長劫。」於是發大誓願，常生娑婆五濁惡世，通達佛理，作大導師，提誘群生，令入佛道。復見高僧傳慧布法師云：「方土雖净，非吾所願。若使十二劫蓮華中受樂，何如三途極苦處救衆生也。」由是堅持所見，歷涉歲年。於净土門，略無歸向。見修净業，復生輕謗。後遭重病，色力痿羸，神識迷茫，莫知趣向。既而病差，頓覺前非。悲泣感傷，深自克責。志雖洪大，力未堪任。仍覽天台十疑論：「初心菩薩，未得無生忍，要須常不離佛。」又引智度論云：「具縛凡夫，有大悲心，願生惡世，救苦衆生，無有是處。譬如嬰兒，不得離母。」又如弱羽，祇可傳枝。」自是盡棄平生所學，專尋净土教門。二十餘年，未嘗暫捨。研詳理教，披括古今，頓釋群疑，愈加深信。復見善導和尚專、雜二修：若專修者，百即百生；若雜修者，萬千一二。心識散亂，

〔一〕「大智律師」，指宋代的元照，宏傳戒律儀範，並著有觀無量壽經義疏和阿彌陀經義疏等。

觀行難成。一志專持四字名號，幾生逃逝，今始知歸。仍以所修，展轉化導。盡未來際，洪贊何窮。方使多門，以信得入。如大勢至，以念佛心，獲悟圓通，入三摩地。復自思念，已前所造無量罪業，不信淨土，謗法毀人。業因即成，苦果必克，縱百千劫，所作不亡。業性雖空，果報不失。內懷慚恥，曉夕兢惶。於是躬對聖前，吐露肝膽，五體投地，苦倒懺悔。仍發大願，普攝衆生，同修念佛，盡生淨土。欲常修習，須立軌儀。故集諸文，布成此法。從始至末，第列十門。並準聖言，咸遵古式。事從簡要，法在精專。所貴自備修持，豈敢貽諸先達？後賢披覽，知我志焉〔二〕。

〔二〕本篇選自樂邦文類卷二，淨土聖賢録卷三也有收録。

靈峰蕅益大師選定净土十要第五

述曰：昔雲棲宏祖在日，深慕飛錫法師寶王論，及妙叶禪師念佛直指二書，往往博諏，未獲遘止。神廟末年，古吴萬融老宿某，偶於亂楮中獲一遺編，蓋二書合刻也。磨滅之餘，僅存墨影。韓朝集居士正知與靈峰旭老人後先梓而行之。及老人流通净要時，遂將二書雙玨並薦，而直指前序，略載此緣，且若深惜其未入宏祖之慧照也。今刻十要，奉寶王次十疑之後。其論所云念未來佛，即信願二種資糧，故最爲得要云。

念佛三昧寶王論自序

客有高信，至吾禪居，前禮致問，辭甚清逸。問吾曰：「修心之人，成道捷徑，法華三昧，不輕之行，念佛三昧，般舟之宗，并舉有眼目。僉爲無上深妙禪門者，願聞其致。」對曰：「吾拱默九峰，與世異營，天書曲臨，自紫閣山草堂寺，令典千福法華勝場，向三十年矣。

希高扣寂，未有若君之所問者也。子將涉無生之龍津，欲圖南以鵬舉。吾不敏也，嘗試論之。今則略開二十門，以明斯旨耳。」

念佛三昧寶王論卷上

唐紫閣山草堂寺沙門飛錫撰

念未來佛速成三昧門第一 速成念阿彌陀佛，一行三昧。

夫心之二也，生於群妄。群妄雖虚，惑者猶滯。滯之不釋，聖以之憂。今天，玄韻暢而無説，皆不可得。是以法身空而具相。無不是佛。相之不明，説之不圓。則具相。一味之旨，無説。絶言之路，詎可知其所歸歟？三昧之宗者，欲令弱喪知不二法門，存乎語默，匪唯浄名〔二〕杜口，文殊興讚而已矣！何則？夫帝綱未張，千瓔焉覿。不念過現佛，豈知未來佛。宏綱忽舉，萬目齊開。既念過現佛，則知未來無不是佛矣。浴大海者，已用於百川；念佛名者，必成於一

〔二〕「浄名」，指維摩詰居士，意譯爲浄名、無垢稱，早期佛教著名居士。

相之三昧。一言以蔽，其在兹焉。亦猶清珠下於濁水，濁水不得不清；佛想投於亂心，亂心不得不佛。何衆生非佛耶？既契之後，心佛雙亡。雙亡定也，雙照慧也。即定慧齊均，亦何心而不佛，何佛而不心？心佛既然，則萬境萬緣無非三昧者也。而世上之人，多念過去釋迦之月面，想現在彌陀之海目，如拔毒箭矣，如登快樂宫矣，吾亦以之爲至教矣。獨未聞念未來諸佛之聚日者，何耶？蓋謂不了如來對衆生之麤，説諸佛之妙，遂隔衆生於諸佛之外。故不聞焉，孰肯念焉？浄名經中，有齅薝蔔不齅餘香，花有著身不著身者，此是抑揚大乘也。抑小則置鉢茫然，揚大則大小同遊於不二。法華經決了聲聞法，是諸經之王。則一切香皆薝蔔，大小俱不著之旨明矣。苟非其人，則以諸佛爲至尊也，衆生爲至卑也。高下出焉，群妄興矣；敬傲立焉，一真隱矣。夫如是，必草芥萬有，錙銖天下。慢幢已設，高倨稜層。目送飛鴻，心遊青漢，不可屈也。斥謬立向上，妙。則阻維摩一切見敬爲供養中最之文矣。又不信楞伽經説，如來藏自性清浄，轉三十二相，入於一切衆生心中。如大無價寶珠，垢衣所纏。豈觀城中最下乞人，與難勝如來，等無有異？若圓念三世佛，普觀十方尊，則合夫理趣般若，一切有情皆如來藏，普賢菩薩自體徧故之文矣。貧女懷王，米在糠穭之旨，鏡然可觀。豈可罹此八慢之責哉！人皆侮未來玉毫，不敢侮過現金色。殊不知起罪之源，皆在於當來佛上，非已今佛上也。衆生苟非，當佛焉在？吾[一]知母因子貴，米以糠全。有叶法華不輕之心，則念佛三昧，不速而成矣。并答，有眼目。問曰：「法華者，法也；念佛者，佛也。安得以法爲佛，以佛爲法，浩浩亂哉！」對曰：「不亂也。元是一門，而誰爲亂。夫芝朮之藥，列仙之子，昔各在天涯，則都無仙號。爲人服其藥，羽化雲行。故藥受仙藥之名，人得仙人之稱。人藥異也，其仙一也。若無聖人，誰與道游？法無佛悟，豈令自悟。法非佛不悟，念佛三昧生焉。佛非法不明，法華三昧起矣。一仙兩稱，俱得仙名。念佛法華，同名佛慧。佛慧既同，則不輕般舟無上深妙禪門，於茲悟矣。未始異也，復何亂哉？」

孌女群盜皆不可輕門第二

問曰：「一切衆生，即未來諸佛，謹聞命矣。孌女群盜，惡之至者，安得求敬於念佛之賓歟？」對曰：「如佛所演，有其二種：妙對。一、對待門；二、決了門。言對待門者，謂女子之虚僞，説如來之至真。則佛可尊崇，女可厭離。厭離有二：一者訶欲，二者放

[一] 「吾」，廣陵本作「若」。

心。」初訶欲者，如菩薩訶色欲經云：「女色者，世間之枷鎖，凡夫戀著，不能自拔；女色者，世間之重患，凡夫困之，至死不免；女色者，世間之衰禍，凡夫遭之，無厄不至。行者既得捨之，若復顧念，是爲從獄得出，還復思入；從狂得止，而復樂之；從病得差，復思得病。智者愍之，知其狂而顛蹶，死無日矣。痛。凡夫重女，甘爲僕使，終身馳驟，爲之辛苦。雖復鐵鑕千刃，鋒鏑交至，甘心受之，不以爲患。狂人樂狂，不是過也。行者若能棄之不顧，是則破枷脱鎖。惡狂厭病，離於衰禍，既安且吉。得出牢獄，永無患難。女人之相，其言如蜜，其心如毒。譬如停泉澄波，而蛟龍居之；金山寶窟，而師子處之。當知此害，不可近也。室家不和，婦人之由；毀宗敗族，婦人之罪。實爲陰賊，滅人慧明。亦如獵圍，鮮得出者。譬如高羅，群鳥落之，不能奮飛。又如密網，衆魚投之，則刳腸俎肌。亦如闇坑，無目投之，如蛾赴火。是以智者，知而遠之，此離其境。不受其害。惡而穢之，此治其心。不爲此物之所惑也。大寶積經，佛爲優陀延王説是偈曰〔一〕：

鋒刃刀山，毒箭諸苦。女人能集，衆多苦事。假以香華，而爲嚴好。愚人於此，妄起貪求。如海疲鳥，迷於彼岸。死必當墮，阿鼻地獄。現見衆苦，皆來集身。善友乖

〔一〕見大寶積經卷九十七優陀延王會第二十九。大寶積經又作寶積經，由唐代菩提流志等譯，凡一二〇卷。

離，天宫永失。寧投鐵獄，馳走刀山，眠卧炎鑪，不親女色。如鳥爲求食，不知避網羅。貪愛於女人，被害亦如是。譬如水中魚，游泳網者前。便爲他所執，豈非自傷損？女若捕魚人，謟誑猶如網。男子同於魚，被網亦如是。

次放心者，如大寶積經云[一]：「文殊師利告善住天子言：『若人一心，專精自守。貪欲心發，即應覺知。方便散除，還令寂静。云何散除？應作是念，此是空，此是不净。求此欲心生處、滅處，從何所來？去至何所？是中誰染？誰受染者？誰爲染法？如是觀時，不見能染，不見所染，不見染事。以不見故，則無有取；以不取故，則無有捨；以不捨故，則無有愛。不捨不愛，則名離欲寂静涅槃也。』」若又恣心入諸塵勞生死之内，而亦不患貪、恚、癡等煩惱過患，是謂放心。已上明第一對待門竟。順刻的精研，方有實益。

第二決了門者，若究竟離諸妄，無染如虚空，則爲過現諸佛也，非未來佛也。汝不聞夫求無價寶，必下於滄海；采智慧寶，必先於煩惱中求。此論觀道令觀變盜如佛。五逆相即解脱相，魔界如即佛界如。若聆佛音而喜，聞魔聲而恚，不入音聲法門，不住音聲實際，不覺於諸法者，斯乃北轅適越之士也，安得與之而論道哉！更爲子明之，經不云夫，昔列仙名鹿蹄，地

[一] 見大寶積經卷一〇五善住意天子會第三十六。

滑倒仆，以仙呪令旱，國人患之。王募嬖女，誘而得之，騎頸入城，油雲四起，霈然洪霔。彼仙雖有御長風之通，陵太清之術，無能施也。僊人者，釋迦爾；女者，耶輸也。法華會上，未來成佛，號具足千萬光相如來。而又念佛之人，但覩嬖女之玉容，不念光相之金好，而失不輕之旨也。念佛三昧，安得不誣哉！又阿那律，昔爲盜首，入寺盜佛額珠。箭挑佛燈，令清光不滅。阿那律者，此翻無滅，良在茲焉。當來作佛，號普明如來，皆此例也。念佛之人，尚不輕於群盜，况於不盜者乎！未來兩佛，猶如皎日，何慮三昧而不成焉！

持戒破戒但生佛想門第三

問曰：「兩難釋矣。梵網經云：『若人受佛戒，即入諸佛位。』而緇服之流，佩明月之戒，懸瓔珞之珠。參位三尊，範圍七衆，宜其敬矣。苟非精持，動行顛沛，慢何過焉！捶何罪焉！望爲剖之。」對曰：「如來嘗於三昧海經〔一〕，爲父王説。昔有四比丘，犯律爲恥，將無所怙。今人能如此乎。又云般若習氣。忽聞空中聲曰：『汝之所犯，謂無救者，不然也。空王如來，雖復涅槃，形像尚在。汝可入塔，一觀寶像眉間白毫。』比丘隨之泣淚言曰：

〔一〕見三昧海經第九卷第八品本行品。本經由東晉佛陀跋陀羅譯，凡十卷十二品，全稱佛説觀佛三昧海經。

東方阿閦佛像尚爾，況佛真容乎！』舉身投地，如大如字。山崩。今於四方，皆成正覺。東方阿閦佛，南方寶相佛，西方無量壽佛，北方微妙聲佛。是四破戒比丘也。所以如來名此觀佛三昧，爲大寶王戒品海者，可以滌破戒之罪垢，得塵累之清淨也。此四比丘，一觀寶像，僉爲世雄。今之弘誓海納淵含，有由來也。念佛之人，豈得惑於破戒之僧歟！故大集經云：『若諸王臣打罵出家持戒破戒，罪同出百億佛身血。若見袈裟者，無論持犯，但生佛想。』佛想者，念佛三昧也。斯之金口，明不輕之深旨也。安得恣行打罵，而不懼哉！經云：『寧爲心師，不師於心。』見慳貪人作施想，見破戒人作持戒想。夫然，則不爲六蔽境界之所纏，蓋成六度彼岸[一]之觀門焉。若住分別之心，自取冥司之罰，不亦哀哉！若能翻此見心，則念佛三昧，如川之流矣。」

現處湯獄不妨受記門第四

問曰：「若破戒觀佛，皆成正覺，固不可輕，可信矣。如現處湯獄，或嬰鬼趣，菩提難

[一] 「六度彼岸」，六種從煩惱的此岸到覺悟彼岸的方法，一曰布施，二曰持戒，三曰忍辱，四曰精進，五曰禪定，六曰智慧。

發，河清未期，安得求敬同於念佛之士歟？」對曰：「豈不聞夫采良藥者，必在山險，非華堂所出。集法藥者，必在於險有，非無爲自出。則首楞嚴經説四種記：一、未發心記；二、初發心記；三、密與授記；四、現前授記。今雖現處鬼獄，即未發心，佛記當來，必發大志。遇真善友，行菩薩行，還成正覺，故不可輕。即是未發心之記也。佛説四種記時，迦葉白佛：『我等從今，當於一切衆生，生世尊想。若生輕心，則爲自傷。』佛言：『善哉快説〔二〕！人皆不應稱量衆生，唯有如來乃能量爾，以是因緣，故我勅諸聲聞，及餘菩薩，於諸衆生，應生佛想。』華嚴經普賢行願品，破百萬障門，亦用此想。夫如是，則現居惡趣，蒙佛與記者，亦猶宅寶未開，不妨寶在於宅内；額珠闘没，何廢珠隱於額中。若不念衆生爲當來佛，必以六塵爲寇賊，則猶防魔軍，適自壞其壁壘。自存敵國，使常起於怨仇。金革所以未寧，鼙鼓於焉尚振，安得高枕於其間哉！若使不降者來降，不服者咸服，則使天下一統矣。獵獵旌旗而焉用，翩翩飛將而奚適。吾將卻馬以糞田，日出而作，日入而息，雖帝堯之聖，於我何力哉？百姓日用而不知，方明聖化之廣被矣。若能悟色聲而爲佛者，念衆生爲當來佛者，必不立心前之凡境也。或想自身爲本尊也，瑜伽真言深妙觀門，不謀而會。夫

〔二〕「説」，廣陵本作「論」。

因想而有者，豈得不空哉。則大鵬將尺鷃以齊，泰山與秋毫而一。無夷岳之僻，續鳧之憂矣。」問曰：「湯獄之子，殊未發心。如來法王，宥過與記，千光散射，十號圓明。誠如佛言，孰敢不信。原夫未悟，從何得醒耶？」對曰：「言未悟者，亦有義焉。夫長江之源，濫乎一觴。大迷之本，存乎二見。若謂念外立無念，生外立無生，則生死異於涅槃也。萬佛洪音，莫之能訓矣。若了念而無念，觀生而不生，煩惱即菩提也。一相莊嚴，斯之能悟矣。亦猶巖上群蜂，己房純蜜；井中七寶，何廢稱珍，皆本有之，非適今也。念未來佛，罪從何生。吾放其心，徧一切所緣之處，皆見如來。道從恚等生，於是乎在。如來藏經[一]，佛告金剛慧菩薩言：『善男子，我以佛眼觀一切衆生，貪欲恚癡諸煩惱中，有如來智，如來眼，如來身，結加趺坐，儼然不動，乃至德相備足，如我無異。』廣説一切衆生有如來藏，以九喻況之。寶性論釋，而結頌言：

萎華中諸佛，糞穢中真金。地中珍寶藏，諸果子中芽，朽故弊壞衣，纏裹真金像。貧賤醜陋女，懷轉輪聖王。焦黑泥模中，有上妙寶像。衆生貪瞋癡，妄想煩惱等。塵

[一]「如來藏經」，全稱大方等如來藏經，東晉佛陀跋陀羅譯。在經中，釋氏對金剛慧等，利用九種譬喻，説明衆生皆有如來藏。

勞諸境中，皆有如來藏。下至阿鼻獄，皆有如來身。真如清淨法，名爲如來體。以此文證湯獄之記，頓覺明焉；三昧之門，自然洞啓。」問曰：「至人用心，澹然清淨，攀緣永絶。今説放心，偏緣一切，所緣之處，皆見如來，教何在焉？」對曰：「亦有教説，起心偏緣六塵三業，仍發妙願，入佛境界。斯真攀緣永絶。一一緣起，不離如來，名悉皆見矣。此是圓見，非由眼也。故涅槃經云：『聲聞人雖有天眼，名爲肉眼。學大乘者，雖有肉眼，名爲佛眼〔一〕。』何以故？曉了己身，有佛性故。又如勝天王經中，佛告天王：『菩薩摩訶薩，以方便力，行般若波羅蜜。於一切法，心緣自在。緣一切色，願得佛色。無所得故。攀緣永絶。心緣衆聲，願得如來微妙音聲。心緣衆香，願得如來清淨戒香。心緣諸味，願得如來味中第一大丈夫相。心緣諸觸，願得如來柔輭手掌。心緣諸法，願得如來寂静之心。心緣自身，願得佛身。心緣自口，願得佛口。心緣自意，願得如來平等之意。天王，菩薩摩訶薩，行般若波羅蜜，無有一心一行空過，不向薩婆若者。』偏緣諸法，而能不著。攀緣永絶。觀見諸法，無不趣向菩提之道。菩薩修習諸行，皆因外緣而得成立。徹示。又如大地，住在水上。若鑿池井，即得水用。其不鑿者，無由見之。如是聖智境界，偏一切法。若

〔一〕詳見隋淨影寺沙門慧遠述大般涅槃經義記卷第三。

有勤修般若方便，則便得之。其不修者，云何能得。心緣之理，豈不大哉？」

觀空無我擇善而從門第五

問曰：「即動而静，静爲躁君。即凡而聖，聖隱凡内。謹聞遐旨。又三教無我，理既不殊。擇善而從，其義焉在？」對曰：「三教之理也，名未始異，理未始同。且夫子四絶中一無我者，謙光之義，爲無我也；道無我者，長而不宰，爲無我也；佛無我者，觀五藴空，爲無我也；破盡從來三教一家儱侗之謬，如是簡别不濫，然後以至善收之，如下門所明。上二教門，都不明五藴，孰辨其四諦六度萬行。簡而至明。賢聖階級，蔑然無聞。但和光同塵，保雌守静。既慈且儉，不敢爲天下先。各一聖也，安用商榷其淺深歟。三教無我明矣。擇善而從者，謂三性之理，理無不在。修心之士，擇善而從。蓋謂不善無益於至真，無記雙亡於善惡。非真則皆爲不善。妨亂佛理，何莫由斯。故聖人簡之而不取也。故涅槃經云：『一闡提者，心不攀緣一切善法，乃至不生一念之善。』是知念佛三昧，善之最上，萬行元首，故曰『三昧王』焉。」

無善可擇無惡可棄門第六

問曰：「若擇善而從者，何不擇諸佛之善，棄衆生之惡。乃念未來諸佛，而同過現正覺耶？」對曰：「不易來問，自成我答焉。何者？擇善而從者，蓋不得已而言之。爲力微任重，不能即惡而善，至善。即妄而真〔一〕。故以明之〔二〕。苟能念未來之佛，叶不輕之行。天地一指，萬物一馬。衆生皆佛，此土常浄。異鶖子之土石沙礫，同梵王之珍寶莊嚴，擇善之至矣。無惡可棄矣。即天台智者釋法華經，明絶待之妙，引證云：

『衆生見劫盡，大火所燒時。我此土安隱，天人常充滿。園林諸堂閣，種種寶莊嚴。』

又勝天王經曰：『佛所住處，實無穢土。衆生薄福，而見不浄。』良在此焉。梵云南無，唐言歸命；梵云阿彌陀，唐言無量壽。三世諸佛，豈祇一佛而壽無量耶？今與子同念于三世彌陀，同生于十方極樂，有何不可？而欲鷁路退飛哉！夫然，則烈三昧之猛燄

〔一〕「真」下，廣陵本有「也」字。
〔二〕「故以明之」，廣陵本無。

也，不居於纖妄蚊蚋；謂不復存纖妄之見。鏗十念之洪鐘也，不間於散亂稱佛，明矣。謂散不異定。此四句，約色心二法，明衆生皆佛。念彌陀通三世既爾。念諸佛菩薩，不亦然歟。」問曰：「念未來佛，即與過現諸佛等者，願聞其理也。」對曰：「華嚴經云：『一切諸如來，同共一法身。一心一智慧，力無畏亦然。』楞伽偈云：『迦葉拘留孫，拘那含我是。以此四種等，我爲佛子說。』言四等者，一字等，同名佛也；二語等，皆具迦陵頻伽梵音聲相；三法等，盡得菩提分法無障礙智也；四身等，法身色聲相好無差也。起信論云：『依方故轉，方實不轉。』夫如是，則悟者悟於一方，群方自正；念者念於一佛，諸佛現前。經所謂水不上升，月不下降。光浄因緣，虚空皓月，現於清水。彼佛不來，我身不往。念佛因緣，如來寶月，現於心水。如説頌曰[一]：『菩薩清涼月，游於畢竟空。衆生心水浄，菩提影現中。』」

一切衆生肉不可食門此等皆是法界事理。第七

問曰：「肉者人之所食，而念佛之家絶之，何耶？」對曰：「夫尸毘救鴿，上稱方平

[一] 該頌出自宋黄庭堅澄心亭頌的一部分，來源於華嚴經離世間品。前兩句是品末普賢菩薩的偈頌，後兩句是品中講佛性、涅槃的一段。

者，王禽異也，保命一也。安得故食其肉，用資敗軀，而兀兀然不知其懼哉？苟能悟之爲未來諸佛者，孰肯飛白刃於赤鱗，放蒼鷹於狡兔，如夕蛾投火，自取其斃歟？故楞伽寶經佛語心品偈云：

『爲利殺衆生，以財網諸肉。二俱是惡業，死墮叫喚獄。』

以斯聖旨，若不施如字。此財，則網者屠者自息矣。且龍樹不輕於鴿雀，高僧不跨於蟲蟻。或問其故，答曰：『斯之與吾，同在生死。彼或將先成正覺，安可妄輕耶？輕尚不可，豈得奪食其血肉哉。』令人悚息起粟。寶性論云，如來藏經中，告舍利弗言：『衆生者，即是第一義諦。即是如來藏，即是法身，即是菩提。』吾謂犬唯逐塊，不知逐人，塊終不息。唯念過現，不念未來，慢終不息。若如師子而逐於人，其塊自息。聞夫敬慢之道，一以貫之。則移敬就慢，均父母於平人，逆之甚也；移慢就敬，均平人於父母，孝之大也。通人弘曠之論。故梵網經云：『六道衆生，皆是我父母。』孝名爲戒，良在茲焉。觀六道爲當來佛者，父母之談，猶近言耳。若能等沙彌之救蟻，促壽更延；同流水之濟魚，天華雨積。革曠劫衆生之見，念未來善逝之身。糞穢之内，知有真金；重雲之間，信有明月。則食肉之昏霧，生死之煙霾，慧風掃之於三昧長空矣。梵網經云：『我是已成佛，汝是當成佛。常作如是信，戒品已具足。』豈得不念之哉。」良知惕厲。問曰：「肉不可食，信之矣。五辛〔一〕如何？」對曰：「聖教明之。大佛頂經云：『佛告阿難，辛酒雖非有情，皆與淨業相違，故并問答釋疑。是五種辛，熟食發淫，生啖增恚。如是世界食辛之人，縱能宣說十二部經，十方天仙嫌其臭穢，咸皆遠離。諸餓鬼等，因彼食次，舐其脣吻。常與鬼住，福德日消，長無利益。是食辛人修三摩地，菩薩天仙，十方善神，不來守護。大力魔王，得其方便。佛告阿難，修菩提者，永斷五辛，是則名爲第一增進修行漸次。』斯金口也，不亦誠哉！」酒固不待言矣。百喻經謂上五辛酒肉等戒皆稱性實修，所謂説得一丈不如行取尺寸，故引經深證。云：「昔有貧人，在路而行，遇得一囊金錢，心大喜躍，即便數之。數未能周，錢主忽至，盡還奪去。其人當時悔不疾去，懊惱之情，其爲苦極。遇佛法者，亦復如是。雖得值遇三寶福田，不勤方便修行，而好多聞。謂不如聞行。忽爾命終，墮三惡道。如彼愚人，還爲其主奪錢而去。偈曰：

『今日營此事，明日營彼事。此不但是世法，即汎汎營福慧業，無一相三昧妙觀綿密之修。皆所謂今日三，明日四，如隔日瘧也。樂著不觀苦，不覺死賊至。忽忽營衆務，凡人無不爾。汎汎營福慧業，終歸世諦流布，無益真修。凡人亦無不爾也。如彼數錢人，其事亦如是。』」

〔一〕「五辛」，指蒜、葱、興渠、韭、薤等五種。是五種有辛味的蔬菜。又作五葷，與酒、肉同爲佛弟子所禁食之物。

已上七門，盡是念未來諸佛，以通三世之意也。若欲念於彌勒佛者，必得上生兜率天宫，見慈氏之尊，則彌天釋道安，爲其倡首耳。

念佛三昧寶王論卷中

念現在佛專注一境門第八

問：「念未來佛，即衆生是。已聞玄義，事廣理幽也。又恐心散難檢，今欲一以貫之。專西方，念一佛，踐不退地，袪有漏心。此一問是前七門所啓。乘扁舟於黄金之池，禮彌陀於白玉之殿。以通三世，希霑九品，不亦可乎？」對曰：「十住婆沙論并龍樹菩薩造釋華嚴經論易行行品云：『菩薩道有難行行，如陸地乘舟也；有易行行，如水路乘舟也。』阿彌陀佛本願之力，若人聞名稱念，自歸彼國。如舟得水，又遇便風，一舉千里，不亦易哉！則釋迦如來父王眷屬，六萬釋種，皆生極樂土。蓋佛與此界衆生緣深也。法界宗旨。專注一境，圓通三世，不亦良哉！」問曰：「專注一境，圓通三世，誠哉。然稱念自歸，往生彼國者，有爲虚僞，風多浪鼓。曷若不馳想於外，但攝心於内，協無爲之旨乎？」對曰：「有爲雖僞，捨之則道業不成；無爲雖實，取之則慧心不朗。妙。經云：『厭離有爲功德，是爲魔業。』樂著無爲功德，亦爲魔業。子今厭樂交争，得不入於魔罥也。又若聖賢攝心謂之内，凡夫馳想謂之外。苟以馳外爲亂，住内爲定，復是内外所馳，非所以念佛三昧攝心之意也。注維摩經，羅什法師云，外國有一女，身體金色。有長者子，名達暮[一]多羅，以千兩金邀入竹林，同載而去。文殊於道中變身爲白衣士，身著寶衣，衣甚嚴好。女人見之，貪心内發。文殊言：『汝欲得衣者，當發菩提心。』女曰：『何等爲菩提心？』文殊言：『汝身是。』問曰：『云何是？』答曰：『菩提性空，汝身亦空，故是。』此女曾於迦葉佛所，多植善本，廣修智慧。聞是説已，即得無生法忍。得是忍已，而將示欲之過，還與長者子入林。既入林已，自現身死，膖脹爛臭。長者子見已，甚大怖畏，往詣佛所。佛爲説法，亦得法忍。大覺未成，未暇閒任，故名爲忍。如自觀身實相，觀佛亦然。女身空，佛身空，未始異也。菩提之義，豈得異乎？夫如是，則一切有爲，即無爲矣；一切内外，非内外矣。然在有而未嘗有，有而常無；居無而未嘗無，無而恒有。何患之於佛有相、心有念哉？」

[一]「暮」，廣陵本作「摩」。

此生他生一念十念門第九

問曰：「易行難行之談，身即菩提之觀，其旨鏡焉。俊哉此問。人生在世，石火電光。一念蹉跎，悔無所及。修道之人，尚不親心，況親於身；尚不親於身，況身外歟。常恐出息不還，屬於後世。狂風飄蓬，茫茫何之。願示一念十念之門，此生他生之計。」信而有勇。答曰：「夫浄土之會，功業之大者。大事因緣，非真信勇，弗克擔荷。二乘乃澄神虚無，耽空怖相，不念衆生，故無浄土，而大乘有之。按悲華經云〔一〕，阿彌陀佛，昔爲轉輪王，名無諍念，七寶千子悉皆具足。此所引經乃法界緣起，事大理深，不可草草放過。因寶海大臣爲善知識，於寶藏佛所發菩提心，取於西方極樂浄土。則諸經中知名諸佛菩薩聲聞等，皆昔之千子也。則知我等皆當日所化。其長太子名不瞬，觀世音也；次子名摩尼，大勢至也；次子名王衆，文殊師利也；次子名能伽奴，即金剛智慧光明菩薩；次子名無畏，即蓮華尊如來；次子名菴婆羅，即虚空光明菩薩；次子名善臂，即師子香菩薩；次子名泯圖，即普賢也；次子

〔一〕見悲華經諸菩薩本授記品。本經凡十卷，北涼中天竺沙門曇無讖譯。經中敘述了阿彌陀佛等諸佛、菩薩的本生和浄土成佛的大悲願行。

名蜜蘇，即阿閦佛也。蜜蘇王子，一自發心已來，行時步步心心數法，常念諸佛。今登正覺，生妙樂刹焉。吾謂經行廣陌，徒步幽林，則不異蜜蘇之見。若鳴珂入仗，動珮朝天。肅肅羽儀，駸駸車馬，安得不用心於步步之間哉。今則例之，亦不移於前操矣。夫含齒戴髮，死生交際，未有無出入息焉。又一息不還，即屬後世者，亦誠如所問。世上之人，多以寶玉、水精、金剛、菩提、木槵爲數珠矣。吾則以出入息爲念珠焉。正好用數珠。稱佛名號，隨之於息，有大恃怙。生能止散，死得正念。安懼於息不還屬後世者哉！余行住坐卧，常用此珠。縱令昏寐，含佛而寢，覺即續之。必於夢中得見彼佛。然不在此著腳。如鑽燧煙飛，火之前相。夢之不已，三昧成焉[二]。面覲玉毫，親蒙授記，則萬無一失也。子宜勉之。」又問：「一念十念，往生淨土，何者爲正？」對曰：「但一念往生，住不退地，此爲正也。如佛所説，謗佛毁經，打僧罵尊，五逆四重。皆一念惡業成，墮無間獄，猶如箭射。今之念佛，生於淨土，亦一念善業成，即登極樂，猶如屈臂。前一念五陰滅，後一念五陰生。如蠟印印泥，印壞文成。尚不須兩念，豈要至十念哉？打僧罵尊，雖非正逆，是五逆之類也。又一念者，如經云，愛酪沙彌，生一念愛心，後生酪中作蟲。又大薩婆長者妻，坐對明鏡，自愛其

[二] 樂邦文類、淨土聖賢録均載有該念佛法，印光法師文鈔對隨息念佛的含義也有論述。

身。海風破船，生故屍中作蟲。嬉戲往來，不離其所。斯皆一念，非十念也。又大無量壽經，明一念念佛，皆得往生。觀經十念，良有以也。蓋爲遘疾尩羸，力微心劣，故須十稱彌陀，以助其念。若心盛不昧，一念生焉。亦猶栽植絲髮，其茂百圍也。」

是心是佛是心作佛門第十

問曰：「經明是心是佛，是心作佛，何用遠稱彌陀，存想於極樂之國；近念諸佛，興敬於未來之尊。此皆自外而求，豈曰是心是佛耶？」對曰：「子問非也。子但引經，不知經之所趣。經者，觀無量壽佛經也。正明念阿彌陀之文矣。以念佛故，佛從想生，故云是心是佛。安得竊取彌陀之觀，反噬彌陀之心者哉？末世盡然。若爾都不念佛，而言是心是佛者，亦應都不想惡而言是心是惡耶。以作佛釋是佛，妙。彼既不然，此亦焉可？況彼極樂之國，彌陀至尊，十萬億之須彌山王，不與眼根爲障礙者，是甚麽。以恒河沙之光明相好，是甚麽。由佛願力而想成故也。由佛願力者，謂佛身是佛自願力所成。而想成者，謂彼佛自願力所成之身，由我現前心想顯現。屈臂即得於往生，寧計彼方之遠近也？」問曰：「是心是佛，敬聞其理也。然此經所明十六妙觀，韋提得之，則冰日可想，金山晃然。魔光佛光，自觀他觀，邪正混雜。若爲澄渟，願一一示之。令念佛人，離師獨坐，心安若海也。」對曰：「冰想者，爲琉璃地之張本也；日想者，作白毫光之由漸也。依想而現，曰自曰正；不依想現，則曰他曰邪。本則想白毫，白毫不現；而未想紺目，紺目現。此乖其本心，豈不邪也？況諸想歟！又魔光乃有影耀眼，佛光乃無影不耀眼。故楞伽偈曰：

『佛地名最勝，清淨妙莊嚴。照耀如盛火，光明悉徧至。熾燄不壞目，周輪化三有。』

問：「今之光現者，識燄壞目，非魔如何？光而不耀，非佛如何？」答：「又光之真也，令念佛人身心澄渟清淨；光之僞也，令念佛人心躁動恍惚[一]。故涅槃經云：『澄渟清淨，即真解脱。』真解脱者，即是如來明矣。」又問曰：「至人無思，而今用想，豈不謬哉？」對曰：「不謬也。如大威德陀羅尼經云：『超過有結，應發欲心，想無欲事。』今則例之，欲修念佛，應發想心，想無想事。故方等賢護經云：『惡欲想女，夢見於女。善欲想佛，夢見於佛。』吾謂二想名同，善惡天隔。不可聞想，一概厭之。若苟厭之，雖不毁經、不謗佛，則必生於無想天宫矣。若固執無想，而嗤想佛者，則名謗法。以謗法故，遽入十方無擇之囹圄，未知出日，豈有天宫之望乎？縱令得生，名外道天，非解脱路。涅槃經云：

[一] 印光法師在分辨勝境與魔境時説：「果是聖境，令人一見，心地直下清淨，了無躁妄取著之心。若是魔境，則見之心便不清淨，便生取著躁妄之心。又佛光雖極明耀，而不耀眼，若光或耀眼，便非真佛。」可參考。

『隨聞毒鼓，遠近俱死。』此亦如是。隨其撥想，遠近俱墮。經所謂或時離地一尺二尺，往返游行，斯之謂矣。豈出於三界之流轉焉？豈同於九品往生焉？況覆舟載舟，水也；因倒因起，地也。想妄即衆生，想真即諸佛。離想之外，更用何焉？」問曰：「事解已竟，理何在耶？」如般舟三昧經云：『心起想即癡，無想即涅槃。』今之用想，不亦然乎？」對曰：「不然也。若存所想之佛，能想之心，或〔一〕避想佛，則以惡取空爲無想者，則癡之甚也。此癡尤不可救。吾今了佛皆從想生，無佛是想。無想，是佛。何癡之有？此乃觀空三昧，無邪見也。子又問理何在者。夫至人冥真體寂，虚空其懷。雖復萬法並照，而心未嘗有。則真智無緣，故無念可名。俗智有緣，故念想以生。又想不異空，空不異想，名第一義中道之理也，此顯法身矣。空即是想，名俗諦之理也，恒沙萬德，皆依俗諦，此顯報身矣。想即是空，名真諦之理也。破二十五有，得二十五三昧，常空常化，和光利物，此顯化身矣。是則以三觀觀三諦，證三德，成三身。乃至十種三法，有何不可？而欲擯於清净之想，取無想之想耶？塞於禪定之門，而取成佛之閫耶？楞伽、密嚴經皆曰：寧起有見如須彌者，謂信有因果，存想念佛，生極樂净國，故曰寧起有也。不起空見如芥子者，謂撥無因果，謗于

〔一〕「或」，廣陵本作「及」。

念佛，生[一]阿鼻地獄，故云不起空也。吁！可畏者，其在茲焉。」

高聲念佛面向西方門第十一

問曰：「想即無想，謹聞之矣。然方等經中，修無上深妙禪定，令繼想白毫，兼稱佛號，以祈勝定。經意甚深，擬議即乖。既契之後，心佛兩忘，信有之矣。但默念泉澄，即三昧自至。亦何必聲喧里巷，響震山林，然後爲道哉？」對曰：「誠如所問，聲亦無爽。試爲明之。何者？夫辟散之要，要存於聲。聲之不厲，心竊竊然飄飄然無定。聲之厲也，拔茅連茹，乘策其後。畢命一對，長謝百憂，其義一也。近而取之，聲光所及，萬禍冰消。功德叢林，千山松茂，其義二也。遠而説之，金容熒煌以散彩，寶華淅瀝而雨空。若指諸掌，皆聲致焉，其義三也。如牽木石，重而不前。洪音發號，飄然輕舉，其義四也。與魔軍相戰，旗鼓相望。用聲律於戎軒，以定破於强敵，其義五也。具斯衆義，復何厭哉？未若喧靜兩全，止觀雙運。叶夫佛意，不亦可乎？定慧若均，則兼忘心佛，誠如所問矣。想毫稱號爲兩全雙運，又即稱號妙觀，泠然便是兩全雙運。故廬山遠公念佛三昧序云：『功高易進，念佛爲先。』察

[一]「生」，廣陵本作「墮」。

夫玄音之扣，心聽則塵累每銷，滯情融朗。非天下之至妙，其孰能與於此歟？淆譌公案，一任卜度。言明證者，未若華嚴經偈云：

『寧受無量苦，得聞佛音聲。不受一切樂，而不聞佛名。』

夫然，則佛聲遠震，開善萌芽。猶春雷之動百草，安得輕誣哉？」問曰：「高聲下稱佛名號，敬承其義。十方浄土，皆有如來。面之西方，何滯之甚耶？」對曰：「子問非也。此是方等佛經作如是說，非人師之意也。豈可謗於方等經歟？」問曰：「謹聞教矣。理在何焉？」對曰：「亦有其理。如說癡人見觀世音有十一面，即設難云，何不安十二面耶？及隨其語，又設難云，何不安十一面耶？子欲將東難西，其義若此。猶迷未醒者，即以此身令其安置，不背一方，則其自悟矣。如其不悟，誠不可化，但可悲矣。又勝天王經二行品，明如來八十種好，中有一隨好光明功德，名一切向不背他矣。然佛不可背，常面向於一切衆生。非如怨讎，不欲相見。慈之至矣，是其義也。智者大師，爰自撫塵之歲，終于耳順。卧便合掌，坐必面西。大漸[一]之際，令讀四十八願，九品往生。光明滿山，天樂遝奏，生于浄土。面西之義，不亦弘哉？」問曰：「面向西方，敬聞教理。般舟之義，義在何

[一]「大漸」，廣陵本作「往生」。

耶？」對曰：「梵云般舟，此云現前。謂思惟不已，佛現定中。凡九十日常行道者，助般舟之緣，非正釋其義也。」問曰：「浄土妙門，般舟之義，具聞剖析。然近代已來，誰得登于安養之國？即無相報，焉知所詣？望爲明之。」對曰：「晉朝廬山遠法師，爲其首倡。遠公從佛陀跋陀羅三藏，授念佛三昧。考遠公於晉孝武帝太元十五年庚寅，與緇素一百廿三人結社念佛。歷十七年，至安帝義熙二年丙午，佛陀跋陀羅方至長安，後以小故，往廬山。紫閣謂佛陀授遠公念佛三昧方結社，係未詳考。與弟慧持，高僧慧永，朝賢貴士隱逸清信宗炳、張野、劉遺民、雷次宗、周續之，闕公則等，一百二十三人[二]。鑿山爲銘，誓生浄土。劉遺民著文，大略云：推交臂之潛淪，悟無常之期切。審三報之相催，知險趣之難拔。如其同志諸賢，所以夕惕宵勤，仰思攸濟者也。然復妙觀大儀，啓心正照。識以悟新，形由化革。藉芙蓉於中流，蔭瓊柯以詠言。飄雲衣於八極，泛香風以窮年。體忘安而彌穆，心超樂以自怡。臨三途而緬謝，傲天宮以長辭。紹衆靈以繼軌，指大息以爲期。究茲道也，豈不弘哉！遠公製念佛三昧序云：『夫稱三昧者何？思專想寂之謂也。思專，則志一不移；想寂，則氣虚神朗。氣虚則智恬其照，

[二] 由于慧持已經於隆安三年與兄慧遠告别入蜀，而闕公則乃西晉武帝時人，飛錫提到他們二人在百二十三人中，可能有誤。

神朗則無幽不徹。斯二乃是自然之玄符，會一而致用也。又諸三昧，其名甚衆，功高易進，念佛爲先。若以匹夫衆定之所緣，故不得語其優劣，居可知也。』謝靈運浄土詠云：『法藏長王宮，懷道出國城。願言四十八，弘誓拯群生。浄土一何妙，來者皆菁英。頽年安可寄，乘化必晨征。』子問未見往生相報者，有晉朝闕公則〔二〕願生而來報。後同誓友人，在東京白馬寺，其夜爲公則追忌轉經。于時林殿，皆作金色。空中有聲曰：『我是闕公則也，所祈往生極樂寶國，今已果矣。故來相報。』言訖不現。支道林讚曰：

『大哉闕公，歆虚納靈。神化西域，迹驗東京。徘徊霄虚，流響耀形。豈欽一讚，借結，妙。示以非冥。』

又虞孝敬讚曰：

『猗歟公則，先甘法味。知我者希，其道乃貴。金光夜朗，玉顔朝晬。不捨有緣，雙結，妙。言告其類。』

〔二〕闕公則的事迹在晉人王琰的冥祥記中已有記載，後世有學者稱闕公爲中土求生西方極樂的第一人。

夢覺一心以明三昧門第十二

問曰：「闞公往生，金光相報，敬諸之矣。佛説一切法如夢者，未知所念之佛，所生淨土，亦如夢否？若非其夢，則佛在心外。若是其夢，則佛在夢中。如夢中得金，覺無所獲。誠恐虛念於三身，終歸於一妄。慈悲之至，故有此問。請爲辨之。」對曰：「非妄也。何以知然？若修念佛三昧之人，如夢得金，覺無所獲者，則同於妄也。究竟因念佛而生淨土，豈曰妄哉？如習天眼法，先想珠火等光。想之不已，實發天眼，孰曰妄焉？一解。豈同夢金，畢竟無有。莫以遠事近見舉夢爲喻，不得將念佛往生全同於夢，明矣。又華嚴經云：『心佛與[一]衆生，是三無差別。』心迷也如夢，則九法界衆生是矣；心悟也如覺，則一法界即諸佛是也。二解。迷悟祇在於一心，夢覺曾無於兩轍。經所謂了妄本自真，則見盧舍那。縱是夢妄，亦何爽焉？三解。唯心察之，匪石其志。」

[一] 「與」，廣陵本作「及」。

念三身佛破三種障門第十三

問曰：「佛有三身，如何憶念？願示方便，令無所失。」對曰：「夫佛之三身，法報化也。法身者，如月之體；報身者，如月之光；化身者，如月之影。萬水之内，皆有月焉。此月爲多爲一耶？不可言一，萬水之月常差矣；不可言多，虚空之月常一也。如梵書伊字，摩醯三目[一]，縱横並别，皆不可議也。經云：『或現小身丈六八尺』者，皆衆生心水中佛也。佛尚無形，豈有二哉？浄國穢土，亦自彼耳。若欲將念三身，破三種障，今試明之。爾佛身之生，從止觀生。止觀不均，其障必起。念佛之人，修止心沈，昏闇障起，而障化身佛。又須以觀心策之。念白毫光，破昏闇障也。修觀心浮，無惡不造，乃妄念紛紜之謂。而障報身佛。還修於止，止一切惡。念諸佛昔因，恒沙功德，智慧圓滿，酬因曰報，破惡念障也。若二邊障動，詭狀殊形，萬相紛綸，兩賊强突，障法身佛也。以中道第一義空破之。偈曰：

〔一〕「摩醯三目」，摩醯首邏天，原係印度教所崇奉創造宇宙的最高主神，據説有三眼。智度論曰：「摩醯首邏天，秦言大自在，八臂三眼，騎白牛。」

『無色無形相，無根無住處。不生不滅故，敬禮無所觀。』所觀之理，如毘嵐猛風，吹散重雲，顯明法身清淨寶月，破逼惱障也。應病與藥，不其然歟。自注：此是天台智者大師所解，披尋未廣，實未曾見諸師有斯妙釋也。止觀意前已略辨，俟在口訣，非文字能徵也。我既化人，人亦化物。物我俱成，三昧彌興。衆生無盡，三昧不絶也。」已上六門，盡是念現在阿彌陀佛，以通三世之意也。廣如安樂集、天台十疑論、感法師釋群疑論、往生傳、稠禪師法寶義論所解，亦如飛錫先撰無上深妙禪門傳集法寶一卷廣明也。

念佛三昧寶王論卷下

念過去佛因果相同門第十四

問曰：「念現在佛，專注一境，已聞奥義。所念之佛，窮玄極聖，尊號如來可矣。而能念佛人，俯闚真門，尚在凡位。安得叨竊，言同正覺哉？」對曰：「三昧海經云，所念之佛，如出胎師子王，喻佛果也；能念佛人，如在胎師子王，喻佛子也。因果雖殊，威神相繼。論其佛也，更何異焉？欲令在胎師子，便能哮吼飛落走伏者，未之有也。出胎之後，可翹足而待，曾何闕矣。而因果相同，其義一也。又法鼓經云：『如波斯匿王與敵國戰，有中毒箭，苦不可堪。聞有良藥，名消毒王。以藥塗鼓，以桴擊之，能令毒箭聲下跳出，平復如故。若聞釋迦牟尼佛名，及聞信方廣比丘名，能令身中三毒之箭，聲下跳出，是故此經名大法鼓。』釋迦即過去佛，果也；比丘即方廣人，因也。彼丈夫兮我丈夫。滅罪相同，其義一也。斯兩經雖未階極聖，聞名獲益，與佛不異。故法華三昧師資傳五卷中，説隋朝南嶽思大禪師，有弟子大善禪師，得慈悲三昧。時衡陽内史鄭僧杲，素非深信。嘗會出獵，圍鹿數十頭，謂縣令陳正業曰：『公常稱大善禪師有慈悲之力，其如此鹿何？』正業即率左右數人齊稱曰『南無大善禪師』一聲，于時群鹿飛空而出，則與觀音神力復何異哉？舜何人也余何人。大善與智者齊名於時矣。若不侮聖人之言，則念佛三昧，殄魔息災，威神如佛。猶金之在冶矣。鎔因鑄果。豈得推移噋曉，而不息哉？」

無心念佛理事雙修門第十五

問曰：「圓念三世，或專面一方，謹聞幽義也。深固幽遠，無人能到。皆有念有思，有生有滅，安得與勝天王所問經，以無所念心而修念佛之旨同焉？」對曰：「無念之説，人多泣歧。果然。不細精研，猶恐迷徑。果然。今以理事門辨之。言理門者，真無念也。釋曰：有之與無，即此念而本無矣。正法眼藏。何者？佛從念生，心即是佛。如刀不自割，指不自觸，佛不自佛，無佛。心不自心，無心。安得佛外立心，心外立佛。佛既不有，心豈有哉？無心念佛，其義明矣。故世人謂念佛，有念也；吾則謂念佛，無念也。直捷痛快。更何惑焉？又念即是空，焉得有念？非念滅空，焉得無念？念性自空，焉得生滅？本不生故無滅。又無所念心者，應無所住也；而修念佛者，而生其心也[一]。無所念心者，從無住本也；而修念佛者，立一切法也[二]。無所念心者，念即是空也；而修念佛者，空即是念也。不異之旨，此明中道矣。雙寂曰止也，雙照曰觀也。定慧不均，非正受也，豈得三昧之名歟？今則照而常寂，無所念心矣；寂而常照，而修念佛焉。如來證寂照三摩地，念佛三昧究竟之位也。故此三昧，能生首楞嚴王師子吼定，明矣！如菩薩念佛三昧經破相偈曰：

『念佛真金色，安住無著心。觀法何名佛，攝心恒相續。金色非如來，四陰亦如是。離色非如來，想色應當知。此是佛世尊。最勝寂靜處。善能滅一切，外道諸邪見。如龍王降雨，澤及於一切。』

此經明六度萬行，未有一法不是念佛三昧者也。」問曰：「理門已竟，願示事門，令其

[一] 金剛經作「應無所住而生其心」，據壇經，當五祖爲慧能説此語時，慧能豁然開悟。

[二] 維摩詰經作「從無住本立一切法」，羅什法師對此句解釋説：「法無自性，緣感而起。無所住故，則非有無，無本而爲物之本，故言立一切法也。」

學者得真無念，叶般若波羅蜜，開無相大乘甚深禪定，不亦博哉？」對曰：「夫理之與事，相去若何。前明即事之理，今明即理之事。大品經云：『佛爲鈍根人説諸法空寂，以其動生執見也；今人以爲第一。爲利根人説諸佛相好，如其蓮不染塵也。今人謂落二三。則須菩提小乘解空第一，無名無相，及夫得記，當來成佛，號曰名相如來。苟非大乘，當恐聲香味觸得其便耳。逃遁未暇，安敢盤游名相之園苑歟？既達名相，故獲佛記也。言事門者，夫佛生於心，般舟無念而已至；境出於我，法華不速而自來。無所念心者，絶諸亂想也。而修念佛者，善想一佛也。則文殊所説摩訶般若經云：『若人學射，久習則巧。後雖無心，箭發皆中。若人欲入一行三昧，隨佛方所，專稱名字，念念相續，即於念中見三世佛。非文殊古佛勇猛實智，焉能了此。如彼習射，既熟之後，無心皆中。』非無念也，何耶？是以方等〔二〕曰：矻矻念，勿休息，佛當現也。直心直口，擬議即禍生。瓔珞經云：『道名一心，多想非道。』坐禪三昧經云：『菩薩坐禪，不念一切，唯念一佛。如清泠海中，金須彌山王，乃至功德法身，亦如是念。』」問曰：「若言無念是三昧者，直超無念，更何迂迴而用於念哉？」對曰：「楞伽經云：『用楔出楔。』俗諺云：『使賊捉賊。』今則以念止念，有何不可？況念之熟

〔二〕「方等」，藕益大師閲藏知津曰：「方等亦名方廣，始從華嚴……終大涅盤，一切菩薩法藏，皆稱方等經典。」

也，不謀而自成，不用力矣。如劍客舞劍，忽揮之青雲，以鞘背承，未嘗或失。庖丁解牛〔三〕，投刃皆虚，音合桑林之舞。此念之熟也，不亦明焉。故起信論云：『若知雖説，無有能説可説，雖念亦無能念可念，名爲隨順。』若離於念，名爲得入。得入者，真如三昧也。況乎無念之位，在於妙覺，蓋以了心初生之相也。而言之初相者，所謂無念，徹底道破。非菩薩十地所知。未究竟故。而今之人，尚未階十信，即不依馬鳴大士，從説入於無説，從念入於無念。實恐慕崇臺而輕累土，倒裳索領，其可得哉？大佛頂諸菩薩萬行首楞嚴經云：『大勢至法王子，與其同倫五十二菩薩，即從座起，頂禮佛足，而白佛言，我憶往昔恒河沙劫，有佛出世，名無量光。十二如來相繼一劫，其最後佛，名超日月光。彼佛教我念佛三昧。譬如有人，一專爲憶，一人專忘。如是二人，若逢不逢，或見非見。二人相憶，二憶念深。如是乃至從生至生，同於形影，不相乖異。十方如來憐念衆生，如母憶子。若子逃逝，雖憶何爲。子若憶母，如母憶時，母子歷生，不相違遠。若衆生心，憶佛念佛。現前當來，必定見佛。去佛不遠。不假方便，自得心開。如染香人，身有香氣。此則名曰香光莊嚴。我本因地，以念佛心，入無生忍。今於此界，攝念佛人，歸於浄土。佛問圓通，我無選擇。都攝六

〔三〕「庖丁解牛」，典故出先秦莊周莊子養生主。

根，淨念相繼。得三摩地，斯爲第一。』」

了心境界妄想不生門第十六

問曰：「不了心及緣，即起[一]二妄想。今存所念之佛，能念之心，豈非二妄想耶？」對曰：「楞伽經云：『了心及境界，妄想即不生，不生心者，即種種遠離能相所相。』吾今念千輪卍字，紺目白毫種種之相，皆吾自心，無佛可得。緣既不有，心豈有哉？則能相之念，所相之佛自遠離矣。安得住於二妄想耶？前聖所知，轉相傳授，妄想無性，於茲悟矣。又如觀佛實相，觀身亦然。遇境皆真，無心不佛。中道之理偏於一切，豈存於所緣之佛歟？又解云：如鼻有墨點，對之明鏡，人惡其墨，但揩于鏡，其可得耶？好惡二皆如字。是非，對之前境，不了自心，但尤於境，其可得耶？未若洗分別之鼻墨，則一鏡圓淨矣，萬境咸真矣，執石成寶矣，衆生即佛矣。三句法合。故續高僧傳[二]云：齊朝有向居士，致書通好於慧可禪師曰：『影由形起，響逐聲來。弄影勞形，不知形是影本；揚聲止響，不識

[一]「即起」，廣陵本作「則有」。

[二]「續高僧傳」，唐釋道宣撰，共三十卷。慧可事迹載于第十六卷。

聲是響根。除煩惱而求涅槃者，喻避形而覓影；離衆生而求佛性者，喻默聲而尋響。故知迷悟一途，愚智非别。無名作名，因其名，是非生矣；謂名外别立無名。無理作理，因其理，諍論起矣。幻化非真，誰是誰非；虚妄無實，何空何有。將知得無所得，失無所失矣。未及造談，聊申此意，想爲答之。』慧可禪師命筆述意，答居士曰：『説此真法皆如實，契真幽理竟不殊。本迷摩尼謂瓦礫，豁然自覺是真珠。無明智慧等無異，當知萬法即皆如。破此二見之徒輩，申辭措意作斯書。觀身與佛無差别，何須更覓彼無餘。』此二上士，依達摩大師稱法之行，理觀用心，皆是念中道第一義諦法身佛也。必不離念存於無念，離生立於無生。若謂離之而别立者，斯不了煩惱即涅槃，衆生即諸佛，安得悟彼瓦礫如真珠哉？既離之不可，即念佛，而真無念也，即往生，而真無生也。端拱太平，切忌眼目定動。夫如是，則其義焕然，若秋天澄霽，明月出雲矣。豈同愚人觀指而不觀月哉？」

諸佛解脱心行中求門第十七

問曰：「念佛名真無念，往生名真無生，信矣。維摩經云：『諸佛解脱，當於何求？當於一切衆生心行中求。』既曰一切心行中求，何不求於自心，而乃求於外佛耶？」對曰：「子謂念佛三昧無上妙禪，非心行中求者，不然也，爲子明之。夫心之爲行者，行於三境也：一行善境，即念佛三昧，善中之善，天中之天；二行不善境，謂貪、瞋、癡等諸惡境界；三行無記境，謂其心不住，善惡不緣。若論夫理性，理徧前三，語其順理，唯留善境。大有關係。經云：『所謂取我是垢，不取我是浄者。』謂不了法性體無慳貪，違於法性而不行施。舉檀爲例。縱施住施，不能捨施，非垢如何？若能了知隨順法性，行檀波羅蜜，無慳施相。善順於理，非浄如何？不善無記，乖於法性，不可與善聯鑣也。故勝天王問佛：『云何菩薩通達禪波羅蜜？』佛告天王：『菩薩摩訶薩，學般若波羅蜜，行禪波羅蜜。此專論禪觀。當觀此心，行於何境？若善不善，無記境界。若行善境，則勤修習。譬如蓮華，不停水滴。喻至善。一不善法，不得暫住。』據斯金口，豈有不善無記而不擯之哉？是則順理善心，行於善境。熾然念佛，解脱在心行中。若謂念佛心行而非解脱者，不善、無記二種心行，豈得有哉？如斯解脱，迷之則滯於浩劫，悟之則證如反掌。念佛三昧，徹底道破。習禪明鏡，允兹在兹。如來世雄，考彼群定，以念佛三昧爲禪中王。諸餘三昧有待有對者，皆匹夫之定耳。然寶王三昧，此段承上對待，而明絶待。不住尊相，不住卑相、邪相、正相、生死相、涅槃相、煩惱相、菩提相、静相、亂相、成正覺相、度衆生相、坐道場相、無所得相，以〔一〕是等相，皆

〔一〕「以」，廣陵本作「如」。

悉不住。猶如夢覺，廓無來去。故大品云：『無去無來是佛。』夫如是，則尚遺乎中道，豈住於邊徼哉？如諸法無行經偈云：

『譬如人，於夢中。得佛道，度衆生。此無道，無衆生。佛法性，亦復然。坐道場，無所得。若不得，則不有。明無明，同一相。知如是，爲世尊。衆生性，即菩提。菩提性，即衆生。菩薩衆，亦不二。知如是，爲世尊。』」

三業供養真實表敬門第十八

問曰：「三昧觀門，已聞奇唱，三業供養，佛在滅後，獻福何多？」對曰：「夫論供養法界海者，萬行之中，能浄三業，皆名供養也。況浪思真境而非供養哉？指香華妙觀。理趣曰：『觀一切法，若常若無常，皆不可得。』四句謂稱性修供，不廢事行。於諸如來，廣設供養，不亦明焉。又如來在世，嚴薦表誠。皆言華雲香海，偏微塵刹，猶恨其少。大士所以入觀，用想須彌爲燈炷，大海爲油盞，未展殷敬。故焚金色之臂，獻浄明之塔。金身火燄，洞照十方，則喜見菩薩，其例矣。而今之人，但推於自心，邪見。或遥指華樹，慳怠習慣。乖奉獻之儀，何慢之深也。子問『佛在滅後，獻福何多』者，試爲明之。且丁蘭刻木於堂，温凊如在。名光青史，人到于今稱之爲真孝子也。若如來在世，金山晃耀，嚴相赫然。誰有覩之，不發道意。此時不作滅想甚易。獻華伸懇，不亦易哉！洎世雄晦迹，月隱重山。不奉真儀，但傳貝葉。對之形像，發無上意。能獻一華，此志此心，足可嘉尚。此時悟常住佛，修常住供甚難。有如是者，不亦難哉！涅槃云：『乃至獻一華，則生不動國。』是則一香一華，一燈一樂，及以飲食，盡心樂得奉薦三世諸佛者。净土妙因，成聖元始，安得輕易其事，而不遵之哉？此學佛基本，非此不名正信。若離於此行，而聽無稽之言，獻心華，點心燈，焚心香，禮心佛，而欲求於正覺者，亦何異騁猿猴之巧，守梅林之望歟？及令彼衣心衣，飯心飯，則困拒不已。妙辯，如晨鐘夜炬。至於六度萬行，何乃排於空見之心哉？指心望空之言，其過若此，不可不慎也。真言門[一]中，瑜伽觀行，亦約事門表相，不一向推心，常嚴薦香華，六時無廢也。」

無相獻華信毁交報門第十九

問曰：「華者事也，理在何焉？信之與毁，交報在何？」對曰：「華即理也，色即空也。信之報者，悲華經云，昔有王子，名無所畏。手持蓮華，上寶藏佛。佛言：『汝以蓮

[一]「真言門」，泛指自印度傳入中國、日本的密宗門派，因以重視念誦真言咒語而得名。又特指流傳于日本的密宗。

華印於虚空，謂供佛。今與汝號名虚空印，當來成佛世界名蓮華，佛號蓮華尊，汝是也。』國土及佛，皆約昔日所獻蓮華而爲號者，欲令明識行因感果之義也。何乃沮檀度之獻華，而欲别遵之無相哉？毁之報者，大方廣總持經説，昔有一比丘，名浄命，住於正見，持華供養。佛以不廢事行爲正見。又一比丘，名法行，住於邪見，坐得四禪，常説空宗般若最勝。佛以專尚般若、廢事行爲邪見。謗浄命法師云：『浄命所受諸華，不持供養，而自受用。』坐此一言，於六萬世常無舌根。乃至成佛，猶居五濁。彼何人耶，即釋迦是也。佛言：『少聞病根。之人，於我法中作二説者，謂是第一卻成二，説可妄論哉。命終之後，墮於地獄，多百千劫。若以惡眼視發菩提心人，得無眼報；以惡口謗發菩提心人，得無舌報。若唯修一般若波羅蜜得菩薩者，往昔迦尸迦王，行菩薩行時，捨所愛身頭目髓腦。爾時此王，豈無智慧哉？則知六波羅蜜，應具足修。執一非餘，是爲魔業〔二〕。』安得棄獻華之檀波羅蜜，而以惡取空，僭易於般若真無相哉？無舌之報，自貽伊咎。如來所以自引昔非，欲令衆生不覆車於前轍耳。一華若此，一切土木形像，竹帛諸經，剃髮僧尼，住持三寶，戒定慧學，無論福田，及非福田，悉可敬之。供養亦通三世。一切皆入真實三業供法界海中，有何不可，而欲略之哉？

〔二〕 從「少聞之人」至「是爲魔業」，皆出自大乘方廣總持經，該經由隋天竺三藏毗尼多流支譯，共一卷。

法華偈云：

『若人於塔廟，寶像及畫像。以華香幡蓋，敬心而供養。乃至一小音，皆已成佛道。』」

萬善同歸皆成三昧門第二十

問曰：「夫施燈長明，生日月宫。華香幡蓋，與燈未異，盡生天之福也。而云皆已成佛道者，何酬報之深哉？」對曰：「如帝王行幸，萬乘千官。步卒已來，皆帶御字。犯之天仗，死在斯須。若鑾輅還宫，步卒放散，歸乎村墅。苟稱於御字，亦死在斯須。且步卒是同，而生死有異。蓋爲緣起之殊，有兹寵辱也。向若華蓋香燈，不遇法華經王命之天仗，實亦報在天宫。今逢三昧寶王，猶當扈從，乃至獻一華，皆已成佛道。斯則佛種從緣起，理教然耳。亦猶鳥向須彌，皆同一色；川朝巨海，無復異名，故大寶積經文殊普門會，會天龍八部、地獄、畜生、色聲香等，一切萬法，皆三昧者。亦猶毛容巨海，芥納須彌。豈毛芥之神乎？正因。蓋神者神之耳！緣了二因。則知解猶於目，行類於足。解正即行正，解邪即行邪。魔佛淺深，俱憑於解，故涅槃曰：『於戒緩者，不名爲緩。於乘緩者，乃名爲緩。』乘者即慧解之稱也。一行既爾，萬行皆然。法華三昧者，即念佛三昧也。是以如來名此勝定，爲三昧寶王，爲光明藏，爲除罪珠，爲邪見燈、迷衢者導、王子金印、貧夫寶藏、空三昧、聖三昧陀羅尼、真思惟、最勝觀、如意珠、佛性、法性、僧性、無盡藏、勝方便、大慧光明、消惡觀法三昧等，故知教理行果，八萬四千波羅蜜門，皆是念佛三昧之異名也。此名萬行皆即佛，故皆成佛。夫如是，則獻一華，偏奉於三世塵刹；念一佛，體通於未來世雄。如大地而爲射的，豈有箭發而不中者哉！不然，則爲思益經畏空、捨空、行空、索空之誚耳。」客曰：「醫去留藥，商行寄金，前賢所藏，非其人不可。弟子昧道懵學，輒窺三昧之門。尚期無生，每希一寶之唱〔一〕。如王奥旨，法之寶印。動寂雙照，理事圓融。舉心咸真，觸類而長。稱於南無，皆成於佛道。散華彈指，盡超於菩提。經王所在而自尊，目翳金鎞而抉膜。二十義門，未嘗聞諸。欣澡雪輕衆生之愆，得優游寶莊嚴之土，何其幸也！願不易此身，獲醍醐之妙記。悟當來諸佛，即衆生是焉。」遂稽首多寶塔，對之蓮華僧。與吾普觀十方尊，圓念三世佛。長跪叉手，而説頌曰：

「一心憶念過去佛，亦憶未來諸世尊。現在一切人中雄，亦學於其所説法。
無有一佛在過去，亦無現世及當來。唯此清淨微妙禪，彼不可言證能説。」

〔一〕「唱」，廣陵本作「倡」。

舊跋

比丘正知，向見雲棲大師浄土代言，有唐朝寶王論，列在「名存書不存」中，心甚慕之。生年三十，萬融師得此古本相贈。諸佛護念。喜出望外，梓版於姑蘇慧慶寺。丙戌，重梓於祖堂幽栖寺。伏願法界有情，同生極樂世界。

靈峰蕅益大師選定淨土十要第六

述曰：吾觀古今法運盛衰之故，而後知禪淨共爲隆替者也。人唯未悟，故不了生死利害。人唯未悟，故不了諸佛甚深境界。豈有悟而猶輕一生不退者乎？豈有悟而猶見等流俗者乎？永明諸老，料揀禪淨，如道自家屋裏事，由其徹悟自宗故耳。確。末世禪道大壞，食唾者多。於是淨土一宗，異見茁長。由唐至宋，荆棘叢生。天如爲中峰最勝子，故能繼永明諸老，力扶淨土之衰。今觀或問一書，較諸天台、紫閣，其間邪幟偏樹，見網交羅。作者推陷廓清，其劬勞亦未免倍甚。蓋禪淨俱衰使然，讀者亦可以觀時變矣！然諸老匡扶淨土，密救本宗〔一〕。確。或問開章，謂永明深有功於宗教，此等語，偷心未盡者，未肯遽以爲然。然使宗教上流，能參破第一則淆譌公案，趙州說的。能講透第一箇差別名相，梵語阿彌陀，此云甚麽。超然於凡外權小路歧，一去不復更

〔一〕「然諸老匡扶淨土，實救本宗」，後人贊歎淨土宗十三祖印光祖師曰「弘揚淨土，密護諸宗」，與之有異曲同工之妙。淨土對諸宗的益處，可見一斑。

入。又能普於十方，爲諸迷者偏破偏透偏超，而謂宗教之能事不畢於此，吾不信也。序次十要，由十疑、寶王而至或問。深有感於法運盛衰之故，因爲弄引，請益後賢。

評點净土或問感賦有小引

余讀净土或問，有懷於天如老人深有功於宗教一語，遂謬爲評點。時度夏華陽度雲精舍，谿樓山影，雲物静好，漫賦古興一篇。賦成，三歎而感之。謹録於首，聊當題詞。

窗外青山如列屏，山下清流朱絃聲。窗中有人拭几塵，熟讀天如六字經。世人皆悟向上竅，又能悟得心王妙。須彌芥子都踍跳，露柱燈籠齊廝鬧。獨有一箇佛名號，千悟萬悟悟不到。是爲甚難。天如兩眼爍如火，淆譌公案直下剖。不從門外循牆走，恰恰自家屋裏坐。真主中主。愚夫愚婦閒活計，恰恰自家屋裏事。真法身向上。恒沙沙數諸通明，恰恰自家屋裏人。清净海衆。空中迅鳥迹如畫，恰恰自家屋裏話。三不退位。窗外青山如鏡裏，山下清流鏡中水。鏡中有人逐雲起，寶王三昧應如是。奇哉一句阿彌陀，勘破宗教諸禪和。就中也有無柰何，曾聽城邊霜月歌。戊申仲夏白月[一]孟齋日，私淑後學成時，題於度雲奄雲氣樓之谿窗左个。

浄土或問[二]

元師子林天如維則述[三]

天如老人，方宴默於卧雲之室，有客排闥而入者，禪上人也。因命之坐。坐久，夕陽在窗，篆煙將滅。客乃整衣起立，從容而問曰：「以下問答，悉有生起次第。竊聞永明壽和尚，禀單傳之學於天台韶國師，是爲法眼的孫。匡徒於杭之浄慈，座下常數千指。其機辯才智，雷厲風飛。海内禪林，推之爲大宗匠。柰何説禪之外，自修浄土之業，而且以教人。復撰揀示西方等文，廣傳於世。及作四料揀偈，其略曰：『有禪無浄土，十人九蹉路。無禪有

[一]「白月」，指從新月到滿月的十五天，又名「白半」，是古印度曆法中的概念。與之對應的滿月之後的十五天名「黑月」。

[二]「浄土或問」，廣陵本作「師子林天如和尚浄土或問」。

[三]「元師子林天如維則述」，廣陵本作「小師善遇編」。

淨土，萬修萬人去。』看他此等語言，主張淨土，無少寬容。無乃自屈其禪，而過讚淨土耶？此疑非小，師其爲我辯之。」放過則不可。○答曰：「大哉，問也！當知永明非過讚也，深有功於宗教者也。此話文長。惜永明但舉其綱，而發明未盡，故未能盡遣禪者之疑也。四料揀亦不略，人未精研耳。余忝學禪，宗龍。未諳淨土。然亦嘗涉獵淨土諸書，稍知其概。本是易行入之方，亦是難說難信之法。二句說盡。所以釋迦慈父現在世時，爲諸弟子說彌陀經，預知末法衆生，少能信向。故引六方諸佛出廣長舌說誠實言，以起其信，以破其疑。及於經末，因諸佛所讚，乃復自言：『當知我於五濁惡世，行此難事，爲一切世間說此難信之法，是爲甚難。』此皆苦口叮嚀，勸人信向矣。且大悲世尊垂救末劫，凡金口所宣，一偈一句，而人非人等，莫不信受奉行。獨於淨土之說，則間有疑者，何哉？良由淨土教門，至廣至大；淨土修法，至簡至易。以其廣大而簡易，故聞者不能不疑焉。所謂廣大者，一切機根，攝收都盡。是甚麼道理。上而至於等覺位中，一生補處菩薩，亦生淨土。下而至於愚夫愚婦，與夫五逆十惡無知之徒，臨終但能念佛悔過，歸心淨土者，悉獲往生也。所謂簡易者，初無艱難勞苦之行，又無迷誤差別之緣。是甚麼道理。但持阿彌陀佛四字名號，由此得離娑婆，得生極樂，得不退轉，直至成佛而後已也。其廣大既如彼，其簡易又如此。故雖智者，亦不能無疑焉。汝如知此，伶俐者少。則知永明之讚，深有意焉，而非過也。」

第二，問曰：「廣大簡易，既聞命矣。如禪宗悟達之士，既曰見性成佛，其肯復求淨土之生乎？」〇答曰：「汝未之知耳。悟達之士，政願求生。確極，前古未有。古人云：『不生淨土，何土可生？』汝但未悟，使汝既悟，則汝淨土之趨，萬牛不能挽矣。」文長付在來日。上二答皆略，詳在下第三答。

第三，問曰：「佛祖出世，爲度衆生。學者但患大事不明。大事既明，當行佛教，隨類化身，入泥入水，不避生死，廣度生靈。今悟達之士，求生淨土，則厭苦趨樂，不顧他人，此非吾所願也。」果然大事未明。〇答曰：「見卵而求時夜，何太早計耶！汝將謂將謂將謂。一悟之後，習漏永除，便得不退轉耶？汝將謂一悟之後，更無偏學佛法修行證果等事耶？汝將謂一悟之後，便可上齊諸佛，入生入死，不受障緣之所撓耶？審如是，則諸大菩薩修六度萬行，動經恒河沙數劫者，反有愧於汝矣。古教有云：『聲聞尚有出胎之昧，菩薩亦有隔陰之昏。』況近時薄解淺悟，而自救不了者乎？縱有悟處深遠，見地高明，行解相應，志在度人者，柰何未登不退，力用未充。居此濁惡，化此剛强，此亦先聖之所未許。如以未完不固之舟，濟多人於惡海，自他俱溺，其理必然。元來元來。故往生論云：『欲遊戲地獄門者，必生彼土，得無生忍已，還入生死，救苦衆生。以此因緣。求生淨土。』又先聖有云：

『未得不退轉位，不可混俗度生；未得無生法忍[一]，要須常不離佛。』譬如嬰兒，常不離母；又如弱羽，只可傳枝。今此國中，釋迦已滅，彌勒未生，而況四惡苦趣，因果牽纏，外道邪魔，是非扇亂。美色淫聲之相惑，惡緣穢觸之交侵，既無現佛可依，又被境緣所撓，初心悟達之人，尠有不遭其退敗者。果然險難。所以世尊殷勤指歸極樂者，良有以也。蓋彼彌陀，現在説法。樂土境緣，種種清淨，倘依彼佛，忍力易成。小本一經此六句釋盡。高證佛階，親蒙授記。然後出化衆生，去來無礙也。以是之故，雖上根利器，猶願託生。況汝中下之輩，初得發明者乎？豈不見觀佛三昧經中，文殊自敍宿因，謂得念佛三昧，常生淨土。世尊復記之曰：『汝當往生極樂世界。』又不見華嚴經中，普賢勸進善財童子，海會大衆，以十大願王，導歸極樂。其偈云：『願我臨欲命終時，盡除一切諸障礙。面見彼佛阿彌陀，即得往生安樂刹。』彼欲速反，遲者何不思此。又云：『彼佛衆會咸清淨，我時於勝蓮華生。親覩如來無量光，現前授我菩提記。蒙彼如來授記已，化身無數百俱胝。智力廣大徧十方，普利一切衆生界。』又不見入楞伽經中，授記龍樹偈云：『南天竺國中，大名德比丘，厥號爲龍

[一]「無生法忍」，指遠離生滅的真如實相理體，把心安住在其中不動不退。寶積經二十六曰：「無生法忍者，一切諸法無生無滅忍故。」

樹，能破有無宗。世間中顯我，無上大乘法。得初歡喜地〔一〕，往生安樂國。』又不見起信論中，馬鳴菩薩有求生之願；無量壽論，天親菩薩有願往之心。又不見大寶積經中，印許淨飯王，及七萬釋種，同生安養。十六觀經中，指示韋提夫人及五百侍女，同覲彌陀。且淨飯、韋提等，皆是現得無生法忍。西竺似此之流，不可得而勝數矣。東土如盧山遠公，合社高人。天台賢首，諸宗尊者。自行化他，曰僧曰俗，同生淨土者，又可得而勝數耶。只如文殊、普賢，大菩薩也；善財、海衆，徧參知識，悟同諸聖者也。馬鳴、龍樹等，亦菩薩也，亦禪宗以爲大祖師也。此諸聖人，所悟所證，比今悟達之士，爲何如哉？彼尚願生樂國，親近彌陀。闊步大方。而汝一悟之後，更不求生。井蛙夏蟲。則龍樹、馬鳴、普賢、文殊等，反不若汝？汝何不自揣其心，自量其力，所修所證，誠有過於二菩薩、二禪祖者乎？至公、至明、至虛、至平。所參知識，所悟佛性，誠有過於善財、海衆者乎？所得無生法忍，受佛印證，誠有過於淨飯、韋提者乎？淨飯國王，佛之父也；七萬釋種，佛之親屬也。淨土之生，倘無利益，佛忍自誤其父與親屬乎？家常話，屋裏事。向謂得無生法忍者，可許混俗度

〔一〕「歡喜地」，菩薩修行五十二階位中的第四十一位，初證真如平等聖性，能成就自利利他之行，心多生歡喜，故稱「歡喜地」，又作「初歡喜地」。

生。今其父王親屬既得此忍，而尚記往生，則如來護持保養之意，豈不深且遠乎？多見今之禪者，不究如來之了義，不知達摩之玄機，病根。空腹高心，習爲狂妄。見修浄土，則笑之曰：『彼學愚夫愚婦之所爲，何其鄙哉！』非大智必以爲鄙。余嘗論其非鄙愚夫愚婦也，乃鄙文殊、普賢、龍樹、馬鳴等也。非特自迷正道，自失善根，自喪慧身，自亡佛種，且成謗法之業，又招鄙聖之殃，佛祖視爲可哀憐者。於是永明和尚深憐而痛哀之，剖出心肝，主張浄土。既以自修，又以化世。故其臨終，預知時至，乃有種種殊勝相現，舍利鱗砌於身。嘗有撫州一僧，經年旋繞其塔，人問其故。僧曰：『因病入冥，閻王以陽數未艾，得放還生。乃見殿左供養畫僧一幀，閻王禮拜殷勤。遂扣主吏，吏曰，此永明壽禪師也。其修行精進，徑生極樂上品，王故圖像而禮敬之。』夫永明既悟達摩直指之禪，聲和形直。又能致身於極樂上品。響順影端。以此解禪者之執情，以此爲末法之勸信。直指云何費力至此。故余謂其深有功於宗教者，此也。豈特永明爲然。一轉如大海迴風。如死心新禪師作勸修浄土之文，有云：『彌陀甚易念，浄土甚易生。』連下兩箇甚易爲甚難注脚。又云：『參禪人最好念佛，以其生死心切，知好歹，識利害。根機或鈍，恐今生未能大悟，正知見，癡人反以爲不濟。且假彌陀願力，接引往生。』恰是。又云：『汝若念佛不生浄土，老僧當墮拔舌地獄。』教苑春殘，得此等大爲生色。又如真歇了禪師作浄土説，有云：『洞下一宗，皆務密修。真不欺之宗。其故何哉？良以念佛法門，徑路修行。正按大藏，接上上根器；確確。傍引中下之機。』又云：『宗門大匠，已悟不空不有之法，秉志孜孜於浄業者。得非浄業之見佛，尤簡易於宗門乎？』確確。又云：『乃佛乃祖，在教在禪，皆修浄業，同歸一源。重門洞開。入得此門，無量法門，悉皆能〔二〕入。』如見我心。至如天衣懷禪師、圓照本禪師、慈受深禪師、南嶽思禪師、法照禪師、浄靄禪師、浄慈大通禪師、天台懷玉禪師、梁道珍禪師、唐道綽禪師、毘陵法真禪師、姑蘇守訥禪師、北磵簡禪師、天目禮禪師等諸大老，皆是禪門宗匠，究其密修顯化，何嘗忌顯説。發揚浄土之旨，則不約而同。豈特諸大老爲然。再轉如迴風生紫瀾。余嘗聞一老宿言曰：『合五家之宗派，盡天下之禪僧，悟與未悟，無有一人不歸浄土者。』因問其故，乃曰：『如百丈大智海禪師，是江西馬祖傳道之的子，天下叢林，依他建立，從古至今，無一人敢議其非。天下清規，依他舉行，從始至末，無一事敢違其法。』看他爲病僧念誦之規云：『集衆同聲，舉揚一偈，稱讚阿彌陀佛。』復同聲稱念南無阿彌陀佛，或百聲，或千聲。回向伏願云：『諸緣未盡，早遂輕安。大命難逃，徑歸安養。』此非浄土之指歸乎？又看他津送亡僧，大衆念誦回向，伏願云：『神超浄域，業謝塵勞，蓮開上品之華，佛授一生之記。』此非浄土之指歸

〔二〕「能」，廣陵本作「證」。

乎？至於荼毗之際，別無所爲，但令維那引聲高唱南無西方極樂世界大慈大悲阿彌陀佛。如是十唱，而大衆十和，總名之曰十念也。唱畢，復回向云：『上來稱揚十念，資[一]助往生。』此非淨土之指歸乎？自百丈以來，凡所以津送亡僧，皆依此法。然則所謂合五家之宗派，盡天下之禪僧，無有一人不歸淨土者，豈不然乎？以余觀老宿所引之言，誠有所據而不容辯矣。又因其言，遂悟百丈祖師立法之意，亦豈無所據而然耶？好。汝在叢林津送亡僧，不知其幾矣。此等回向十念，口裏唱過，耳裏聽過，又不知其幾矣。汝既不會祖師之意，後生嫌老口。又自不發省覺之心，成群逐隊去也。妄謂悟達之士不願往生，則天下禪者之執，莫汝若矣。」

第四，問曰：「淨土攝機，誠乎其廣矣。愚不敢復議矣。然亦嘗聞有唯心淨土，本性彌陀之說。愚竊喜之。瞞旰。及觀淨土經論，所謂淨土者，十萬億土外之極樂也。所謂彌陀者，極樂國中之教主也。是則彼我條然，遠在唯心本性之外矣。擬議不來遭一摑。果何謂耶？」〇答曰：「汝言局矣，不識汝心之廣大而明妙者矣。楞嚴云：『色身外洎山河虛空大地，咸是妙明真心中物。』又云：『諸法所生，唯心所現。』安有佛土而不在吾心者

[一]「資」，廣陵本作「贇」。

哉？當知淨土唯心，心外無土。如大海之現群漚，無一漚能外海也。唯心淨土，土外無心。猶衆塵之依大地，無一塵不名地也。又當知先聖有云：『唯此一心，具四種土。』一曰凡聖同居，二曰方便有餘，三曰實報無障礙，四曰常寂光也。仍當尋台藏及靈峰梵網玄義或彌陀要解。一凡聖同居土者，自分二類：四土皆分淨穢，非特同居。初曰同居穢，次曰同居淨。初同居穢土者，娑婆之類是也。亦未明淨穢之所以。居其中者，有凡有聖，而凡聖各二。凡居二者，一惡衆生，即四趣也；二善衆生，即人天也。聖居二者：一實聖，即四果辟支、通教七地、別十住、圓十信後心，通惑雖盡，報身猶在，皆名實也；二權聖，謂方便實報寂光土中法身菩薩及妙覺佛，爲利有緣，應生同居，皆是權也。是等與凡共住，故云凡聖同居。四趣共住，故云穢土也。次同居淨土者，且如極樂國，雖果報殊勝，非餘可比。然亦凡聖同居，何以故？雖無四趣，而有人天。以生彼土者，未必悉是得道之人。如經[一]云：『犯重罪者，臨終懺悔念佛，即得往生。』故知雖具惑染亦得居也。聖居權實，類前可知。但以無四惡趣，故名爲淨。或曰：具明土相，復多不同。如無動界，雖是淨土，猶有男女及須彌等。淨土既其不同，穢土亦應不等也。二方便有餘土者，二乘、三種菩薩、證方便道者之所居

〔一〕「經」，指觀無量壽佛經。

也。何則？若修二觀，斷通惑，盡塵沙，别惑無明未斷。捨分段身而生界外，受法性身，即有變易。所居之土，名有餘者，無明未斷也。名方便者，方便行人之所居也。故釋論云：『出三界外有淨土，聲聞辟支佛出生其中。受法性身，非分段生也。』二實報無障礙土者，無有二乘，純諸法身菩薩所居。破無明，顯法性，得真實果。而無明未盡，潤無漏業，受法性報身，亦名果報國。仁王經云：『三賢十聖住果報〔二〕』是也。以觀實相，發真無漏，所得果報，故名爲實。修因無定，色心無礙，故名實報無障礙土。華嚴明因陀羅網世界是也。四常寂光土者，妙覺極智所照如如法界之理，名之爲國，亦名法性土。但真如佛性，非身非土，而説身土。離身無土，離土無身。名身土者，一法二義。普賢觀，毘盧遮那住處，名常寂光。前二土是應，即應佛所居；第三亦應亦報，即報佛所居；第四但是真淨，非應非報，法身所居。又云：『常即法身，寂即解脱，光即般若。』如世伊三點，不縱橫並别，名祕密藏。諸佛如來所遊居處，真常究竟，極爲淨土。由是觀之，所謂十方微塵國土者，唯吾心中之土也。上皆約惑業智斷機感而論，故一切唯心。三世恒沙諸佛者，唯吾心中之佛也。知此，則

〔二〕「三賢十聖住果報」，語出仁王經菩薩教化品，後一句是「唯佛一人居淨土」。三賢與十聖並稱，爲大乘佛教的菩薩修行階位。

知無一土不依吾心而建立，無一佛不由吾性而發現。然則十萬億外之極樂，獨非唯心之淨土乎？極樂國中之教主，獨非本性之彌陀乎？又當知唯此一心，具含十界。身土融通，重重無礙。又當知心佛衆生，三無差別。生佛互現，念念交參。所以云：『諸佛心内衆生，塵塵極樂；衆生心中諸佛，念念彌陀。』又云：『十方淨穢，卷懷同在於刹那；一念色心，羅列徧收於法界。』並天真本具，非緣起新成。一念既然，一塵亦爾，故能一一塵中一切刹，一一心中一切心。一一心塵復互周，重重無盡無障礙。一時頓現非隱顯，一切圓成非勝劣。若神珠之頓含衆寶，猶帝網之交映千光。我心既然，生佛體等。如此，則方了還神億刹，實生乎自己心中；孕質九蓮，豈逃乎刹那際内？又云：『極樂偏在一切處，舉一而全收也。』如帝釋殿上，千珠寶網，千珠光影咸入一珠，一珠光影徧入千珠。雖珠珠互徧，此珠不可爲彼，彼珠不可爲此。參而不雜，離而不分。一一徧彰，亦無所在。極樂淨土，即千珠之一；十萬億國，亦各千珠之一。至若三乘人天，下至地獄、餓鬼、畜生、修羅，一一無非千珠之一。阿彌陀佛，亦千珠直示一珠。見一佛，即見十方諸佛，亦見十方九界衆生。微塵刹海，十世古今，一印頓圓，無餘法矣。還自肯麽。如上所引，皆佛祖聖賢遞相發揚之明訓也。知此，是知諸刹諸塵，塵塵皆唯心之極樂也；淨宗究竟之論，豈擬議得來耶？一塵一佛，佛佛皆本性之彌陀也。復何疑哉？」

第五，問曰：「既謂浄穢融通，塵塵極樂，何娑婆獨不免於穢耶？」〇答曰：「凡夫業感，即浄而穢。佛眼所觀，即穢皆浄。豈釋迦報境而果穢哉？」

第六，問曰：「含攝無餘，吾信唯心之大矣；圓融無礙，吾信唯心之妙矣。柰何尚滯迷情，未離穢業。要問。則吾唯心之土，何由浄耶？」〇答曰：「心垢土垢，心浄土浄。故維摩經云：『欲得浄土，當浄其心。隨其心浄，則佛土浄。』夫欲浄其心者，捨浄土之修法，他無能焉。」此答標起。

第七，問曰：「浄土修法，其詳可得聞乎？」〇答曰：「浄土無修，修因迷有。法無高下，高下由根。法法各自分高下。根有多殊，修分多類。攝其多類，總有三門：一曰觀想，二曰憶念，三曰衆行。憶念衆行之本，不獨觀想爲然。皆依極樂彌陀以爲之主也。一曰觀想者，如觀經云：『下所引妙義亦爲諸佛如來是法界身，入一切衆生心想中。是故汝等心想佛時，是心即是三十二相，八十隨形好。是心作佛，是心是佛。諸佛正偏知海，從心想生。是故應當一心繫念諦觀彼佛。』天台疏曰：『諸佛如來下，泛明諸佛，是故應當下偏觀彌陀。法界身者，報佛法性身也。衆生心浄，法身自在，故云入。如白日昇天，影現百川。明佛身自在，能隨物現也。又法界身是佛身無所不徧，法界爲體。得此觀佛三昧，解入相應，故云入心想也。是心作佛者，佛本是無，心浄故有。是心是佛者，向聞佛本是無，心浄故有，便謂條然，故云即是。始學名作，終成即是。』妙宗釋曰[一]：『欲想佛身，當明觀體。體是本覺，起成能觀。四句最要。本覺乃是諸佛法界之身，以諸佛無別所證，全證衆生本性故也。若始覺有功，本覺乃顯，故云法身從心想生。又彌陀與一切佛，一身一智，應用亦然。彌陀身顯，即諸佛身。諸佛相明，即彌陀體。故泛明諸佛，以爲彌陀觀體。從法界身下，是約感應道交釋；從又法界身下，約解入相應釋。』融心解云：『若無初釋，則觀非觀佛；若無次釋，則生佛體殊。二釋相成，是今觀法。』妙宗又曰：『今之心觀，非直於陰觀本性佛，乃託他佛顯乎本性。故先明應佛入我想心，次明佛身全是本覺。故應佛顯，知本性明。託外義成，唯心觀立。若論作是，即不思議三觀也；以若破若立名作，空假二觀也；不破不立名是，中道觀也。全是而作，則三諦俱破俱立；全作而是，則三諦俱非破立。即中之空假名作，能破三惑，能立三法。故感他佛三身圓應，能成我心三身當果。即空假之中名是，則全惑即智，全障即德。故心是應佛，心是果佛。故知作是一心。修此三觀，乃諸觀之總體，一經之妙宗也。』又曰：『此觀能令四佛土淨，具橫竪二義。如是方爲此經宗致。乃至云，此經本爲韋提希厭同居穢，求同居淨，故談妙觀，觀彼依正。三觀若成，麤垢先落。

[一] 「妙宗釋曰」，廣陵本作「妙宗鈔曰」。妙宗鈔，全稱觀無量壽佛經妙宗鈔，爲宋四明沙門知禮所作。

非有餘净，更生何處，須知正爲生同居净，故立三觀。良由觀妙，能破三惑，不獨感於同居净土。隨其惑斷淺深之處，自然感得有餘等三土。如病須藥，本爲身安，求得仙方，修合服之，不但身安，兼能輕骨。身安可喻生同居净，輕骨可喻感上三土。只是一藥，效乃深勝。如一妙觀，能净四土。』解〔二〕云：『韋提本欲捨穢取净，而佛示觀法，捨穢必盡，顯净無遺。如月蓋爲免舍離果報之病，故請觀音。及乎宣呪，乃能消伏三毒之根，具足五眼之果。故一心三觀求生净土者，以三惑爲穢土之因，以三諦爲净土之果。故別惑盡，則寂光净，究竟三諦也。別惑未盡，則實報净，分證三諦也云云。』如上所明一心三觀，能破三惑，能净四土。其惑未破而生安養同居者，託勝增修，則有餘等三净可待矣。此豎義。且教有云：五濁輕重，同居净穢。而圓觀輕濁所感同居，依正最净。比修戒善及餘經衆善感安養土，其相天殊。此横義。故天台宗以圓觀爲定善也。二曰憶念者，或緣相好，或持名號，皆名憶念，而有理有事。此下理事，學者更須精研要解。如華嚴解脱長者云：『我若欲見安樂世界無量壽如來，隨意即見。如是十方一切世界所有如來，我若欲見，隨意即見。我能了知一切如來，國土莊嚴，神通等事。無所從來，亦無所至。無有處所，亦無住處。亦如己身，無來無去，

〔二〕「解」，指知禮述觀無量壽佛經融心解。

無行住處。然彼如來不來至此，我不往彼。知一切佛，及與我心，皆如夢故。如夢所見，從分別生，見一切佛，從自心起。又知自心如器中水，悟解諸法如水中影；又知自心猶如幻術，知一切佛如幻所作；又知自心諸佛菩薩，悉皆如響，譬如空谷，隨聲發響。悟解自心，隨念見佛。我如是知，如是憶念。所見諸佛，皆由自心。』貞元疏[一]曰：『無所從來下，正辨唯心。即心無心，便入真如。了彼相虛，唯心現故。既了唯心，了心即佛。故隨所念，無非佛矣。下例四喻，通顯唯心，喻無來往。別喻兼明不出入等。四喻皆具四觀：一正是唯心，二唯心故空，三唯心故假，四唯心故中。融而無礙，即華嚴意。夢喻不來不去，影喻不出不入，幻喻非有非無，響喻非合非散。』又如般舟經，教修佛立三昧，專念彌陀。其略云：『常念彼佛，譬如夢見金寶親屬，相與娛樂等。』永明曰：『此喻唯心所作，即有而空，故無來去。又如幻非實，則心佛兩忘。而不無幻相，則不壞心佛。空有無礙，即無去來，不妨普見。見即無見，常契中道。是以佛實不來，心亦不去。感應道交，唯心自見。』又如楞嚴大勢至云：『子若憶母，如母憶時，母子歷生，不相違遠。至我本因地，以念佛心，入無生忍。』雪川以理事判之曰：『觀其母子相憶之喻，則是同居事相而已。觀其自

[一] 「貞元疏」，指唐代澄觀撰貞元新譯華嚴經疏。本疏敘述四十華嚴經之綱要，並解釋其文義，共十卷。

證無生法忍，則念佛心不可單約事相而解。念存三觀，佛具三身，心破三惑〔一〕，無生忍位，乃可入焉。』又如彌陀經云：『執持名號，至一心不亂。』净覺曰：『一心不亂，例前妙觀，同名正受，即定心定善也。據往人之論，則有理事。若達此心四性不生，與空慧相應，是理一心；若用心存念，念念不閒，名事一心也。』應先明事持理持，次明事一心理一心，如要解所明。真歇亦曰：『一心不亂，兼含理事。若事一心，人皆可以行之。由持名號，心不亂故。如龍得水，似虎靠山。此即楞嚴憶佛念佛，現前當來，必定見佛，去佛不遠。不假方便，自得心開，連攝中下二根之義也。若理一心，亦非他法。但將阿彌陀佛四字，做箇話頭，二六時中，直下提撕〔二〕。不以有心念，不以無心念，不以亦有亦無心念，不以非有非無心念。前後際斷，一念不生。不涉階梯，徑超佛地。』余嘗評之，不以有心念等，文有四節，可配三觀。初節配空，次節配假，第三雙離，第四雙即。雙離雙即，可配中觀。蓋彼中觀，亦含遮照之義也。合而言之，無非以修契性，顯其當處即空，全體即有，亦非空有，亦是空有。不可湊泊，不可擬議。心路絶處，即名爲佛。如上略舉數條，通名憶念，而各分理事。其理念者，

〔一〕「三惑」，是天台宗所説的三種障惑。第一見思惑，指迷于界内事、理的見惑與修惑，二塵沙惑，爲迷于界内外恒沙塵數所起的惑障，三無明惑，即迷于中道第一義諦的煩惱。

〔二〕「提撕」，廣陵本作「念去」。

與圓觀同。能破三惑，能淨四土，此攝上上根也。若其事相念者，近則感同居淨，遠則可爲上三土之因耳。降此以下，事相不等。如諸經所説，或一生繫念，或三月繫念，或晨朝十念，或七七日念，或十日十夜六時中念，或一日一夜不斷專念。加以深信之力，淨願之力，佛加被力，皆生極樂。又下而至於逆惡凡夫，臨終十念，亦許得生。此攝中根及下下根也。三曰衆行者，如華嚴經，普賢菩薩勸進善財童子、海會大衆，發十大願：『一者禮敬諸佛，二者稱讚如來，三者廣修供養，四者懺悔業障，五者隨喜功德，六者請轉法輪，七者請佛住世，八者常隨佛學，九者恒順衆生，十者普皆回向。其一一願皆云：虚空界盡，衆生界盡，衆生業盡，衆生煩惱盡，我願乃盡。而虚空界乃至衆生業煩惱不可盡故，我此願王無有窮盡。念念相續，無有間斷。身語意業，無有疲厭。至臨命終時，最後刹那，最險難時，偷心戲論悉用不著。一切諸根，悉皆散壞。一切威勢，悉皆退失。輔相大臣、宫殿内外、象馬車乘、珍寶伏藏無復相隨。唯此願王，不相捨離。者裏是甚麽所在。於一切時，引導其前。一刹那間，即得往生極樂世界。神速有過此者乎。到已，即見阿彌陀佛。其人自見生蓮華中，蒙佛授記。得授記已，經無數劫，普於十方不可説不可説世界。豎窮横徧有過此者乎。以智慧力，隨衆生心，而爲利益。乃至能於煩惱大苦海中，拔濟衆生，令其出離，無不從此法界流。皆得往生極樂世界。』無不還歸此法界。又如法華經云：『聞是經典，如説修行。於此命終，即往極樂世界阿彌陀佛大菩薩衆圍繞住處，生蓮華中寶座之上。不復爲貪欲所惱，亦復不爲瞋、恚、愚、癡所惱，亦復不爲憍慢、嫉妒諸垢所惱。得菩薩神通，無生法忍。』又如大寶積經，發十種心，往生極樂。佛告彌勒：『如是十心，非諸凡愚不善丈夫具煩惱者之所能發。何者爲十？一者，於諸衆生，起於大慈，無損害心；二者，於諸衆生，起於大悲，無逼惱心；三者，於佛正法，不惜身命，樂守護心；四者，於一切法，發生勝忍，無執著心；五者，不貪利養，恭敬尊重，淨意樂心；六者，求佛種智，於一切時，無忘失心；七者，於諸衆生，尊重恭敬，無下劣心；八者，不著世論，於菩提分，生決定心；九者，種諸善根，無有雜染，清淨之心；十者，於諸如來，捨離諸相，起隨念心。是名菩薩發十種心。由是心故，當得往生。若人於此十心，隨成一心，樂欲往生彼佛世界。若不得生，無有是處。』又如觀經云：『欲生彼國者，當修三福：一者，孝養父母，奉事師長，慈心不殺，修十善業；二者，受持三歸，具足衆戒，不犯威儀；三者，發菩提心，深信因果，讀誦大乘，勸進行者。此三種業，過去未來現在諸佛淨業正因。』疏曰〔二〕：『初業共凡夫，次業共二乘，後業乃大乘不共之法也。』又如大本，三輩發菩提心，此是行本。及諸經論所明誦經持呪、建塔造像、禮拜

〔二〕「疏曰」，「疏」指天台智者大師觀無量壽佛經疏。智者疏曰：「初業共凡夫，次共二乘，後是大乘不共之法。」

讚頌、奉持齋戒、燒香散花、懸繒幡蓋，凡一行一事，足以求生者，資之以信願回向之力，無不生也。如上泛引，通名衆行。然願行既有大小之不等，而又各有理事之不同。且如華嚴十願、寶積十心之類，生於極樂者，其所感依正之勝，及所見之佛，所聞之法，較諸小行常流，應必懸異也。」

第八，問曰：「吾聞善財童子，圓頓利根，一生取辦。今乃不生華藏，而勸生極樂，此何意耶？」正是一生取辦之因。〇答曰：「華嚴疏中，自有此問。彼所答云：有緣故，歸憑情一故，不離華藏故，即本師故。互爲主伴。謂華藏中所有佛刹，皆微塵數。極樂去此十萬億土，並未出於刹種之中，故不離也。經云：『或有見佛無量壽、觀自在等共圍繞。』此讚遮那隨名異化，故即本師也。又曰：『普賢爲善財、海衆，結歸極樂者。』蓋爲信解圓宗之人，入文殊智，修普賢行，福慧事理皆稱法界。然則極樂非華藏、彌陀非毘盧耶。此大心人，雖妙悟本明，頓同諸聖。然猶力用未充，未及如來出世普利衆生。所以暫依浄土，情一。親近彌陀，有緣。直至成佛，意在此也。」

第九，問曰：「衆行門中，既云大小不等，理事有殊，所感生相，亦乃懸異。然則觀想憶念二門，修各不等。其所感相，同耶異耶？」〇答曰：「皆不同也。皆字謂二門各分九品也。此下詳言九品。故永明曰：『九品往生，事非一等。或遊化國見佛應身，或生報土見佛真體，或一夕而便登上地，或經劫而方證小乘，或利根鈍根，或定意散意，或道悟遲速而機器不同。或花開早晚，而時限有異。』又慈雲曰：『雖分九品，猶是略分。若更細分，亦應無量。』」

第十，問曰：「極樂只是同居，本非實報。何謂或生報土，見佛真體耶？」〇答曰：「你將謂同居之外，別有實報耶？大徹悟人語。當知三土，不離同居。特身境受用，遞遞不相同耳。如經云：『彌陀佛身高六十萬億那由他、恒河沙由旬等。』古師曰：『此實報身也。』又雪川曰：『極樂國土，四土不同，豈但極樂爲然。』荆溪云：『直觀此土，四土具足。如當時華嚴海會，不離逝多林〔二〕。而諸大聲聞，不知不見，即此類也。』」此但性德，若極樂同居，横具四土地，兼約修德，所以最勝，如下條答問是也。

十一，問曰：「既云此土四土具足，只消就此展轉修行，反欲捨此而生彼國，何耶？」〇答曰：「此方雖具四土，柰何穢業難除。夫欲捨穢取浄，勢須彼國求生。四明云：『此土濁重，十信方出苦輪；彼土境勝，九品悉階不退。』豈不聞大通佛世，受教之徒，已經塵

〔二〕「逝多林」，爲逝多太子所有之林，故稱逝多林。須達長者買之而建精舍，以獻于佛。西域記六曰：「逝多林，唐言勝林，舊曰祇陀，訛也。」。

點劫來，尚在聲聞之地。皆因退轉，故涉長時。如身子已證六心，猶自退落五道，況悠悠修行者乎？蓋由此土，多值退緣。難難。故云：『魚子菴羅華，菩薩初發心。三事因中多，及其結果少。』苦苦。若生極樂，藉彼勝緣，博地凡夫，便皆不退。以是之故，求生彼國也。」

十二，問曰：「同居淨土，其類甚多。今偏指極樂，而又偏讚其境勝緣勝，何耶？」〇答曰：「經云：『彼國衆生，無有衆苦，但受諸樂，故名極樂。』今以娑婆對而比之。對比令生欣厭。又極樂殊勝非界內心量可知，唯就娑婆對比可略論耳。此則血肉形軀，有生皆苦；彼則蓮華化生，無生苦也。此則時序代謝，衰老日侵；彼則寒暑不遷，無老苦也。此則四大難調，多生病患；彼則化體香潔，無病苦也。此則七十者稀，無常迅速；彼則壽命無量，無死苦也。此則親情愛戀，有愛必離；彼無父母妻子，無愛別離苦也。此則仇敵怨讎，有怨必會；彼則上善聚會，無怨憎會苦也。此或困苦饑寒，貪求不足；彼皆衣食珍寶，受用現成。此或醜穢形骸，根多缺陋；彼則端嚴相貌，體有光明。此則輪轉生死；彼則永證無生。此有四趣之苦；彼無三惡之名。此則丘陵坑坎，荊棘爲林，土石諸山，穢惡充滿；

彼則黄金爲地，寶樹參天，樓聳七珍，花敷四色。此則雙林已滅，龍華未來〔二〕；彼則無量壽尊，現在説法。此則觀音、勢至，徒仰嘉名；彼則與二上人，親爲勝友。此則群魔外道，惱亂正修；彼則佛化一統，魔外絶蹤。此則媚色妖淫，迷惑行者；彼則正報清浄，實無女人。此則惡獸魑魅，交扇邪聲；彼則水鳥樹林，咸宣妙法。二土較量，境緣迥别。而樂邦之勝，其數無窮，未暇〔三〕悉舉也。其境勝者，依報。可以攝衆生取浄之情。其緣勝者，主伴事行。可以助生者修行之力。雖同居浄類甚多，唯極樂修行緣具，故偏指也。」

十三，問曰：「十方如來，皆可親近。今獨推彌陀者，何耶？」〇答曰：「獨推彌陀，其故有三：一誓願深重；爲有緣。二娑婆有緣；三化道相關也。爲有緣故。願重者，經云，彌陀往昔因中，嘗發種種廣大誓願。其略曰：『若我成佛已來，其有衆生願生我國，或聞我名，修諸善本，稱我名號，乃至十念，若不生者，誓不取正覺。既生我國，若有退轉，不決定成佛者，誓不取正覺。』故華嚴鈔曰：『彌陀願重，偏接娑婆衆生也。』亦結到有緣。有緣者，我佛釋迦現在世時，衆生聞佛所教，歸向彌陀，固已多矣。觀佛滅後，末世衆生，無問僧

〔二〕「龍華未來」，「龍華」指彌勒菩薩。據佛經記載，佛陀入滅五十六億七千萬年，彌勒菩薩將從兜率天下生人間，在龍華樹下成正等覺，前後分三次説法。

〔三〕「暇」，廣陵本作「易」。

俗男女、貴賤貧富，稍聞佛教者，無不信向。未聞佛教者，亦會稱名。縱是頑愚暴惡無信之徒，或遭戹難危險之處，或發讚歎怨嗟之聲，不覺信口便叫阿彌陀佛。至於兒童女子戲弄之際，聚沙摶泥，圖牆畫壁，便作彌陀佛像。甚至於學行未穩，學語未成者，自然能唱阿彌陀佛。此皆不勸而發，不教而能，非有緣而何？又如無量壽經云：『吾説此經，令見無量壽佛，及其國土。所當爲者，皆可求之。無得以我滅度之後，復生疑惑。當來之世，經道滅盡，我以慈愍，特留此經，更住百歲。其有衆生，值此經者，隨意所願，皆可得度。』又經云：『此經滅後，佛法全無。但留阿彌陀佛四字名號，救度衆生。其有不信而謗毁者，當墮地獄，具受衆苦。』故天台云：『當知彼佛於此惡世，偏有緣耳。』相關者，先覺謂兩土聖人，示居淨穢。以折攝二門，調伏衆生。此以穢、以苦、以促、以多魔惱而折之，俾知所厭；彼以淨、以樂、以延、以不退轉而攝之，俾知所欣。既厭且欣，則化道行矣。又我釋迦於三乘授道之外，其有度未盡者，度在彌陀。亦結到有緣。故於諸大乘經，叮嚀反覆，稱讚勸往者，蓋化道之相關也。以是三者之故，乃獨推焉。」

十四、問曰：「偏指獨推之説，旨哉言乎。欣厭取捨之方，至哉教矣。敢問欣厭取捨，得無愛憎能所之過乎？」〇答曰：「汝不知言也。此非世間之愛憎能所也。此乃十方如來轉凡成聖之通法也。大宗匠教眼圓明如此。若非厭捨，何以轉凡？若非欣取，何以成聖？故自凡夫預乎聖位，由聖位以至等覺，其間等而上之[一]，無非欣厭。極乎妙覺，取捨始亡，故先德四明大師語。云：『取捨之極，與不取捨，無有異也。』大法師宗眼圓明如此。況此净土之法，只一化機。而釋迦、彌陀之所共立者也。此指其往，彼受其來，倘非厭捨，離此無由。倘非欣取，生彼無分。既捨此矣，又生彼矣，藉彼勝緣，直至成佛。然則愛憎能所，功莫大矣，何過之有哉？」

十五，問曰：「取捨之談，無敢議矣。但往生之説，能不乖於無生之理乎？」○答曰：「天台云：『智者熾然求生净土，達生體不可得，即是真無生。此謂心净故佛土净。愚者爲生所縛，此是病根。聞生即作生解，聞無生即作無生解。二句是病證。不知生即無生，無生即生也。』此證多不可治。長蘆曰：『以生爲生者，常見之所失也。以無生爲無生者，斷見之所惑也。生而無生、無生而生者，第一義諦也。』天衣曰：『生則決定生，去則實不去。』三家之説，其旨甚明。今余復以性相二字釋之。妙真如性，本自無生，因緣和合，乃有生相。大宗匠性相圓明，彼性分門户者可悟矣。以其性能現相，故曰無生即生；以其相由性現，故曰生即無生也。知此，則知净土之生，唯心所生。無生而生，理何乖焉？」

[一]「其間等而上之」，指由十信、十住、十行、十回向、十地遞進而上修行。

十六，問曰：「往生之説，其旨昭然。但今之學者，不能曉了。千人萬人，皆疑極樂遠隔十萬億國，臨命終時，恐難得到。復何策以曉之。」〇答曰：「是可笑也。説了許多心外無土，土外無心，到這裏猶道不曉。此無他，只是衆生妄認自心在色身之内，方寸之間。如此指出病根，非大祖師不能。不知自家心量，元自廣大。豈不聞讚佛偈云：『心包太虛，量周沙界。』且十方虛空無量無邊，被我心量都盧包了。恒沙世界，無量無數。我之心量，一一周徧。如此看來，十萬億國在我心中，其實甚近，何遠之有？命終生時，生我心中，其實甚易，何難之有？豈不見十疑論云：『十萬億剎，爲對凡夫肉眼生死心量説耳。謂凡夫見爲遠，此見與牛羊蟲豸同。但使衆生淨土業成者，臨終在定之心，即是淨土受生之心。動念即是生淨土時。』爲此觀經云：『彌陀佛國，去此不遠。』又業力不可思議，一念即生，不須愁遠。又如人夢身雖在牀，而心意識徧至他方。生淨土亦爾，不須疑也。經云：『一彈指頃，即得往生。』又云：『屈伸臂頃。』又云：『頃刻之間。』故自信録云：『十萬億剎頃刻至者，自心本妙耳。』此等重重喻説，只是言其生在自己廣大心中，甚近而甚易者也。必須打破浮漚，則澄清百千大海。不言而喻。我如今且莫説廣大心量，且只就汝色身之内，方寸之間，説箇譬喻。譬如此方到西天竺，動經十萬餘里。一路之間，多經國土。有一人雖未親到，曾聞他人講説一徧，記憶在心。其人後時坐卧之間，忽動一念思量彼國。思量千里，便到千里；思量萬里，便到萬里；思量天竺，便到天竺。以此比之生净土，便是這箇道理。豈不是彈指之頃，一念便到，何難到之有哉？汝若不修净業，要到極難，尅定之論。净業若成，要到極易。但辨肯心，決不相賺。」

十七，問曰：「不修净業，要生[一]極難，此誠言也。何故前舉逆惡凡夫，臨終亦生。吾未聞其詳，而且有疑。幸詳示而釋之。」○答曰：「觀經云：『先引經，次解釋。下品下生者，或有衆生作不善業，五逆十惡，具諸不善。如此愚人，以惡業故，應墮惡道。經歷多劫，受苦無窮。如此愚人，臨命終時，遇善知識，夙有大因緣。種種安慰，爲説妙法，教令念佛。此人苦逼，不遑念佛。善友告言，汝若不能念者，應稱無量壽佛。真善知識。如是至心，令聲不絶，具足十念稱南無阿彌陀佛。夙有大因緣。稱佛名故，於念念中，除八十億劫生死之罪。念佛之時，見金蓮華，猶如日輪，住其人前。如一念頃，即得往生極樂世界。於蓮華中，滿十二大劫，蓮華方開。觀世音、大勢至以大悲音聲，爲其廣説諸法實相，除滅罪法。聞已歡喜，應時即發菩提之心。』此其詳也。雖十二劫處蓮華中，而其受用快樂如忉利天。故古者云：『華中快樂如忉利，不比人間父母胎。』逆惡得生者，觀經疏曰：『以念佛除滅罪

[一]「生」，廣陵本作「到」。

障，故即以念佛爲勝緣也。』余詳經意，即是念佛滅罪而生。然以疏論觀經疏、十疑論。參而明之，則有三義：一者，或問如何以少時心力而能勝終身造惡耶？卻是吾人平時念佛三昧。曰心雖少時，而其力猛利。是心勇決，名爲大心。以捨身事急故。如人入陣，不惜身命，名爲健人也。二者，此雖造惡，或現世曾修三昧。故臨終勸念，定心易成，亦是乘急戒緩〔一〕人也。乘急即是宿種。縱現世不修三昧，亦是宿種今熟。以宿善業强故，臨終得遇知識，十念功成也。三者，若非宿種，又非現修，則其念佛之時，必有重悔。念佛三昧。故永明曰：『善惡無定，因緣體空。迹有升沈，事分優劣。真金一兩，勝百兩之疊華；爝火微光，熱萬仞之積草。』」

十八，問曰：「五濁惡世，人皆有罪。縱未造五逆重罪，其餘罪業，孰能無之。苟不懺悔消滅，但只臨終念佛，能往生乎？」〇答曰：「亦得生也。此乃全藉彌陀不思議之大願力也。那先經云：『如持百枚大石置於船上，藉船力故，石不没水。若無其船，小石亦没。』喻彼世人，一生造惡，臨終念佛，不入泥犁。若非念佛，雖作小惡，亦入泥犁，況大惡乎？

〔一〕「乘急戒緩」，乘即佛所説大小第法，戒即佛所制輕量諸戒。緩指寬緩，急指急切。「乘急戒緩」指不嚴守戒律而專研教法者。

船喻佛力，石喻惡業。故昔人有帶業往生〔一〕之説。四土文中，亦云具惑染者，亦得生同居净也。又如僧雄俊，臨入鑊湯，并汾州人，屠牛爲業，臨終見群牛逼觸其身，苦痛切己。及張鍾馗，殺雞爲業，臨終見神人驅群雞，啄破兩目，流血盈牀。稱佛名號俱生净土。此非佛力而何？請復以喻明之。如人現犯官法，應入官囚，以投託國王，承王宣召，則官不能拘，而復達帝京也。所以西資鈔云：『得生净土是假他力。』彌陀願攝，釋迦勸贊，諸佛護念。此即成就慧身，不由他悟之的旨，莫措疑貳。如渡大海，生死。既得巨舟，彌陀。仍有良導，釋迦。加以便風，諸佛。必能速到彼岸也。極樂。若其不肯登舟，喻不念佛。遲留惡國者，喻中輟。誰之過歟？」

十九，問曰：「前云博地凡夫，便階不退，此必已無惡業者也。今此帶業而生，能不退乎？」〇答曰：「例皆不退也。經云：『其有生者，悉住正定之聚。』又云：『衆生生者，皆是阿鞞跋致。』又十疑論云：『有五因緣，能令不退。一者，阿彌陀佛大悲願力攝持，故不退；二者，佛光常照，菩提心常增長，故不退；三者，水鳥樹林，風聲樂響，皆説苦空，

〔一〕「帶業往生」，印光大師解釋説：「約在此界，尚未斷惑業，名帶業。若生西方，則無業可得，非將業帶到西方去。」

聞者常起念佛、念法、念僧之心，故不退；　四者，彼國純諸菩薩以爲良友，無惡緣境，外無鬼神邪魔，内無三毒等，煩惱畢竟不起，謂不起現行。故不退；　五者，但生彼國，即壽命永劫，共菩薩佛等，故不退也。』又古人云：『不願生浄土則已，願生則無不得生。不生則已，生則永不退轉也〔一〕。』」

二十，問曰：「一生造惡，臨終念佛，帶業得生，又無退轉。此彌陀願力，誠乎不可思議矣。然則我於生前且做世間事業，直待臨終，然後念佛，可乎？」憐兒不覺醜。○答曰：「苦哉！苦哉！何等愚謬之言也。砒霜酖酒，毒中之毒。今汝此言，毒於砒霜、酖酒者也。非特誤賺自己，又且誤賺天下若僧、若俗、善男、信女，皆此言也。向所謂逆惡凡夫臨終念佛者，乃是宿有善根福德因緣，方遇知識，方得念佛。此等僥倖，萬萬人中，無一箇半箇。汝將謂人人臨終，有此僥倖哉？豈不見群疑論云：『世間有十種人，臨終不得念佛：一者，善友未必相遇，故無勸念之理；　二者，業苦纏身，不遑念佛；　三者，或偏風失語，不能稱佛；　四者，狂亂失心，注想難成；　五者，或遭水火，不暇至誠；　六者，遭遇豺狼，無復善友；　七者，臨終惡友壞彼信心；　八者，飽食過度，昏迷致死；　九者，軍陣鬭戰，奄忽

〔一〕「不願生浄土則已」至「生則永不退轉也」，出自宋楊傑建彌陀寶閣記，見宋宗曉編樂邦文類卷第三。

而亡；　十者，忽墜高巖，傷壞性命。』如此等十種之事，皆是尋常耳聞眼見。不論僧俗男女，人皆有之。或宿業所招，現業所感。忽爾現前，不容迴避。你又不是神通聖人，有宿命通，能知臨終有業無業。又不是有他心天眼，能知臨終好死惡死。如上十種惡緣，忽然遭著一種，便休了也。便做手腳不得了也。便有知識活佛圍繞，救你不得了也。便須隨業受報，向三途八難中受苦受罪，到那時要聞佛名，不聞了也。直饒你無此惡緣，只是好病而死，亦未免風刀解體，四大分離，如生龜脱筒，螃蟹落湯，痛苦逼迫，怕怖慞惶，念佛不得了也。更饒你無病而死，又或世緣未了，世念未休，貪生怖死，擾亂胸懷，若是俗人，又兼家私未明，後事未辦，妻啼子哭，百種憂煎，念佛不得了也。更饒你未死以前，只有些少病痛在身，忍疼忍苦，叫喚呻吟，問藥求醫，祈禱懺悔，雜念紛飛，念佛不得了也。更饒你未病以前，只是年紀老大，衰相現前〔二〕，困頓龍鍾，愁歎憂惱，只向箇衰老身上左安右排，念佛不得了也。更饒你未老以前，政是少壯之日，政好念佛之時，稍或狂心未歇，俗務相關，東攀西緣，雜思亂想，業識茫茫，念佛不得了也。更饒你清閒自在，有志修行，稍於世相之中，照不破，放不下，把不定，坐不斷，此貼肉臭鶻汗衫，最難脱體。忽遭些子境界現前，一箇主人，隨他顛

〔二〕「前」，廣陵本作「出」

倒，念佛不得了也。你看他老病之時，少壯清閒之日，稍有一事挂心，早是念佛不得。況待臨終時哉？何況你更道且做世間事業，你真癡人説此癡話，敢保你錯用身心了也。上總誡誡僧俗。且世間事業，以下誡僧。如夢如幻，如影如響，那一件有實效，那一件替得生死。縱饒廣造伽藍，多增常住，攀求名位，交結官豪。你將謂多做好事，殊不知犯了如來不體道本、廣造伽藍等戒。豈不見道，有爲之功，多諸過咎。天堂未就，地獄先成。生死未明，皆成苦本。眼光落地，受苦之時，方知平生所作，盡是枷上添枷，鎖上添鎖。鑊湯下增柴炭，劍樹上助刀鎗。袈裟下失卻人身，萬劫難復。鐵漢聞之，也須淚落。祖師如此苦口勸人，曾許你且做事業，待臨終方念佛乎？又不見死心禪師道，世間之人，以下誡俗。財寶如山，妻妾滿前，日夜歡樂。他豈不要長生在世，爭柰前程有限，暗裏相催。符到奉行，不容住滯。閻羅老子，不順人情。無常鬼王，有何面目。且據諸人眼裏親見，耳裏親聞。前街後巷，親情眷屬，朋友兄弟，强壯後生，死卻多少。世人多云：『待老來方念佛。』好教你知，黃泉路上無老少，能有幾人待得老到。少年夭死者多矣！古人云：『莫待老來方念佛，孤墳多是少年人。』又云：『自從早年，索妻養兒，經營家計，受盡萬千辛苦。忽然三寸氣斷，未免一旦皆休。若是孝順兒孫，齋得幾僧，看得部經，燒得陌紙，春三秋九，做得碗羹飯，哭得幾聲，猶是記憶爺娘。此雖誡俗，然僧亦有之。凡僧有眷屬財產房舍營運者，皆須於此痛省。若是不肖之子，父母方死，骨頭未冷，作打財産，出賣田園，恣意作樂。以此較之，著甚麽急。兒孫自有兒孫福，莫與兒孫作馬牛。』復引古德云：『冷笑富家翁，營生忙似箭。囤内米生蟲，庫中錢爛貫。日裏把稱稱，夜間點燈算。形骸如傀儡，莫教繩索斷。』死心如此苦口勸人，曾許你且做事業，待臨終方念佛乎？當思人生在世，下僧俗總結。能有幾時，石火電光，眨眼便過。趁此未老未病之前，抖擻身心，撥棄世事。得一日光陰〔一〕，念一日佛名。得一時工夫，修一時淨業。由他臨命終時好死惡死，我之盤纏預辦了也，我之前程穩穩當當了也。若不如此，後悔難追，思之思之。」

二一，問曰：「吾之言過矣，駟不及舌矣。承師之教，誰不寒心。柰何人心易進易退。一聞警策，果然。勇猛精勤。忽於目前逢一障難，便轉念頭，别求方便。都道淨業只是身後之事，於今目前無所利濟，從此身心一時放退，是亦無怪其然耶？」〇答曰：「汝之所見未廣也。豈不見經中道，受持佛名者，現世當獲十種勝利：一者，晝夜常得一切諸天、大力神將、河沙眷屬隱形守護；二者，常得二十五大菩薩如觀世音等及一切菩薩常隨守護；三者，常得諸佛晝夜護念，阿彌陀佛常放光明，攝受此人；四者，一切惡鬼，若夜叉、

〔一〕「陰」，廣陵本作「景」。

若羅剎皆不能害，一切毒蛇毒龍毒藥悉不能中；　五者，火難水難，怨賊刀箭，牢獄枷鎖，横死枉生，悉皆不受；　六者，先所作業，悉皆消滅，所殺怨命，彼蒙解脱，更無執對；　七者，夜夢正直，或復夢見阿彌陀佛勝妙色像；　八者，心常歡喜，顔色光澤，氣力充盛，所作吉利；　九者，常爲一切世間人民恭敬供養，歡喜禮拜，猶如敬佛；　十者，命終之時，心無怖畏，正念現前，得見阿彌陀佛及諸聖衆，持金蓮華，接引往生西方浄土，盡未來際，受勝妙樂。如上十種利益，經文具載，乃佛口之所宣也。既是現生來世，皆有利益。然則世出世間要緊法門，無如念佛者矣。但當精進，不用懷疑。」

二三、問曰：「念佛之門，多承開導，群疑盡釋，正信現前矣。但上文所謂抖擻身心，撥棄世事。今世網中人，閒有境緣順便、身意安閒者，則可依此而行。其有世事不容撥棄者，又當何以教之？」〇答曰：「世網中人，若是痛念無常，用心真切者，念佛三昧第一要義，行者須力勉之。不論苦樂逆順，静鬧閒忙。一任公私幹辦，迎賓待客，萬緣交擾，八面應酬，與他念佛，兩不相妨。不見古人道：『朝也阿彌陀，暮也阿彌陀。假饒忙似箭，不離阿彌陀〔二〕。』

〔二〕此偈出自白居易念佛偈，全偈曰：「余年七十一，不複事吟哦。持經費眼力，作福畏奔波。何以度心眼，一聲阿彌陀。縱饒忙似箭，不廢阿彌陀。日暮而途遠，吾生已蹉跎。日夕清浄心，但念阿彌陀。達人應笑我，多卻阿彌陀。達又作應生，不達又如何？普勸法界衆，同念阿彌陀。」

又云：『竹密不妨流水過，山高豈礙白雲飛。』其有世緣稍重，力量稍輕者，亦須忙裏偷閒，閙中取静。每日或念三萬聲、一萬聲、三千聲、一千聲，定爲日課，不容一日放過。又有冗忙之極，頃刻無閒者，每日晨朝，必須十念。此淨業必不可少之行，即課佛多者亦當行之。積久功成，亦不虚棄。念佛之外，或念經禮佛，懺悔發願。種種結緣，種種作福，隨力布施，修諸善功以助之。凡一毫之善，皆須回向西方。如此用功，非惟決定往生，亦且增高品位矣。」

二三，問曰：「泛言念佛，未有其方。且十念回向之法，亦所未喻。幸詳以示之。」○答曰：「念佛者，或專緣三十二相，繫心得定。開目閉目，常得見佛。或但專稱名號，執持不散，亦於現身，而得見佛。此間現見多是稱佛名號爲上。稱佛之法，必須制心，不令散亂。念念相續，繫緣佛號。此在欣厭上著力，不在念處把捺，切須知之。口中聲聲喚阿彌陀佛，以心緣歷，字字分明。稱佛名時，無管多少，並須一心一意，心心相續。如此，方得一念滅八十億劫生死之罪。若不然者，滅罪良難。十念者，每日清晨，面西，正立合掌。連聲稱阿彌陀佛，盡一氣爲一念。如是十氣，名爲十念。但隨氣長短，不限佛數多少，唯長唯久，氣極爲度。其佛聲不高不低，不緩不急，調停得中。如是十氣，連屬不斷，意在令心不散，專精爲功故。名此爲十念者，顯是藉氣束心也。盡此一生，不得一日暫廢。回向發願者，念佛既畢，即云：『弟[一]子某，一心皈命極樂世界阿彌陀佛。願以浄光照我，慈誓攝我。我今正念，稱如來名，爲菩提道，求生浄土。佛昔本誓，若有衆生，欲生我國，至心信樂，乃至十念。若不生者，不取正覺。願此念佛因緣，得入如來大誓海中。承佛慈力，衆罪消滅，浄因增長。若臨命終，自知時至。身無病苦，心不貪戀，亦不顛倒，如入禪定。佛及衆聖，手持金臺，來迎接我，如一念頃，生極樂國。華開見佛，即聞佛乘，頓開佛慧，廣度衆生，滿菩提願。』如上念佛之法，至於回向，乃先德垂訓切要之方，盛傳於世久矣！當遵而行之。」

二四，問曰：「世網中人，隨量指授微細方法，靡不詳明矣。然則我輩世外之人，又當何以加其功焉？」○答曰：「前不云乎，修有多類，攝成三門。如是三門，門門可入。或單或兼，隨意之所取耳。」

二五，問曰：「圓觀之修，唯心之念，指理持。似乎上器之行門。華嚴十願，寶積十心，指具足。亦乃大根之功用。倘根器之不對，則功行之難成。今吾自揣其根，觀吾自好。惟在專持名號，暇則或加禮拜、懺悔而已。師以爲如何？」此問答歸重持名，而非必廢諸行。○答曰：

[一]「弟」上，廣陵本有「我」字。

「善哉善哉，汝知量矣。觀汝之言，政合善導專修無閒之説矣[二]。專修者，謂衆生障重，境細心麤，識颺神飛，觀難成就。指十六觀。是以大聖悲憐，直勸專稱名號。政由稱名易故，相續即生。若能念念相續，畢命爲期。十即十生，百即百生。何以故？無外雜緣，得正念故，置心一處。與佛本願相應故，得蒙護念。不違教故，信願。順佛語故。行。若捨專修，而修雜業，以求生者，百中希得一二，千中希得三四。乃由雜緣亂動，失正念故；與佛本願不相應故；與教相違故；不順佛語故；此四句次第倒應上四句。繫念不相續故；心不相續報佛恩故；雖有業行，常與名利相應故；樂近雜緣，自障障他生淨土故。無閒修者，身須專禮阿彌陀佛，不雜餘禮；口須專稱阿彌陀佛，不稱餘號，不誦餘經；意須專想阿彌陀佛，不雜餘想。此圓入一行攝一切行，但許於此生信，不許於他生疑。又若貪瞋癡來閒者，隨犯隨懺，不令隔日隔夜隔時，常使清淨。亦名無閒修也。善導和尚者，天竺傳中，稱爲彌陀化身也。觀其專修無閒之説，要緊只在念念相續。故孤山亦云：『不可等閒發願，散亂稱名。』永明亦云：『直須一心歸命，盡報精修。』坐卧之閒，常面西向。當行道禮敬之際，念佛發願

[二] 善導大師在觀經四貼疏第四中説：「若修正助二行，心常親近，憶念不斷，名爲無間也。」其中稱念佛名爲正定業，讀誦、觀察、禮拜、讚供爲助定業。

之時，懇苦翹誠，必須爾。無諸異念。如就刑戮，若在狴牢，怨賊所追，水火所逼，一心求救，願脱苦輪。此四喻真念佛三昧之指訣也。事理二持皆以此爲本。速證無生，廣度含識，紹隆三寶，誓報四恩。上四喻喻厭，此四句謂欣也。如斯至誠，方不虚棄。如或言行不稱，信願輕微。無念念相續之心，有數數間斷之意。恃其懈怠，恃字徹骨之病。臨終望生，但爲業障所遮，今古同慨。恐難值其善友。無救。風火逼迫〔一〕，業障。正念不成。遮。何以故？如今是因，臨終是果。應須因實，果則不虚。聲和則響順，形直則影端故也。」

二六，問曰：「念念相續之修，豈非余所願也。刻骨切問。奈何定力未成，念頭無主：或舊學未忘；或邪思亂起；或境緣相觸，照顧不牢；或情想紛飛，遏捺不住，不覺念頭東走西走，眨得眼來，千里萬里去了；又或惹著一毫世事，便是五日十日，半月一月，擺脱不去，豈特間斷而已哉！言之可慚，思之可慟！又當何策以治之？」○答曰：「嗚呼！此天下學者之通病也。汝當間斷之時，若不痛加鞭策，則專修無間之念，永無成就之期。余聞古人有三種痛鞭之策，今復爲汝獻之。三鞭，應置座右，刻骨鏤肌。汝當諦而聽之：一曰報恩、二曰決志、三曰求驗。第一報恩者，既修淨土，當念報恩。佛恩國恩，固未暇論。只如

〔一〕「風火逼迫」，指臨命終地水火風四大分散之時。

父母養育之恩，豈非重恩？師長作成之德，豈非重德？你最初出家，便説要報重恩；後來行腳，又説要報重德。離鄉别井，二三十年，父母師長艱難困苦，你總不顧；父母老病，你又不看；及聞其死，你也不歸。如今或在三途受罪受苦，望你救他，望你度他，你卻念念閒斷，净土不成。净土不成，自救不了。自救不了，如何救他？既不能相救，你是忘恩負義，大不孝人。經云：『不孝之罪當墮地獄〔二〕。』然則一念閒斷之心，便是地獄業也。又且不蠶而衣，不耕而食。僧房卧具，受用現成。你當勤修净業，圖報信施之恩。祖師道，此是施主妻子分上，減刻將來。道眼未明，滴水寸絲，也須牽犂拽耙償他始得。你卻念念閒斷，净土不成。净土不成，酬償有分。然則一念閒斷之心，便是畜生業也。第二決志者，若學專修，志須決定。你一生參禪，禪既不悟；及乎看教，教又不明。弄到如今，念頭未死。又要説幾句禪，可恥。又要説幾句教，又要寫幾箇字，可痛。又要做幾首詩。情挂兩頭，念分四路。祖師道：『毫氂繫念，三途業因。瞥爾情生，萬劫羈鎖〔三〕。』你卻志無決定，情念多端。因此多端，閒斷正念。然則一念閒斷之心，便是三途羈鎖業也。又且守護戒根，

〔二〕地藏菩薩本願經曰：「若有衆生不孝父母，或至殺害，當墮無間地獄，千萬億劫求出無期。」

〔三〕此語出自五燈會元卷七，是德山宣鑒禪師開堂時開示的話。後面接的是：「聖名凡號，盡是虛聲。殊相劣形，皆爲幻色。汝欲求之，得無累乎？」

志不決定。或因身口，念念馳求。教中道：『寧以洋銅灌口，不可以破戒之口，受人飲食；寧以熱鐵纏身，不可以破戒之身，受人衣服。』況因諸戒不嚴，邪心妄動。因此妄動，志不決定。又且斷除憎愛，每於虛名閒斷專修。然則一念閒斷之心，何止熱鐵洋銅業也。又且斷除憎愛，志不決定。每於虛名浮利，自照不破。名利屬我，便生貪愛；名利屬他，便生憎妒。古人云：『貪名貪利，同趨鬼類；逐愛逐憎，同入火坑。』你卻因此愛憎，閒斷淨土。然則一念閒斷之心，便是餓鬼火坑業也。第三取驗者，既學專修，當求靈驗。你如今髮白面皺，死相現前。知道臨終，更有幾日，須在目前，便要見佛。此在念佛處著力，不在見佛處著力。只如廬山遠法師，一生之中，三度蒙佛摩頂。又如懷感法師，稱念佛名，便得見佛。又如少康法師，唱佛一聲，衆見一佛從口飛出；唱佛十聲，則有十佛從口飛出，如貫珠焉[一]。此等靈驗，萬萬千千。你若心無閒斷，見佛不難。可見只在念處著力。閒斷心生，決不見佛。既不見佛，與佛無緣。既無佛緣，難生淨土。淨土不生，必墮惡道。然則一念閒斷之心，便是三途惡道業也。戒之戒之。如上三策，當自痛鞭。使其念不離佛，佛不離念。感應道交，現前見佛。既見樂邦之佛，即見

[一] 少康法師口出佛事迹見宋志磐佛祖統紀卷二十六：「師每升座高聲唱佛，衆見一佛從口而出，連唱十聲則見十佛。」少康後被尊爲淨土宗五祖。

十方諸佛；既見十方諸佛，即見自性天真之佛；既見自性天真之佛，即得大用現前。然後推其悲願，廣化一切衆生。此名淨土禪，亦名禪淨土也。結角羅文。然則永明所謂：『有禪有淨土，猶如戴角虎。現世爲人師，來生作佛祖。』豈不驗於此哉？勉之勉之。」於是禪上人者，既喜且驚。不愧爲禪上人。天如老人乃復告之曰：「禪與淨土，了即俱了。將謂別有。心外無法，莫錯會好。」上人乃稽顙再拜曰：「吾多幸矣。今吾知所歸矣。」謝而退。

跋

天如則公以不求生淨土爲未悟。悟則淨土之生，萬牛莫挽。破的語，精卓明快。且種種邪疑，肺肝盡燭；種種照燭，吐出肺肝，皆由徹悟故耳。掃盡門庭知見，闊步大方，此瞎驢隊中人也。小師善遇，集祖別録，不廢此册。沙門時，評點明妙，傾出一栲栳明珠。西蜀潘存，録而跋之。皆非小緣也。戊申夏。

靈峰蕅益大師選定淨土十要第七

此要時師原列第八，故述云編爲第八要。今改作第七。後按語説明。

述曰：靈峰老人有懷於淨土要典，隨緣會，取次流通，癸巳後，尚名九要。成時白老人云：「西齋詩，千古絶倡。昧行人最得力。請以十要行，庶可稱觀止矣。」老人撫掌稱善。甲午〔一〕，成時從金陵入山，老人曰：「西齋湯頭，而今亦有忌味。爲作甲乙黚矣。」成時竊訝。老人笑而示曰：「者話最忌涉理。淨土塵塵不思議。説淨土，須還他本不思議。儻涉理稍未圓，一輩愚人，遂謂别有。」佛祖眼睛。成時聞之，瞠乎大駭。因思中峰懷淨土詩，非不入妙。然可置之禪宗，確確。不可置諸淨土。淺人愛其提掇，恐有欲立反破之弊。西齋一味闡揚不思議身土，而奇才妙悟，字字與不思議之白毫赤珠相當。如蘭亭字、少陵詩，人不能學，然後知别提掇者，皆偏也；愛偏鋒者，皆淺也。此話甚難

〔一〕「甲午」，蕅益大師靈峰宗論八不道人傳云：「次年五十六歲甲午，夏卧病，選西齋淨土詩，制贊補入淨土九要，名淨土十要。」

説。得西齋公案，話乃大行。乙未，老人西逝。丁未，余適金陵，見九要板燬散，爰有重刻之舉。謹奉靈峰西齋詩選本，編爲第八要。刻老人所製讚於簡端，顔全書爲十要云。

〇按成時大師訂净土十要次序，首尊經，二三重行。從四至十，皆以時爲前後。而楚石大師，於洪武三年七月示寂。妙叶大師，於二十八年九月，尚作破妄念佛説，附於念佛直指之後。由是言之，妙師晚於楚師多矣。時師未加深考，以直指爲七要，以西齋詩爲八要〔一〕。今以直指原文，比删本多四十餘頁。爲調卷册厚薄適均之故，移西齋詩於直指之前，而改八爲七，改七爲八。則古德之前後不亂，書册之厚薄相宜。若質之成時大師，當亦爲之首肯。恐不知者，謂爲妄改舊章，故爲略述其所以云。民國辛未春，釋印光識。

靈峰蕅益大師西齋净土詩讚

稽首楚石大導師，即是阿彌陀正覺。末法能如此高提祖印者，甚難甚難。以兹微妙勝伽陀，令

〔一〕廣陵本即以念佛直指爲第七要，西齋净土詩爲第八要。

我讀誦當參學。此爲後來讀此詩者，指示榜樣。即一有，參入妙三觀，令四悉泠然。一讀二讀塵念消，三讀四讀染情薄。讀至十百千萬徧，此身已向蓮華託。亦願後來讀誦者，同予畢竟生極樂。畢竟亦有事理：事則決定趣向，理則不在别處。還攝無邊念佛人，永破事理分張惡。此楚石大師賦懷浄土宗旨，亦是靈峰老人選詩本旨。同居浄故四俱浄，圓融直捷超方略。二句和盤託出，卻深固幽遠，無人能到。

成時曰：「事理分張，惡者謂捨西方功德莊嚴之阿彌陀佛，而别計自性彌陀；捨西方功德莊嚴之極樂世界，而别取唯心浄土。此則事理乖張，成大邪見。自他俱賊，隳正法輪。的是惡見惡業，當來必受十方阿鼻大惡報也。同居浄故，四俱浄者謂西方極樂世界，超勝十方一切浄土。然其故不在上三浄土，而在同居。良以博地凡夫，圓證三不退。下品人民，與一生補處之上善人，俱會一處。正報既爾，依報亦然。緣生勝妙五塵，與妙中諦稱性五塵，非一非異，非遠非近。所以横竪俱超，横竪俱即，最爲不可思議。信則當下便是，擬議則乖；乖則賢智不可以爲道，是則愚夫愚婦與知與能。故曰『圓融直捷超方略』也。」

西齋淨土詩卷上

明四明梵琦楚石著
清西有沙門智旭點定

懷淨土詩七十七首并自序

儒者之詩云：「伐柯伐柯，其則不遠。」說者曰：「執柯以伐柯，睨而視之，猶以爲遠。」信斯言也。吾宗念佛，唯我自心。心欲見佛，佛從心現。阿彌陀佛，三十二相，八十種好，性本具足，不假外求。神通光明，極未來際，名無量壽。至於華池寶座，瓊樓玉宇，一一淨境，皆自我心發之。真宗匠。妙喜有云：「若見自性之彌陀，即了唯心之淨土〔一〕。」如楞嚴會上，佛敕阿難：「一切浮塵諸幻化相，當處出生，隨處滅盡。因緣和合，虛妄有生，因緣別離，虛妄名滅。殊不知生滅去來，本如來藏，常住妙明。性真常中，求於去來迷悟生死，了無所得。」

〔一〕「若見自性之彌陀，即了唯心之淨土」，語出自妙喜老人大慧宗杲爲王日休龍舒淨土文所寫的跋文。

既無所得，但是一心。若淨土緣生，穢土緣滅，則娑婆印壞，壞亦幻也；若穢土行絕，淨土行興，則極樂文成，成亦幻也。然此生滅淨穢，不離自心，心不見心，無相可得。雖終日取捨，未嘗取捨；終日想念，未嘗想念。在此不妨幻證，在此不妨幻修。一發心時，已成正覺。何礙幻除結習，幻坐道場，幻化有情，幻臻極果。豈不了世出世間之幻法，調御丈夫之事乎？昔天衣懷禪師，親見明覺，盡佛祖不傳之妙。常修淨土，垂問學者曰：「若言捨穢取淨，厭此欣彼，則是取捨之情，衆生妄想。若言無淨土，又違佛語。修淨土者，當云何修？」乃自答云：「生則決定生，去則實不去〔一〕。二句交互語也。無過此語也。」余謝事閒居，作懷淨土詩若干首。勸同袍之士，及同社之人，凡有心者，悉令念佛。大宗匠。前所謂唯心淨土，自性彌陀，不出户庭，夫何遠之有？

我佛真身主。不可量，大人伴。陪從有輝光。二句正報。食時並是天肴饍，行處無非聖道場。庭下碧流微吐韻，殿前瑶草細吹香。四句依報。十方一等莊嚴刹，終説西方出異方。依正總結。此世界悉檀中之第一義也。

萬劫修行相好身，身光無量光。知是幾由旬。消磨歲月無窮壽，含裹虛空不老春。此

〔一〕「生則決定生，去則實不去」，前一句指一念神識，蓮花化生，證化生至真，而非虛妄。後一句指識乃性之隨緣，識去而性不去，因性量同虛空，故曰不去。

是主，下是伴。四色蕅華香氣遠，諸天所居。諸天童子性情真。況兼善友皆招我，來作逍遥快樂人。

要觀無量壽慈容，只在而今心想中。坐斷死生來去路，包含地水火風空。頂分肉髻光千道，座壓蓮華錦一叢。心容如此。處處登臨寶樓閣，真珠璀璨玉玲瓏。根心容來。

每爲娑婆苦所縈，誰聞浄土不求生。下皆以欣接。天人皆是大乘器，草木亦稱三寶名。處處園林如繡出，重重樓閣似生成。所聞浄土如此。諸賢莫怪歸來晚，見説芙蕖始發榮。慶懲雙流。結歸誰不求生。

卻望二字貫下六句。金蓮寶界遥，樓臺一一倚雲霄。黄鸝韻美春長在，玉樹枝柔歲不凋。流水有聲隨岸轉，好華無數逐風飄。野人自選歸來日，望得眼熱。何待諸賢折簡招。豪傑之士。

此邦瀟灑樂無厭，遥羨二字貫到底。諸人智養恬。真樂。座用真珠爲映飾，臺將妙寶作莊嚴。純金細礫鋪渠底，輭玉新梢出樹尖。眉相古今描不盡，倒映纖月。晚來天際月纖纖。上皆智養恬也。

參差寶構倚層虚，縱有丹青畫不如。爲甚不如。林影交飛金孔雀，水光倒浸玉芙蕖。如鏡照面。分明池上佛身現，宛轉眉間毫相舒。百億三千大千界，盡令方寸攝無餘。果然描不成，畫不就。

放下身心佛現前，提起。下七句皆佛現前也。尋常盈耳法音宣。風柯但奏無生曲，日觀長開不夜天。行趁玉階雲冉冉，坐依珠樹月娟娟。樹光。凡夫到此皆成聖，結歸放下身心。不歷僧祇道果圓。

妙明覺體即如來，不借。暫借借。蓮華養聖胎。瑞相指自身。且分三十二，流光何止百千垓。兩聯皆華開時事。垓，借作數目字用。莊嚴寶具相隨到，細輭天衣不假裁。皆不離覺體。上品上生生死絶，入同生性。塵塵剎剎紫金臺。分身作佛。

未歸極樂尚閻浮，漂泊風塵更幾秋。自痛餘生。殘夢頻驚蕉葉雨，厭。故鄉只在藕華洲。念佛三昧。屈伸臂頃無多地，高占人群最上頭。兩聯皆串。二大士心憐老病，結歸起句。何妨攜手上層樓。謂不戀餘生。

紙畫木雕泥塑成，詠像。現成真佛甚分明。此圓妙觀智，即地暖波清也。皈依不是他家事，福德還從自己生。萬樹華開因地暖，千江月現爲波清[二]。朝參暮禮常如此，常禮如是事，祖師修行如此。在處皆通極樂城。

念佛功深罪自除，惑業浄。身歸極樂國中居。苦果亡。叢林草木璠瑤接，大地山河錦繡

[二]「千江月現爲波清」，可與南宋雷庵正受編嘉泰普燈録卷十八偈語「千江有水千江月，萬里無雲萬里天」參看。

香界來從移步後，應第一句。寶蓮結自放華初。應第二句。玉毫炳煥黄金面，天上人間總不如。承極樂國中來，映上身字。謂苦果亡，而法身現。

散衆妙華爲佛事，此天人無作通。盡塵沙界起香風。天人莫不證神通，一一黄金色相同。卻倚雕欄望寶樹，無邊佛國在其中。天人所見。身光觸體成柔輭，樂具流音説苦空。天人所聞。

國界初無三惡道，莊嚴自有衆天人。長空落日如懸鼓，大聖無時不現身。常在西方徧一切處。經行地上盡奇珍，異草靈苗步步春。從曠劫來今始悟，悟其常徧。故鄉曾不隔纖塵。

了無酒色離煩惱，雖有天魔絶鬬争。渴飲醴泉多舞鳳，高棲璚樹足流鶯。滿目池臺錦繡横，祥光瑞靄滅還生。二鳥雙遊。待吾託質蓮華後，卻向琉璃地上行。親證前六句，滌盡影響之見。

池上瀟華華上人，華開。佛光來照紫金身。見佛。更聞妙法除心垢，聞法。盡救迷情出苦輪。證果。舉步徧遊塵點國，上求。利生終滿涅槃因。下化。娑婆界上光陰短，極樂知經幾劫春。上六事，一一盡未來際。

淨土真爲不死鄉，信。雲霞影裏望殘陽。願。珠樓玉殿空爲體，翠樹金華密作行。款款好風摇菡萏，依依流水帶鴛鴦。四句皆殘陽中所望。分明記得無生曲，便請知音和一場。行。

趙州説的。

一箇浮泡夢幻身，如何只是縱貪瞋。好尋徑直修行路，休學愚癡放逸人。兩聯串。護戒還同冰雪淨，操心四念處觀〔一〕。要與聖賢親。淨土真因。明明指出西飛日，有識還令達本真。第一淆譌公案。

幾回夢到法王家，來去分明路不差。出水珠幢如日月，排空寶蓋似雲霞。鴛鴦對浴金池水，鸚鵡雙銜玉樹華。皆夢中景。睡美不知誰唤醒，一罏香散夕陽斜。

風滿瑶臺水滿池，華開菡萏一枝枝。細聽鵁鶄鴛鴦語，華中坐聽。正是身心解脱時。不是文字阿師。瓔珞自然成寶玉，華中人。袈裟全不假機絲。如來相好瞻無盡，瞻中所證。所得明門誓憶持。刻骨入髓。華開見佛。

遥指家鄉落日邊，一條歸路直如弦。看他徹悟人語。空中韻奏般般樂，水上華開朵朵蓮。雜樹枝莖成百寶，群居服食勝諸天。皆歸家真受用。吾師有願當垂接，不枉翹勤五十年。末世龜鑑。

一朵蓮含一聖胎，託質。一生功就一華開。華開。稱身瓔珞隨心現，蓮華化生之身。盈器酥酡逐念來。化身所受正味。金殿有光吞日月，玉樓無地著塵埃。化身所履道場。法王爲我談真

〔一〕「四念處觀」，據法門名義集云：「四念處大小乘名有异。觀身不淨，觀受有苦，觀心不滅，觀法無我，是小乘四念處；觀身如虚空，受内外空，心但名字，法善惡不可得，是大乘四念處。」

諦，直得虛空笑滿腮。道場中所聞所證如此。又云，何處得者一落索來。

珠王宫殿玉園林，坐卧經行地是金。舍利時時宣妙響，頻伽歷歷奏仙音。返聞頓悟承上。無生理，常住周圓此所悟無生理。不動心。上一根反元，下六根齊脱。觸目皆爲清净土，來從曠劫到如今。自己的。

曾於净土結因緣，二六時中現在前。六時，總。每到黄昏增善念，後日分别。遥隨白日下長天。如來寶手親摩頂，得記。大士金軀擬拍肩。俱會一處。不借胞胎成幻質，吾家自有玉池蓮。

蓮臺得坐最高層，我許凡夫願力能。頃刻人心翻作佛，斯須水觀化爲冰。能字注脚。玉抽瑪瑙階前樹，金市琉璃地上繩。即作佛化冰也。無限天華滿衣裓，十方佛國任飛騰。凡夫願力。

濁惡衆生也可憐，菩提道果幾時圓。總云國土隨心净，争柰形神被業牽。正劍揮來藤落樹，迷雲散盡日流天。虛空形神。畢竟無遮障，業。净土滔滔在目前。

一國巍巍一寶王，無朝無暮起祥光。振起下六句。尼拘律樹真金果，優鉢羅華輭玉房。見體自明非日月，知春長在不冰霜。又遊佛刹歸來也，收放一時。贏得天葩滿袖香。

將參法會體金仙，往生。漸逐香風出寶蓮。華開。紅肉髻光流不盡，紫金身相照無邊。見佛。重重樹網垂平地，一一華臺接遠天。見極樂世界廣長之相。諸佛界中希有事，了如明鏡現吾前。見十方世界。〇此指樹網華臺中所見。

土淨令人道果圓，同居淨土不思議。娑婆性習一時遷。魚離密網遊滄海，鴈避虛弓入遠天。喻習不起，映結句。來往輪迴從此息，死生煩惱莫能纏。遷習功能。無心性習。即是真清泰，有染如何望寶蓮。

無限風光賦詠難，口門窄。樂邦初不厭遊觀。眼界寬。〇下兩聯皆不厭遊觀之旨。十虛捲入秋毫末，一粟藏來天地寬。應第四句。謂殿中釘鈸，藏千界也。瑪瑙殿中金釘鈸，珊瑚樓上玉闌干。應第三句。謂樓上闌干，捲十虛也。妙音即頻伽鳥。歷歷聞人耳，何處飛鳴五色鸞。

金銀宮闕彩雲端，念佛人居眼界寬。寶樹交加非一色，靈禽倡和有千般。酥酡自注琉璃盌，甘露長凝翡翠盤。不似雪山多藥味，衆生無福變成酸。

不向娑婆界上行，寫欣厭妙。要來安養國中生。振起願力二字。此非念佛工夫到，安得超凡願力成。以行填願。香霧入天浮蓋影，暖風吹樹作琴聲。分明識得真如意，肯認摩尼作水晶。以信結。

釋迦設教在娑婆，無柰衆生濁惡何。非異方便不可。欲向涅槃開祕藏，須從淨土指彌陀。異中之異。白雲半掩青山色，真俗融。紅日初生碧海波。始本合。曠大劫來曾未悟，東西誰道没淆譌。結歸起句。讀此可悟大師末後一喝，儱侗者應奪魄矣。

麤境現前猶未識，法身。法身向上幾曾知。念佛。可憐轉腦回頭處，錯認拈香擇火時。口耳相傳六箇字〔一〕，聖凡不隔一條絲。拈出法身向上事。堂堂日用天真佛，出口入耳。火急回光也是遲。切忌回頭轉腦。

念念念時無所念，念體本來如此。廓如雲散月流天。此人造罪令除罪，與佛無緣作有緣。仙樂送歸清泰國，好風吹上紫金蓮。念念念時。遥聞妙偈琅琅説，不是聲塵到耳邊。無所念。

日夜思歸未得歸，天涯客子夢魂飛。覺來何處鴈聲過，望斷故鄉書信稀。斬盡娑婆根蒂。幾度開窗看落月，一生倚檻送斜暉。黄金沼内如船藕，想見華開數十圍。從厭出欣。

曾聞白鶴是仙禽，日日飛來送好音。便欲寄書諸善友，定應知我一生心。長思樂土終歸去，一生心。肯執蓮臺遠訪臨。二句所寄書也。百歲真成彈指頃，娑婆只恐世緣深。一生心，西來意。

一寸光陰一寸金，勸君念佛早回心。直饒鳳閣龍樓貴，難免雞皮鶴髮侵〔二〕。遲則不堪。鼎内香烟初未散，空中法駕已遥臨。早則當下。塵塵刹刹雖清浄，獨有彌陀願力深。結歸有緣。

〔一〕「六箇字」，指「南無阿彌陀佛」。

〔二〕「難免雞皮鶴髮侵」，皮膚起皺，頭髮變白，形容衰老的侵入。善導和尚念佛偈亦云：「漸漸雞皮鶴髮，看看行步龍鍾，假饒金玉滿堂，難免衰殘老病。」

咫尺金容白玉毫，天真。單稱名號豈徒勞。單傳直指。晨持萬徧烏輪上，夜課千聲兔魄高。歲閲炎涼終不倦，天真父子會相遭。豈徒勞。如何説得娑婆苦，苦事紛紛等蝟毛。昧天真。故鄉别早話歸遲，何待君言我自知。教與知識。客路竛竮無一好，自知。人生惆悵不多時。自知。蒼顔歷歷悲明鏡，自知。白髮毵毵愧黑絲。自知。二句再寫遲字。載讀南屏安養賦，屋梁落月見丰姿。

娑婆苦海汎慈舟，概指一切法門。此岸能超彼岸不。問親。直指迷源須念佛，答確。横波徑度免隨流。能超。千生萬劫長安泰，彼岸。五趣三途盡罷休。此岸。縱使身沾下下品，也叶。勝豪貴王閻浮。盡偷心，免俗氣。

人生百歲七旬稀，往事回觀盡覺非。以同流爲誡。每哭同流何處去，幾許獅座。閒抛净土不思歸。倒串。香雲瑪瑙階前結，二句承净土二字來。靈鳥珊瑚樹裏飛。從證法身無病惱，反同流。況餐禪悦永忘饑。反閒抛。

人間苦樂事縱横，樂中有苦。達者須尋徑路行。福報天宫猶有死，應第一句。神棲佛國永無生。應第二句。風前鸚鵡琴三疊，水面芙蓉錦一絣。無生聲色。作計欲歸歸未遂，他鄉又見物華更。

説著無常事事輕，饑餐渴飲懶經營。一心不退思安養，信願。萬善同修憶永明。助行。

净洗念珠重换線，堅持佛號莫停聲。正行。　妄緣盡逐空華落，根起句來。　閒向風前月下行。結歸正行。

馬鳴、龍樹是吾師，念佛、參禪駕並馳。如何説並馳的道理。　五色雲横日没處，一枝華拆眼開時。看他串對處，方知並馳宗旨。　玉音了了流仙偈，金采煌煌發令姿。收歸上科。　曠劫相逢真父子，欲將何物報恩慈。半邊漢，將謂有多少奇特。○此首應與後「吾身念佛又修禪」參看。

即心即佛斷千差，名教名禪共一家。果證無邊身相好，光流不可説河沙。餘方妙麗終難並，本願精深豈易誇。果然同居第一。　大抵熏修須及早，臨終免被業緣遮。烏鳴哀。

一自飄蓬贍部南，倚樓長歎月纖纖。遥知法會諸天繞，正依串對。　正想華臺百寶嚴。欣極。　此界猶如魚少水〔二〕，微生只似燕巢檐。厭極。　同居善友應懷我，結歸頂聯。　已築浮圖指欣厭。　欠合尖。指時節。

少年頃刻老還衰，須信無常日夜催。九十六家邪智慧，百千萬劫受輪迴。不存寶界華池想，争得刀山劍樹摧。深爲邪智者告。　但自净心生願樂，此中賢聖許追陪。邪倒不能壞。

西行三十二河沙，彼國莊嚴映第四句。　是我家。映第三句。　但用一真爲種子，全將七寶作蓮

〔二〕「此界猶如魚少水」，可與普賢菩薩警衆偈「是日已過，命亦隨減，如少水魚，斯有何樂」參看。

華。體用串。　娑婆極厭今生苦，懈慢無令後世差。勤怠串。　寶月頓從心水現，如今光影正交加。

勞生能有幾光陰，健只須臾病又侵。常恐浮雲蔽西日，亂想。　須營浄舍學東林。一心。

可憐世上愚癡輩，不及華間智慧禽。悲慜慚憤。　寶樹亦能談妙法，何妨坐聽罷參尋。

佛自凡夫到果頭，親曾歷劫用功修。浄邦豈是天然得，大道初非物外求。串對。　先悟色空離欲海，皆非物外。　後嚴福慧汎慈舟。今來古往皆如此，應起句。　度盡衆生願未休。以佛爲師。

亂世人如蝨在褌，炎炎火宅避無門。早知佛國相期處，別有仙家不死村。身相短長同父子，非同蟣蝨。　蓮華開合表晨昏。言無晨昏，應第四句。　赤真珠樹黄金屋，反映蝨褌火宅。　每夜飛來入夢魂。

見説西方住處佳，凭高極目興無涯。世情每逐炎涼改，人事多因治亂乖。白骨可憐縈野草，應第四句。　金臺誰得挂庭槐。應第三句。　勸君早結宗雷社，坐看雲端寶仗〔二〕排。

琉璃地列紫金幢，翡翠樓開白玉窗。文字境界。　可誇才不稱，境界不思議。　肉身未到意先降。觀道得力。　能言四無礙辯。　孔雀知多少，善語初善、中善、後善。　頻伽定幾雙。清夢正貪歸路

〔二〕「仗」，廣陵本作「杖」。

直，從是西方。夜闌無柰鼓逢逢。逢叶符方切，音房。

刹海森羅一念包，振起下七句。於中不斷聖賢交。傾身送想浮雲外，四字連得妙。極目斜陽挂樹梢。瀲灩金波隨岸轉，參差寶葉任風敲。諸天歎我鬖鬖老，上品。早晚雞棲彩鳳巢。上生。諸天慰語。

讚佛言詞貴直陳，攢花簇錦枉尖新。麗句，禪機愧死。自然潤澤盈身器，無數光明湧舌輪。稱性莊嚴依報土，上三句，指三輪不思議化。下句，總承上三輪，機局巧異。隨機勸發信心人。上皆直讚也。大宗匠拈動教義，直是家常茶飯而已。願求功德池中水，盡滌娑婆世上塵。以陳情結。

莫將胎獄比華池，早向池中占一枝。卻坐大蓮成佛子，承第二句。何煩慈母浴嬰兒。承第一句。口餐法喜真餚饍，心得明門妙總持。串對。般若臺前回定日，令人長憶鴈門師[一]。

百億劫中生死罪，纔稱名號盡消除。若不了者，請看注腳。迷時妄想同春夢，點雪。我佛真身等太虛。洪罏，倒串。宮殿水晶千柱帀，園林雲錦萬華舒。皆洪罏也。癡心不是分高下，向道皆洪罏也。上上金臺始可居。九品亦約權實開顯。妙極！確極！

[一]「鴈門師」，指東晉慧遠法師。慧遠在東晉咸和九年降生于鴈門樓煩茹嶽村，即今天的山西省代縣。

八表同遊只等閒，雲門一字。須臾飛去又飛還。玉樓冉冉紅雲裏，珠樹亭亭紫霧間。元來只在者裏。不立君王唯有佛，平鋪世界斷無山。絶對。天人一樣黄金色，盡未來時但少顔。豎窮横徧，首尾相映。

須摩提國讚何窮，此云極樂。不與他方佛境同。全提。○此約十方同居而論。詳在下兩聯。百味酸甜長滿鉢，一身輕健任遊空。初心便獲無生忍，圓三不退，具縛能教宿命通〔一〕。任運而知，不比小乘作意。○此二句，下通凡地，上通聖地，一切教網，無此名相。一切佛刹，無此階差，的確不與他方佛國同也。今古往來留傳記，盡塵沙界扇真風。箇箇全提。

五濁煎熬道未成，群賢修習誓非輕。珍重。光中每出彌陀影，夢裏親書普慧名。二句根誓字來。行者深重誓願，入佛菩薩大誓海中，故精通脗合也。繡佛雖齋防退失，應道未成。火車已現急求生。應煎熬。臨風莫灑楊朱淚，就我西方徑路行。結歸群賢修習。

水若澄清月始臨，金容佛影現吾心。春風不易回枯木，惑障。磁石應難受曲鍼。業障。未得往生報障。緣障重，必期成就用功深。機局巧妙。譬如九轉丹砂力，一點能令鐵化金。

〔一〕「宿命通」，三藏法數謂：「能知自身一世、二世、三世乃至百千萬世宿命，及所作之事；亦能知六道衆生各各宿命及所作之事，是名宿命通」。

幽居悄悄柏森森，不遺紅塵染素襟。一佛號收無量佛，解妙，行妙。後心功在最初心。因妙，果妙。雲開白月毫光滿，應第二句。雨過青山髻色深。應頂聯。當念休生差別解，聲聲遠唳盡玄音。喻持名。

曾聞金鼎煉硃砂，一服飛鸞玉帝家。輕舉似風飄柳絮，美顔如日映桃花。況修浄業身心妙，獅非狐類。兼得慈尊願力加。如日照書。此是長生無比法，仙經十卷不須誇。神鸞遺響〔一〕。

朝朝暮暮道心中，歲歲年年佛事同。一往信。進修願。安樂界，應第一句。六時朝禮行。法王宫。應第二句。方袍不厭香煙黑，坐具何妨手汗紅。承「一往」「六時」四字來。明信願行三，數十年家風不改也。如此出家今有幾，灼然認得主人公。癡人猶自不肯。又云，隨黄檗脚跟，食大顛口唾，尋常粥飯僧耳。

池中蓮萼大如車，據實猶爲小小華。聖衆略言千萬億，佛身知是幾恒沙。隱言大華。我聞妙德同慈氏，誰道彌陀異釋迦。南北東西清浄土，盡歸方寸玉無瑕。

紅蓮常映白蓮開，指此方。只有金蓮不易栽。念念若能離溷濁，生生從此脱胞胎。積歲不易捨。且依彼國嚴新果，舊佛新成。卻徧他方發舊荄。法界緣起不易信。事與種蓮無少異，根苗

〔一〕「神鸞遺響」，神鸞初學仙術于陶宏景，陶授以仙經十卷，後鸞遇菩提流支，授他觀無量壽經，鸞乃燒去仙經，從此精修浄土法門。

元向淤泥來。從溷濁出。

蓮宮只在舍西頭，公案。易往無人著意修。三聖共成悲願海，一身孤倚夕陽樓。著意。秋階易落梧桐葉，夜壑難藏舴艋舟。速速著意。幸有玉池鳧鴈在，相呼相喚去來休。結歸三聖。

千經萬論不虛標，共指西方路一條。驀直去。念念刮磨心垢淨，時時防護道芽焦。棲蓮靜覺身安穩，應第三句。得果轟傳地動搖。應第四句。謾費工夫推甲子，娑婆大劫只崇朝。

家在西頭白玉京，老來難遣故鄉情。每瞻雲際初三月，先注華間第一名。密密疎疎琪樹影，來來往往水禽聲。紅樓紫殿春長好，縱有丹青畫不成。非公境界。

近有人從淨土來，是甚人。池心一朵玉蓮開。正當蕚上標名字，已向身前結聖胎。極樂逍遥長不死，欣。閻浮逼迫最堪哀。厭。法王特地垂慈愍，同坐黄金百尺臺。

吾身方袍圓頂。念佛又修禪，自喜方袍頂相圓〔一〕。下何故單承念佛，不承參禪。參。曾向多生修福果，始依九品結香緣。絶不似禪和口氣。名書某甲深華裏，夢在長庚落月邊。兩聯，一順串，一倒串。濁惡凡夫清淨佛，雙珠黑白共絲穿。且道此是佛耶？禪耶？參。

〔一〕「方袍頂相圓」，「方」指四角，「袍」指上衣，「方袍」謂袈裟，「頂相圓」指剃髮之後的圓形頭頂，這種形貌泛指僧侣。

念極心開見佛時，自然身到碧蓮池。乞兒見小利者，急須諷此。火輪罪净千千劫，閉眼也著。瓊樹光分萬萬枝。開眼也著。善友深談終不厭，廣長舌。靈禽妙語實難思。四六句。功成果滿須臾事，尚謂奔流閃電遲。鈍鳥逆風飛者，急須讀此。二

無邊大士與聲聞，海衆何妨逐品分。無爲差別。一會聖賢長在定，十方來去總乘雲。二句互文。差别無爲。談玄樹上摩尼水，念佛林間共命群。坐卧經行無罣礙，天花隨處落繽紛。

佛袈裟下失人身，重得人身有幾人。萬行不如修白業，欣。一心何苦戀紅塵。厭。法王立誓丘山重，迷子思歸涕淚頻。感應道交。若解返觀觀自性，明珠百八總家珍。晝夜一百八。

西望紅霞白日輪，仰觀寶座紫金身。一方土净方方净，十念心真念念真。二句互文。生極樂城終不退，驢前馬後漢。盡虚空界了無塵。撒沙坌土。向來苦海浮還没，何幸今爲彼岸人。

娑婆生者極愚癡，衆苦縈纏不解思。在世更無清净業，臨終那有出離時。須要思量到此，百千經裏尋常勸，血滴滴地。又云，而今鼓歇鐘沈久矣。萬億人中一二知。上六句，乃行者所緣境迺可。珍重大仙金色臂，早來攜我入華池。大事因緣。也。正爲此等，求生西方。

評點定懷净土詩跋

右靈峰老人選詩，七十七首。其圈點皆在平實切要處點睛。其詩家名句文

身妙處，概不汙一絲墨痕。此大人作略，堪使行者喫緊得力，無復問橋之誤者也。讀誦之士，須具擇法眼以觀之。至於成時評語，亦在宗旨上討警策，無非欲讀者以深信大願而起妙行耳。不無小補，故不敢廢。成時稽首謹識。

西齋淨土詩卷下

十六觀讚二十二首

日觀　第一觀門名日觀，遥觀落日向西懸。光明了了同金鼓，輪相團團挂碧天。身去身來心不昧，眼舒眼合意常緣。衆行與佛無差别，即見彌陀現我前。結語總提十六觀之大綱。

水觀　第二觀門名水觀，水成冰後作琉璃。金幢照耀珠無數，寶界分明事不疑。樓閣萬千如月朗，樂音八種好風吹。無常無我[一]如何説，全佛全心更是誰。

地觀　第三地觀觀前地，一一觀來了了知。雖造次間無不念，縱須臾頃亦當思。想成略見莊嚴國，佛説唯除飯食時。消盡無邊生死罪，必登淨土復何疑。

[一]「無常無我」，指萬物皆由因緣和合而生，離開因緣就歸于散滅，没有一個固定不變的實體存在。佛教的三法印即包括：一、諸行無常，二、諸法無我，三、涅槃寂静。

樹觀　第四觀門名樹觀，七重寶樹列成行。高低盡覆真珠網，上下交輝七寶光。五百億童花裹住，三千世界果中藏。自心種子栽培得，各各撐天拄地長。

池觀　第五觀名池水觀，八池皆是七珍成。水從如意珠中出，沙向黄金渠〔一〕底明。流出蓮華微妙響，化生寶鳥讃揚聲。何時到此分涓滴，業障塵勞盡洗清。

總觀　第六觀門名總觀，寶樓五百億峥嶸。虛空懸處諸天樂，日夜宣揚三寶名。上聖皆言心本具，西方不遠想初成。娑婆界内人雖惡，念佛功深定往生。

華座觀　第七觀名華座觀，想成七寶地蓮華。脈光華葉乃無數，八萬四千非强誇。臺上寶珠雖似幻，鏡中面像未曾差。雖云大道離真僞，闊步高視之語。不礙通人辯正邪。

像觀　第八觀門名像觀，衆生不異佛如來。諦觀金色相好具，端坐寶蓮心眼開。梟鴈鴛鴦談妙法，觀音、勢至列華臺。所聞要與真乘合，出定休將妄想猜。

真身觀　第九真身觀彼佛，佛身高廣世難量。山毫宛轉籠千界，海目分明照十方。大士衆多爲近侍，化形無數出圓光。慈悲心是彌陀體，不動纖塵見法王。

觀音觀　第十諦觀觀自在，頂輝肉髻紫金身。頭冠中立一化佛，足印下成千輻輪。菩

〔一〕「渠」，廣陵本作「澗」。

薩衆隨光不夜，摩尼華布色長春。嬰兒久失慈悲父，應念臨風泣涕頻。

勢至觀　十一觀門觀勢至，天冠五百寶華新。頂中肉髻尤殊妙，頭上金瓶絶比倫。行處莊嚴填布滿，坐時國界動摇頻。堂堂一佛二菩薩，同現衆生數等身。

普觀　十二觀門名普觀，想身趺坐大華中。寶光照體如紅日，聖衆開眸滿碧空。水鳥樹林談法妙，語言文義與經同。道無彼此誰云隔，實在精誠一念通。

雜觀　十三雜觀先觀佛，池上端嚴丈六軀。左侍觀音華座近，右從勢至寶光舒。莫輕小相流塵刹，何礙全身滿太虚。變現十方皆自在，本來無欠亦無餘。

上品觀　上品上生　十四觀門三品列，上中下輩逐根差。三心具足功無間，衆行兼修念不差。上品上生安養國，金臺金地法王家。須臾便得無生忍，到此寧憂作佛賖。

上品中生　上品中生尤直截，大乘因果信無疑。不論口誦諸經典，惟願身生七寶池。串對。聖衆儼臨居止處，金臺迎接命終時。華開見佛親稱讚，小劫何嫌受記遲。

上品下生　上品下生人易行，行如中輩不多争。但因無上道心發，直往金蓮華内生。串對。目睹如來諸相好，耳聞妙法衆音聲。經三小劫登初地，佛果不勞彈指成。

中品觀　中品上生　十五觀門三品列，上中下輩巧安排。求生定滿衆生意，五戒兼持八戒齋〔二〕。不造逆諐無過患，永離惡趣出沈埋。華開即證阿羅漢，任運遊行白玉階。

中品中生　中品中生持戒法，沙彌具足一朝昏。威儀檢點心無悔，眷屬來迎佛有恩。先仗金光登淨域，後敷蓮蕚讚慈尊。預流道果從中證，便了真心徹本源。

中品下生　中品下生男與女，各行孝養具仁慈。命終知識説淨土，法藏比丘真汝師。生在寶蓮開合處，捷如健臂屈伸時。觀音、勢至親開導，果證無生不厭遲。

下品觀　下品上生　十六觀門三品列，上中下輩爲君評。愚人造惡無慚愧，善友垂慈勸往生。頓使刹那心地淨，全標十二部經名。臨終口誦彌陀號，便感西來化佛迎。

下品中生　下品中生多犯戒，純將惡業自莊嚴。罪無避處神魂亂，命欲終時氣勢熸。廣讚佛乘天蕩蕩，能消地獄火炎炎。佛菩薩衆來迎汝，七寶華池得例霑。最勝是一例字。

下品下生　下品下生須猛省，衆生不善苦無窮。此人若聽高賢語，來報當離惡趣中。一旦魂飛心散亂，十稱佛號罪消鎔。金蓮鑠鑠如初日，當念西昇極樂宮。

〔二〕「八戒齋」，佛教術語，十善戒經曰：「八戒齋者，是過去現在諸佛如來，爲在家人制出家法：一者不殺，二者不盜，三者不淫，四者不妄語，五者不飲酒，六者不坐高廣大床，七者不作倡伎樂故往觀聽，不著香薰衣，八者不過中食。」

化生讚八首

白鶴　西方白鶴豈凡曹，朱頂玄裳格調高。豈與仙人作騏驥，難同海鴈啄腥臊。孤遊不隔雲天路，六翮何慚腹背毛。能讚苦空無我法，有聞因此斷塵勞。

舍利　唐言舍利是春鶯，彼云鶖鷺者恐誤。墨蘸修眉漆點睛。濃把黄金塗作翅，碎懸碧玉扣爲聲，群飛上下七珍樹，百囀低昂三寶名。誰解返聞聞自性，不勞重奏女媧笙。

孔雀　飛來孔雀浄無塵，亦是如來一化身。諸作皆缺此意。翠尾擺開金殿曉，珠華摇動玉樓春。不教都護聲相雜，專念彌陀語最真。浄土靈禽知妙理，娑婆界上枉爲人。

鸚鵡　此方鸚鵡信能言，念佛荼毘舌竟存。五色自來多慧解，一靈從本共根源。山雞謾照寒潭影，杜宇空懷舊國冤。爾輩何由如此鳥，高棲樂國任騰騫。

頻伽　慈尊六十種音聲，巧匠何由刻畫成。獅子嚬呻空外吼，倒串。頻伽繚繞樹間鳴。覺雄盡遣群雌伏，借喻降伏。在縠須教衆鳥驚。盡未來時聞妙響，心珠朗〔一〕徹耳輪清。

共命　兩首雖殊一體同，來爲共命佛園中。羽毛不異人頭面，言語皆宣法苦空。菡萏

〔一〕「朗」，廣陵本作「廓」。

葉香朝飲露，娑羅枝輭晝吟風。細看互用根塵處，誰道緣差性不通。

水鳥　金凫玉鴈采鴛鴦，水鳥同時讚吉祥。閒繞緑汀分箇箇，卻回丹浦列行行。七重樹裏逍遥境，四色華間富貴鄉。何日寶池親拭目，得瞻如意大珠王。

樹林　好將浄土繫吾心，華葉重重覆樹林。七寶互成微妙色，三乘同唱涅槃音。失身地下皆霜劍，回首人間盡棘鍼。西向坐思無限樂，幾多樓閣未登臨。

析善導和尚念佛偈八首

原偈：　漸漸鷄皮鶴髮，看看行步龍鍾。假饒金玉滿堂，難免衰殘老病〔二〕。任你千般快樂，無常終是到來。唯有徑路修行，但念阿彌陀佛。

漸漸雞皮鶴髮，精神未免枯竭。可憐老眼昏花，恰似浮雲籠月。妄想隨時出生，貪心何日休歇。不如及早念佛，苦海從今超越。

看看行步龍鍾，首腹猶如簸舂。涉遠柰何力倦，登高徒自情濃。出門途路千里，拄杖雲山萬重。不如及早念佛，速瞻寶座慈容。

〔二〕「老病」，清朝周安士西歸直指卷四作「病苦」。

假饒金玉滿堂，珠翠綺羅豔妝。花下時時歌舞，樽前日日杯觴。尋思無限活計，畢竟難逃死王。不如及早念佛，臨終定往西方。

難免衰殘老病，休誇氣力强盛。朱顔能得幾時，白髮忽然滿鏡。有限光陰盡來，無常殺鬼催併。不如及早念佛，悟取彌陀自性。

任你千般快樂，饒君萬種方略。何由永固此身，謾説長生妙藥。非久形神脱離，争容頃刻停泊。不如及早念佛，浄土方爲安樂。

無常終是到來，三界[一]衆生可哀。如入寶山相似，自甘空手而回。彌陀全體呈露，浄土隨方展開。不如及早念佛，轉身得坐蓮臺。

唯有徑路修行，實從自心發生。不離如今正念，頓除歷劫無明。癡人尚自執著，濁染何由廓清。不如及早念佛，菩提道果圓成。

但念阿彌陀佛，此心念念是佛。佛外更無别心，心外更無别佛。吹開萬里白雲，湧出一輪紅日。寶樹華池現前，語言文字難述。灼然。

[一] 「三界」，指衆生所居之欲界、色界、無色界。是六道輪回不已的凡夫，在生滅變化中流轉，依其境界所現三個層次，又稱作「三有」。

懷浄土百韻詩

欲生安養國，以信願起。承事鼓音王。合掌須西向，標境必不可儱侗。低頭禮彼方。觀門誠易入，儀軌信難量。行儀必不可苟且。佛願尤深廣，人心要久長。嬰兒思乳母，遠客望家鄉。下十一聯皆言人心久長。鄭重迎新月，殷勤送夕陽。分明蒙接引，造次莫遺忘。飲啄齋八關。稱首，熏修策大小懺法。最良。五辛全斬斷，十惡永隄防。勿用求名利，毋勞論否臧。布裘遮幻質，藜糝塞空腸。擺撥多生債，枝梧九漏囊。精神纔懶慢，痛要檢點。喜怒便搶攘。水滴俄盈器，江流始濫觴。積來功行滿，趁取色身强。室置千華座，鑪焚百種香。新衣經獻著，美饌待呈嘗。莫點殘油炬，宜煎浴像湯。形骸同土木，戒檢若冰霜。想念離諸妄，跏趺在一牀。以下五十三聯皆跏趺中所觀。刹那登浄域，方寸發幽光。骨肉都融化，乾坤極杳茫。太虚函表裏，佛刹據中央。蓮吐葳蕤萼，波翻瀲灩塘。鮮飆須動蕩，綵仗恣摇颺。燦爛黄金殿，參差白玉堂。樓隨四寶合，臺備七珍妝[一]。鏡面鋪階砌，荷心結洞房。珊瑚裁作檻，碼磁製爲梁。田地琉璃展，園林錦繡張。内皆陳綺席，外盡繞銀牆。覆有玲瓏網，平無突兀岡。

[一]「妝」，廣陵本作「粧」。

璚林連處處，琪樹列行行。果大甜如蜜，音清妙似簧。喬柯元自對，茂葉正相當。一一吟鸚鵡，雙雙集鳳凰。瑤池無晝夜，珠水自宮商。渠瑩金沙底，風輕寶岸旁。高低敷菡萏，深淺戲鴛鴦。異彩吞群鳥，奇葩掩衆芳。說蓮華。千枝分赤白，萬朵閒青黄。暫挹身根爽，微通鼻觀涼。頻伽前鼓舞，共命後飛翔。竟日鶯調舌，沖霄鶴引吭。悟空寧有我，知苦悉無常。此聯承上啓下暗轉。大士談玄理，聲聞會寶坊。此十聯言善友。經宣十二部，偈演百千章。直指菩提徑，俱浮般若航。挽回尋劍客，喚醒失頭狂。九品標麤妙，三乘互抑揚。鍊深終絶鑛，簸浄豈存糠。示現真彌勒，咨參妙吉祥。聖賢雲靉靆，天樂日鏗鏘。俊偉純童子，伊優絶女郎。語言工問答，進退巧趨蹌。火齊恒流燄，摩尼益耀芒。不須懸日月，何處限封疆。食是天餚饍，餐非世稻粱。挂肩如意服，擎鉢自然漿。脱體殊清浄，含暉更焜煌。袈裟籠瑞靄，瓔珞襯仙裳。徧往微塵國，周遊正覺場。慈顔容禮覲，供具任持將。側聽能仁教，還令所得亡。及歸彈指頃，翻笑取途忙。元未離極樂。每受經行樂，誰云坐卧妨。普天除鬭諍，妙哉。帀地息災殃。南北威靈被，東西德化彰。幾番經劫燒，倒插。四海變耕桑。此界無虧損，斯人但壽昌。户丁休點注，年甲罷推詳。滿耳唯聞法，充饑不假糧。永懷恩入髓，且結。且免毒侵瘡。且轉。試說娑婆苦，爭禁涕淚滂。內宗誰復解，邪見轉堪傷。娑婆第一苦。忍被貪瞋縛，甘投利欲阬。叶岡。君臣森虎豹，父子劇豺狼。儘愛錢堆屋，仍思米溢倉。山中搜雉兔，野外牧牛羊。奪命他生報，銜怨累世償。太平逢盜賊，離亂遇刀槍。好飲耽杯酒，迷情戀市娼。心猿抛罥索，意馬放垂繮。逸志摧中路，英魂赴北邙。干戈消禮樂，揖讓去陶唐。陶當作虞。戰伐愁邊鄙，焚煙徹上蒼。連村遭殺戮，暴骨滿城隍。鬼哭天陰雨，人悲國夭殤。歲凶多餓死，棺貴少埋藏。瓦礫堆禪刹，荆榛出教庠。征徭兼賦税，禾黍减豐穰。念佛緣猶阻，娑婆苦極于此。尋經事亦荒。素襟龍奮迅，暗轉振起。高步鵠騰驤。此聯説自利。載顧同群鴈，毋爲獨跳麞。下六聯説利他。聖胎吾已就，法侶爾相望。寶地同瀟灑，金臺共頡頏。翹勤山岌業，積德海汪洋。曠劫功彌著，纖毫過即禳。三心〔一〕期遠到，十念整遥裝。必欲超魔界，二利總結。從今奉覺皇。應起句欲字。

娑婆苦漁家傲十六首

聽説娑婆無量苦，能令智者增憂怖。愚不知也。壽命百年如曉露，君須悟，一般生死無窮富。緑髮紅顔留不住，英雄盡向何方去。回首北邙山下路，斜陽暮，千千萬萬寒鴉度。

第一首緊提生死，是淨土訣。

〔一〕「三心」，指至誠心、深心、回向發願心。

聽説娑婆無量苦，風前陡覺雙眉豎。次及煩惱惡業。貪欲如狼瞋猛虎，魔軍主，張弓架箭癡男女。日月往來寒又暑，乾坤開合晴還雨。白骨茫茫銷作土，嗟今古，何人踏著無生路。

聽説娑婆無量苦，千思萬算勞腸肚。地水火風爭勝負，何牢固，到頭盡化微塵去。一顆心珠離染汚，聲前色後常披露。打破髑髏無覓處，除非悟，如來金口親分付。分付甚麽，參。

聽説娑婆無量苦，死王總作輪回主。六賊操刀爲伴侣，同居住，何曾頃刻拋離去。功德天和黑暗女〔二〕，兩人最是難相聚。有智主人俱不取，依吾語，從今更莫登門户。

聽説娑婆無量苦，篋中四大蚖蛇聚。重者好沈輕好舉，相陵侮，況兼合宅空無主。早覺參差梁與柱，風飄雨打難撑拄。畢竟由他傾壞去，教人懼，不如覓箇安身處。

聽説娑婆無量苦，人皆染色貪樽俎。玉鏤笙簫金貼鼓，長歌舞，梨園子弟邯鄲女。冬衣紫貂春白苧，涼亭暖閣消寒暑。一旦神魂歸地府，應難取，空教淚點多如雨。

〔二〕「功德天和黑暗女」，「功德天」即是吉祥天女，四大天王之一毗沙門天之妹，有大功德于衆，故稱「功德天」；「黑暗女」又譯爲「黑耳」，能令人衰損。涅槃經云：「姊云功德天，授人以福，妹云黑暗女，授人以禍，此二人常同行不離。」

聽説娑婆無量苦，爲君一一分明舉。風俗淫邪人跋扈，多囹圄，命終未免沈冥府。檢點惡名看罪簿，因茲惹起閻羅怒。鑪炭鑊湯燒又煑，争容汝，自家作業非人與。

聽説娑婆無量苦，高誇富足輕貧寠。鄙見偏天壤。無食無衣無棟宇，懸空釜，舉頭又見紅輪午。只有磵邊芹可煑，黄昏坐聽饑腸語。多粟多金多子女，同歡聚，全不顧貧寠者。看來總是前生注。

聽説娑婆無量苦，家家未免爲商賈。都是業根。出入江山多險阻，非吾土，磨牙噬肉遭人虎。魂魄欲歸迷去所，煙横北嶺雲南塢。一望連天皆莽鹵，知何許，荒村颯颯風吹雨。

聽説娑婆無量苦，人當亂世投軍旅。寇至不分男與女，摧腰膂，鳴蟬竟斷螳螂斧。縱有才能超卒伍，幾人衣錦還鄉土。燕頷虎頭封萬户，虚相俁，柰何李廣逢奇數。唤醒多少癡人。

聽説娑婆無量苦，凶兵解散還屯聚。昨日爲齊今日楚，更奴擄，乾坤畢竟歸神武。趙括才疎空自許，强秦用間欺其主。四十萬軍生入土，悲前古，至今鬼哭長平下。

聽説娑婆無量苦，星分海角船居户。東望扶桑朝日吐，迷洲渚，砲車雲起青天雨。卸卻雲帆停卻櫓，打頭風急鯨魚舞。滚滚潮聲喧萬鼓，愁肝腑，遭逢患難誰依怙。

聽説娑婆無量苦，茶鹽阬冶倉場務。損折課程遭箠楚，賠官府，傾家賣産輸兒女。口體將何充粒縷，飄蓬未有棲遲所。苛政酷於蛇與虎〔一〕，爭容訴，勸君莫犯雷霆怒。

聽説娑婆無量苦，如今業債前來負。賊劫貨財身被擄，逢狼虎，挑生呪死兼巫蠱。奴婢辛勤依惡主，黑瘡白癩聾和瞽。醜惡愚癡相與處，誰憐汝，發心歸命慈悲父。

聽説娑婆無量苦，横遭獄訟拘官府。大杖擊身瘡未愈，重鞭楚，血流滿地青蠅聚。牒訴紛紛皆妄語，無人敢打登聞鼓。天上群仙司下土，能輕舉，何時一降幽囚所。

聽説娑婆無量苦，三農望斷梅天雨。車水種苗苗不舉，難禁暑，被風扇作荒茅聚。久旱掘泉唯見土，海潮又入蒹葭浦。南北東西皆斥鹵，枯禾黍，官糧更要徵民户。

西方樂漁家傲十六首

聽説西方無量樂，三賢十聖同依託。同居超勝在此。稽首彌陀圓滿覺，長參學，川流赴海塵成嶽。佛性在躬如玉璞，須憑巧匠勤雕琢。凡聖皆由心所作，難描邈，但恁麽琢。華堂寶座珠瓔珞。

〔一〕「苛政酷於蛇與虎」，禮記檀弓下亦有苛政猛于虎一文，記載孔子見婦人哭，問原因，婦人説山中有虎。夫子曰：「何爲不去也？」曰：「無苛政。」夫子曰：「小子識之，苛政猛于虎也。」

聽説西方無量樂，莊嚴七寶爲樓閣。瑪瑙珊瑚兼琥珀，叶粕。光堪摘，叶爍。金繩界道何輝赫。叶壑。寶樹靈禽皆化作，滿池鳧鴈鴛鴦鶴。鸚鵡頻伽并孔雀，爭鳴躍，更看朵朵金蓮拆。叶柝。

聽説西方無量樂，琉璃田地金城郭。翡翠鮮明珠磊落，蓮披萼，幾多青赤并黄白。叶薄。大士聲聞隨所適，天華爛熳霑衣裓。各各化身千百億，音益。神通力，須臾遊徧微塵國。叶各。上三句説盡同居超勝。

聽説西方無量樂，法王治化消諸惡。天上人間元不隔，相參錯，聖凡平等同圓覺。叶各。長見寶華空際落，朝朝暮暮聞音樂。衣食自然非造作，香臺閣，徧周國界常寬廓。具總别二義。

聽説西方無量樂，凡夫淺智難圖度。隨有願求無不獲，叶穫。何勞索，珠衣綺饌黄金宅。叶鐸。地似掌平尤廣博，八功德水〔二〕非穿鑿。白蕅華中胎可託，三生約，如今豈可輕抛卻。

聽説西方無量樂，君王便是如來作。不立三光并五嶽，除溝壑，紅霞紫霧長籠絡。四八儀容金閃爍，鉢中美味隨斟酌。發願往生真上策，叶綽。堪呵責，叶灼。死生路上飄蓬客。

〔二〕「八功德水」，極樂世界有八功德池，池内有八功德水充滿其中。水質有八種殊勝，即澄浄、清冷、甘美、輕軟、潤澤、安和、除饑渴，長養諸根。

叶恪。

聽説西方無量樂，風林水鳥聲交作。法句時時相警覺，貪瞋薄，能教有學成無學。不染六塵離五濁，如蟬脱去無明殼。肯受涅槃生死縛，空撈摸，語言文字皆糟粕。

聽説西方無量樂，一聞妙道妄知覺。胸次不留元字脚，生西方真訣。真標格，叶各。光明偏界紅輪赫。叶壑。鵬翅展開滄海窄，叶綽。誰能更問籬邊雀。多少凡毛并聖角，都拈卻，塵塵刹刹歸無著。

聽説西方無量樂，長生不假神仙藥。胎就眼開華正拆，叶柝。心彰灼，永爲自在上自利。逍遥客。叶恪。来度衆生離火宅，下利他。命終免被閻王責。露地牛兒如雪白，無鞭索，叶色。黄金地上從跳躍。

聽説西方無量樂，娑婆已悔從前錯。佛號自呼還自諾，思量著，唯心浄土誰云隔。叶各。一貫由來雙五百，嬰兒謾把空拳嚇。擬議不來遭一摑，如何是雙五百。諸禪客，凡情聖解曾銷爍。叶瑟。

聽説西方無量樂，四方上下天垂幕。不比娑婆田地恶，無垠堮，純將一片琉璃作。能埽愛河波浪涸，盡翻苦樹枝條落。智燄争容蚊蚋泊，神超卓，徑登廣大毘盧閣。

聽説西方無量樂，且教影與形商略。收拾神情歸澹泊，重磨削，觚圓更復雕爲朴。世事休休還莫莫，誰將天爵并人爵。一念未生誰善惡，俄然覺，紫鱗掣斷黄金索。照顧話頭。

聽説西方無量樂，未曾聞見須揚搉。異寶奇珍光閒錯，同棲泊，如來大士并緣覺。同居超勝。諸上善人皆許諾，談空説苦相酬酢。百鷺群中隨一鶚，翔寥廓，從兹永斷凡夫惡。

聽説西方無量樂，樂邦是我心開拓。根缺女人皆不著，誰强弱，一人一朵金蓮萼。行樹七重珠網絡，寶樓風韻金鈴鐸。天上樂音相閒作，須誠慤，返聞自性同先覺。

聽説西方無量樂，娑婆自恨身飄泊。注想存心連晦朔〔二〕，歸皇覺，大丈夫。金臺接引休忘約。架廈區區同燕雀，成橋渺渺隨烏鵲。早晚無常來逼迫，叶博。難推卻，西游快展摩霄翮。叶鶴。

聽説西方無量樂，叶力。彌陀聖主垂恩澤。洗我禪心清且白，難尋迹，月光倒射寒潭碧。舊債新怨〔三〕都解釋，通身變作黄金色。一念須臾圓萬德，同居超勝。真奇特，十方佛授如來職。

〔二〕「晦朔」，「晦」指陰曆月末的一天，「朔」指陰曆月初的一天，這裏泛指陰曆一整月。

〔三〕「怨」，廣陵本作「寃」。

題跋一律

日日當陽話夕陽，金桴擊鼓響逢逢。叶房。覺翁永明。解惑欣重解，則老揚宗幸載揚。法界千華開佛國，無生一曲演珠王。臨行喝死支離客，振古威名壓野狂。戊申七月，私淑弟子，古歙成時稽首賦。時年五十有一。

附録三篇

蓮池大師答蘇州曹魯川書附來書

久不奉面命，歉歉。乃時時獲翻刻教，迪我孔多，慰謝慰謝。南企法雲，殊切瞻依。適敝郡斷凡悟上人，祇趨壇下，爲求法故，附此候安。不佞繆迂，近守東魯，遠宗西竺，乃於儒釋之書爲蠹魚者，四十年於兹矣。亦嘗奉教於諸達者，有所蓄積，冀正之於大善知識，兹因斷凡之來布之也。夫釋尊有三藏十二部教，所謂於廣大海，張衆多網。又所謂大囷小囷也者。祇宜譚大以該小，詎可舉一而廢多。比吾黨中有倡爲歷劫成聖，必漸無頓之説者。夫漸亦聖説，未嘗不是，而以漸廢頓，左矣！尊者内秘頓圓，而外顯浄土法門，諸佛有然，無足疑者。豈近來聽衆，不無如法華所説，初聞佛法，遇便信受。思惟取證者，直欲以彌陀一聖，而盡廢十五王子；以浄土一經，而盡廢三藏十二部，則不佞之所不願聞者也。時雖末法，而斯人之機，豈無巧鈍。有如釋尊爲迦葉、爲憍陳如，其説如此；爲善財、爲龍女、其説如彼。二十五聖，各證圓通，文殊所稱又如彼。正所謂昨日定今日不定，又所謂説我是空且不是空，説我是有且不是有。此所以爲善無常主，活潑潑地，如水上按壺盧然，非死殺法也。儻釘椿守窟，焉利人天。所願尊者爲大衆衍浄教，遇利根指上乘，圓融通達，不滯方隅，俾鵬鷃並適，不亦盡美盡善乎哉？又佛華嚴乃無上一乘圓教，如來稱性之極談。非教非宗，而即宗即教；不空不有，而無垢無浄。是在法華猶較一籌，若餘乘似難與之絜長比短也者。尊者乃與彌陀經並稱，已似未妥。因此遂有著論騰之，駕浄土於華嚴之上者。朱紫遞淆之謂何，鹿馬互指又何説也？此而無人言之，天下後世必有秦無人焉之嗤。亦願尊者爲浄土根人説浄土，爲華嚴根人説華嚴，毋相誚，亦毋相濫，乃爲流通佛乘，乃爲五教並陳〔二〕，三根盡攝。柰之何必刻舟而求劍，且彈雀而走鷂也？若夫華嚴一經，有信解行證四法，善説此法者，宜莫如方山。今其言具在，可覆也。爰有清涼，人號爲華嚴菩薩，而實不會華嚴義旨，草草將全經裂爲四分以隸四法，舍那妙義，委之草莽矣。亦願尊者辨黑白，分涇渭，揭杲日於義天。嗟嗟！今之時緇素中高流日就彫謝，不佞之所仰重於尊者，如泰嵩然，故不以讚而以規。知尊者無我，而不佞亦非爲我。故諄諄言之，惟尊者亮之。

久聞居士精意華嚴，極懷敬仰。茲接手教殷勤，直欲盡法界衆生而納之一乘性海，是普賢大願也。然不肖雖崇尚淨土，而實則崇尚華嚴，不異於居士。夫華嚴具無量門，求生淨土，華嚴無量門中之一門耳。就時之機，蓋由此一門而入華嚴，非舉此一門而廢華嚴也。又來諭謂不肖以彌陀與華嚴並稱，因此遂有著論駕淨土於華嚴之上者，此論誰作乎？華嚴如天子，誰有駕諸侯王大臣百官於天子之上者乎？然不肖亦未嘗並稱也。

〔二〕「五教並陳」，「五教」爲華嚴三祖賢首所立，包括小乘教、大乘始教、大乘終教、頓教、圓教。

疏鈔[一]中特謂華嚴圓極，彌陀經得圓少分，是華嚴之眷屬流類，非並也。古稱華嚴之與餘經，喻如杲日麗天，奪衆星之耀；須彌横海，落群峰之高。夫焉有並之者，此不待論也。又來諭謂宜隨機演教，爲宜浄土人説浄土，爲宜華嚴人説華嚴。此意甚妙。然中有二義：一者千機並育，乃如來出世事，非不肖所能。故曹溪專直指之禪，豈其不通餘教？遠公擅東林之社，亦非止接鈍根。至於雲門、法眼、曹洞、潙仰、臨濟，雖五宗同出一源，而亦授受稍别。門庭施設，理自應爾，無足怪者。況不肖凡品乎？若其妄效古人，昨日定今日不定，而漫無師承，變亂不一。名曰利人，實悮人矣。何以故？我爲法王，於法自在，平民自號國王，不可不慎也。二者説華嚴則該浄土，説浄土亦通華嚴。是以説華嚴者自説華嚴，説浄土者自説浄土，固並行而不相悖。今人但知華嚴廣於極樂，而不知彌陀即是遮那也。又來諭清涼不會華嚴義旨，而裂全經爲四分以屬四法。夫信解行證，雖貫徹全經，而經文從始至終，亦有自然之次第，非清涼强爲割截也。其貫徹也，所謂圓融；其次第也，所謂行布。即行布而圓融，四分何害？使無行布，圓融何物？必去行布而圓融，則不圓融矣。且信住行向地以至等妙，佛亦自裂全經爲五十二

[一] 疏鈔，指蓮池大師所撰的阿彌陀經疏鈔。

段乎？何不將五十二段一句説盡，而爲此多卷之文乎？因該果海，果徹因源[一]。因果未嘗不同時，而亦未嘗不因自因，果自果也。何必定執八十卷經束作一塊，都盧是箇無孔鐵鎚，而後謂之圓融乎？定執一塊，不許分開，即死殺法，即釘樁，即守窟，安在其爲活潑潑也？方山之論，自是千古雄談。而論有論體，疏有疏體。統明大義，則方山專美於前。極深探賾，窮微盡玄，則方山得清涼而始爲大備。豈獨方山，即杜順而至賢首諸祖，亦復得清涼而大備。豈獨華嚴諸祖，即三藏十二部百家論疏，亦復得清涼而大備。又温陵解華嚴，以方山爲主，清涼爲助，已爲失宜。而居士顧訾之，此不肖之所未解也。龍樹於龍宫誦出華嚴，而願生極樂；普賢爲華嚴長子，而願生極樂。文殊與普賢同佐遮那，號華嚴三聖，而願生極樂。咸有明據，皎如日星。居士將提唱華嚴以風四方，而與文殊、普賢、龍樹違背，此又不肖之所未解也。況方山列十種淨土，極樂雖曰是權，而華嚴權實融通，理事無礙，事事無礙。故淫房殺地，無非清淨道場，而況七實莊嚴之極樂

[一]「因該果海，果徹因源」，古農佛學答問解釋曰：「此言因果相應，非截然兩事也。蓋因爲未成就之果，果不外因，故曰該；果爲已成就之因，因不隔果，故曰徹。」

乎？婆須〔二〕無厭，皆是古佛作用，而況萬德具足之彌陀乎？居士遊戲於華嚴無礙門中，而礙浄土，此又不肖之所未解也。不肖與居士，同爲華藏莫逆良友，而居士不察；區區之心，復欲拉居士爲蓮胎骨肉弟兄，而望居士之不我外也。居士愛我，不讚而規。今妄有所規，亦猶居士之愛我也。病筆略申梗概，殊未盡意，惟鑑之諒之。

又

敝郡斷凡上人索書上謁，附致悃素，顧承來翰，規切究竟，殷殷亟也。荷荷謝謝。來翰云：「華嚴具無量門，求生浄土，華嚴無量門中之一門。就時之機，由此一門而入華嚴，非舉一門而廢華嚴。」又謂華嚴圓極，無可駕於其上者，並爲確論。第華嚴是法身佛説，一乘妙義，迴異諸經。而人多與釋迦經一目之。故疏此經者，賢首爰肇其端，方山深契其旨。在清涼則擇焉而弗精，在温陵則語焉而未詳。至有譔爲綸貫者，抑末矣。温陵云：「方山爲正，清涼爲助。」此見最卓。而尊

〔二〕「婆須」，指婆須蜜多女。善財童子的第二十五參。華嚴經説，祇要親近該女，「凡有衆生，一切皆得住離貪際，入菩薩一切智地，現前無礙解脱」。

者以爲失宜，似未知温陵，亦未知方山者。諸不了義經論，及别行普賢行願品，與起信等論，皆稱説浄土，此豈無因？然華嚴經中未嘗及之。即方山所第十浄土更晰也。法華鱗差十六王子，内有彌陀，未嘗定爲一尊。其讚持經功德，旁援安樂，實説女人因果。首楞嚴二十五聖證圓通，文殊無所軒輊。但云方便有多門，又云順逆皆方便，然繼以遲速不同倫，則於無軒輊中又未嘗無所指歸也者。故要極於普門，而不推詡夫勢至，更加貶剥曰無常，曰生滅。若夫釋尊，祇説大小彌陀，不啻足矣。胡爲乎紛紛然三藏十二部爲乎？賢首、清涼諸師，亟標小始終頓圓五教，僉以爲允，而未嘗品及浄土。心宗家流，尤所蕩掃。大鑑之言，且未及詮。更拈一二，如誌公曰：「智者知心是佛，愚人樂往西方〔一〕。」如齊己禪師曰：「惟有徑路修行，依舊打之繞。但念阿彌陀佛，念得不濟事。」又曰：「汝諸人日夕在徑路中往來，因恁麼當面錯過阿彌陀佛。」又曰：「其或準前捨父逃去，流落他鄉，東撞西磕，苦哉阿彌陀佛。」此之三言，或以爲苛，然豈無謂而彼言

〔一〕「智者知心是佛，愚人樂往西方」，見宋釋道源景德傳燈録卷二十九誌公和尚十四科頌色空不二頌最後兩句偈子。

之，亦必有道矣。古德云：「一切衆生，自己迷悟不同。迷心外見，修行覓佛，未悟自性，即是小乘。」又有云：「直下頓了此心本來是佛，無一法可得，此是無上道，此是真如佛。學道人，祇怕一念有，與道隔矣。」又有云：「目前無法，意在目前，他不是目前法。若向佛祖邊學，此人未具眼在。何不向生死中定當，何處更擬佛擬祖替汝生死，有智人笑汝在。」所以達者亟道祇劫，辛苦修行，不如一念得無生法忍；又道一念緣起無生，超出三乘權學。況毋論三乘一乘，要之無我我所；今之往生浄土也者，我爲能生，土爲所生，自他歷然，生滅宛然，忻厭紛然，所未及悉。顧從來譚蓮乘者，必曰華開見佛悟無生〔二〕，蓋必待往生而見彌陀，始從觀音若勢至，抑或彌陀，誨以無生，此時方悟。豈其上品絶少，中下滋多？滯在祇劫，似爲迂遲。矧欲修浄土，亦須先修有無等四四十六觀門。試問所觀者是何軌則，能觀者還有幾人？所以念佛者如牛毛，往生者如麟角。何似反而求之，自有餘佛在也。彼寒山之勖豐干，謂往五臺禮文殊，不是我同流。此在通達

〔二〕「華開見佛悟無生」，元朝中峰國師三時系念中的一句偈子。全偈曰：「願生西方浄土中，上品蓮華爲父母。華開見佛悟無生，不退菩薩爲伴侣。」

佛道者，出詞吐氣自別。且也一切佛道，以金剛般若爲入門，以佛華嚴爲究竟。金剛則曰：「實無少法可得。」而佛華嚴所稱佛地二愚：一則曰微細所知愚，一則曰極微細所知愚。所以阿難自道不歷僧祇獲法身，識者猶且呵之，故或曰佛瘡，或曰佛魔。文殊暫起佛見，未免貶向二鐵圍。嗟嗟！見河能漂香象，智主不受功德，道人心無住處，蹤迹不可尋。故不歷權乘，獨秉一乘，此則不佞之所爲惓惓者也。彼諸佛祖，爲一分執著我識下劣衆生，以及小乘弟子。惟依一意識，計以現在色心等爲染淨依者。憫其四大既離，一靈無歸，如失水魚，躑躅就斃，故不得不將錯淨土而安置之，此亦化城之類也。傳有之，若能悟法性身，法性土，要歸於無物，是真佛土。若華嚴性海所現全身，如人身中有八萬四千毛孔，東藥師，西彌陀，各各在一毛孔中說法度生。人若涣毛孔，徹全身，未嘗不可。儻抛撮全身入一毛孔，不但海漚倒置，而蠅投窗紙，其謂之何？昨不佞手疏所云爲宜淨土人說淨土，爲宜華嚴人說華嚴，自謂不悖諸佛法門，亦是爲尊者赤心片片。尊者乃欲攜我蓮胎，則昔人所云：「若捉物入迷津，與夫棄金擔草之謂矣。」更稽之古人有云：「若欲究竟此事，須向高高山頂立，深深海底行〔二〕。若闤闠中輭暖物捨不得，有恁麽用處。」又有云：「諸經所稱無瞋恨行。此之瞋恨，非凡情可比。恨者，恨一切衆生，皆有如來智慧德相，而不自覺。瞋者，瞋吾度脱之未至也。」以故自覺覺他，有世間智，有出世間智，有世出世間上上智。舉以語人，得無違拒，庶幾能利益於人。遡昔三教聖人出興於世，無不爲一大事。且觀時節因緣，偏者補之，弊者救之，微者顯之。要之以心性開示於人已耳。以今天下拘儒株守傳註，曠士溺意虚玄。餘之手木槵而口彌陀者，自通道大都，迨窮村僻巷，居相望而肩相摩也。尊者又從而和之，非所謂順世情之教，波隨而風偃者乎？是在不佞不能無疑。而來翰乃稱雖崇淨土，實尚華嚴。又云由此淨土一門而入華嚴。此如古德所云：「但爲弘實，而衆生不信。須爲實施權，以淺助深。」又云：「用與適時，口雖説權，内不違實，但使含生得權實諸益也者。」則不佞誠契之，祇領之，且羨且慰矣。乃會下聽衆，自杭過蘇者，時時有之，罔弗津津九品。閒與之言，少涉上乘，則駭心瞠目，或

〔二〕「須向高高山頂立，深深海底行」，見景德傳燈録卷十四藥山惟儼禪師和李翺的問答：「李問：『如何是我定慧？』師曰：『貧道這裏，無此閑家具。』李罔測玄旨。師遂説山頂立一語。」

更笑之。此其過在弟子耶，在師耶？大丈夫氣宇沖天，而度生爲急。若出世矣，開堂矣，敷座矣。不具大人作略，祇作閭巷老齋公齋婆舉止。忽被伶俐人問著，或明眼人拶著，擬向北斗裏潛身耶？抑鐵圍山裏潛身耶？不見道，若是大鵬金翅鳥，奮迅百千由旬，躡影神駒，馳驟四方八極，斷不取次啗啄，亦不隨便埋身，且總不依倚。佛法大事，非同小可，願尊者重厝意焉。來翰又云：「彌陀不異遮那。」是也。第化境化儀，各各差殊。蓋諸佛教義，通宗因緣。既墮因緣，豈無大小，定有深淺。故謂諸佛爲異，則千佛一佛，不可謂異；謂諸佛爲同，則徧照能仁二尊，亦自不同。古人以爲一切諸法同異重重，不可一向全同，不可一向全異。不可以全同作全異，不可以全異作全同。迷此同異二門，則智不自在。如云擬向白雪蘆花處覓，則以温州橘皮作火，得乎？首山念有云：「夫爲宗師，須具擇法眼始得。」所以古來有拈古頌古，又有別古懲古。如云：「至道無難，唯嫌揀擇〔二〕。」又云：「至道最難，須要揀擇。」所以華嚴第八地曰：「寂滅真境現前矣，猶云應起

〔二〕「至道無難，唯嫌揀擇」，語出禪宗三祖僧璨信心銘：「至道無難，唯嫌揀擇，但莫憎愛，洞然明白，毫厘有差，天地懸隔。」

無量差別智。」又云：「觀察分別諸法門，此非作而致其情也。」我之鑑覺自性，本自圓明。如大寶鏡，胡漢不分而分；如如意珠，青黄不異而異。若是於諸法中不生二解人，何嘗離卻揀擇別求。明白這些道理，便是揀擇不揀擇。所謂善巧分別清浄智，非耶？方山爲論，清涼爲疏，皆綜佛乘，共闡圓宗。雖論有論體，疏有疏體，然惟其義，不惟其文。文或殊，而義則一耳。如以其義，則見地迥別。清涼演説諸經，真善知識。惟於華嚴，其句訓而字釋，豈無補於舍那？其挈領而引維，實弗逮夫棗柏。清涼、棗柏之區別弗明，則盧舍那經之旨要終晦。所謂信解行證四法，裂全經而瓜豆之，此其大者，自餘更多。不佞謂之擇焉弗精，非無以也。儻以爲未然，請更質之於棗柏大士。

辱惠書，纍纍及二千言，玄詞妙辯，汪濊層疊，誠羨之仰之。然竊以爲愛我深，而辭太費也。果欲揚禪宗抑浄土，不消多語。曷不曰：「三世諸佛，被我一口吞盡。既一佛不立，何人更是阿彌陀？」又曷不曰：「若人識得心，大地無寸土。既寸土皆無，何方更有極樂國？」只此兩語，來諭二千言，攝無不盡矣！茲擬一一酬對，則恐犯鬬争；不對，則大道所關，不可終默，敢略陳之。來諭謂清涼擇焉而未精，愚意不知清涼擇華嚴未精耶，抑亦居士擇清涼未精耶？又來諭謂不了義經乃談説浄土，而以行願品、起信論當之。起信且止。行願以一品而攝八十卷之全經，自古及今，誰敢議其不了義者？居士獨尚華嚴而非行願，行願不了義，則華嚴亦不了義矣。又來諭謂法華記往生淨土，爲女人因果。則龍女成佛〔一〕，亦只是女人因果耶？謂彌陀乃十六王子之一，則毗盧遮那亦止是二十重華藏之第十三耶？居士獨尊毗盧，奈何毗盧與彌陀等也。又來諭謂楞嚴取觀音，遺勢至，復貶爲無常生滅。則憍陳如悟「客塵」二字，可謂達無常，契不生滅矣，何不入圓通之選？誠曰觀音登科，勢至下第。豈不聞龍門點額〔二〕之喻，爲齊東野人之語耶？又來諭謂齊己禪師將古人念佛偈，逐句著語，其曰「惟有徑路修行」，則著云「依舊打之繞」。其曰「但念阿彌陀佛」，則著云念得不濟事。居士達禪宗，何不知此是宗師家直下爲人解黏去縛，乃作實法會，而死在句下耶？果爾，古人有言，踏毗盧頂上行，則不但彌陀不濟事，毗盧亦不濟事耶？此等語言，語録、傳記中，百千萬億。老朽四十年前，亦曾用以快其脣吻，雄其筆劄。後知慚愧，不敢復然。至於今，猶赧赧也。又齊己謂：「求西方者，捨父逃逝，流落

〔一〕「龍女成佛」，據法華經卷四提婆達多品，龍女即是娑婆竭羅龍王之女，年甫八歲，智慧猛利，由於受持法華經的功德，刹那頃，得不退轉，即身成佛。

〔二〕「龍門點額」，古代傳説，鯉魚躍龍門，若越過者魚化爲龍，若不過者只是龍門點額，依舊爲魚。比喻雖是科舉落第的人，未必無真才實學。

他鄉，東撞西磕，苦哉阿彌陀佛。」往應之曰：「即今卻是如子憶母，還歸本鄉，捨東得西，樂哉阿彌陀佛。」且道此語與齊己所説相去多少。又來諭謂多劫修行，不如一念得無生法忍。居士已得無生法忍否？如得，則不應以我爲能生，以土爲所生。何則？即心是土，誰爲能生；即土是心，誰爲所生。不見能生所生而往生，故終日生而未嘗生也，乃所以爲真無生也。必不許生而後謂之無生，是斷滅空也，非無生之旨也。又來諭謂必待華開見佛方悟無生，則爲迂遲。居士達禪宗，豈不知從迷得悟，如睡夢覺，如蓮華開。念佛人有現生見性者，是華開頃刻也；有生後見性者，是華開久遠也。機有利鈍，功有勤怠，故華開有遲速，安得槩以爲迂遲耶？又來諭謂遮那與彌陀不同，而喻華藏以全身，喻西方以毛孔。生西方者，如撮全身入毛孔，爲海漚倒置。夫大小之喻則然矣。第居士通華嚴宗，柰何止許小入大，不許大入小。且大小相入，特華嚴十玄門[一]之一玄耳。舉華藏不可説不可説無盡世界，而入極樂國一蓮華中，尚不盈華之一葉，葉之一芥子地，則何傷乎全身之入毛孔也？又來諭謂荒山僧但問以上乘，便駭心瞠目。居士向謂宜華嚴者語以華嚴，宜淨土者

[一]「華嚴十玄門」，由智儼在華嚴一乘十玄門中首先提出，旨在説明一切事物純雜染淨無礙，一多無礙，三世無礙，同時具足，重重無盡的道理。

語以淨土。今此鈍根輩，正宜淨土，何爲不以應病之藥而强聒之耶？又來諭謂老朽既出世開堂，不具大人作略，而作閭巷老齋公齋婆舉止。設被伶俐人問著，明眼人拶著，向北斗裏潛身耶？鐵圍裏潛身耶？老朽曾不敢當出世之名，自應無有大人之略，姑置弗論。而以修淨土者，鄙之齋公齋婆，則古人所謂非鄙愚夫愚婦，是鄙文殊、普賢、馬鳴、龍樹也。豈獨文殊、普賢、馬鳴、龍樹，凡遠祖、善導、天台、永明、清凉、圭峰、圓照、真歇、黄龍、慈受、中峰、天如等諸菩薩，諸善知識，悉齋公齋婆耶？劉遺民、白少傅、柳柳州、文潞公、蘇長公、楊無爲、陳瑩中等諸大君子，悉齋公齋婆耶？就令齋公齋婆，但念佛往生者，即得不退轉地，亦安可鄙耶？且齋公齋婆，庸猷下劣，而謹守規模者是也，愚也；若夫聰明才辯，妄談般若，喫得肉已飽，來尋僧説禪者，魔也。愚貴安愚，吾誠自揣矣，寧爲老齋公老齋婆，無爲老魔民老魔女也！至於所稱伶俐人明眼人者，來問著拶著，則彼齋公齋婆不須高登北斗，遠覓鐵圍。只就伶俐漢咽喉處安單，明眼者瞳人上敷座。何以故？且教伊暫閉口頭三昧，回光返照故。抑居士尚華嚴，而力詆淨土；老朽業淨土，而極讚華嚴。居士靜中試一思之，是果何爲而然乎？又來諭謂勸己求生淨土，喻如棄金擔麻，是顛倒行事，大相屈辱也。但此喻尚未親切，今代作一喻。如農人投刺於大富長者之門，延之入彼田舍，聞者皆笑之。農人不知進退，更掃徑謀重請焉。笑之者曰：「主人向者不汝責，幸矣。欲爲馮婦乎？」農人曰：「吾見諸富室，有爲富而不仁者，有外富而中貧者，有未富而先驕者，有典庫於富人之門，而自以爲富者。且金谷郿塢，於今安在哉？而吾以田舍翁享太平之樂，故忘己之卑賤，憐而爲此。今知過矣，今知過矣！」於是相與大笑散去。

蕅益大師答卓左車茶話〔一〕原問博山啓附。

上堂則超佛越祖，接衆則權引中下。此流俗宗匠，未悟心法者，所必墮之窠臼。致禪、教、律，及浄土諸法，俱失綱宗，俱成實法。智者無所適從，愚人蔑棄一切，有自來也。佛言：「若人專念彌陀佛，是名無上深妙禪。」如今弄虚頭，逞精魂漢，一味胡言亂語，定不如真實參究念佛底人。寧爲上上人撥無浄土，令悟土即心；不應爲中下人收作權乘，破壞真法。況法王於法自在，隨時應機，自無陳見。何必依他古宿，揚禪抑浄？伏乞豎吹毛劍，擊塗毒鼓，大轉法輪。如何是念佛門中，通身入理，向上一路，直踏毘盧頂上行作略？如何是學人初下手時，便離四句絶百非念佛？如何是念佛人最後極則淆訛處，腦後一鎚？從來宗門語

〔一〕「蕅益大師答卓左車茶話」，見靈峰宗論卷四之一茶話。廣化寺本靈峰宗論作「答卓左車茶話」。

句，壁立萬仞。一涉淨土，定屬廉纖。冀和尚將向來自性彌陀、惟心淨土等語撇向一邊，親見如來境界，快說一番，震動大千世界。

宗乘與淨土，二俱勝妙法。衆生根性異，不免隨機說。向上一著，非淨非禪，即禪即淨。才言參究，已是曲爲下根。果大丈夫，自應諦信是心作佛，是心是佛。設一念與佛有隔，不名念佛三昧。若念念與佛無閒，何勞更問阿誰？故參究誰字，與攝心數息等，皆非淨土極則事也。淨土極則事，無念外之佛，爲念所念；無佛外之念，能念於佛。正下手時，便不落四句百非，通身拶入。但見阿彌陀佛一毛孔光，即見十方無量諸佛；但生西方極樂一佛國土，即生十方諸佛淨土。此是向上一路。若捨現前彌陀，別言自性彌陀；捨西方淨土，別言惟心淨土。此是淆訛公案。經云：「三賢十聖住果報，惟佛一人居淨土。」此是腦後一鎚。普賢十大願王，導歸極樂，誰敢收作權乘；憶佛念佛，不假方便，自得心開，誰謂定屬廉纖。但能深信此門，依信立願，依願起行，則念念流出無量如來，徧坐十方微塵國土，轉大法輪，照古照今，非爲分外，何止震動大千世界而已。欲知衲僧家事，不妨借中峰一偈，通箇消息。偈曰：「禪外不曾譚淨土，須知淨土外無禪。兩重公案都拈卻，熊耳峰開五葉蓮。」

蕅益大師〔一〕示念佛法門

念佛法門，别無奇特，只深信力行爲要耳。佛云：「若人但念彌陀佛，是名無上深妙禪。」天台云：「四種三昧，同名念佛。念佛三昧，三昧中王。」雲棲云：「一句阿彌陀佛，該羅八教，圓攝五宗。」可惜今人，將念佛看做淺近勾當，謂愚夫愚婦工夫。所以信既不深，行亦不力，終日悠悠，淨功莫剋。設有巧設方便，欲深明此三昧者，動以參究誰字爲向上。殊不知現前一念能念之心，本自離過絶非，不消作意離絶；即現一句所念之佛，亦本自超情離計，何勞説妙譚玄。祇貴信得及，守得穩，直下念去，或晝夜十萬，或五萬三萬，以決定不缺爲準。畢此一生，誓無變改。若不得往生者，三世諸佛便爲誑語。一得往生，永無退轉，種種法門，咸得現前。切忌今日張三，明日李四。遇教下人，又思尋章摘句；遇宗門人，又思參究問答；遇持律人，又思搭衣〔二〕用鉢。此則頭頭不了，帳帳不清。豈知念得阿彌陀佛熟，三藏十二部極則教理都在裏許；千七百公案，向上機關，亦在裏許；三

〔一〕「蕅益大師」，廣化寺本靈峰宗論無。
〔二〕「搭衣」，又稱搭縵衣或搭袈裟。搭是挂之意，將袈裟挂于身上。通常的披法爲偏袒右肩。

千威儀，八萬細行，三聚淨戒，亦在裏許。真能念佛，放下身心世界，即大布施；真能念佛，不復起貪瞋癡，即大持戒；真能念佛，不計是非人我，即大忍辱；真能念佛，不稍間斷夾雜，即大精進；真能念佛，不復妄想馳逐，即大禪定；真能念佛，不爲他歧所惑，即大智慧。試自簡點，若身心世界猶未放下，貪瞋癡念猶自現起，是非人我猶自挂懷，間斷夾雜猶未除盡，妄想馳逐猶未永滅，種種他歧猶能惑志，便不爲真念佛也。要到一心不亂境界，亦無他術。最初下手，須用數珠，記得分明，刻定課程，決定無缺，久久純熟，不念自念，然後記數亦得，不記亦得。若初心便要説好看話，要不著相，要學圓融自在，總是信不深，行不力。饒汝講得十二分教，下得千七百轉語〔二〕，皆是生死岸邊事，臨命終時，決用不著，珍重。

〔二〕「下得千七百轉語」，即禪門的一千七百則公案。禪家指點學人，在語言或動作上所作的垂示，稱作「轉語」或「公案」。

中國佛教典籍選刊

净土十要

下

〔明〕智旭 編
于海波 點校

中華書局

靈峰蕅益大師選定淨土十要第八[一]

述曰：聞夫法外之異見易除，法内之異見難滌。慈氏所謂謗菩薩藏，説相似法也。淨土法門，如大小權實諸疑，皆自外來者也。胥徒入境，望爲敵國，壁壘雖堅，而亦可攻。唯認自性彌陀，唯心淨土者，以虚妄識神爲自性，以胸中緣影當唯心，癡守迷情，妄撥身土，此自内發者也。以法謗法，真似難明。襲我旌旗而來，人皆認賊爲己。在昔像季，此説尚未熾然。末法漸深，毒氣漸慘。古今師匠，未有認定此疽以爲時證，而專治之者也。妙喜老人，痛呵默照邪禪，埽清黑山鬼窟。妙叶禪師著念佛直指，暴斥土外立心之謬。二師所治者同一病，所投者同一藥，所顯示者同一不思議心性，而淨土尤難。良以自性二語，乃諸祖誠言，天下古今所共據。奸生肘腋，多易忽難圖。舉國皆狂，每一呼衆譁。余讀十疑、或問，以迄直指。深歎運愈移，人根愈陋。時日降，見

[一] 「第八」，廣陵本作「卷第七」。

綱日張。所幸至人出興，恰應時節。蕭牆禍起，斡蠱誕生。十方廣長，無處不徧。諸佛恩德，其在茲乎！謹奉直指，次天如禪師或問而流通焉。至於此書顯晦之緣，詳在別序。今調西齋詩於第七，此則次西齋詩後。

重刻寶王三昧念佛直指序

念佛三昧，所以名爲寶王者，如摩尼珠，普雨一切諸三昧寶。如轉輪王，普統一切諸三昧王，蓋是至圓至頓之法門也。始自華嚴，終至法華，一代時教，無不讚揚此寶王三昧。始自文殊、普賢，乃至永明、楚石，一切菩薩聖祖，無不修證弘通此寶王三昧。宗教指歸。而世之昧者，猶以爲自性彌陀，非即樂邦教主；唯心浄土，不在十萬億西。誰不以此爲妙，豈知瞞盱更甚耶？妄認六塵緣影爲自心相，病根。全不知十方法界，一一無非即心自性也。可不哀哉！元末明初，鄞江有大善知識，厥名妙叶。深憫邪見，述爲念佛直指二十二篇。世久失傳，故雲棲老人每欲見之，而不可得。神廟年間，古吳萬融禪伯偶于亂書中得此遺帙，與唐飛錫法師所撰寶王論同爲一編，皆雲棲老人所未見也。韓朝集居士先刻寶王論板，置于雲棲。予續刻此直指板，留于佛日。客歲幻寓長干，有車蓂蕃居士秉受歸戒，聽講唯識心要及南岳大乘止觀，遂專心修淨土行。今夏禁足九旬，執持名號。因念今時狂妄之徒，薄視念佛法門，以大悲心手輯古今淨土法語一册，名曰念佛須知，分爲信解、發願、修行、證驗四門。蓋信願行三，乃生西之要筏，而證驗則舉果以勸因也。節録甫成，適予應祖堂請，重到長干，遂虚心乞予讎校可否。予曰：「居士之志則善矣。但淨土法語，從古迄今，充楹積棟，曷擇其簡切精到者而流通之，不尤易取信乎？以予觀居士命名立科之旨，則叶師直指最爲相似。何以言之？彼第一極樂依正，第二斥妄顯真，第三訶謬解，乃至第八示折攝，皆居士所謂信解門也；第九勸修，即居士所謂發願門也；第十勸戒殺，乃至第十八羅顯衆義，皆居士所謂修行門也。第十九一願四義，謂戒解行向，是重申以願攝信行也。戒亦是行，解即是信，向仍是願。一願便具四義，四義乃滿一願。明信願行，本非條别，願居於中而統前後，厥義彰矣。第二十示滅罪義，第二十一示列祖行，皆居士所謂證驗門也。第二十二正示迴向，普勸往生，例同經論有流通分。從始至終，雅合居士之旨若此。居士何不捨己從人，樂取於人以爲善乎？」於是居士踴躍歡喜，再拜稽首而謝曰：「某乃知妙叶大師，先得我心之所同然，又能發我之所未發也。今得奉此遺編，誓當刊布流通。用薦先人，早生淨土。又願普與法界有情，決定信入此門，永不退轉。請更序厥緣，以爲同志者告。」噫，如車居士亦可謂勇於自利利他者矣！讀是書者，慎勿負此苦心也哉！庚寅清順治七年[二]。冬十有一月之吉，古吴蕅益道人智旭，識於祖堂幽棲寺之大悲壇右。

寶王三昧念佛直指卷上并序

明[三]四明鄞江沙門妙叶集

念佛三昧稱爲寶王者，蓋於一切三昧之中，最上三昧者也。首獨唱於廬山，後徧流於天下。歷代所修，往生非一。著文於世，證驗良多。自昔至今，富於編簡。若禪若教，無不尊崇。是聖是凡，悉皆景仰。但末代淺根，因藥致病，以極樂淨土，不求之於西方，而求之於分別緣影。多流此見，内懷痛傷。嗟彼唐喪其功，雖修無感。哀哉！乃以淨土諸經，及各宗疏鈔，採其奥旨，述以成編。雖其言之不文，莫敢裁於胸臆。自爲警省，敢聞於人。故以寶王三昧念佛直指，定其名焉。

[二]「清順治七年」，廣陵本無。

[三]「明」，廣陵本無。

極樂依正第一

原夫無上正徧知覺，聖主世尊，普應機宜，從兜率宫降神於世。故四十年中，説法三百餘會，皆令群有同證真常。皆法界緣起。乃至末後靈山會上，方説法華。俾令衆生開示悟入佛之知見。出世本懷，於兹暢矣。然出世度生之道，非但釋迦，三世如來，莫不咸爾。而於釋迦一代施化法門之中，求其所以機宜相感，生佛緣深，此法界第一緣起。至簡至易，而功高徑捷者，無越求生浄土一法門也。蓋念佛法門，首因法藏比丘，於無量劫前，爲大國王。聞世自在王佛説法，遂棄國出家而成比丘。其佛復爲廣説二百一十億佛刹莊嚴，人天善惡麤妙不同等事。法藏聞已，即於佛前發四十八種大願。願王。願成佛時，國中無有三途、三毒、八苦、八難、九惱、十纏等一切障礙。誓海。生我國者，皆住正定，得忍悟心，解脱勝智之人，乃至十念得生。若不爾者，不取正覺。其時大地震動，天雨妙花，空樂自鳴，佛與其記。今已得果，成佛十劫。因昔願勝，功德神通，光明力無畏等，超過十方，約同居應身而論。佛號阿彌陀。其阿彌陀佛所居之國，從是娑婆世界，直西過十萬億國土，名曰極樂〔一〕，或曰安樂，今現在彼。以昔大願及神通力而爲説法，攝取十方世界念佛衆生。衆生生者，得不退轉。刹那尚莫勝

〔一〕佛説阿彌陀經云：「從是西方，過十萬億佛土，有世界名曰極樂。其土有佛，號阿彌陀。今現在説法。」

數，何況歷劫度脱。其生彼者，有何限極？微塵恒沙所不能喻。其佛國土，莊嚴勝妙，超過十方。約同居净土而論。有諸寶池，隨其大小，皆七寶成。或有大池，其量盈廣，正住其中。底布金沙，邊鋪階道。其池之上，復有樓閣，千層萬疊，廣博妙好。光明赫奕，不可具説。其池之内，八功德水，香美清徹，盈溢充滿。爲十四支，於諸無量莊嚴具中，尋流上下，出聲演説無量法門。是妙水中，復有六十億七寶蓮華，團圓正等。水注葉間，四色四光。三輩九品，行列次第。香潔微妙，映蔽其國。寶地平正，願力所成。於其地上，復有七重欄楯，七重行樹。寶幢臺榭，旛蓋珠纓。各各無量，殊特妙好。周迴閒列，莊嚴其國。又於虚空，雨諸天衣、天香、天花、天繒、天樂，各各無量。繽紛散漫，徧虚空界。如是無量諸莊嚴具，皆金銀琉璃、硨磲、瑪瑙、毘楞伽、甄叔迦等，金剛摩尼，如意珠王，不可思議，衆寶所成。是衆寶内，各放無量百千萬億寶色光王。互相輝映，一一徧照三千大千世界。其光交羅，不相障礙。極虚空際，不可窮盡。如是無量一一光明，一一莊嚴，與虚空中天樂香華，珍禽鈴網，其聲雅正，宫商清徹[一]，鏗鏘應節，流出無量無邊微妙之音。其音徧滿，不閒不斷。悉能演説苦、空、無我諸波羅蜜。歎菩提道，讚佛法僧。或説念處正勤根力覺道，諸菩薩行，諦緣願度，力無畏等，

[一]「宫商清徹」：「宫商」指古代音律中的宫音與商音。這裏泛指宫商等音律之聲清明悦耳。樂記説：「宫爲君，商爲臣，角爲民，徵爲事，羽爲物。」

十八不共，大慈大悲，大喜大捨，不可思議無量法門。其所說法，三世十方依正色心，融通無礙，及勸精進，如佛音聲，等無有異。其國衆生聞是法已，悉皆念念隨其所樂，速能證入三乘勝行，一切道品，無量解脱。如從佛聞，得無差别。縱是凡夫，聞此法故，自然精進。尚無一念疲倦之心，云何更有退轉？又彼國土，純一男子，無有女人。蓮華化生，不處胎胞。妙服美味，能成法喜。從其所欲，悉隨念至。無寒暑晝夜，無生老病死。無土石諸山，無三途惡道。往來虚空，經行樹下。欲作佛事，示現神通，悉從心念。又復壽命無極。如是種種，快樂無極，故名極樂。況復彌陀世尊，功德光明，威神相好，各八萬四千，如紫金山。處大蓮華師子之座，莊嚴赫奕，超過虚空。大海彌盧，所不能及。眉間白毫，功德增勝。如日舒光，衆明悉絶。光中化佛菩薩聲聞，各放光明，遠照塵刹，攝受衆生。彼二大士，亦復如是。文殊師利，普賢大行，諸大菩薩，皆住彼國。一生補處，其數甚多。諸上善人，俱會一處。悉爲良友，以佛爲師。親近慈容，聞第一義。下十六句皆言與我同一相一味。頓超三界，即證無生。十地[二]高超，二覺圓滿。況能於念念中供養十方三寶，成就一切法門。遊戲神通，浄佛國土。乃至入於三途六道，舒光破暗，救苦衆生。或復塵刹分身，隨機化

[二] 「十地」，菩薩以地分階位，登地的菩薩就快要成佛了。十地菩薩是法雲地菩薩，地論曰：「得大法身具足自在，名法雲地。」

導，應病與藥，如佛弘慈。於念念中，圓滿普賢所有行願，具文殊智，有大勢力，如觀世音同證菩提，同佛所住。則一切衆生性雖昏昧，得聞此説，誰不歡喜，而生信樂？然彼妙土及莊嚴事雖具我心，若非彌陀如來於過去世，爲度衆生，行菩薩道，不可稱計，焉得成就？當知彼佛行願無邊，莊嚴無盡。是故如來居彼國土，大願圓滿，實土斯成。依正莊嚴，悉皆具足。如是莊嚴依正境界，假使各十方面，百恒河沙，微塵刹數菩薩聲聞，以大辯才如實稱揚，盡未來時，不可窮極。若善男子善女人，聞如是説，至心信樂，欲生彼國者，應如佛教圓發三心，具足衆戒，不犯威儀，然後直心正向，觀彼國土一切依正無量莊嚴勝妙境界，及彼如來八萬相好功德光明清淨之身。或復隨取一相一境，乃至如來眉間白毫相[一]光，遠離虚妄。或一念至十念，或一日至七日，譬如壯士屈伸臂頃，即得往生。其有直信有彼國土，有彼如來願力威神，不生疑惑，但能一心不亂，執持名號者，不出所期，亦得生彼。何待色身報滿，然後得生？當知阿彌陀佛接引衆生，令離苦海，過彼慈親。於先劫中，已立大誓，無苦不忍，無行不臻，無願不立，無法不説。爲度我故，方便百千。今正是時，目睛不瞬。垂

[一] 「白毫相」，爲佛三十二相之一。此妙相系佛于因位時，見善衆生修習戒、定、慧三學而贊歎之，遂感此相。衆生若遇其相光，可消業障，身心安樂。

臂待我，已歷十劫。念念不捨，甚於剖心。乃至其心激切，入生死中，徧歷三道，地獄猛火，不辭勞倦。我若迴心向佛，如子戀母，正慰所懷，則不逾當念，便得往生。何必更經十念之頃，然後得生？

斥妄顯真末法頂門鍼。第二[一]附真妄心境圖説。

行人欲生彼國，出離生死，先當深識求生彼土真妄之心。且謂如是極樂世界，爲是在境，爲是在心。若在於心，但有虚想，無土可生；若在於境，雖有生處，又復失心；若謂心境二俱求生，則我身心是一，寧生兩處？若謂心境是一，一心求生，則自今心境宛爾，難説是一。又極樂娑婆，浄穢不同。況是世尊垂教，敕令捨穢求浄，一義奚得？四句既不可求，或謂處處皆是西方極樂，或謂心浄則是極樂，或云極樂不離這箇。若作此解，皆名邪見，斷案如山。而余因不得以默矣。彼若謂極樂在心，此乃緣影心。即便妄認此心住在我今身中，既在身中，但名求心，何名求生？豈我世尊不知極樂在心，而説在西方十萬億國土之外耶？又豈不能指説内心，而但能説外境耶？今西方極樂世界阿彌陀佛，現在説法，實

[一]「斥妄顯真第二」，本要後附破妄念佛説，對此節内容有補充説明。

境宛然。此是聖人誠言，焉敢不信？而不知此緣影心外之極樂，正即是我真心。我此真心，如彼大海不增不減，而汝妄謂爲境。汝謂極樂在緣影心，此緣影心，如海一漚，生滅全妄，而汝妄謂爲心。汝若固執妄見，不信外有極樂，信在汝緣影心内者，汝緣影心無體，不可以心求生於心。謂緣想過去五塵影子及法家生滅二塵，皆名影事。而不知彼極樂雖在西方，西方即我真心。真心無性，即彼名體以顯我心。名體本空，亦即我心而示其相。心境一體，生佛同源。求彼佛即求自心，非外求也。究自心須求彼佛，豈他惑哉？如是則取捨忻厭，識然著相，任我所求，豈復外心？此金剛圈栗棘蓬也，怪底吞吐不得。心能具故，則知此心圓裹一切依正境界。乃至色心淨穢，生佛因果，三世十方諸法，含攝無外，同一受用。求一外相，了不可得。雖無外相，不分而分，淨穢宛爾。故當如是而求，豈可求之於妄心也？如是願求，佛所印可。與彼世之不識本心，愚癡無智，不求西方極樂之佛，但向自己肉團緣影妄心中求，謂是唯心淨土、本性彌陀者，實遼遠矣。肉團之計雖更愚淺，然與緣影同計在胸中，所以同阬無異土。然彼極樂國土，非依緣影妄心；又彼彌陀色身，非在〔一〕衆生陰體。若向我今四大緣影身心中，求本性自己之佛，不求西方極樂之佛，則妄心生滅，佛亦生滅。佛生滅故，三昧不成。

〔一〕「在」，廣陵本作「同」。

縱求有得，但成生滅之佛，還生生滅之土，不成正行。非浄宗本旨。經云：「以輪迴心，生輪迴見，彼圓覺性，亦同輪轉[二]。」即此義也。許多聰利邪智，有損無益如此。若欲離諸妄見，直生彼者，但求西方十萬億國土外極樂彌陀之佛，愚夫愚婦卻暗合道妙。以稱性妙觀，如實觀之。此真正智。使彼如來本覺相好，於彼顯現。合我衆生始覺真心，於此發明。始本相冥，生佛互感。三昧乃成，正行斯立。不生滅土，始可生也。故知此心偏一切處，尚不閒於地獄，何止極樂？但地獄苦處，今順性而求離；極樂九品，今須性而求生。但依修多羅教，順佛法音，求離苦得樂，從凡入聖，實不出吾之心性。故名唯心浄土，本性彌陀。非謂從妄心中求。妄心無體，焉得名爲唯心本性之佛耶？彼向自己緣影妄心中求者，以色身及山河大地十方刹海爲外境也；此向自己不動真心中求者，即十方刹海大地山河爲內心也。若知十方刹海即內心，則打成一片。故我任意於中捨穢取浄，厭東忻西，不出自心。以實有彼大願果佛能接引故，故求無不得。若謂十方刹海爲外境，則打作兩橛，故纔動念，便乖法體，即失其用，不得自心。求心反失心如此。以但有此性具因佛，無力用故，故雖求無得。徹悟。又妄心但是虛妄緣影，惑爲色身之內，無土可生；真心含育一切塵刹，本具極樂依正，求

[二] 大方廣圓覺修多羅了義經曰：「以輪回心，生輪回見，彼圓覺性，即同流轉。以圓覺之法，非思量分别之所能及。」

之必生。妄心捨外趣内，真心即外爲内。内無外故，外求有相果佛，即求自心。内非實故，内求無體緣影，不見自心。妄心心境宛然，真心即心即境。妄心生滅無據，真心不動不摇。妄心在因無果，始終生滅；真心因果一致，性修交徹。故知從真心、妄心求者，其別若是。論時，則何啻日劫相倍；論處，則何但天地懸殊。此邪妄非權小，故云何啻何但。論體，真則圓裹十虚，妄則居於身内。論用，真則横截娑婆，直出生死；妄則煑砂爲飯，經劫難成。是故行人發菩提心，求生浄土，豈可但求自己緣影妄心，不求西方極樂真佛，良可痛傷！譬如欲西而面東，欲升而抱石，從水求火，從火覓水，奚可得焉？嗟今之人，不識真心徧一切處，即色顯體，而妄認緣塵影事，謂是本性，謬之甚矣！譬如有人認賊爲子，其家財寶必被消滅。分別影事，妄認爲心，亦復如是。若或識子是賊，賊不爲害；知意是妄，妄亦奚傷。但不可認彼爲是極樂依正也。四明法智大師所以有指妄即真之説，觀佛觀心之談，終不撥於極樂依正實境。奈何後世邪見蜂起，魔侣熾然，破滅佛法〔二〕，斷佛種性，妄計極樂妙土，在我緣影心中，而不肯西求，可勝顛倒。彼閭巷之人，未聞正説，以此邪見，密相傳授，疑悞人者，雖不逃於地獄苦報，尚有可恕。無論僧俗，箇箇點胸。而我出家四衆，圓頂方服者，同此

〔二〕「破滅佛法」，廣陵本作「滅正法眼」。

見解，尤可傷憫。倘若真爲生死，則必以此説爲是。若有障重之人，於此法門不能隨順者，則當更審緣影妄心，境界云何。此虚妄心既無有體，但隨我生滅，遂即妄認爲我。妄認我故，便謂此心住在我今色身之内，謂此色身住於今之世界，謂此世界還住今之虚空之中。此虚空性，廣大難量，徧含塵刹。如是則空大界小，心劣於身，一念轉微，不可舉示。豈可以至微至末一念無體之妄心，而於此求極樂依正之妙境乎？不可求而求，豈不甚惑？既了此義，則知如是空性無邊，雖不可量，元不出我大覺清淨心中。如彼片雲點太清裏，況諸世界在虚空耶？況此色身在世界耶？況此妄心在色身耶？故知妄微身著，界大空圓，從纖至洪，不出我今本心之内。故知我心如空，彼空如塵，我心廣大無涯無底，圓裹十方三世一切虚空微塵刹土，一切衆生色身妄念，欲求一法在於心外，了不可得，何特西方極樂非心外耶？造次顛沛，尚不可離。況淨行莊嚴，要期西邁，透脱生死，豈求外耶？經云[一]：「認悟中迷，晦昧爲空。空晦暗中，結暗爲色。色雜妄想，想相爲身。聚緣内摇，趣外奔逸。昏擾擾相，以爲心性。一迷爲心，決定惑爲色身之内。不知色身外洎山河虚空大地，咸是妙明真心中物。譬如百千澄清大海，棄之，唯認一浮漚體，目爲全潮，窮盡瀛渤，汝等即是迷中倍人。

[一] 下面三段引用文字皆出自大佛頂如來密因修證了義諸菩薩萬行首楞嚴經，説明妙明真心廣大無邊，無所不包。

如我垂手，等無差別。」又云：「妙覺明心，徧十方界。含育如來十方國土，清浄寶嚴妙覺王刹。」又云：「十方虚空，生汝心内，猶如片雲點太清裏。況諸世界在虚空耶？」以是義觀，既十方空刹，依正色心，是我本有。我今決志求生本有之土，求見本有之佛，有何不可，而謂外求？我既願求，心能感故，彼佛爲我顯現之時，即我自家底本有心佛顯現。心佛真實，何有外來？既無外來，彼佛顯時，即我心顯。我心顯時，即彼佛顯。我心即是彼佛之心，彼佛即是我心之佛。一體無二，性本圓融。何可捨彼西方極樂内心之佛，而妄計別有唯心佛也？或曰：「雖妄心，豈不亦具依正之法，何必使人求乎外境？」答曰：「妄心設具一切依正之法，豈不亦具西方極樂？妙。若知西方極樂一如娑婆之實境可求，可説心具。妙。若謂此心即是，心外更無實境，此則但是妄心虚想，有何實焉，而謂心具？妙。又即境之心名真心，離境之心名妄心，即境即心，故即即非即。故知真妄雖同，即離爲異。即得離失，即是離非，其旨明矣。又如法師少康，因念佛故，稱佛名時，佛從口出，狀若連珠。亦存其相，使其衆會皆得見也。佛既有相，土焉不實？更有一等，謂於事則有，於理則無。或云處處皆是浄土。傷哉此輩，深惑難祛。又禪宗南陽國師爲禪客舉無情説法[一]之話，雖不專言浄土旨趣，亦痛末世向緣

[一]「無情説法」，是南陽慧忠國師爲破除「身内真如見」而與南方禪客的一段對話公案，對後世影響頗大。如洞山禪師有偈云：「也大奇，也大奇，無情説法不思議。若將耳聽終難會，眼處聞時方得知。」

影求佛者多，故此説中，不得不備。」

附真妄心境圖説下圖大方相，喻大覺不生滅之真心也。心量不可爲喻，今姑以方相擬之。內一圓相，喻十方無邊虚空也。內十箇小方相，喻十方各微塵數世界也。內人身中心字，喻汝今胸中所蘊六塵緣影之妄心也。此妄影心在我身中，身在世界，世界在空，空在大覺本然真心之中。故知此東穢西浄二土，實境兩形，遠隔十萬億國土之外。豈在汝今虚妄緣影心中。佛祖有云：「唯心浄土，本性彌陀者，正在此以方相爲喻能含裹十虚大覺不生滅真心中。若謂在汝即今妄想緣影心中，可謂惑甚。」楞嚴云：「譬如百千澄清大海，棄之，惟認一浮漚體，目爲全潮，窮盡瀛渤。此是迷中倍人。」即此義也。又云：「十方虚空生汝心內，如片雲點空。況世界在空，豈能離我本然真心也。」又云：「空生大覺中，如海一漚發。有漏微塵國，皆依空所生。如是則浄穢等土，不離真心。又何礙於著相求生耶？」若能了遠即近，求即無求，自合理趣。此真妄二心，古人廣有妙釋，不能具引，行者可不鑑乎。

真妄心境圖

此方相喻真心大方廣

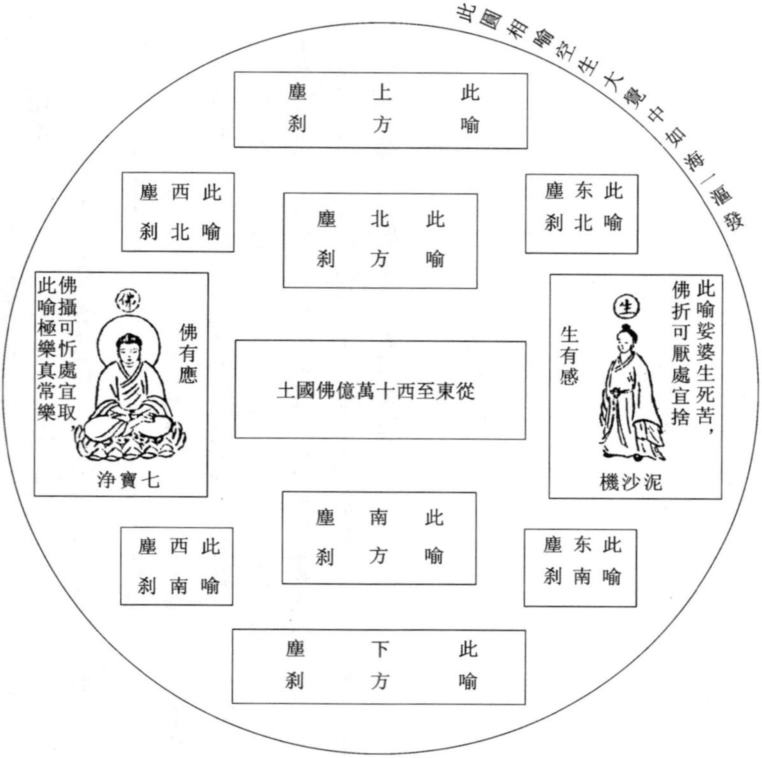

此圓相喻空生大覺中如海一漚發

此喻上方塵剎

此喻東北塵剎

此喻北方塵剎

此喻西北塵剎

此喻娑婆生死苦，佛折可厭處宜捨

生有感

生

泥沙機

從東至西十萬億佛國土

佛

佛有應

佛攝可忻處宜取，此喻極樂真常樂

七寶淨

此喻東南塵剎

此喻南方塵剎

此喻西南塵剎

此喻下方塵剎

呵謬解第三 堪爲前祖吐氣。

念佛三昧，名三昧王。境界甚深，卒難究竟。古今師授，互有不同。至於天台，其説大備。慈恩賢首，各引其長。暨我禪宗，亦極明顯。但後學淺陋，莫得指歸。尚未升堂，焉能入室？尋門未得，異見多途。遂將禪宗六祖大師壇經説淨土處，暗地摶量，隨語生解。便謂本無淨土，不必求生。而不知我大師非但所説隨機，實乃義符經旨。縱隨其語，但言淨土不必生，亦不説無淨土。淨土既有，生理昭然。何故初機執指爲月，若依大師所云：「東方人但心淨即無罪，雖西方人心不淨亦有愆。東方人造罪，念佛求生西方；西方人造罪，念佛求生何國？凡愚不了，不識身中淨土，願東願西。悟人在處一般〔二〕。」又言：「淨土遠近，但隨衆生善根不同，而佛土焉有遠近之異。語契小本及觀經。是謂不必求生也。」然要衆生永斷十惡八邪，具修十善八正。又「迷人念佛求生於彼，悟人自淨其心。」又云：「令妙識心地性王，不離此身。但迷悟有異。若悟，則能行慈悲喜捨，能淨平直等善，即是觀音、勢至、釋迦、彌陀。若迷，則分別人我，邪心虚妄塵勞之殊。即是須彌海水之境，龍鬼地

〔二〕 明代蓮池大師在竹窗三筆之六祖壇經中云：「六祖示不識字，一生靡事筆研。壇經皆他人記録，故多訛誤，其十萬八千，東方西方等説久已辯明。」

獄之黨。今詳大師旨意，但能心浄，則隨處皆浄。實與維摩會上佛足按地，變穢爲浄，其諸大衆各各自見坐寶蓮華，義實無二。則經所謂隨其心浄即佛土浄，其説明矣。大師之辯，豈不稱可佛心，深符經旨。但聖人説法，遮表[二]不同。其有位未至於此者，不可引彼遮詮而自誑也。況一大藏教，或説遮詮，一切皆非，何必求生；或説表詮，一切皆是，必當求生。此二法説，同出佛口，義無有殊。豈可偏執遮詮之説，頓棄表詮求生之義耶？若果直謂於土不必捨穢取浄，而但浄其心者，則大師亦當謂人但浄心而已，不必令人斷諸惡業而修善行也。今既令人斷惡行善，則必於土捨穢取浄，其義益明。故佛説遮詮之時，正欲顯於表詮令求生；説表詮時，正是依於遮詮知無生。故知曹溪令人因心先浄，則報境自浄，不令求生，遮詮也；吐唾要人掩鼻，豈要人食唾耶？廬山令入佛報境浄，則因心自浄，教必求生，表詮也。掩鼻正好自己吞吐，豈要人常吐唾耶。然佛祖説法，因果不二。非前非後，二義未嘗相離。雖使人所入不同，而法體本一。柰何令人纔聞遮詮之説謂是，齷齪食唾。便謂表詮之談爲非。常吐唾恐傷元氣。自生退障，良可憫傷。不知大師作此遮詮不必求生之説，正是顯於表詮，令求生浄土故也。又如釋尊一代聖教，諸部歷談，無非一味。而於顯説法中，定多讚顯

[二]「遮表」，指遮詮、表詮二門。以否定方式表達的，是遮詮；反之是表。宗鏡録云：「遮謂遣其所非，表謂顯其所是；又遮者揀卻諸余，表者直示當體。」

説；　於密説義中，必特稱密説。各宗當部，而置別談。然佛豈無別談妙於此者，蓋欲應機，使衆會受持，得以一志無猶豫也。今像季中扶宗樹教，豈無抑揚之時？六祖既欲弘一行三昧，理宜杜絶諸乘。廬山特欲闡念佛三昧，使之横超直截，正當圓攝群機，後學豈可妄生二見？決定論。宜詳審之。又謂東方西方之人心淨無罪，不淨有愆者，正謂東方惡境麤彊，佛已滅度，不能心淨。如俗在家，火宅萬煎，縱修亦失。譬如小石，入水即沈。故必求生西方，彌陀聖衆現在，境勝行深。逃子既回，佛親誨益。如出家在寺，善緣具足，決不退轉。故生彼國，心淨無愆。如彼大石乘船，入水不沈故也。又東方西方，理本一體。彼佛國土，非但境勝，其佛現在，能除愆罪。心必清淨，聖地可階。故必遠勝娑婆，須求生也。若是根勝如曹溪、六祖者，尚能入生死大海，尋聲救苦，教化衆生，何必求生。其或道力未充，妄效先覺，自不求生，教人亦不求生。譬如救溺無船，彼此俱溺，可柰何哉？又我大師，實弘禪宗之六祖，所説豈非闡揚少室之禪？乃云心平何勞持戒，行直何用修禪。若依此語，則謂不必持戒修禪矣。而不知心若平，則我待物無不平。物我既平，豈可殺他自養，殺。盜彼自利，盜。分男女相而行非行，淫。語不真實，妄。而更飲酒，酒。使醒醉異時。心平既無此犯戒之相，則一切戒皆在其中。豈可全不持戒，與劫殺人等，而云心平。是知作此心平何勞持戒之語，正是顯於大戒也。禪字乃是梵語，此翻静慮，或翻正定，或翻一行三昧。豈有行直之人，其心慮而不静，其住定而不正，其行有不一者。是知何用修禪之語，正是顯於深禪也。大師行超天人之表，道隆像季之間。恐後學著法泥迹，於戒體中説何勞持戒之語，於禪境中説何用修禪之言。例此，則知亦於必當求生净土法中，而説不必求生之語也。後學猶轉泥迹，謂實不必求生，愚之甚也。蓋大師所説，反勸也；諸祖所談，順讚也。非順，則無以啓進修之路；非反，則不顯圓頓之修[一]。反勸順讚，悉應當時之機，無有實法。如云逢佛殺佛，豈真殺佛乎？若殺佛之語是實，則文殊仗劍，亦是真殺佛乎？苟隨古人之語，不求古人之心，謂實不必求生者。正所謂醍醐上味，爲世所珍，遇斯等人，翻成毒藥矣。是故大師稱彼三諦圓妙之理，於有生中説無生，於無證中説修證。二邊叵得，中道不存。令教乘圓頓法門，坦然明白。如揭日月於昏衢，無不蒙照。而謂禪宗於念佛三昧净土旨趣，有所未盡，可乎？正大光明之論。若夫河西綽公、長安善導、信源禪師、智覺、慈覺，豈非繼其後者？皆能遠稟遺音，力弘斯道。道珍、懷玉，行業厥彰。圓照諸師，其驗益著[二]。況今禪林爲病僧念誦，及荼毗十念稱佛名號，俾其往生。事載典章，餘風尚在，更奚惑焉？

[一]「則不顯圓頓之修」，廣陵本作「無以示惕厲之嚴」。

[二]「圓照諸師，其驗益著」，據蓮池大師往生集載，有僧神遊净土，見一花殊麗，問之，乃圓照禪師。圓照雖在宗門，亦以净土兼修，故得蓮境標名。

正明心佛觀慧第四 此浄宗根本法輪。持名者，亦須於此悟入理持。

夫念佛三昧者，實使群生超三界生極樂之徑路也。始自鷲嶺敷宣，次羨廬山繼軌。十方稱讚，諸祖傳持，自昔至今，有自來矣。但其説或不能一致，後學不得其歸。獨天台三觀法門，理冠群經，超乎衆説。禀教得旨，其益難思，故後學不可不以此爲舟航也。夫三觀者，一念即空即假即中也。自我如來恢揚，至於智者妙悟。所謂空則一切皆空，假則一切皆假，中則一切皆中。俱破俱立，俱非破立。圓融絶待，難議難思。統諸部之玄門，廓生佛之境智，極萬法之源底，顯浄土之圓修。念佛三昧，非此法門，則有所未盡也。四明大師發揚妙旨，以諭後學，今悉用其語[一]。求生浄土，雖不外乎世間小善，及彼事想。若非以大乘圓妙三觀法門，釋彼十六觀經奥旨，使人開解起行，何由必生？十六觀者，初觀落日，所以先標送想向彼佛也。初心行人，雖了根塵，皆是法界，而心想羸劣，勝境難現。是故如來設異方便，即以落日爲境，想之令起觀中之日。圓人妙解，知能想心，本具一切依正之法。今以具日之心，緣於即心之日。令本性日，顯現其前。斯乃以法界心，緣法界境，起法界日。

[一] 詳見四明大師觀無量壽經疏妙宗鈔。

既皆法界，豈不即空假中。此猶總示。若別論三觀成日功者，以根境空寂，則心日無礙。以緣起假立，故累想日生。以其心日皆法界，故當體顯現。日觀既成，則三觀同在一心。非一非三，而一而三，不可思議。日觀既爾，餘觀例然。應知十六，皆用即空假中一心三觀以爲想相之法。次觀清水，復想成冰。良以彼土琉璃爲地，此地難想，且令想冰。冰想若成，寶地可見。如上且以所見落日及冰以爲方便。次觀地、觀樹、觀池及以總觀樓地池等，已上六觀，皆所以觀彼土之依報也。至於觀華座者，爲三聖之親依。觀寶像者，類三聖之真體。欲觀於佛，先觀於座。真佛難觀，要先觀像。乃至普觀往生，雜觀佛菩薩等，七觀，皆所以觀彼土之正報也。後三觀者，明三輩九品[一]之人自此而生彼也。既然修因不同，是故感果差降。今亦觀者，爲令行人識别三品優劣，捨於中下而修習上品往生故也。然諸觀皆用經所示相，憶持在心爲所觀境。仍了自心本具此法，託境想成，發明心目。又經題云佛説觀無量壽佛經者，佛是所觀勝境。舉正報以收依果，述化主以包徒衆。觀雖十六，言佛便周，則當但觀彼佛也。欲觀彼佛者，則當先觀彼佛如虛空量端嚴微妙廣大色身。一一身分，八萬四千相；一一相中，八萬四千隨形好；一一好中，八萬四千光明；一一光明

〔一〕「三輩九品」，印光法師文鈔云：「無量壽經中有三輩。觀無量壽佛經有九品。下三品，皆造惡業之人，臨終遇善知識開示念佛而得往生者。無量壽經三輩，通有發菩提心，爲九品中之中品。」

之中，一一世界海。彼世界海中，一切十方諸佛菩薩聲聞緣覺僧衆，一一微妙廣大，不可具說。但當憶想，令心眼見。見此事者，即見十方諸佛。以見諸佛故，名念佛三昧。作是觀者，名觀一切佛身。以觀佛身故，亦見佛心。佛心者，大慈悲是，以無緣慈攝諸衆生。作此觀者，捨身他世，生諸佛前，得無生忍。又云，觀無量壽佛者，從一相好入。但觀眉間白毫，極令明了。見眉間白毫者，八萬四千相好自然當現。見無量壽佛者，即見十方無量諸佛。得見無量諸佛故，諸佛現前授記。是爲徧觀一切色身相。故知十六妙觀，以觀佛爲要。八萬相好都想難成，故令但觀眉間毫相如五須彌。此想若成，八萬皆現。此爲要門也。若修前諸觀，心得流利。觀已宏深，則可稱彼毫量而觀，使八萬相好自然皆現。疏中令觀劣應毫相，乃爲未修前諸觀者，及爲雖修觀未成者，故於佛身別示初心可觀之相爲三昧門也。此即是觀經最初下手處。又慈雲法師但令直想阿彌陀佛丈六金軀坐於華上，專繫眉間白毫一相。其毫長一丈五尺，周圍五寸。外有八棱，中表俱空。右旋宛轉，在眉中間。瑩淨明徹，不可具說，顯映金顏，分齊分明。作此想時，停心注想，堅固勿移。此想若成，則三昧現前矣[二]。是故觀佛三昧經云：「若人至心繫念，端坐觀念色身。當知心如佛心，與佛無異。

[二] 詳見慈雲法師往生淨土懺願儀第十坐禪法。

雖在塵勞，不爲諸塵之所覆蔽。作是觀者，是真念佛。」是知觀佛功德，其事如是。又彼世尊相好光明，微妙廣大。衆生狹劣，想念難成。佛令於真身觀前，先令想像。佛必坐座，又先觀座。座觀若成，則當想像。經云：「諸佛如來是法界身，入一切衆生心想中。是故汝等心想佛時，是心即是三十二相，八十隨形好。是心作佛，是心是佛。諸佛正徧知海，從心想生。是故應當一心繫念諦觀彼佛。」夫法界身者，報佛法性之身也。滿足始覺，名爲報佛；究顯本覺，名法性身。始本相冥，能起應用。然非衆生能感，則諸佛亦豈能應。能感如水，能應如日。是故始覺合本，猶白日昇天。應入淨想，如影現百川。有感有應，此二道交，是爲入衆生心想之義也。又法界身者，即佛身也。無所不徧，故以法界爲體。若能得此觀佛三昧，則觀解心契入佛體，佛體入觀解心，斯乃始覺解於本覺，是故本覺入於始覺。有解有入，此二相應，是爲入衆生心想中也。當知今之心觀，非直於陰心觀本性佛，乃託他佛以顯本性。是故先明應佛入我想心，次明佛身全是本覺。故應佛顯，知本性明。託外義成，唯心觀立。二義相成，是今觀法。又經中云：「是心作佛，是心是佛者。」所以示今觀佛，當明修性不二之旨。言作佛者，此有二義：一者淨心能感他方應佛。謂諸佛法身，本無色相。由衆生淨心，依於業識，熏佛法身，故能見佛勝應色相。二者三昧能成自己果佛。謂衆生以淨心想，成就觀佛三昧，故能使自己終成果〔一〕佛。此之二義，初作他佛，次作已佛。當知果佛從證，非是自然。即是而作，全性成修，顯非性德自然是佛也。言是佛者，亦有二義：一者心即應佛。前言佛本無相，心感故有。則心佛有無，條然永異。今泯此見，故即衆生之心，全是應佛。以離此心外，更無佛故。二者心即果佛。既心是果佛，故知無有成佛之因，以衆生心中，已有如來結加趺坐，豈待當來，方成果佛？此之二義，初是應佛，次是果佛。當知果佛本具，非從緣成。即作而是，全修成性，顯非修德因緣成佛也。若以作是顯於三觀，則空破假立，皆名爲作，二邊之觀也；不破不立，名之爲是，中道之觀也。全是而作，則三諦俱破俱立。全作而是，則三諦俱非破立。即中之空假名作，則能破三惑，立三法。故感他佛三身圓應，能成我心三身當果。即空假之中名是，則全惑即智，全障即德。故心是應佛，心是果佛。故知作是之義一心修者，乃不思議之三觀。爲十六觀之總體，一經之妙宗也。文出此中，義徧初後。是故，行者當用此意修淨土因。或曰：「何不依經所説，惟以事想，直生淨土，乃顯慧觀之門，使初心難入耶？」答曰：「觀慧事想，乃至人中微善，但得一心，皆可生於淨土，但麤妙之不同耳。麤則惟彼事想，妙則專乎心

〔一〕「果」，廣陵本作「作」。

大乘行人，觀。疏云：良以圓解，全異小乘。小昧唯心，佛從外有。是故心佛其體不同。知我一心，具諸佛性。託境修觀，佛相乃彰。今觀彌陀依正爲緣，熏乎心性。心性所具極樂依正，由熏發生。心具而生，豈離心性？全心是佛，全佛是心。終日觀心，終日觀佛，其旨明矣！又應了知，法界圓融不思議體，作我一念之心。徹底指示。亦復舉體作生作佛，作依作正，作根作境。一心一塵，至一極微，無非法界全體而作。既一一法全法界作，故趣舉一，即是圓融法界全分。既全法界，有何一物不具諸法。以一切法，一一皆具一切法故。是故今家立於唯色唯香等義。」又云，毘盧遮那，徧一切處。一切諸法，皆是佛法。所謂衆生性德之佛，非自非他，非因非果，即是圓常大覺之體。故知果佛圓明之體，是我凡夫本具性德。故四三昧，通名念佛。若此觀門，託彼安養依正之境，用微妙觀，專就彌陀，顯真佛體。雖託彼境，須知依正，同居一心。心性周徧，無法不造，無法不具。若一毫法從心外生，則不名爲大乘觀也。又仁王般若經云：佛問波斯匿王，汝以何相而觀如來？王言：觀身實相，觀佛亦然。無前際中際後際。不住三際，不離三際；不住五蘊，不離五蘊；不住四大，不離四大；不住六處，不離六處；不住三界，不離三界。乃至非見聞覺知，心行處滅，言語道斷。同真際，等法性。我以此相觀如來身。佛言，應如是觀。若他觀者，名爲邪觀。此義益明矣。」又云：「若其然者，何不直觀彼土真身之妙，而又此經教人先修像觀耶？」答：「娑婆教主稱讚樂邦，務引衆生出離五濁[一]。教觀彼佛六十萬億那由他由旬之法身，而先之以華上寶像者。開示方便，使觀麤見妙也。繼之以丈六八尺之像者，隨順下凡，使觀小見大也。觀門根極於此以逗末世機故。蓋麤妙異想，悉從性而起修。小大殊形，咸自本而垂迹。能觀之性，初無差別。所觀之境，寧可度量？是故圓頓之談，一音普被。開示其次第而非漸，隨順其根器而非偏。並啓觀門，全彰實相。像教之源，豈不在茲？妙。此是念佛三昧單提直截之旨，始終不二之談，大乘圓頓之道，如日月普照天下後世，使知真妄之心，即一而不同，而理有所詣也。可謂不離日用，解行觀慧悉皆具足。學者可不盡其心哉？」

道場尊像念佛正觀最切要。第五

夫觀慧三昧者，承上文來。當以斯觀慧之旨，觀彼極樂依正，使此心純熟，心境理一，而直生於彼土也。道場正觀者，以彼雖達觀慧之旨，而六根所對，尚留塵境，或有退轉。故於道場聖像，乃至莊嚴供具，即與極樂依正，一體而觀。行人雖未離娑婆，以此心觀一故，如已生淨土矣。於命終時，莫不感應。且如行人懺悔行事，清淨道場莊嚴供事，至於一香一

[一] 「五濁」，指劫濁、煩惱濁、衆生濁、見濁、命濁。五濁之説散見于大小乘諸經論中。五種惡劣生存狀態的時代，稱之爲五濁惡世。

華，豈不即彼三諦之理。了達諦理，方知下來所供是實。若不以此諦理，事事之中，正念觀察，使勝行有歸，則於大乘圓頓之道，不能開顯。如彼佛土，有無量一一莊嚴之具，皆從彼佛初修菩薩行時因行所感。因行既立，果土現前。故莊嚴具，勝妙無盡。我今觀果知因，則知三昧道場一一莊嚴，與彼極樂因果無二。豈不亦各各成大三昧，顯諸法門圓融微妙，如極樂土，等無差別。亦自即彼嚴具，爲妙身相。身相供事，非彼非此，非一非多。依正互融，顯法界理。如諸佛土不可思議，豈可視爲土木所成境耶？故知或境或心，或身或土，同一受用，自在無礙。經云：「以波羅蜜所生一切寶蓋，於一切境界清淨解所生一切華帳，無生法忍所生一切衣，入金剛法無礙心所生一切鈴網，解一切法如幻心所生一切堅固香，周徧佛境界如來座心所生一切衆寶妙座，供養佛不懈心所生一切寶幢，解諸法如夢歡喜心所生一切佛所住處寶宫殿，無著善根所生一切寶蓮華雲等。」以是觀之，則知極樂依正之境，乃是彌陀如來因行所成，今感其果。我此道場，既是生净土因，勝劣雖有不同，如海如渧，而其氣分，豈不與同體耶？因是義故，則道場中，六根所對香華燈燭，勝旛寶蓋，一切供具，乃至衣服卧具，飲食醫藥，諸受用具，一色一香，及一微塵，無非三昧，無非法門，皆能使人發乎妙解，悟心證聖。雖未聞音，亦能表現念佛三昧諸大法門。亦即一切生佛之身，境智無礙。亦能與我同行，爲真法侶。行人敢輕視之，使不發妙悟，俱生彼國，可乎？經云：

「禪定持心常一緣，智慧了境同三昧。」義亦若是。能作此觀，則根境一致，何但我之三業爲能修也。又如地獄苦具，刀杖劍火，引證確。以彼先造惡因所使，皆能揺動爲蛇爲狗，爲蟲爲鳥，穿骨入髓，作諸苦事。況道場中諸莊嚴具，而不依正同源，皆解脱法，與我共成三昧者乎？又道場莊嚴，形皆異物，尚能使人發乎妙解。況今所奉尊像，恭敬供養，盡心竭志，如父如母，豈不能令我解脱，速生安養？且如一佛二菩薩像，置道場中，爲的對懺悔之主。此是初步信爲能入。餘像是伴，總名爲正。諸莊嚴具，悉名爲依。是則主伴依正，與彼極樂依正，雖麤妙不同。而其像主所有神通願力，同佛真身，叩之則靈，求之則應，有何差別？既無差別，則於此像，豈可但作土木膠漆金彩所成之見，而不作西方極樂大願相好真身之佛觀耶？若於像中不見真身，則其心不一，三昧難成，妙悟不深，失之甚矣！蓋今所見之像，與彼真身實無二致。但以彼佛大慈普徧，於無二身，隨機應現，示真示化，或示形像，而我以眼障尚深，於一法中所見自異，於佛真身而謂像耳，則知此像豈實像哉？譬如觀經三輩九品接引之佛，隨其品位，所遣從勝至劣，各各不同。故知我所見像，實亦當我所見。豈佛慈不普，而示我以像哉？雖然見有不同，皆即彌陀一體。又如經説，懺彼眼障漸薄。見佛座已，先見一佛二佛。障又薄時，漸漸見佛徧虚空界。以彼例此，若我懺願求生之心，與理相應，先見佛像及化，後能見佛真身。又如華嚴會上，佛體本一。大菩薩衆，見佛是廣大無量天冠莊嚴舍那之身；三乘見佛，是王宫降生老比丘身；我等凡夫，故應見佛是土木所成之身。不爾，云何普賢觀經，但懺眼罪而得見佛。是知佛本一體，或真或像，實見者自異耳。又昔有人，刻木爲母，母身本木。人有借覓於母，或與或恪，木母亦能形喜愠色，與真母同。彼世間孝意所感，尚能若是。況我無量大願神通之佛，即真實像，不及木母者乎？況古今造像，徵驗不一，或放光明，或示瑞應，乃至身生舍利，水溺火焚不壞者，載之傳記，不可具陳。則我道場像主，即是彌陀如來真實色身，而我障故，謂是像耳。縱彼直謂是像，亦能入前像觀。從像見真，豈不顯同體之妙。經云：「佛清淨身，徧一切處。」又云：「一切諸法，無非佛法。」何特此像而非佛乎？或問：「離一切相，即名爲佛。佛身尚非，何況此像與佛同耶？」答：「若於相非佛，何止於像。雖舍那報身，亦非是佛。若一切非佛，即一切是佛。大法師大祖師。何非佛耶？若知此義，則悟我今所奉尊像，不離願海，具大神力，能攝能受。所有一切力無畏等，十八不共，大慈大悲，常樂我淨，相好光明，與彌陀真〔一〕身，等無差别。而我於中，懺悔行事，當如乞人，得近帝王，常懷慚戰，畏愛兼抱，渴仰攝受，冀求出離。況復歷劫難遇，今既遭逢，豈可輕易使勝行不進，自作障難

〔一〕「真」，廣陵本、廣文書局本寶王三昧念佛直指均作「全」。

耶？又念彼佛哀憫我故，垂示像身，受我懺悔。既受我懺，則一切重罪定得消滅，必生淨土。字字廓撤重雲。於是心得歡喜，忽如天廓地清，獲得法眼。彼極樂國，可如目覩。故知真像一致之說，非不甚深。學者宜盡其誠，莫作異解。」

闢斷空邪說救末法之極弊。第六

釋迦如來一代聖教，一本於善惡果報，因緣諸法，爲始終不易之正教也。雖有百非超脫之句，師子吼。豈必離乎因緣法[一]哉？奈何今時有一等斷人善根，極惡闡提之輩，不識佛祖爲人破執除疑，解黏去縛之談，隨他腳後跟轉，妄謂除此心外，諸行皆空。無佛無法，非善非惡，錯認妄識是真。病根。謂此心外，無法可得。遂即撥無因果，排斥罪福。其勢必至。言一切菩薩諸佛形像，祇是箇金銀銅鐵土塊木頭；一大藏教，亦祇是箇樹皮，指不淨底故紙，本非真實，何足依憑？於一切善行功德，無不一一掃除，謂言著相。一路談他之短，顯己之長。尾巴露出。或存所參話頭，而又謂不可固執。索性使人内外空索索，豁達地了。即乃潛行諸惡及淫、怒、癡等，反謂於道無礙，自賺賺他。内心腐爛，殆不可聞。譬如師子身

[一]「因緣法」，佛教重要教義，指萬事萬物都是隨因緣的和合而產生或消滅。阿含經曰：「諸法因緣生，諸法因緣滅，我佛大沙門，常作如是說。」

中蟲，自食師子身中肉。此等見解，其類甚多。必是天魔波旬，昔恨未消所遣來者，令同我形服，壞我道法，而無遺餘。嗚呼痛哉！若如彼見，謂形像非佛，不知何者是佛？紙墨非經，不知何者是經？若自心是佛，何物非心？而獨謂聖人之像非心非佛耶？又心既是佛，何人無心？而獨謂汝心是佛，使人非像非經耶？不知衆生之心，全體在迷，必假聖人形像經法而表顯之，使人有所悟解也。若有悟解，則識生佛真心，平等徧一切處。經云：「諸佛説空法，爲度於有故。若復著於空，諸佛所不化。」又云：「寧可説有如須彌山，不可説無如芥子許。」縱證空法，猶滯小乘。豈能如大菩薩等，從空入有，證於俗假，於衆生界，如佛度生者也。是故小乘空見，是大乘菩薩所棄。佛説空法，是未了義。又佛説空法，乃即有顯空，空不離有，得名真空。今人説空，離有方空。空成斷見，深爲可畏。如陷坑穽，永不可出。永嘉云：「棄有著空病亦然，還如避溺而投火。」斯之謂也。善星比丘妄説法空，寶蓮香比丘尼，私行淫欲，生陷泥犂[一]。豈不是後人龜鑑？後人不以爲戒，復蹈其已覆之轍。如盲引盲衆，使師及弟子自甘没溺，可悲甚矣！又若孝子聞父過惡，以承彼生育之恩，猶尚不忍。況我釋氏之子，負出世恩，於佛形像法言，恣意輕毁，安然不懼，可不

[一] 楞嚴經云：「如寶蓮香比丘尼，持菩薩戒，私言行淫非殺非偷，無有業報。發是語已，先于女根生大猛火，後于節節猛火燒然，墮無間獄。」

縱是德山丹霞，亦但如文殊等一時爲人破執顯理耳，豈欲以此教後世耶？醒極。今爲其後者，不識先人之方便，更喫彼已吐之唾，一向謬謂拆佛殿燒木佛是究道之行，可謂顛倒。若遵彼遺說，唯能燒拆便是道者。今天下釋子，皆當如文殊師利以劍自隨，有佛殺佛，無佛斫像，即是道矣。更不須以佛所傳定慧等學而爲道耶。又佛法門得久住者，全賴經像形服威儀，善行乘法而已。不知捨是何據而得久住者哉？是故佛說於諸經像敬之不至，尚獲大罪，況更輕毀，罪逆可知[一]。妙經有云：提婆達多，昔作仙人阿私陀時，爲釋迦師。釋迦自以其身而爲牀座，奉上供養。今我具足六度，相好金色，無畏攝法，乃至不共神通道力成佛度生等者，皆因達多善知識也。今釋迦已得證果，欲相成其道，不說法空，但逆贊其法，微損佛足小指，尚不逃於地獄長劫之痛。何況後五百歲，斷人善根，妄說法空者，豈能免苦果耶？又佛說法空，蓋欲令人體空斷惡。柰何不識佛意，而反滯空退善，豈不顛倒？醒極。又彼於諸不善尚說無礙，不知善法何礙而欲不修？醒極。古人以不落因果答學者問，尚五百世痛傷！此人必向五無閒獄大熱猛燄之中，各各自受今日謬解之報，豈虚語哉！

[一] 印光法師文鈔云：「欲得佛法實益，須向恭敬中求。有一分恭敬，則消一分罪業，增一分福慧。有十分恭敬，則消十分罪業，增十分福慧。若無恭敬而致褻慢，則罪業愈增，而福慧愈減矣。」可參看。

墮野狐身，非百丈老人，不能脱之[二]。況今妄説法空，撥無因果，不懼後世，恣意妄談，非止毁於經像，又將素食之人比之牛羊，説法之人叱爲虚解，罪將安極？不知慧解如人之目，道行如人之足，有目無足，雖見而不能行；有足無目，雖行而不能見。以不見故，必墮坑塹；以不行故，奚到寶所。雖不能到，還識是非。既墮坑塹，身命俱失。如經所謂五度如盲，般若如導。以如盲故，行必墮凶；以如導故，必到寶所。豈可反叱經教之談爲虚解也？然則解行雖各爲要，設使有行無解，莫若慧解爲優。譬如羅漢應供，象身挂纓，其義可了。又若有解無行，菩提可發；有行無解，難會圓乘。故知文殊解深，爲諸佛之師；普賢行大，作群生之父。豈可偏滯一隅而自執也？禪宗南嶽，尚以不似一物，不無修證，不可汚染，爲悟道入門之要旨。況今人邪見若是之深，豈不速疾陷於極苦之處？楞嚴云：「自謂已足，忽有無端大我慢起。心中尚輕十方如來，何況下位聲聞緣覺。」又云：「忽然歸向永滅，撥無因果，一向入空，空心現前，乃至心生長斷滅解。不禮塔廟，摧毁經像。謂檀越言：『此是金銅，或是土木。經是樹葉，或是氎華[三]。肉身真常，不自恭敬。

[二] 典故出自禪宗無門關。據載，一老人因爲回答説大修行人不落因果，而五百生墮野狐身。後百丈教之答不昧因果，老人遂開悟脱野狐身。

[三] 「氎」，廣陵本、廣文書局本寶王三昧念佛直指均作「疊」。

卻崇土木，實爲顛倒。』其深信者，從其毀碎，埋棄地中。疑悞衆生，入無閒獄。失於正受，當從淪墜。」則知世尊於妄説法空之人，及未得謂得、未證謂證者，預已授其入獄之記。明鑑若是，今人豈能逃佛所記哉？或曰：「彼達多入獄無苦，我奚畏焉？」不知達多因心欲逆贊釋迦之道，故在地獄，非但無苦，且如三禪天樂。然以身口似謗，故在地獄之中，還如身口所作，具受無量種苦。佛師尚爾，況今人效之，使人於經像間，不生尊敬，視猶土木，待如故紙，令彼不識因果，薄於罪福，違佛教誡，近五逆行，如是惡報，其能免乎？

開示禪佛不二法門第七

釋迦如來所垂念佛法門，統法界群機而無外者也。一句全提，卓哉。實文殊、普賢所證大人境界。天台四明，判與華嚴、法華同部，確。味屬醍醐，即禪宗所謂單傳直指之道。永明四料簡中謂無禪有淨土，萬修萬人去，但得見彌陀，何愁不開悟，誠向上一路也。更確。柰何今人，因於名利所謀，不遂其志，乃作色長歎而自悔云：「噫！我平生一切都罷了。參禪非我所望，不如且念些阿彌陀佛，以修來世，苟不折本，足矣。」於是反怠其身，曾未深省。倘或忽遇些些兒得志趣，便自無量惡作，依舊一時現前，莫之能禦也。勢所必至。念佛如此，何益之有？今詳其見。彼謂參禪雖妙而難，如造萬間大廈。念佛雖麤且易，如作一隙草窟。見地若此，譬如饑世得遇大王百味珍饍，認作草菜之食〔一〕；以如意珠王，視爲魚目，可不哀哉？不知禪佛二門，發行雖異，到家一著，其理是同。當知所以發行異者，如參禪拈來即是，不著佛求。然若自不能具正知見，又不遇正知見人，縱不退轉，多入魔道，無佛力救護故也。若念佛，一切不取，惟念彼佛，雖無正解，及師友開發，但直信有佛身土，發志即生，縱滯偏小，亦還於正，有彌陀願力救護故也。是名發行有異，非謂法門地位深淺有異也。還識好歹否。是知參禪即念佛，念佛即參禪。禪非佛不得往生，佛非禪不得觀慧。念佛參禪，豈有二致？若知此義，珍重。則當乘彼功名富貴得志之時，一刀割斷。即便猛發大心，力行斯道，於世所有妻子寶貨，頭目髓腦，乃至身命，不自悋惜，決志求生。豈可直待悔吝失節不得已之際，以此最上法門，但作草窟魚目小道之見，以苟且之心而欲修之，可傷可惜甚矣？最切今時。若能因是悔吝，從今一時放下，生大乘寶所之見，辨決定不退轉心，譬如隨風順流之舟，更加櫓棹，豈不疾有所至，何幸如之？問：「若是，則禪書有云：『如何是佛？答乾屎橛，答麻三斤。云我當時若見，一棒打殺與狗子喫，貴圖天下太平。』乃至魔來也殺，佛來也殺。』且道與念佛三昧，尊敬戀慕，畏愛渴仰之心，及到家之旨，如何

〔一〕「草菜之食」，廣陵本作「草茹」。

同耶？」答：「念佛者，本持念彼西方極樂世界報身阿彌陀佛也。此佛報身，有無量相好光明，化佛菩薩聲聞，願力功德，不可具説，此爲佛身。又佛所依境，有諸寶池地樹幢網欄臺鈴旛華水等一切莊嚴，此爲國土。然彼佛以身爲土，以土爲身。身土無礙，心境圓通。一切時，或彼或此，同一受用。乃至蘊入界處一切諸法，直至無上菩提。及能殺所殺之義，一切處，無障無礙，非縛非脱。縱横逆順，皆即彌陀清浄色身。何以故？心即境，境即心。身即土，土即身。生即佛，佛即生。此即彼，彼即此。及青黄赤白之色，眼耳鼻舌之根。如是諸法，或心或身，亦一一無不自在，無不解脱。尚不閒於淫、怒、癡是梵行，塵勞儔是法侣。何特乾屎橛、麻三斤非是佛耶？此既是佛，何須於浄地上特地示現降生，挖肉做瘡，起度生想。如此正好一棒打殺與狗子喫，卻省得許多作模作樣，六年苦行。降魔説法，於無生滅平等法中，唱生唱滅，賣弄千端，攪動世界，惱亂一切，使平地上死人無數，豈不天下太平！咦，到這裏切忌錯會，不得動著。他家有錯者裏無錯。動著則喫我手中痛棒有分。若謂此説是曹溪門下搕𢶍堆頭觸著得底，且未曾夢見在，我早打折你驢腰。」問：「恐不容汝如此計較。」答：「亦不外此計較。又汝莫謂計較有心，計較無心。我幾曾計較來。」問：「只此早是計較了。」答：「我適來説什麽底？」問者不會，良久又問：「若一切是佛，則糞箕苕箒皆可酬彼所問，何特以極劣乾屎橛而作答耶？」答：「既一切是佛，則門窗户闤目前諸境皆可爲問，何特取最勝之佛而爲問耶？故知問者心地未純，太取其高。而答者欲破彼執，反取其劣耳。若知屎橛非劣，則佛亦且非優。豈可謂彼語有不同，而妄認禪佛爲異行哉？」問：「此念佛法門若如此奇特，與少室指心成佛之説，台宗觀心觀佛之談，初無有異。可謂不出一念，顯三千妙法，而三觀宛然。不離萬法，究一真如門，而一心頓了。且教我鈍根後學之人，如何修行，得相應去？」果然他家有錯。答：「但肯發行，何慮不成。譬如空谷之間，有聲皆答。聲大則大鳴，聲細則細響。隨彼發聲，無不克應。正如樂國以三輩九品攝受衆生，亦隨其根利鈍深淺邪正遲速而導之。應生何品，無遺機矣。如谷應聲，高低共作。若能勤加精進，必不唐捐。又況時無先後，何嫌鈍根？以是義故，則知一切法門即一法門，一法門即一切法門。豈特禪佛不二？舉釋迦一代施化之道，不出念佛一法門矣！一句全收，卓哉！又云收他不得〔二〕。又此法門量廣大故，攝機無外，何閒愚智之根。奉勸後賢，於此法門，莫生異見。」

〔二〕印光法師文鈔亦云：「浄土法門，其大無外。所謂無不從此法界流，無不歸還此法界。九界衆生舍此，則上無以圓成佛道；十方諸佛舍此，則下無以普度衆生。」可參看。

示諸佛二土折攝法門第八

夫二土者，即諸佛折攝二門也。行人聞上所説依正之境，則能如彼經旨，了知此土實苦，彼土實樂，雖聞觀慧法門，圓融微妙，而直見二土儼然，皆即實境。事持理持皆以此正智爲本。非如淺信之人，謂彼土心有則有，心無則無，光影幻化，虚妄不實，處處皆是西方等解。深知彼土亦如此土端確的實而無謬悮。若人能具此智，不爲世間一切邪解偏見諸惡知識之所回轉，正智善根非難至難。則當正觀二土苦樂浄穢，於其境上，生二種心，以爲方便。非此二心，不能生彼。何謂二心？一者厭離心，二者忻樂心。於此娑婆生厭離故，則能隨順釋迦所説折門。於彼極樂生忻樂故，則能隨順彌陀所示攝門。以此二門，精進修行，念佛三昧，必定成就。何謂折門？以聞如上所説極樂勝妙，則應如理觀察此娑婆世界皆苦，無一樂者。三途地獄，日夜燒然。餓鬼旁生，不可堪忍。修羅忿戰，人處何安？根塵與八苦交煎，因果共四生[一]昇墜。時有寒暑，境是沙泥。晝夜推遷，無常不住。又復受身臭穢，男女異形。所需衣食，艱難麤惡。壽命不永，衆苦相生。縱有生於天宫，報盡還歸極苦。又

[一]「四生」，指三界六道有情産生的四種類别，包括卵生、胎生、濕生、化生。

不知人中樂即是苦，親正是怨。顛倒攀緣，不求出路。從業致業，展轉不休。如是苦惱，不可具陳，故當厭離也。何謂攝門？行人聞説娑婆實苦如是，則於彼土西方極樂生大忻樂。彼極樂土，二門互映。寶地寶池，無三惡道。莊嚴妙勝，超過十方。無寒暑晝夜推遷，無生老病死結業。純男無女，蓮華化生。衣食自然，能成法喜。壽命無量，身光莫窮。聞法音則應念知歸，覩相好而刹那悟道。二句映上又不知數句。如是種種，快樂無量，得名極樂，故當忻樂也。若能於此二門，精進修習。日夜不休，隨順佛教。净土指訣。於此土聲色諸境，作地獄想，作苦海想，作火宅想；於諸寶物，作苦具想，飲食衣服，如膿血鐵皮想；於諸眷屬，作夜叉羅刹噉人鬼想。況復生死不住，長劫奔踄，實可厭離。於知識若經卷中，聞彼佛願力，國土莊嚴。於念念中，稱彼理趣，生安隱想，生寶所想，生家業想，解脱處想；彌陀如來菩薩僧衆，如慈父想，如慈母想，生接引想，生津梁想；於怖畏急難之中，稱名即應，功不唐捐，刹那便至速來救護想，應念出離想。如是功德無量，實可忻樂。若於此折門不能修行，厭離不深，則娑婆業繫不脱；嘐嘐論實事。若於彼攝門不能修行，忻樂不切，則極樂勝境難躋。是以行人欲生净土，成就念佛三昧，當齊修二門，爲發行最初一步也。若不修此二門，雖了觀慧之旨，但成虛解。故知觀慧以事行爲本。縱欲生彼，以不忻厭，無因可得。若能修此二門，不識觀慧之旨，雖可生彼，但事想故，位非上輩。若能熾然忻厭，圓修觀慧，既生而復上品者矣。學者豈可謂此説固執著相而輕棄也？或曰：「何不諸緣放下，一念萬年。使心與理會，境與神融，自然合道〔一〕。何必忻厭取捨若是之深？」答：「若謂諸緣放下是道，只起一念放下之心，便不名爲放下，卻與道反遠，類於斷見外道。故鵝湖云：『莫祇忘形與死心，此箇難醫病最深。』又云：『若還默默恣如愚，知君未解做工夫。』又佛十八不共法中，有精進無減。又六波羅蜜，因精進故，方得成滿。且放下者，但放下世間業緣耳。豈是放下精進體道之心哉？古人所謂坐在無事甲裏，正是此輩。若謂放下自在是道，而不勤加精進，一心修行，豈得心會境融，打成一片，與道合耶？若知不放下是放下，熾然忻厭取捨，即是不忻厭取捨，修即無修，念即無念，則名無功用行，亦名無作妙心，奚難速證中道之理？又修故離斷，無修離常，斷常既離，則異乎所問。而直生安樂世界，以二大士爲同修，日與彌陀佛相對，且道此是什麼境界。彼時有何法而不可問？何行而不可學？何疑而不可除？何求而不可得？既無退轉，則此忻厭，豈不是成無上正覺之大因行哉？」

〔一〕「道」，廣陵本、廣文書局本寶王三昧念佛直指均作「法」。

勸修第九

夫浄穢同心，生佛一理。諸法本等，奚假勸修。其柰衆生迷心作境，浄穢斯分。對待相成，縛脱迴異。纏縛多劫，不覺不知。故須勸娑婆苦海衆生，求生西方極樂世界也。行人既聞如上所説二種法門，則必深知浄穢苦樂之土，真實不謬。大慈大悲敢不勉耶？便當發行求生，如彼農民得利自趨，止之不可得也。然彼農民，近爲一歲饑寒之苦，尚甘日夜不休，朝愁暮苦，具經年載，而不自倦。況彼三昧行者，若一念精勤，超歷劫娑婆之苦，何止一歲饑寒。登九品極樂之安，何止一年温飽。以彼較此，優劣可知。是尤不必待人勸也。又前示人折攝二門，其旨已明。如云：此是金玉，此是砂石。雖三尺孺子，亦必棄石而求金，不勸而自取。蓋因識其貴賤，行者亦爾。既明識此土是苦，彼土是樂。此是生死沈溺，彼是自在解脱。亦必捨此穢土，而求彼浄土。自然念念不住，心心不息，如救頭然。聞教便行，奚待更勸。苦樂二土，是佛所説。諦信不疑，修則自得。今人見屎尿，則必搐鼻攢眉，嫌其臭穢，便欲速去；見錦綺，則必舒顔展笑，貪其瑩潔，便欲速得。彼暫時美惡幻境，尚不能一忍，而憎愛熾然。況長劫極樂極苦之處，而不速生忻厭。可謂愚之甚，惑之深矣！又此娑婆世界，釋迦已滅，彌勒未生，賢聖隱伏。一切衆生奔跋[二]苦海，猶失父之兒。若不以極樂願王爲歸，則誰爲救護？又況此界六道雜遝，人天雖優，報盡則墜。今且以人處暨修論之。彼神仙之黨，未離空地，尚不易至，況彼天乎？彼生天者，以三品十善之因，生三界天。自劣至優，各歷多劫，不能[三]如願。成小敗廣，如海如滴。中間或遇邪惡魔黨，永退永失。敢言得出三界，而望四果四向之地。況歷信住行向諸地，而超此耶？若能修此念佛法門，求生淨土，雖在凡地，不出一生，即便橫截三界五道生死，徑超諸有，蒙佛接引，頓生安養。於彼上品蓮臺託質，花開見佛，聞法悟道。不離當念，闊步大方。供養一切三寶，教化一切衆生。彌勒世尊降生之時，再來此地，同佛弘慈。所有歷劫父母妻子，兄弟姊妹，怨親等境，諭以道品，告以昔因，皆令證果。則其行願，豈不廣大耶？此娑婆世界所有三障一切結業，更不能累我。如是功德，若一念失修，便屬後世，豈宜自緩。況又世事千端，生緣萬擾，如鎖如鉤，連環不斷。心則念念不住，身則在在無休。役我升沈，障我本性。歷劫至今，曾未休息。無常遷變，不可久留。縱壽百年，不逾彈指。今日明日，難保其存。忽於眼光落地之際，不覺剎那異生。隨其業因，受形別類。披毛戴角，著地飛空，今日見解都忘，恍忽三途六趣，修行人急須

〔二〕「跋」，廣陵本作「波」。
〔三〕「不能」，廣陵本作「尤難」。

猛省。飄零多劫，不知自歸，可謂大苦。縱是彌勒出世，而我生處何知？尚不聞父母三寶名字，何況經教圓談。雖受異身，保惜深重，因業致業，從冥入冥，懼死貪生，不異今日。若非即於目下當念之間，效彼先覺丈夫，猛發大心，立決定志，奮揚舉鼎拔山之力，一截截斷，跳出稠林，使兩頭撤開，中間放下，安能行業昭著，光動人天。群有蒙恩，諸佛護念。閉三惡趣，開總持門。即使不待娑婆報滿，便得往生者也。若又更待處所穩便，衣食豐饒，充足香華，事事稱意，思前算後，卜彼良時，報盡恩怨，圓成善事，然後發行。假使虛空界窮，亦無此日矣。所謂晴乾不肯去，直待雨淋頭。古云：「即今休去便休去，欲覓了時無了時。」斯之謂也。

寶王三昧念佛直指卷下

勸戒殺藥忌須知。第十

相國裴公美休，嘗著圓覺經疏序，其略曰：「夫血氣之屬必有知，凡有知者必同體。所謂真淨明妙，虛徹靈通，卓然而獨存者也。」以是觀之，則知蜎飛蠕動至微之物，及彼大身師象巴蛇之類，與十方佛圓覺妙心，虛徹靈通，同一真淨，奚可分優劣乎？生佛既同，人雖至靈，豈不亦與彼等同一體性？共禀四大五行之質，同生天地之間，如虛鼠危燕之類，上應乾象，肖乎日月，反能司人災福，焉得不及人也？此理既明，乃知人與物類，性均天倫，彼此無別，豈可逞我一時之强暴，乘彼之微弱，而恣行殺戮哉？又彼所以異於人者，但因無始妄想極重惡業所牽，故不覺不知，改頭换面，異類受形耳，非謂心體有異也。體既無異，又與彼類俱在生死，云何析其皮骨，潰其血肉腸胃肝膽，或稱量買賣，煎煑百端，咀嚼其軀，恣取甘美，於一時間，飫我貪饕，適我口腹，曾不顧懼未來惡道長劫之痛，可謂失之甚也。人雖或謂優彼，但業對未至耳，豈真優於彼哉？況彼類中，有報盡當爲人者，爲天者，有聖人諸佛菩薩示同其類者。我障不識，奚可殺彼所極愛重之身命，資我片時之口欲？忽爾人業報盡，反有不及彼者，奚謂彼類是我食啖，而定不及我乎？險。又況我身昔同彼類，彼類同我，於類類中亦曾互爲父母兄弟，妻子姊妹，諸親眷屬。形體變流，心亦迷沒，不復相識，妄謂彼劣。今殺食之，即殺我父母先親眷愛。牛羊眼不信其實，事理確然。又我身不離四大，亦殺自己四大故身也。又佛言：「一切衆生，皆有佛性。」以未來必成佛故，尚當供養給侍，如父母想，奚忍殺之。若殺之，是亦殺未來佛也，可不懼乎？嗟今傷殺之人，不識先因，爲親之時，於逆境中多生違逆，從親起怨，從怨結恨〔二〕，怨恨連讎，世世不失。於是相

〔二〕「從親起怨，從怨結恨」，廣陵本、廣文書局本寶王三昧念佛直指作「從親起冤，從冤結恨」。

生相殺，展轉不已。如彼海潮，盈虧往來，不能自止。審彼約己，可不痛傷？故梵網經中，既禁自殺，乃至教他方便讚歎誓呪等殺。及因緣法業，皆制令永斷。此佛誡教誡也。我若不止相吞食者，則必令彼佃獵漁捕惡求之人展轉滋多，使水、陸、空行一切衆生藏竄無地。纔入其手，毛羽鱗甲一時傷毁。哀聲未絶，便供食啖。或易他物，以養吾體。豈知一切物類，怕死貪生之心，本與我同。若能知是先親，同斷殺業，亦能全乎孝道。經云：「孝名爲戒。」即戒殺爲孝也。且彼物類，性具先知。避不擇時，逃不擇處。況復天地寬闊，亦有自養之處。今故不能自生，而兩恰相值，必入人之手者，蓋以先因不可逃耳。先因既不可逃，今因自當深思痛戒。至此不醒，非人也。倘或不戒，則彼此殺害之業，必如前牽入其類，亦安可逃耶？經云：「假使百千劫，所作業不亡。因緣會遇時，果報還自受。」豈虚語也？故我世尊滿浄覺者，現相人中，於諸法會，以此戒殺之訓，叮嚀告誡，非不再三。且以此戒列於諸乘之首，於梵行中，非不嚴切。又復示現琉璃大王盡殺釋種，佛亦頭痛，及金鎗之報，垂誡於世。欲使人知因果難逃，而同止其殺也，可不信乎？或謂佛必無此，而爲物示此者，則聖人有誑人之過。佛既無過，此奚不實。此既是實，佛自尚爾，何況於人？故知報償之理，如影隨形。又如世人，平生友善，但或一言之忤，一物之負，尚結怨至死。況加以白刃，恣食其肉，可忘深恨乎？且彼世典，亦有不合圍，不揜群，釣而不綱，弋不射宿，及聞其聲不忍食肉之訓。正與吾佛三藏漸教,許食三種淨肉〔二〕之說頗同。確論。雖不如大乘方等盡止殺業,亦止殺之漸也。明眼。止殺之漸,尚有至德及禽獸之譽,何況口悉素餐,身必麻繻,意專慈忍,不暴一物,使各遂其生,豈不德化無邊,可稱譽也? 且古聖尚不肯暴露枯骨,枯骨無知,心猶不忍而葬之。何況有命血肉同靈之物,乃可殺食耶? 老子曰:「馳騁田獵,令人心發狂。」又曰:「射飛逐走,發蟄驚棲〔三〕。縱暴殺傷,非理烹宰。乃至行住坐卧,舉動施爲,所傷殺物,其於天地空中,必有司命。欽承上帝好生之德,隨其輕重,悉筆記之,毫髮無失。使彼生則減紀,招不如意; 死則墮獄,備受衆苦。」所有刀山劍樹,斬剉煎煑,抽腸拔肺,剥皮啖肉,切骨削髓,繳首挑眼,焚腳燒手,諸大地獄,靡不經歷。拂石塵沙,無可喻其壽命。縱彼大獄之報有盡,於百千劫復墮餓鬼。於如是劫,又墮畜生。於畜生中,必殺一酬一。殺心若重,或殺一報之千萬,乃至無盡,方與相殺之人,如前相值。或殺或食,以償宿債,錙銖無差。如其先有微善,得生人中,此指償債後。尚世世貧窮孤苦,多病短命,癲癇失志,盲聾瘖瘂,疥癩癰疽,膿血諸衰,百千等苦,以自

〔二〕「三種淨肉」,漢傳佛教認爲三淨肉是幫助初信者過渡到素食的權宜之法。三淨肉指眼不見殺、耳不聞殺、不爲己所殺的肉。

〔三〕「棲」,廣文書局本念佛直指作「巢」。

莊嚴。衆怨境界，畢集其身。親族棄捨，不可堪忍。此皆殺業既深，故受如是極苦也。是以梓潼帝君有化書戒殺之篇。書經亦云：「作惡降之百殃。」不其然乎？又況異類亦有仁心，理不可殺。羔羊跪乳，慈烏返哺，有行孝之禮；胡犬護主，獬豸不屈，有忠直之能。蜂蟻君臣，鴛鴦夫婦。鴈行兄弟，嚶鳴友朋。觀彼群生，與人何異？人雖至靈，反不能推同體之慈以及含識，更殺彼命以養一己，可謂靈乎，可謂仁乎？破的。又如陸亘大夫問南泉云：「弟子食肉是，不食是？」泉云：「食是大夫禄，不食是大夫福。」義亦可了。縱彼世俗延會賓客，及行時祭之禮，豈無蘋藻瓜果庶羞可薦之儀，得全齋戒之道也？又如經說：昔有屠殺之子，欲求出家，因不肯殺。其父以刀及羊并子，共閉密室，謂若不殺羊，當殺於汝。其子因即自殺。緣是功德，便生天上。於多劫中，受天快樂。是知不殺之人，既生善處，必善其身，世世得長壽之報，又能以德遠及子孫世代矣。然今佛法欲滅，如一絲繫於九鼎。多有爲佛弟子，不能體佛慈悲，飲啖自若。見素食人，反謗爲小乘，爲魔頭。甚至比爲牛羊，爲鵝豕。或謂其心太毒，及百般綺語，訐露其過。此等惡人，雖天神見而怒之，謂若啖人羅刹。其如世人得彼類己，反謂之條直也。嗚乎！此佛法將滅之兆，不可不知。夫子産於魚，尚發得其所哉之歎。齊王不忍，乃稱無傷仁術之言。戴記殺獸，有不孝之談。書生救蟻，中甲科之選〔二〕。當知殺與不殺，損益昭然。况我釋氏四衆，乃可行此殺業乎？楞嚴云：「以人食羊，羊死爲人，人死爲羊。汝償我命，我償汝債。以是因緣，經百千劫，常在生死。」又云：「生生死死，互來相啖。惡業俱生，窮未來際。」法華云：「佃獵漁捕，爲利殺害，販肉自活之人，皆勿親近。」又有偈云：「若欲殺生者，應作自身觀。自身不可殺，物命無兩般。」此等誠訓，寧不昭然。或有邪見之人，謂彼衆生，但妄生妄死，罪福本空，殺之無報者，則何不道我等亦妄求妄食，舌味本空，食之無益也。是以既有貪心，豈無報境？鐵案。若云此類不食何用，則蜈蚣、蛇虺皆無用者，可食之乎？以上所述，乃是審己例彼，平等不殺，仁人各行之道。若我出家之子，欲修念佛三昧，正欲清淨三業，解怨釋結，生於淨土。豈可不斷殺食，於臨終時而自障乎？大藏經中，廣有教旨。諸佛一音，始終不二。三教聖訓，莫不皆然。片紙之中，豈能備引？但願法界衆生，聞斯義趣，體道好生，同躋仁壽，俱盡天年，免諸怨結。更能如法化人，充聖人慈濟之道，使彼已悉證慈心。必同造於蓮華之域，成正覺矣。

〔二〕「書生救蟻，中甲科之選」，指宋代的宋庠見蟻被淹，將竹編橋，渡救蟻數百萬，後與弟宋祁同舉甲子科進士，雖弟比兄高，太后乃擢宋庠第一，宋祁第十。

勸持衆戒第十一 皆浄業正因。

惑者問曰：「今聞念佛直指戒殺之説，可謂指體投機，事理悉備，實善世利物之訓也。敢問爲只此殺業，當極戒之。爲兼盜、淫、妄等諸惡，悉宜深戒之耶？若當悉戒，何以語之略也？」答：「噫，是何言也！子豈不聞經有具足衆戒之説，奚獨戒殺？但殺業最重，通於貴賤，人所難除。故於正行之首，先令斷殺，庶可具乎衆戒，語合觀經[一]。故語之詳耳。戒體豈有取捨哉？又若戒德不修，憑何立行？如器欲貯醍醐，先滌不浄。修三昧者，亦復如是。必衆戒清浄，乃可得成。縱其宿業深厚，不能頓斷。亦當方便制抑，自勸自心。省身悔過，方便。修四念處。方便。了知世間樂少苦多。方便。無常敗壞，不久磨滅。方便。一切諸法，皆不清浄，如夢幻無我。方便。設諸方便而使必斷，豈可隨妄念而失其宰。又戒德雖具，若不使身心澄定，息諸世間伎能雜術，乃至一切若善若惡能分念者，設不屏去，何能一心修此三昧。三昧不一，往生何由？然今一切衆生無明業識，徧周法界。苟起一念世心，便被如是等塵勞魔黨牽拽將去。全身陷没，求出無期。譬如遊魚雖逸，一絲可

[一]「語合觀經」，佛説觀無量壽佛經説浄業三福第一福爲「孝養父母，奉事師長，慈心不殺，修十善業」。

繫，其害非不大也。心念尚爾，況身行哉！今既修此三昧，正欲如箭，一心取的，不待此身報盡，跳出稠林，決生淨土。豈可失戒攀緣，志行因循，使三昧不成，更入惡道，可不痛傷！若果聞之不戒，則臨終無驗，莫謂佛力無感應也。

勉起精進力第十二

精進者，不爲世間八風所退，又不爲身心異見，一切大小病緣，而怠其行，故名精進也。行人既依勸發，永斷殺業，漸具衆戒，欲入三昧。於三昧中，或被一切强輭二魔，內外惑亂，行有退轉者，則當堅强其志，重加精進。要緊。如金剛幢，不可摧毀；如須彌盧，不可搖動；如彼大海，衆毒莫壞。假使行人聞佛記云：「汝今雖修此行，彼安養土必不得生。」即當答言：「善哉世尊。我先受佛記，求生極樂。」釋迦佛言：「一切衆生，皆當發願，願生彼國。」尚不閒於女人根闕，十惡五逆阿鼻之輩，何況於我？我今道行雖微，不造五逆，數過十念，必當得生。佛豈自誑，肯違本願[一]？況十方諸佛，出廣長舌相，證明斯事。是故我今必定求生，不敢退轉也。如是名爲行人金剛延幢勇健之力。佛記尚不能退其初志，

[一] 「佛豈自誑，肯違本願」，指阿彌陀佛爲救渡衆生所發四十八願中的第十八願：「設我得佛，十方衆生，至心信樂，欲生我國，乃至十念，若不生者，不取正覺。」

何況天魔惡黨，人中水火盜賊，强邪境界，及妻妾情愛，而能動我行願哉？或曰：「我見世人雖修而不得生者，何耶？」答：「蓋其見異確。而行不莊確。故也。」問：「如是則虚喪其功耶？」答：「豈虚其功。彼亦必承彌陀願力，今世不生，二世必生，二世不生，三世必生。若但一念一動歸向彼佛，必在當來多世定得往生。是名皆得不退轉者，豈有不生者乎？故知生彼國者，得不退轉；修此行者，亦得不退轉也。但彼後世生者，枉受多劫輪迴之苦。故須一生取決，豈可自二其志，墮在他世往生者乎？其中若有宿業所使，願行有虧，常當一心誦此拔一切輕重業障得生淨土陀羅尼〔二〕。大慈大悲。若持一徧，即滅身中所有一切五逆十惡等罪。諸佛不思議甚深境界。若持一十萬徧，即得不廢忘菩提心。若持二十萬徧，即感菩提芽生。若持三十萬徧，阿彌陀佛常住其頂，決生淨土。此呪世所誦者，雖出藏本，其音聲句讀多訛謬。今所傳者，乃是近代三藏法師沙羅巴所譯，比他本最爲詳要。修是行者，故宜誦之，爲正行之直指。今附録於此，呪曰：

柰麻辣怛納　特囉耶也　柰麻阿哩也　阿彌打跋也　怛達哿怛也　阿囉喝帝　三迷三不達也　怛的也撻　唵　阿彌哩帝　阿彌哩打　嘔巴偉　阿彌哩打　三巴偉　阿彌哩

〔二〕「拔一切輕重業障得生淨土陀羅尼」，此呪又名往生廣呪，誦此呪者，阿彌陀佛常住其頂，命終之後，任運往生。

打　葛哩比　阿彌哩打　薛帝　阿彌哩打　帝際　阿彌哩打　韋羯蘭帝　阿彌哩打　韋羯蘭帝　咍彌你　阿彌哩打　咍咍柰　羯哩帝葛哩　阿彌哩打　頓度比　蘇哇哩　薩哩哇　阿勒撻　薩怛你　薩哩哇　咍哩麻　吉哩舍　吉哩也　葛哩　莎喝〔二〕

亦名無量壽如來根本真言，誦此得大精進，速生淨土。」

正行第十三

如上所述，依正二境，乃至精進，雖皆圓妙，悉是求生之方，未爲正行。此下所陳，乃是正行之旨。何謂正行？行者既發此志，必使身心清淨，入於道場。先當觀察我及盡虚空界微塵刹海一切衆生，以大菩提願爲本。常在生死大海，歷劫不休，飄零沈溺，於六道中，無歸無救。若不令其普得解脱，何名正行。於是等觀怨親之境，即此境上，起大悲心。如虚空量，廣大普覆。又作是念，我今此身，如彼瘡疣，怨業苦聚。若不以此布施衆生，等修三昧，令彼解脱，則違佛教誡，違我本願。衆生受苦，甚可悲愍。我今發心，如師子王出窟，不求伴侣，不求護助，嚬呻哮吼，摧伏一切，定不爲彼弊魔惡黨之所退轉。如是大心既立，然後

〔二〕「莎喝」下，廣陵本有「與奈同音」四个小字。

審彼古賢念佛正行，此中一字不可不遵。當擇自然寂静之方，及非先曾穢染之地，所費先當盡己所有，乃可丐人。如法建立道場，下以香泥，上懸寶蓋，中奉三身及九品像，極令嚴浄。布諸旛華，供事畢備，皆令瑩浄微妙。次則著新浄衣，燒香然燈，安設坐具。無始所有一切善根，普爲衆生迴向浄土，莊嚴行願。若不如是迴向，生因奚得？於是三心圓發，五體投誠。觀佛相好，胡跪合掌。乃至運心普緣，無邊刹海，一切衆生，及我此身。自昔至今，流浪不返，深爲可痛。涕淚悲泣，求佛垂慈。不覺此身如大山崩，歸命三寶。手擎香華，想徧法界，請佛歎德，敬禮投誠。剖腹洗腸，發露過罪。修行五悔[一]，旋繞歸依。於是端坐面西，觀佛相好。誦經念佛，出入經行。晝夜六時，剋期練行。如或障深未感，至死爲期。於中不得刹那念世五欲。如是一心，若不往生，則我佛是大妄語者。故此三昧，其神若是。此三昧者，諸佛所讚，諸聖同遵。始則唱於廬山，終則流於天下。歷代傳弘，皆以此爲歸趣。但三昧儀軌雖多，惟慈雲所撰，詳略得中，宜熟味之。確確。此是第一上行，境界甚深。學者於中，當竭其力，慎不可捨此而趨彼也。若或根機不等，勝行難全。亦必處於浄室，使内外肅清。隨意立行，禮佛懺悔，日定幾陳。精進一心，誓不中悔。或專誦經，或專持呪，

[一]「五悔」，天台宗依五門的次序所修的滅罪法，即懺悔、勸請、随喜、回向、發願。真言行者修金剛界法也有五悔：歸命、懺悔、随喜、勸請、回向。

或但執持名號，直求往生。或能深達法義，觀佛依正。若至得見好相，即知罪滅緣深，亦生彼國。如經有云：「不可以少善根福德因緣，得生彼國。若有聞説阿彌陀佛，執持名號，一日二日乃至七日，一心不亂，其人命終，佛與衆聖現前接引，即得往生。」歸重持名有特見。故知執持名號，即是多善根多福德因緣也[二]。又有未能盡斷世緣，亦修世善，於極樂國諦信不疑，念念戀慕不忘。於前行門隨意修習，四威儀内，以此爲歸。謂不疑不忘。觸境則達彼淵源，臨事則力行方便。臨命終時，必生彼也。然此諸行，詳略雖有不同，而其法力本等。但存心或有緩速，故佛應亦有遲疾。各各論遲疾。學者不可不知。又有慈雲十念法門：每於晨朝盥漱已畢，静處面西，宜亦修行。此實往生極樂之初因，願必不可失也。如上行相，義具委明，可謂義無餘藴矣。或曰：「某於念佛之際，雖運身口，而心念紛飛，不能自制。且如何用心，得不散亂？」答：「能運身口之念，毋論其散。此答妙極，勿草草放過。但不間不斷，自能一心，亦可即名一心。惟行之不休爲度，固不必憂散亂矣。譬如父母喪愛子，龍失命珠，不期心一而心自一，豈制之令一也？此心本不可制，實在行人勤怠耳。」

[二]「故知執持名號，即是多善根多福德因緣也」，六朝襄陽石刻本阿彌陀經「一心不亂」後，有「專持名號，以稱名故，諸罪消滅，即是多善根福德因緣」二十一個字，可爲證明。

别明客途所修三昧第十四

道場既備，供事已陳。一一無不如儀，豈可隨時空過？則當依教，運之以觀慧，解之以妙境。承此勝心，立無作行。則生死海必枯，净土必生矣！時有客在座，雍容自如，端莊雅重，内藴不怯之志，忽作禮而問曰：「今觀師誨，則知運心廣大，深淺咸該。然皆建立道場，使供事畢備，乃安心處静，方可起修之説也。若余生於晚輩，機鈍寡聞。自昔至今，竛竮湖海。周旋境邑，或去或來。雖欲處静進功，量力未得。若能即於旅次，不假道場。亦可六時行道，三業無虧，誦呪持經，稱名禮懺。一一如儀，期生安養。一同道場功行，庶我輩可以奉行。伏願弘慈，啓迪未聞之旨，曲垂始終方便。」答：「大哉問也。世人欲修三昧，謂必所需百事具足，然後發行。今子之志，可謂拔乎其類矣！非此問，不發吾之所藴，使悉被餘機也。蓋聖人垂教，如一味雨，三草二木，各得敷榮。况念佛三昧，普攝群機。子若求決生净土，當知四威儀中，皆爲道用，豈特妨於客途哉？子若欲就斯立行者，最初當先立不欺心。藏德露玼，慎毋矜耀。始從脚根下，便要内外穩當。此數語前正修行人同誡，但客途接人多，尤易外馳，故於此明之。次則必放下諸緣，休息萬事。預宜熟讀净土經呪，五悔懺法，極令通利。又應修習所行威儀，必使端莊雅重。乃如前説，超真正信心，運大悲智。普爲衆生，如理觀察。二土净穢，苦樂兩報，實可厭忻。於此發行，既在客途，居處不一，如雲如水，故不必莊嚴道場。但一清净身心，服隨分净勝之服。於六齋日〔一〕，或客何處，即具蕞爾香華之供，供養三寶，表有所施。此論最初發心起行之日。正當於三寶前，拜跪稽顙，立廣大願，誓不退轉。在處生世，以此爲歸，更不生中悔心。雖無道場莊嚴，即於是日爲始，至形壽盡。每日六時，修行此法。香燈有無，毋固必矣。」問：「三昧既須一心，人事則有萬緒。且如何修行，佛事世事不相妨礙？」答：「譬如捕鳥入籠，身雖在籠，心憶園林，兩不妨礙。籠但繫身，不能繫彼求出之心；此是念佛三昧。事但拘身，不能拘我願往之志。所謂三界如籠，此身如鳥，求出即願往，園林乃净土也。故知妄緣萬緒，不礙真心。何況客中，他事少惱，自不涉他，身心坦如，正好進修。」問：「法門次第，願更委曲，使進修之人，臨事不惑。」答：「日三夜三，時分不差，是其次第。今在客中，或日初時至，若有像處，或自有像隨身。則當口誦身禮，或默誦身禮，對像而修。如無佛像，或對經卷，或但面西遥禮。或但除東向，隨方修禮，當具如道場儀式。若有時在道登舟，及不得已一切治身動用之事，不可撥置，則佛事世事同運也。又當念此世務，本爲養身。我身行道，功亦不

〔一〕「六齋日」，指每個月的初八日、十四日、十五日、二十三日、二十九日、三十日。僧衆每月於此六日集會一處，布薩説戒。在家二衆，凡遇齋日則過午不食。

「子豈不棄，即與三昧同體也。」問：「我聞心無二用，得一失一，如何二事同運？」答：「應聞籠鳥之喻，已自委明。又如一心不妨眼見耳聞，身作心憶。只除疑，不另授以方法，妙，妙。用無盡，何止二事？用既無盡，則當就彼一切動用之中，一心持誦小阿彌陀經一卷、或上品、或楞嚴勢至章，及誦淨土呪，或三或七，至百多徧。又稱佛號，或三百五百至千，及不計數，爲入懺佛事。迴向已，方入懺。其禮懺儀式，具出慈雲懺儀。從一切恭敬，次禮三寶，運香，歎佛，禮拜，懺悔，至於旋繞歸依。皆當隨其文義節段，一一想我此身，恭對淨土佛前，或此道場形像佛前，跪拜瞻繞，一一明了，不使昏亂。禮畢，觀佛及白毫相等，量時而止。於是如前念誦經呪佛號迴向畢，方爲初日分佛事。以此想禮，與道場行法一同，但加身禮爲異耳。又其所誦之音，雖隨人境好惡而輕重之。當令聲默相半。沈大雅重，俾兩肩之人隱聞，切不可與人多語。又當於未作務前，或先於佛前燒香一炷。或更不能，但隨手拈物爲香，就先散之，至時但運想耳。於餘時惟宜獨坐獨行，遠離喧雜，及聚首閒談，戲謔侮弄，哂笑歌歎，吟詠筆硯，使人忘失正念等事。是爲日初分佛事，其日中分後分與夜三分亦然。是爲六時行法。念彼夜中人定境寂，用功正宜與日不同。行者既爲生死事大，豈可隨於懈怠，而恣睡眠。縱歷寒暑之極，慎勿脱衣。法服數珠，宜置近處。手巾淨水，不離座隅。或有所需，皆應預備。又應觀彼信根厚薄，不惱他人，不使人厭。於此無礙，則當微出其聲，如琴如瑟，細而沈重，大而不雌。使天神歡喜降護，鬼畜聞聲解脱，則其功彌深。或在船中，及在他家卑隈之處，皆當察境察人，一心精進，方便宛轉，以竭其行。切不可於中起人之過，彰人之惡。又不可盡人之歡，傾人之美。縱遇時閒處便，或有他事異人爲礙者，亦當擇於僻處，端坐面西，合掌至膺，聲默隨宜，如前想禮，與作務不異。又若於作務之時，事訖身閒，不拘其懺多少，乃至一句一拜未圓，即當連音隨誦，至彼佛前，身體圓滿。若於佛前端禮之時，忽有他事急爲，亦不拘懺多少，乃至一句一拜未圓，即當隨所作處，想禮圓滿。切不可入懺未多而重起懺。又此客中想禮，蓋出乎不得已者，不可暇時亦以想禮而怠其身。又不可以此想禮加於作務之時，而於閒時反虚擲也。於淺信人，不可遽然勸修；於深信人，又不可不密啓之使其自肯，又不可使化功歸己，如春育物，不見其功。彼依道場所修者，名順中易行；從客中而修者，名逆中易行。若以逆中易行，比之於順中易行，不啻若天地之懸遠矣！逆中易行，其功益著。」問：「此想禮與身禮同否？」答：「同。子豈不聞三業者，意爲身口之主。主既注想，焉得不及乎身口也。又如懺中運念香華，及此身心偏至之旨，豈不亦但念想也？例此可知。」問：「若爾，但心想禮，可不運身口耶？」答：「意業雖勝，若全身口，名三業圓修也。其默誦之義，例此可知。又能以此想禮之數，於空時塡禮，其行尤壯。」問：「六時行法之外，如何用心？」答：「或觀佛相好，持呪誦經，稱名頂禮等行，念念不捨，尅期往生。如行路人，步緊到速，步緩到遲，當如是用心也。若人身心力弱，不能具修六時行法，但尅定經懺之目，每日或三五時，雖不厭乎加多，亦不可一時增減，而改其所立之行也。」問：「客中三昧之説，圓融次第，於世罕聞。若爾，則依道場所修者爲不必耶？」答：「如人墮海，求船未得，忽遇横木，且執之得達岸也。豈可有船，反求其木而自喪哉？況又客中去住，隨主厭忻，得無罣礙，可不進功？如上是爲客途所修三昧。此三昧者，境界甚深，功能廣大，合佛妙心，稱揚莫盡。四三昧中，名非行非坐三昧，亦名隨順四威儀三昧，正被大機。小智小根，隨分受益。以此三昧比於道場，或缺身禮，餘儀亦同。子當以此三昧精進受持，一志西馳，切不可因循而更滯於生死也。如上自爲正行。余又觀今世之人，或有志於斯道者，纔聞其易，即作易想，便妄謂得證。纔聞其難，即生退屈，便盡失其志。縱有信心頗切者，又流入邪見叢裏，密相傳授，以悞多人。其傳授之法，千形萬狀，至有不可聞者。皆能羅罩人心，使其自肯。非行漸張，師徒俱陷，豈能若爾正心下問之切也？」客作禮曰：「某崎嶇於客中久矣。每想生死無常，欲修未得。但慮口體之養，於法行道場不得起修爲恨。今宿生緣幸，得聞此説，可謂如甘露灌頂，徹骨清涼。敢謂決志受持，始從今日。如怨爲親，更無餘恨。從是身心放下，如息重擔，自在坦然。願世世生生，頂戴受持。寧斷命根，誓不退失。普使一切同人，皆悉了知。在處在客，於逆順中不礙道用，同成三昧。可謂群生之大幸，可謂學佛者之大幸也。此既可修，則知一切奔馳世務，流蕩四方，勞生販賣，邸店市廛，商賈負道，百工伎藝，男女老幼，奴婢黄門，受人驅役，不自在者，於彼一切行住坐卧，著衣喫飯，語默動静，及被牢獄者，於喜怒哀樂之間，未有不可修時。況出家四衆，在家四民，有居可處，有暇可修，所欲皆具，得自在者，寧不進其行也。」客又曰：「今有聞極樂過十萬億佛土之遥，而望途怯遠。聞生者多是一生補處，而恥躬弗逮者，云何？」答曰：「彼等豈知如上所説十方空界，悉是我心。心浄則十萬非遥，心垢則目睫猶遠。但期心浄，何算程途？如少頃睡眠，夢行千里，豈以常時爲比較哉？理既有土可生，切不可謂但能心浄即是，更不須生於彼土也。」乃復禮曰：「唯，敬受來教。」又曰：「某初聞是説，先所未聞，謂師但隨自意以垂其言。今聞三昧之名，乃知來自聖典，實應機宜。如青天白日，可謂後學之誡訓也。豈是爲我曲説哉？願筆記之，永爲將來之訓。更求垂示道場所修始終微細正行法門，普利斯世，則其幸尤大。」余曰：「善哉！當盡子意，而與彼説之。」客乃謙恭而退。其客名行一，字志西。自言曾讀智覺禪師萬善同歸集甚熟。後遊廬山，見始祖遠公遺迹，因發願念佛云。

三昧儀式第十五

念佛法門，嚴建道場之事，并供養儀式，及預治衣服鞋履，更衣沐浴，門頰出入，方便正修，禪誦懺禮等清浄法則，具如慈雲尊者懺儀等文，此不再具。如所期日至，當於七日之前，營理庶事俱畢，必先使身心静定，期於懺内，障盡行圓。立心必須如此，近世學者多不然。又起首必六齋日。又期日之前，或三日，或七日，佛前香華浄水等供，不宜不謹。下多慈雲所未盡。蓋有佛天先降，森嚴此處。辟除魔事穢惡等障，使行人於道場中三昧成就故。於此道場，當作浄土想，作解脱處想，作寶所想，作定得往生想，無輕視之。又當返觀世間無窮之苦，如得避怨，永不再入。又不可將平日難割捨事，蘊之於心，存其餘念，與正懺時作障，使勝行不進，虚喪其功，恐難再會。儀云：「不得刹那念世五欲[一]。」

行者十人已還，多則不許。須預審擇其人可否。觀彼平日行止，無大麤過。或信根淳厚，離諸卒暴。音聲和雅，儀軌端莊，受人約束。爲生死故，不生悔惱。肯存謙下，可作同修。若無是人，止四三人亦善。或一己尤妙。不可失察，反使敗壞軌則，惱亂清修。又於

[一]「世五欲」，指染著色、聲、香、味、觸等五境所引起的五種情欲，即財、色、名、食、睡五種欲望。又稱作五妙欲。

衆中，宜推尊一人德重行熟者，或別請久爲師範者，作方等道場之主，主行懺事。使一衆觀其儀禮，聽其舉揚，作大依止。於中或時示現逆順之相，毋見過失。其人亦可審己謙辭，或赴或止。

其禮誦儀式，或拜或跪，或坐或立，叉手合掌，恭敬旋繞，皆當一一端莊雅重。收視隔聽，攝境歸心。未達者，當問先覺。慎勿自恃其力，使身心摇動，或攲或倚。

衆雖預集，當於隔宿之前，沐浴盥漱，换服履等，使道具如儀。懺首鳴引磬，領衆入道場。除内護二人外，餘不許同入。各周旋燒香了，依修懺位，朝佛三禮，以祈感降。禮畢，環繞立定。主懺出衆白文一篇，讚佛讚水，乞祈三寶加護證明。俾於正修之時，無魔無障，必生净土。禱畢，就舉過去正法明讚，念大悲呪七徧，如意輪呪七徧，毘盧灌頂呪七徧。主懺候舉呪之時，即以手執水盂，於香鑪上請熏。約半卷許，方傳與右邊之人。次砂、次香、次華亦然。如是右旋，展轉三帀。三呪畢，復舉大悲呪，周圍灑净，及各處欲經過所，先明燈已，當最前挑燈照路。次則執盂灑水，次捧盤撒砂，次提鑪行香，後隨處散華。領衆從佛座後轉，先於道場内右繞熏灑，圓滿三帀，使砂水邊皆徧。次從道場外，及施生處所，到禪悦堂，亦繞轉一帀。次净厨。次東净浴室，脱著處，宴息處，閒處，及要路，凡行人及經過處，或繞彼屋，皆當熏灑一帀。是故以灑爲界，名爲結界。經云：「界如金剛城牆。」蓋遵此意。又撒砂者，换土净地，結地界也。灑水者，即去垢鎮疆，結方隅界也。行香者，使香雲如懸蓋於空，結虚空界也。散華者，顯瑩潔鮮明，莊嚴法界也。如上一切法用，悉是我大悲聖主及神呪力加持。故砂水到處，爲佛寶土。以是因緣，邪魔不能入，外道不能壞，而我三昧可成也。又此界相，慎不可破。若破此界，便爲不祥。必使一衆道行，難成多障。何謂界相？界相有二：有内，有外。内界相者，即修懺道場四方際畔是也；外界相者，即屋際外八方，砂水到處是也。内人出至外界裏必止，越外界爲破界；外人入至内界外必止，越内界名破界。或辦事人以手指及衣裾入内界簾幕内一分許，亦爲破界；或葷穢惡人入外界片時，亦爲破界。故知此法不通隨喜。破界之兆，不吉可知。若如經旨，則當重建道場，再行懺悔，乃能遠破界之相也。行人可不畏哉？

其有身心之力不及，於此法行不能具修。此亦止名隨喜，不可名正修。若欲但修五時者，當止日中時；欲修四時者，又止夜中時；欲修三時者，又再止日後時；若欲但修二時者，惟在早晚之間也。又行雖隨意而立，立定之後，不許改易。但可增修，不可退減。縱有病緣官事，亦當想念。豈可隨意勤怠，或興或廢，朝立暮改，使其正行不純一也？今欲修此道者，必先取彼念佛法則，及净土經懺呪等，前後排布，如意多少，安頓諦當，再三審實，我能行否？譬如有人，浮身渡水，察水遠近，不致疲絶，而乃渡之。行人亦爾。觀自勤怠，觀法廣略，而乃取之。此爲障重者説。不當趁一時之勇而立，即時而廢。又不可別有誦持，心不專注。如人發箭，心一則中。念佛法門，亦復如是。若能行純心一，應念得生，遊戲極樂，於一念中，所獲功德，豈易量哉！

揚佛下化之力正信正願之本。第十六

已上所述種種方便，皆是衆生起心進行上求之心，而不知我世尊下化願力，種種方便，無所不至，過於衆生上求之心百千萬倍，不得爲喻。如經所謂阿彌陀佛慈悲光明，徧照法界，普覆衆生，作大救護，不令墜墮。阿彌陀佛慈悲願力，徧周法界，普接衆生，作大攝受，不令漏失。阿彌陀佛陰入界身，徧同法界，普示衆生，令彼了悟，不令退轉。是故十方世界一切衆生，皆我彌陀願力所持。猶彼慈母，愛惜嬰兒，懷抱乳哺，不令失念。父母愛兒，但止一世，報盡則休；佛念衆生，世世不捨。以是義故，能於我佛大願之中，一稱其名，妙。滅八十億劫生死重罪[一]，信有旨矣。蓋我彌陀願力，常在世間，救苦衆生。衆生能念，豈不速應？譬彼母救嬰兒水火之難，何待兒求？兒若能求，母必倍愛。惟彼歷劫逃逝，自甘

[一] 觀無量壽佛經第十六觀下品下生曰：「稱佛名故，于念念中，除八十億劫生死之罪。命終之時，見金蓮華，猶如日輪，住其人前。如一念頃，即得往生極樂世界。」

退失，不受救者，誠難救焉！　縱有五逆具造，十惡滿心，毁謗妄語，虚誑説法，無罪不造，臨命終時，應墮阿鼻，其相已現，必入地獄之人，若能遇善知識，教令念佛，此人苦逼，一念改悔，能十稱其名者，尚能變地獄之相爲净土，而得往生。　若能以是觀行莊嚴，及能先排所造之業者，豈不克應？　喻昔有人懼虎上樹，因失聲故，稱南無佛三字，後值釋迦得道。　況彼命終苦逼，猛勵十念，而不感彰？　問：「我聞彌陀願力偏一切處。　今觀此説，但能救彼將入地獄及未命終之人。　其已入者，似不能救。　如不能救，則知彌陀及諸佛願力，有不偏之處耶？」答：「子豈不聞諸法所生，唯心所現。　一切因果世界微塵，因心成體。　若知諸法尚不離於衆生之心，豈離彌陀本體而願力有不偏處耶？」問：「若爾，如何地獄之人長劫受苦，未聞有能救護者？」答：「子又當觀今之市廛屠肆之内，聚生而殺，日夜不休，未聞有能止其殺者。　殺因既不能止，獄報亦無能救。　然則殺在彼而報在我，但因果難逃耳。豈彌陀願力不偏，而地獄無救護者耶？　此下一段爲救彼不能救者故説，可謂大慈大悲。　譬如有人，頗知經義，合佛妙心。　而於身三口四等惡〔一〕，承宿習故，不能滅除。　因不滅故，其人命終之時，不遇善友提獎念佛，直入地獄。　於地獄中，受無量苦。　雖受諸苦，善因不滅。　於諸苦

〔一〕「身三口四等惡」，十業道中殺、盜、淫三者爲身三惡業，妄語、綺語、兩舌、惡口四者爲口四惡業。另有貪、嗔、癡爲意業三惡業。

事，皆能照察，觸境知心。既知是心，亦知生佛一體。以一體故，即知正是如來微妙清淨之身。由能覺了生佛一故，則當其人正受苦時，悉如夢事，了彼苦相，即是菩提。此心淳熟無錯謬故，又能促彼多劫地獄極苦之報，一時輕受。其人於是雖受衆苦，得無苦相，反起代受苦心，是以不求出離。以此妙解合佛心故，彼昔所曾供養之佛，乃至曾於名像所歸敬佛，及經卷中所信解佛，或念彌陀機感相投之佛，彼佛則必如伊解境，還現如是廣大如虛空量，威德熾盛光明之佛，相好神通，巍巍赫奕。至彼地獄最上之頂，垂臂彈指，慈音告勅。於其支體，放大光明。其音隨光，直至地獄淵源之底。其獄所有鐵城、鐵門、鐵網、銅柱，乃至刀山劍樹、鑊湯鑪炭一切苦具，承光照者，無不摧碎灰滅，如影如風，了無蹤迹。又彼一切牛頭馬面，鬼吏獄卒，銅狗鐵鷹，鐵蛇鐵嘴諸蟲鳥等，承光照故，如菩薩相，慈視愛念。其受苦人，及同獄苦囚，忽得本心，增益善念，見彼光明，又聞告勅，如深井底，仰望雲漢，舉眼上視，見佛勝身，踴躍歡喜。頭面頂禮，悔過自責，與同苦者，發菩提心，隨光直上，至佛所已。如摩頂授記，接足作禮。聽佛説法，應念悟道。即能飛行遊戲神通，淨佛國土，同佛生處。如大菩薩，成無上道。教化衆生，難可窮極。」問：「若從因果，則此佛光但照勝解之人出獄。衆囚無與，如何一時同出？」答：「譬如有一惡逆之人，罹於官禍。入獄之時，由彼一惡爲因，衆過俱生。則必展轉累乎妻子、父母、親戚、知識人等，同受苦果。其善行人出獄之時，亦復如是。豈不亦令同受苦者，展轉生善，悉承佛力，皆生樂處。若此，則我彌陀願力，實徧一切時處，豈特不能救護已入地獄衆生耶？若謂獄報未盡，先欲使之令出。獄因無善，而欲佛光下照，其可得乎？更能以彼省己，奚不自悔？」問：「若待獄報盡時，佛光來照。我必報盡自出，何須佛光照耶？」答：「若非佛光，報盡雖出，於三惡道，未知何生，則必各各自重至微，展轉歷於多劫，多無量劫，不思議劫，方至人中。猶自貧窮下賤，癃殘百疾，受諸大苦。又因求不得苦，惡念轉甚。若無微善，還墮地獄。如盲入棘林，何由能脱也？若承佛光下照威力，則能轉重輕受，轉長短受，轉多少受。又能一出地獄，便生佛土，豈可言不須佛光照耶？若作此見，得大重罪。經云：『假使大千世界滿中大火，念彼佛者，直過無疑〔二〕。』何況一己之火而不可滅？即此義也。又云：『彌陀如來，悲心激切。乃至於無間獄大火輪中，代諸衆生，受諸苦惱，方便救脱，令生安養。況未淪墜之人，而不救護。』又云：『彼佛慈力，普覆世間一切衆生。於彼佛身，刀斫香塗，以慈力故，不二攝受。』是故彌陀願力，下化衆生激切之心，於茲可見。何況以種種形，身同衆生，於諸時處作化事者，實難可測。若不諦信，未可謂知法者。或謂衆生全體是佛，未審誰是能

〔二〕宋譯佛説大乘無量壽莊嚴經曰：「假使三千大千世界滿中大火，亦能超過，生彼國土。是人已曾值過去佛受菩提記，一切如來同所稱贊，無上菩提隨意成就。」

救所救者。余只向他道，汝欠悟在。」

十大礙行〔一〕珍地左券。 第十七

詳夫一心平等，體性無虧。衆生雖纏綿於業識之中，靡不有出塵之志。方欲究道，魔境先彰。一事虧心，萬善俱失。哀哉！成小敗廣，得者還稀。況乎物欲交傾，死生遷變。遞相倣效，易地皆然。使我如來於三大阿僧祇劫，捨無數頭目髓腦，國城妻子，身肉手足，戒忍精進，承事知識，不惜身命，修行道品所得法門。因兹障礙，退其心故。一旦在我而滅，可不痛傷？我今既爲釋迦之子，不以力争，坐令法界群有，永失慧目，甚於割切身肉也。是故我今依經，創立十種大礙之行，名十不求行。人雖不故願於礙，但於此間，或不得已，有一切障礙現前之時，俾我身心先居礙中，而衆魔諸惡障礙之境，不能侵我，不能障我。譬如金火同鑪，火雖欺金，金必成器。其十種大礙之行，今當説：一念身不求無病，初標起。二處世不求無難，三究心不求無障，四立行不求無魔，五謀事不求易成，六交情不求益我，七於人不求順適，八施德不求望報，九見利不求霑分，十被抑不求申明。此十種大礙之

〔一〕 蕅益大師十大礙行跋曰：「佛祖聖賢未有不以逆境爲大爐鞴者。佛四聖諦，苦諦居初，又稱八苦爲八師。苟稍存喜順惡逆之情，終與夏草同腐而已，安能如松柏之亭亭霜雪間哉？」。

行，攝一切諸礙，惟上智者堪任。中下之人，不敢希冀。誠然誠然，可恥可痛。若有得聞此十句義，於諸礙中，一一皆能照察覺悟，省身體道，持之不失，則能入諸魔界，不爲群魔退轉其心。循諸色聲，不爲色聲惑亂其志。乃至憎愛利名之境，人我得失之場。我心先居礙中，彼礙豈能爲礙？礙若無礙，則於道行尚可直進。何況得於自然無礙之境，道豈不可進哉？譬如高崖之木，雖久旱如焚，尚不改其秀色。何況雨澤滂霈，而又加於三春之令，豈不敷榮茂實者乎？又如根缺之人，運用雖艱，而於求食之計，有不勝之巧。若以求得之計，移之於求道，豈在礙不能行道乎？當知此礙，即是一切衆生大善知識，亦是一切衆生良佑福田。可以了死脱生，可以超凡入聖。於諸世間所有美味上服，金剛珠玉，一切衆寶所不能及。是故若非以礙爲通，則於非礙，反成爲礙。何以故？次反明病根。身無病，則貪欲乃生；世無難，則驕奢必起；心無障，則所學躐等；行無魔，則誓願不堅；事易成，則志存輕慢；情益我，則虧失道義；人順適，則内必自矜；德望報，則意有所圖；利霑分，則癡心必動；抑申明，則人我未忘。以是義故，則知十無礙道，能生是過，及成如是一切不吉祥事，爲障道因緣。何以故？三詳列病證。貪欲生，必破戒退道；驕奢起，必欺壓一切；學躐等，必未得謂得；願不堅，必未證謂證；志輕慢，必稱我有能；虧道義，必見人之非；内自矜，必執我之是；意有圖，必華名欲揚；癡心動，必惡利毁己；存人我，必怨恨滋生。是十種過，從凡妄生，皆名邪見。展轉生起無量惡法，徧虛空界。必令衆生，墮於地獄。豈可於此，不生敬慎。四出正義。若能體茲礙境，識病因緣，知病性空，病不能惱；了難境界，體難本妄，難亦奚傷；解障無根，即障自寂，障不爲礙；達魔妄有，究魔無根，魔何能嬈；量事從心，成事隨業，事不由能；察情有因，於情難强，情乃依緣；悟人處世，觀人妄爲，人但酬報；明德無性，照德非常，德亦非實；世利本空，欲利生惱，利莫妄求；受抑能忍，忍抑爲謙，抑何傷我。是故大聖化人，五顯力用。以病苦爲良藥，以患難爲解脱，以障礙爲逍遥，以群魔爲法侶，以事難爲安樂，以弊交爲資糧，以逆人爲園林，以施德爲棄屣，以疎利爲富貴，以受抑爲行門。如是則居礙反通，求通反礙。於此障礙，皆成妙境。故得之與失，自不能知。謂得反失，失反得也。人奚於中，强生取捨。是以如來於障礙中得菩提道。至若爲半偈時之遇羅刹，作仙人世之值歌利，瓦石來擊之增上慢比丘，木盂爲孕之大毁謗婬女，及央掘摩羅之輩[一]，提婆達多之徒，皆來作逆。而佛悉與其記，化令成佛。豈不以彼逆而爲吾之順，以彼毁而爲吾之成也！何況時薄世惡，人事異常。於學道人，豈無障礙？於今若不先居於礙，則障礙至時，莫能排遣。使法王大寶，因茲而失，可

[一]「及央掘摩羅之輩」，廣陵本作「及鴦屈提婆之徒」，廣文書局本念佛直指作「及鴦屈摩羅之輩」。

不惜諸！愚故依經聊述所知，願勿嫌棄。倘因聞此義故，障礙現前，反能勇進於道，可謂得斯旨焉！

羅顯衆義第十八

夫念佛三昧者，名一行三昧也。第一段顯圓攝義。蓋彼行人既了深旨，能持一心，唯念彼土，唯憶彼佛，知身土無二，了憶念亦一，乃得名爲一行也。雖名一行，亦當以彼一切世出世間無量法門諸功德行以爲助道，則往生行疾。是故一切諸行，悉爲淨土而修，無別歧路，名一行耳。譬如衆流入海，同得海名；萬善同歸，得名一行。以是義故，則一切念處正勤根力覺道〔一〕，四弘六度，皆淨土行。乃至彈指之善，及散心念佛。或一稱名，或舉一手。一禮一讚，或一瞻仰。乃至或奉一香一水，一華一燈，一供養具。或一念修習，至於十念。或發一施、一戒、一忍，禪定智慧，一切善根，迴向極樂。願力持故，雖有遲疾，皆得往生。如經所説喻，昔有人以小滴水寄於大海，願不壞不失，不異不竭。雖經多劫，要還原水。其人經多劫已，如寄所取，果得原水，不壞不竭。此亦如是。以小善根，迴向極樂，如寄滴水，雖

〔一〕「則一切念處正勤根力覺道」，「念處」指四念處，「正勤」指四正勤，「根」指五根，「力」指五力，「覺」指七菩提分，「道」指八正道分。

經異生，善根不失，亦不壞竭，生彼無疑。是以大乘小乘，有漏無漏，散心定善，事想觀慧，皆名一行，悉得往生。惟除外道種性。無信。故云：「但辦肯心，必不相賺。」又經所謂：「一稱南無佛，皆已成佛道。」良可深信。其有因心未起，善行未立，無願行。身心未屈，先期感應者，不可與其同語也。真門外漢。是故釋迦聖主一代至談，有無量三昧，無量解脱，無量行願，總持相應無量法門。唯念佛一門，圓攝無外，悉皆具足。傾出一栲栳。如彼大海，吞納衆流，性無增減。如如意珠，置高幢上，能滿一切衆生願求，體無虧損。此三昧寶王，能攝能具，亦復如是。第二段顯最勝義。由是義故，始我世尊以此三昧徧告衆會，非不再三。彼會所有承聽大根之士，若文殊等，及三乘聖賢，天龍八部，無不傾心而歸信也。逮法流東土，有大至人，於彼廬山闡揚遺化。彼信奉者，如風行草上，極天下之望，無不美其教焉。自佛至今，將二千三百餘載。中有聖賢之人，高僧巨儒，農商仕賈，匹夫匹婦，奴婢黄門。或自行而勸人，或著文而作誓。重法如寶，輕身若塵。臨難不懼，臨死不顧。挺身立行，力修此道者，何知其幾！或修隨喜，或信歸依，乃至隨得盡己之誠而行者，其數益衆。誠所謂列宿塵沙，莫況其多也！或有半信不信，猶豫不決之人，尚生彼國疑城邊地，何況正信行者哉？傳記所載，萬不及一。自古及今，咸受其賜，豈筆舌所能盡述。縱欲別修道品，但假自心之力，或有退轉著魔之患。唯此法門，因仗佛力，修則必成。無復魔業，永不退轉。第三段顯除災義。又此三昧，非但遠魔，亦於人間一切縣官口舌，是非患難，水火盜賊，惡人凶事，乃至一切虎狼蟲獸，鬼魅妖精，不吉祥事，不能侵害。又亦不爲一切疫癘傷寒〔一〕癰疥下賤，眼、耳、鼻、舌諸病所惱。如其願行無虧，皆能排遣。第四段顯正念義。唯於人中名聞利養，甜愛輭賊，及瞋心瞋火，雖有佛力，蓋是自咎，不能救焉。行人當深加精進，以攘卻之。若一念因循，必爲所奪。然彼輭魔，但能害淺信貪怠失念之人。其精進者，如剛火得水反堅，焉敢小近而睥睨也。第五段顯實驗義。是故行人因佛捍魔，非止此身安樂，又得三昧成就，天人護助，臨終正念往生。其往生之際，瑞應非一。或天樂盈空，或異香滿室，或光明照體，或寶座現前，或彌陀垂臂親自來迎，或菩薩執臺授手而接。乃至預知時至，正念不謬，諸障忽空，自能沐浴加趺，會衆説法，叉手告別。此六句不可著意，恐反成虚妄。或更勉人進道，書偈擲筆，合掌而逝。或臨終之後，舉體如生。齒骨數珠，燒之不壞。光燄異常，五色鮮明。祥物於空，盤旋不散。煙所至處，舍利流珠，觸物而生。此耳目之所常有者也。若非平日履踐明白，精進力感，焉能若是？第六段顯密修義。嗟今之人，或有修而無效者。蓋彼信根淺薄，因地不真。未曾立行，先欲人知。可恥。內則自矜，外欲顯曜。使人恭敬供養，冀有所

〔一〕「癘」，廣陵本、廣文書局本念佛直指均作「痢」。

此等卑淺劣。或見小境及夢中善相，未識是非，先欲明說。淺劣。此等卑下，必爲如上魔侶所惑。願行退失，還隨生死苦趣，可不慎哉？雖有道場持誦懺願儀式，不得不被人知，蓋出於不得已。今人豈可使道場彰著耶？豈可特露其迹，使觀行傾敗哉？是則行人還當審諦，密實自行。内懷慚愧，勿露其德。至到家時，不被如上强輭二魔所惑可也。中有宿障欲滅，微見好相。如其不能藴德，聞人之耳，則其行必覆。所以遠公三覲聖相，平日未嘗言也。但除臨終時耳。至禱至禱。第七段顯下學義。又此三昧，體性雖圓，所解則宜廣大，所行則宜盡諸微細條章，革諸猥弊。乃至小罪，猶懷大懼。又當解隨大乘，行依小學，乃能合此三昧。若知小不自小，小隨解圓。圓不離小，小即是大。小大解行，一理無分，伶俐者少。即超世見。第八段顯浄業義。經云：「孝養父母，奉事師長，慈心不殺，修十善業。受持三歸，具足衆戒，不犯威儀。發菩提心，深信因果，讀誦[二]大乘，勸進行者。」以上每句是一法行，古人各有法訓一章，兹不能述。又復當護人心，勿使誇嫌，動用自若。誦大乘經，解第一義。親近善友，請問先覺。不執己見，不引己長。志存忍辱，行當依經。聽聞正法，不毁僧尼。息世雜善，不貪名利。遠離邪惡，處事必忠。將過歸己，深誡綺語。一心

〔二〕「讀誦」，廣陵本、廣文書局本念佛直指均作「不謗」。

不亂，視人如佛。捐棄伎能，唯求往生，身必清淨。如是等無量善行，悉宜修習，能助正道，其功甚大，不可盡述。第九段顯刳染義。更能割世染心，於憎愛二境，無諸留難。凝心如一，必生淨土。而有名於傳記之人，如大海之滴耳，豈可量其數哉？第十段顯報恩義。若人能依教誡，但行此行，尚能利益無量怨業衆生。何況父母師長，法門眷屬，兄弟姊妹，及平日中解我患難，提挈我者，不得其利？故知但修此行，恩無不報。第十一段顯難遭義。是以應當一心念佛，阿彌陀佛及二大士，境界甚深。於苦海中，難得親近，難得憶念。何以故？能憶念者，必解脱故。聞名尚難，何況親近？經云：「若善男子善女人，但聞佛名二菩薩名，除無量劫生死之罪，何況憶念？若念佛者，當知此人，是人中芬陀利華〔二〕。觀世音菩薩、大勢至菩薩，爲其勝友。當坐道場，生諸佛家。」第十二段顯對治義。是故十方如來示大舌輪，殷勤勸勵。娑婆教主告誡叮嚀，其辭激切。俾令五濁衆生，必修此道，乃得度世。何以故？蓋彼五濁衆生，身心俱苦，以苦爲命，猶水火聚。而佛特於苦處，行悲最深，正應機宜。如水如月，感應道交故也。是故世尊自成正覺，至入涅槃，其音不二。於説法中，始從華嚴會上，終極法華道場。玉音布

〔二〕「是人中芬陀利華」，「芬陀利華」，梵語白蓮華的意思。觀經散善義曰：「言芬陀利者，名人中好華，人中希有華，亦名人中上上華，亦名人中妙好華，此華相傳名蔡華是。」

告，稱述何窮。彼會所有大心勝志之士，承順慈旨，悉皆起願而求生也。何況我等末世鈍機流浪者哉？有識之流，須銘肌骨。第十三段顯願力義。自是彌陀願力不斷，代不乏人。聖人以此唱之於前，賢者以此繼之於後。廓然徧乎十方三世，何止天下？霈然充乎六道四生，奚但人倫？天神嚮化，鬼物順之。若人非人，無不讚仰。載諸行事，具諸典章。盈溢乎海藏龍宫，徧布乎人間天上。深根固蒂，悉應群機。蓋皆我彌陀願力致然也。佛言：「最後惡世，我法滅時。唯此教典，多留百年，以度群有〔二〕。」然則此法，豈非我等殿後之至訓也？彼飛禽名八八鸜鴿者，墮在愚癡妄想異類之中。以能隨人稱名，亦承三昧力故，尚于埋處生蓮，何況於人？人而不如，可謂不知愧矣！第十四段顯二利義。余生於末世，正值後五百歲。故人根淺薄，疑惑不信。又復異見邪解，各執不同，遞相誘掖。使彼正行之人，多被惑亂，傷感盈懷。是故集彼禪教浄土諸文，及諸經卷，取其極深至要之義，述作此說，類以成編。流布世間，斥邪顯正。普願法界衆生，於此說中，一見開解，了悟真心。知彌陀依正，還在西方。達西方依正，不離本性。但含識者，皆同往生，悉深入其階位也。更願先覺，不恪慈悲，見未悟人，如法教導。前人若昧，可與隨根應病，剖析幽微，更爲宣說。彼若

〔二〕曹魏康僧鎧譯無量壽經曰：「當來之世，經道滅盡，我以慈悲哀湣，特留此經止住百歲。其有衆生值斯經者，隨意所願，皆可得度。」

一念信解，行願必成，往生可期，功莫稱述。縱有異執牢固，信樂不深，但一句染神，亦成緣種。展轉利益，無盡無窮。勸發之功，非不大矣！此中勸誡雙行。若人果能如是不師於心，不欺不妄，隨此正教，誨人不倦者，縱自不行，即爲已行，縱自未學，即爲已學。何以故？法界一相，無自他故。如昔有人，自於一生未曾修行。但能一次悉傾己有，平等一心，建會勸人同念佛故。命終之時，亦得往生，其事昭著。故知能發慈悲之心，示攝受之相，及能利彼，勸人念者，所得弘多，誠爲無上法王所使。但不可執謂已定不必修耳。是故三昧甚深，法門如海，顯利之事，豈能盡言？聊記所聞，爲世勸發。

獨示〔二〕一願四義之門第十九

或有問曰：「念佛勸發之書，吾於古人見之多矣！雖唱和相尋，言有同異，而義豈有異哉？若此集者，除述依正，明觀慧，分折攝，顯衆義等。餘如斥妄顯真之類，余若未之聞也。雖古之至人，尚未肯盡，如有所待，況某於此而敢輕視哉？余雖不能入直指之道，而亦獲新聞之益。敢問何爲而作也？」答曰：「噫，余傷世之不軌道也！而悉逐塊陷

〔二〕「獨示」，廣陵本無。

邪，故爲之説。豈余之好辯哉？蓋出乎不得已也。」又問：「此三昧説，既詳且明。或謂難至，還可以一句而盡其義乎？」答：「何必一句，亦可以一言而盡。何謂一言，所謂願也。何謂一句，所謂戒解行向也。然此一部之義，不出戒解行向一句。戒解行向一句，必從願起，乃可以一言盡也。或廣或略，卷舒自由，豈復滯於一隅者哉？何謂爲戒？行人既修三昧，若不持戒，雖有信心，爲彼世間惡緣雜染相侵相奪。塵勞難遣，毁壞法身，令入邪，不得往生。經云：『若一日夜持沙彌戒[一]、持具足戒，即得往生。』故必當持戒也。何謂爲解？行人修此三昧，求生極樂。若不以此深慧妙解，知净穢兩土，東西敵立，真實不謬，又知即此净穢兩土，全具我心，不離當念，從何法修，可得生彼？經云：『讀誦大乘，解第一義，乃得往生。』故必當正解也。何謂爲行？行人求生净土，慧解既正，則必依解立行。六時行道，三業無虧。直進不退，決期生彼。經云：『修行六念，迴向發願。一日乃至七日，即得往生。』故必當立行也。何謂爲向？行人欲必往生，於如是戒解行等所生功德，及今一切時處，與無始來大小善根，一一迴向净土，臨終乃得決生。經云：『迴向願求生極樂國，譬如辦事於家，歸家得用。』故必當發迴向也。此四大法門一句之義，能

[一]「沙彌戒」，即沙彌十戒，包括不殺生、不偷盗、不淫欲、不妄語、不飲酒、不著香華鬘不香塗身、不歌舞唱伎不往觀聽、不坐高廣大床、不非時食、不捉持金銀寶物。

攝一切善法。譬如四時成實穀果，各得其要，失一不成。此四法門，亦復如是。若失其一，三昧不成。是故須當四義具修，乃滿一願也。問：「只此一句，還成多句？」答：「多句即一句，一句即多句。多句一句，攝義皆盡。不可謂多句義詳，而一句義闕也。」問：「若是，何不但說一句。」答：「多句廣說，一句略言。廣略雖殊，蓋各爲其機，皆能顯道。豈可但一句說，而廢廣說也？」又問：「彼三家村裏匹夫匹婦，行公行婆，東西不辨，菽麥不分，此持戒等一言四義，懵然無知，或唯一心稱名，或但專勤禮拜，而得往生，臨終徵驗昭著，何也？」答：「此一心中，何法不具？既從慧解，信有二土，發行稱名，迴向求生，豈更破乎佛戒？如是四義既具，諸行不立而成，遂得往生，成其初願，豈可名爲菽麥東西不分不辨者哉？」問：「若爾，行者但當一心，諸行自具，更不必立四義等也。」答：「若先知四義而一心者，如以基地堅牢故，則永無退轉。若先一心而具有四義者，雖得往生，於中忽遇魔惡邪黨，則多有退轉，是知還以四義爲優也。即時問衆將散，忽有承上問意，復作問曰：「我聞淨土勸修之書，自古及今，作者多矣。其辭義純善，悉應機宜，將徧於人間世。又依教得生者已廣，可謂義無餘蘊矣！云何於今更有所作，使學者有異解耶？今詳此集，義若述古，古人已明，不須更說。義若別立，今人莫解，恐成臆見。若不出二句而說，不知爲名耶？爲利耶？願聞其要。」答：「噫，陋矣，子之難誨難明也！吾聞古人立言，必祖佛經。既祖佛經，雖一句義，假使大千世界塵數衆生，皆如普賢，經劫而談，理趣猶尚不盡。豈古人已說，今人不可言哉？豈先佛已說，古人不可言哉？不知今人不述古人之言，古人之言行不顯；古人不垂今人之誡，今人之志慮無憑。又義雖述古，意趣不重。語雖別立，理不異古。但以世去人逝，所解異端。雖決甲疑，復增乙病。乙病既復，丙疾又生。展轉多歧，流於歧見。又彼聖賢之書，雖則山高海積，泯滅者多。後學機遲，卒難尋究。是故於彼廣文中，摘其精華簡要之義，急欲解當世之惑，集以成帙，盡壬癸之沈痾[一]，豈爲利名乎哉？子之所問，慚且愧矣！譬如大海添流，海豈厭其深廣？巍山加土，山奚惡其崇高？又今人之疑，古所未聞；古人之偏，今人莫至。去聖既遠，故當依經[二]，妙。辨明今人之疑也。妙。又如滿室並金之藥雖貴，若不診其疾，而擇其對者用之。此金剛眼睛最難。非但疾之弗瘳，命亦難保。又經中一義，萬解如字。萬明。何厭乎言之再聞，何憚乎言之未聞也！子當以此三昧，披究詳明，立大願行，直進於道，求生淨土。慎毋更待臨行決別之際，愛境惜身，如生龜脱殼，萬苦攢心而自悔焉！

[一]「盡壬癸之沈痾」，壬癸爲天干之末，指盡力除去佛教末法時期沈重的弊端。

[二]「經」，廣陵本作「古」。

示念佛滅罪義門 三昧訣。第二十

有客問曰："「念佛三昧直指，始於極樂依正之境，終則求生行願之門，無不畢備。但經有稱佛一聲，能滅八十億劫生死重罪之句。某於此語，不能無惑。若果有此理，今觀世人若貴若賤，於盡生中，未有不一稱其名者，則當皆滅如是重罪，悉生極樂世界矣！何世人依舊業識茫茫，死時如落湯螃蟹，昇墜不識所之。滅罪之義何在？不應佛語有虛妄者，願爲釋答。」答曰："「至哉問也。彼世間未悟之人，因子所問，於此三昧必不退轉，直生淨土矣！今世行人，皆謂此説是方便勸進之語。豈知是佛真實之説，必不我欺也！子豈不聞汝於無量劫前，與世尊釋迦牟尼同爲凡夫之義否？而我世尊成道以來，已經爾所塵點劫數。此塵點劫，妙經委明。然我亦於爾所劫中，在凡夫地，漂零六道，造諸結業，不可限量。同佛至今，久遠無異。如此塵劫，安可稱量。假使有人，於一生內，不説餘善，但稱佛名，盡壽聲聲不絶。隨其所稱之名，一一皆滅八十億劫生死重罪。然盡一生以及他生稱佛，滅罪劫數雖多，若比如是極大久遠塵點之劫，正如指上土，欲比大地土耳！豈可謂稱佛名能滅多劫罪故，更無餘劫之業，障我生淨土耶？而不知未滅之罪，劫數長久，無始無際，與佛同壽，實過如是八十億等數量劫外。又如炬火雖熱，欲消大地之雪，豈易融泮？

故雖念佛滅罪，未得生者，其義如是。况人長劫造業心堅，念佛片時心弱，退易進難。又况與佛同爲凡夫之前，劫數轉倍，乃至煩惱無始，發心在近，罪豈易滅？可不思之。今謂一日至七日，一心不亂，即得往生。及臨命終時，一心不亂，稱佛一聲，即滅八十億劫生死重罪。乃至極惡逆人，臨終獄火相現，能稱十念，悉生浄土者[二]。蓋仗我稱佛名號滅罪威神一隙之功，承佛速疾救護大願之力。譬如壯士正戰墮圍，臨危倉卒之際，得一勇夫，與之强弓鋭刃，良馬善策。即便猛發其志，踴身馬上，奮揚威武，努力揮挽，突圍而出。戰勝獲功，偃寇施恩，歸奉其主，永享豐樂。此亦如是。彼佛接引生極樂國，其義若此。故云：『稱佛一聲，滅八十億劫生死重罪。』非謂如今念佛人，今日三，明朝四，且猶且豫。或見目前些兒聲色境界，便被牽拽將去，全無把捉，與不曾念者一般。可痛、可誡。欲因一稱之中，真實滅多劫罪，使便不爲障，即生浄土，其可得乎？然如此念者，聲聲非不滅如是劫數罪，但因初心緩故，報生亦緩，止可作他世生緣耳。或能稱念不息，雖成聚露成流之功，豈得與前説較優劣速疾哉？若人精進，能如前説，生猶反掌。如箭取的，決無不中[三]。故知散心念

[二] 觀無量壽佛經曰：「下品中生者，以惡業故，應墮地獄，命欲終時，地獄衆火，一時俱至。遇善知識，以大慈悲，即爲贊説阿彌陀佛。此人聞已，除八十億劫生死之罪，往生七寶池中。」

[三] 「如箭取的，決無不中」，印光法師文鈔也説浄土念佛一法：「如人習射，以地爲的，發無不中。」

者，及雖志誠未離妄想者，或被如是劫外之罪所障，但報在他生，不能即應其功。若勵聲竭志勇猛念者，既滅爾所劫罪，由勇疾力，餘劫之罪不爲障礙，便得十念成就，往生浄土。此義瞭然可見，決定無疑。豈可因悠悠念佛之人，依舊業識茫茫，死時如落湯螃蟹，而疑佛爲妄語，但是勸進之説哉？故知佛力廣大，徧覆一切時處。能攝我小善，入佛大願，使同一味，拔諸衆生置安樂地，使一切劫罪皆得消滅，何止滅八十億劫之罪耶？如是稱佛功德，實難可測。大乘圓頓横超直截之旨，於斯可見。一切世間難信之法。十疑論云：『譬如十圍之索，千夫莫制。童子揮刃，須臾兩分。』如觀經下輩生因之説，此喻纔念滅罪即生者也。又如佛世有人，於佛衆會欲求出家，歷徧聖衆，悉以道眼觀察，皆謂此人永無善根，無肯度者。後至佛所，佛乃度之。比丘以是問佛，佛言：『此人雖無善根，但於無量劫前，非二乘道眼所知。此人因採薪，爲虎所逼，上樹避之，忽失聲稱南無佛。以此一稱名故，於此賢劫之中，值我得度，後當會道。』此明一生念佛，未即獲報，於後世方得往生者也。以此例之，則知一稱佛名，雖未著何佛，尚能令人滅罪得道。何況彌陀願力超過十方，專注彼佛，稱名功德，所滅罪障，可思議耶？經云：『一稱南無佛，皆已成佛道。』是斯説之明證也。故知若能稱彌陀名，念念不休，此功德實難稱量。雖障重人，有散心退轉者，其於往生之驗，必在將來。又稱佛屬口，惟論其功。念佛在心，乃彰其德。論功則在我不倦，彰德乃見佛現前。二義不同，優劣可見。口稱尚爾，況心念乎？是故我今因汝所問，依經述事，達諸同行決志之人，願於此義如説修行，慎毋疑慮。」

略示列祖行門義途無闕，良工心苦。第二十一

法門廣大，指念佛。偏攝群機。易進功高，衆行莫及。始自鷲峰初演，大器所歸；終至震旦流輝，三乘共證。其於法化益盛，振古絶今。可謂最上微妙不可思議，極勝廣大法門者也。迨至東晉遠祖，於彼匡廬，唱立其教。即時和者，一百二十三人。祖師三覩聖相，如願往生。朝士劉遺民作文立誓，亦見彼佛親自摩頂，衣覆其體。又與同志闕公則等，於命終時，悉從其行。此皆傳記所明，實人世共知者也。又石晉翰林張抗，但持大悲呪十萬偏。劉宋[一]江陵僧曇鑑，以平日毫芒之善，悉迴浄土。南齊揚都僧慧進，願誦法華爲浄土行。而此三人皆生彼國，可謂行不虚矣。抗即見浄土在西屋間，良久而化。鑑乃覩彌陀以水灑面曰，滌汝塵垢，清汝心念。汝之身口，俱致嚴浄。又覩瓶中生花，定起與寺僧話别。進因誦經致病，乃願造法華百部施人，填吾所誦，造畢病愈。忽聞空中讚善，隨即往生。此

[一]「劉宋」，廣陵本、廣文書局本念佛直指均作「宋」。

三人者，其功尤難具述。又後魏壁谷僧曇鸞，棄仙學佛，修浄土真長生法。臨終乃令弟子高聲念佛，鸞即向西叩頭而亡。空中天樂，從西而去。隋僧道喻，以栴檀香，造三尺彌陀之像，發願求生。後亦死而復甦，乃於冥中親覩瑞應。見佛謂云：「明星現時，吾來接引。」及期果逝。其大行者，如唐京師善導和尚、台州懷玉、汾州芳果二師、真州自覺、睦州少康，及并州惟岸等，皆不離大乘，建誓立願，具修是行。靈驗昭著，感動天人。法雲普覆，含攝無窮。法雨徧濡，充擴一切。其德故非一端，實不可具述矣。又陳隋天台智者國師，洎傳法列祖法智慈雲等。宋初永明智覺禪師、長蘆慈覺禪師。此大聖師，行超人天，德臨三有。揭昏衢之慧日，破苦處之導師。皆以此三昧爲自利利他，傑世化人之道。化儀既畢，皆生上品者也。又唐長安尼浄真，誦金剛經十萬徧，將終五月内，十度見佛，兩度神遊極樂。唐房翥，因勸一人念佛，感動幽冥。長安李知遥，五會念佛，見空中神僧來接，得生浄土。上黨姚婆，念佛立化。并州温静文妻，修行如願。又張鍾馗、張善和，皆爲殺業，獄相已現，十念便歸。此等惡人皆能附入諸大祖師之後，我可反不及彼。石晉鳳翔僧智通，宋明州僧可久，觀智者遺文，一心修習，亦爾神遊浄土，見標名華座者。出定之後，悉如其言。宋金太公、黄打鐵、吴瓊，初皆爲惡業，因改悔精修，於往生時，悉有瑞應。荆王夫人、觀音縣君、馮氏夫人，雖在女流，其德反著。故知此勝法門，凡有心者，皆可修行。奚問緇白男女，老幼愚智，異流極惡，最逆闡提之輩也？雉聞法音，尚生善道。人能念佛，豈不西歸？如是則但慮人之弗修，毋慮佛不垂應也。今依傳記，聊述所聞，俾同志之士，見賢思齊，爲日用行藏之警省耳。至若四海八極之地，古往今來之時，耳目不接，所聞未廣，歷時既久，亡失者多，豈能盡述[一]。

正示迴向普勸往生第二十二

詳夫邪見之源，實由於不正師友之教也。外緣。雖是夙業所召，豈免於自心見惑哉？內因。惑既不離我心，報必難逃苦趣。況彼一染於識，萬化莫回。苦苦。所以寶王三昧念佛直指，由是而作也。余纔立斯志，即以此心緣娑婆業繫之大苦，念極樂依正之逍遥。浄穢交參，生佛互顯。無量義海，聚之於心。法喜充盈，如不見我。理事無礙，身土圓融。或匪筆舌所拘，蓋猶生浄土矣！如是功德，無量無邊。我今願以如上功德，及未來際觀集發心，求生浄土一切善根。如法性理，展轉無窮。自果從因，徧周塵刹。爲行爲願，迴施衆生。一切圓成，同生浄土。又願承茲念力，悉使十方刹海，并娑婆世界一切

[一] 歷代關於往生者事迹的傳記頗多，如宋代戒珠、王古，明代蓮池都曾寫過往生傳。清代彭希涑浄土聖賢録是集歷代往生傳大成之作，收録往生者範圍最廣。

衆生，如我所願。若同若别，依正色心，一時趣入樂邦教主無量光明一毫端中，皆爲樂國。變現自在，遊戲神通，如佛所住，永無遺餘，我願方滿。於是重復一心，攝我無始至今，盡未來際，若大若小，三業所修一切無量善根，皆現在前。普與衆生，於極樂國，一心迴向。仰祈諸佛神力，彌陀願力，及二大士功德之力，願此法門，願此善根，徧我六根，及諸支體。令我六根，境智自在。滿虚空界，皆爲色身。悉能宣説，如是法門。以此根身，即於一切衆生之前，盡未來際，不生疲厭。供養恭敬，如事世尊。五體投地，胡跪合掌，志心奉勸，勸以偈曰：

極樂世界最清浄，莊嚴微妙超世間。彌陀願力同虚空，相好光明亦如是。
念念不離衆生界，普度我等生其邦。我等自甘生死中，歷劫沈淪莫超越。
彼佛垂臂待已久，咨嗟彈指誠殷勤。光明欲發蓮華開，今正是時願生彼。
身欲無常時欲過，衆苦交煎應當離。願速念佛同修行，盡此報身生極樂。
又願此集法門，常在世間，如佛法身。作不請友，利樂一切，同生安養。願天龍八部，常來護持。於此法門，不容毁滅。如法性理，永遠流通，與佛常住。

附　破妄念佛説[一]一名直指心要。功在萬世。

念佛三昧者，大雄氏觀此娑婆，有生老病死等業繫諸苦，教人念彼阿彌陀佛，求生極樂國土之法也。以彼佛身，及彼國土，清淨無比，莊嚴第一，依正極妙，故得名焉。彼佛衆會所有大心菩薩，聞佛言教，得生彼者，何止萬億。自是法流天下，東土西國，自始至今，如教生者轉多，不可以微塵恒沙比其數量也。去聖逾遠，人世澆漓，不知西方極樂實境現存，乃錯解「諸法在心」一句以爲玄妙，便妄認胸中六塵緣影昏擾擾相爲心，謂樂土在內，不求生彼，顛倒甚矣！此六塵緣影，皆屬前塵，本無自體。前塵若無，此心即滅，云何更有彼土在此心内耶？真可噴飯。汝又謂心本在胸。心小在胸，焉可著此廣大佛土耶？縱謂悟道便爲佛土在心者，只可名爲見性悟道，焉可謂之淨土在心？若人作此見者，實名邪見。縱是天魔、惡賊、外道種性，亦超此見。世間無有此見最下劣矣！可憐憫哉！汝今若欲悟真實本然心者，先當觀汝所認六塵緣影之心，本在汝胸，胸住於身，

[一]「附破妄念佛説」，廣文書局本念佛直指無此説。

身居國土。此土及一切浄穢刹海，悉在虚空之内。此虚空界，無際無外，十界依正，一切在中，廣大難思。此空雖大，我之天然不動真實本心，非大極大，又能圓裹如上最大虚空。彼空在我真心，尚如小片之雲，忽點太清之裏。云何娑婆極樂一切浄穢刹海，而不在我本然心中耶？然則佛説諸法在心者，實非在汝胸中妄想緣影心内也，乃在現前一念本真之心内也。此真實心，遠離知覺，超諸聞見，永斷一切生滅增減之相，非始非今，性本真如，具含衆妙，乃十界迷悟之本，實不可得而思議其廣大者。既一切身土，皆在汝今大覺不動真心之中，與佛同證，則知極樂娑婆等土，雖是實境，乃全我心。既全我心，我今任意於中捨東取西，厭穢忻浄，惡娑婆，求極樂，乃至憎生愛佛，恣意熾然著相而求，皆不離我心也。此即咳吐掉臂皆是祖師西來意，又即所謂隨分納些些也。如是而求，不離心故。故彼極樂彌陀相好現時，即自心顯。自心顯時，即彼佛現。又我心即是彼佛之心，彼佛即是我心之佛，一體無二。故云唯心浄土，本性彌陀。非謂西方無土無佛，不須求生。但在汝生滅緣影之中，名爲唯心本性也。又云：「求彼佛，即求自心；求自心，須求彼佛。」義意甚明。云何今時有等破法散僧，閒道遊儒，與泛參禪理者，你也在者裏。不知即境即心，求不礙真之理，反於不二法中，分内分外，辨境辨心。又教人捨外取内，背境向心。使憎愛轉多，分別更甚，而深違理趣也。一分其境，便以極樂爲外，教人不必求生；

一分其心，便妄指六塵緣影[一]虚僞妄想爲心，謂極樂在内。因思此心無質，又謂本無一切因果善惡修證之法。指出墮坑落塹之病根。下三種病證。從是恣意，妄涉世緣。教人不須禮佛，燒香然燈，誦經懺願等。此一種恰湊著順便。種種善行，謂之著相。其上者，又使彼縛心不動，如頑石相似，壞亂禪法。此一種蝦跳不出斗。甚者更令其放曠自如，言殺、盜、淫業，悉是空華，無妨於道。此一種毒發了也。因此邪見，墮落生死，直向阿鼻獄底最下一層而住，罪甚屠酤。直待此見悔時，彼獄亦隨而壞，方乃得出。又於身外田屋山河大地所依之境，雖見實有，不敢説無。亦皆指爲心外之物，打作兩橛，不能得成片段，使心境一如。唯於著衣喫飯，因貪口體之重，不敢叱之爲外。而於天堂地獄，及極樂土等塵刹，雖曾聞名，因不見故，直説爲無。反言某人某處快樂，便是天堂；某人某處苦楚，便是地獄。曾不知彼真心非幻，而亦實具天堂地獄刹海也。以此教人不必求生，愚之甚矣。嗚呼！汝既不識不生滅真心含裹太虚，妄認身内方寸緣影爲心。以賊爲子，不求於佛，其見卑哉！經云：「譬如百千澄清大海棄之，惟認一浮漚體，目爲全潮，窮盡瀛渤。」如來説爲可哀憐者，正此輩也。是以我

[一]「六塵緣影」，指外界的色、聲、香、味、觸、法等六种物理現象，與人體的六根眼、耳、鼻、舌、身、意相互作用，産生的影像。圓覺經曰：「一切衆生從無始來，種種顛倒，猶如迷人四方易處，妄認四大爲自身相，六塵緣影爲自心相。」

心實與佛心同一理故。故我彌陀願力威德光明在我心中，承我心愚癡之力，作一切佛事，無時不引導於我。卓哉！我心亦於彌陀願力大心之内，修諸念佛求生一切善行，無一善行而不具含佛德。了彼佛德，成我三昧。故知彌陀願力，始於發心，終於究竟，無一法而不直趣我心。以我心即佛心故，我心亦於無始至今，盡未來際，修一切三昧，無一法而不攝歸佛海，成本來佛。以佛心即我心故，如是依正色心，因果淨穢，雖同一心，而實不妨一一自分，各住其位於一心内也。以一心故，雖淨穢不同，所求不出於真心。以自分故，雖一心，而必捨穢取淨也。捨穢取淨，則感應道交，見彼本性彌陀。灼然灼然。取捨極時見本性。了悟一心，則淨穢自分，可悟唯心淨土。淨穢分處悟唯心。如是而修，譬如一滴投海，便同一味，方知大海即自己也！豈有一行虛棄，不成功德者哉？今彼三家村裏愚夫愚婦，雖不識理，以信實有彼土故，於命終時，反得往生。佛祖心印。彼畏有陷空之人，因認緣影爲心，謂無外土，故雖修道行，還受生死。還肯弓折箭盡否。如是則知彌陀光明威德願力，常在世間，化事不息。尚欲攝取逃逝專忘衆生，況憶念佛者，豈不生也？又彼國土既勝，其求生者，亦必當深心起勝願行。或單稱名號，專持一呪，及但旋繞禮拜。乃至燒香散華，六時懺悔，盡撥世緣，一心專注。觀佛形容，與白毫相，心不懈廢，命終定生。更能孝養父母，奉事師長，慈心不殺，修十善業。受持三歸，具足衆戒，不犯威儀。發菩提心，深信因果，讀誦大乘，勸進行者。修如此法，亦生彼也。若得生彼，非止得生，又能了知如上著實努力念念求生之時，正是無念無求無生之理。何以故？即精修是無修，非謂不修是無修也。若果謂一切放下，善惡無著，坦蕩無礙，爲無修者，又何異斷見外道，非愚癡而何？豈不聞古人以色相反爲無相，以深修乃爲無修。以彼例此，法法皆爾，可不審之。今念人命無常，轉息來世。又況塵事連環，如鉤鎖不斷。若不能於世事縈心，塵勞鬱結時，途窮路轉。及正當得志歇手不得處，一割割斷，急流勇退。起願立行，盡力一跳，焉得應念生彼？是故我今作禮，奉勸佛子，皆當一心精進而行也。

此説因吾鄉大方李居士〔二〕作勸念佛圖，請著語於中，故述此云。時洪武乙亥九月二十日書附。

舊跋

淨直〔三〕向讀雲棲大師法語，便知有淨土法門。然猶謂淨業與禪，正如春蘭秋菊，不妨各擅其美。未知淨業即是無上深妙禪也。自丁亥冬，登祖堂，禮藕益大師，聞禪

〔二〕「此説因吾鄉大方李居士」，廣陵本作「自注：因大方李居士」。

〔三〕「淨直」，廣陵本無。

净不二之談，謂不唯不可分，亦且無待合。雖慕之，而竊疑之。今讀此念佛直指，方信蕅師實非臆説。兼信永明大師四料簡語，真不我欺。故力募衆緣，刻印流通。而衆友亦各歡喜樂助。當知阿彌陀佛弘誓願力，貫徹于人心久矣！刻既成，敬跋數語，以識法喜。辛卯中秋望日，净業弟子車净直，書于四蓮居，時年六十。

靈峰蕅益大師選定淨土十要第九

述曰：靈峰老人云：「昔人列蓮宗七祖[一]，太局。確。只如天台教主，坐不背西，臥必合掌。其發明淨土，如堂堂之陣，正正之旗，無敢與敵。指十疑論等。又如法眼家孫，晝夜彌陀十萬聲，萬善莊嚴安養。其發明淨土，如大將軍令出如山，無敢動者。指四料揀等。非皆蓮宗列祖乎？」確確。天台幽溪無盡師，奉慈雲行願爲日課。講自所述生無生論，每一登座，天樂臨虛。臨終晝空，書妙經題，屹然而化。以爲蓮宗嫡裔，何愧焉！確。淨要中收幽溪兩作，今會爲一要。近代諸師，公其絶倡矣！

[一]「蓮宗七祖」，南宋志盤在佛祖統紀卷二十六淨土立教志立廬山慧遠、光明善導、承遠、法照、少康、延壽、省常等爲蓮宗七祖。

净土生無生論

明[一]天台山幽溪沙門傳燈和南撰

稽首能仁圓滿智，無量壽覺大導師。所説安養大乘經，了義了義至圓頓。妙德、普賢、觀自在，勢至、清淨大海衆。馬鳴、龍樹及天親，此土廬山蓮社祖。天台智者并法智，古往今來弘法師。我今皈命禮三寶，求乞冥加發神識。敬採經論祕密旨，闡明淨土生無生。普使將來悟此門，斷疑生信階不退。

將造此論，立爲十門：一、一真法界門。二、身土緣起門。三、心土相即門。四、生佛不二門。五、法界爲念門。六、境觀相吞門。七、三觀法爾門。八、感應任運門。九、彼此恒一門。十、現未互在門。

[一] 「明」，廣陵本無。

初、一真法界門

一真法性中，具足十法界。依正本融通，生佛非殊致。

論曰：一真法界，即衆生本有心性。此之心性，具無量德，受無量名。云何具無量德？舉要言之：謂性體、性量、性具。云何性體？謂此心性，離四句，絶百非。體性堅凝，清淨無染。不生不滅，常住無壞。云何性量？謂此心性，豎窮三世，横徧十方。世界有邊，虚空無邊；虚空有邊，心性無邊。現在有邊，過未無邊；過未有邊，心性無邊。無盡無盡，無量無量。云何性具？謂此心性，具十法界：謂佛法界、菩薩法界、緣覺法界、聲聞法界、天法界、修羅法界、人法界、畜生法界、餓鬼法界、地獄法界。此是假名。復有正報，謂佛五陰，菩薩五陰，乃至地獄五陰。此是實法。復有依報，謂佛國土，菩薩國土，乃至地獄國土。令易解故，作三種分別。得意爲言，即性具，是性體性量。性體離過絶非，即性具十界離過絶非。性體體性堅凝，清淨無染，不生不滅，常住不壞，性具十界亦然。性量豎窮横徧，無盡無盡，無量無量，性具十界亦然。正報五陰，同性體性量，清淨周徧，依報國土亦然。此之三法，亦名三諦。性體即中諦，性量即真諦，性具即俗諦。故楞嚴經云：

「而如來藏，本妙圓心[一]，非心非空，非地水火風，非眼耳鼻舌身意，非色聲香味觸法，非眼界；乃至非意識界；非無明；乃至非老死，非無明盡；乃至非老死盡，非苦集滅道，非智，非得，非檀那；乃至非般剌若，非怛闥阿竭，非阿羅訶，非三耶[二]三菩，非常樂我淨。」此即性量無相，是爲真諦。而如來藏，元明心妙，即心即空，即地水火風，即六凡，即二乘，乃至即如來常樂我淨。此即性具十界，是爲俗諦。而如來藏，妙明心元，離即離非，是即非即。此即性體統攝，是爲中諦。又云：「如來藏，性色真空，性空真色。清淨本然，周徧法界。地水火風空見識，莫不如是。」地水火風空見識，即性具也；清淨本然，即性體也；周徧法界，即性量也。又地水火風空，清淨本然，周徧法界，即依報國土性體性量也；見識清淨本然，周徧法界，即正報五陰性體性量也。云何受無量名？舉要言之，此之心性，或名空如來藏，或名真如佛性，或名菴摩羅識，或名大圓鏡智，或名菩提涅槃。性體性量名空如來藏，即性具十界五陰國土名空如來藏；性體性量名真如佛性，即性具等名真如佛性；性體性量名菴摩羅識，即性具等名菴摩羅識；性體性量名大圓鏡智，即

[一]「本妙圓心」，廣陵本作「妙明元心」。

[二]「耶」，廣陵本作「藐」。「三耶三菩」與「三藐三菩提」同義，均指正遍知。知心包萬法，爲正知；知萬法唯心，爲遍知。

性具等名大圓鏡智；　性體性量名菩提涅槃，即性具等名菩提涅槃。故曰：「一真法性中，具足十法界。依正本融通，生佛非殊致。」問曰：「此一真法界，爲初心是，爲後心是？若初心是，應無七名；　若後心是，應無九界。初後俱墮，立義不成。」答曰：「此正顯初心是。以初心是故，方有後心是。以後心是故，方顯初心是。云何以初心是方有後心是？如果地依正融通，色心不二。垂形九界，方便度生，悉由證此因心所具。故曰：諸佛果地融通，但證衆生理本。故得稱性施設，無謀而應。若不然者，何異小乘外道，作意神通？故法智大師云：『六即之義，不專在佛。一切假實，三乘人天，下至蛣蜣地獄色心，皆須六即辯其初後。所謂理蛣蜣，名字乃至究竟蛣蜣。以論十界皆理性故，無非法界，一不可改。故名字去，不唯顯佛，九亦同彰。至於果成，十皆究竟。』云何後心是方顯初心是？正由後心果地，全證衆生理本。故果地七種名目，悉是衆生性德美稱。但衆生在迷，性德不顯，故無此稱。剋論性德，豈可言無？故初後俱善，立義成矣。」

二、身土緣起門

一真法界性，不變能隨緣。三身及四土，悉由心變造。

論曰：一真法界性，即前文所明性體性量性具也。教中說，真如不變隨緣。隨緣不變者，正由性體性量即性具故。如君子不器，善惡皆能。故晉譯華嚴經[一]云：「能隨染淨緣，具造十法界。」謂真如性中所具九法界，能隨染緣，造事中九法界。真如性中所具佛法界，能隨淨緣，造事中佛法界。所以能者，正由性具。性若不具，何所稱能？天台家言：「並由理具，方有事用。」此之謂也。是知事中十法界三身四土，悉由真如隨緣變造。既曰真如不變隨緣，隨緣不變，則事中染淨身土，當體即真，無一絲毫可加損於其間者。楞嚴經云：「見八識見分。與見緣，八識相分。見相二分，皆依他起性。并所想相，此不了依他，而起徧計。如虚空華，本無所有。此見及緣，元是菩提妙淨明體是也。」若然，則娑婆極樂，此世衆生，當生九品。彌陀已成吾心當果，悉由心性之所變造。心具而造，豈分能所？即心是佛，即佛是心；即心是土，即土是心；即心是果，即果是心。能造因緣，及所造法，當處皆是心性。故明此宗而求生樂土者，乃生與無生兩冥之至道也。

[一]「晉譯華嚴經」，晉譯後記曰：「華嚴經梵本十萬偈，昔道人支法領，從于闐得此三萬六千偈，以晉義熙十四年歲次鶉火三月十日，于揚州司空謝石所立道場寺，請天竺禪師佛度跋陀羅，手執梵文，譯梵爲晉，沙門釋法業親從筆受。」

三、心土相即門

西方安樂土，去此十萬億。與我介爾心，初無彼此異。

論曰：佛説阿彌陀經云：「從是西方，過十萬億佛土，有世界名曰極樂。」百億日月，百億須彌，百億大海，百億鐵圍山，名一佛土。十千爲萬，十萬爲億。一佛國土，已自廣大，況億佛國土乎？況十萬億乎？是則極樂國土，去此甚遠。博地凡夫，念佛求生，彈指即到者，正由生吾心所具之佛土也。言介爾心者，即凡夫念佛之心也。刹那之心，至微至劣，故稱介爾。謂十萬億遠之佛土，居於凡夫介爾之心。即心是土，即土是心，故曰初無彼此異。問曰：「介爾之心，居於方寸，何能包許遠佛土？」博地疑團。答曰：「介爾之心，昧者謂小，達人大觀，真妄無二。蓋此妄心，全性而起。性既無邊，心亦無際。性如大海，心如浮漚。全海爲漚，漚還帀海。蓋真如不變隨緣，隨緣不變。既曰隨緣不變，豈可〔二〕以真妄而局〔三〕大小哉？」

〔二〕「可」，廣陵本無。
〔三〕「局」，廣陵本作「分」。

四、生佛不二門

阿彌與凡夫，迷悟雖有殊。佛心衆生心，究竟無有二。

論曰：阿彌陀佛者，果人也，成就三身、四智、十力、四無所畏、十八不共等功德。凡夫者，因人也，具足無量恒沙煩惱，造作無量恒沙業繫，當受無量恒沙生死。迷悟之相，譬彼雲泥。言究竟不二者，謂據相而言，則不二而二；約性而論，則二而不二。蓋諸佛乃悟衆生心內諸佛，衆生乃迷諸佛心內衆生。所以悟者，悟衆生本具性體、性量、性具也。所以迷者，迷諸佛所證性體、性量、性具也。心性之妙，豈受其迷？迷而不迷，斯言有在。故衆生本有性體，即諸佛所證法身，性量即報身，性具即應身。四智、十力、四無所畏、十八不共等功德，會合可知。故古德云〔二〕：「諸佛心內衆生，塵塵極樂；衆生心內諸佛，念念證真。」故彌陀即我心，我心即彌陀。未舉念時，早已成就。纔舉心念，即便圓成。感應道交，爲有此理。故念佛人，功不唐捐。

〔二〕「故古德云」，指宋無爲子楊傑淨土十疑論序中「諸佛心內衆生，塵塵極樂；衆生心中淨土，念念彌陀」一語。

五、法界爲念門

法界圓融體，作我一念心。故我念佛心，全體是法界。

論曰：行者稱佛名時，作佛觀時，作主伴依正餘觀時，修三種浄業時，一心不亂時，散心稱名時，以至見思浩浩，恒沙煩惱。凡此有心，皆由真如不變隨緣而作，全體即是法界。故法智大師云：「法界圓融不思議體，作我一念之心。亦復舉體作生作佛，作依作正。」若然者，餘心尚是，况念佛心乎？是故行者念佛之時，此心便是圓融清浄寶覺。以此妙心，念彼阿彌，則彼三身，何身不念？求彼四土，何土不生？但隨功行淺深，品位高下耳。

六、境觀相吞門

十六等諸境，事理兩種觀。彼此互相吞，如因陀羅網。

論曰：境觀相吞者，正由事事無礙也。事事所以無礙者，所謂有本者如是也。蓋由法界圓融不思議體，作我一念之心。亦復舉體作生作佛，作依作正。既皆全體而作，有何一法不即法界？故曰：「一塵法界不小，刹海法界不大。多亦法界，少亦法界。」是以西方十六諸境，吾心事理二觀，一一無非法界全體。如帝釋宫中因陀羅網，雖彼此各是一珠，而影入衆珠。雖影入衆珠，而東西照用有别，境觀亦然。以境爲事，則觀爲理。理能包事，是爲以觀吞境。以觀爲事，則境爲理。理能包事，是爲以境吞觀。若觀若境，或一爲事，餘爲理；或一爲理，餘爲事。彼此互各相吞，故如因陀羅網。若然者，當我作觀時，則西方依正，已在我觀之内。我今身心，已在依正之中。了此而求生安養，可謂鴈過長空，影沈寒水。鴈絶遺蹤之意，水無留影之心。

七、三觀法爾門

能觀爲三觀，所觀即三諦。全性以起修，故稱爲法爾。

論曰：三諦者，真俗中也；三觀者，空假中也。忘情絶解，莫尚乎真；隨緣應用，莫尚乎俗；融通空有，莫尚乎中。虚靈不昧，此吾心自空者也；物來斯應，此吾心自有者也；空有相即，此吾心自中者也。此性也，非修也。三諦也，非三觀也。修之者，稱性照了也。故體達此心，空洞無物謂之空；照了此性，具足萬法謂之假；融通二邊，不一不異謂之中。然則即虚靈而應物也，即應物而虚靈也。空即假中也，假即空中也，中即空假也。是稱性而修也，絶待而照也，不思議之三觀也，首楞大定[一]之司南也。此别論也如此。若總論者，或以吾心虚靈者爲空，以所觀萬物者爲假，以心境不二者爲中。物吾心之物也，何假而不空；心萬物之心也，何空而不假；即心即物，即物即心，何中而不空假。假空即中可知。是以觀極樂依正者，以吾一心之三觀，照彼一境之三諦，無不可者。以吾三觀之一心，照彼三諦之一境，亦無不可者。虎溪大師云：「境爲妙假觀爲空，境觀雙忘即是中。忘照何嘗有先後，一心融絶了無蹤。」尚何三觀之不法爾乎？

八、感應任運門

我心感諸佛，彌陀即懸應。天性自相關，如磁石吸鍼。

論曰：諸佛衆生，同一覺源。迷悟雖殊，理常平等。故曰：「諸佛是衆生心内諸佛，衆生是諸佛心内衆生。」迹此而言，則諸佛衆生，心精無時而不通臛。但諸佛無時不欲度生，而衆生念念與之迷背。故勢至菩薩云：「一人專憶，一人專忘。若逢不逢，或見不見。子若憶母，如母憶時，母子歷生不相違遠。若衆生心憶佛念佛，現前當來，必定見佛。

[一]「首楞大定」，又作「首楞嚴三昧」，指堅固攝持諸法之定，是諸佛及第十地菩薩所得之禪定。大智度論曰：「首楞嚴三昧者，秦言健相，分别知諸三昧行相多少深淺。」。

去佛不遠。」正由一理平等，天性相關，故得任運拔苦與樂。况無量壽佛因中，所發四十八願，誓取極樂，攝受有情。今道果久成，僧那[一]久滿。故凡百衆生，弗憂佛不來應，但當深信憶念，數數發願，願生西方。如磁石與鍼，任運吸取。然磁能吸鐵，而不能吸銅；鍼能合磁，而不能合玉。譬猶佛能度有緣，而不能度無緣。衆生易感彌陀，而不易感諸佛，豈非生佛誓願相關者乎？是以求生浄土者，信行願三，缺一不可。

九、彼此恒一門

若人臨終時，能不失正念。或見光見華，已受寶池生。

論曰：往生傳云：「張抗仕石晉，爲翰林學士。課大悲呪十萬徧，願生西方。一日寢疾，唯念佛號。忽謂家人曰：『西方浄土，祇在堂屋西邊。阿彌陀佛，坐蓮華上。』見翁兒在蓮華池金沙地上禮拜嬉戲。良久念佛而化。翁兒，抗之孫也。」所以爾者，蓋西方極樂世界，乃吾心中之一土耳；娑婆世界，亦吾心中之一土耳。約土而言，有十萬億彼此之異。約心而觀，原無遠近。但衆生自受生以來，爲五陰區局真性，不契心源。念佛之人，果

[一]「僧那」，全稱摩訶僧那僧涅陀。摩訶爲大，僧那爲鎧，僧涅陀爲著，故爲著大鎧之義。這裏指阿彌陀佛的大誓莊嚴。

報成熟，將捨現陰，趣生陰時，浄土蓮華，忽然在前。唯心境界，非有去來彼此之相。故首楞嚴經云：「臨命終時，未捨暖觸。一生善惡，俱時頓現。純想即飛，必生天上。若飛心中，兼福兼慧，及與浄願。自然心開，見十方佛。一切浄土，隨願往生。」法智大師云：「須知垂終自見坐金蓮身〔一〕，已是彼國生陰。」亦此意也。

十、現未互在門

行者今念佛，功德不唐捐。因中已有果，如蓮華開敷。

論曰：圓頓教人，頓悟心性，無修而修，修彼樂邦。性中所具極樂，由修顯發。而此心性，豎貫三際，横裹十虚。佛法生法，正法依法，因法果法，一念圓成。是以念佛之人，名爲全性起修，全修在性。全性起修，雖名爲因。全修在性，因中有果。以所具因法，與所具果法，同居一性。心性融通，無法不攝。故如蓮華開敷，華中有果。況此心常住，無生滅去來。即今念佛之心，便是當來華池受生之時。故説初發心人，極樂寶池，已萌蓮種。若精進不退，日益生長，華漸開敷。隨其功德，大小輝煌。其或懈退悔雜，日漸憔顇。若能自

〔一〕「身」，廣陵本作「華」。

新，華復鮮麗。其或不然，芽焦種敗。且此蓮華，人誰種植。現未互在，斯言有歸也。

舊跋

幽溪大師，中興天台教觀，以性具圓理，闡浄土法門，著爲生無生論。初開演於新昌石城寺。每一登座，天樂盈空，大衆同聞，事非虚誑。誠可謂離五濁之大津梁，登九蓮之勝方便。正知於丁巳年春，歸依大師，即蒙相授，旋梓流通。後因板寄慧慶，遂復久置高閣。今與十疑、寶王重梓，合成浄土三論。伏願見聞隨喜，盡斷狐疑，速成三昧寶王，頓悟無生法忍，親覲彌陀，等蒙授記〔一〕。丙戌冬日古吴比丘正知識於祖堂。

跋

此論以「現前一念心，無法不具」爲本，初門。具則必造，二門。故佛土佛身，皆即我心。三門。四門。今即以此本不可思議之一念念佛，五門。而西方依正，圓妙三觀，生佛感應，曠劫誓願因緣，總不出我現前念佛之一念。六門。七門。八門。如是，則十方彼此，三世

〔一〕「正知於丁巳年春」至「等蒙授記」，廣陵本無。

因果，凡小偏邪種種諸疑，可以悉斷矣。九門。十門。後學成時識。

續淨土生無生論附

清閩鼓山沙門道霈造[一]

理無不圓，事無不徹。明萬曆間，天台幽溪無盡燈法師，本一家教觀，作淨土生無生論。理無不圓，事無不徹。乃淨土之正宗，往生之捷徑。故當時論成，師登座，爲四衆講演，感天樂鳴空，衆共聞見。每日皆然，講畢乃止。其靈應不爽如此。淨業行人，依之修持，復何惑哉？然余今日復有是作，貂續於其後者，蓋以十門中，有旨別而門同者，有門別而旨別者，皆足以互相發明，究竟淨土指歸。聊備自修，兼示同見同行者，同生淨土云爾。唯願我本師和尚阿彌陀如來、觀世音、大勢至，諸大聖衆，以及十方常住三寶，慈悲鑑念。倘有一言冥契佛心，願共法界衆生，同體眷屬，無生而生，齊登上品，共成佛道。時大清康熙丁卯歲，九月九日閣筆敍。

[一] 「清」，廣陵本無。

今造此論，分爲十門。一、一真法界門，二、性心具造門，三、心佛互徧門，四、心佛同體門，五、唯心即至門，六、性德莊嚴門，七、佛佛同體門，八、心佛感應門，九、三無差別門，十、因果互具門。

一、一真法界門

一真法界性，無佛無衆生。常清淨無相，不可得思議。

論曰：夫一真法界，空有未形，生佛絶朕。清淨無相，湛然常住。四句既亡，百非斯遣。不可得而名，强名曰一真法界。華嚴經第六地偈云：「法性本寂無諸相，猶如虚空不分别。超諸取著絶言道，真實平等常清淨。」此偈初句，標法性體本寂滅，無聖凡之相。次句，喻以虚空有三意：一喻不分别，二喻寂滅無相，三喻周徧。第三句，超諸取著，謂心行處滅。絶言道，謂語言道斷，不可思議也。末句，結歸實際，謂真實而無虚僞，平等而無差别，常住而不遷變，清淨而無惑染也。問曰：「若如是者，諸衆生等，云何隨順而能得入？」答曰：「箇中本無衆生，誰背誰順，誰出誰入。有佛無佛，性相常然。平等平等，不可思議。此是諸佛本源，一切衆生性體，身心寂滅，平等真際。苟以情求之，不亦遠乎？雖然，試强言之。若欲入者，且從文殊一門而入。大般若經曼殊室利分，佛告文殊云：

『汝於佛法，豈不趣求？』文殊答云：『我不見有法非佛法者，何以趣求？』世尊云：『汝於佛法已成就耶？』文殊答云：『我都不見法可名佛法，何以成就？』世尊云：『汝豈不得無著性耶？』文殊答云：『我即無著，豈無著性復得無著？』行者若能於文殊所答三語云：『我不見有法非佛法者。』又云：『我都不見法可名佛法。』又云：『我即無著，豈無著性復得無著。』如是信解悟明，則生佛俱盡，我法皆空。是謂從文殊門入。以文殊主信故，又主智故。故云：『佛法大海，信爲能入，智爲能度〔二〕。』」

二、性心具造門

真如寂滅性，具恒沙功德。四聖及六凡，皆由心變造。

論曰：昔馬鳴菩薩，宗百部大乘經，造起信論。一心具二門：一者心真如門，二者心生滅門。既云心真如心生滅，豈有二致？不過波水之異耳。是以論中二門，皆各總攝一切法，以二門不相離故。今此中前門攝真如門，唯明真如體；此第二門乃生滅門，具明體相用。故論云：「是心真如相，即示摩訶衍體；是心生滅因緣相，能示摩訶衍體相用

〔二〕「佛法大海，信爲能入，智爲能度」，語出大智度論。信是入門方便，「若人心中有信清淨，是人能入佛法。若无信是人不能入佛法」。又佛法最終成就是依靠智慧來獲得的，這個智慧就是般若。

故。」此偈初句云寂滅性者，真如體也；次句具恒沙德者，真如相也。後二句四聖、六凡由心變造者，真如隨緣之用也。隨緣者，論云：「依如來藏，有生滅心。所謂不生不滅，與生滅和合，非一非異，名阿黎耶識〔一〕。此識有二種義：一者覺義，二者不覺義。」夫如來藏者，真如隨緣之別名也；生滅心者，真如隨無明緣，動作生滅也。不生不滅，即如來藏，與無明生滅心和合，故非一異，得黎耶名。二義中，覺義，四聖之本也；不覺義，六凡之本也。凡聖雖殊，皆由真如性體本具，隨染浄緣，熏變而起。所謂不思議熏，不可熏而熏也。不思議變，不可變而變也。此之謂也。我今現前念佛，願生浄土，蒙佛授記，分身塵剎，攝化衆生，是菩薩法界；願究竟圓滿無上菩提，以念佛成佛，是親種故，是佛法界。二者皆自心真如，隨緣熏變而起，不由他得也。又達摩經頌云：「無始時來界，一切法等依。由此有諸趣，六凡也。及涅槃證得。」四聖也。界，作因義。因，指黎耶含藏染浄種子，故名種子識。如此猶涉權説。若作性義，性指一真法界性，即真如體也。四聖六凡，皆是性起，即入圓門。圓門者，天台性具圓頓法門云：現前念佛介爾之心，具足百界千如，三世間三千諸法。即空假中，更有各具互具之義。以趣舉一法，即法界之大都。互具各具，互融互攝。

〔一〕「阿黎耶識」，即阿賴耶識。爲唯識學中「八識心王」中所説的第八識。該識中藏有無數的種子，可以引發人的善惡行爲，是輪回的主體和解脱的依據。

參而不雜，離而不分。一多自在，不相留礙。故輔行云：「學者縱知內心具三千，各具義也。不知我心偏彼三千。彼彼三千，互偏亦爾。互具義也。彼彼者，一彼彼佛，一彼彼生。心佛衆生，皆有各具互具之義。如帝網珠，交徹融攝，重重無盡也。」然此一念，所以能爾者，以全性起修，全修即性故。四明尊者云：「法界圓融，不思議體，作我一念之心。亦復舉體作生九界也。作佛，佛界也。作依器世間也。作正。」五蘊世間也。且趣舉一法，尚復具足，況念佛之心乎？如是念佛，是念究竟佛，必臻上品也。

三、心佛互偏門

彌陀法界身，偏我心想中。我心想佛時，佛即全體現。

論曰：此偈即觀無量壽佛經云：「諸佛如來是法界身，入一切衆生心想中。是故汝等心想佛時，是心即是三十二相，八十隨形好。是心作佛，是心是佛。諸佛正偏知海，從心想生。是故應當一心繫念，諦觀彼佛，多陁阿伽度〔一〕，如來。阿羅訶，應供。三藐三佛陀。」正偏知。諸佛如來下，統觀諸佛。是故應當下，別觀本師無量壽尊。諸佛是法界身者，界，

〔一〕「多陁阿伽度」，又作怛闥阿竭，多陀阿伽陀。智度論曰：「多陀阿伽度，如法相解，如法相說。如諸佛安隱道來，佛亦如是來，更不去後有中。」

性義，謂法性身也。無處不徧，謂徧一切衆生，一切國土，及於三世，無有遺餘。故華嚴經云：「法性徧在一切處，一切衆生及國土。三世悉在無有餘，亦無形相而可得。」今但云徧入衆生心想者，令其觀心，觀易成故。又諸佛法身入衆生心想中，是諸佛心内衆生，心心寂滅也。是故汝等心想佛時，是心即是三十二相，八十隨形好。是心作佛，是心是佛者，是衆生心内諸佛，萬德莊嚴也。心佛互徧，如一室千燈。雖燈燈不同，而光光互相徧攝，重重無盡也。又是心作佛者，從性起修也；是心是佛者，全修即性也。諸佛正徧知海，從心想生者，謂行人想佛之心，親從法界緣起。緣生無性，當體寂滅。即是如來正徧知海，無二無別。是故我現前一念，觀想阿彌陀佛之心。即是彌陀相好光明，全體顯現。無二法也。

四、心佛同體門

我心與佛心，究竟無有二。舉念佛現前，非一亦非異。

論曰：前門心佛所以互徧者，以諸佛衆生同一自性清浄心也。何以知然？華嚴經云：如來成正覺時，於其身中，普見一切衆生成正覺，乃至普見一切衆生入涅槃。皆同一性，所謂無性，是果門攝法無遺。以佛所證，即衆生本覺真心也。又云：菩薩摩訶薩，應知自心，念念常有佛如來成等正覺。何以故？諸佛如來不離此心成正覺。故知自心，一切衆生心，亦復如是，是因門攝法無遺。以衆生之心，即佛所證覺體也。若然者，心佛佛心，究竟無二。行人凡舉一念，念阿彌陀佛時，而阿彌陀佛即時現前。以心佛歷然，故曰非一；心佛一體，故曰非異。大法眼云：「華嚴六相義，同中還有異。異若異於同，全非諸佛意[一]。」是也。

五、唯心即至門

此去西方路，遠隔十萬億。彈指頃即到，以本唯心故。

論曰：西方路隔十萬億者，阿彌陀經云：「從是西方，過十萬億佛土，有世界名曰極樂。其土有佛，號阿彌陀，今現在説法。」彈指即到者，觀無量壽佛經上品上生章云：「此人精進勇猛故，阿彌陀如來與觀世音、大勢至、無數化佛、百千比丘、聲聞大衆、無量諸天、七寶宮殿，觀世音菩薩執金剛臺，與大勢至菩薩至行者前。阿彌陀佛放大光明，照行者身，與諸菩薩授手迎接。觀世音、大勢至與無數菩薩讚歎行者，勸進其心。行者見已，歡喜踊躍。自見其身，乘金剛臺，隨從佛後。如彈指頃，往生彼國。」夫極樂淨土，此去限十萬

[一] 語出法眼宗開祖文益華嚴六相義頌：「華嚴六相義，同中還有異。異若異於同，全非諸佛意。諸佛意總別，何曾有同異？男子身中入定時，女子身中不留意。不留意，絶名字，萬象明明無理事。」

億佛土之遥。而到在彈指頃者，以唯心故也。以是觀之，十萬億佛土不遠，而彈指頃不近。以心法無形，貫滿十方，無遠近故。娑婆衆生，耳根最利，非五根所能及。試於耳根中觀之。如危樓百尺，洪鐘在簴。遥杵一擊，聲聞百里。聲既不來，耳亦不往。聲聞同時，歷歷現前，詎非唯心之明驗乎？非唯土是唯心，而土中之佛，亦唯心現。故無量壽經云〔二〕：「佛告阿難：『汝起整衣服，合掌恭敬，禮無量壽佛。』阿難稟教，正面西向，五體投地，即見無量壽佛放大光明，普照一切諸佛世界。威德巍巍，如須彌山，高出一切諸世界上。此會四衆，一時悉見。彼見此土，亦復如是。」夫禮拜之頃，舉念即見阿彌陀佛放光普照者，是亦唯心之明徵也。又解脱長者，示善財唯心念佛法門云：「我欲見安樂世界阿彌陀佛，隨意即見。」乃至云：「然彼如來不來至此，我身亦不往詣於彼。知一切佛，及與我心，悉皆如夢如影，如幻如響。我如是知，如是憶念。所見諸佛，皆由自心。」夫由自心者，一法界心也。既云「知一切佛，及與我心，悉如夢」等，則若佛若心，皆從一法界真心現起，當體寂滅，故無來往也。清涼國師云：「既了境唯心，了心即佛，故隨所念，無非佛矣。」況無境非心，無心非佛。加以志一不撓，精詣造微。佛應克誠，於何不見？問：「即佛

〔二〕「無量壽經云」，廣陵本作「無量壽佛經」。

之心，爲如夢心，爲法界心？」答：「達得心佛是夢，則當處寂滅。即法界心，非有二也。」

六、性德莊嚴門

西方安樂國，依正極莊嚴。須信非他物，皆是性功德。

論曰：西方依正莊嚴，皆性功德者，起信論云：「復次真如自體相者，一切凡夫聲聞緣覺菩薩諸佛無有增減。滅增減，畢竟常住，無有變易。非前際生，非後際滅。註曰：此明真如體也。諸佛衆生，同一真性，無生從本已來，自性滿足一切功德。所謂自體有大智慧光明義故，徧照法界義故，真實識知義故，自性清淨心義故，常樂我淨義故，清涼不變自在義故。具足如是過於恒沙，不離、不斷、不異、不思議佛法，乃至滿足無有所少義故。名爲如來藏，亦名法身。」註曰：此明真如相也。大智慧光明者，性自神解也。徧照法界者，周徧法界，事理俱照也。真實識知者，無倒正知也。自性清淨者，離諸惑染也。常樂我淨者，四德圓備也。清涼不變自在義者，性離惑業，四相莫遷，無諸障礙也。不離者，恒沙性德，不離真體也。不斷者，無始相續也。不異者，體相一味也。不思議佛法者，唯佛證窮也。乃至滿足無有所少義者，真如體中，性體具足，如來既證性已，萬德圓彰，即驗真如本具也。故名之曰如來藏，亦名如來法身。問曰：「上説真如，其體平等，離一切相。云何復説體有如是種種功德？」答曰：「雖有此諸功德義，而無差別之相。等同一味，唯一真如云云。由此觀之，西方極樂世界，依正二報，功德莊嚴。如彌陀經中，珠網麗天，瓊林矗地，池流八德，蓮吐四光，天樂韻於六時，裓華散於億刹，化禽演道品，風樹傳法音，如是等無量功德，皆是極樂國土依報莊嚴也。又如相好八萬，舉光明以徧收；功德喻沙，言壽命以統括。成佛十劫，簡過未以釋疑。聲聞皆發大心，菩薩多居補處。生者咸〔一〕歸於定聚，趣途即預於阿鞞。如是等無量功德，皆是壽尊一佛二菩薩，及海會眷屬等正報莊嚴也。如上依正二報無量功德，原非他物，乃是真如體上本有之性功德。故雲棲蓮池大師疏阿彌陀經，一一以稱理釋之，其有旨哉？」問：「此功德性，爲化主性？爲海衆性？」答曰：「化主、海衆，本同一性，而不妨有各具互具之義。如上一室千燈之喻，可見也。」

七、佛佛同體門

彌陀與諸佛，同一法界身。一稱無量壽，諸佛齊現前。

論曰：問：「十方諸佛，各有願力，攝受衆生。何以不念十方諸佛，而偏念西方阿彌陀佛，求生極樂耶？」答：「以諸佛如來同一法身。念阿彌陀佛，即是念十方諸佛。故一稱彌陀萬德洪名，而十方諸佛一時齊現。何以故？同一法界身故。故華嚴經云：

〔一〕「咸」，廣陵本作「成」。

『一切如來一法身，真如平等無分別。』又云：『一切諸如來，同共一法身。一心一智慧，力無畏亦然。』以此觀之，若稱阿彌陀佛，而諸佛不現前，則阿彌陀佛非法界身，以有身外諸佛故。阿彌陀佛既是法界身，則諸佛何以不現前？以是知行人至心稱念阿彌陀佛，而諸佛齊現，復何疑乎？」

八、心佛感應門

我心感我佛，我佛即應我。應感非前後，心佛同一體。

論曰：我現前感佛之心，是法身真我。而所感之佛，即我法身。即感即應，無前後也。何以故？以心佛同體，感應一時。感是我心之感，應是我心之應也。是以阿彌陀佛居法身地，與法界衆生心心相照，腤然契合，無二無別。行人能以信行願感之，當處現前，不爽毫髮也。唐解脱和尚，五臺縣人。姓邢氏，七歲出家。初從慧超禪師，超器之。後於五臺專誦華嚴。依經作觀，求見文殊。文殊現身誨云：「汝不須禮覲於我。應自悔責，必當大悟。」因反求，乃大悟。感諸佛現身，説偈曰：「諸佛寂滅甚深法，曠劫修行今乃得。若能開曉此法眼，一切諸佛皆隨喜。」解脱問：「寂滅之法，若爲可説，得教人耶？」諸佛即隱，復有聲告曰：「方便智爲燈，照見心境界。欲究真實法，一切無所見。」以此觀之，諸佛與文殊、解脱同一法性。解脱以真誠心求見文殊而文殊現，感諸佛而諸佛應。念佛行人求見阿彌陀佛，亦復如是。心外無佛，佛外無心。感應道交，炳然齊現也。

九、三無差别門

心佛及衆生，是三無差别。我念佛發願，上求而下濟。

論曰：　心佛衆生，三無差别。古謂佛法太高，衆生法太廣，觀心爲易故，但觀心法。佛是心佛，故念佛發願，上求於佛果；　衆生是心衆生，故下濟度於衆生，所以須上求下濟者。豈不見楞嚴會上，阿難因世尊開示五陰、六入、十二處、十八界、地水火風空見識七大等，一一推破，了不可得。本如來藏，妙真如性，清淨本然，周徧法界。廓然大悟，乃發願云：「願今得果成寶王，還度如是恒沙衆。將此深心奉塵刹，是則名爲報佛恩。」願今得果者，上求於佛果也；　還度沙衆者，下度於衆生也。深心者，佛本是心，則無佛可求。無可求中，吾固求之。衆生是心，則無生可度。無可度中，吾固度之。故維摩詰經云：「雖知諸佛國，及與衆生空。而常修淨土，教化於群〔一〕生。」無求而求，無度而度，是謂深心。以此深心，奉塵刹諸佛，勤求大果。化塵刹衆生同生淨土，以衆生亦是未來之諸佛故。如此

〔一〕「群」，廣陵本作「衆」。

故能仰報於佛恩也。凡浄業行人，念佛發願，上求下化，應如是知。

十、因果互具門

臨終在定心，已生安養國。上品寶華中，因果各互具。

論曰：天台智者大師云：「臨終在定之心，即是浄土受生之心。」是因中有果也。華開見佛，悟無生忍。繁興萬行，塵刹利生。是果中有因也。世間草木之華，或先華後果，或先果後華。唯蓮華，華果同時。華中有蓮，是因中有果也；蓮中有菂，是果中有因也。因果互具，三際一時。故華嚴經一切處文殊師利説偈云：「一念普觀無量劫，無去無來亦無住。如是了知三世事，超諸方便成十力。」故浄業行人，當拳拳致意于末後臨終一念〔二〕。驀直而去，永無後念。如此成就，始是生浄土之明驗也。智度論云：「臨終少時，能勝終身修行之力。」以猛利故，如火如毒。唯恐其障緣現前，此一念不成就耳。故行願品普賢菩薩教行人預發願云：「願我臨欲命終時，盡

〔二〕印光法師云：「學道之人，念念不忘死字，則道業自成。」又云：「但將一個死字貼到額顱上，挂到眉毛上。」可參看。

除一切諸障礙。面見彼佛阿彌陀，即得往生安樂刹。」又浄名經文殊菩薩問維摩詰云：「生死有畏，菩薩當何所依？」維摩詰言：「菩薩於生死畏中，當依如來功德之力。」夫菩薩於生死畏中，尚須依如來功德。況博地凡夫，而欲自恃天真，作增上慢人，非自賺乎？然如來功德無量，略具於觀無量壽佛經。浄業行人，但能隨念其名字，及相好光明壽量等，少分功德。倘不能久持，但一念頃專心瞻仰，而五畏一時可息，不特生死畏也。故華嚴云：「若念如來少功德，乃至一念心專仰。諸惡道怖悉永除，智眼於此能深悟。」如子依母，則得大安樂也。問曰：「若然，則趙州何以云：『佛之一字，吾不喜聞。』又云：『念佛一聲，漱口三日。』此何説也？」答曰：「若如實知得趙州落處，許汝親見彌陀法身，是真念佛。若也不知，鸚鵡學語，自誤誤人，其害匪細。故四明云：『不肖之徒，輕欺生死。於浄土要術，生謗障人。痛哉痛哉！』凡真心修浄業者，應如是永息諸疑，一心念佛，期生上品，始是佛之真子。不可忽也！」

跋

丁卯仲秋朔，余静中念佛，忽得此十偈。竊欲續於幽溪生無生論後，而不果。越旬日，而温陵龔明府岸齋居士至，即出以相示。一覽知妙，洞徹源委，了無疑議。居士請竟其業。余深嘉其般若因地，來自多生，非偶爾也。不違其請，乃宗諸大經大論，作此論釋。既成，相與合二論而觀之，互相發明。淨土深旨，似無遺憾。因思非居士無以發余之緒言，非余無以竟居士之淨業。法會因緣，千載一遇，豈偶然哉？因併識之，以志一時緣起云。西真比丘道霈書於聖箭堂。

淨土十要一書，真修淨指南，法門至寶。惜原板已失，廣播無由。化杰募依原本，續有是刻。俾使修淨諸公，自始至終，虔心體玩。如入五都之市，已無寶不陳矣。剞劂將終，又得爲霖大師續生無生論一卷。更加〔一〕衆寶之中，又獲驪珠一粒，欣喜不勝。謹成霖師本願，附刻生無生論後。更使修淨諸公，無寶不收焉。可庵比丘化杰書於教忠堂。

〔一〕「加」，廣陵本作「如」。

净土法語[一]

明天台山幽溪沙門傳燈述[二]

夫修行法門，乃如來對病之良藥也。藥隨病廣，數逾恒沙。求其至捷徑，最簡要者，莫勝於念佛求生净土法門，可謂速出生死之玄關，疾成覺道之祕訣也。蓋凡修行，求出離生死，須仗三種力：一自力，二他力，三本有功德之力。若惟務自修，悟明心地，裂無明網，出愛欲河，成佛作祖，謂之自力。是爲没量好漢，真大丈夫。如佛在世，及正法中諸大菩薩、聲聞、緣覺，及諸大祖師，是其人也。若像末之世，去古既遠，根器譾劣，字字精確。有雖修而不悟，悟而不精，內照似脱，對境仍迷，縱使不迷，猶然坯器。菩薩有隔陰之昏，初果有入胎之昧。方之博地，安免隨流。此自力之無功，出塵之不效，幸平心不欺公明聽。一錯百錯，實可寒心。是以諸佛菩薩，曲垂方便，又有仗他之法門興焉。此之法門，經論發明，其品亦

[一]「净土法語」上，廣陵本有「幽溪無盡法師」六字。
[二]「明天台山幽溪沙門傳燈述」，廣陵本作「門人正知較」。

夥。求其苦口叮嚀，極言稱歎，列祖弘通，人心崇奉，惟極樂世界念佛一門爲究竟。可謂言言闡唯心淨土之心宗，句句演本性彌陀之妙法。悟此者，達生心與佛心平等，心土與佛土無差。修此者，獲妙觀與妙境相符，自力與他力兼濟。他力即自力。況本有功德之力，無始性具者，因此以全彰。曠劫積累者，藉之而頓發。故得娑婆報滿，淨土現前，蓮華化生，不迷生陰，最要在此四字。一入永入，更不退轉。故曰衆生生者，皆是阿鞞跋致，其數甚多。比夫在娑婆而入道，歷塵境之麤强，險難惡道，無處不有，固不侔矣。然而説之匪難，行之爲難。行之匪難，心要爲難。此昔人之所誡，在我輩之當遵。若求其爲吾真切教誡，莫要乎楊次公之兩言，謂：「愛不重不生娑婆，念不一不生極樂〔一〕。」夫念佛以一其心，懇切持名，專志不亂，此吾所當盡心者。然或忘之而不能念，念之而不能一。無他，爲情愛之所牽也。夫輕愛以杜其妄，斬斷情根，脱離愛網，此吾所當盡心者。然或念之而不能忘，忘之而不能盡。二句皆指愛言。此無他，爲念心之不能一也。故念佛求生淨土之人，尋常有娑婆一愛之不輕，則臨終爲此愛之所牽，而不得生，矧多愛乎？即極樂有一念之不一，則臨終爲此念之所轉而不得生，矧多念乎？蓋愛之所以爲愛者，有輕焉、重焉、厚焉、薄焉、正報焉、依報

〔一〕見淨土十要第四淨土十疑論序。楊次公即是無爲子楊傑。

焉，歷舉其目。則父母妻子、昆弟朋友、功名富貴、文章詩賦、道術技藝、衣服飲食、屋室田園、林泉花卉、珍寶玩物，種種妙好，不可枚盡。大而重於泰山，小而輕於鴻毛。有一物之不忘，愛也；有一念之不遺，愛也。有一愛之存於懷，則念不一；有一念之不歸於一，則不得生。嗚呼！「愛不重不生娑婆，念不一不生極樂」。此兩語，可謂刮翳眼之金錍，治膏肓之聖藥。凡有志於求生極樂者，宜以此書之於屋壁，銘之於肌膚。時時莊誦，念念提撕。於娑婆之愛，日務求其輕；極樂之念，日務求其一。輕之又輕之，以漸階乎無；一之又一之，以漸鄰乎極。果能如此，則此人雖未脱娑婆〔二〕，不是娑婆之久客；雖未生極樂〔三〕，已是極樂之嘉賓。臨終正念現前，往生極樂必矣。或問：「輕愛有道乎？」曰：「輕愛莫要乎一念。」又問：「一念有道乎？」曰：「一念莫要乎輕愛。」或者莞爾謂曰：「師言首鼠兩端，似無主正，俾學者乎何從？」曰：「非兩端也。欲明一念之所以也，蓋念之所不能一，由散心異緣之使然。散心異緣，又由逐境紛馳之使然。故娑婆有一境，則衆生有一心；衆生有一心，則娑婆有一境。故曰：『心生故，種種法生；法生故，種種心

〔二〕「娑婆」，廣陵本作「薉邦」。
〔三〕「雖未生極樂」，廣陵本作「未生寶所」。

生。』聚緣内摇，趣外奔逸，心境交馳，塵沙莫盡。愛苟不忘，念能一乎？故欲一其念者，莫若輕其愛；欲輕其愛者，莫若一其心；一其心者，莫若杜其境。衆境皆空，則萬緣都寂；萬緣都寂，則一念自成；一念若成，則愛緣俱盡。故曰：『欲一其念，莫若輕愛；欲輕其愛，莫若一念。』蓋愛之與念，勢不兩立。若日月之代行，明暗之相背也。」或曰：「杜境有道乎？」曰：「余所謂杜境者，非屏除萬有也，亦非閉目不觀也。將即境以了其虚，會本以空其末也。正以萬法本自不有，有之者情。故情在物在，情空物空。物空而本性現，本性現而萬法空，萬法空而情念息。自然而然，非加勉强。楞嚴所謂見與見緣，並所想相。如虚空花，本無所有。此見及緣，元是菩提妙淨明體，云何於中有是非是？是以欲杜其境，莫若體物虚；體物虚，則情自絶；情自絶，則愛不生，而惟心現，念一成。故圓覺云：『知幻即離，不作方便。離幻即覺，亦無漸次[一]。』一去一留，不容轉側。功效之速，有若桴鼓。學道之士，於此宜盡心焉。」又問曰：「輕愛與一念，同乎異乎？」對曰：「能輕娑婆之愛，未必能一極樂之念；能一淨土之念，必能輕於娑婆之愛。此約無志有

[一] 語出唐佛陀多羅譯大方廣圓覺修多羅了義經普賢章，説明圓覺境界的修行方便，應當遠離一切幻化虚妄境界，當下擔當。

志間説也。若去無志而獨言有志，則愛非念一而不忘，念非忘愛而不一。兩者功夫，初無間然。」又問曰：「輕愛既聞命矣。一念爲之奈何？」對曰：「一念之道有三：曰信、曰行、曰願。夫不疑謂之信，苟有疑焉，則心不得其一矣。第一關。是以求生極樂者，要以敦信爲之始。必須徧讀大乘，廣學祖教。此爲利根人説。凡是發明浄土之書，皆須一一參求。悟極樂原是我唯心之浄土，不是他土；了彌陀原是我本性之彌陀，非是他佛。大要有二：一悟妙有徧周徧具，以爲欣浄之本；一悟真空圓離圓脱，以爲捨穢之原。第二修行者，前敦信如目視，今修行如足行。信而不行，猶有目而無足；行而不信，猶有足而無目。是故信解既備，應當念佛修行。猶如目足兼備，然後能到涼池。故次信而説行也。行門有二：一正，二助。正行復二：一稱名，二觀想。稱名如小本彌陀經，七日持名，一心不亂。有事一心，理一心。應先明事持理持，後明事一心理一心。若口稱佛名，繫心在緣。聲聲相續，心心不亂。設心緣外境，攝之令還。此須生決定心，欣極。斷後際念，厭極。撥棄世事，放下緣心，二句厭。使此念心漸漸增長。欣。從漸至久，自少至多，若一日二日，乃至七日，畢竟要成一心不亂而後已。此事一心也。苟得此已，則極樂之浄因成就，而垂終之正念必然。身無病苦，不受惡纏。預知時至[一]，身心歡喜。吉祥而逝，坐脱立亡。親見彌陀，垂光接引[二]。若理一心者，此無他法。但於事一心中，念念了達能念之心，所念之佛。三際平等，十方互融。非空非有，非自非他。無去無來，不生不滅。現前一念之心，便是未來浄土之際。念而無念，無念而念；了達其本來如此。無生而生，生而無生。於無可念中，熾然而念；於無生中，熾然求生，是爲事一心中明理一心也。二觀想者，具如觀無量壽佛經，境有十六，觀佛最要。當觀阿彌陀佛丈六之身，精於觀經者。作紫磨黄金色像。立七寳華池之上，作垂手接引狀。身有三十二種大人相，相有八十種隨形好，作此想者，亦有事理。應以觀劣應白毫爲主，白毫觀成，方能進觀餘觀，此經中決定之旨。事則以心繫佛，以佛繫心。初觀足下安平猶如奩底，次觀具千輻輪相。如是次第，逆緣至於頂中肉髻。復從肉髻，順緣至於足底。了了分明，無分散意。理一心者，經云：『諸佛如來是法界身，入一切衆生心想中。是故汝等心想佛時，是心即是三十二相，八十種好。是心作佛，是心是佛。諸佛如來正偏知海，從心想

[一]「預知時至」，提前知道自己去世的時間。佛教浄土宗在這方面的記録很多，如浄土聖賢録裏記録了大量出家在家衆，臨終預知時至往生的例子。

[二]「親見彌陀，垂光接引」，阿彌陀經上説，念佛念到一心不亂，「其人臨命終時，阿彌陀佛與諸聖衆現在其前。是人終時，心不顛倒，即得往生阿彌陀佛極樂國土。」

生。是故汝等應當繫念彼佛多陀阿伽度，阿羅訶，三藐三佛陀。』此義具明微妙三觀，具如觀經疏妙宗鈔中說。然此二種正行，要當相須而進。凡於行住睡卧時，則一心稱名；凡於趺坐蒲團時，則心心作觀。行倦則趺坐以觀佛，坐出則經行以稱名。苟於四威儀中，修之不間，往生西方必矣。二助行亦有二：一者世間之行。如孝順父母，行世仁慈，慈心不殺，具諸戒律。凡是一切有利益之事，若能回向西方，無非助道之行。二者出世之行。如六度萬行，種種功德，讀誦大乘，修諸懺法。亦須以回向心而修之，無非淨土助行。更有一種微妙助行，當於歷緣對境，處處用心。此以緣境爲助，實即欣厭正行也。如見眷屬，當作西方法眷之想，以淨土法門而開導之。令其輕愛以一其念，永作將來無生眷屬。若生恩愛想時，當念淨土眷屬無有情愛，何當得生淨土，遠離此苦。因病識藥，即病成藥，妙妙。若生瞋恚時，當念淨土眷屬無有觸惱，何當往生淨土，得離此苦。若受苦時，當念淨土無有衆苦，但受諸樂。若受樂時，當念淨土之樂，其樂無央。智力。凡是所歷緣境，皆以此意而推廣之，則於一切時處，無非淨土之助行也。第三願者，夫淨土般若舟航，要以信爲點頭探水，行爲篙櫓風帆，願爲船柁撥正。無點頭探水，則不知通塞淺深；無篙櫓風帆，則不能至其所止；無船柁撥正，則無約束要制，故次行以明願也。第所發之願，有通、有別、有廣、有狹、有偏、有局。通如長途修懺課誦，古德所立回向發願之文；別則各隨自己之意所立；廣如四弘，上求下化；狹如自修自度，決志往生；　局如課誦有時，隨衆同發；　徧則時時發願，處處標心。要須體合四弘，不得師心自[一]立。　大率所發之願，宜別不宜通。　通恐隨人語轉，而自無繩準。　別則自己標心，剋志進取。　若能隨通文而生決志，此則雖通而別。　若於別文而久生濫漫，此則別亦成通。　又宜廣而不宜狹，廣則所發之心大，而所剋之果勝，狹則所發之心小，而所獲之果劣。　宜徧而不宜局，局則標心有限，數數間斷於期心。　徧則念念要心，刻刻圓成於樂土。　如此三法，可謂生淨土之弘綱，覲彌陀之寶筏。　一切淨土法門，舉不外乎是矣。」

附　録二篇

清省庵法師勸發菩提心[二]文

不肖愚下凡夫僧實賢，泣血稽顙，哀告現前大衆，及當世淨信男女等，唯願慈悲，少加

[一]「自」，廣陵本作「妄」。

[二]「菩提心」，「菩提」是古印度梵語，譯成漢文的意義爲覺，即是成佛之義。　發菩提心就是發無上正等正覺之心。大智度論云：「菩薩初發心，緣無上道，我當作佛，是名菩提心。」。

聽察。嘗聞入道要門，發心爲首；修行急務，立願居先。願立則衆生可度，心發則佛道堪成。苟不發廣大心，立堅固願，則縱經塵劫，依然還在輪回。雖有修行，總是徒勞辛苦。故華嚴經云：「忘失菩提心，修諸善法，是名魔業。」忘失尚爾，況未發乎？故知欲學如來乘，必先具發菩薩願，不可緩也。然心願差別，其相乃多，若不指陳，如何趣向。今爲大衆，略而言之。相有其八：所謂邪、正、真、僞、大、小、偏、圓是也。云何名爲邪、正、真、僞、大、小、偏、圓耶？世有行人，一向修行，不究自心，但知外務。或求利養，或好名聞，或貪現世欲樂，或望未來果報。如是發心，名之爲邪。既不求利養名聞，又不貪欲樂果報，唯爲生死、爲菩提，如是發心，名之爲正。念念上求佛道，心心下化衆生。聞佛道長遠，不生退怯；觀衆生難度，不生厭倦。如登萬仞之山，必窮其頂；如上九層之塔，必造其顛。如是發心，名之爲真。有罪不懺，有過不除，内濁外清，始勤終怠。雖有好心，多爲名利之所夾雜；雖有善法，復爲罪業之所染污。如是發心，名之爲僞。衆生界盡，我願方盡〔二〕；菩提道成，我願方成。如是發心，名之爲大。觀三界如牢獄，視生死如怨家，但期自度，不

〔二〕「衆生界盡，我願方盡」，可參考地藏菩薩「衆生度盡，方證菩提」的誓願，以及阿難尊者在楞嚴會上發的「如一衆生未成佛，終不于此取泥洹」的誓願。

欲度人。如是發心，名之爲小。若於心外見有衆生，及以佛道，願度願成。功勳不忘，知見不泯。如是發心，名之爲偏。若知自性是衆生，故願度脱；自性是佛道，故願成就。不見一法，離心別有。以虛空之心，發虛空之願，行虛空之行，證虛空之果。亦無虛空之相可得。如是發心，名之爲圓。知此八種差別，則知審察；知審察，則知去取；知去取，則可發心。云何審察？謂我所發心，於此八中，爲邪爲正，爲真爲僞，爲大爲小，爲偏爲圓。云何去取？所謂去邪去僞，去小去偏，取正取真，取大取圓。如此發心，方得名爲真正發菩提心也。此菩提心，諸善中王，必有因緣，方得發起。今言因緣，略有十種。何等爲十？一者、念佛重恩故；二者、念父母恩故；三者、念師長恩故；四者、念施主恩故；五者、念衆生恩故；六者、念生死苦故；七者、尊重己靈故；八者、懺悔業障故；九者、求生淨土故；十者、爲令正法得久住故。云何念佛重恩？謂我釋迦如來，最初發心，爲我等故，行菩薩道，經無量劫，備受諸苦。我造業時，佛則哀憐，方便教化。而我愚癡，不知信受。我墮地獄，佛復悲痛，欲代我苦。而我業重，不能救拔。我生人道，佛以方便，令種善根。世世生生，隨逐於我，心無暫捨。佛初出世，我尚沈淪。今得人身，佛已滅度。何罪而生末法？何福而預出家？何障而不見金身？何幸而躬逢舍利[一]？如是思惟，向使不種善根，何以得聞佛法？不聞佛法，焉知常受佛恩？此恩此德，邱山難喻。自非發廣大心，行菩薩道，建立佛法，救度衆生。縱使粉骨碎身，豈能酬答？是爲發菩提心第一因緣也。云何念父母恩？哀哀父母，生我劬勞，十月三年，懷胎乳哺，推乾去溼，嚥苦吐甘。才得成人，指望紹繼門風，供承祭祀。今我等既已出家，濫稱釋子，忝號沙門。甘旨不供，祭掃不給。生不能養其口體，死不能導其神靈。於世間則爲大損，於出世又無實益。兩途既失，重罪難逃。如是思惟，唯有百劫千生，常行佛道；十方三世，普度衆生。則不唯一生父母，生生父母，俱蒙拔濟；不唯一人父母，人人父母，盡可超昇。是爲發菩提心第二因緣也。云何念師長恩？父母雖能生育我身，若無世間師長，則不知禮義；若無出世師長，則不解佛法。不知禮義，則同於異類；不解佛法，則何異俗人。今我等粗知禮義，略解佛法，袈裟被體，戒品沾身。此之重恩，從師長得。若求小果，僅能自利。今爲大乘，普願利人。則世出世間二種師長，俱蒙利益。是爲發菩提心第三因緣也。云何念施主恩？

[一]「舍利」，又稱堅固，謂人肉體死後經過烈火燃燒留下的靈骨。金光明經舍身品曰：「舍利乃是無量戒定慧香之所薰馥。」

謂我等今者，日用所資，並非己有。三時粥飯，四季衣裳，疾病所須，身口所費，此皆出自他力，將爲我用。彼則竭力躬耕，尚難餬口；我則安坐受食，猶不稱心。彼則紡織不已，猶自艱難；我則安服有餘，寧知愛惜。彼則蓽門蓬户，擾攘終身；我則廣宇閒庭，優悠卒歲。以彼勞而供我逸，於心安乎？將他利而潤己身，於理順乎？自非悲智雙運，福慧二嚴，檀信沾恩，衆生受賜。則粒米寸絲，酬償有分，惡報難逃。是爲發菩提心第四因緣也。云何念衆生恩？謂我與衆生，從曠劫來，世世生生，互爲父母，彼此有恩。今雖隔世昏迷，互不相識，以理推之，豈無報效？今之披毛戴角，安知非昔爲其子乎？今之蠉動蜎飛，安知不曾爲我父乎？每見幼離父母，長而容貌都忘。何况宿世親緣，今則張王難記。彼其號呼於地獄之下，宛轉於餓鬼之中，苦痛誰知？飢虚安訴？我雖不見不聞，彼必求拯求濟。非經不能陳此事，非佛不能道此言。彼邪見人，何足以知此？是故菩薩觀於螻蟻，皆是過去父母，未來諸佛，常思利益，念報其恩。是爲發菩提心第五因緣也。云何念生死苦？謂我與衆生，從曠劫來，常在生死，未得解脱。人間天上，此界他方，出没萬端，昇沈片刻。俄焉而天，俄焉而人，俄焉而地獄畜生餓鬼。黑門朝出而暮還，鐵窟暫離而又入〔一〕。登刀山也，則舉體無完膚；攀劍樹也，則方寸皆割裂。熱鐵不除飢，吞之則肝腸盡爛；洋銅難療渴，飲之則骨肉都糜。利鋸解之，則斷而復續；巧風吹之，則死已還生。猛火城中，忍聽叫嘷之慘；煎熬盤裹，但聞苦痛之聲。冰凍始凝，則狀似青蓮蕊結；血肉既裂，則身如紅藕華開。一夜死生，地下每經萬徧；一朝苦痛，人間已過百年。頻煩獄卒疲勞，誰信閻翁教誡？受時知苦，雖悔恨以何追？脱已還忘，其作業也如故。鞭驢出血，誰知吾母之悲？牽豕就屠，焉識乃翁之痛？食其子而不知，文王尚爾；噉其親而未識，凡類皆然。當年恩愛，今作怨家；昔日寇讎，今成骨肉。昔爲母而今爲婦，舊是翁而新作夫。宿命知之，則可羞可恥；天眼視之，則可笑可憐。糞穢叢中，十月包藏難過；膿血道裹，一時倒下可憐。少也何知，東西莫辨；長而有識，貪欲便生；須臾而老病相尋，迅速而無常又至。風火交煎，神識於中潰亂；精血既竭，皮肉自外乾枯。無一毛而不被針鑽，有一竅而皆從刀割。龜之將烹，其脱殼也猶易；神之欲謝，其去體也倍難。心無常主，類商

〔一〕「黑門朝出而暮還，鐵窟暫離而又入」：「黑門」與「鐵窟」，均指地獄。地獄在我們所居地球的下端，是昏黑而無光的，所以稱爲「黑門」。「鐵窟」，指鐵圍山内的地獄。

賈而處處奔馳；身無定形，似房屋而頻頻遷徙。大千塵點，難窮往返之身；四海波濤，孰計别離之淚。峨峨積骨，過彼崇山；莽莽横尸，多於大地。向使不聞佛語，此事誰見誰聞？未覩佛經，此理焉知焉覺？其或依前貪戀，仍舊癡迷；祇恐萬劫千生，一錯百錯。人身難得而易失，良時易往而難追。道路冥冥，别離長久，三途惡報，還自受之。痛不可言，誰當相代？興言及此，能不寒心。是故宜應斷生死流，出愛欲海，自他兼濟，彼岸同登。曠劫殊勳，在此一舉。是爲發菩提心第六因緣也。云何尊重己靈？謂我現前一心，直下與釋迦如來無二無别。云何世尊無量劫來，早成正覺。而我等昏迷顛倒，尚做凡夫。又佛世尊則具有無量神通智慧，功德莊嚴；而我等則但有無量業繫煩惱，生死纏縛。心性是一，迷悟天淵。静言思之，豈不可恥？譬如無價寶珠，没在淤泥，視同瓦礫，不加愛重。是故宜應以無量善法，對治煩惱。修德有功，則性德方顯。如珠被濯，懸在高幢。洞達光明，映蔽一切。可謂不孤佛化，不負己靈。是爲發菩提心第七因緣也。云何懺悔業障？經言犯一吉羅〔二〕，如四天王壽五百歲墮泥犁中。吉羅小罪，尚獲此報，何況重罪，其

〔二〕「吉羅」，突吉羅的略稱，犯罪之名。戒疏一上曰：「惡作惡説，同號吉羅。」惡作指身所犯的罪，惡説指口所犯的罪。不論身犯口犯，只要是屬吉羅之罪，都是極輕微的。

報難言。今我等日用之中，一舉一動，恒違戒律；一餐一水，頻犯尸羅。一日所犯，亦應無量。何況終身歷劫，所起之罪，更不可言矣。且以五戒言之，十人九犯，少露多藏。五戒名爲優婆塞戒，尚不具足。何況沙彌、比丘、菩薩等戒，又不必言矣。問其名，則曰我比丘也；問其實，則尚不足爲優婆塞也。豈不可愧哉？當知佛戒不受則已，受則不可毁犯；不犯則已，犯則終必墮落。若非自愍愍他，自傷傷他，身口併切，聲淚俱下，普與衆生，求哀懺悔，則千生萬劫，惡報難逃。是爲發菩提心第八因緣也。云何求生净土？謂在此土修行，其進道也難；彼土往生，其成佛也易。易故一生可致，難故累劫未成。是以往聖前賢，人人趣向；千經萬論，處處指歸。末世修行，無越於此。然經稱少善不生，多福乃致。言多福，則莫若執持名號；言多善，則莫若發廣大心。是以暫持聖號，勝於布施百年；一發大心，超過修行歷劫。蓋念佛本期作佛，大心不發，則雖念奚爲；發心原爲修行，净土不生，則雖發易退。是則下菩提種，耕以念佛之犂，道果自然增長。乘大願船，入於净土之海，西方決定往生。是爲發菩提心第九因緣也。云何令正法久住？謂我世尊無量劫來，爲我等故，修菩提道。難行能行，難忍能忍，因圓果滿，遂致成佛。既成佛已，化緣周訖，入於涅槃。正法像法，皆已滅盡，僅存末法，有教無人。邪正不分，是非莫辨，競争人我，盡逐利名。舉目滔滔，天下皆是。不知佛是何人，法是何義，僧是何名。衰殘至此，殆不忍言。每一思及，不覺淚下。我爲佛子，不能報恩。内無益於己，外無益於人，生無益於時，死無益於後。天雖高不能覆我，地雖厚不能載我。極重罪人，非我而誰？由是痛不可忍，計無所出。頓忘鄙陋，忽發大心。雖不能挽回末運於此時，決當圖護持正法於來世。是故偕諸善友，同到道場，述爲懺摩〔二〕，建兹法會。發四十八之大願，願願度生；期百千劫之深心，心心作佛。從於今日，盡未來際。畢此一形，誓歸安養。既登九品，回入娑婆。俾得佛日重輝，法門再闡。僧海澄清於此界，人民被化於東方。劫運爲之更延，正法得以久住。此則區區真實苦心。是爲發菩提心第十因緣也。如是十緣備識，八法周知，則趣向有門，開發有地。相與得此人身，居於華夏，六根無恙，四大輕安，具有信心，幸無魔障。況今我等又得出家，又受具戒〔三〕，又遇道場，又聞佛法，又瞻舍利，又修懺法，又值善友，又具勝緣。不於今日發此大心，更待何日。唯願大衆，愍我愚誠，憐我苦志，同立此願，同發是心。未發者今發，已發者增長，已增長者今令相續。勿畏難而退怯，勿視易而輕浮；勿欲

〔二〕「懺摩」，謂乞請他人忍恕自己的罪過。四分律行事鈔資持記卷中曰：「梵云懺摩，此翻悔往。」義浄法師云：「懺摩，西音忍義，西國人誤觸身云懺摩。」

〔三〕「具戒」，又稱「具足戒」、「大戒」。爲比丘、比丘尼所應受持的戒律，與沙彌所受十戒相比，戒品具足，故稱具足戒。

速而不久長，勿懈怠而無勇猛；勿委靡而不振起，勿因循而更期待；勿因愚鈍而一向無心，勿以根淺而自鄙無分。譬諸種樹，種久則根淺而日深；又如磨刀，磨久則刀鈍而成利。豈可因淺勿種，任其自枯；因鈍弗磨，置之無用。又若以修行爲苦，則不知懈怠尤苦。修行則勤勞暫時，安樂永劫；懈怠則偷安一世，受苦多生。況乎以浄土爲舟航，則何愁退轉？又得無生爲忍力，則何慮艱難？當知地獄罪人，尚發菩提於往劫。豈可人倫佛子，不立大願於今生？無始昏迷，往者既不可諫；而今覺悟，將來猶尚可追。然迷而未悟，固可哀憐，苟知而不行，尤爲痛惜。若懼地獄之苦，則精進自生；若念無常之速，則懈怠不起。又須以佛法爲鞭策，善友爲提攜，造次弗離，終身依賴，則無退失之虞矣。勿言一念輕微，勿謂虛願無益。心真則事實，願廣則行深。虛空非大，心王爲大；金剛非堅，願力最堅。大衆誠能不棄我語，則菩提眷屬，從此聯姻；蓮社宗盟，自今締好。所願同生浄土，同見彌陀，同化衆生，同成正覺。則安知未來三十二相，百福莊嚴〔二〕，不從今日發心立願而始也。願與大衆共勉之。幸甚幸甚。

〔二〕「百福莊嚴」，又作「百思莊嚴」。丁福保佛學大詞典云：「菩薩三大阿僧祇劫之後，更于百大劫之間種可至佛果感三十二相之福業也。一一各種一百福，是曰百福莊嚴。」

圓觀、鑑空、法雲、海印信、末山、義斷崖、絶學誠公座下之少年僧及法華尼、念佛婆子諸人傳

圓觀、鑑空等傳評曰：　按此多人，皆與念佛無關。而圓觀，在生已悟後果，再世不昧前因，其定慧造詣，均非常人所能企及。因其不知念佛求生西方，又未到斷惑證真境界，依舊滯在輪迴，不能自由擺脱。鑑空，宿生尚爲講主，浮俗已斷根源，修持頗稱精苦。因尚未及果證，稍有疵纇，轉世即爲常受凍餒之窮困士。宿生同修五人，衹梵僧獨得解脱，其餘均困生死中。法雲，往昔爲大法師，因貪利養，悋佛法，致墮牛類，償宿債，久受劇苦，方轉爲人，猶癡鈍無記。海印，亦屬名僧。曾主大刹，受人崇奉，轉生即作檀越家女。末山，來歷不凡，爲僧復能好善，再轉則與僧爲讎，癡獃無智，頓失宿生所習。斷崖，與某少年僧，參禪均稱已悟，二皆仍轉爲僧。一則受人供養，忙碌一生，已躬事完全忘失；一則利養到身，驕奢心動，竟成流俗之造業僧。法華尼，苦修三十年，諒由淫心固結，致轉世失身爲官妓。唯念佛婆子，宗教一無所知，衹以彌陀是念，而死後演出如許奇特事，確證往生西方之無疑。總是以觀，若論生前慧解，則諸僧尼之超過念佛婆遠甚。至論

身後果證，而諸僧尼之不及念佛婆亦遠甚。圓觀、鑑空、法雲尚恐不及，其餘真不足以望其項背。可見自力了脱之難，念佛往生之易。故云：「餘門學道，如蟻子上于高山；念佛往生，似風帆揚于順水。」知此，則平昔以高明自負，欲仗自力了生脱死，而尚未至業盡情空之地位者，寧不懍然。故特附録于此，以爲藐視净土、好仗自力而誇口頭者戒。凡有志於自利利人，欲速得解脱者，均當注意於念佛一門焉。釋德森〔一〕録畢識。

唐洛京慧林寺釋圓觀，不知何許人也。居於洛宅，率性疎簡。或勤梵學，而好治生，獲田園之利，時謂之空門猗頓也。此外施爲絶異，且通音律。大曆末，與李源爲忘形之友。源父憕居守，天寶末陷於賊中，遂將家業捨入洛城北慧林寺，即憕之别墅也，以爲公用無盡財也。但日給一器，隨僧衆飲食而已，如此三年。源好服食，忽約觀遊蜀青城、峨眉等山洞求藥。觀欲遊長安，由斜谷路。李欲自荆入峽。争此二途，半年未決。李曰：「吾已不事王侯，行不願歷兩京道矣。」觀曰：「行無固必，請從子命。」遂自荆上峽。行次南浦，泊舟。見婦女絛達錦璫，負罌而汲。觀俛首而泣曰：「某不欲經此者，恐見此婦人

〔一〕「釋德森」，印光大師身邊最親近的弟子之一。編有净土聖賢録三編，並參與撰寫中興净宗印光大師行業記。

也。」李曰：「自上峽來，此徒不少，奚獨泣爲？」觀曰：「其孕婦王氏者，是某託身之所也。已逾三載，尚未解娩，唯以吾未來故。今既見矣，命有所歸，釋氏所謂循環者也。請君用符呪，遣其速生，且少留行舟，葬吾山谷。其家浴兒時，亦望君訪臨。若相顧一笑，是識認君也。後十二年，當中秋月夜，專於錢塘天竺寺外，乃是與君相見之期也。」李追悔此之一行，致觀到此，哀慟殆絶，召孕婦告以其事。婦人喜躍還，頃之，親族畢集，以枯魚濁酒，饋於水濱，李往授符水。觀具其沐浴，新其衣裝。觀其死矣，孕婦生焉。李三日往看新兒，襁抱就明，果致一笑。李泣具告王氏，王氏厚葬觀。明日李迴棹歸慧林寺，詢問弟子，方知已理命矣。李常念杭州之約，至期，到天竺山寺，其夜桂魄皎然。忽聞葛洪井畔，有牧童歌竹枝者，乘牛扣角，雙髻短衣，徐至寺前，乃觀也。李趨拜曰：「觀公健否？」曰：「李公真信士，我與君殊途，愼勿相近，君俗緣未盡，但且勤修不墮，即遂相見。」李無由敍語，望之潸然。觀又歌竹枝，杳褭前去。詞切調高，莫知所謂[一]。歎曰：「真得道之僧也。」咫尺懸隔，聖凡路殊，諒有之乎？高僧傳三集感通篇。

[一]「詞切調高，莫知所謂」，據印光法師文鈔記載，牧童的歌詞爲：「身前身後事茫茫，欲話因緣恐斷腸。吴越江山遊已遍，卻回煙棹上瞿塘。」

唐洛陽香山寺釋鑑空，俗姓齊，吴郡人也。少小若貧，雖勤於學，而寡記持。壯歲爲詩，不多靡麗。常困遊吴、楚間，已四五年矣。干謁侯伯，所潤無幾。錢或盈貫，則必病生，用罄方差。元和初，遊錢塘，屬其荒儉，乃議求餐於天竺寺。至孤山寺西，餧甚不前，因臨流雪涕，悲吟數聲。俄有梵僧臨流而坐，顧空笑曰：「法師秀才，旅遊滋味足未？」空曰：「旅遊滋味則已足矣，法師之呼，一何乘謬。蓋以空未爲僧時，名君房也。」梵僧曰：「子不憶講法華經於同德寺乎？」空曰：「生身已四十五歲矣。盤桓吴、楚間，未嘗涉京口，又何洛中之説？」僧曰：「子應爲饑火所燒，不暇憶故事。遂探囊出一棗，大如拳許，曰：「此吾國所産，食之者，上智知過去未來事，下智止於知前生事耳。」空饑極，食棗掬泉飲之，忽欠呻枕石而寢，頃刻乃寤，憶講經於同德寺，如昨日焉。因增涕泣。問僧曰：「震和尚安在？」曰：「專精未至，再爲蜀僧矣，今則斷攀緣也。」「神上人安在？」曰：「前願未滿。」「悟法師焉在？」曰：「豈不記香山石像前，戲發大願乎？若不證無上菩提，必願爲赳赳貴臣，昨聞已得大將軍矣[二]。當時雲水五人，唯吾得解脱，獨汝爲凍餧之士

〔二〕徹悟禪師語録曰：「神僧傳，載一僧于石佛前，戲發願曰，如今生生死不了，願來生作威武大臣。後果作大將軍。此戲發之願也，尚終得遂，況至誠所發之願乎？」

也。」空泣曰：「某四十許年，日唯一餐，三十餘年擁一褐。浮俗之事，決斷根源。何期福不完乎？坐於饑凍。」僧曰：「由師子座上，廣説異端。使學空之人，心生疑惑。戒珠曾缺，羶氣微存。聲渾響清，終不可致。質傴影曲，報應宜然。」空曰：「爲之奈何？」僧曰：「今日之事，吾無計矣。他生之事，警於吾子焉。」乃探鉢囊取一鑑，背面皆瑩徹。謂空曰：「要知貴賤之分，修短之期，佛法興替，吾道盛衰，宜一鑑焉。」空覽照久之，謝曰：「報應之事，榮枯之理，謹知之矣。」僧收鑑入囊，遂挈而去。行十餘步，旋失所在。空是夕投靈隱寺出家，受具足戒，後周遊名山，愈高苦節。太和元年詣洛陽，於龍門天竺寺，遇河東柳珵，親説厥由向珵。珵聞空之説，事皆不常，且甚奇之。空曰：「我生世七十有七，僧臘三十二，持鉢乞食，尚九年在世。吾捨世之日，佛法其衰乎！」珵詰之，默然無答。乃索珵筆硯，題數行於經藏北垣而去，曰：「興一沙，衰恒河沙，兔而罝，犬而拏，牛虎相交與角牙，寶檀終不滅其華。」系曰：食梵僧之棗，而知宿命者，與茹雪山之藥，解諸國語音同也。覽鑑而知吉凶者，與窺圖澄塗麻掌同也。食棗臨鑑，豈偶然耶，非常人之遇也。其空公題識而答塞柳珵之問，驗在會昌之毁教矣，時武宗勒僧尼反俗，計二十萬七千餘人，坼寺并蘭若，共四萬七千有奇。故云興一沙，衰恒河沙。兔在罝，犬仍拏，言殘害之甚。乙丑毁法，丙寅厭代。佛法喻寶檀之樹，終不絶其華藹芬馥，故云也。苟非異人，何以藏往考來之若是乎？高僧傳三集感通篇。

唐法雲者〔二〕，鴈門趙氏子。受質淳善，毀譽淡然。及就學，癡鈍無記。年十二，父母送禮五臺華嚴寺浄覺爲師。拾薪汲水，初不憚勞。年三十六，誦習未能，衆以其愚，呼爲牛雲。一日自恨愚質，久生何爲！時方大雪，跣足禮臺，一心持念文殊師利，願求大聖開決心眼。如是而行，寒不知衣，食不知味，内不知身，外不知物，唯聖是求。逢人即問文殊住處。既徧五峰，了無所見。至寺求食，其志增鋭。如迷如醉，復至東臺，見老人曝火，即叩問曰：「大德，文殊住何處？」老人云：「汝問他何爲？」雲曰：「我生愚鈍，乞爲開明。」老人云：「那羸頽百拙漢，汝不須見他好。」雲以爲狂，遂趣北臺。既至，見先老人擁雪而坐。心生希有，以爲真文殊也，趣前叩首。以凍餧馳困，倒地不起，口吐血團。見先老人語曰：「汝於往生曾作法師，貪他利養，祕悋佛法。以是因緣，墮牛類中，愚無所知，償他宿債。持法力故，今得人身，復預僧數。慳法餘業，故無誦習。」老人即以鐵如意鈎斸出心藏，令其視之，宛若牛心。於天井洗蕩，復以安之。叱云：「起，起。」於是忽醒，無所痛恙，徧體汗流。更覓老人，竟不復見。但見祥雲驟起，輭風拂衣。仰視天際，圓光若鏡。見

〔二〕「唐法雲者」，宋延一編廣清涼傳卷中載有「牛雲和尚求聰明」一節，其中牛雲和尚指的就是這裏所説的法雲。

先老人，坐蓮華上，晃焉而没。法雲從此往世所持經論宛然記憶，如獲舊物。終身行道，如救頭然。一夕繞育王塔，至三更，見白光如水，自北臺連接鷲峰，中現天閣，寶色燦爛，額曰善住。時開元二十三年春，辭衆而終焉。清涼山志〔一〕。

宋海印信和尚，嗣瑯琊，桂府人。住蘇州定慧寺。年八十餘，平日受朱防禦家供養，屢到其宅。一日朱問曰：「和尚後世能來弟子家中託生否？」師微笑諾之。及歸寺得疾，數日而化。其遷化日，朱家生一女子。圓照本禪師時住瑞光，聞其事，往訪之。方出月，抱出，一見便笑。圓照唤云：「海印，汝錯了也。」女子哭數聲化去。宗門武庫。

元建寧府有僧名末山。後檢一行著定平生詩有「一木移來嶺上安」之句，造物預定其名也。好作善緣，平路疊橋，不知其數。既死，現夢於城中鄒氏託生。其友亦有夢之者。既長，雖自知前身是僧，不喜與僧交。癡癡猷猷，若木石然。杭州天目山義斷崖，見高峰得旨，歸向者甚衆。既死，現夢託生於吴興細民家。後爲僧，名瑞應，字寶曇。自幼至壯，受人禮拜供養無虚日。余寓居天界時，寶曇亦在焉，鄰居頗久。察其所爲，碌碌與常人無以

〔一〕「清涼山志」，明代釋鎮澄撰，是五臺山九部志書之一。内容分爲：總標化宇、五峰靈迹、諸寺名迹、帝王崇建、歷代高僧等十門。

古異。間有以已躬事叩之者，但懡㦬而已。二人前身皆非常人，胡乃頓忘前世所習如是。古人謂聲聞尚昧於出胎，菩薩猶迷於隔陰。然則修行人，可不慎歟！江西絶學誠公，山居不出世，座下有七人結盟習禪。一人年最少，超然有得。誠公驗以三關語，其答如鼓應桴。不幸早世，生山下民家，父母俱有夢。甫五歲，命讀書，吾伊上口，不煩師訓，又能析其義。一日其父攜入山見誠公。公問：「汝前生答我三轉語，記得否？」進云：「試舉看。」既舉，乃點首云：「是我語。」誠公囑其父善保養之。他寺僧，因厚賄其家，求爲弟子，使習魚山梵唄。自此赴檀家請，多得䞋施，驕奢心動，世俗不法事，無不爲之。誠公因立三種大願厲學者。大凡參禪人，於静定中得箇歡喜處，乃塵勞乍息，慧光少現，然未可以爲究竟也。何則？蓋八識田中，無明根本尚在。喻如石壓草，去石再生無疑矣。後人其預戒之。山庵雜録〔二〕。

宋歐陽永叔知潁州，一官妓，口氣作蓮華香。有僧知宿命，言此妓前世爲尼，誦法華經三十年。一念之差，遂至於此。問妓云：「曾讀法華經否？」答云：「失身於此，何暇誦經？」與以法華，則讀誦如流。與之他經，則不能讀。以此知僧言可信矣！使此尼知西

〔二〕山庵雜録，凡二卷。明代僧人無愠編於洪武年間。收録於萬續藏第一四八册。

方法門，則上品上生可也。不知而墜墮於妓，可不哀哉！以此知能用西方法門教人者，其濟拔之功大矣，福報豈易量哉？龍舒浄土文〔二〕。

元至順庚午，浙西連歲飢饉，杭州城中，餓殍相枕藉，有司令坊正倩人舁棄六和塔後山大坑中。有一婆子，兼旬不腐爛，每日居衆屍之上。人怪之，搜其身，懷中有小囊，貯念彌陀佛圖三幅。事聞有司，爲買棺斂。焚之，烟焰中現佛菩薩像，光明煒煒。因此發心念佛者極衆。山庵雜録。

附録　無功叟浄土自信録序〔三〕

古之大聖人，立言垂教，被百世之下，其志猶鬱而未暢，晦而未明者，蓋有之矣。即吾佛浄土法門是也。余徧覽諸經，深求其旨，往生功德，一言以蔽之曰：「在凡夫獲不退而已矣。」何則？此土修行，圓教初信，小乘初果，邪見及三毒永不起，兹爲斷惑發悟，創入

〔二〕龍舒浄土文，浄土宗入門書。王日休居士撰。本書原爲十卷，由王日休自己刊行。民国八年，印光大師應王弘願請求，對此書詳加校訂，重刻流通。

〔三〕本文選自樂邦文類卷二，作者宗曉。無功叟，宋代人，是王闐的號，著有浄土自信録。

聖流，則越生不昧其所證，斯超四趣，不失人天。至於凡夫地中，雖伏惑發悟菩薩，一經生死非常之變，則忘其所證所修。是故遇緣或退，仍墮苦途者，容有之。乃若凡聖同居淨土，如極樂國等，雖具三界，唯有人天。故一切含識獲生者，即長辭四趣，又助緣大備，壽數莫量。縱至鈍根，一生熏修，無不證聖果，寧復有退失事乎？如來讚勸之本意，不過如此。且圓機體道，是最上淨業，苟加願導之，即預優品。若夫愚朴輩，但能稱佛發願者，而莫不往生。嗚呼！觀淨土一門，則知聖人無棄物矣。彼守癡空之徒，效無礙無修，起自障心，絶他學路，乃高其言曰：「淨土末事也，何足道哉？」可不哀耶！

靈峰蕅益大師選定淨土十要第十

述曰，世有兩般人，於淨土法門，必不能入。禪者執悟門，矜自力，視念佛不啻依草附木，摇尾乞憐。儒者咀名理，豔清言，視念佛不啻臭腐殘餕，食唾欲嘔。此兩者，一如長眙深瞫，而不見睫毛；大超顛叩齒。一如覓龍肝鳳髓，而厭棄本分茶湯也，愚夫婦是老公婆。何從接而入哉？儻冀其入，須向此人眼底盤踞鵰蹲，揚聲大呼，使其睒睗失據。或俟枵腹垂涎時，進以簞食豆羹，使其饞餍厭足。然非尋常禪者、儒者及念佛者可能也。禪能滅卻正法眼藏，灼見永明楚石用處；儒能裂斷文字縛，徹悟君子之道，果造端乎夫婦之知能。然後從而發揮淨土，庶可死兩般人偷心耳。袁宏道身爲横掃千軍之儒英，又爲跳踉井幹之禪擘，乃能百尺竿頭得一退步。十方世界現全身。合西方言教而論斷之，使上兩般人不能不屈驕折傲，俯從而窺。纔一俯窺，心膽俱寒，肺腑盡奪。匪仗阿彌神力，未易有此也。嗟乎！壇經之警策既杳，世徒聞破斥安養之譚；龍谿之宗説雙亡，世徒有尋僧説禪、、、之號。西方豐蔀，日斗俱蔽矣！合論出於淨宗弊極之年，闡教救時，於今爲烈。靈峰收爲一要，卷當第十，志殿也。

評點西方合論序

唯大徹大悟人，始可與談念佛三昧。難。否則百姓之與知與能，甚難。猶遠勝「仁者見之謂之仁，智者見之謂之智」也。達摩西來，事出非常。有大利，必有大害。嗚呼！先輩幸得大利，今徒有大害而已。誰能以悟道爲先鋒，以念佛爲後勁，穩趨無上覺路者耶？陽春白雪之後，引商刻羽之歌。袁中郎少年穎悟，坐斷一時禪宿舌頭。不知者，以爲慧業〔二〕文人也。後復深入法界，歸心樂國，甚難甚難。述爲西方合論十卷。字字從真實悟門流出，故絶無一字蹈襲，又無一字杜撰。雖台宗堂奥，尚未詣極，可見悟門不可限量。而透徹禪機，融貫方山、清涼教理，無餘矣。或疑佛祖宗教，名衲老宿，未易徧通，何少年科第，五欲未除，乃克臻此？不知多生

〔二〕「慧業」，靈峰宗論作「聰慧」。

熏習，非偶然也。祇因透徹自爾融貫。傳聞三袁是宋三蘇後身。噫！中郎果是東坡，佛法乃大進矣。透徹融貫，二公自知。予每謂明朝功業士，遠不及漢、唐，宋理學則大過之。陽明一人，直續孔、顔心脈。滿園春色，別露一枝，皆正宗之記。佛門居士，唐梁肅、宋陳瓘、明袁宏道，蓋未可軒輊也。千秋月旦。忠肅[一]陳瓘謚。初年，偶疑金剛爲泥人揩背語，遂爲禪者所笑。可笑。試讀彼三千有門頌，可復笑乎？笑者不知。中郎少年，風流灑落，亦爲緇素所忽。可忽。試讀彼西方合論，可復忽乎？忽者不肯。嗚呼！今人不具看書眼，何怪乎以耳爲目也哉。特即吴門所刻標註，並爲評點[二]以表彰之。至公至明。重謀付梓，用廣流通。普使法界有情，從此諦信念佛法門至圓至頓，高超一切禪教律，統攝一切禪教律，唯超故攝，唯攝故超，難信難信。不復有泣岐之歎也。辛卯順治八年。夏四月，北天目蕅益沙門智旭拜述。

曾有緇素共閲此序，一人大拂，一人把玩不置，數人傾服。余謂數人曰：「大徹悟人，與與知與能之百姓，相去幾何？」皆擬議。余又問：「設使未悟，以何爲

[一]「肅」下，靈峰宗論有「因」字。

[二]「點」，靈峰宗論作「語」。

先鋒？」復擬議。余爲指大拂者曰：「此公若解，傾服定不類公等。」又爲指把玩者曰：「此公得其毛，公等不屬於毛。」時數公互相顧笑，而拂玩兩公默然。然則具擇法眼，誠難乎哉？附記於此。弟子成時。

西方合論原序 此序亦靈峰大師評點。

香光子避囂山刹，修習浄業。有一禪人，闊視高步，過舍而譚。見案上有石頭居士新撰浄土合論，閲未終篇，抗聲言曰：「若論此之法門，原用接引中下之根。何者？中下根人智慧輕微，業力深重，以憶佛念佛，獲生浄土。如頑石附舟，可以到岸，誠宜念佛。至於吾輩，洞了本源，此心即是佛，更于何處覓佛？此心即是土，更于何處見土？于實際理中，覓生佛去來生死三世之相，無一毛頭可得。纔説成佛，已是剩語。何得更有分浄分穢，捨此生彼之事？若於此處悟得，是自在閒人。即淫、怒、癡，皆是阿彌平等道場，如如不動。何乃捨卻〔一〕己佛，拜

〔一〕「卻」，廣陵本無。

彼金銅？且謂悟與未悟，皆宜修習。無事生事，吾所不曉。」香光子聞而太息曰：「若汝所言，止圖口角圓滑，頂門針。不知一舉足將墜于火坑也。生死無常，轉盼即至。如何熟記宗門現成相似之語，以爲究竟？都云我已成佛，不必念佛。若約理而言，先縱。世間一蚤一蝨，皆具有如來清淨覺體，無二無別。乃至諸佛成等正覺，證大涅槃，本體未嘗增得一分。衆生墮三途，趨生死海，本體未嘗減卻一分。如如之體，常自不動。生死涅槃，等是妄見。亦無如來，亦無衆生。於此證入，亦無能證之人，亦無所證之法。泯絶心量，超越情有。大地無寸土，佛之一字向何處安著？至於進修法門，次奪。於無修證中修證，於無等級中等級。千差萬別，雖位至等覺，尚不知如來舉足下足之處。正見正論。從上祖師所以呵佛斥教，下明禪門正意，初對病。一切皆遮者，止因人心執滯教相，隨語生解，此學而不思之病。不悟言外之本體，漫執語中之方便。一向説心説性，説空説幻，説頓説漸，説因説果，千經萬論，無不通曉[一]。及問渠本命元辰，便將經論現成語言抵對。除卻現成語言，依舊茫然無措。所謂數他家寶，已無分文。其或有真實修行之人，此思而不學之

[一] 「通曉」，廣陵本作「曉通」。

病。不見佛性，辛苦行持，如盲無導，止獲人天之果，不生如來之家。於是諸祖知其流弊，二設藥。遂用毒手，剗其語言，塞其解路，拶其情識，令其苦參密究，逆生滅流。生滅情盡，取捨念空，始識得親生父母，歷劫寶藏，卻來看經看教，一一如道家中事。然後如説進修，以佛知見，浄治餘習。拜空華之如來，修水月之梵行，登陽燄之階級，度谷響之衆生。不取寂證，是謂佛種。悟後正好看經，正好修行。可見悟道是初步，看經修行是悟後工夫。不同流俗，以看經修行爲淺近，悟道爲深遠，成顛倒見。正如杲日當空，行大王路。不同長夜趨走，攀荆墮棘。豈謂一悟之後，即同極果？三引證。如供奉問岑大蟲：『果上涅槃，天下善知識證否？』岑曰：『未證。』奉曰：『何以未證？』岑曰：『功未齊於諸聖。』奉曰：『若爾，何得名爲善知識？』岑曰：『明見佛性，亦得名爲善知識也。』弘辨禪師曰：『頓明自性，與佛同儔。然有無始染習，故假對治，令順性起用。如人喫飯，不一口便飽。』潙山曰：『初心從緣頓悟自理，猶有無始曠劫習氣，未能頓浄。須教渠浄除現業流識，即修也。不可別有法，教渠修行趣向。』看經修行，皆所以浄除習氣，皆非別法。若論諸祖師爲人之處，此下總斷。壁立萬仞。大火聚中，觸之即爛。刀槍林裏，動著便創。未曾開口，已隔千里萬里。至機緣之外，平實商量，未嘗盡絶階級，盡遮修行。傳燈録中，分明詳悉。大慧、中峰言教，尤爲緊切，血誠勸勉[一]。惟恐空解著人，墮落魔事。何曾言一悟之後，不假修行，頓同兩足之尊，盡滿涅槃之果？說出病根。後世不識教意，不達祖機，乃取喝佛罵祖，破膽險句，以爲行持。昔之人爲經論所障，猶是雜食米麥，不能運化。後之人飽記禪宗語句，排因撥果，越分過頭，是日取大黄、巴豆以爲茶飯也，確甚。自誤誤人，弊豈有極？是以纔入此門，便輕十方如來，莫不自云無佛可成，無行可修。見人念佛，則曰自性是佛；見人修淨土，則曰即心是淨。言參禪，則尊之九天之上；言念佛，則蹂之九地之下。全不思參禪、念佛，總之爲了生死。同是出苦海之橋梁，越界有之寶筏。事同一家，何勝何劣？公論。參門之中，所悟亦有淺深；念佛之衆，所修亦有高下。如何執定參者即是上根[二]，念者便爲中下[三]？自達摩西來，立此宗門，已云二百年後，明道者多，行道者少；說理者多，通理者少。聖口授記，果然不差。今傳燈録中，如麻似粟，同云入悟，其實迥別。確。至如般若緣深，靈根夙植；迦陵破卵，香象截流。或見根宗於片

[一]「勸勉」，廣陵本作「勉旃」。
[二]「根」，廣陵本作「器」。
[三]「中下」，廣陵本作「下根」。

言，或顯威用於一喝，一聞千悟，得大總持。或有懷出世之心，具丈夫之志，舍彼塵情，究此大事，不怙小解，惟求實知，卧薪嘗膽，飲冰吞檗，如此三十年、四十年後，或遇明師，痛與鍼劄，偷心死盡，心華始開。此後又須潛行密修，銷融餘習。更確。法見尚捨，何況非法？若趙州除粥飯是雜用心，湧泉四十年尚有走作，香林四十年打成一片。兢兢業業，如護頭目，直至煙銷灰滅，自然一念不生，業不能繫，生死之際，隨意自在，詰其所證，恐亦未能超於上品上生之上。尤確。何以明之？龍樹菩薩，宗門之鼻祖也。得大智慧，具大辯才，住持佛法，故世尊數百年前，於楞伽會上，遥爲授記。然亦不過曰「證初歡喜地，往生安樂國」而已。金口誠言，可不信乎？而觀經中上品上生，生於彼間，一刹那頃，亦證初地。今宗門諸大祖師，縱使見離蓋纏，語出窠臼，豈能即過龍樹？妙。龍樹已悟無生無相之義，已具不墮階級之見，而生於安養，與上品上生所證之果正等。則禪門諸人所證，豈能獨過？妙。良以上品上生解第一義，還同禪門之悟；深信因果，還同禪門之修，止是念佛往生别耳。别亦不别。然吾以爲禪門悟修之士，既不能取無餘涅槃，同於如來；又不肯取有餘涅槃，同於二乘，必入普賢行願之海。若不捨一身受一身，濟度衆生，則養當從一刹至一刹，供養諸佛。既見諸佛，還同往生。究竟與上品上生，止在鴈行伯仲之間，何以高視祖師，輕言浄侣？妙。其或悟門已入，休歇太早。智不入微，道難勝習。一念不盡，即是生死之根。可爲寒心喪膽。業風所牽，復入胞胎〔二〕。如五祖戒復爲東坡，青草堂再作魯公。隔陰之後，隨緣流轉。道有消而無長，業有加而無減。縱般若緣深，不落三途，而出房入房，亦太辛苦。還視中下往生之衆，已天地不足喻其否泰矣。況後世宗風日衰，人之根器亦日以劣，確中時病。發心既多不真，功夫又不純一。偶於佛祖機鋒知識語言，或悟得本來成佛處，當下即是處，意識行不到、語言説不及處，一切不可得，即不可得亦不可得處，將古人語句和會，無不相似。既得此相似之解，即云馳求已歇，我是無事道人。識得煩惱如幻，則恣情以肆煩惱；識得修行本空，輒任意以壞修行。説盡今時醜態。謂檀本空也，反舍檀而取慳；謂忍本空也，反聽隨而寘忍。言戒，則曰本無持犯，何必重持輕犯？言禪，則曰本無定亂，何必舍亂取定？聽情順意，踏有譚空。既云法尚應捨，何爲復取非法？既云真亦不求，胡爲舍之求妄？既云修觀

〔二〕「胞胎」，廣陵本作「胎獄」。

習定，皆屬有爲之迹[一]；何獨貪名求利，偏合無爲之道？愛憎毁譽之火，纔觸之而即高；生老病死之風，微吹之而已動。争人争我，説是説非。甚至以火性爲氣魄，以我慢爲承當，以譎詐爲機用，以誑語爲方便，以放恣爲遊戲，以穢言爲解黏。痛切，只恐不知。讚歎破律無行之人，侮弄繩趨尺步之士。偏顯理路，故窮玄極妙，莫之蹤迹；盡剗行門，故縱意任心，無復規矩。口言往生是小乘法，令人修習，己乃宴然。或至經年不拜一佛，經年不禮一懺，經年不轉一經。反看世間不必有之書，行道人不宜行之事。使後生小子，專逞聰明，惟尋見解。纔有所知，即为一超直入，更復何事。輕狂傲慢，貢高恣睢。口無擇言，身無擇行。父既報讎，子遂行劫。寫烏成馬，展轉差謬。不念世間情欲無涯，隄之尚溢。如何日以圓滑之語，大破因果之門。字字血淚。決其防藩，導以必流。自誤誤人，安免淪墜？若不爲魔所攝，定當永陷三途。刀山劍樹，報其前因；披毛戴角，酬還宿債。莫云我是悟達之人，業不能繫。夫謂業不能繫，非謂有而不有，正以無而自無。妙。生既隨境即動，死安得不隨業受生。眼前一念瞋相，即是怪蟒之形；眼

[一]「迹」，廣陵本作「功」。

前一念貪相，即是餓鬼之種。無形之因念甚小，有形之果報甚大。一念之微，識田持之，歷千萬劫，終不遺失。真實語。如一比丘，以智慧故，身有光明。以妄語故，口流蛆蟲。一言之微，得此惡果。雖有智慧，終不能消。況今無明煩惱，熾然不斷。可痛哭。欲以相似見解，消其惡業，冀出三途，無有是處。嚮使此等，不得少以爲足，常如説以修行，終不自言我已悟了即心是佛，豈可復同中下念佛求生？了達生本無生，不妨熾然求生。即心是土，蓮邦不屬心外。不釋禮拜，不舍念誦，智力行力，雙轂並進〔二〕，方當踞上品之蓮臺，坐空中之寶閣，朝飯香積，夕遊滿月。回視胎生之品，彳亍寶地，不聞法語，不見法身，象馬難羣，雞鳳非類，何況人天小果，甕中蚊虻者哉？而乃空腹高心，著空破有，卒以偏執之妄解，攖非常之果〔三〕報。不與阿彌作子，卻爲閻羅之囚；不與淨衆爲朋，卻與阿旁爲伍。唤醒邪禪，如震大雷。棄寶林而行劍樹，舍梵音而聽叫號。究其所受，尚不能與世間無知無見

〔二〕「進」，廣陵本作「驅」。
〔三〕「果」，廣陵本作「苦」。

之人，行少善事，作少功德，生於人天者等〔二〕。毫髮有差，天地懸隔，可不哀歟！然則宗門中人，上之未必能超於上品上生，而下之已墮三途。廣長舌。故知此道險難，未易行遊。成則爲佛，敗則爲魔。王虜分於彈指，卿烹别於絲毫。苦樂之分，宜早擇矣。況今代悟門一脈，不絶如綫。確確。禪門之中，寂寥無人。止有二三在家居士，路途端直，可以流通此法。然既爲居士，不同沙門釋子猶有戒律縛身。方寘身大火之中，浸心煩惱之海，雖於營幹世事内，依稀得一入門，而道力甚淺，業力甚深，即極麤莫如淫殺之業，猶不能折身不行，何況其細？生死之間，安能脱然？徒見豪奢如于頔，奸恶如吕惠卿、夏竦，躁進如张天覺，風流豔冶如白樂天、蘇子瞻等，皆列於傳燈，便謂一切無礙。不知從上諸人，雖具正見，若謂其從此不受分段，業不能繫，吾未敢許。確確。方當長夜受報，未有了期。故知念佛一門，於居士尤爲喫緊。業力雖重，仰借佛力，免於沈淪。如負債人藏於王宫，不得抵償〔三〕。既生佛土，生平所悟所解，皆不唐捐。生死催人，出息難保。早尋歸路，

〔二〕「等」，廣陵本作「儔」。
〔三〕「償」，廣陵本作「索」。

免致忙亂。縱使志在參禪，不妨兼以念佛。尤妙。世間作官作家，猶云不礙，況早晚禮拜念誦乎？且借念佛之警切，可以提醒參禪之心〔二〕。借參門之洞徹，可以堅固淨土之信。適兩相資，最爲穩實。如此不信，真同下愚。石頭居士，少志參禪，根性猛利。十年之内，洞有所入。機鋒迅利，語言圓轉。真實發露懺悔。尋常與人論及此事，下筆千言。不踏〔三〕祖師語句，直從胸臆流出。活虎生龍，無一死語。遂亦自謂了悟，無所事事，雖世情減少，不入塵勞。然嘲風弄月，登山玩水，流連文酒之場，沈酣騷雅之業。懶慢疏狂，未免縱意，如前之病，未能全脱。所幸生死心切，不長陷溺，痛念見境生心，觸途成滯，浮解實情，未能相勝。悟不修行，必墮魔境，佛魔之分，只在頃刻。始約其偏空之見，涉入普賢之海。又思行門端的，莫如念佛，而權引中下之疑，未之盡破。及後博觀經論，始知此門原攝一乘，悟與未悟，皆宜修習。確確。於是採金口之所宣揚，菩薩之所闡明，諸大善知識之所發揮，附以己意。千波競起，萬派横流。詰其匯歸，皆同一源。其論

〔二〕「心」，廣陵本作「怠」。
〔三〕「踏」，廣陵本作「蹈」。

以不思議第一義爲宗，以悟爲導。以十二時中，持佛名號，一心不亂，念念相續爲行持。以六度萬行爲助因，以深信因果爲入門。此論甫成，而同參發心持戒念佛者，遂得五人。共欲流通，以解宗教之惑。的可解惑。香光識劣根微，久爲空見所醉，縱情肆志，有若狂象。去年沈湎之夜，親遊鬲子地獄，烈火洞然。見所熟譚空破戒亡僧形容尫羸，跛足而過。殷鑑不遠，今人請自思之。哭聲震地，殆不忍聞。及寤，身毛爲豎，遂亦發心，歸依净土。後讀此論，宿疑冰釋。所以今日，不憚苦口，病夫知醫，浪子憐客。汝宜盡剗舊日知見，虚心誦習，自當有入。生死事大，莫久遲疑。於是禪人悲淚交集，此禪人亦伶俐可敬。自云：「若不遇子，幾以空見賺過一生。子生我矣！」懇求案集，作禮而去。時萬曆庚子二十八年。仲春之二十有三日也。袁宗道伯修甫書於白蘇齋。

西方合論

明荷葉庵石頭道人袁宏道撰述
明雙徑沙門如奇標旨
清蕅益沙門智旭評點

夫滯相迷心，有爲過出。著空破有，莽蕩禍生。達摩爲救執相之者，説罪福之皆虚。正大光明之論。永明爲破狂慧之徒，言萬善之總是。滅火者水，水過即有沈溺之災。生物者日，日盛翻爲枯焦之本。如來教法，亦復如是。五葉以來，單傳斯盛。迨於今日，狂濫遂極〔一〕。謬引唯心，同無爲之外道。執言皆是，趨五欲之魔城。不思阿難未得盡通，頭陀擯斥。磨達微牽結使，尊者呵譏。蟬翅薄習，寶所斯遥〔二〕。丘山叢垢，浄樂何從。至若楞伽傳自達摩，悟修並重；清規創始

〔一〕「極」，廣陵本作「滋」。
〔二〕「遥」，廣陵本作「遠」。

百丈，乘戒兼行。未聞一乘綱宗，呵叱浄戒，五燈嫡子，貪戀世緣。昔有道士夜行，爲鬼所著，宛轉塚間。有田父見之，扶掖入舍，湯沃乃醒。道士臨别，謂田父曰：「羈客無以贈主人，有辟鬼符二張，願以爲謝。」闻者笑之。今之學者，貪、瞋、邪见，熾然如火，而欲爲人解縛，何其惑也？余十年學道，墮此狂病。後因觸機，薄有省發。遂簡塵勞，歸心浄土。禮誦之暇，取龍樹、天台、長者、永明等論，細心披讀，忽爾疑豁。既深信浄土，復悟諸大菩薩差别之行。謂無不會歸浄土。如貧兒得伏藏中金，喜不自釋。會愚庵和尚與平倩居士謀余裒集西方諸論，余乃述古德要語，附以己見，勒成一書，命曰西方合論。始於己亥萬曆二十七年。十月二十三日，成於十二月二十二日。既寡檢閲，多所脱漏。唯欲方便初心，尚期就正有道。略稽往哲，分敘十門：第一、刹土門，第二、緣起門，第三、部類門，第四、教相門，第五、理諦門，第六、稱性門，第七、往生門，第八、見綱門，第九、修持門，第十、釋異門。

第一刹土門

夫一真法界，身土交參。十佛刹海，浄穢無别。祇因衆生行業有殊，諸佛化現亦異。或權或實，或偏或圓，或暫或常，或漸或頓。一月千江，波波具涵淨月；萬燈一室，光光各顯全燈。理即一諦，相有千差。若非廣引靈文，衆生何所取則？爰約〔一〕諸教，略敍十門。

一、毗盧遮那淨土，二、唯心淨土，三、恒真淨土，四、變現淨土，五、寄報淨土，六、分身淨土，七、依他淨土，八、諸方淨土，九、一心四種淨土，十、攝受十方一切有情不可思議淨土。

一、毗盧遮那淨土者，即諸佛本報國土，十蓮華藏世界海。一一蓮華藏最下世界，皆有十佛世界微塵數廣大刹，清淨莊嚴。一一廣大刹，復有十佛世界微塵數諸小刹圍繞，倍倍增廣。一一華藏世界，皆滿虚空，互相徹入，淨穢總含，重重無盡。如法而論，一草一木，一毛一塵，各各皆具此無盡法界。佛及衆生，無二無別。或曰：「此是衆生實報莊嚴，不同權教推淨土於他方，是爲實教。」奇曰，此李長者言〔二〕。或曰：「衆生雖具此實報，争奈真如無性，不能自證。漫漫長夜，無見

〔一〕「約」，廣陵本作「取」。
〔二〕「奇曰，此李長者言」，「奇」指明沙門如奇，「李長者」指唐華嚴學者李通玄。

日期。波波劫海，無到岸期。雖云地獄起妙覺之心，佛果現泥犂之界，其如眼前鐵牀銅柱何哉？譬之餓鬼渴死於海邊，貧人數錢於金窟，衹見其虚，何名爲實？若非假之方便，由權入實，衆生豈有證毗盧之日也？」答曰：「若約諸佛化儀則可。實相土中，無此戲論。夫毗盧遮那，此云徧一切處。徧一切處，即無量壽表義，豈有勝劣？衹因如來爲一分取相凡夫故，説有阿彌陀在於西方。亦如大雲經中阿彌陀佛告一菩薩言：『有釋迦在於娑婆世界也。』夫當釋迦爲主，則釋迦徧一切，而阿彌陀爲所徧之一處。當阿彌爲主，則阿彌徧一切，而釋迦牟尼爲所徧之一處。如一人之身，當自自時，不妨爲一切人之他。當他他時，不妨爲一切人之自。以是義故，自他不成。自他不成，即自亦徧一切處，他亦徧一切處，豈定有他方可執？是故西方毗盧，非自他故。何以故？毗盧無不偏故。若言權，言方便，即有不偏。有不偏者，毗盧之義不成。」可見西方即毗盧浄土。毗盧是實，則西方決非權矣。

二、唯心浄土者，直下自證，當體無心，即是浄土。如維摩經云：「寶積當知，直心是菩薩浄土，菩薩成佛時，不諂衆生來生其國；深心是菩薩浄土，菩薩成佛時，具足功德衆生來生其國；大乘心是菩薩浄土，菩薩成佛時，大乘衆生來生其國。」經文繁多，不能廣引。大約謂欲得净土，當净其心。隨其心净，則佛土净。夫心是即土之心，土是即心之土。心净土净，法爾如故。此語豈非西方註腳？多有執心之士，卑此法門以爲單接鈍根者，由於心外見土故也。說破病根。夫念即是心，念佛豈非心净？心本含土，蓮邦豈在心外？故知約相非乖唯心，稱心實礙普度矣。卓見。

三、恒真净土者，即靈山會上所指净土。引三乘中權教菩薩，令知此土即穢恒净，諸衆信而未見。夫穢性本寂，俗相恒空。本寂故，菩薩居穢常寂。恒空故，菩薩入俗常空，正顯净義。但以衆生執海難清，識繩易縛，言業本空，則恣情作業；言行無體，即肆意冥行。犯永嘉之所呵，墮善星之所墜。以至生遭王難，死爲魔眷者，往往而是。嗟夫！使盡大地皆菩薩，則斯言誠爲利益。天下之菩薩少而凡夫多，則斯言之利天下也少，而害天下多矣！誰敢以恒真净土之言爲利少害多。非大悟者，不能有此膽識。

四、變現净土者，如法華經，三變净土，移諸人天置於他方。維摩經，世尊以足指按地，即時三千大千世界，若百千珍寶嚴飾。此是如來暫令顯現，亦是法爾。然智如鶖子，尚且如盲。劣根衆生，無緣[一]獲見。且人天置諸方外，全全無接引之緣。神力暫現還無，詎是恒常之土。豈若安養淨邦，塵劫常住，阿彌慈父，十惡不遺者哉？國土勝劣，居然可知。

五、寄報淨土者，如摩醯首羅天，如來於彼成等正覺，此爲實報淨土。起信論云：「菩薩功德成滿，於色究竟處，示一切世間最高大身。示乃化，非報。謂以一念相應慧，無明頓盡，名一切種智。自然有不思議業，能現十方利益衆生。」藏和尚云：「何故受用報身在此天者？以寄報十王，顯別十地，第十地寄當此天王。即於彼身，示成菩提。」然彼天雖云無漏，未若蓮邦直出三界。何以故？在色究竟故。

六、分身淨土者，如涅槃經，佛答高貴德王云：「善男子，西方去此娑婆世界，度三十二恒河沙佛土，有世界名曰『無勝』，猶如西方極樂世界。我於彼土，出現於世。爲化衆生故，於此世界現轉法輪。」又央掘經，佛謂央掘曰：「我住無生際，而汝不覺知。」央掘云：「若住無生際，何以生於此土？」佛云：「東方

[一]「緣」，廣陵本作「由」。

有佛，汝往問之。」央掘往問，彼佛答言：「釋迦者即是我身。」大意謂彼淨土是佛實報，此是分身。雖彰一佛之報境，未具攝化之義。佛分上即有，衆生分上即無，未爲殊勝。

七、依他淨土者，如梵網經云「我今盧舍那，方坐蓮華臺。周帀千華上，復現千釋迦。一華百億國，一國一釋迦」等者。以初地化百佛刹，則有百葉之華；二地化千佛刹，故華有千葉；若至三地，應現萬葉；四地億葉。次第倍增。爲是依他受用身，分示報境，入地乃見。非如蓮池會上，十念衆生，頓見淨佛國土故。

八、諸方淨土者，如東方藥師佛，南方日月燈佛，上方香積佛，佛佛各有淨土。諸經所述，不可具載，皆是諸佛實報莊嚴。經中或有以佛神力暫令顯現，或諸大菩薩詣彼供養。緣彼佛未言攝生，故諸衆生亦無緣生彼。即如妙喜世界，釋迦雖記有往生者，未聞無動有普引之言。且其國有鐵圍、須彌諸山，及鬼神、婦女。當知嚴淨不如安養也。又如藥師如來以十二大願度諸有情，經中亦言有信心者應當來生。稽彼願力，多是解脱一切憂苦，究竟安樂。未若阿彌如來，純以念佛，攝一切人往生彼土。

九、一心四種净土者，一曰凡聖同居土，二曰方便有餘土，三曰實報無障礙土，四曰常寂光土。一、凡聖同居土者，自分二類。初同居穢土，次同居净土。穢土之中，凡居、聖居各二。凡居二者：一、惡衆生，即四趣也；二、善衆生，即人天也。聖居二者：一、實聖，即四果、辟支、通教七地、别十住、圓十信後心，通惑雖盡，報身猶在，皆名實也；二、權聖，謂方便實報寂光土中，法身菩薩及妙覺佛，爲利有緣，應生同居，皆是權也。是等與四趣共住，故名穢土。次同居净土者，如極樂中有衆生，妙喜國中有鐵圍男女之類，以無四惡趣，故名净土。余按同居穢土之中，既有諸聖，亦可名同居净土。如娑婆世界在華藏世界第十三重，亦云華藏也。二、方便有餘土者，下方便等三土，各分净穢。唯西方極樂，横具四土，而四土皆净。所以最妙。尚宜細細發揮。二乘三種菩薩，破見思惑，證方便道。塵沙别惑，無明未斷，捨分段身而生界外，名曰有餘。故釋論云：「出三界外有净土，聲聞、辟支佛出生其中。受法性身，非分段也。」三、實報無障礙土者，無有二乘，純諸法身菩薩所居。盡塵沙惑，分破無明，得真實果。而無明未盡，潤無漏業。受法性報身，亦名果報國。故仁王經云「三賢十聖住果報」，以觀實相，發真無漏，感報殊勝。七寶莊嚴，具净妙五塵，故名爲實。色心不二，毛刹相容，故名無障礙。華嚴明因陀羅網世界是也。四、常寂光土者，妙覺極智所照如如法界，名之爲國，亦名法性土。但一真如佛性，非身非土而説身土。離身無土，離土無身，諸佛如來所遊居處。妙宗〔二〕曰：「經論中言寂光無相，乃是已盡染礙之相。非如太虚，空無一物。良由三惑究竟清浄，則依正色心究竟明顯。大經曰：『因滅是色，獲得常色。受想行識，亦復如是。』仁王稱爲法性五陰。」是爲極果。然十方刹土隨心異見，七寶砂礫當處差别。故霅川曰：「極樂國土，四土不同。」何則？約人天二乘，即前二種土；約菩薩佛，即後二種土。故知六十萬億那由他恒河沙由旬等身，不妨更有丈六之身；華藏海會無邊佛土，不妨更有尼連河土。何以故？是法爾故，非是神力變現故。

十、攝受十方一切有情不可思議浄土者，即阿彌陀佛西方浄土。其中所有大功德海，大悲智海，大願力海。若具説者，假使盡十方世界諸佛、菩薩、聲聞、辟支、天人、鬼畜，下至蜎飛蠕動及一切無情草木、瓦礫、鄰虚、微塵之類，一一具無量口，口中一一具無量舌，舌中一一出無量音聲。常説、倍説、熾然説、無閒説，經

〔二〕「妙宗」，即宋知禮述觀無量壽佛經疏妙宗鈔。

百億萬塵沙阿僧衹劫，亦不能盡。今且略釋：一、身土不思議義，二、性相不思議義，三、因果不思議義，四、去來不思議義，五、畢竟不可思議不思議義。一、身土不思議義者，阿彌身中有無量衆生，衆生身中有無量阿彌。國土亦然。是故一衆生念阿彌，一阿彌現；衆衆生念阿彌，衆阿彌現；衆生念念阿彌，即念念阿彌現。分明之極，人自不知。若衆生身中無阿彌者，阿彌不現。如陽燧身中，不能得水，非本有故。阿彌身中無衆生者，阿彌亦不現。如石女求生兒，必不可得，以非應得故。是故身中含身，身中含身身。土中含土，土中含土土。身土交含，重重無盡，是身土不思議義。二、性相不思議義者，若離性言土，土即心外，是幻化故。幻化者即斷滅相，衆生不生。若即性言土，性是有形，是一定故。一定者即無變易，無變易，衆生亦不生。即性即相，非性非相。存非非亡，存即即壞。是性相不思議義。三、因果不思議義者，有二義，一因先果後義。如念佛是因，見佛是果；成佛是因，度衆生是果。二因果無前後義。即念、即見、即成、即度，一時具足。如人三十至四十歲，三十是因，四十是果。然三十、四十無間斷相。若無四十，三十不立。無三十者，四十不成。是故當知非離三十至四十故。若離三十至四十者，中間即有分限相。而我此身，無分限故。若由三十至四十者，中間即有相續相。而我此身，乃至相續不可得故。念佛因果，亦復如是。是因果不思議義。四、去來不思議義者，若阿彌陀佛因念而來此，衆生因憶佛而生彼，即有去來。有去來，即有程途。有程途，即有險易。如人近京師則覲君易，遠則難。果爾，念佛求生應有難易。而阿彌僕僕道途，亦無説法之日矣。故般舟三昧經曰：「不於是間終，生彼間佛刹。佛無所從來，我亦無所至。」又先德云：「生則決定生，去則實不去〔二〕。」二句更宜徹講。如天鼓鳴，遠近齊聞，非去來故。如水中月，東行則東，西行則西，非去來故。是去來不思議義。五、畢竟不可思議不思議義者，如澄潭山影，如春暘百草，如衆生業力，如日月光相，如胎中根，如身中我，如齒堅舌柔，如眉横髮長，是畢竟不可思議不思議義。所以十方諸佛吐心吐膽，亦只道得箇希有難信而已。雖有偏覆三千大千舌相，詎能分疏其萬一哉？孔子曰：「夫婦之愚可以與知，及其至也，聖人不知。」至哉言也。無量法門，一以貫之矣。

〔二〕「生則決定生，去則實不去」，爲天衣義懷禪師所説，語出角虎集。

第二緣起門

夫樂鮑肆者，不念栴檀〔一〕。非實不念，以不厭故。乍使引之晤室，爇栴炙沈，不終日而悲其昔之穢，厭離之不早也。夫生死臭穢，愈於鮑肆。衆生貪嗜，倍彼蠅蚋。諸佛爲鬻香長者，見一輩人天没溺濁海，能不惻然？是故阿彌導師，廣開香嚴之肆。釋迦慈父，確指浄域之門。盡大地無非貧兒，一佛號便爲資本。欲驗誠言，莫離十念。塞鼻膻腥，久當自厭。今約西方起教，略分十義：一、一大事故，二、宿因深故，三、顯果德故，四、依因性故，五、順衆生故，六、穢相空故，七、勝方便故，八、導二乘故，九、堅忍力故，十、示真法故。

一、一大事者，衆生處五濁世，如囚處獄。但以罪之輕重，受等不等罰。或干小法，或投極綱。罪雖不同，至於縲絏之苦，笞杖之罰，未有一人得免者。何也？以入獄者皆罪人。處人天者，皆是業報分段之身故也。然罪人一入獄，未有時刻不求出離者，則以知獄之煎苦難忍難堪，棘牆之外更有許大安樂世界故也。今衆

〔一〕「栴檀」，廣陵本作「檀栴」。

生以煩惱爲家，以生死爲園觀，繫心衣冠之囚長，適情金玉之桁楊。豈知大鐵圍山，是我棘牆，三界法場之外，各各自有家鄉田地也。諸佛憫此，酸心痛骨。是故爲分别浄穢，指以脱歸路程。而歲久拋業之人，了無歸處，諸佛又大建宅舍以安之。一則往來獄門，爲治道途；一則長伺獄外，修飾旅館。如是之恩，何身〔二〕可報？嗟夫！獨三界之長夜，揭億生之覆盆。諸佛既不惜垂手，衆生獨何苦戀戀也？經曰：「如來爲一大事出現於世。」大事者，即此事也。衆生種種，反戀此毛頭許事，以小易大，甘心瘐死，何哉？奇曰：「因以饑寒死，曰瘐。」

二、宿因深者，有三：一者正因，二者正願，三者正行。一正因者，即是三世諸佛與諸有情，自清浄體。如萬象依空，山川依地，穀依種子，華果依仁。若無此因，佛果不成。何以故？一切悲智，純依此因而得建立故。長者合論〔三〕曰：「如來藏身，即法身也。諸佛智海，莫不居中，故稱爲藏。若不見法身，一切福智大慈大悲，悉皆不辨，總屬生滅。」法身者，即正因是。二正願者，如本經法藏比

〔二〕「身」，廣陵本作「由」。
〔三〕「長者合論」，指唐李通玄大方廣佛新華嚴經合論。

丘於世自在王如來所，發四十八大願。一願不成，不取菩提。此是依自性無量悲智，發如是不可思議願力。非是心外見有衆生，發願欲度，以衆生非心外故。三正行者，如本經言發是願已，如是安住種種功德，修習如是菩薩行，經於無量無數億那由他百千劫。又如一向出生菩薩經云：「阿彌陀佛昔爲太子，聞此微妙法門，奉持精進。七千歲中，脅不至席。不念愛欲財寶，不問他事。常獨處止，意不傾動。復教化八千億萬那由他人，得不退轉。」此是自性行持，自性精進，非是有作、有爲功德。雖歷億劫，不離一念。以微妙法門，離一切行，一切劫故。是謂正因、正願、正行。如伊三點，缺一不成。非是作得，非不作得。故先德云：「根深果茂，源遠流長。宿因既深，教起亦大。」誠然乎哉！○∴此梵書伊字也。

三、顯果德者，奇曰：「此對下依因性，非對上宿因深。」如華嚴經普賢行願品云：「諸佛如來，因於衆生而起大悲；因於大悲，生菩提心；因菩提心，成等正覺。譬如曠野沙磧之中，有大樹王，若根得水，枝葉、華果悉皆繁茂。生死曠野菩提樹王，亦復如是。一切衆生而爲樹根，諸佛菩薩而爲華果。以大悲水饒益衆生，則能成就諸佛菩薩智慧華果。」是故當知一切諸佛取佛果者，依於衆生。若無衆生，佛果不成。譬如漢王以救民故，而有百戰。以百戰故，登大寶位。登寶位故，百姓樂業。若無百姓，即無如上等事。究而論之，凡行一德、一事、一利、一名者，若無衆生，皆悉不成。是故我無衆生，即不成我。衆生是依，我即是正。衆生是正，我即是依。人我平等，依正無礙，是法爾故。法爾者，即自然果德故。若向外建立，即不成果義。縱迷心性，向外建立，亦不在心性外，以心性無外故。

四、依因性者，一切衆生，皆有如是浄性。譬一精金，冶爲釵釧及溺器等，金性是一。溺器者，是器具穢，非金穢故。若加銷冶爲種種玩好等物，金亦不易。生佛亦然，同一浄性。但以釵釧、溺器而有差别，非是性異。是故博地凡夫十念即生者，以本浄故。阿彌陀佛欲攝受是衆生即攝受者，以衆生本浄故。如鏡中之光，不從磨得。生浄土者，非是行願及與念力所能成就。何以故？念行如鑪錘等，但能銷金，無别有金生故。

五、順衆生者，謂樂兒童者當以餅果，樂婦女者必用綺羅。一切衆生所重，惟寶玉、衣食。是故有自然七寶，及與樓閣妙麗、衣服、飲食等事。譬諸火宅諸兒，非羊鹿等車，決不肯出。出已，純與大車。今釋迦如來順衆生情見，説阿彌陀七寶浄土，祇爲衆生見境如是，合如是説。衆生生已，各各自見細妙浄相，無可比喻。方知琉璃、硨磲、瑪瑙，猶如瓦礫。如達官貴人向田舍兒説王宮精嚴，姑就彼人所極珍異者爲比[一]。向非情量所及，如對生盲説色，亦無所用其方比矣！

六、穢相空者，如智論曰：「譬如人有一子，喜在不浄中戲，聚土爲穀，以草木爲鳥獸，而生愛著。人有奪者，瞋恚啼哭。其父知已，思惟此子今雖愛著，此事易離，兒[二]大自休。何以故？此物非真故。菩薩亦如是，觀衆生愛著不浄臭身，及種種五欲，若信等五根成就時，即能捨離。若小兒所著實是真物，雖復等至百歲，著之轉深。若衆生所著物實有者，雖得五根，亦不能捨。以諸法皆空，誑不實故，故得捨離。」如來爲衆生説浄土亦爾，以衆生所著非實，即易爲訓化故。如人少時悦色，壯歲營官，老年嗜利，若是實可好者，不應年變月易。以變易故，説浄土時，亦悦、亦營、亦嗜，如夢中人，唤之即醒。若夢實者，雖唤無益。以俱非實，是故諸佛爲一切衆生説如是法門。

七、勝方便者，爲此方便非是自力，亦非他力。緣自性海中，具有如是自在功德，一切現成。是故一句聖號，無復煩詞。十念功成，頓超多劫。如萬竅怒號，力

[一] 「比」，廣陵本作「擬」。

[二] 「兒」，續藏經作「小」。

在扶搖，因竅顯故；　如幽谷洞明，功在晨曦，因谷現故；　如一綫之蟻孔，能穿連山之堤，是水之力，非蟻力故；　又如一葉之葦席，能運萬斛之舟，是風之力，非葦力故。　總之皆是法界性海，無作無爲不思議力所現。　非自非他，一切具足，故有如是殊勝方便。　是謂捷中之捷，徑中之徑。　舍此不修，是真愚癡！千古不易之論。

八、導二乘者，二乘避境趨寂，證假涅槃。　不得如來法身，受業惑苦。　一者、無明住地，不得至見煩惱、垢濁、習氣、臭穢，究竟滅盡淨波羅蜜果；　二者、因無明住地，有虚妄行未除滅故，不得至見無作無行我波羅蜜果；　三者、因微細虚妄，起無漏業，意生諸陰未除盡故，不得至見極滅遠離樂波羅蜜果；　四者、變易生死，斷續流注，不得至見極無變易常波羅蜜果。　以是四種業惑，未證真理。　如來憫之，教令回斷滅心，修淨土行。　令知即空不斷，即有不常，乘大乘智，入涅槃海。

九、堅忍力者，龍樹菩薩曰：　「童子過四歲以上，未滿二十，名爲鳩摩羅伽地。　若菩薩初生菩薩家者，如嬰兒。　得無生法忍，乃至十住地，離諸惡事，名爲鳩摩羅伽地。　欲得如是地，當學般若波羅蜜，常欲不離諸佛。」問曰：　「菩薩當化衆生，何故常欲不離諸佛？」答曰：　「有菩薩，未入菩薩位，未得阿鞞跋致受記莂故，若遠離諸佛，便壞諸善根，没在煩惱，自不能度，安能度人？　如人乘船，中流壞敗，欲度他人，反自没水；　又如少湯投大冰池，雖消少處，反更成冰。菩薩未入法位，若遠離諸佛，以少功德，無方便力，欲化衆生，雖少利益，反更墜落。以是故新學菩薩，不應遠離諸佛。」問曰：「若爾者，何以不説不離聲聞、辟支佛？聲聞、辟支佛亦能利益菩薩。」答曰：「菩薩大心，聲聞、辟支佛雖有涅槃利益，無一切智故，不能教導菩薩。諸佛一切種智故，能教導菩薩。如象没泥，非象不能出，菩薩亦如是。若入非道中，唯佛能救，同大道故。故説菩薩，常欲不離諸佛。復次菩薩作是念：『我未得佛眼故，如盲無異；　若不爲佛所引導，則無所趣，錯入餘道。設聞佛法，異處行者，未知教化時節，行法多少。復次菩薩見佛，得種種利益。或眼見，心清浄。若聞所説，心則樂法，得大智慧，隨法修行，而得解脱。』如是等值佛無量益利，豈不一心常欲見佛。譬如嬰兒，不應離母；　又如行道，不離糧食；　如大熱時，不離冷風涼水〔一〕；　如大寒時，不欲離火；　如度深水，不應離船；　譬如病人，不離良醫。菩薩不離諸佛，過於上事。何以故？父母、親屬、知識、人天王等，皆不能如佛益利。佛益利諸菩薩，離諸苦處，住世尊之

〔一〕「冷風涼水」，續藏經作「涼風冷水」。

地。以是因緣故，菩薩常不離佛。」問曰：「有爲之法，欺誑不真，皆不可信。云何得如願不離諸佛？」答曰：「福德智慧具足故，乃應得佛，何況不離諸佛。衆生有無量劫罪因緣故，不得如願。雖行福德，而智慧薄少；雖行智慧，而福德薄少，故所願不成。菩薩求佛道故，要行二忍：生忍，法忍。行生忍故，奇曰：「于一切不循理事，耐不與較。」一切衆生中發慈悲心，滅無量劫罪，得無量福德。行法忍故，奇曰：「于境緣難堪難禁處，忍耐不行。」破諸法無明，得無量智慧。二行合和故，何願不得？以是故菩薩世世常不離諸佛。復次菩薩，常愛樂念佛故，捨身受身，恒得值佛。譬如衆生習欲心重，受淫鳥身，所謂孔雀、鴛鴦等；習瞋恚偏多，生毒蟲中，所謂惡龍、羅刹、蜈蚣、毒蛇等。是菩薩心，不貴轉輪聖王、人天福樂，但念諸佛，是故隨心所重而受身形。復次菩薩，常善修念佛三昧因緣故，所生常值諸佛。」天如或問曰：「禪宗悟達之士，既曰見性成佛，焉肯復求浄土？」答曰：「悟達之士，政願求生。汝但未悟，使汝既悟，浄土之趨，萬牛莫挽[一]。」問曰：「學者但患大事不明。大事既明，當行佛教，隨類化身，入泥入水，不避生死，廣

[一] 「挽」下，續藏經有「者此也」三字。

度生靈。何故求生浄土，厭苦趨樂？」答曰：「汝將謂一悟之後，習漏永除，便得不退轉耶？將謂一悟之後，更無偏學佛法、修行證果等事耶？將謂一悟之後，便可上齊諸佛，入生死不受障緣之所撓耶？審如是，則諸大菩薩，修六度萬行，動經恒河沙數劫者，是皆愧汝！古教有云：『聲聞尚有出胎之昧，菩薩亦有隔陰之昏。』況近時薄解淺悟自救不了者。縱有悟處深遠，見地高明，行解相應，志在度人者，柰何未登不退，力用未充，居此濁惡，化此剛强，此亦先聖之所未許。如以未完不固之舟，濟多人於惡海，自他俱溺，其理必然。故往生論云：『欲遊戲地獄門者，必生彼土，得無生忍已，還入生死，救苦衆生。以此因緣，求生浄土。』又先聖有云：『未得不退轉位，不可混俗度生；未得無生法忍，要須常不離佛。譬如嬰兒，常不離母；又如弱羽，只可傅枝。』今此國中，釋迦已滅，彌勒未生；四惡趣苦，因果牽纏；外道邪魔，是非扇亂；美色淫聲之相惑，惡緣穢觸之交侵，既無現佛可依，又被境緣所撓，初心悟達之人，尠有不遭其退敗者。所以世尊慇懃指歸極樂，良有以也。蓋彼彌陀，現在説法，樂土境緣，種種清浄，倘依彼佛，忍力易成，高證佛階，親蒙授記，然後出化衆生，去來無礙。多見今之禪者，不究如來之了義，灼然今時禪病。不知達摩之玄機，空腹高心，習爲狂妄。

見修浄土，則笑之曰：『彼學愚夫愚婦之所爲。』余嘗論其非鄙愚夫愚婦，乃鄙文殊、普賢、龍樹、馬鳴等也。非特自述正道，自失善根，自喪慧身，自亡佛種，且成謗法之業，又招鄙聖之殃，佛祖視爲可哀憐者。於是永明和尚，深憐痛哀，剖出心肝，主張浄土。既以自修，又以化世。故其臨終有種種殊勝相現，舍利鱗砌，徑生極樂上品。乃至閻羅以爲希有，圖像禮敬。夫永明既悟達摩直指之禪，又能致身於極樂上品，以此解禪者之執情，以此爲末法之勸信，是真大有功於宗教者。豈特永明爲然，如死心新禪師作勸修浄土之文。又如真歇了禪師作浄土説有云：『洞下一宗，皆務密修，其故何哉？良以念佛法門，徑路修行，正按大藏，接上上根器，傍引中下之機。』又云：『宗門大匠，已悟不空不有之法，秉志孜孜於浄業者，以浄業見佛，尤簡易于宗門故。』又云：『乃佛乃祖，在教在禪，皆修浄業，同歸一源。入得此門，無量法門，悉皆能入。』至如天衣懷禪師、圓照本禪師、慈受深禪師、南嶽思禪師、法照禪師、浄靄禪師、浄慈大通禪師、天台懷玉禪師、梁道珍禪師、唐道綽禪師、毗陵法真禪師、姑蘇守訥禪師、北磵簡禪師、天目禮禪師等諸大老，皆是禪門宗匠，究其密修顯化，發揚浄土之旨，則不約而同。廣如彼文，不能盡録。是故當知，禪宗密修，不離浄土。初心頓悟，未出童真。入此門者，方爲堅固不退之門。」

十、示真法者，一切修行法門，言空即斷，言有即常，未爲究竟。唯此念佛三昧，即念而淨，淨非是無；即淨而念，念非是有。達淨無依，即是念體；了念本離，即是淨用。是故非淨外有念，能念于淨。若淨外有念，念即有所，所非淨故。非念外有淨，能入諸念。若念外有淨，淨即有二，二非淨故。當知諸佛順寂滅心而嚴淨土，是故念淨土者，當入一切寂滅門；諸佛順常樂我淨心而嚴淨土，是故念淨土者，當入一切常樂我淨門；諸佛順平等衆生心而嚴淨土，是故念淨土者，當入一切平等衆生門；諸佛順大悲智業而嚴淨土，是故念淨土者，當入一切大悲智業門；諸佛順無作無爲不可思議業而嚴淨土，是故念淨土者，當入一切無作無爲不可思議門；諸佛順塵勞煩惱性而嚴淨土，是故念淨土者，當入一切塵勞煩惱門；諸佛順微塵芥子相而嚴淨土，是故念淨土者，當入一切微塵芥子門。以上諸大法門，但一聲阿彌陀佛皆悉證入。單傳直指，如是如是。亦無能證所證之相。若不爾者，則是有餘之淨。念佛三昧，即不如是。

第三部類門

夫如來説教，廣有多門。經中或偶一拈[一]題，或因緣舉出者，不可勝載。唯念佛一門，頻形讚歎。如高巒之峙平原，躍空而出；類金星之晃沙磧，映日即明。故知法門殊勝，未有逾此一門者也。今約諸經，但言西方大事者，一概收入，分經、緯二義。説文曰：「織有經，集絲爲之。經常而緯變。」是故以經則非專談安養者不收，以緯則凡泛舉念佛者亦入。登葱山而樵玉，首採羊脂；泛溟海而斮香，忍捨牛頭？孔子曰：「爾所不知，人其舍諸。」至於聞所未聞，不無望於來哲。一、經中之經；二、經中之緯；三、緯中之經；四、緯中之緯。

一、經中之經者：一、無量清淨平等覺經，二、無量壽經，三、阿彌陀經[二]，四、無量壽莊嚴經，五、出寶積第十八經，名無量壽如來會。五經同一梵本，前四譯稍不精。六、即大阿彌陀經，龍舒居士將前四譯和會者。佛在王舍城靈鷲山，

[一]「一拈」，廣陵本作「拈一」。

[二]「阿彌陀經」，指吴支謙譯佛説諸佛阿彌陀三耶三佛薩樓佛檀過度人道經。

爲阿難、慈氏等説。中間出寶積者，旨富詞法，不知龍舒何以不見此本？一、佛説阿彌陀經，二、稱讚浄土佛攝受經。二經同一梵本，初經簡浄愈於後譯。佛在舍衛國祇樹給孤獨園，爲舍利弗説，讀誦者多主此經。一、觀無量壽佛經，佛在王舍城耆闍崛山中，爲韋提希夫人説。經中言十六妙觀，修持法門，備載此經，故孤山判爲定善。然三種經，皆專爲西方起教。如天中之天，人中之王，不必自相排抑。譬如太虚空，一尚不得，豈有二哉？經中妙義，具見餘門，今不贅述。

二、經中之緯者：一、鼓音聲王經，佛在瞻波大城伽伽靈池，與比丘百人説。中云：「若有四衆，受持阿彌陀佛名，臨命終時，佛與聖衆，接引往生。」一、後出阿彌陀佛偈經，自「惟念法比丘，乃從世饒王」，至「弘此無量誓，世世稽首行」，共五十六句，始終唯偈。二經亦專言浄土，言義較前甚略，判入緯類。又鼓音意重持呪，偈經是伽陀部，非[二]教本故。

三、緯中之經者：一、華嚴經，普賢菩薩勸進善財童子、海會大衆，發十大願。至臨命終時，一切諸根，悉皆散壞，一切威勢，悉皆退失。惟此願王，不相捨

［二］「非」下，續藏經有「皆」字。

離。於一切時，引導其前。一刹那間，即得往生極樂世界。其人自見生蓮華中，蒙佛授記。得授記已，經無數劫，普於十方不可説不可説世界，以智慧力，隨衆生心而爲利益。乃至能於煩惱大苦海中，拔濟衆生，令其出離，皆得生於極樂世界。又解脱長者云：「我若欲見安樂世界，無量壽如來，隨意即見。如是十方一切世界所有如來，我若欲見，隨意即見。我能了知如來國土莊嚴神通等事，無所從來，亦無所去。無有行處，亦無住處。亦如己身，無來無去，無行住處。」一、法華經云：「聞是經典，如説修行。於此命終，即往安樂世界阿彌陀佛，大菩薩衆，圍繞住處。生蓮華中寶座之上，得菩薩神通，無生法忍。得是忍已，眼根清浄，以是清浄眼根，見七百萬二千億那由他恒河沙等諸佛如來。」一、楞嚴經，大勢至白佛：「我憶往昔恒河沙劫，有佛出世，名無量光。十二如來相繼一劫，其最後佛，名超日月光。彼佛教我念佛三昧。譬如有人，一專爲憶，一人專忘。如是二人，若逢不逢，或見非見。二人相憶，二憶念深，如是乃至從生至生，同於形影，不相乖異。十方如來，憐念衆生，如母憶子。若子逃逝，雖憶何爲？子若憶母，如母憶時，母子歷生，不相違遠。若衆生心，憶佛念佛，現前當來，必定見佛，去佛不遠。不假方便，自得心開。如染香人，身有香氣。此則名曰香光莊嚴。我本因地，以念佛心，入無生忍。今於此界，攝念佛人，歸於净土。佛問圓通，我無選擇。都攝六根，净念相繼。得三摩地，斯爲第一。」一、寶積經，佛告父王：「一切衆生，皆即是佛。汝今當念西方世界阿彌陀佛。常勤精進，當得佛道。」王言：「一切衆生，云何是佛？」佛言：「一切法無生，無動摇，無取捨，無相貌，無自性。可於此佛法中，安住其心，勿信於他。」爾時父王與七萬釋種，聞説是法，信解歡喜，悟無生忍。佛現微笑，而説偈曰：「釋種決定智。是故於佛法，決信心安住。人中命終已，得生安樂國。面奉阿彌陀，無畏成菩提。」又佛告彌勒：「發十種心，往生極樂。何者爲十？一者、於諸衆生，起於大慈，無損害心；二者、於諸衆生，起於大悲，無逼惱心；三者、於佛正法，不惜身命，樂守護心；四者、於一切法，發生勝忍，無執著心；五者、不貪利養，恭敬尊重，净意樂心；六者、求佛種智，於一切時，無忘失心；七者、於諸衆生，尊重恭敬，無下劣心；八者、不著世論，於菩提分，生決定心；九者、種諸善根，無有雜染，清净之心；十者、於諸如來，捨離諸相，起隨念心。是名菩薩發十種心。由是心故，當得往生。若人於此十心隨成一心，樂欲往生彼佛世界，若不得生，無有是處。」一、般舟三昧經，佛告跋陀和菩薩〔二〕：「若沙門、白衣所聞西方阿彌陀佛刹，常念彼方佛，不得缺戒。一心念，若一日晝夜，若七日七夜，過七日已後，見阿彌陀佛。於覺不見，於夢中見之。譬如夢中所見，不知晝、不知夜，亦不知內、亦不知外，不用在冥中故不見，用者以也。不用有所蔽礙故不見。如是跋陀和〔三〕，菩薩心當作是念時，諸佛國境界名，大山須彌山，其有幽冥之處，悉爲開闢。目亦不蔽，心亦不礙。是菩薩摩訶薩，不持天眼徹視，不持天耳徹聽，不持神足到於佛刹。不於是間終，生彼間佛刹乃見。便於是間坐，見阿彌陀佛，聞所説經，悉受得。從三昧中，悉能具足，爲人説之。」一、觀佛三昧經，文殊自敍宿因，謂得念佛三昧，當生淨土。世尊復記之曰：「汝當往生極樂世界。」一、大集經賢護品云：「求無上菩提者，應修念佛禪三昧。」偈云：「若人稱念彌陀佛，號曰無上深妙禪。至心想像見佛時，即是不生不滅法。」一、十住斷結經云：「時座中有四億衆，自知死此生彼，牽連不斷，欲爲之源，樂生無欲國土。佛言：『西方去此無數

〔二〕「佛告跋陀和菩薩」，續藏經無。
〔三〕「如是跋陀和」，續藏經無。

國土，有佛名無量壽。其土清浄，無淫、怒、癡。蓮華化生，不由父母。汝當生彼。』」一、如來不思議境界經云：「菩薩了知諸佛，及一切法，皆唯心量。得隨順忍，或入初地。捨身速生妙喜世界，或生極樂浄土中。」一、隨願往生經言：「佛國無量，專求極樂者何？一以因勝，十念爲因故；一以緣勝，四十八願普度衆生故。」一、稱揚諸佛功德經云：「若有得聞無量壽如來名者，一心信樂。其人命終，阿彌陀佛與諸比丘住其人前，魔不能壞彼正覺心。」又云：「持諷誦念，此人當得無量之福。永離三途，命終之後，往生彼刹。」一、大雲經云：「善男子，於此西方有一世界，名曰安樂。其土有佛，號無量壽。於今現在，常爲衆生講宣正法。告一菩薩：『汝善男子，娑婆世界釋迦牟尼佛，爲諸薄福鈍根衆生説大雲經，汝可往彼，至心聽受。』是彼菩薩，欲來至此，故先現瑞。善男子，汝觀彼土諸菩薩身，滿足五萬六千由旬：『世尊，彼來菩薩名號何等？何緣而來此土？將非爲度衆生故來？唯願如來爲諸衆生分別解説。』善男子，彼土菩薩欲聞浄光受記莂事，並欲供養如是三昧，是故而來。善男子，是菩薩名無邊光，通達方便，善能教導。」一、入楞伽經云：「大慧！汝當知，善逝滅度後，南天竺國中，大名德比丘，厥號爲龍樹，能破有無宗。世間中顯我，無上大乘法。得初歡喜地，往生安樂國。」一、大悲經云：「我滅度後，北天竺國有比丘名祈婆伽，修習無量最勝善根已，而命終生於西方，過百千億世界無量壽佛國。以後成佛，號無垢光如來。」

四、緯中之緯者：一、如華嚴毗盧遮那品云：「爾時大威光童子，見波羅蜜善根莊嚴王如來成等正覺，現神通力，即得念佛三昧，名無邊海藏門。」又光明覺品云：「爾時光明過千世界，乃至一切處文殊菩薩，各於佛所，同時發聲，説此頌言：『一切威儀中，常念佛功德。晝夜無暫斷，如是業應作。』」又賢首品云：「見有臨終勸念佛，又示尊像令瞻敬。俾於佛所深歸仰，是故得成此光明。」又十無盡藏品第八念藏云：「此念有十種：所謂寂静念、清净念、不濁念、明徹念、離塵念、離種種念、離垢念、光耀念、可愛樂念、無能障礙念。」又兜率偈讚品離垢幢菩薩云：「以佛爲境界，專念而不捨。此人得見佛，其數與心等。」又十回向品第十回向云：「以法施回向，願得憶念與法界等，無量無邊世界，未來現在，一切諸佛。」又十地品中，從初至末，地地皆云：「一切所作，不離念佛。」又佛不思議法品云：「如來有十種佛事：一者、若有衆生專心憶念，則得現前；二者、若有衆生心不調順，則爲説法」等。又入法界品云：「德雲比丘告善財言：『善男子，我得自在決定解力，信根清净，智光照耀，普觀境界，離一切障，具清净行。往詣十方，供養諸佛。常念一切諸佛如來，總持一切諸佛正法，常見一切諸佛。隨諸衆生種種心樂，示現種種成正覺門，於大衆中，而師子吼。善男子，我唯得此憶念一切諸佛境界，智慧光明，普見法門，所謂智光普照念佛門，常見一切諸佛國土，種種宫殿悉嚴净故。令一切衆生念佛門，隨諸衆生心之所樂，皆令見佛，得清净。故令安住力念佛門，令入如來十力中故。令安住法念佛門，見無量佛，聽聞法故。照耀諸方念佛門，悉見一切諸世界中，等無差别諸佛海故。入不可見處念佛門，悉見一切微細境中，諸佛自在神通事故。住於諸劫念佛門，一切劫中，常見如來諸所施爲，無暫捨故。住一切時念佛門，於一切時，常見如來，親近同住，不捨離故。住一切刹念佛門，一切國土咸見佛身，超過一切，無與等故。住一切世念佛門，隨於自心之所欲樂，普見三世諸如來故。住一切境念佛門，普於一切諸境界中，見諸如來次第現故。住寂滅念佛門，於一念中，見一切刹一切諸佛，示涅槃故。住遠離念佛門，於一念中，見一切佛，從其所住，而出去故。住廣大念佛門，心常觀察，一一佛身，充徧一切諸法界故。住微細念佛門，於一毛端，有不可説如來出現，悉至其所而承事故。住莊嚴念佛門，於一念中，見一切刹皆有諸佛成等正覺，現神變故。住能事念佛門，見一切佛出現世間，放智慧光，轉法輪故。住自在心念佛門，知隨自心所有欲樂，一切諸佛現其像故。住自業念佛門，知隨衆生所積集業，現其影像，令覺悟故。住神變念佛門，見佛所坐廣大蓮華，周徧法界而開敷故。住虚空念佛門，觀察如來所有身雲，莊嚴法界虚空界故。』」一、法華經云：「若有因緣，獨入他家，一心念佛；乞食無侣，一心念佛。」又云：「若人散亂心，入于塔廟中，一稱南無佛，皆已成佛道。」一、淨名經云：「寶積當知，直心是菩薩淨土，菩薩成佛時，不諂衆生，來生其國；深心是菩薩淨土，菩薩成佛時，具足功德衆生來生其國；大乘心是菩薩淨土，菩薩成佛時，大乘衆生來生其國；布施是菩薩淨土，菩薩成佛時，一切能捨衆生來生其國；持戒是菩薩淨土，菩薩成佛時，行十善道，滿願衆生來生其國；忍辱是菩薩淨土，菩薩成佛時，三十二相莊嚴衆生來生其國；精進是菩薩淨土，菩薩成佛時，勤修一切功德衆生來生其國；禪定是菩薩淨土，菩薩成佛時，攝心不亂衆生來生其國；智慧是菩薩淨土，菩薩成佛時，正定衆生來生其國；四無量心是菩薩淨土，菩薩成佛時，成就慈悲喜捨衆生來生其國；四攝法是菩薩淨土，菩薩成佛時，解脱所攝衆生來生其國；方便是菩薩淨土，菩薩成佛時，於一切法方便無礙衆生來生其國；　三十七品是菩薩浄土，菩薩成佛時，念處、正勤、神足、根力、覺道衆生來生其國；　迴向心是菩薩浄土，菩薩成佛時，得一切具足功德國土；　説除八難是菩薩浄土，菩薩成佛時，國土無有三惡八難；　自守戒行，不譏彼缺是菩薩浄土，菩薩成佛時，國土無有犯禁之名；　十善是菩薩浄土，菩薩成佛時，命不中夭、大富梵行、所言誠諦、常以軟語、眷屬不離、善和諍訟、言必饒益、不嫉不恚、正見衆生來生其國。如是寶積，菩薩隨其直心，則能發行；　隨其發行，則得深心；　隨其深心，則意調伏；　隨意調伏，則如説行；　隨如説行，則能迴向；　隨其迴向，則有方便；　隨其方便，則成就衆生；　隨成就衆生，則佛土浄；　隨佛土浄，則説法浄；　隨説法浄，則智慧浄；　隨智慧浄，則其心浄；　隨其心浄，則一切功德浄。是故寶積，若菩薩欲得浄土，當浄其心；　隨其心浄，則佛土浄。」又云：「菩薩成就八法，於此世界，行無瘡疣，生於浄土。何等爲八？饒益衆生，而不望報；　代一切衆生，受諸苦惱；　所作功德，盡以施之；　等心衆生，謙下無閡；　於諸菩薩，視之如佛；　所未聞經，聞之不疑；　不與聲聞，而相〔二〕

〔二〕「而相」，續藏經無。

違背。不嫉彼供，不高己利。而於其中，調伏其心，常省己過，不訟彼短，恒以一心求諸功德。是爲八。」一、涅槃經云：「菩薩六念，念佛第一。」又云：「繫念思惟因緣力故，得斷煩惱。」一、大悲經云：「一稱佛名，以是善根，入涅槃界，不可窮盡。」一、大般若經云：「佛告曼殊室利：『菩薩能正修行一相莊嚴三昧，疾證菩提。修此行者，應離喧雜，不思衆生相，專心繫念。於一如來，審取名字，善想容儀。即爲普觀三世一切諸佛，即得諸佛一切智慧。』」一、坐禪三昧經曰：「菩薩坐禪，不念一切，惟念一佛，即得三昧。」一、增一阿含經云：「四事供養閻浮提一切衆生，若有稱佛名號，如穀乳頃，功德過上，不可思議。」一、文殊般若經云：「佛告文殊：『欲入一行三昧者，應處空閒，捨諸亂意，不取相貌，繫心一佛，專稱名字。隨彼方所，端身正向。能于一佛，念念相續，即是念中，能見過去未來現在諸佛。念一佛功德，與念無量佛功德無二。阿難所聞佛法，猶住量數。若得一行三昧，諸經法門，一一分別，皆悉了知。晝夜宣説，智慧辯才，終不斷絶。阿難多聞辯才，百千等分不及其一。』」一、大集經云：「若人專念一方佛，或行或坐，至七七日，現身見佛，即得往生。」一、法華三昧觀經云：「十方衆生，一稱南無佛者，皆當作佛。唯一大乘，無有二三。一切諸法，一相一門，所謂無生無滅，畢竟空相。習如是觀，五欲自斷，五蓋自除，五根增長，即得禪定。」一、那先經云：「王問那先：『人生造惡，臨終念佛，得生佛國。我不信是語。』那先答言：『如持大石置于船上，因得不没。人雖本惡，因念佛故，不入泥犂。其小石没者，如人作惡，不知念佛，便入泥犂中。』」頌曰：

如來金口言，讚歎西方土。如入長安城，東西南北入，入已即一城，無別天子都。普賢佛長子，文殊七佛師，授記及迴向，是果位往生。釋種得法忍，善財證佛果，面奉阿彌陀，是菩薩往生。龍樹破有無，祈婆最勝根，皆得佛授記，是禪師往生。聞佛心信樂，誦念與持諷，大石置船上，是下劣往生。阿難世多聞，佛子中第一，不如念一佛，頓了諸經法。云何義解家，得輕易念佛。諸正念法門，經中皆悉載。但一大乘法，無二亦無三。奉勸悟達士，趁時歇狂解。一心念阿彌，蓮華念念生。此是常寂光，非報非方便。作是觀爲正，勿妄生分別。禪教律三乘，同歸淨土海。一切法皆入，是無上普門。教海義無量，甕觀拾少許。一臠徧鼎味，是中有全藏。

第四教相門

夫一大藏教，如器銜空。空無相體，器有方圓。器盡空除，緣亡[一]教滅。是故隨緣普應，則涅槃真如，一器也；稱智自在，則名相專持，一空也。藥無定方，定方以病。豈謂玉屑珊瑚無上妙藥，概以治四百四病哉！夫病除藥貴，便溺即是醍醐；異證同方，參苓化爲酖毒。何況無上醫王，治三乘出世之藥，療人天聲聞凡夫等瘡者哉！故先德約教，或一或多，名相雖別，理趣是同。道人不揣固陋，竊附先哲，分別諸句，用彰一乘。庶使觀者知淨土法門，攝一代時教，毋爲儱侗禪宗、輕狂義虎[二]所誑惑云爾。一、假有教，原名純有。二、趨寂教，三、有餘教，上三教分攝。四、無餘教，五、頓悟教，六、圓極教。上三教全攝。○純有，即人天乘。趨寂等五，即小、始、終、頓、圓也。若論判教，須約化儀四教，化法四教，通別五時，方可全收一代所說法門。今僅依五教，尚可商。惜中郎四十餘歲已棄世，未入台宗之室也。又純有不能出世，不得立教。祇可附在三藏教耳。

[一] 「緣亡」，續藏經作「教忘」，廣陵本作「緣忘」。
[二] 「虎」，續藏經、廣陵本均作「學」。

一、假有教者，爲諸凡夫耽著愛染，造諸黑業。如來悲愍，爲説地獄苦、餓鬼苦、畜生苦、無福德著我所苦，欲生人天，當修善根。如佛初成道，爲提謂〔一〕説世間因果。五百賈人，同受五戒，先懺悔五逆、十惡、謗法等罪，是爲有教。觀經修三福中，首言孝養父母，奉事師長，慈心不殺，修十善業。又無量壽經極言五惡、五痛、五燒之苦，教化羣生，令持五善，亦攝此義。然是經爲求往生，遮諸不善，非是忻心人天小果，修持是同，證果即別。如楞嚴、華嚴諸方等，雖不單説，亦兼帶之，不名假〔二〕有。觀經鈔曰：「圓頓行者，豈違小乘出家之式、三歸衆戒威儀等事？」又曰：「得前前者，不得後後，得後後者，必得前前。何以故？一切諸佛無不以十善而得度故。」華嚴經曰：「十不善業道，是地獄、畜生、餓鬼受生之因；十善業道，是人天乃至有頂處受生之因。又此上品十善業道，以智慧修習，心狹劣故，怖三界故，闕大悲故，從他聞聲而了解故，成聲聞乘。又此上品十善業道，修治清浄，不從他教，自覺悟故，大悲方便不具足故，悟解甚深因緣法故，成獨

〔一〕「提謂」，續藏經、廣陵本均作「提胃」。
〔二〕「假」，續藏經、廣陵本均作「爲」。

覺乘。又此上品十善業道，修治清淨，心廣無量故，具足悲愍故，方便所攝故，發生大願故，不捨衆生故，希求諸佛大智故，淨治菩薩諸地故，淨修一切諸度故，成菩薩廣大行。又此上品十善業道，一切種清淨故，乃至證十力無畏故，一切佛法，皆得成就。是故我今等行十善，應令一切具足清淨，乃至菩薩如是積集善根、成就善根、增長善根、思惟善根、繫念善根、分別善根、愛樂善根、修習善根、安住善根，菩薩摩訶薩如是積集諸善根已，以此善根所得依果，修菩薩行。奇曰：「依報果。」於念念中，見無量佛，如其所應，承事供養。」又云：「雖無所作，而恒住善根。」又云：「雖知諸法無有所依，而說依善法而得出離。」奉勸悟達之士，勿輕戒律，勿貪虛名〔二〕。猛省永嘉豁達之言，早尋白社不請之友。蓮邦不遠，請即加鞭。

二、趨寂教者，即二乘寂滅之教，趨向涅槃。於嚴土利他，不生喜樂，是爲小乘。與淨土大乘之教正反。今云分攝者，以無量壽經及觀經中皆有須陀洹，乃至得阿羅漢果故。先德云：「小乘不生，據決定性不生。此中明生，爲在此間先發大乘心，熏成種子，退心下地，要由垂終回小向大故生。」問曰：「既回心向

〔二〕「勿輕戒律，勿貪虛名」，續藏經、廣陵本均無。

大，何故至彼，復證小果？」釋曰：「以退大既久，習小功深，是故彼佛稱習説小，且令證果。又此證小果者，不守小位而住，還起大心，進行彌速。或五劫，或十劫，得成初地。如是階級，猶是殊勝，是故不同。又云，經中亦有頻婆證阿那含，然非此教正所被機。今從正爲韋提希等宣浄土觀，尚非通别，豈是小乘？如迦文出世，亦有聲聞，畢竟大乘。是正以羊鹿等車，非實車故。」

三、有餘教者，了二空真理，修習萬行，趣大乘佛果。唯不許闡提、二乘成佛。謂闡提無性，二乘定性，決不可成。未盡大乘真理，故名有餘。賢首名此，爲大乘始教，即天台通教及别接通義耳。而未廣明此教，亦有四門，故未盡理。此經言「除五逆不生」，又云「二乘種不生」，教義似同，二乘上已釋竟。言五逆不生者，以謗法故，以無信心，非是無性，決不可成。故觀經中毁戒衆生臨終惡相現者，聞讚佛功德，地獄猛火化清涼風。乃至五逆十惡，具足十念者，見金蓮華，猶如日輪，一刹那頃，皆得往生。此是自性不思議功德，仗不思議佛力，得顯現故。若不具足佛性，如頑石濁滓，豈能透月？當知念能顯性，如是往生，是性力故。如日能顯空，空非因日。是故一切衆生皆成佛，故不同始教有餘之教。

四、無餘教者，一切衆生平等一性，悉當成佛，是爲大乘極則之教。賢首名終教，即天台別教及圓接別意耳。唯一自心爲教體，故云無餘。今此浄土法門，依正信願等法，究極皆歸一心。故經中言：「一心不亂，即得往生。」又大本三輩生彼者，皆云發無上菩提之心。菩提心者，即佛性是。華嚴經曰：「菩提心者，猶如種子，能生一切諸佛法；猶如良田，能長衆生白浄法故；猶如大地，能持一切世間故；猶如浄水，能洗一切煩惱垢故；猶如大風，普于世間無所礙故；猶如盛火，能燒一切諸見薪故。」廣在彼經。當知菩提心，是鐵礮中利藥，念佛是藥綫。華嚴初發心時，便成正覺，即是此義。菩薩五位加行，亦只是藥中引綫耳。無量妙行，詎有加一行三昧之外者哉？

五、頓悟教者，長者論曰：「但一念不生，即名爲佛，不從地位漸次而説，故立爲頓教。」如思益經得諸法正性者，不從一地至一地。楞伽經曰：「十地則爲初，初則爲八地，乃至無所有何次。」當知頓者，即是不歷階級之義。天台觀經疏曰：「頓悟漸入，此即頓教，正爲韋提希及諸侍女，並是凡夫，未證小果。故知是頓，不從漸入。」鈔曰：「今經頓者，乃于化法，以圓爲頓。何故？無生忍位，別在初地，圓在初住。別教凡夫，經無數劫，方至此位。唯有圓教，即生可入。」今就韋提希即身得忍，判爲頓者，是圓頓故。唯其以圓爲頓，故同達摩之禪。又他經説受菩薩戒，身身相續，戒行不缺，經一劫、二劫、三劫，始至初發心住。如是修行十波羅蜜等無量行願，相續不斷，滿一萬劫，至第六正心住。從是修行增進，始至第七不退住。今此經中，五逆十惡，持名即生，皆得不退，正合頓義。如觀經中「是心作佛，是心是佛」等語，皆直指心宗，更無迂迴。且如阿彌一聲，是非俱剗，何等直截，故古人謂之頭則公案。鑊湯波底，豈貯寒冰？烈火燄中，詎容寸草？達摩復起，不易吾説〔二〕。更或踟躕，萬里千年。

六、圓極教者，慈恩通贊曰：「此方先德，總判經論有四宗：一、立性宗；二、破性宗；三、破相宗；四、顯實宗。涅槃、法華、華嚴等，是顯于真實中道義，捨化城而歸寶所，故知彌陀經乃第四宗也。又以教準宗，宗有其八：一、我法俱有宗；二、有法無我宗；三、法無去來宗；四、現通假實宗；五、俗妄真實宗；六、諸法但名宗；七、勝義皆空宗；八、應理圓實宗。如華嚴及彌陀經，是第八宗收。」彌陀同華嚴，此句具眼。又若真歇了禪師等，以帝網千珠，發明浄土圓融之義，諸書具載。近有老宿以華嚴配此經，謂圓全攝此，此分攝圓，得圓少

〔二〕「説」，續藏經、廣陵本作「言」。

分，分屬圓故。據經判義，甚有旨趣。但圓極義者，無全無分。如月在川，川川皆有全月，乃至瓶池寸水亦是全月，無分月故。破得確甚。如風在樹，樹樹皆有全風，乃至片葉莖草，亦是全風，無分風故。若圓中有分者，圓即有段；若分中非全者，圓即不偏。分全雙乖，圓義不成。今約蓮宗圓極，分五種義：一、刹海相含義，二、三世一時義，三、無情作佛義，四、依正無礙義，五、充偏不動義。一、刹海相含義者，一切諸佛報化國土，互相攝入，全他全此，而無留礙。若計不相入者，此即情見，情見非實。如一室中含一虚空，其中若人、若畜、若鬼、若蟲、若几、若瓶、若架之類，皆依虚空建立。虚空屬人時，則諸鬼、畜、蟲、几、瓶、架所依之虚空，一切攝入人中；虚空屬鬼時，則諸人、畜、蟲、几、瓶、架所依之虚空，一切攝入鬼中；虚空屬蟲時，諸人、鬼、畜、几、瓶、架所依之虚空，一切攝入蟲中；乃至虚空屬架時，則諸人、畜、鬼、蟲、几、瓶所依之虚空，一切攝入架中。參而不雜，離亦不分，非入非不入。是故經云：「國土光浄，偏無與等，徹照無量無數不可思議世界，如明鏡中現其形像。」當知〔二〕浄方濁土，交光相入，如千燈一室故。二、

〔二〕「知」下，續藏經、廣陵本均有「一切」二字。

三世一時義者，衆生情見，執有時分，過現未來等事。約實相中，即無時體可得。何以故？若計晦明是時者，晦明則是業相。如病眼見眚，非定相故。若計老少是時者，老少則是幻質，如湫網裹風，非定質故。云何是中而有實義？今約延促相入二義，以明時體：一、促中有延；二、延中有促。一、促中有延者，如人假寐，夢經種種城邑聚落，及見故人，悲笑分明，經歷時月。醒而問人：「熟睡幾時？」侍者答言：「數千錢時。」其人自思假寐無幾，云何經歷如許變態〔二〕？了了記憶，非病非醉，展轉追惟是義，終不可得。二、延中有促者，如人二十忽得顛病，吞刀捉火，或爲人言未來事，或對妻子嬉笑如常，及生男女，或忽能文，著種種書。經三十年，遇一異人，呪水與飲，其人如睡忽覺，即以二十爲昨日事。家人屈指，爲計歲月，出示子女，及種種書。其人自思：「本無歲月，焉有是事？」亦不復記病與不病。以是二喻，進退互觀，畢竟無有三世可得。是故經云：「觀彼久遠，猶若今日，經須臾間，歷事諸佛，徧十方界。」是謂三世無閒。三世無閒者，時體不可得故。三、無情作佛義者，權教中言，有情有佛性，無情無佛性。一切草

〔二〕「如許變態」，續藏經作「許事」。

木器界，不能成道及轉法輪。此是執情强計，屬意即有，屬物即無。透徹之極，清涼國師當讓一籌。不了諸法皆住法位。何以故？意是色故，是空根故，是往古來今故，是無情故，一無一切無故。青黄是意故，風鳴谷響是意故，草木瓦礫是意故，是有情故，一有一切有故。故知情之爲情，亦可説自，亦可説物，不應説言誰無誰有。如一夫妻，共生一子，不應説言誰生誰不生。夫髮毛爪齒，亦是無情，與我俱佛耶？抑與我不俱佛耶？夢中見山、見水、見木、見石，亦是無情，是情想攝耶？抑非情想攝耶？當知，是中尚無是我非我，云何更計有情無情。是故經中道場寶樹，能浄諸根，風枝水響，咸宣妙法，無一物非佛身，無一物不轉法輪，豈是情見妄知所能計度。何等明白暢快！四、依正無礙義者，依是器界，正是身根。若約凡情，即横計有依有正，是義非實。何以故？若言虚空是依者，如人張口，則虚空入，乃至毛孔、骨節、心腹之内，皆有虚空。是依耶？是正耶？若言地水火風是依者，如人涎液，入器爲水，髮焦爲土，兩手相觸成火，噓氣爲風。是依耶？是正耶？是故經中：「無量寶華，一一華中，出三十六億那由他百千光明，一一光明出三十六億那由他百千佛；普爲十方，説一切法。」以佛力故，現有寶華；以寶華故，復現諸佛。是故當知，盡一刹是佛身，刹刹皆然；無一身非佛刹，身身皆然。非是佛神力變現，唯一真法界智爲依正故。五、充徧不動義者，衆生妄計佛身即有去來，而實佛身無去無來，亦無不去不來。譬如鳥飛空中，一日千里，空非隨鳥，鳥不離空。是故經言：「阿彌陀佛，常在西方。」又言：「至一切行人之所。」如涅槃經，佛言：「善男子！波羅柰城有優婆夷，已于過去無量先佛，種諸善根。是優婆夷，夏九十日，請命衆僧，奉施醫藥。是時衆中有一比丘，身嬰重病，良醫診之，當須肉藥，若不得肉，病將不痊。時優婆夷尋自取刀，割其髀肉，切以爲臛，送病比丘。比丘服已，病即得差。是優婆夷患瘡苦惱，不能堪忍，即發聲言：『南無佛陀！南無佛陀！』我于爾時在舍衛城，聞其音聲，於是女人，起大慈心，是女尋見我持良藥塗其瘡上，還合如本。我即爲其說種種法，聞法歡喜，發阿耨多羅三藐三菩提心〔一〕。善男子！我于爾時，實不往至波羅柰城，持藥塗是優婆夷瘡。當知皆是慈善根力，令彼女人見如是事。復次善男子！調達惡人，貪不知足，多服酥故，頭痛腹滿，受大苦惱，發如是言：『南無佛陀！南無佛陀！』我時住在優禪尼城，聞其音聲，即生慈心。爾時調達尋便見我往至其所，手摩頭腹，授與鹽湯，而令

〔一〕「發阿耨多羅三藐三菩提心」，續藏經作「發菩提心」。

服之，服已平復。善男子，我實不往調達所，摩其頭腹，授湯令服。當知皆是慈善根力，令調達見如是事。復次善男子！憍薩羅國有五百賊，羣黨鈔掠。波斯匿王遣兵伺捕，得已，挑目，逐著黑闇叢林之下，受大苦惱，各作是言：『南無佛陀！南無佛陀！』啼哭號咷。我時住在祇桓精舍，聞其音聲，即生慈心。時有涼風吹香山中種種香藥，滿其眼眶，尋還得眼，如本不異。諸賊開眼，即見如來住立其前，而爲説法。賊聞法已，發阿耨多羅三藐三菩提心。善男子！我于爾時，實不作風吹香山中種種香藥，住其人前而爲説法。當知皆是慈善根力，令彼羣賊見如是事。」如上之法，豈容思議？總之皆是一真法界，不得言是自心感現，亦不得言心佛和合。以佛地中，離自離他，離和合故。是故入此門者，莫同凡夫情見，分別計度。如清涼云：「阿彌陀佛，即本師盧舍那。猶屬情量。」情見分別計度亦本離自他和合，亦即非情見所能分別計度也。何以故？十方世界，惟一智境，無別佛故。

奇問：「論中所引涅槃經言慈善根力，或者如來法性，無人我遠邇[一]。衆生受苦，皆如來性中境相耶？」答：「此止説得正因佛性。然論正因，寧獨如來？雖衆生之性亦爾。但衆生爲業所障，於

〔一〕「論中所引涅槃經言慈善根力，或者如來法性，無人我遠邇」，續藏經作「慈善根力者，法性無人我」。

他人受苦，縱親詣彼所，尚不克救，況不往而獲免耶？教中言八地以上菩薩，一呼其名，即蒙利益。以分別業盡，法爾如然。故杜順和尚，一履懸門，十年無人竊去。自云：『多生不作盜業，故得如是報。』宋人有鄒橐陀者，人一見其面，輒得禍。近時有某妃子，貧甚，凡手所觸物，尋即廢去，不能自存。此非多生業力之故歟？佛善根力，合得如是報，無足怪者。」

第五理諦門

夫即性即相，非有非空，理事之門不礙，遮表之詮互用。言無者，如水月鏡華，不同龜毛兔角；言有者，似風起雲行，不同金堅石礙。是故若滯名著相，即有漏凡夫；若撥果排因，即空見外道。夢中佛國，咸願往生；泡影聖賢，誓同瞻仰。説真説相，似完膚之加瘡；道有道無，類紅鑪之〔一〕點雪。爰約真諦，分別四門：一、即相即心門；二、即心即相門；三、非心非相門；四、離即離非門。

一、即相即心門者，淨土境觀要門曰：「經云：『心包太虛，量周沙界。』又云：『心如工畫師，造種種五陰。一切世間中，莫不從心造。』是故極樂國土，寶樹、寶地、寶池、彌陀海衆正報之身、三十二相等，皆是我心本具，皆是我心造作，不從他得，不向外來。能了

〔一〕「之」，續藏經無。

此者，方可論于即心觀佛。我心謂現前一念全真起妄全妄即真之心，非肉團亦非緣影。故觀經云：『諸佛如來是法界身，入一切衆生心想中。』至八十隨形好句，天台大師作二義釋：一、約感應道交釋；二、約解行相應釋。若無初釋，則觀非觀佛；若無次釋，則心外有佛。至釋是心作佛，是心是佛。從修觀邊説，名爲心作；從本具邊説，名爲心是。義徧初後，例合云：是心作日，是心是日。乃至是心作勢至，是心是勢至。以至九品之中，隨境作觀，莫不咸然。」又曰：「觀心觀佛，皆屬妄境，意在了妄即真，不須破妄，然後顯真。故荆溪云：『唯心之言，豈唯真心，須知煩惱心徧，子尚不知煩惱心徧，安能了知生死色徧。色何以徧？色即心故。』若爾，不須攝佛歸心，方名約心觀佛。如此明之，非但深得佛意，亦乃迥出常情。」宗鏡録曰：「自心徧一切處，所以若見他佛，即是自佛。性相雙明，足破兩家界畔。不壞自他之境，唯是一心。衆生如像上之模，若除模，既見自佛，亦見他佛。何者？雖見他佛，即是自佛，以自鑄出故。亦不壞他佛，以於彼本質上，雖變起他佛之形，即是自相分故。」又曰：「自心感現，佛身來迎。佛身常寂，無有去來。衆生識心，託本佛功德勝力，有來有去。如面鏡像，似夢施爲。鏡中之形，非內非外；夢裏之質，非有非無。但是自心，非關佛化。故知，淨業純熟，目睹佛身；惡果將成，心現地獄。如福德之者，執礫成金；業貧之人，變金成礫。礫非金而金現，金非礫而礫生。金生但是心生，礫現唯從心現，轉變是我，金礫何從？」正法念處經云：「黠慧善巧畫師，取種種彩色。取白作白，取赤作赤，取黃作黃，若取鴿色，則爲鴿色，取黑作黑。心業畫師，亦復如是。緣白取白，於天人中則成白色。奇曰：「緣想白業則能取白。」何義名白？欲等漏垢所不染汙，故名白色。又復如是，心業畫師，取赤彩色，於天人中，能作赤色。何義名赤？所謂愛聲味觸香色。又復如是，心業畫師取黃彩色，於畜生道能作黃色。何義名黃？彼此遞互飲血噉肉，貪欲瞋癡，更相殺害，故名黃色。又復如是，心業畫師取鴿彩色，攀緣觀察，於餓鬼道作垢鴿色。何義名鴿？彼身猶如火燒林樹，饑渴所惱，種種苦逼。又復如是，心業畫師取黑彩色，於地獄中畫作黑色。何義名黑？以黑業故，生地獄中，有黑鐵壁，被然被縛，得黑色身。如是乃至心業畫師，善治禪彩，攀緣明淨。如彼畫師，善治彩色，畫作好色，皆是自心，非他所作。是故當知，心業畫師，以純淨色，畫作淨土，亦復如是。」又如般舟三昧中說：「菩薩得是三昧，便于是間坐，見阿彌陀佛。譬如有人聞毗耶離國，有淫女人名菴羅婆利；舍衛國，有淫女人名須曼那；王舍城，淫女人名憂鉢羅槃那。有三人各各聞人讚三女人端正無比〔二〕，晝夜專念，心著不捨，便于夢中，夢與從事。覺已心念，彼女不來，我亦不往，而淫

〔二〕「有三人各各聞人讚三女人端正無比」，續藏經作「有三人各聞」。

事得辦。因是而悟：一切諸法皆如是耶？往告跋陀和菩薩，菩薩答言：『諸法實爾，皆從念生。』如是種種爲三人説，三人即得不退轉地。菩薩於是問國土，聞阿彌陀佛，數數念，用是念故，見阿彌陀佛。譬如人遠出到他郡國，念本鄉里，家室、親屬、財産，其人於夢中歸到故鄉里，見家室、親屬，喜共言語。於夢中見已，覺爲知識説之，我歸到故鄉里，見我家室親屬。菩薩如是，其所向方聞佛名，常念所向方，欲見佛，菩薩一切見佛。譬如比丘，觀死人骨著前，有觀青時，有觀白時，有觀赤時，有觀黑時，其骨無有持來者，亦無有是骨，亦無所從來，是意所作。菩薩如是，欲見何方佛，即見。何以故？持佛威神力，持佛三昧力，持本[一]功德力，用是三事，故得見佛。譬如年少之人，端正姝好，以持淨器盛好麻油，及盛淨水，或新磨鏡，或無瑕水精，於是自照，悉自見影。何以故？以明淨故，自見其影，其影亦不從中出，亦不從外入。菩薩以善清淨心，隨意悉見諸佛。見已歡喜，作是念言：『佛從何所來，我身亦不去。』即時便知，佛無所從來，我亦無所去。復作是念：『三界所有，皆心所作。何以故？隨心所念，悉皆得見。以心見佛，以心作佛，心即是佛，心即我身。心不自知，亦不自見。』」若取心相，悉皆無智，心亦虚誑，皆從無明出。因是心相，即入諸法實相。

[一]「本」，續藏經作「佛」。

是故當知心外見佛，即成魔境。何以故？以心外無一法可得故。以心性無外故，以一切十方三世諸法，皆不在心外故。若達心外無法，則魔界即佛界。以一如無二如故[一]。

二、即心即相門者，謂諸法畢竟空故，則有諸法。若諸法有決定性者，則一切不立。般若經曰：「若諸法不空，即無道無果。」法句經曰：「菩薩于畢竟空中，熾然建立。」華嚴經曰：「菩薩摩訶薩，了達自身及以衆生，本來寂滅，而勤修福智，無有厭足。於諸境界，永離貪欲，而常樂瞻奉諸佛色。知佛國土，皆如虚空，而常莊嚴佛刹。」以是義故，菩薩樂修净土。羣疑論問曰：「諸佛國土亦復皆空，觀衆生如第五大，何得取著有相，捨此生彼？」答：「諸佛説法，不離二諦。經云：『成就一切法，而離諸法相。』成就一切法者，世諦諸法也；離諸法者，第一義諦無相也。又云：『雖知諸佛國，及與衆生空。而常修净土，教化於羣生。』汝但見説圓成實相之教，破偏計所執畢竟空無之文，不信説依他起性因緣之教，即是不信因果之人。説于諸法斷滅相者，是爲邪見外道。」又十疑論曰：「夫不生不滅者，於生緣中，諸法和合，不守自性。求于生體，亦不可得。此生生時，無所從來，

[一]「以心性無外故，以一切十方三世諸法，皆不在心外故。若達心外無法，則魔界即佛界。以一如無二如故」，續藏經、廣陵本均爲小字。

故名不生；諸法散時，不守自性，此散滅時，去無所至，故言不滅。非因緣生滅外，別有不生不滅，亦非不求生淨土，喚作無生。偈云：『因緣所生法，我説即是空。亦名爲假名，亦名中道義。』又云：『諸法不自生，亦不從他生。不共不無因，是故説無生。』又云：『譬如有人造立宫室，若依空地，隨意無礙，若依虚空，終不能成。』諸佛説法，常依二諦，不壞假名，而説諸法實相。智者熾然求生淨土，達生體不可得，即是真無生，此謂心淨故佛土淨。愚者爲生所縛，聞生即作生解，聞無生即作無生解。不知生即無生，無生即生。不達此理，横相是非。瞋他求生淨土，幾許悞〔一〕哉！」長蘆曰：「以生爲生者，常見之所失也；以無生爲無生者，斷見之所惑也。生而無生，無生而生者，第一義諦也。」永明曰：「即相之性，用不離體；即性之相，體不離用。若欲讚性，即是讚相；若欲毁相，祇是毁性。」天如曰：「性能現相，無生即生；相由性現，生即無生。」是則無聲聲中，風枝水響；非色色裏，寶樹欄干。豈同灰飛煙滅之頑空，與撥無因果之魔屬哉！

三、非心非相門者，婆沙論明新發意菩薩，先念佛色相，相體相業相果相用，得下勢力；次念佛四十不共法心，得中勢力；次念實相佛，得上勢力。不著色法二身。偈云：

〔一〕「悞」，續藏經、廣陵本均作「誣」。

「不貪著色身，法身亦不著。善知一切法，永寂如虚空。」寶性論曰：「依佛義故，經云：『所言法者，非可説事。』是故非耳識所聞故。依僧義故，經云：『所言僧者，名無爲。』是故不可身心供養、禮拜、讚歎故。」摩訶般若經曰：「菩薩摩訶薩念佛，不以色念，不以受、想、行、識念，以諸法自性空故；不應以三十二相、八十隨形好念；不應以戒定慧、解脱、解脱知見而念；不以十力、四無所畏、四無礙智、十八不共法而念。何以故？是諸法自性空故。自性空，則無所念，無所念故，是爲念佛。」智度論曰：「若菩薩于過去諸佛，取相分别回向，是不名回向。何以故？有相是一邊，無相是一邊，離是二邊行中道，是諸佛實相。是故説諸過去佛，墮相數中。若不取相數回向，是爲不顛倒。」佛藏經曰：「見諸法實相，名爲見佛。何等名爲諸法實相？所謂諸法畢竟空無所有，以是畢竟空無所有法念佛，乃至又念佛者，離諸想。諸想不生，心無分别，無名字，無障礙，無欲無得，不起覺觀。何以故？舍利弗，隨所念起一切諸想，皆是邪見。舍利弗，隨無所有，無覺無觀，無生無滅，通達是者，名爲念佛。如是念中，無貪無著，無逆無順，無名無想。舍利弗，無想無語，乃名念佛。是中乃至無微細小念，何況麤身口意業。無身口意業處，無取無捨[一]，無諍無訟，無念無分別。空寂無性，滅諸覺觀，是名念佛。舍利弗，若人成就如是念者，欲轉四天下地，隨意能轉，亦能降伏百千億魔。況弊無明，從虛誑緣起，無決定相。是法如是無想無戲論，無生無滅，不可說，不可分別，無暗無明，魔若魔民，所不能測。但以世俗言說，有所教化，而作是言：『汝念佛時，莫取小想，莫生戲論，莫有分別。何以故？是法皆空，無有體性，不可念一相。所謂無相，是名真實念佛。』」又止觀明念佛三昧者，當云何念，爲復念我當從心得佛、從身得佛。佛不用心得，不用身得，不用心得佛色，不用色得佛心。用者以也。何以故？心者佛無心，色者佛無色，故不用色心，得三菩提。佛色已盡，乃至識已盡。佛所説盡者，是癡人不知，智者曉了。不用身口得佛，不用智慧得佛。何故？智慧索不可得，自索我，了不可得，亦無所見。一切法本無所有，壞本，絶本。若如是念者，是名實相念佛之門，亦名絶待門。

四、離即離非門者，永明曰：「若執言内力，即是自性；若言他力，即成他性；若云機感相投，即是共性；若云非因非緣，即無因性。皆滯鬩執，未入圓成。」當知佛力難思，玄通罕測。譬如阿迦叔樹，女人摩觸，華爲之出。是樹無覺觸，非無覺觸。菩薩摩訶薩

[一] 「捨」，續藏經、廣陵本均作「攝」。

不思議念觸，亦復如是。又如象齒，因雷生華，是齒非耳，云何有聞？若無聞者，華云何生？又若雷能生華者，諸物應有。菩薩摩訶薩不思議聲塵，亦復如是。又如勇士疑石爲虎，箭至没鏃。箭非剋石，石非受矢。菩薩摩訶薩不思議精進，亦復如是。又如有人遠行，獨宿空舍，夜中有鬼，擔一死人，來著其前。復有一鬼，隨逐瞋罵云：「是我物！」先鬼言：「我自持來！」後鬼言：「實我擔來！」二鬼各執一手争之。前鬼言：「此中有人可問。」後鬼即問：「是誰擔來？」是人思惟，二鬼力大，妄語亦死，何若實語，即言：「前鬼擔來。」後鬼大瞋，捉此人手，拔斷著地。前鬼取死人一臂附之，即著。如是兩臂兩脚頭脅，舉身皆易。於是二鬼共食所易人身，拭口而去。其人思惟：「眼見我身，被鬼食盡，今此我身，盡是他肉。」即于一切時，作他身想。乃至五欲，亦不貪著，是他身故，不應供養；乃至妻子，亦不生染，是他身故，不應有染；乃至種種訶斥苦辱，亦皆順受，是他身故，無復憍慢。後忽自計：「若是他者，不應有我；若非他者，他身現在。真疑情。是中非他，非非他；非我，非非我。真悟。我亦不可得，他亦不可得。從本已來，恒自如是。」即時得知，一切法，是我非我，皆爲妄計。菩薩摩訶薩不思議觀力，見佛自他，亦復如是。又如貧人商丘開，信富者言，入火不燒，入水不溺，投高不折，乃至隨諸誑語，皆得實寶物。而是貧人，無他術故。菩薩摩訶薩不思議貪欲，獲佛寶王，亦復如是。又如空谷隨聲發響，此響不從空來，不從谷來，不從聲來。若從空來者，空應有響；若從谷來者，應時時響；若從聲來者，呼平地時，此響亦傳。乃至非和合來，非因緣來，非自然來。菩薩摩訶薩不思議聲相，非來非去，亦復如是。又如幻人，幻長者所愛馬，入小瓶中，瓶不加大，而馬跳躍〔二〕如常。長者爲設食已，馬繫柱如故。菩薩摩訶薩不思議幻法，變現佛刹，亦復如是。又如訶宅迦藥，人或得之，以其一兩變千兩銅悉成真金，非千兩銅能變此藥。菩薩摩訶薩不思議大丹，點穢成浄，亦復如是。又如有人得安繕那藥，以塗其目，雖行人中，人所不見。菩薩摩訶薩不思議藥力，於念念生中，得無生身，亦復如是。又如無能勝香，若以塗鼓，其聲發時，一切敵軍皆自退散。又轉輪王有香，名海藏。若燒一丸，王及四軍皆騰虚空。菩薩摩訶薩不思議正念香，伏諸魔軍，超越三界，亦復如是。是故當知，念佛三昧，不可思議！如普賢毛孔不可思議，如摩耶夫人腹不可思議，如浄名丈室不可思議，如具足優婆夷小器不可思議。何以故？一切法皆不可思議故。若有一毛頭許可思議者，即非法界性海。如上言心、言境、言有相無相者，皆是思議法。若入此不思議解脱，即知一切分別念佛，皆爲戲論。即知一切心境，有相無相，念佛皆悉不可思議。

〔二〕「跳躍」，續藏經作「拂尾」。

第六稱性門

夫一切賢聖，稱心[一]而行。法性無邊，行海叵量。是故或一刹那中，行滿三祇；或恒河沙劫，未成一念。飛空鳥迹，辨地位之分齊；淚日風華，明過現之影像。無脛而走，舍阿彌以何之？不疾而速，識西方之非遠。譬諸五色至玄而亡，萬流以海爲極者也。今約大乘諸行，總入一行，略示五門：一、信心行；二、止觀行；三、六度行；四、悲願行；五、稱法行。

一、信心行者，經云：「信爲道元功德母。」一切諸行，無不以信爲正因。乃至菩提果滿，亦只完此信根。如穀子墮地，迨于成實，不異初種；如稚筍參天，暨至叢葉，本是原竿。初心菩薩，無不依是信力而成就者。是故蓮宗門下，全仗此信爲根本：一者、信阿彌陀佛，不動智、根本智，與己無異。如一太[二]虛空，日映則明，雲來則翳，虛空本無是故。又則雲與日，皆即虛空故。二者、信阿彌陀佛，從發願來，那由他劫內，一切難行難

[一]「心」，續藏經作「性」。
[二]「一太」，廣陵本作「大」。

忍種種修習之事，我亦能行。何以故？自憶無始劫中，漂溺三途，生苦、死苦、披毛戴角苦、鐵牀銅柱苦，一切無益之苦，皆能受之。何況如今菩薩萬行濟衆生事，豈不能爲？三者、信阿彌陀佛，無量智慧，無量神通，及成就無量願力等事，我亦當得。何以故？如來自性方便，具有如是不思議事，我與如來同一自體清净性故。四者、信阿彌陀佛，不去不來，我亦不去不來。西方此土，不隔毫端，欲見即見。何以故？一切諸佛皆以法性爲身土故。五者、信阿彌陀佛，修行歷劫，直至證果，不移刹那。我今亦不移刹那，位齊諸佛。何以故？時分者是業收，法界海中，業不可得故。如是信解，是謂入道初心，信一切諸佛净土之行。

二、止觀行者，如圓覺、楞嚴、華嚴諸方等經，古今學者，廣設觀門。唯台宗三觀，最爲直捷。示一心之筌蹄，撮諸法之要領。修行徑路，無踰于此。西方宗旨，自有十六正觀。然一一觀中，具含此三義。故天台詮經，直以三諦攝彼十六〔一〕。妙宗鈔曰：「性中三德，體是諸佛三身，即此三德三身，是我一心三觀。若不然者，則觀外有佛，境不即心，何名圓宗絶待之觀。亦可彌陀三身以爲法身，我之三觀以爲般若，觀成見佛，即是解脱。舉一具

〔一〕「天台詮經，直以三諦攝彼十六」，續藏經無。

三，如新伊字。觀佛既爾，觀諸依正，理非異途。」廣如疏鈔，不能具述。至若温陵禪師，則純以念佛一聲，入三觀門。言念存三觀者，如一聲佛，遂了此能念體空，所念無相，即念存空觀。所念之佛即應身，即心破見思惑也。雖能念體空，所念無相，不妨能念分明，所念顯然，即念存假觀。所念之佛即報身，即心破塵沙惑也。正當能念所念空時，即能念所念顯然，正當能念所念顯時，即是能念所念寂然，空假互存，即念存中觀。所念之佛即法身，即心破無明惑也。是又即念佛因，究竟三諦，淨彼四土。如拈一微塵，變大地作黄金，是謂法界圓融，不可思議觀門。○∴此即梵書新伊字〔一〕。

三、六度行者，起信論曰：「菩薩從初正信已來，於第一阿僧祇將欲滿故，於真如法中，深解現前，所修離相。知法性體，離慳貪故，隨順修行檀波羅蜜；法性無染，離五欲過故，隨順修行戒波羅蜜；法性無苦，離瞋惱故，隨順修行忍波羅蜜；法性無身心相，離懈怠故，隨順修行精進波羅蜜；法性常定，體無亂故，隨順修行禪波羅蜜；法性體明，離無明故，隨順修行般若波羅蜜。」故智度論曰：「菩薩觀一切法畢竟空，不生慳貪心。何以故？畢竟空中，無有慳貪，慳貪根本斷故。」乃至「般若波羅蜜畢竟空故，常不生癡心。所

〔一〕「○∴此即梵書新伊字」，續藏經、廣陵本均無。

以者何？佛説一切法無施無受，非戒非犯，乃至不智不愚故。」又云：「菩薩雖不見布施，以清淨空心布施，作是念：『是布施空無所有，衆生須故施與。如小兒以土爲金銀，長者則不見是金銀，便隨意與，竟無所與。』其餘五法亦復如是。」是謂菩薩行于六度。修淨土者，即無如是差别名相，然亦不越一行，具此六義：一者、捨諸雜念，是行於施；又則繫佛，不住捨念，是性施故。二者、念念中淨，是行于戒；又則繫佛，不求滅念，是性戒故。三者、世念盡寂，是行於忍；又則繫佛，非關摧念，是性忍故。四者、畢念不退，是行精進；又則一念即是，不著苦行，是性精進故。五者、得念三昧，是行于定；又則念念是佛，不貪禪味，是大定故。六者、了念佛因，即念而佛，是行于智；又則念本非有，佛本非無，不落斷常，是一切種智故。是故念佛一門，能該諸行。何以故？念佛是一心法門，心外無諸行故。然亦不廢諸行，若廢諸行，即是廢心故〔二〕。

四、悲願行者，諸佛菩薩，性海無盡，供養無盡，戒施無盡，乃至饒益無盡。如普賢發十大願：虚空界衆生界，無有盡時，而我此願，亦無有盡。身語意業，無有疲厭，名爲願王。一切諸佛，無不成就如是願王，證涅槃果。故天親菩薩淨土五念門，以禮拜、讚歎、作願、觀

〔二〕「故」，續藏經無。

察，前四種，爲成就入功德門。回向一切煩惱衆生，拔世間苦，爲成就出功德門。菩薩修五念門，速得阿耨多羅三藐三菩提。難曰：「佛及衆生，本無所有。如浄名經言：『菩薩觀于衆生，如呼聲響，如水聚沫，如芭蕉堅，如電久住，如無色界色，如焦穀芽，如得忍菩薩貪恚毁禁，如佛煩惱習，如夢所見已寤。菩薩觀衆生爲若此。』是則衆生本空，菩薩種種發願利生，將無眼見空華耶？」答曰：「智度論中，佛説此中言[二]無佛者，破著佛想，不言取無佛相。是故當知言無衆生者，破衆生想，不言取無衆生相。如浄名言，菩薩作是觀已，自言『我當爲衆生説如斯法』，即真實慈。即知菩薩不取無衆生相。又則説是法者，真實利生，真實悲願，無別度衆生事也。又如般若經，菩薩深入大悲，如慈父見子爲無所值物故死。奇曰：「猶云無是物。」父甚憐之，此兒但爲虚誑故死。諸佛亦如是，知諸法空，畢竟不可得，而衆生不知。衆生不知故，于空法中染著，著因緣故，墮大地獄，是故深入大悲。是則諸佛興慈運悲，正以衆生空故。衆生誑入生死故，豈有反息悲願之理。故知，菩薩種種度生者，是深達無衆生義。何故？若見有衆生，故即有我，慈悲心劣，豈能行如是饒益之行？又先德云：『未居究竟位，全是自利門：從十信初心，歷十住、十行、十迴向、十

[二]「佛説此中言」，續藏經作「佛云」。

地，直至等覺，佛前普賢，猶是自利利他門者。登妙覺位，佛後普賢，方是利他之行。』如佛告比丘：『功德果報甚深，無有如我知恩分者。奇曰：「因功德受勝報，故功德曰恩分。」我雖復盡其邊底，我本以欲心無厭足故得佛。是故今猶不息，雖更無功德可得，我欲心亦不休。』當知行海無邊，非丈竿尺木所能探其底裏。如癡兒見人指門前竿，云在天半。即計量言：『從地至天，止兩竿許。』佛法戲論，亦復如是。」

五、稱法行者，法界海中，無量無邊，菩薩行海，亦無量無邊。虛空著彩，粉墨徒勞；法界無方，轍迹安用。是故菩薩自性行者，非有非無，非行非不行，唯是稱法自在之行。一者、菩薩度一切衆生究竟無餘涅槃，而衆生界不減。如登場傀儡，悲笑宛然，唯一土泥，空無所有，是稱法行。二者、菩薩行五無間，而無惱恚；至于地獄，無諸罪垢；至于畜生，無有無明憍慢等過。如倩女離魂，逐所歡去，乃至生子，而身常在父母前，是稱法行。三者、菩薩自身入定，他身起定；一身入定，多身起定；從有情身入定，從無情身起定。如猛虎起屍，跪拜作舞，唯虎所欲，而屍本無知，是稱法行。四者、菩薩於一小衆生身中，轉大法輪，燃大法炬，震大法雷，魔宮摧毀，大地震動，度無量無邊衆生，而此小衆生不覺不知。如天帝樂人，逃入一小女子鼻孔，徧索不得，而此女子不覺不知，是稱法行。五者、菩薩欲久住世，即以念頃衍作無量無數百千億那由他劫；欲少住世，即以無量無數百千億那由他劫縮爲念頃。如小兒看燈中走馬，計其多寡首尾，了不可得，是稱法行。是故若證如是不思議行者，一念之中，三世諸佛淨土攝入無餘，是謂菩薩莊嚴淨土之行。以無思智照之可見，非是情量所能猜度。何以故？以自性超一切量故。

第七往生門

夫究竟涅槃，唯除如來，二乘破有執空，假名寂滅，菩薩發真無漏，分破無明。何況劣根淺解，大海一滴，輒逞狂慧，斷無後有。以恣情爲遊戲，以修行爲纏縛，自殺殺他，何異酖毒。如佛在時，有一比丘得四禪，生增上慢，謂得阿羅漢，不復求進。命欲盡時，見有四禪中陰相現，便生邪見，謂無涅槃，佛爲欺我！惡邪生故，失四禪中陰，便現阿鼻泥犂中陰相，命終，即生阿鼻地獄。此等猶是坐禪持戒，一念妄證，遂沈黑獄。而今禪人得少爲足，蕩心逸軌，其惡報又不知當如何也。真實語，天鼓音。古人云：「不生淨土，何土可生？三祇途遠，入餘門者，多有退墮。」是以古今聖流，皆主張此一門。今略示六種，以定指南：

一、菩薩生人中者；二、菩薩生兜率天者；三、菩薩生長壽天者；四、菩薩生三界[一]

[一]「界」上原脱「三」字，據下文補。

外者；五、菩薩初發心時生如來家者；六、菩薩三祇行滿，生十方世界，利益一切衆生者。

一、菩薩生人中者，如般若經云：「有菩薩人中命終，還生人中者，除阿毗跋致。是菩薩根鈍，不能疾與般若波羅蜜相應，諸陀羅尼門、三昧門，不能疾現在前。」夫人中火宅，百苦相纏，唯大菩薩處之，則無染累，如鵝入水，水不令溼。若諸小菩薩，非深種善根，尺進丈退，何由得諸三昧？如舍利弗，于六十劫行菩薩道，欲渡布施河時，有乞人來乞其眼。舍利弗出一眼與之，乞者得眼，于舍利弗前嗅之，唾而棄地，又以脚蹋。舍利弗思惟言：「如此弊人等，難可度也，不如自調，早脱生死。」思惟是已，于菩薩道退迴小乘。又如飛行仙人，以王夫人手觸，神通頓失。迦文往因，以歡喜丸媚藥，暱就淫女。賢聖猶爾，何況初心。豈若一念阿彌，三昧疾現；寄質蓮邦，永離貪欲者哉！論曰：「菩薩以不見現在佛，故心鈍。」即知菩薩常當近佛，以近佛根利，疾得般若故。

二、菩薩生兜率天者，爲一生補處菩薩，皆生兜率。欲隨菩薩下生者，亦生彼處。十疑論曰：「兜率天宫是欲界，退位者多。又有女人，長諸天愛欲〔一〕。天女微妙，諸天耽玩，自

〔一〕「長諸天愛欲」，十疑論原作「皆長諸天愛著五欲之心」。

不能捨[二]。不如阿彌浄土，純一大乘清浄良伴。煩惱惡業，畢竟不起，遂致無生之位。如師子覺菩薩生彼，爲受天樂，從去已來，總不見彌勒。諸小菩薩尚著五欲，何況凡夫？」又彌勒上生經，得入正定，方始得生，更無方便接引之義。是則兜率内院，尚不求生，何況欲界諸天，妙欲之藪。豈有需飲而入焦石之鄉，避溺而沈大海之底者哉。

三、菩薩生長壽天[三]者，智度論曰：「菩薩無方便入初禪，乃至行六波羅蜜，無方便者，入初禪時，不念衆生。住時起時，不念衆生。但著禪味，不能與初禪和合行般若波羅蜜。是菩薩慈悲心薄故，功德薄少，爲初禪果報所牽，生長壽天。」長壽天者，非有想非無想處，壽八萬大劫。或有人言一切無色定，通名長壽天。以無形不可化故，不任得道，常是凡夫處故。或説無想天名爲長壽，亦不任得道故。或説從初禪至第四禪，除浄居天，皆名長壽，以著味邪見，善心難生故。如經中説：「佛問比丘：『甲頭土多，地上土多？』諸比丘言：『地上甚多，不可爲喻。』佛言：『天上命終，還生人中者，如甲頭土。墮地獄者，如地土。』」何以故？以本發阿耨多羅三藐三菩提心，或於禪中集諸福

〔二〕「自不能捨」，十疑論原作「不能自勉」。
〔三〕「天」上原有「等」字，據上文删。

德，方得還生人中，聞佛法故。若是最初發心求生淨土，即常得聞法，直至不退，豈有如是等過。

四菩薩生三界外者，有二種：一、二乘三種菩薩，折伏現行煩惱，捨分段而生界外，悲智狹劣，于嚴土利他，不生喜樂，爲如來所呵。若不迴心行六度等行，畢竟不入大乘智海。二、法身菩薩，如般若經，佛告舍利弗：「有菩薩摩訶薩得六神通，不生欲界、色界、無色界，從一佛國至一佛國，供養、恭敬、尊重、讚歎諸佛。舍利弗！有菩薩摩訶薩，遊戲神通，從一佛國至一佛國。所至到處，無有聲聞、辟支，乃至無二乘之名。舍利弗！有菩薩摩訶薩，所至到處，其壽無量。」釋曰：「菩薩有二種：一者、生身菩薩；二者、法身菩薩。法身菩薩，斷結使，得六神通；生身菩薩，不斷結使，或離欲，得五神通。得六神通者，不生三界，所至世界，皆一乘清淨，壽無量阿僧祇劫。菩薩生彼，爲樂集諸佛功德故。」當知菩薩具六神通，方得生彼，甚爲希有。凡夫往生者，以佛力故，又則念力不可思議，以念念中具六神通故。

五、菩薩初發心時生如來家者，爲上上根人，頓示本智，初心創發，十住位上，即與佛同。奇曰：「此必修行業，然不近佛，行何由成？故須生淨土。」如華嚴經，有一類菩薩，經百千億那由他劫，行六波羅蜜，不生佛家，猶是假名菩薩。此明未悟之修，不名真修。以雖見佛性，未彰智業。此明悟後不可無修。長者決疑論云：「初發心住，明以從禪定顯得根本空智慧門。無明始謝，智慧始明，初生如來智慧之家，名住佛所住，故得憶念一切諸佛境界智慧光明普門法門。以此見道，無古今中邊等見，經歷五位，鍊磨習氣，增長慈悲，名爲修道。故言初發心時，便成正覺，方可修道。如善財南行，求諸勝友，皆云：『我已先發阿耨多羅三藐三菩提心。』云何學菩薩行，修菩薩道，不云增長佛道？爲根本智以定顯得，無作無修，但學菩薩行，根本智自明自顯。若不得正覺之體，諸行並是無常，皆是人天有生死業報也。」又云：「經此現生一生發心相應時，得以正智。于分段身觀行心成〔二〕，兼修善業，來生入變易身。以今生分段之身，是過去作業。今身以智修觀行業，來生得神通變化生也。」如十善業，尚生天上，得業報神通。如龍大力鬼，尚以無明惡業，猶有神通。何況道眼開敷，慈善根力，使智神用，一生作意，而于來世不獲大用神通者也。宗鏡録曰：「初心成佛者，非謂不具諸功德。如經説普莊嚴童子，一生得聞善熏習，二生成其解行，三生得入果海，同一緣起。而此三生，只在一念。猶如遠行，到在初步。然此初步之到，非謂無於後步，明此童子得入果海，非不久植善根。」問：「既久修始得，云何言一念得

〔二〕「觀行心成」，續藏經作「修觀行」。

耶？」答：「言久修善根者，即在三乘教攝，從三乘入一乘，即是一念始修足。故經云，初發心時，便成正覺。譬衆川入海，纔入一滴，即稱周大海，無始無終。若餘百川，水之極深，不及入大海之一滴；即同三乘中修多劫，不及一乘之一念。又此時劫不定，或一念即無量劫。如十玄門，時處無礙。又大乘明一念成佛有二：一者、會緣以入實，性無多少，故明一念成佛；二者、行行纔滿，取最後念，名爲一念成佛。如人遠行，以後步爲到。若一乘明一念成佛者，如大乘取後一念成佛，即入一乘。以後即初，初念即是成。何故？以因果相即，同時相應故。然一念成者，即與佛同位，未具究竟故，復有淺深之殊。如人始出門，及以久遊行他土，雖同在空中，而遠近有别。是故十信、十住等五位，各各言成佛，而復辨其淺深，此中須善思之。」若二大士言，即知禪門悟達之士，不得廢一切行，銷磨無始結習也。夫居此濁惡，進一退萬，若不近佛，垢膩交集，行何由成？此明悟後修行，須生淨土。如善財初發心悟道時，德雲比丘教以憶念一切諸佛法門。及入彌勒閣後，普賢菩薩爲發十大願王，導生極樂。何等教眼。此是一切如來入道榜樣。大有關係。華嚴所説一真法界門，不同餘教有權有實。是經不信，即真闡提。雖使釋迦讚歎，普賢勸進，彌勒作證，亦末如之何也已矣！

六、菩薩三祇行滿，生十方世界，利益一切衆生者，菩薩功德成滿，自然有不思議業，能現十方，利益衆生。起信論曰[一]：「證發心菩薩，于一念頃，能至十方無餘世界，供養諸佛，請轉法輪。唯爲開導利益衆生，不依文字。或示超地，速成正覺，爲怯弱衆生故；或説我于無量阿僧祇劫當成佛道，爲怠慢衆生故；而實菩薩種性根等，發心則等，所證亦等，無有超過之法。以一切菩薩，皆經三阿僧祇劫故。」如智度論言[二]：「釋迦世尊，從過去釋迦文佛至尸棄佛，爲初阿僧祇；從尸棄佛至然燈佛授記時，爲二阿僧祇；從然燈佛至毗婆尸佛，爲三阿僧祇。」婆沙論敍三阿僧祇劫修六度行，百劫種相好因，然後獲五分法身。唯識謂地前歷一僧祇，初地滿二僧祇，八地至等覺是三僧祇，然後獲究竟法身。難曰：「長者合論，皆云：『不離一念，歷阿僧祇。』何得執定永劫，乖第一義？」答曰：「長者但言三祇本空，時體不可得，非是無時。如人眼耳鼻舌身現在，説六根本無，不是廢卻六根言無也。譬如小兒見水中月，心生愛著，欲取而不可得。智者教言，是可眼見，不可手捉。但破可取，不破可見，諸佛菩薩三世行業亦然。雖一切不可得，而非是無行。且如龍樹、馬鳴二大菩薩，皆是禪門傳衣之祖，豈肯自誑誑他，誤賺後來。當知生死事大，非是

[一]「起信論曰」，續藏經作「馬鳴起信論」。
[二]「如智度論言」，續藏經作「龍樹智度論」。

一知半行所能跳出〔一〕。智度論曰：『有菩薩利根心堅，未發心前，久來集諸無量福德智慧。是人遇佛，聞是大乘法，發阿耨多羅三藐三菩提心。即時行六波羅蜜，入菩薩位，得阿鞞跋致地。所以者何？先集無量福德，利根心堅，從佛聞法故。譬如遠行，或有乘羊而去，或有乘馬而去，或有神通去者。乘羊者，久久乃到；乘馬者，差速；乘神通者，發意頃便到。如是不得言發意間云何得到，神通相爾，不應生疑。菩薩亦如是，發阿耨多羅三藐三菩提時，即入菩薩位。有菩薩初發意，初雖心好，後雜諸惡。時時生念，我求佛道，以諸功德，迴向阿耨多羅三藐三菩提。是人久久無量阿僧祇劫，或至或不至，先世福德因緣薄，而復鈍根，心不堅固，如乘羊者。有人前世少有福德利根，發心漸漸行六波羅蜜，若二、若十、若百阿僧祇劫，得阿耨多羅三藐三菩提。如乘馬者，必有所到。第三乘神通者，如上說。』是知漸修頓證，各各不同。菩薩欲取佛位，無驟至者。故先德云，雖齊佛覺，未逮極果，非爲究竟〔二〕。」是故悟達之士，決當求生淨土，如法修行，免致退墮。俟忍力堅固，入世利生，方爲究竟佛果故。

〔一〕「所能跳出」下，續藏經有「然三祇行行，非近佛不可」。

〔二〕「是知漸修頓證，各各不同。菩薩欲取佛位，無驟至者。故先德云，雖齊佛覺，未逮極果，非为究竟」，續藏經作「是知成佛以智行爲根本，智行以近佛爲所依」。

第八見網門

夫一切迷情，依諸見起，履之則爲稠林，溺之則爲熱海。如蠶作繭，即住處爲受縛之因；似蛾赴燈，依光明作喪生之本。故先達云：『行起解絶。』所以將趨聖室，先入普賢之門；欲修正因，首割邪見之網。今約諸家負墮，略分十則。無法可捨，是見必訶。拋家蕩子，慣憐羈旅之人；落第寒生，備識窮途之苦。真語實語，可謂久病成醫。幸順佛言，莫依魔教：一、斷滅墮；二、怯劣墮；三、隨語墮；四、狂恣墮；五、支離墮；六、癡空墮；七、隨緣墮；八、唯心墮；九、頓悟墮；十、圓實墮。唯心、頓悟、圓實，皆名爲墮。非真見理，那有此膽識。

一、斷滅墮者，有二種：一、諸儒生滯現在身，疑未來斷滅；二、新發意學人執空相，疑一切斷滅。此等尚不信有生，云何信往生及净土等事。今爲略釋：一、釋儒生等者。楞嚴經，佛告波斯匿王：「汝今自傷髮白面皺，其面必定皺於童年。則汝今時觀此恒河，與昔童時觀河之見，有童耄不？」王言：「不也。」佛言：「大王，汝面雖皺，而此見精，性未曾皺。皺者爲變，不皺非變。變者受滅，彼不變者，元無生滅。云何於中受汝生死，而言此身死後全滅？」智度論，問曰：「人死歸滅。滅有三種：一者、火燒爲灰；二者、蟲食爲糞；三者、終歸於土。今但見其滅，不見更有出者受于後身。以不見故，則知爲無。」答曰：「若謂身滅便無者，云何有衆生先世所習憂喜怖畏等，如小兒生時，或啼或笑，先習憂喜，故今無人教，而憂喜續生。又如犢子生，知趣乳。豬羊之屬，其生未幾，便知有牝牡之合。子同父母，好醜貧富，聰明闇鈍，各各不同。若無先世因緣者，不應有異。如是等種種因緣，知有後世。又汝先言，不見別有去者。人身中非獨眼根能見，身中六情，各有所知。有法可聞、可嗅、可味、可觸、可知者，可聞法尚不可見，何況可知者。有生有死法，亦可見，亦可知。汝肉眼故不見，天眼者了了能見。如見人從一房出，入一房，捨此身至後身亦如是。若肉眼能見者，何用求天眼？若爾者，天眼肉眼愚聖無異，汝與畜生同見，何能見後世？可知者，如人死生，雖無來去者，而煩惱不盡故，于身情意相續，更生身情意。身情意造業，亦不至後世。而從是因緣更生，受後世果報。譬如乳中著毒，乳變爲酪，酪變爲酥。乳非酪酥，酪酥非乳，乳酪雖變，而皆有毒。此身亦如是。今世五衆因緣故，奇曰：「即五陰。」更生後世五衆。行業相續不異故，而受果報。又如冬木雖未有華葉果實，得時節會，則次第而出。于是因緣，故知有死生。復次現世有知宿命者，如人夢行疲極，睡卧覺已，憶所經由。又一切聖人内外經書，皆説後世。復次現世不善法，動發過重，生〔二〕瞋恚嫉妬，疑悔内惱。故身則枯悴，顔色不悦，惡不善法受害如是，何況起身業口業。

〔二〕「生」，續藏經無。

若生善法，浄信業因緣，心清浄，得如實智慧。心則歡悦，身得輕輭，顔色和悦。以有苦樂因緣故，有善不善。今定有善不善故，當知必有後世。但衆生肉眼不見，智慧薄故，而生邪疑。雖修福事，所作淺薄。譬如醫師，爲王療病，王密爲起宅，而醫師不知。既歸見之，乃悔不加意盡力治王。復次聖人説今現在事實可信，故説後世事亦皆可信。如人夜行險道，導師授手，知可信故，則便隨逐。比智奇曰：「比量之智。」及聖人語，可知定有後世。汝以肉眼重罪，比智薄故，又無天眼。既自無智，又不信聖語，云何得知身後？」如宣聖言費隱，則言鬼神德盛，明明説道武周達孝，唯在識鬼神之情狀，事死如事生處。而考亭先生曲爲解説，歸之二氣。何其敢于誣先聖，疑後來耶？且稗官野史不足論，如彭生爲豕，伯有爲厲，劉聰爲遮須國王，蔣濟之子乞官于泰山令，則正史也。玄鳥生商，帝武肇周，則正經也。雀化蛤，田鼠化鴽，鷹化鳩，則正令也。一微塵識，所知幾何？擬欲蛙嫌海量，螢掩日光，侮聖褻天，當得何罪？又談者恒言：「非人所經歷，及道理不可信者，即不足憑。」如日月度數，及五星往來，非人所得經歷也。天不來此，人亦不往彼，何以推測皆驗？又天何爲高，地何爲卑，風何爲起，雲何爲行，春何爲生，秋何爲殺，此有何道理可憑？胎中之根，無知而轉；字母之乳，無因而出。此有何道理可憑？微而至于一毛一塵，一草一木，若有毫頭許道理可憑，幸爲指出。不過常見故則常之，此常見者，亦復無理[一]。是故不應以不見故，而疑往生。二、釋學道執空相者論曰：學人聞説空，于生死業因緣中生疑。若一切法畢竟空，無來無去，無出無入，云何死而有生？現在眼見法，尚不應有，何況死後復生餘處？不知佛法中，諸法畢竟空，而亦不斷滅；生死雖相續，亦不是常。無量阿僧祇劫，業因緣雖過去，亦能生果報而不滅，是爲微妙難知。若諸法都空，佛不應説往生，何有智者，前後相違。若生死相實有，云何言諸法畢竟空？但爲除諸法中愛著邪見顛倒故，説畢竟空，不爲破後身。又爲遮罪業因緣故，説種種往生。佛法不著有，不著無，有無亦不著，非有無亦不著，不著亦不著。如是人則不容難，如以刀斫空，則無所傷，是爲畢竟空相。畢竟空，不遮生死業因緣，是故説往生。此疑甚淺，少有知者，皆能斷之。以世間人作此見最多，故首破之，爲是求往生者之第一障難故。

二、怯劣墮者，一、疑結習濃厚；二、疑念力輕微；三、疑萬億剎遠。一、疑結習濃厚者。凡夫但知業力，不知業性空故。所以若衆生業性實者，盡虚空界，亦無容受處。如黑雲障空，風至則滅，若雲實者，吹亦不去。虚空喻性，黑雲喻業，念佛喻風。又則業性即是法性，力用至大，以結使故，神力不現。如烏芻瑟摩聞空王佛説，多淫人成猛火聚，卻後徧

[一]「此常見者，亦復無理」，續藏經作「而此常見，乃復無理如此」。

觀四支百骸諸冷煖氣，神光内凝，化多淫心，成智慧火。夫同一熱惱，方其淫，成大火聚，及其離，成大寶燄。若淫性實者，云何是中而得三昧？是故迷成則處胎獄，念成即入蓮胞。以胎性即是化性，非從外來。如濁水中清，非外來故。二、疑念力輕微者。衆生愚昧，信有形之行業大，不信無形之念力尤大。何故？念力是行業根，一切事業，非念不成。如人造罪，無心造者重得輕報，有心造者反是，以念力重故。如人無記時，流俗鄙事，耳提面囑亦復不記；若心在者，種種難記之事，一入耳根，終身憶持不忘，以念力堅故。蘇子瞻曰〔二〕：「佛以大圓覺，充滿十方界；我以顛倒想，出没生死中。云何以一念，得往生浄土？我造無始業，本從一念生。既從一念生，還從一念滅。生滅滅盡處，則我與佛同。如投水海中，如風中鼓橐。雖有大聖智，亦不能分別。」浄土決云：「人之念頭，所繫最急。如水之必赴海，如火之必炎上，如利刃之必傷，如毒藥之必殺。無空過者，念佛之念，亦復如是。」如淫男子，淫念堅故，化爲猛燄，延燒神廟。又如月光童子觀想水故，弟子窺屋，唯見清水。又如僧清辯與外道論議，外道堅執己見，忽化爲石，清辯猶書目于石上。明日往視之，亦有答辭，久之忽自破碎，而吼聲于空中。是等皆以念力堅猛，無因變化，云何念佛

〔二〕「蘇子瞻曰」，續藏經作「蘇軾曰」。子瞻號東坡，宋翰林學士。

而佛不現？當知念力是一切法中之王，如摩訶那伽大力勇士，怒時，額上必生瘡。瘡若未合，徧閻浮提人無敵者故。三、疑萬億[一]刹遠者。凡夫執定十萬億刹，意謂快馬疾帆，日不千里，云何刹那得生彼處？不思國土遠近者，從分段身計度生，從肉眼生。此往生者，爲是分段身耶？爲是周徧含容之心耶？若分段身者，身是頑質，云何得生？若心生者，心周沙界，浄土原在心中，焉有往來。如人在長安思鄉，或閩或滇，隨念即至，豈有程途？又如人夢時，身雖在牀，而心意識徧至他方。無功居士曰：「極樂去此十萬億刹，凡夫命終，頃刻即至者，蓋自心本妙耳。」故楞嚴云：「汝猶未明一切浮塵諸幻化相，當處出生，隨處滅盡，因緣和合，虛妄有生；因緣別離，虛妄名滅。」以此推之，當命終時，染濁緣離，故娑婆當處幻滅；清浄緣合，故極樂當處幻生。此滅彼生，閒不容髮，亦何傾刻之可論。往余鄉有人，能致乩仙。乩仙者，即其兄也。後赴選京師，余兄等有所卜，其人虞地遠不能赴。不得已書符宣詞，少傾即至。此等是業繫，尚如是速疾，何況不思議念力，仗阿彌陀本願功德，順水張帆，有何障難。是故念佛之人，應當遣此三疑。若不遣者，是真結習濃厚，

[一]「萬億」，原作「億萬」，據上下文乙正。

是真念力輕微，是真十萬程遠。如人欲出門，而自[一]扃其鑰，是自不欲出，非無門過。

三、隨語墮者，六祖言：「東方人造罪，念佛求生西方；西方人造罪，念佛求生何國？」龐居士云：「事上説佛國，此去十萬里。大海渺無邊，動即黑風起。」因此，一輩無知，傳虚接響，謂浄土不足修，自障障他，深可憐憫。夫論宗門提唱，尚不言有佛，何況佛國？爲欲破相明心，是非俱剗。如吹毛利刃，執則傷手；金剛栗棘，豈是家常茶飯。且宗門中，此等語句甚多，若一一執之，釋迦、老子出世，將真以飼雲門狗子乎！又古德云：「如何是佛？乾屎橛[二]。」果爾，則凡見糞車糞擔溷廁，應當一一禮拜供養。彌陀疏鈔曰：「西方去此十萬億土，壇經言十萬八千者，是錯以五天竺等爲極樂也。」此語近是，爲六祖未閲大藏，聞人説西方，即以爲五天竺者有之，教中分明言極樂國三毒不生，得不退轉。今言西方造罪，求生何土？此亦一證也。然宗門中，此等一期之語最多，亦不足辯。具眼。噫！學人果能頓悟頓修，解行相應，如六祖，投金漢水，遊戲生死中；如龐老，雖不求生，亦何害于生哉？六祖、龐老，亦何害生西方。千古至言。

[一]「自」，廣陵本無。

[二]「如何是佛？乾屎橛」，爲雲門宗之祖文偃禪師對某僧「如何是佛」所作之機緣語句，旨在打破學人對名字之執著，載於五燈會元卷十五。

四、狂恣墮者，有等魔民，專逞狂慧，不肯持戒修行。妄引經中相似語言，如煩惱即菩提，淫、怒、癡即梵行之類。隨語生解，隨解發毒。果如彼説，迦文悟道，應親寶女；阿難淫舍，何須提獎；六祖初隨獵人，尚未受戒，何苦但食肉邊菜也。經云：「尚無不殺、不盜、不淫，何況更有殺、盜、淫事。」豈有聞人呵沈水香，便謂應住坑廁者也！昔五天有僧達磨達者，有辯慧，師事師子尊者。尊者知其悟解，對衆稱之。至傳法嗣祖，則以授婆舍斯多。磨達心恨之曰：「尊者蓋知我之深，何故嗣位不以見授？」一日獨行度水，有女子浣，露其脛，磨達念曰：「此脛白皙乃爾。」尊者忽在旁曰：「今日之心，可授祖位乎？」磨達于是攝念，禮足求哀。即一淫戒，餘行可例。般若經曰：「罪不罪不可得故，應具足尸羅波羅蜜。」釋云：「罪不罪不可得者，非爲邪見麤心，言不可得。菩薩深入諸法相，行空三昧，慧眼觀故，罪不可得。罪無故，不罪亦不可得。若人貪著無罪，見破戒罪人則輕慢，見持戒善人則愛敬。如是持戒，是名起罪因緣，不名具足。」故知住戒即破，何況棄毁。戒執亦戒，始名持戒。諸大經言梵行不可得等，皆即此義。永明曰：「帶習尚被境牽，現行豈逃緣縛？猶醉象無鉤，癡猿得樹，奔波乍擁，生鳥被籠。是故菩薩，稟戒爲師，常懷大懼。」又曰：「末代宗門中，學大乘人，多輕戒律。所以大涅槃經扶律談常，則乘戒俱急，故號此經爲續常住命之重寶。何以故？若無此教，但取口解脱，全不修行，則乘戒俱失故。」乘，謂悟第一義；戒，謂止一切黑業。祖師于此[二]，分四料簡：一、戒急乘緩。以戒急故，生人天中，如箭射空，力盡還墜；以乘緩故，雖聞大法，如聾若啞。二、乘急戒緩。以戒緩故，生惡趣中；以乘急故，常聞大法。如華嚴會上，八部鬼神是也。三、乘戒俱急，則生人天中，而常聞大法。四、乘戒俱緩，則墮三惡道，而永不聞法。是故乘戒二法，如車二輪，廢一不可得故。龍樹曰：「破戒之人，如清涼池而有毒蛇，不中澡浴；其家如塚，人所不到，失諸功德。譬如枯樹，如田被雹，不可依仰。如大病人，人不欲近。譬如吐食，不可更噉。」菩薩如是苦口呵責，曾許人破戒不？是故千日學解，不如一日持戒。何得貪悟道之虚名，受泥犂之實禍。大雷破夢。欺己誑人，枉遭王難。夫狂吠之人，無所不破，今獨言戒者，以邪見惡火，正見正論。首燒戒寶故。又則戒是浄業之基，一切白法由戒生故。

五、支離墮者，多有法師，涉獵教典，記註章句。執法身之假名，析名相之分齊。東緝西補，竟月窮年。弄毗盧之畫面，坐法界之排場。貢高我慢，得少爲足[三]。聞人念佛，則

[二]「祖師于此」，指唐澄觀在華嚴經隨疏演義鈔中提出乘戒緩急四句。

[三]「足」，續藏經作「優」。

曰：「此小乘中攝妄想之一法。」或云：「教海義深，爾輩鈍根，念此亦可。」或云：「此三藏中，爲某藏攝。」或云：「此屬何教，似坊上小兒鬬曲，以多爲勝。」各争己見，無實行履。如長爪梵志，以論議力，摧伏諸師，搪揬蹴蹋，無能制者。後至佛所，作是念：「一切論可破，一切執可轉，是中何者是諸法實相？何者是第一義？何者性，何者相不顛倒？」作是思惟已，白佛言：「瞿曇，我一切法不受。」佛問梵志：「爾一切法不受，是見受不？」梵志答言：「瞿曇，一切法不受，是見亦不受。」佛語梵志：「汝不受一切法，是見亦不受，則無所受，與衆人無異。何用貢高，而生憍慢。」如是梵志不得答，自是服膺[一]。是故當知饑兒過屠門大嚼，止益饞心，無救枵腹。昔在江南，有一靈俐座主，爲余辨析唯識，及示所得教中奥義。于諸名流註疏，多肆評駁。余問曰：「是可敵得生死不？」僧傲然曰：「有何生死可敵？」余曰：「是即是，但恐閻羅殿前無譯字生，不會座主語言三昧也。」此雖一時戲笑，亦大中講席之病。奉勸少年開士，長篇短章，牽藤引蔓，口誦心憶，腦昏眼眯。究其效驗，不過上幾回座，講幾期經，受幾箇瞎漢禮拜。若無真實功行，唯添業債。何若一聲阿彌，直登不退，事一功百。如曇謨最，講涅槃、華嚴，領衆千人。爲閻羅所

[一] 長爪梵志与佛陀辯論記載于五燈會元卷第一，長爪梵志即是阿彌陀經中的摩訶俱絺羅。

呵云：「講經者，心懷彼我，以驕陵物，比丘中第一麤行。」即押付司，可爲明戒。然有義解高流，因參教典，悟此西方不思議大事，以此自利利他，轉益未來。好出身路。燃長夜炬，功德無量，又何必懲噎廢食，見蹶停驂哉。」

六、癡空墮者，奇曰：「前破學道執空相，單明生死之業；此破學道執法空，所破義深廣。」學道之人，稍窺法空，聞人念佛，即曰：「法離名字，若徇假名，轉益虚妄。何故？文言尚空，何況名號。」答：「法句經曰，佛告寶明菩薩，『汝且觀是諸佛名字，若是有，説食與人，應得充饑。若名字無者，定光如來不授我記，及于汝名。專顯名號實性大益愚庸。如無授者，我不應得佛。當知名字，其已久如。以我如故，備顯諸法名字性空，不在有無』。華嚴經曰：『譬如諸法，不分别自性，不分别音聲。而自性不捨，名字不滅。』羣疑論曰：『若言名字無用，不能詮諸法體，亦應喚水火來。故知筌蹄不空，魚兔斯得。稱斯弘名，生實浄土，何得言虚？』天台智者曰：『世間有空行人，執其癡空，不與修多羅合。聞此觀心而作難言，觀心是法身等，應觸處平等，何故經像生敬，紙木生慢？敬慢異故，則非平等。非平等故，法身義不成。答，我以凡夫位中，觀如是相耳。爲欲開顯此實相，恭敬經像，令慧不縛。使無量人崇善去惡，令方便不縛，豈與汝同耶？』上都儀曰：『夫皈命三寶者，要指方立相，住心取境，不明無相離念也。佛懸知凡夫繫心，尚乃不得，況離相耶。如無術通人，居空造舍也。』法華經曰：『汝證一切智，十力等佛法。具三十二相，乃是真實滅。』南泉大師曰：『微妙净法身，具相三十二，祇是不許分劑心量。若無如是心，一切行處，乃至彈指合掌，皆是正因。』百丈和尚曰：『行道禮拜，慈悲喜捨，沙門本事，宛然依佛敕。祇是不許執著。』净土指歸曰：『圓頓行人，語默動静，皆遵聖教，盡合佛心。若以念佛生心動念成妄想者，則息心無念，亦成妄想。』首楞嚴經云：『縱滅一切見聞覺知，内守幽閒，猶爲法塵分別影事。』若以念佛著有爲患，則執空之人，其患尤甚。永嘉云：『豁達空，撥因果，漭漭蕩蕩招殃禍。』若以外求他佛爲未達，則内執己心，不達尤甚。長沙云：『學道之人不識真，只爲從來認識神。無量劫來生死本，癡人喚作本來人。』若以別求净土爲偏見，則執目前爲净土者，其失尤甚。楞嚴經説：『落魔道者，都指現前即爲佛國，無別净居，及金色相。口中好言眼耳鼻舌皆爲净土，男女二根即是菩提。弟子與師，俱陷王難。迷惑無知，墮無閒獄。』若以執有修證爲權説者，執無修證，墮落外道，其禍尤甚。楞嚴經曰：『若彼定中諸善男子，見色陰消，受陰明白，自謂已足。則有一分大我慢魔入其心腑。謂三祇劫，一念能越。心中尚輕十方如來，何況下位聲聞、緣覺。不禮塔廟，摧毁經像。謂檀越言，此是金銅，是土木，經是樹葉，或是疊華。肉身真常，不自恭敬，卻崇土木，實爲顛倒，疑誤衆生，入無閒獄。』是故當知執空破相，皆是魔屬。智度論曰：『譬如田舍人，初不識鹽。見人以鹽著種種肉菜中而食，問言，何以故爾？語言，此鹽能令諸物味美故。其人便念此鹽能令諸物味美，自味必多，便空鈔鹽，滿口食之。鹹苦傷口，而問言，汝何以言鹽能作美？人言，癡人，此當籌量多少，和之令美，云何純食？無智人聞空解脱門，斷諸善根。亦復如是。』對時證藥。思之思之，任爾一切空，生死空，争柰閻羅大王空不得何。」

七、隨緣墮者〔二〕，謂古人云：「隨緣消舊業，任運著衣裳，但順天真，萬行自圓。舉足下足，誰非净業，何用種種作爲？」答：「先德問曰：『即心是佛，何假修行？』答：『祇爲是故，所以修行。』如鐵無金，雖經鍛鍊，不成金用。賢首國師曰：『今佛之三身，十波羅蜜，乃至菩薩利他等行，並依自法，融轉而行。由衆生心中有真如，體大相大用大，今日修行，引出法報身等。由衆生心中有真如，法性自無慳貪，今日修行順法性無慳，引出檀波羅蜜等〔三〕。』涅槃經，佛告師子吼菩薩：『一切衆生皆有念心、慧心、發心、勤精進心、信心、定心，如是等法，雖念念滅，猶故相似相續不斷，故名修道。乃至如燈，雖念念滅，而有光明除破暗冥。如衆生食，雖念念滅，亦能令饑者而得飽滿。譬如上藥，雖念念滅，亦能愈

〔二〕「隨緣墮者」下，廣陵本有「有一等愚鄙邪人」。

〔三〕「先德問曰」至「引出檀波羅蜜等」，出自永明延壽萬善同歸集卷一。

病。日月光明，雖念念滅，亦能增長草木樹林。』寶積經曰：『若無正修者，貓兔等亦應成佛。』牛頭融大師曰：『若言修生，則造作非真；若言本有，則萬行虚設。』長者論曰：『若一概皆平，則無心修道，應須策修，以至無修〔二〕。』慈愍三藏録曰：『若言世尊説諸有爲，定如空華，如何敕諸弟子，勤修六度，萬行妙因，當證菩提涅槃之果？豈有智者讚乾闥婆城，堅實高妙，復勸諸人以兔角爲梯，而可登陟乎！』由此理故，雖有漏修習，是實是正。如達摩對梁武之言，爲彼貪著有爲，因病發藥。何得以一期之語，廢佛道業。且諸經中所謂，不住相戒施等者，謂有而不住耳。有而不住，故作而無作。今以本無爲不住，如下里乞兒，向人言：『吾不以富貴驕人。』豈非夢語！確。又復執言無作者，將須槁心枯體，如鑄金像等耶？抑猶酬酢應對，如常人耶？若酬酢應對者，應非無作。若言不乖無作者，觀佛禮念，本自天真，豈應獨乖。妙。二義不成，即大妄語。是故當知隨緣任運，非是無礙，若無礙〔三〕是隨緣者，蚓壤蛙泥，亦是隨緣，何不成佛？錯認祖機，執礫爲玉，照暗明燈。與市井兒所宗之無爲教，何以異哉！」

〔二〕「寶積經曰」至「以至無修」，宋永明延壽萬善同歸集卷三亦有記載。

〔三〕「無礙，若無礙」，續藏經作「無作，若無作」。

八、唯心墮者，謂自性浄土，即俗恒真。七寶瓦礫，一道平等。但浄自心，何須分別？答：「汝言心浄土浄，不須分別者，引汝入廁室中，能久住不？入死屍場，穢氣熏灼，不掩鼻不？與疥癩膿血之人，能同應器及牀褥不？若不能者，此相即是厭五濁相。若居住尚須浄室，同遊尚宜浄侶者，此相即是忻浄土相。忻厭熾然，何謂平等？縱汝難忍能忍如上所説種種濁穢，不求遠離，則諸蜣蜋鴉犬，亦能親近此種種物，豈皆得道？妙。脱汝浄穢俱離，依然取捨，於唯心義，亦不相應。是故當知，諸佛以唯心故，忻厭出生；以唯心故，説名平等；以唯心故，莊嚴佛土。若不唯心，豈能隨念？若非平等，凡夫無分。穢尚不捨，何獨捨浄？捨既是心，取亦何乖？皆由不了佛旨，致斯妄執，但識唯心，疑義斯遣。此方是唯心之旨。

九、頓悟墮者，今世禪人，皆云：「一超直入，不落功勳，尚不求作佛，何況往生？」答：「言不求作佛者，捨身之後，將灰斷永滅耶？抑尚受後有耶？若受後有者，爲生浄土耶？爲生三界耶？若居三界，即不如浄土；若浄土者，即同往生。又先德曰：『夫善知識者，雖明見佛性，與佛同等。若論其功，未齊諸聖。須從今日，步步資熏。』又云：『未悟而修，非真修也。唯此頓悟漸修，即合佛乘，不違圓旨。如頓悟頓修，亦是多生漸修，今生頓熟，此在當人時中自驗。決定自欺不得。若所言如行，所行如言，量窮法界之邊，心合虛空之理。八風不動，三受寂然，種現雙銷，根隨俱盡〔一〕。』譬諸無病，不應服藥，如或現行未斷，煩惱〔二〕習氣又濃。寓目生情，觸塵成滯。雖了無生之義，其力未充，不可執云：『我已悟了，煩惱性空，若起心修，卻爲顛倒。』然則煩惱性雖空，能令受業。業果無性，亦作苦因。苦痛雖虛，祇麽難忍。如遭重病，病亦全空，何求醫人，偏服藥餌？祖師云：『將虛空之心，合虛空之理，亦無虛空之量，始得報不相酬。』汾陽無藥禪師云：『如今天下解禪解道，如河沙數；說佛說心，有百千萬億。纖塵不盡，未免輪迴；絲念不忘，盡從淪墜。』如斯之類，尚不能自識業果，妄言自利利他，自謂上流，並他先德，但言：『觸目無非佛事，舉足盡是道場。』原其所習，不如一箇五戒十善凡夫。觀其發言，嫌他二乘十地菩薩。且醍醐上味，爲世所珍，遇斯等人，翻成毒藥。假使才並馬鳴，解齊龍樹，只是一生兩生，不失人身。臨命終時，一毫聖凡情量不盡，纖塵思念未忘。隨念受生，輕重五陰，向驢胎馬腹裏託質，鑊湯鑪炭裏燒煮〔三〕。從前記持憶想見解，一時失卻，依舊再爲螻蟻，從頭又

〔一〕從「又先德曰」至「根隨俱盡」，出自宋永明延壽萬善同歸集。
〔二〕「煩惱」，續藏經無。
〔三〕「裏燒煮」，續藏經作「煮燒」。

作蚊虻。雖是善因，而招惡果。圓悟和尚曰〔二〕：『生死之際，處之良不易。唯大達超證之士，一徑截斷則無難。然此雖由自己根力，亦假方便。於常時些小境界，轉得行，打得徹。踐履將去，養得純熟，到緣謝之時，自然無怖畏。是故古德坐脱立亡，行化倒蜕，能得勇健，皆是平昔淘汰得浄。香林四十年，得成一片；湧泉四十年，尚有走作；石霜勸人休去歇去，古廟香鑪去。永嘉云，體即無生，了本無速。蓋兢兢業業，念兹在兹，方得無礙自在。既捨生之後，得意生身，隨自意趣後報。悉以理遣，不由業牽，所謂透脱生死者耶。』當知諸大師密密履踐，祇是圖箇生死好處。路雖不同，期於終浄一也。往有狂僧自負見地，余問之曰：『汝信得出家不？信得身在長安不？』僧愕然曰：『惡得不信？』余曰：『汝夢中，或夢未出家時，見父母兄弟時，或爲稚子嬉戲時，是時知身在客不？』僧曰：『不知。』余曰：『論汝信得出家及與行脚，可是極明極徹。汝見道明白，當不過此。然纔到枕上，返僧爲俗，易客爲家，已自不知。何況生死長夜，靠汝些子見地，焉能保其不顛倒也？』時僧悚然。」

十、圓實墮者，謂華藏世界，一刹一塵，具含無量國土，本無浄穢，焉有往來。故長者

〔二〕「圓悟和尚曰」一段話，引自宋虎丘山門人紹隆等編圓悟佛果禪師語録。

言：「西方淨土，是權非實。以情存取捨，非法界如如之體故。」答：「若約真論，則華藏世界亦是權立，何獨西方？如論中言，理智無邊，名之爲普；知隨根益，稱之曰賢。是普賢菩薩亦權也。文殊師利，是自心善簡擇妙慧；覺首、目首等菩薩，是隨信心中理智現前。是文殊菩薩等亦權也。又如此方聖賢，尼父、顔淵等，論中皆云此是表法，本無是人，是一切賢聖皆權也。今試定量：文殊、普賢，及與此方賢聖，權耶，實耶？若言權，則現有其人，及諸遺言往行；若言實，則是長者誑凡滅聖，犯大妄語。於此辨得，西方亦入刹塵，刹塵亦含西方，豈有權實。又若論中云：『蓮華藏體，是法身隨行無依住智體之所報得；宮殿，總大悲含育之所報得；樓閣，即是智照觀根，順悲濟物之所報得；其地金剛，平等自性法身之所報得；摩尼莊嚴，法身戒體隨行報得；金剛輪圍山，大悲戒防護之業之所報得；衆華莊嚴，萬行利生開敷之所報得；寶樹，建行利生覆蔭含識之所報得。但業不相應者，同住居而不見。猶如靈神及諸鬼趣，與人同處，人不能見。』若爾，則所謂華藏世界者，與汝所見之刹塵，同耶？異耶？若云同者，目連、鶖子，視聽尚隔；若云異者，何名一真？又如僧靈幹，志奉華嚴，作華嚴觀及彌勒天宮觀，至於疾甚，目睛上視，若有所見。童真問之，答曰：『向見童子引至兜率天宮，而天樂非久，終墮輪迴，蓮華藏是所圖也。』言終氣絶，須臾復甦，真問何所見，幹曰：『見大水徧滿，華如車輪，而坐其上，所願足矣。』言終而逝，故清涼國師云：『觀行則天童迎，而大水瀰漫，此與西方往生，爲同爲别？』是故當知，漏卮勺海，螢火焚山，徒益疲勞。諸有智者，不應如是分别。」謂娑婆在華藏十三層者，乃凡人之報土，非佛之净土也。長者所論之華藏，與靈幹所生之華藏，皆是佛之報土，凡人所同住而不見者也〔一〕。

第九修持門

夫積劫情塵，多生愛海，似蝕劍之苔華，若吞珠之泥鏽，無礪不吐，去垢方明。欲得心净，除非穢滅。真實商量，可謂法界寶鑑。悟者常須覺觀，迷人勤加折伏。其或愛鎖貪枷，亦當慟年惜月。孔子曰：「困而不學，民斯爲下。」今欲一生超僧祇之果，十念攝億萬之程，豈是麤見浮思，結心塵口所能超越？不拌〔二〕一忍，空累多生，如法而修，免墮魔罥：一、净悟門；二、净信門；三、净觀門；四、净念門；五、净懺門；六、净願門；七、净戒門；八、净處門；九、净侶門；十、不定净門。

〔一〕小字從「謂娑婆在華藏十三層者」至「凡人所同住而見者也」，續藏經及廣陵本均無。

〔二〕「拌」，續藏經作「拚」。

一、浄悟者，行者欲生實浄土，當真實參究，如法了悟。何故？悟是迷途導師，如人入暗，當燃燈炬；悟是浄國圖引，如人行遠，當識郵程；悟是諸行領首，如人衝堅，當隨將帥。一者、悟能了知即穢恒浄，不捨浄故；二者、聞浄佛國土不可思議，不怯弱故；三者、知畢竟空中，因果不失，止一切惡法，不更作故；四者、知彼土不去不來，此亦不去不來故；五者、悟佛身量徧滿虚空，衆生身量亦徧滿虚空，如地獄業力，一人亦滿，多人亦滿故；六者、聞阿僧祇劫無量諸行，如人説彈指頃事，不驚怖故；七者、修十善三福，不住人天故；八者、如覺後憶夢中事，不作有無解故；九者、如眼見故鄉，信不信不可得故。十者、知法無我，順性利生，直至成佛，無疲厭故。菩薩入此門已，成就白法，隨意得生。是故觀經上品云：「深解義趣，於第一義，心不驚動。」疏云：「第一義者，謂諸法實相。言語道斷，心行處滅。」又上品六念義云：「安心不動，名之爲念。」鈔曰：「第一義理，悉不爲二邊所動，通名爲念。」故西方〔二〕，如韋提希、善財、龍樹等，以入地往生；此方，如遠公、智者、永明等，以證悟往生。一切經論中廣載，不能具録。論中或有言生彼求悟者，爲中下人説；至言悟自己佛，不必求生，此則爲十地菩薩以上説。若云悟第一義，諸結使未斷

〔二〕「西方」，續藏經作「西域」。

者，皆不求生。則如龍樹、永明等，亦爲捏目生華，無事多事矣！

二、浄信者，智度論曰：「若人心中，有信清浄，是人能入佛法；若無信，是人不能入。譬如牛皮未柔，不可屈折，無信人亦如是。又經中説信爲手，如人有手，入寶山中，自在能取；若無手，不能取，信亦如是。」昔王仲回問無爲子〔二〕曰：「如何念佛得無間斷？」無爲子曰：「一信之後，更不再疑，即是不間斷也。」仲回欣躍而去。未幾得生，還來致謝。是故若人修行，未能頓悟，當深植信根，不驚不動。一者、信金口誠言，決定當生故；二者、信自心廣大，具有如是清浄功德故；三者、信因果如形影，決定相隨故；四者、信此身形識，及一切世界建立，如陽燄空華，無所有故；五者、信五濁惡世，寒熱苦惱，穢相熏炙，不容一刻居住故；六者、信一切法唯心，如憶梅舌酸故；七者、信念力不可思議，如業力故；八者、信蓮胞不可思議，如胞胎故；九者、信佛無量身，無量壽，無量光，不可思議，如蟻子身，蜉蝣歲，螢火光，同一不思議故；妙信必須如此。十者、信此身決定當死故。若人具有如是信根，舉足下足，無非念佛。故知信之一字，通上中下。但信有大小，若無甚深信力，如無羽之鳥，決定不得飛故。

〔二〕「無爲子」，即爲浄土十疑論作序的楊傑。

三、浄觀者，衆生無始垢穢，徧一切法，如油入麪[二]，似金在鑛。修浄業者，當加種種觀行，磨鍊習氣，爲白法之垣墻，作往生之津梁。真正宗通說通。一、浄觀，謂觀佛相好，如十六觀經所說故；二、不浄觀，謂觀身心不浄，器世界不浄，生厭離故；三、無常觀，謂觀一切法無定，如一美色，淫人觀之爲樂，妒婦觀之爲苦，觀行人觀之，種種惡露，異類觀之，如土木故；四、和合觀，謂觀是身，是世界，是見聞覺知，如積木爲屋，積土爲壘，積雜彩爲畫，無實體故；五、對治觀，謂觀自身何結最重，當用何法對治。如輕冷苦澀藥草飲食等，於熱病中爲藥，於餘病非藥。輕辛甘熱藥草飲食等，於冷病中爲藥，於餘病非藥，如是觀察對治故；六、慚悔觀，謂觀一切衆生，無量劫來，與我互爲父母、兄弟、姊妹、男女，遞相淫毒，曾不覺知。如梟獍殺父母，牛羊鴿雀配其親屬，彼不自知，而人觀之，慚愧譏笑。諸佛菩薩見於我等，亦復如是，是故，當生大悔恨故[三]；七、念念觀，謂觀一切時中，幾許憶念佛心，幾許利生心，幾許垢浄沈掉心故；八、平等觀，謂觀一切色一色，無好醜故，一切聲一聲，無譽毀故，一切受一受，無恩仇故，一切義一義，無淺深故；九、微細觀，謂觀佛念法念，起于何來，去于何

[二] 「如油入麪」，續藏經作「如麪入沙」。

[三] 「悔恨故」，續藏經作「愧恨」。

行者若行諸觀時，往故；十、法界觀，謂觀一毛、一塵、一草、一木，皆具有無量淨佛國土故。以第一淨觀爲主，餘九爲伴。如石中覓珠，若不破石，無緣得珠故。

四、淨念者，念佛之法，名一行三昧，惟在決定。若不得念，即有散漫，三昧不成。一、攝心念，謂一切處，攝念不忘，縱令昏寐，亦繫念而寢，不隔念，不異念故；二、勇猛念，如好色人，聞淫女所在，高巖深澗，燐途虎窟，必往不怯故；三、深心念，如大海深廣，必窮其底，覺路遥遥，不竟不休故；四、觀想念，謂念念中，見三十二相，八十隨形好故；五、息心念，謂息一切名心、宦心、慾心、世間心、貪戀心、貢高心、遮護心、人我是非心，念佛故；六、悲啼念，每一想佛，身毛皆竪，五内若裂，如憶少背之慈母，及多慧之亡兒故；七、發憤念，如落第孤寒，負才寂寞，每一念及，殆不欲生故；八、一切念，謂見聞覺知，及與毛孔骨髓，無一處不念佛故；九、參究念，謂念佛一聲，便念此聲落處故；十、實相念，謂不以有心念，不以無心念，不以有無心念，不以非有無心念故。是爲上品念佛門。若如是念佛者，現生必得見佛。

五、淨懺者，經云：「前心起罪，如雲覆空，後心滅罪，如炬破暗。」又云：「百年垢衣，可於一日浣令鮮淨〔二〕。」是故欲除重障，當勤懺悔。一、内懺，謂懺心意識不淨因故；

〔二〕「百年垢衣，可於一日浣令鮮淨」，語出大集經，永明萬善同歸集亦有引用。

二、外懺，謂懺一切色、一切聲、一切不浄法故；三、事懺，謂懺十八界、二十五有、八萬四千種種塵勞結使，障學阿僧祇劫見佛利生諸行業故；四、理懺，謂懺入道以來，所得狂解、所學經論、所聞奥義、作止任滅等病，障佛無漏智故；五、過去懺，謂懺無始世來，所作黑業，如今生雖不偷盗，但所求不如意，即是盗業未盡。今生雖不邪淫，但值不隨意眷屬，即是淫業未盡。今生雖不謗法妄語，但言出人或疑信相半，即是謗法及妄語業未盡。於一切果中，察一切因，當知前生無惡不造，一一當懺悔故；妙辯。六、未來懺，謂一切惡法，即今便止，盡未來世，永不相續故；七、現在懺，謂懺現在世所有生老病死，種種苦業，種種煩惱業，舉足下足業，起口動心業，一切微細不可稱量業故；八、刹那懺，謂一念中有九十刹那，一刹那有九百生滅，一生滅一懺故；此節精進義。九、究竟懺，謂等覺位中，有一分無明，猶如微煙，究竟洗滌故；此懺下劣得少爲足及潤道法愛等罪。十、法界懺，謂法性中，無我無人，普爲十方過現未來一切衆生懺故。若能如是真實懺者，一切障礙悉得消滅。不離道場，得見諸佛[一]。

六、浄願者，智度論曰：「諸菩薩見諸佛世界無量嚴浄，發種種願。有佛世界都無衆苦，乃至無三惡之名者。菩薩見已，自發願言：『我作佛時，世界無衆苦，乃至無三惡之

[一] 懺是末法時期佛教重要法門，著名的懺願儀軌有法華懺、梁皇寶懺、大悲懺、浄土懺等。

名，亦當如是。』有佛世界七寶莊嚴，晝夜常有清淨光明，無有日月，便發願言：『我作佛時，世界常有嚴淨光明，亦當如是。』有佛世界一切，衆生皆行十善，有大智慧，衣被飲食，應念而至，便發願言：『我作佛時，世界中衆生，衣被飲食，亦當如是。』有佛世界純諸菩薩，如佛色身三十二相，光明徹照，乃至無有聲聞、辟支佛名，亦無女人，一切皆行深妙佛道，遊至十方，教化一切，便發願言：『我作佛時，世界中衆生，亦當如是。』如是等無量佛世界種種嚴淨，願皆得之，以是故名願受無量諸佛世界。問曰：『諸菩薩行業清淨，自得淨報，何以要須立願，然後得之。譬如田家得穀，豈復待願？』答曰：『作福無願，無所標立。願爲導御，能有所成。譬如銷金，隨師而作，金無定也。如佛所說，有人修少施福，修少戒福，不知禪法。聞人中有富樂人，或聞欲天色天，心願樂者，命終之後，各生其中。菩薩亦如是，修淨世界願，然後得之。以是故知因願受勝果。復次，莊嚴佛界事大，獨行功德不能成，故要須願力。譬如牛力雖能挽車，要須御者，能有所至。淨世界願，亦復如是，福德如牛，願如御者。』問曰：『若不作願，不得福耶？』答曰：『雖得，不如有願。願能助福，常念所行，福德增長[一]。』以是義故，修淨佛國土者，當發大願，是名淨上無上願王。一者、

[一] 從「智度論曰」至「福德增長」，出自龍樹大智度論卷第七，是關於「願受無量諸佛世界」的論述。

不爲福田故願，願爲一切衆生蔭，生淨土故；二者、不爲眷屬故願，願治一切如來家，生淨土故；三者、不爲病苦故願，願醫一切世間無明等瘡，生淨土故；四者、不爲轉輪王故願，願轉諸佛如來法輪，作大法王，生淨土故；五者、不爲欲界故願，願離一切微妙五欲，生淨土故；六者、不爲色界故願，願離一切禪著，生淨土故；七者、不爲無色界故願，願盡種種微細流注，證無量相好身，生淨土故；八者、不爲聲聞辟支故願，願以福智二嚴，饒益一切衆生，生淨土故；九者、不爲一世界千世界故願，願代無央數世界苦，拔一切世界衆生，生淨土故；十者、不爲一阿僧祇劫千阿僧祇劫衆生故願，願代無量無數阿僧祇劫衆生苦，拔一切衆生，生淨土故。若能如是發大願者，最後刹那，決定當如普賢願中所說。是故當知，願爲截苦海之舟航，導極樂之明師故。

七、淨戒者，一切淨法，以戒爲址。如人作舍，先求平地；如畫師畫諸山水，先治光明素練，然後著彩。戒亦如是。是故戒爲諸善法之首，入淨國之初門。若不持戒，如惡陋皺女〔二〕，欲事帝釋，無有是處。一、慳貪戒，謂行財命二施，及與法施，無愛惜故；二、毀禁戒，謂五戒、律儀戒，乃至無漏戒，滿足持故；三、瞋恚戒，謂以忍調心，及於身口，若遇惡

〔二〕「若不持戒，如惡陋皺女」，續藏經作「若不持戒，決定障生淨土，如惡露皺女」。

口刀杖所加，但自思惟業因縁法，作償負想、作導師想、作風寒冷熱想故；　四、放逸戒，謂生死險道，無放身處，如人持滿油鉢，行懸繩上，不得左右顧視，及生第二念故；　五、散亂戒，謂守攝諸根，息諸縁影，如護風燈，如防生鳥故；　六、愚癡戒，謂以智慧，破諸迷悶，如作務人，常借日光，若是長夜，諸作皆廢故。　又如登覽，當用開目，若是盲人，及與睡眠，諸山河大地，與無等故；　七、憍慢戒，謂不應以才辯故貢高，不應以悟解故貢高，不應以諍論故貢高。　一切所得，如大地上塵，如鏡面上垢，不應以此垢驕彼垢故；　八、覆藏戒，謂一切處諸佛，一切處菩薩，一切處神明，無可覆故。　如日中逃影，波中逃溼，沙中逃塵，無可逃故；　九、無益戒，謂一切嬉戲事無益，一切詩文無益，一切塵縁無益，一切口解脱無益，當遠離故；　十、不住戒，謂如上持戒，但爲生浄土，饒益衆生，不求聞譽法，及諸人天二乘果故。　菩薩如是行於浄戒，則能攝諸衆生，生於浄土。　何以故？　一切衆生，雖至冥頑，莫不欽仰戒德故。

八、浄處者，學道之人，既有志出塵，應當捨諸惡處。　若不捨者，應是厭離未極；　若厭離未極者，應是忻浄土未極。　龍樹曰：「菩薩心不貴轉輪聖王，人天福樂，但念諸佛，是故隨心所重，而生佛土。」最要切。　今小小適意處，尚不能捨，何況轉輪聖王？　如縛足欲行，繫翅求飛，去住皆累，兩心虛縈：　一、繁華喧鬨處當遠故；　二、歌樓酒肆處當遠故；　三、熱啖熏灼處當遠故； 四、論除目及朝事處當遠故； 五、恩愛纏縛及熟遊歷處當遠故； 六、詩壇文社、鬭章摘句處當遠故； 七、譏刺古今、較長競短處當遠故； 八、講無義味道學處當遠故； 好見地，真有理。 九、義解家鬭名相、矜小智之處當遠故； 十、宗乘狂解，妄談頓悟，輕視戒律之處當遠故。 是等撓道，與魔不異，是故當遠。 行者若離是諸處，一切道業即當成辦。

九、净侶者，一切悟機非友不發，一切惡法非友不止。 如車二輪，去一則蹶。 是故世間文字，諸戲論法，尚須同心印正，何況志求無上大道因緣。 經曰：「譬如風性雖空，由栴檀林薝蔔林吹香而來，風有妙香。 若經糞穢臭屍而來，其風便臭。 又如净衣置之香篋，出衣衣香，若置臭處，衣亦隨臭，友亦如是。」 是以行道求友者，當嚴別净穢。 一、山林閒適之友當近，能止躁心故； 二、嚴持戒律之友當近，能淡諸慾故； 三、智慧廣大之友當近，能出迷津故； 四、總持文字之友當近，能決疑難故； 五、寂寞枯槁之友當近，能恬進取故； 六、謙卑忍辱之友當近，能銷我慢故[一]； 七、直心忠告之友當近，能抑諸過故； 八、勇猛精進之友當近，能速道果故； 九、輕財好施之友當近，能破大慳故； 十、仁慈覆物，不惜

[一] 「故」，續藏經無。

身命之友當近，能摧人我等執故。若無如是浄侣，即當屏人獨處，自辦道業。以像設爲師，以經論爲侣，其他嬉戲之徒，寧絶勿通。如入園中，雖無佳華，不植臭草。以無益賞心，徒增厭穢故。

十、不定浄者，一切衆生根器，利鈍不同。如上諸法，皆是上根利器，方得具足。是故如來有異方便，開九品之門，分上中下修習三等：　一者、或解義諦，未全伏惑，或不深解，但能誦讀諸經故；　二者、或但依語生信，或因他生信，或遇貧窮折辱生信故；　三者、或觀金像，或隨意觀一相故；　四者、或晨朝十念百念，乃至千念故；　五者、或但懺諸麤重習氣，及十不善業故；　六者、或爲怖生死，發願往生，或遇苦難，發願往生，但不得作人天及諸福德願故；　七者、或但持八戒五戒，乃至但戒殺、盜、淫、妄故；　八者、一切喧場，不能卒離，但時時生厭離心故；　九者、於諸世法中人，不能即斷，但不隨順故；　十者、如觀經下品中説，或但臨終十念故。如上諸法，但能至心受持一法者，皆得往生。唯不得疑信相參，至論。若有疑者，一切諸行悉不成就。如人夜中，獨趨遠道，不得生疑。是故衆生聞法，疑者不如不聞。何以故？彼無聞者，但不聞法，非有障難，此則自作障難故。

第十釋異門

夫西方大旨，經中自明；淨土要門，諸論具釋。如天親、智者、海東、越溪等，皆抉發幽微，舉揚宗趣。近則雲棲和尚所著小本疏鈔，條分類析，精宏淵博，真照夜途之長炬，截苦海之輕舟。諸師所發，已無餘藴。但諸經中，隨時立教，逗根説義，時有差別，致生學者疑畏。今略爲拈出，博採諸論，附以管見，會歸一處，以便參考：一、刹土遠近釋；二、身城大小釋；三、壽量多少釋；四、華輪大小釋；五、日月有無釋；六、二乘有無釋；七、婦女有無釋；八、發心大小釋；九、疑城胎生釋；十、五逆往生釋。

一、刹土遠近者，問：「大小本經皆云：『西方去此十萬億刹。』觀經獨云：『阿彌陀佛去此不遠。』二説誰正？」釋：「以遠近無定故，故言亦遠亦近。一句證二説。何故？凡言某方者，某方至某方，幾城幾邑者，是從色身建立。身相虚故，是故所計方向道里，亦皆不實，不得言誰近誰遠。如滇人言燕地遠，是從滇計故，燕實無遠；齊人言燕地近，是從齊計故，燕實無近。又如十步之地，蟻子即遠，大象即近，不應言遠是實，何故？是地不當從蟻計故。亦不應言近是實，何故？是地不當從象計故。又則計十步者，亦非是實，何故？是地既不從蟻不從象，亦不當從人計故。智度論曰：『隨世俗所傳，故説有方，方實不可得。』問曰：『何以言無方，是方亦有亦常。如經中説，隨情説。日出處是東方，日没處是西方，日行處是南方，日不行處是北方。日有三分合：若前合，若今合，若後合。隨方日分初合是東方，南方、西方亦如是，日不行處是無分。』答曰：『不然。須彌山在四域〔一〕之中，日繞須彌，照四天下。鬱怛羅越日中，是弗婆提日出，於弗婆提人是東方。弗婆提日中，是閻浮提日出，於閻浮提人是東方。是實無初。何以故？一切方皆東方，皆南方，皆西方，皆北方。汝言日出處是東方，日行處是南方，日没處是西方，日不行處是北方，是事不然。』問曰：『我説一國中方相，汝以四國爲難。以是故東方非無初。』答曰：『若一國中日與東方合，是有爲邊，有邊故無常，無常故是不偏，以是故但有方名而無實。是則方所尚不可得，豈有程途？然亦不廢方所及程途故，何故？以不當從閻浮提計，亦可即閻浮提計故。如日雖非東西出没，亦可言東出西没故。』」

二、身城大小者，問：「聲王經曰：『阿彌陀佛與聲聞俱，其國號曰清泰。聖王所住，其城縱廣十千由旬。』觀經曰：『佛身高六十萬億那由他恒河沙由旬，眉間白毫右旋宛轉，如五須彌山，佛眼如四大海水。』今計一海八萬四千由旬，四海合三十三萬六千由旬。身過

〔一〕「域」，續藏經作「洲」。

其眼五百六十萬由旬，計所住城，尚少於眼三十二萬六千由旬，何況其身？不應身城懸絶如是。」釋：「海東疏〔一〕中，亦有此問。疏曰：『彼佛有衆多城，隨衆大小，城亦大小。大城之中，示以大身，小城之中，現以小身。聲王經言十千由旬者，是與聲聞俱住之城，當知佛身相當而住。觀經所説身高大者，當知其城亦隨廣大，與諸大衆俱住處故。』先德云：『法華中，浄光莊嚴土，唯演頓故；浄名中，衆香佛土，純菩薩故。所以彼佛但現高大之身。若安養土頓漸俱談，聲聞菩薩共爲僧故，故使佛示生身法身二種之相，三十二相，通於生法，大小共見。若八萬相，局在法身，大乘賢聖，方得見也。』是故應以藏塵尊特之相得四益者，佛爲稱機現藏塵尊特身；應以八萬尊特之相得四益者，佛爲稱機現八萬尊特身；應以三十二尊特之相得四益者，佛爲稱機現三十二尊特身。如毗盧遮那，聲聞視聽，隔於對顔，不妨菩薩，更見大身。何故？佛身隨所被機大小，如日光隨隙分大分小，而是日光，無大小故。」

三、壽量多少者，經云：「彼佛壽命，無量無邊阿僧祇劫。」又云：「彼佛至般泥洹時，觀世音菩薩乃當作佛，既當入滅，即是有量。」釋：「先德云〔二〕：『藏通補處，彰佛有

〔一〕「海東疏」，指唐海東新羅沙門元曉佛説阿彌陀經疏。

〔二〕「先德云」，指宋知禮觀無量壽佛經疏妙宗鈔卷五的記載。

量；別圓補處，顯佛無量。以十方三世一切如來，更無彼此，迭相見故。同一法身，一智慧故。菩薩機忘，如來應息，名補佛處，實異藏通，前佛定滅，後佛定生。故金光明四佛降室，疏乃釋云若見四佛同尊特身，一身一智慧，即是常身，弟子衆一故；若見四佛，佛身不同，即是應化，弟子衆多故。』故知全法界身，非生非滅，豈得豎分當現，横論彼此。既非生滅，無量義成。且淨佛刹中，塵刹水樹，皆是佛身。故經中云：『是諸衆鳥，皆是阿彌陀佛變化所作。』智度論曰：『衆生甚多，若佛處處現身，衆生不信，謂爲幻化，心不敬重。有衆生從人聞法，心不開悟；若從畜生聞法，則便信受。如本生經説菩薩受畜生身，爲人説法，人以説法希有故，無不信受。有人謂畜生是有情之物，以樹木無心而有音聲，則皆信受。』以是故水樹禽鳥，皆是佛身變現故。若佛壽量有盡者，道場國土，及諸水鳥音聲，亦應有盡。若有盡者，不應有補；若無盡者，不應言滅。如虚空分齊，非有分齊，非無分齊，以不思議智，照之可得。」此同觀心釋也。

四、華輪大小者，小本曰：「池中蓮華，大如車輪。」觀經云：「一一池〔二〕中，有六十

〔二〕「池」，中華大藏經本作「水」。

億七寶蓮華，團[二]圓正等十二由旬。」大本云：「池中蓮華，或一由旬，乃至百由旬千由旬。」夫人世車輪，大不逾丈，縱復輪王千輻金輪，縱廣不過一由旬，何得大小相懸乃爾？釋：「華輪大小，亦如身城，以衆生機有大小故，身城水樹現有大小，蓮華亦然。如初地，化百佛刹，現百葉華；二地，化千佛刹，即現千葉；三地，萬葉；四地，億葉；五地，千億；六地，百千億；七地，百千億那由他；八地，百千萬三千大千世界微塵數；九地，百千萬億阿僧祇國土微塵數；十地，十不可説百千億那由他佛刹微塵數。以自受用身有大小故，現華亦爾，非是華有大小故。嘗聞僧言：『海邊有阿育王舍利塔，衆生見者，光明各異。有見無光者，有見光如細豆許者，有見如棗巨者，有見如指頂大者，有見大如斗者。如斗者，千不一見。』衆生同一肉眼，所見尚異。何况菩薩聲聞乃至人天等，功用懸絶，所感華輪，焉得不殊。如此土中，刹利貴種，飛樓傑閣，徧滿城邑。寒微煢子，敝茅土窟，乃至不得。不應難言大小懸殊。何故？是自福德所招故。寶池華相，應亦如是。」

此上所言阿育王舍利塔[三]，以本人未曾親見，傳聞失實。爰爲補書，以昭聖迹。其寺

[二]「團」上，中華大藏經本有「一一蓮華」四字。

[三]本段文字印光法師文鈔三編也有收録，題名「阿育王佛舍利塔記實」。

原名阿育王，後改爲廣利，人仍以阿育王稱之，在浙江寧波鄞縣南鄉四十里鄮山。佛滅度百年後，中天竺國阿育王，統王閻浮，威德廣大。所有鬼神，皆爲臣屬。意欲普利世人，啓其祖阿闍世王所藏之八萬四千佛舍利，役使鬼神，碎七寶衆香爲泥，一夜造成八萬四千寶塔，散布南贍部洲。耶舍尊者[一]，伸手放八萬四千道光。一鬼捧一塔，順光而趨，至光盡處，則安置地中。東震旦國，有十九處。大教東來，次第出現，如五臺育王等是也。五臺之塔，閟於大塔之中[二]。育王之塔，於晉武帝太康三年，劉薩何乃利賓菩薩示迹，出家法名慧達[三]，禮拜請求，從地涌出，遂建阿育王寺，供於殿内石塔中。塔門常鎖，有欲睹舍利者，先通知塔主。殿中禮佛，禮畢，跪於殿外階緣。每有人跪，凡欲睹者，均隨之而跪。塔主請塔出，先令居中跪者睹。次則偏令隨跪者睹。雖一日隨睹數次，亦不以爲煩。其塔高一尺四寸，周圍亦只尺餘。塔之中級，内空，中懸一實心鐘，鐘底正中，有一鍼，舍利附於鍼端。四面有窗，華格欄遮，手不能入。即於華格孔中睹之。其舍利之形色大小多少定動，均無一定。平常人睹，多見是一粒，亦有見二三四粒者。有見舍利靠於鐘底不動者；有見一鍼

[一]「耶舍尊者」，廣化寺本文鈔三編作「耶舍利尊者」。
[二]「五臺之塔，閟於大塔之中」，廣化寺本文鈔三編無。
[三]「劉薩何乃利賓菩薩示迹，出家法名慧達」，廣化寺本文鈔三編作「有僧慧達，乃利賓菩薩示迹」。

下垂至寸許者；有見忽降忽升，忽小忽大者；有見青者黄者赤者白者；及一色之濃淡不同，并二色相兼之各種異色者；有見色氣黯然者；有見色氣明朗者。不獨人各異見，即一人亦多轉變不一。又有見蓮華及佛菩薩像者；亦有業力深重，完全了無所見者。見其小時，每如小緑豆大，亦有見如黄豆大棗大者。明萬曆間，吏部尚書陸光祖，篤信佛法，極力護持。與親友數人來睹，初看如小豆大，次如黄豆大，次如棗大，次如瓜大，次如車輪大，光明朗耀，心目清涼。時舍利壞，塔供庫房，陸遂發心重修塔殿。彼親友所見亦甚好，但無陸之奇特神妙耳。須知如來大慈，留此法身真體，俾後世衆生，種出世善〔二〕根。以由睹此神異，自可生正信心。從兹改惡修善，閑邪存誠，以期斷惑證真，了生脱死，直至復己本具佛性，圓滿無上菩提。此如來示現不思議相，曲垂接引之本心也。願見聞者，同深感念，則幸甚。光於光緒二十一年，幸得虔禮數旬，兼閲育王山志，故知其詳。民國二十年辛未元日，常慚愧僧釋印光謹書〔三〕。

五、日月有無者，諸本或言日月處空；或言處空而不運轉；或不言有無；或直言

〔二〕「善」，廣化寺本文鈔三編無。
〔三〕「民國二十年辛未元日，常慚愧僧釋印光謹書」，廣化寺本文鈔三編無。

無有。又經曰：「彼佛光明，普照佛刹，無量無數不可思議，映蔽日月。諸聲聞衆，皆有身光，能照一尋。菩薩光照，極百千尋。二菩薩光明，常照三千大千世界。」如是雖有日月，如爝火之處太陽，豈有光照？若日月不能照者，應無晝夜。何故？經言晝夜六時，及與清旦食時等事。明知亦是權説，借此晝夜，喻彼時分，非爲實事。且晝夜往來者，是衆生心明暗傾奪，感有此相，故浄佛國土，不應有此。如忉利而上，尚不假明日月，何況極樂？縱令有者，亦是彼化國衆生，色空見未盡，現有如是日月相故，而實佛土，無有日月。如大論〔一〕曰：「釋迦文佛更有浄國土，如阿彌陀佛；阿彌陀佛亦有不嚴浄國，如釋迦文佛。」此隨機感説，亦不妨説有故。

六、二乘有無者，問：「天親菩薩無量壽偈曰：『大乘善根界，等無譏嫌名。』乃至『不聞二乘名，何況有實？』是諸經中皆言：『國土聲聞，不可稱量。』何故？」釋：「先德云：『二乘生者，皆是臨終回小向大，以習小功深，聞佛所説，及風柯水響，皆演小故，暫證小果。漸次增進，至菩薩位，非是住小。』是故説無二乘者，有二義：一是決定二乘不生，是實無故；二是不住二乘，是畢竟無故。譬如二人同官郎署，一人官止於此，一人

〔一〕「大論」，指大智度論。

將還。止郎署者，可以稱郎，以無後官故；將還官者，不定是郎，以郎畢竟改故。以是故淨土不得言有二乘，以畢竟至菩薩位故。」

七、婦女有無者，聲王經中，阿彌陀佛亦有父母，何得言無女人？釋：「此亦化作，如化鸚鵡。海東疏曰：『聲王經說安樂世界阿彌陀佛有父母者，是變化女，非實報女。又復雖有父母，而非胎生。實是化生，假爲父母。如彼經言，若四衆能正受佛之名號，以此功德，臨命終時，阿彌陀佛即與大衆住此人所，令其得見。見已慶悦，倍增功德，以是因緣，所生之處，永離胞胎穢欲之形，純處鮮妙寶蓮華中，自然化生，具大神通，光明赫奕。當知父母假寄之耳。或說聲王經中說有父母，是顯彼佛所住穢土。是義不然。何故？彼經既說寶蓮化生，又言二菩薩侍立左右，此等悉是淨土相，不異觀經所說故。當知彼經所說，提婆達多及魔王等，悉於淨土變化所作。不由此等，爲非淨土。如化畜生，非穢土故。』」

八、發心大小者，魏譯〔二〕三輩之中，皆有發菩提心。觀經下品直言十念。諸經互異，今欲和會者，諸經皆是發大菩提心以爲因故。何故？若是最初無大因者，其人雖復經耳，亦生疑難，何得頓聞頓信？是故當知下品十念者，亦是宿植大因，後生退墮。故其臨終遇善

〔二〕「魏譯」：指曹魏康僧鎧譯無量壽經。

知識，如旱苗得雨，萌芽頓發故。若無因者，知識尚不得遇，何況信受。如聰慧貴遊之士，多有愈聞愈不信者。即知一聞頓念，非是小緣，不應以一生作惡，便謂此人無大因故。經云：「世間人民，得聞阿彌陀名號，若慈心喜悅，毛髮聳然，淚即出者，皆是累世嘗行佛道，或他方佛所嘗爲菩薩。」是故不論顓愚黠慧，凡至心念佛者，皆是多劫深植善根，發大菩提心故。千真萬真。何故？所謂善根者，不專言智慧。若復無根，如種焦穀，豈有芽出？如世間弈棋小事，有無知賤流，頓學頓精者；有智士習之，終身居末品者，即知是因。小技無因，尚不得入，何況大法？確然。是故若有信是希有難信之法者，是人即是大心菩薩故。十惡五逆，若信此淨土法門，即不思議人，決得成佛。自負大徹大悟，若謗此淨土法門，即最下賤人，決定墮落。

九、疑城胎生者，唐譯〔一〕曰：「若有衆生，未悟自心，墮於疑悔，而積集善根。以此善根，希求佛智、普徧智、不思議智、無等智、威德智、廣大智，於自善根，以未悟故，不能生真實之信，由聞佛名，起求生淨土之信心故。以此因緣，於五百歲處華胎中，猶如園苑宮殿之想。不見佛，不聞法，是名胎生。」魏譯曰：「不了佛智，然猶信罪福，修習善本，願生其國，是故胎生。」

〔一〕「唐譯」，指唐菩提流志譯無量壽如來會。續藏經作「元魏譯」。

宋譯[一]曰：「衆生所種善根，不能離相，不求佛慧，妄生分别，深著世樂人間福報，是故胎生。」王氏本[二]曰：「若有衆生，修諸功德，願生彼剎。後復疑悔不信有彼佛剎，不信作善得福。其人雖爾續有念心，暫信暫不信，臨命終時，佛乃化現其身，令彼目見。以心悔故，其過差少，亦生彼剎，是謂胎生。」今按前二譯，但不信自性，不了佛智，名胎生故。宋譯則直言修善求生人天者爲胎生，極樂國中無胎生故。若王氏則又以不信佛剎，不信罪福，暫信暫不信，爲胎生，異前譯中聞名起信，及修習善本二種往生。大約淨土中，略言九品，廣言千萬品，亦不能盡。如今生人中者，種種福報，種種罪業，各各不同。是故諸譯雖互異，皆爲實語。就中唐譯，旨趣尤奥。以不信自善根故，依他起信，即是疑城。信自善果者，即頓了自心，不從他得，以入悟方能脱疑。是故未悟而修，終隔疑胎。胎以裹蔽爲義，未悟之人，諸障未徹，合得是報。此等當在中下下上品攝，何故？下品後二種，經歷六劫十二劫，方得華開，此但五百歲故。若如王本，則信佛猛利，未若最後二種。又所生在其剎邊地，不應五百歲得見佛故。

〔一〕「宋譯」，指趙宋法賢譯佛説大乘無量壽莊嚴經。

〔二〕「王氏本」，指王龍舒會集本佛説大阿彌陀經。

十、五逆往生者，大經曰：「唯除造五無閒惡業[一]，誹謗正法，及諸聖人。」觀經：「則五逆十惡，臨終十念，皆得往生。」當知大經揀五逆者，以誹謗故。何故？入浄土以信爲導師，誹謗是信之賊。如水無所不容，但不容火，以火自不能容故；如風無所不入，但不入石，以石自不堪入故。誹謗之人，燒正法如猛燄，障佛智如鐵壁，是故法海慧風，無因得受。觀經揀誹謗不揀五逆者，義同文異。以五逆雖至惡，尚無決定不信之見，不應揀故。然有大心之人，始或不信，後因啓發，猛省前失。如韓昌黎始斥佛骨，後皈依大顛；張無盡初詆佛書，欲著無佛論，後觀浄名經，大有省發，卒爲宗門龍象，尤是法中希有之事。是故儒林英特，或有謬聽先入，誤謗佛法，但速圖改悔，即是盛事，不應以謗爲障難故。大慈大悲大智慧，真語實語。

舊跋

浄土玄門，失闡久矣。雲棲大師重揭義天，海内共仰。而曹魯川輩，猶謬執方山合

[一]「五無閒惡業」，指一、故思殺父，二、故思殺母，三、故思殺阿羅漢，四、倒見破聲聞僧，五、惡心出佛身血。

論，謬争權實。蓋由未透圓宗，徒取圓融廣大語聲故也。西方合論一出，判之爲圓實墮，然後知浄土諸經，的與華嚴、法華不分優劣，可破千古羣疑矣。伏願見聞此論者，廣破邪疑，直開正信，揭浄土之心燈，照塵劫而無盡。辛卯秋浄業弟子明善謹[一]跋。

附 紀夢 出珂雪齋外集。

公安㠊隱袁中道紀

萬曆甲寅四十二年。十月十五日，課畢趺坐，形神静爽，忽瞑去，如得定。俄魂出屋上，月正明，不覺飄然輕舉，疾如飛鳥，雲中二童子駛呼予曰：「逐我來。」蓋西行也。下視山澤平疇，城邑村落，若垤土杯水，蜂衙蟻穴。少墜，穢不可聞，極力上振，乃否。俄二童子下至地曰：「住。」予隨下，見坦道如繩，平如掌。視其地，非沙石，光耀滑膩。逐路有渠，文石爲砌，寬十餘丈許。中五色蓮，芬香非常。渠上樹枝葉晃耀，好鳥和鳴。間有金橋界渠，欄楯交羅。樹内樓閣，整麗無比。樓中人清美妍好，宛若仙，皆睨予笑。童子行，予追不

[一]「謹」，續藏經、廣陵本作「敬」。

及，大呼曰：「可於金橋少待。」童子如言，始及之，共倚橋上寶欄少息。予揖問：「卿何人？此何處？幸爲我言。」曰：「予靈和先生侍者也，先生與卿有所晤言。」予曰：「先生何人？」曰：「即令兄中郎先生，相見自爲卿言，可疾往。」復取道至一處，樹千餘株，葉翠羽，花金瓣。樹下池水汩汩，池上白玉扉。一童先入，一童導過樓閣二十餘重，金色晃耀，靈華異草拂檐楹。至一樓下，一人下迎，神似中郎，而顏如玉，衣若雲霞，長丈餘，見而喜曰：「弟至矣。」攜上樓，設拜。有四五天人來共坐。中郎曰：「此西方邊地也。晤言者此也。信解未成，戒寶未全者，多生此。亦名懈慢國。上方有化佛樓臺，前有大池，可百由旬，中有妙蓮，衆生託體，滿則散處樓臺，與有緣净友相聚。以無淫聲美色，勝解易成，可見信解、戒寶不是二事。不久進爲净土中人。」予私念：「如此尚是邊地耶？」問：「兄生何處？」中郎曰：「我净願雖深，情染未除，初生此少時，今居净域矣。終以乘急戒緩，僅地居，不得與大士升虚空寶閣，尚需進修耳。馬太昭謂戒緩多落三途，此必後知改悔。余謂真乘急者必能猛悔。幸宿生智慧猛利，又曾作西方論，讚歎如來不可思議度生之力。果然功德無比。感得飛行自在，游諸刹土。諸佛説法，皆得往聽，此實爲勝。」拉予行，冉冉上升，倏忽千萬里。至一處，隨中郎下。無日月，無晝夜，光耀無障蔽。皆以琉璃爲地，内外映徹。以黄金繩，雜廁間錯。界以七寶，分劑分明。樹皆栴檀吉祥，行行相值，莖莖相望，數萬千重。一一葉出衆妙華，作異寶色。下爲寶池，波揚無量自然妙聲。其底沙，純以金剛，池中衆寶蓮，葉五色光。池上隱隱危樓迴帶，閣道傍出，棟宇相承，窗闥交映，階墀軒楹，種種滿足。皆有無量樂器，演諸法音。大小彌陀經所載，十不得其秒忽耳。仰而睇之，空中樓閣，皆如雲氣。中郎曰：「汝所見，浄土地行衆生光景也。四土非定異非不異。過此爲法身大士住處，甚美妙，千倍萬倍於此。神通亦百倍千倍於此。吾以慧力游其間，不得住也。過此爲十地等覺所居，吾亦不得而知。過此爲妙覺所居，唯佛與佛乃能知之。」語罷，復至一處，無牆垣，有欄楯。院宇光耀非常，不知何物爲之。覺黄金白玉，皆如土色。共坐於一樓下〔一〕少談，中郎曰：「吾不圖樂之至此極也。使吾生時嚴持戒律，尚不止此。晤言者此也。大都乘戒俱急，生品最高，決定論。次戒急，生最穩，若有乘無戒，多爲業力所牽，流入八部鬼神衆去。予親見同人矣。弟般若氣分頗深，戒定力甚少。夫悟理不能生戒定，亦狂慧也。頂門針。歸五濁，趁强健，實悟實修兼浄願，勤行方便，憐憫一切，不久自有良晤。一入他途，可怖可畏。晤言公案歸結于此。如不能持戒，有龍樹六齋法現存，遵而行之。殺戒尤急，寄語同學，未有日啗鸞刀，口貪滋味，而能生清泰者也。晤言者此也。雖説法如雲如雨，何

〔一〕「一樓下」，續藏經作「下一樓下」。

益於事？頂門針。我與汝空王劫時，世爲兄弟，乃至六道，莫不皆然。幸我已得善地，恐汝墮落，方便神力，攝汝至此。净穢相隔，不得久留。」予更問伯修諸人生處，曰：「生處皆佳，汝後自知。」忽陵空而逝。予起步池上，如墮。一駭而醒，通身汗下。時殘燈在篝，明月照窗，更四漏矣。

舊跋

成時曰：「此金陵馬太昭居士録出，余爲評點附入。試觀其中，字字與教乘相合。至警策處，尤非施設言辭者所能。如親觸寒威，身毛起粟。尚何有疑於咏鬳發、歌栗烈者乎？且世世生生於六道中爲兄弟，此豈人情所欲自道者耶？真語實語，允可流通。」甲午夏成時識[一]。

[一]「甲午夏成時識」下，續藏經、廣陵本均有「净土十要卷第十終」字样。

附　袁中郎傳[一]

袁中郎，名宏道，號石頭居士，湖北公安人也。兄伯修，名宗道，號香光居士。弟小修，名中道，號上生居士。三人同母生。少以文名，長而皆好禪宗。萬曆中，先後舉進士。伯修官至右庶子。中郎爲吴江知縣，聽斷敏決，公庭鮮事，輒喜遊山水。後爲禮部主事。謝病歸，築園城南，植柳萬枝，號曰「柳浪」，與諸禪人遊處其中。初學禪於李卓吾，信解通利，才辯無礙。已而自驗曰：「此空談，非實際也。」遂回向浄土，晨夕禮誦，兼持禁戒。伯修、小修亦同時發願。中郎因博采經教，作西方合論。圓融性相，入不二門。書成，伯修序之。已而中郎起故官，再遷至稽勳司郎中。移病歸，抵家不數日，入荆州城，宿於僧寺，無疾而卒。小修官南禮部郎中。乞休，老於家。居常勤於禮誦。一夕課畢，神遊浄土，如上所紀。

[一] 明史、浄土聖賢録均有袁中郎的傳記，他與兄伯修、弟小修，合稱「公安三袁」。

徹悟禪師語録

重刻徹悟禪師語録序「語録」二字，原作「遺稿」〔一〕。

余輯徹師遺稿成，或問：「念佛往生之道，有要術乎？」余曰：「有，確信而已矣。」淨土三資糧，曰信、曰願、曰行，確信而願行在其中矣。憶昔從學畢華藏夫子，請益當世諸大德，即耳都中徹悟老人名，蓋淹貫宗教，而宏揚淨土者。慕之，丙寅遊燕，竊幸獲禮座矣。至則師已移居紅螺，相距信宿程，以俗羈不果行，悵緣慳者久之。戊寅之春，真益子自京攜師集來，余獲讀焉。歎其示衆之語語悲激，往生之種種確鑿。密授北濟宗風，曠游南台教海，不覺涕泗悔憤，何當年之阻於咫尺，遽交臂而失之耶。嗟夫！娑婆忍土，境苦而壽促，稍知發大心者，孰不警惕無常，思出生死。然終以不得其門而止。即有多生善根，皈敬三寶，且知有最上往生之捷徑。又或以一己之見聞未確，反疑傳載或過其實，卒至懷疑自悞，甘忍以待死。吁！確信之難生，有如是耶？今徹師之西歸也，數月前辭囑外護，次第諸

〔一〕徹悟禪師語録最初名夢東禪師遺集，由門人松泉刻于北方。後錢伊庵居士易名徹悟禪師遺稿，刻于杭城。清楊仁山又改名爲語録，刻于金陵。

務，則預知時至之確也。幢旛盈空而來，諸大菩薩繼至，臨終之頃，彌陀親接，則報終境現，佛菩薩接引之確也。然猶師一人之獨見也。若夫異香浮空，七日如生，髮白變黑，舍利鱗砌，此則當時衆見衆知。往生之確瑞偏布支那，而無所用其纖疑者也。人若聞此而仍不知確然猛省，步武後塵，努力今身，以了當生死，是誰之過歟？余嘗考震旦自遠公開浄土法門爲初祖，其後可登祖位者，殆不乏人。而自古沿傳，以善導、承遠、法照、少康、永明、省常、蓮池、思齊諸師爲浄宗九祖。余維徹師行履，盡未來際，足以聞風興起。後有繼列祖位者，殆不可遺也〔一〕。適胥城貝寶巖先生，續以師念佛伽陀相贈，而松濤開士謂宜重合梓以廣其傳，首捐刻資若干，遂擇兩集之精談宗教浄者刊之。其餘雜著，備體而已。蓋以資天下後世會宗教而同歸浄土，尤當於三資糧中，決以確信往生爲先務故也。松師勸人念佛僧，西天目浄文長老之戒子也。清嘉慶二十四年，歲次己卯，夏六月既望，虎林三寶弟子錢伊庵謹序。

〔一〕 徹悟禪師後被浄土學人尊爲浄土宗第十二祖。

徹悟語録，洵爲浄宗最要開示。倘在蕅益老人前，決定選入十要。然具法眼者，肯令此書湮没不傳乎？以故錢伊庵居士於嘉慶二十四年，擇要節略，名徹悟禪師遺稿，刊布南方。同治七年，杭州諗西師依伊庵本重刻于杭州。同治十年，楊仁山居士又稍節之，改名語録，刻於金陵。光緒十六年，揚州貫通和尚，刻浄土十要，依仁山本，附於十要後以行。今排十要原文，特附于十要第十之後。仍依仁山本，但加錢序於首，俾閲者咸知此書之源委云。所願見者聞者，同皆深入浄宗法界，直登上品蓮臺，庶不負徹悟老人一番大慈悲心也。

民國十九年庚午仲冬釋印光識。

原序

世之稱浄業者，自晉遠法師始。仰體佛慈，大啓度門，鑿池植蓮，建堂立誓。於時十八賢衆，百二十三人，得自在力。念而無念，無生而生，心印遞傳，迄至於今不墜。有徹悟禪師者〔二〕，法門之元嗣也。夙具定慧，參契淵微。始則悟圓覺一經要義，繼則了解三藏十乘妙旨。盡棄舊習，專注浄業。虚其衷，平其氣，歷廿載如一日，無退轉心，克遂西生之願。是以圓信圓解饒益衆生者，即以之證彌陀法界。遺集具存，讀之而益信師之所言：「曰願、曰

〔二〕「有徹悟禪師者」，廣化寺本文集作「有夢東禪師者」。

信、曰行、曰罪業懺除、曰善根成熟，要惟兢兢於一心之生者。」横[一]徧十方，豎窮三際，心之廣也；慮墜偏小，發大菩提，心之宏也；任運感業，合道轉業，心之權也；清珠濁水之投，種瓜種豆之穫，鑄金成麪之具，心之源也。經所稱「是心作佛，是心是佛」二語，尤反覆求詳，三致意焉。又謂一寸時光，一寸命光。欲後之學者，於恒河沙數中，履捷行簡，速出生死之關，共證安樂之境。拯拔群迷，胥登彼岸，其意亦何厚乎？師平昔於語言文字，不欲究心。然偶一拈吟，大之總攝無餘，細之圓融無礙。對機立教，真理兼包。如阿伽陀藥，無病不療。如如意珠，無願不滿者，其如斯乎。余竊念宗教兩門語録，浩如煙海，疏經注義，法旨昭明。而淨業之修，爲入道之正軌。自龍舒、大佑諸集外，言者闕如，宜師言之不可湮没也。師之高弟松泉，以是集付刊，問序於余。余即師文之奥衍者申言之，是爲序。三寶弟子誠安謹識。

自序

余自乾隆癸巳，三十八年。住持京都廣通寺，領衆參禪。閒有東語西話，筆以記之。至丁酉歲，四十二年。以宿業深重，多諸病緣。因思教乘五停心觀，多障有情，以念佛治。且此

[一] 「横」上，廣化寺本文集有「夫」字。

一門，文殊、普賢等諸大菩薩，馬鳴、龍樹等諸大祖師，智者、永明、楚石、蓮池等諸大善知識，皆悉歸心。我何人斯，敢不歸命？於是朝暮課佛，而禪者頗隨者頗夥。因順時機，且便自行，遂輟參念佛。時門牆見重者，謗談四起，余以深信佛言不顧也。十餘年來，所有積稿，一旦付之丙丁〔一〕，不意爲多事禪者，於灰燼中撥出若干則，然百不存一矣。嗣後爲業風所吹，歷主覺生、資福兩刹，爲虚名所誤。往往有請開示索題跋者，迫不得已而應之。日久歲深，復積成卷。戊辰夏，李居士逢春在山聽講，聞法有悟，遂欲付之剞劂。余曰：「不可。」身既隱矣，焉用文爲？此世間隱者之言尚然，余已栖心浄土，復何文字可留？居士堅請不已，爰弁數語用示，皆不得已之言也。嘉慶歲次庚午，十五年。九月重陽後三日，訥堂道人書於資福丈室。

念佛伽陀序

訥堂老人率衆精修持名法門，備極誠懇。於廣通、覺生兩蘭若，歷有年所。兹乙卯冬，復以教義宗乘，各詠偈百首。闡其要妙，舉以示衆。如輩當時一聞，心蕩神怡，若深有領會

〔一〕「丁」下，廣化寺本文集有「童子」二字。

焉。因仰體老人爲衆苦心，諄諄如是。若不刊布[一]，久必湮没，遂壽之梨棗。以期修浄業者[二]，共爲參味云爾。嘉慶元年，歲次丙辰，佛歡喜日，受業弟子心雨稽首謹題。

徹悟禪師語録卷上

嗣法門人了亮[三]集

示衆

一切法門，以明心爲要；一切行門，以浄心爲要。然則明心之要，無如念佛。憶佛念佛，現前當來，必定見佛。不假方便，自得心開。如此，念佛非明心之要乎？復次，浄心之要，亦無如念佛。一念相應一念佛，念念相應念念佛。清珠下於濁水，濁水不得不清；佛號投於亂心，亂心不得不佛。如此，念佛非浄心之要乎？一句佛號，俱攝悟修兩門之要。舉悟則信在其中，舉修則證在其中。信解修證俱攝，大小諸乘一切諸經之要，罄無不盡。然則一句彌陀，非至要之道乎？

[一]「刊布」，金陵本語録作「記録」。

[二]「以期修浄業者」，金陵本語録作「莊成數卷，以備諸同志」。

[三]「亮」下，金陵本語録有「等」字。

吾人現前一念之心，全真成妄，全妄即真。終日不變，終日隨緣。夫不隨佛界之緣而念佛界，便念九界；不念三乘，便念六凡；不念人天，便念三途；不念鬼畜，便念地獄。以凡在有心，不能無念。以無念心體，唯佛獨證，自等覺已還，皆悉有念。凡起一念，必落十界，更無有念出十界外。以十法界，更無外故。每起一念，爲一受生之緣。果知此理而不念佛者，未之有也。若此心能與平等大慈大悲，依正功德，以及萬德洪名相應，即念佛法界也；能與菩提心六度萬行相應，即念菩薩法界也；以無我心，與十二因緣相應，即念緣覺法界也；以無我心，觀察四諦，即念聲聞法界也；或與四禪八定，以及上品十善相應，即念天法界也；若與五戒相應，即念人法界也；若修戒善等法，兼懷瞋慢勝負之心，即落修羅法界；若以緩輭心，念下品十惡，即墮畜生法界；或以緩急相半心，與中品十惡相應，便墮餓鬼法界；若以猛熾心，與上品十惡相應，即墮地獄法界也。十惡者，即殺、盜、淫、妄言、綺語、惡口、兩舌、貪、瞋、邪見是。反此，則爲十善。當密自檢點日用所起之念，與何界相應者多，與何界相應者猛。則他日安身立命之處，不勞更問人矣。

一切境界，唯業所感，唯心所現。即其現處，當體即心。凡在有心，不能無境。不現佛境，便現九界之境；不現三乘之境，便現六凡之境；不現天人鬼畜之境，便現地獄境界。佛及三乘所現境界，雖有優降不同，要皆受享法樂而已；三界諸天所現之境，但唯受用禪定五欲之樂；人道之境，苦樂相間，各隨其業，多少不同；鬼畜之境，苦多樂少；至於地獄，則純一極苦。如人夢中所見山川人物，皆依夢心所現。若無夢心，必無夢境。設無夢境，亦無夢心。故知心外無境，境外無心。全境即心，全心即境。若於因中察果，當須觀心；設於果處驗因，當須觀境。故曰：「未有無心境，曾無無境心[二]。」果必從因，因必克果。苟真知此心境因果一如不二之理，而猶不念佛求生淨土者，吾不信也。

真爲生死，發菩提心，以深信願，持佛名號。十六字，爲念佛法門一大綱宗。若真爲生死之心不發，一切開示，皆爲戲論。世間一切重苦，無過生死。生死不了，生死死生，生生死死。出一胞胎，入一胞胎，捨一皮袋，取一皮袋，苦已不堪。況輪回未出，難免墮落。豬胞胎，狗胞胎，何所不鑽？驢皮袋，馬皮袋，何所不取？此箇人身，最爲難得，最易打失。一念之差，便入惡趣。三途易入而難出，地獄時長而苦重。七佛以來，猶爲蟻子；八萬劫後，未脱鴿身。畜道時長已極，鬼獄時長尤倍。久經長劫，何了何休？萬苦交煎，無歸無救。每一言之，衣毛卓豎；時一念及，五内如焚。是故即今痛念生死，如喪考妣，如救頭然也。然我有生死，我求出離，而一切衆生皆有生死，皆應出離。彼等與我，本同一體，皆

〔二〕「未有無心境，曾無無境心」，出自梁朝傅大士頌金剛經。

是多生父母，未來諸佛。若不念普度，唯求自利，則於理有所虧，心有未安。況大心不發，則外不能感通諸佛，内不能契合本性，上不能圓成佛道，下不能廣利群生。無始恩愛，何以解脱？無始怨愆，何以解釋？積劫罪業，難以懺除；積劫善根，難以成熟。隨所修行，多諸障緣。縱有所成，終墮偏小，故須稱性發大菩提心也。然大心既發，應修大行。而於一切行門之中，求其最易下手，最易成就，至極穩當，至極圓頓者，則無如以深信願，持佛名號矣。所謂深信者，釋迦如來梵音聲相，決無誑語；彌陀世尊大慈悲心，決無虚願。且以念佛求生之因，必感見佛往生之果。如種瓜得瓜，種豆得豆，響必應聲，影必隨形。因不虚棄，果無浪得，此可不待問佛而能自信者也。況吾人現前一念心性，全真成妄，全妄即真。終日隨緣，終日不變。横徧竪窮，當體無外。彌陀浄土，總在其中。以我具佛之心，念我心具之佛。豈我心具之佛，而不應我具佛之心耶？往生傳〔二〕載臨終瑞相，班班列列，豈欺我哉？如此信已，願樂自切。以彼土之樂，回觀娑婆之苦，厭離自深。如離廁阬；如出牢獄，以娑婆之苦，遥觀彼土之樂，欣樂自切。如歸故鄉，如奔寶所。總之如渴思飲，如饑思

〔二〕「往生傳」，文體名，將往生西方浄土者加以集録而成的傳記。如北宋戒珠浄土往生傳、明袾宏往生集、清彭希涑浄土聖賢録等。

食，如病苦之思良藥，如嬰兒之思慈母，如避怨家之持刀相迫，如墮水火而急求救援。果能如此懇切，一切境緣，莫能引轉矣。然後以此信願之心，執持名號。持一聲是一九蓮種子，念一句是一往生正因。直須心心相續，念念無差。唯專唯勤，無雜無閒。愈久愈堅，轉持轉切。久之久之，自成片段，入一心不亂矣。誠然如此，若不往生者，釋迦如來便爲誑語，彌陀世尊便爲虛願。有是理乎哉？

觀經「是心作佛，是心是佛」二語，較之禪宗直指人心，見性成佛，尤爲直截痛快。何也？以見性難而作佛易故。何爲見性？離心意識，靈光迸露，始爲見性，故難。何爲作佛？持佛名號，觀佛依正，即爲作佛，故易。經云：「汝等心想佛時，是心即是三十二相，八十種好。」豈非以想念於佛，即爲作佛耶？夫成佛是佛，理無二致。而見性作佛，難易相懸若是。豈非念佛較之參禪，尤爲直截痛快也哉？一是祖語，一是佛言，何重何輕？何取何捨？學者但當盡捨舊習，虛其心，平其氣，試一玩味而檢點之，當必首肯是説爲不謬矣。

石霜遷化，衆舉泰首座繼席住持。時九峰虔爲侍者，乃曰：「若繼住持，須明先師意。」泰曰：「先師有甚麼意，我會不得。」虔曰：「先師尋常教人，休去歇去，冷湫湫地去，古廟香鑪去，一條白練去，萬年一念去。其餘則不問，如何是一條白練去？」泰云：

「此但明一色邊事。」虔曰：「原來未會先師意。」泰云：「裝香來，香煙盡處，我若去不得，即不會先師意。」左右即裝香，香煙未盡，泰即化去。虔撫其背曰：「坐脱立亡即不無，先師意未夢見在〔二〕。」曹山堂上坐，紙衣道者從堂下過。山曰：「莫是紙衣道者麽？」衣曰：「不敢。」山曰：「如何是紙衣下事？」衣曰：「一裘纔挂體，萬法悉皆如。」山曰：「如何是紙衣下用？」衣曰：「諾。」便化去。山曰：「汝祇解恁麽去，不解恁麽來。」衣復開目問曰：「一靈真性，不假胞胎時，如何？」山曰：「未是妙。」夫坐脱立亡，未明大法，固非了事。然其造詣工夫，殊非易易。果能回此一段精神，專心念佛，求生浄土，當必穩得上品上生，豈更遭人檢點哉？如紙衣進問：「如何是妙？」山答云：「不借借。」衣便珍重化去〔三〕。噫！與其不借而借臭穢胞胎，何如不借而借香潔蓮華？直以胞胎臭穢，蓮華香潔而論，已自勝劣懸殊。況出胎隔陰，作主大難，而蓮胞一敷，勝縁具足。此則日劫相懸，天地不足以喻其否泰矣。無怪乎永明大師謂：「有禪無浄土，十人九蹉路。無禪有浄土，萬修萬人去。」此真語也，實語也，大慈悲心淚出痛腸之語也。學者幸勿忽諸。

〔二〕「石霜遷化」的典故，出自宋普濟五燈會元卷六九峰道虔禪師傳。
〔三〕曹山和紙衣道者的典故，出自明代郭凝之編集撫州曹山本寂禪師語録卷上。

最初迷真起妄，則曰一念妄動；末後返妄歸真，則曰一念相應。是則起妄之後，歸真之前，更有何法，能外此一念乎？是故一念悟，隨淨緣，即佛法界；迷，隨染緣，即九法界。十方虛空，是此一念迷昧；一切國土，是此一念澄凝；四生正報，是此一念情想合離；四大依報，是此一念動靜違順。惟依此念，變現諸法。離此念外，無法可得。原此一念，本是法界，從緣而起。緣無自性，全體法界。故得橫徧十方，豎窮三際，離過絶非，不可思議。法爾具此威神，法爾具此功用。今以此念，念於西方阿彌陀佛，求生極樂淨土。正當念時，西方依正，在我心中。而我此心，已在西方依正之內。如兩鏡交光，相含互照此橫徧十方之相也。若約豎窮三際，則念佛時，即見佛時，亦即成佛時。求生時，即往生時，亦即度生時。三際同時，更無前後。帝網珠光，難齊全體。南柯夢事，略類一班。此理悟之最難，信之最易。但能直下承當，終必全身受用。可謂參學事畢，所作已辦矣。如或未能，但當任便觀察，隨分受用焉耳。

心能造業，心能轉業。業由心造，業隨心轉。心不能轉業，即爲業縛。業不隨心轉，即能縛心。心何以能轉業？心與道合，心與佛合，即能轉業。業何以能縛心？心依常分，任運作受，即爲業縛。一切現前境界，一切當來果報，皆唯業所感，唯心所現。唯業所感故，前境來報，皆有一定，以業能縛心故。唯心所現故，前境來報，皆無一定，以心能轉業故。若人正當業能縛心，前境來報一定之時，而忽發廣大心，修真實行，心與佛合，心與道合。則心能轉業，前境來報，定而不定。又心能轉業，前境來報不定之時，而大心忽退，實行有虧，則業能縛心，即前境來報，不定而定。然業乃造於已往，此則無可柰何。所幸而發心與否，其機在我。造業轉業，不由別人。如吾人即今發心念佛，求生極樂，或觀依正，或持名號，念念相續，觀念之極，則心與佛合。合之又合，合之其極，則心能轉業。而前境之娑婆，轉爲極樂；胎獄之來報，轉爲蓮胞。便是樂邦自在人矣。若正恁麼時，其心或偶然失照，或忽生退悔，不與佛合，則業能縛心。而前境仍舊，來報依然，還是忍土苦衆生也。然則我輩有志出離，求生淨土者，可弗惕然而警，奮然而發也哉？

淨土門中，以願爲最，凡有願者，終必能滿。如鬱頭藍弗[一]，習非非想定於水邊林下，每定將成，多爲魚鳥所驚，因發惡願曰：「吾他日後，當作飛貍，入林食鳥，入水食魚。」後非想定成，遂生天上，壽八萬大劫。天報既終，遂墮爲飛貍，入林水以食魚鳥。此惡願也，與性相違，尚有大力用，八萬劫後能滿，況稱性之善願乎？神僧傳載一僧於石佛前戲發願

[一]「鬱頭藍弗」，佛出家而問道之仙人名。慧琳音義二十六曰：「鬱頭藍弗，此云獺戲子坐，得非想定，獲五神通。飛入王宮，遂失通定，徒步歸山。」

曰：「如今生死不了，願來生作威武大臣。」後果作大將軍。此戲發之願也，尚終得遂，況至誠所發之願乎？復載一僧，博通經論，所至無所遇，乃咨嗟歎息。傍一僧曰：「汝學佛法，獨不聞未成佛果，先結人緣，汝雖明佛法，其如無緣何？」其僧曰：「我即終於此乎？」傍僧曰：「吾代汝爲之。」問其僧：「有何所畜？」曰：「無他，僅餘一衣料耳。」曰：「此亦足矣。」遂變價置買食物，引其僧至一深林禽鳥昆蟲甚多之處，置食於地，復教以發願。乃囑曰：「汝二十年後，方可開法。」其僧如所囑，至二十年後始開法。受化者多少年，蓋皆受食之禽鳥昆蟲也。此願力之不可思議也。尚能以他人之願，攝彼蟲鳥，脱異類而入人道，豈自願不能自度耶？佛以四十八願，自致成佛。而我所發之願，正合佛攝生之願。此則直以發願，便可往生，而況佛有不思議大慈大悲？如瑩珂，酒肉無擇之人，後閲往生傳，每讀一傳，爲一首肯，遂斷食念佛。至七日，感佛現身慰之曰：「汝陽壽尚有十年，當好念佛，吾十年後來接汝。」珂曰：「娑婆濁惡，易失正念，願早生淨土，承事諸聖。」佛曰：「汝志如此，我三日後來接汝。」三日後果得往生[二]。又懷玉禪師，精修淨業。一日見佛菩薩滿虚空中，一人執銀臺而入。玉念曰：「吾一生精進，志在金臺，今胡不

[二] 瑩珂三日往生事迹佛祖統紀卷二十七、淨土聖賢録卷四均有記載。

然？」銀臺遂隱。玉彌加精進，二十一日後，復見佛菩薩徧滿虚空，前持銀臺者易金臺而至，玉遂泊然而逝〔二〕。劉遺民，依東林，結社念佛。一日想念佛次，見佛現身。劉念曰：「安得如來手摩我頭乎？」佛即手摩其頭。復念曰：「安得如來衣覆我體乎？」佛即以衣覆其體。嗚呼〔三〕！佛之於衆生，無所不至，真可謂大慈悲父母矣！欲速生即令速生，欲金臺即易金臺，欲手摩頭即摩頭，欲衣覆體即覆體。佛即慈悲一切衆生，豈獨不慈悲我乎？佛既滿一切衆生之願，豈獨不滿我之願乎？大慈悲心，無有揀擇，安有此理？是以真能發願，則信在其中。信願既真，行不期起而自起。是故信、願、行，三種資糧，唯一願字盡之矣。

世之最可珍重者，莫過精神；世之最可愛惜者，莫過光陰。一念净，即佛界緣起；一念染，即九界生因；凡動一念，即十界種子，可不珍重乎？是日已過，命亦隨減，一寸時光，即一寸命光，可不愛惜乎？苟知精神之可珍重，則不浪用，則念念執持佛名；光陰不虚度，則刻刻熏修净業。倘置佛名而别修三乘聖行，亦是浪用精神，亦是千鈞之弩，爲鼷鼠而發機，况造六凡生死之業乎？倘置净業而别取權乘小果，亦是虚度光陰，亦是以如意

〔二〕懷玉禪師事迹見於宋高僧傳卷二十四、净土聖賢録卷二。
〔三〕「嗚呼」，金陵本語録作「於戲」。

寶珠，而貿一衣一食，況取人天有漏之果乎？如是珍重，如是愛惜，則心專而佛易感，行勤而業易精。果得真生淨土，親見彌陀，時承開示，面奉慈音，妙悟自心，深證法界。延一念爲長劫，促長劫爲一念，念劫圓融，得大自在。得非自食其珍重愛惜之報乎？

夫見道而後修道，修道而後證道，此千聖同途，千古不易之定論也。然見道豈易言哉？若依教乘，必大開圓解；若依宗門，必直透重關〔二〕，然後得論修道。否則便爲盲修瞎鍊，不免撞牆磕壁，墮坑落塹矣。唯淨土一門則不然，從是西方過十萬億佛土，有世界名曰極樂，其土有佛，號阿彌陀。今現在說法，但發願持名，即得往生。此乃佛心佛眼，親知親見之境界。非彼三乘賢聖所能知見也。但當深信佛言，依此而發願持名。即是以佛知見爲知見，不必別求悟門也。餘門修道，必悟後依法修習，攝心成定，因定發慧，因慧斷惑。所發之慧有勝劣，所斷之惑有淺深，然後方可論其退與不退。唯此淨土門中，唯以信願之心，專持名號，持至一心不亂，淨業即爲大成，身後決定往生。一得往生，便永不退轉。又餘門修道，先須懺其現業。若現業不懺，即能障道，則進修無路矣。修淨業者，乃帶業往

〔二〕「重關」，禪門三關之第二關，雍正御選語録總序云：「知無一物非我身，無一物是我己，境智融通，色空無礙，獲大自在，常住不動，是則名爲透重關，名爲大死大活者。」

生，不須懺業。以至心念佛一聲，能滅八十億劫生死重罪故。又餘門修道，須斷煩惱，若見思煩惱分毫未盡，則分段生死不盡，不能出離同居國土。唯修净業，乃横出三界，不斷煩惱，從此同居，生彼同居。一生彼土，則生死根株便永斷矣。既生彼土，則常常見佛，時時聞法，衣食居處，出於自然。水鳥樹林，皆悉説法，同居土中，横見上三净土。諸上善人俱會一處，圓證三種不退，一生便補佛位。然則净土一門，最初省求悟門，末後不待發慧。不須懺業，不斷煩惱，至極省要，至極徑捷。及其證入，至極廣大，至極究竟。學者當細心玩味而詳擇之，毋以一時貢高，失此殊勝最大利益也。

一窮人遥望，見錢一串，就而取之，乃蛇也，遂瞠立於其傍。復一人至，得錢一串，攜去。夫錢非蛇也，而蛇現者，唯業所感，唯心所現也。錢上之蛇，固是業感心現。而蛇上之錢，獨非業感心現乎？錢上之蛇，一人之别業妄見也；蛇上之錢，多人之同分妄見也。一人之妄見，其妄易知；多人之妄見，其妄難知。以易知例難知，難知亦易知矣。然則蛇固蛇也，錢亦蛇也。推此而往，内而根身，外而境界，由一方而至十方，以及四大部洲，三千大千世界，皆此錢上之蛇也。但唯心之蛇既現，便能螫人；唯心之錢既現，便得享用。非謂唯心，便無外境。且娑婆之穢苦，安養之净樂，皆唯心現，唯心之穢苦既現，則遭大逼迫；唯心之净樂既現，則得大受用。既穢苦净樂皆唯心現，何不捨唯心之穢苦，以取唯心之浄樂，而乃久經長劫，甘爲八苦之所交煎也哉？

吾人生死關頭，唯二種力：一者、心緒多端，重處偏墜，此心力也；二者、如人負債，强者先牽，此業力也。業力最大，心力尤大。以業無自性，全依於心。心能造業，心能轉業。故心力唯重，業力唯强，乃能牽生。若以重心而修浄業，浄業則强。心重業强，唯西方是趨。則他日報終命盡，定往西方，不生餘處矣。如大樹大牆，尋常向西而歪。他日若倒，決不向餘處也。何爲重心？我輩修習浄業，信貴於深，願貴於切。以信深願切故，一切邪説莫能摇惑，一切境緣莫能引轉。若正修浄業時，倘達摩大師忽現在前，乃曰：「吾有直指人心，見性成佛之禪，汝但捨置念佛，吾既以此禪授汝。」但當向祖師作禮，謂我先已受釋迦如來念佛法門，發願受持，終身不易。祖師雖有深妙禪道，吾則不敢自違本誓也。縱或釋迦如來忽爾現身，謂曰：「吾先説念佛法門，特〔二〕一時方便耳。今更有殊勝法門，超於彼者。汝當且置念佛，吾即爲説勝法。」亦祇可向佛稽首陳白：「我先稟受世尊浄業法門，發願一息尚存，決不更張。如來雖有勝法，吾則不敢自違本願也。」雖佛祖現身，尚不改其所信，況魔王外道，虚妄邪説，豈足以摇惑之耶？能如是信，其信可謂深矣。若赤熱

〔二〕「特」，金陵本語録無。

鐵輪，旋轉頂上，不以此苦，退失往生之願；若輪王勝妙五欲現前，亦不以此樂，退失往生之願。此逆順至極，尚不改所願，況世間小小逆順境界，豈能引轉哉？能如是願，其願可謂切矣。信深願切，是謂重心。而修淨業，淨業必强。心重故則易純，業强故則易熟。極樂淨業若熟，娑婆染緣便盡。果得染緣已盡，則臨終時，雖欲輪回境界再現在前，亦不可得；果得淨業已熟，則臨終時，雖欲彌陀淨土不現在前，亦不可得。然此信願，要在操之有素，臨時自不入於歧路。如古德臨欲命終，六欲天童次第接引，皆不去，唯專心待佛，後佛現，乃曰：「佛來也。」遂合掌而逝。夫臨欲命終，四大分張，此何時也？六欲天童，次第接引，此何境也？苟素常信願不到十分堅固，當此時，對此境，而能强作主宰乎？如古德真可謂千古修淨業者之標榜矣。

有禪者問曰：「一切諸法，悉皆如夢，娑婆固夢也，極樂亦夢也。既同是一夢，修之何益？」余曰：「不然。七地以前，夢中修道。無明大夢，雖等覺猶眠。唯佛一人，始稱大覺。當夢眼未開之時，苦樂宛然。與其夢受娑婆之極苦，何若夢受極樂之妙樂？況娑婆之夢，從夢入夢，夢之又夢，展轉沈迷者也。極樂之夢，從夢入覺，覺之又覺，漸至於大覺者也。夢雖同，所以夢者未嘗同也。可概論乎？」

佛法大海，信爲能入；淨土一門，信尤爲要。以持名念佛，乃諸佛甚深行處，唯除一生所繫菩薩，可知少分。自餘一切賢聖，但當遵信而已，非其智分之所能知，況下劣凡夫乎？然十一善法，以信居初，信心之前，更無善法；五十五位，以信爲始，信位之前，别無聖位。故菩薩造起信論，祖師作信心銘，以信心一法，爲入道要門也。昔王仲回問於楊無爲曰：「念佛如何得不間斷去？」楊曰：「一信之後，更不再疑。」王欣然而去。未久，楊夢仲回致謝，謂：「因蒙指示，得大利益，今已生浄土矣。」楊後見仲回之子，問及仲回去時光景，及去之時節，正楊得夢之日。噫，信之時義大矣哉！

法藏比丘，對世自在王佛發稱性四十八種大願，依願久經無量長劫，修習大行，至於因圓果滿，自致成佛。法藏轉名彌陀，世界轉名極樂。彌陀之所以爲彌陀者，深證其唯心自性也。然此彌陀極樂，非自性彌陀、唯心極樂乎？但此心性，乃生佛平等共有，不偏屬佛，亦不偏屬衆生。若以心屬彌陀，則衆生乃彌陀心中之衆生；若以心屬衆生，則彌陀乃衆生心中之彌陀。以彌陀心中之衆生，念衆生心中之彌陀，豈衆生心中之彌陀，不應彌陀心中之衆生耶？但佛悟此心，如醒時人；衆生迷此心，如夢中人。離醒時人，無别夢中之人。豈離夢中之人，别有醒時之人耶？但夢中之人，當不自認爲真。亦不離夢中之人，别求醒時之人。唯應常憶醒時之人，憶之又憶，則將見大夢漸醒，而夢眼大開。即夢中能憶之人，便是所憶醒時之人。而醒時之人，非夢中人也。夢中人衆多，醒時人唯一。十方諸如來，同共一法身，一心一智慧，力無畏亦然[一]。此乃即一即多，常同常別，法爾自妙之法也。念佛之意，大略如此。

「生則決定生，去則實不去」二語，上句説事，下句説理。事是即理之事，謂生即不生，非直以生爲生也。理是即事之理，謂不去而去，非直以不去爲不去也。兩句作一句看，則事理圓融，所謂合之則雙美也。若兩句作兩句看，則事理分張，所謂離之則兩傷也。若不合此兩句作一句，便當演此兩句作四句。謂生則決定生，生而無生；去則實不去，不去而去。雖爲四句，義亦無增；合爲一句，義亦無減，總一事理圓融耳。與其執去則實不去之理，不如執生則決定生之事爲得，何也？以執事昧理，猶不虚入品之功；若執理廢事，便不免落空之誚。以事有偕理之功，理無獨立之能故也。以有生爲生，則墮常見；以不去爲不去，則墮斷見。斷常雖同一邪見，而斷見之過患深重，故不若執事之爲得，然總不如圓會二句爲佳耳。

吾人現前一念，緣生無性，無性緣生。不生佛界，便生九界。若約緣生無性，則生佛平

[一]「十方諸如來，同共一法身，一心一智慧，力無畏亦然」，語出大方廣佛華嚴經。

等一空；若約無性緣生，則十界勝劣懸殊。阿祈達王臨終，爲驅[二]蠅人，以拂拂面，一念瞋心，遂墮爲毒蛇。一婦人渡河失手，其子墮水，因撈子故，與之俱沒，以慈心故，得生天上。夫一念慈瞋，天畜遂分，則此臨終之緣生一念，可不慎乎？苟以此心緣念彌陀，求生淨土，得不見佛往生乎？但此一念，不可僥倖而致，必須存之以誠，操之有素。是故吾輩於此一句彌陀，千念萬念以至終日終年念者，無非爲熟此一念而已。果得一念純熟，則臨命終時，唯此一念，更無異念。智者大師云：「臨終在定之心，即淨土受生之心[三]。」然唯此一念，更無異念，非在定之心乎？念果如是，不見彌陀，更見何人？不生淨土，更生何處？只恐吾人自信不及耳。

觀經「是心作佛，是心是佛」二語既舉，則言外之心不作佛，心不是佛；心作九界，心是九界；心不作九界，心不是九界等義俱彰矣。噫！果明此理，而猶不念佛者，則吾末如之何也已矣。

觀經「是心作佛，是心是佛」二語，不唯是觀經一經綱宗法要，實是釋迦如來一代時教

〔二〕「驅」，廣化寺本文集作「趕」。

〔三〕「臨終在定之心，即淨土受生之心」，語出智者淨土十疑論第九疑。

大法綱宗。不唯釋迦一佛法綱宗，實是十方三世一切諸佛法藏綱宗。此宗既透，何宗不透？此法既明，何法不明？所謂學雖不多，可齊上賢也。

真法無性，染淨從緣。一真既舉，體成十界，則十界全體即一真。是故善談心性者，必不棄離於因果；而深信因果者，終必大明乎心性。此理勢所必然也。

吾人現前一念能念之心，全真成妄，全妄即真，終日隨緣，終日不變。一句所念之佛，全德立名，德外無名，以名召德，名外無德。能念心外，無別所念之佛；所念佛外，無別能念之心。能所不二，生佛宛然。本離四句，本絕百非，本徧一切，本含一切。絕待圓融，不可思議。蓮宗行者，當從者裏信入。

殺生一事，過患至爲深重。一切衆生皆有佛性，生可殺乎？造重業，縱殺心，結深怨，感苦果，皆由一殺所致。是以殺心漸猛，殺業漸深，漸以殺人，以及殺其六親，甚而積爲刀兵大劫，可悲也矣！蓋皆由不知戒殺之所致。苟知戒殺，雖且不忍殺，況殺人乎？況殺六親乎？雖不忍殺，刀兵大劫何所從來？殺人之父者，人亦殺其父；殺人之兄者，人亦殺其兄。知人之父兄不可殺，亦戒殺之漸。但不知殺父兄者，由於不戒殺始也。

人之所以不戒殺者，由於不達因果之理。因果者，感應也。我以惡心感之，人亦以惡心應；我以善心感之，人亦以善心應。人但知感應見於現生，而不知感應通於三世也：

人但知感應見於人道，而不知感應通於六道也；果知感應通於三世六道，六道中皆多生之父兄，殺可不戒乎？縱知感應通於六道，亦不知感應通於世出世間也。以無我心感，則聲聞緣覺之果應之；以菩提心六度萬行感，則菩薩法界果應之；以平等大慈、同體大悲感，則佛法界果應之。噫！感應之道，可盡言哉？

須知一句阿彌陀佛，以唯心爲宗。此唯心之義，須以三量楷定。三量者，現量、比量、聖言量也。現量者，謂親證其理也。如羅什大師，七歲隨母入佛寺，見佛鉢，喜而頂戴之，俄而念曰：「我年甚幼，佛鉢甚重，何能頂戴？」是念纔動，忽失聲置鉢，遂悟萬法唯心[二]。高麗惟曉法師[三]，來此土參學。夜宿塚間，渴甚，明月之下，見清水一汪，以手掬而飲之，殊覺香美。至次日清晨，乃見其水爲墓中控出，遂惡心大吐，乃悟萬法唯心，便回本國著述。此皆現量親證也。比量者，借衆相而觀於義，比喻而知也。諸喻之中，夢喻最切。如夢中所見山川人物，萬別千差，皆不離我能夢之心。離夢心外，別無一法可得。即此可以比喻，而知現前一切萬法，但唯心現也。聖言量者，三界唯心，萬法唯識，千經萬論，皆如是說。已

[二] 羅什大师置鉢事迹載于梁慧皎撰高僧傳卷二。

[三] 「高麗惟曉法師」，當作「高麗元曉法師」，新羅湘州人，高麗海東宗初祖，對於佛經的疏釋多達八十餘部。

約現等三量，楷定唯心。更約事理二門，辨明具造。謂由有理具，方有事造。理若不具，事何所造？所以理具，但具事造。離事造外，無别所具。由有事造，方顯理具。事若不造，争知理具。所以事造，祇造理具。離理具外，别無所造。祇此一念心中，本具十界萬法。即此一念隨緣，能造十界萬法。理具，如金中本具可成鉼盤釵釧之理；事造，如隨工匠鑪鎚之緣，造成鉼盤釵釧之器。又理具，如麫中本具可成種種食物之理；事造，如水火人工之緣，造成種種食品也。已辨事理，復約名體同異，揀定真妄。佛法中有名同而體異者，有名異而體同者。名同體異，如心之一名，有肉團心，有緣慮心，有集起心，有堅實心。肉團心，同外四大，無所知識；緣慮心，通於八識，以八種識皆能緣慮自分境故，此則是妄；集起心〔二〕，唯約第八，以能集諸法種子，能起諸法現行故，此則真妄和合；堅實心者，即堅固真實之性，乃離念靈知，純真心體也。今言唯心者，乃堅實純真之心也。名異體同者，如諸經中所説真如、佛性、實相、法界等，種種極則之名，皆此堅實純真心也。已揀真妄，還約本有現前，折衷指點。以諸經皆言無始本有真心。夫既曰本有，即今豈無。而今現有，即本有也。若無無始，則無現前。若離現前，豈有無始。是故不必高尊本有，遠推無始。但

〔二〕「集起心」，即唯識宗所説的阿賴耶識，含能藏、所藏、執藏三義，故又稱爲藏識，是一切善惡種子寄託的所在。

現前一念心之自性，即本有真心也。以現前一念，全真成妄，全妄即真，終日隨緣，終日不變。離此現前一念之外，豈別有真心自性哉？古德云：「威音那畔，不離今世門頭。衆生現行無明，即是諸佛不動智體。」其庶幾乎？由上四義，以顯唯心，故一以唯心爲宗也。又一句阿彌陀，以唯佛爲宗。以一切萬法，既唯心現，全體唯心。心無彼此，心無分際。於十界萬法，若依若正，假名實法。隨拈一法，皆即心之全體，皆具心之大用。如心横徧，如心竪窮。以唯心義成，唯色、唯聲、唯香、唯味、唯觸、唯法，乃至唯微塵，唯芥子，一切唯義俱成。一切唯義俱成，方成真唯心義。若一切唯義不成，但有唯心之虚名，而無唯心之實義。以一切唯義俱成，故曰：「法無定相，遇緣即宗。」唯微塵，唯芥子，尚可爲宗。八萬相好莊嚴之果地彌陀，反不可以爲宗耶？故以唯佛爲宗。又以絶待圓融爲宗，於十界萬法，隨拈一法，無非即心全體，具心大用。横徧十方，竪窮三際，離於四句，絶於百非，獨[一]體全真。更無有外，彌滿清淨，中不容他。一法既爾，萬法皆然。各約諸法當體，絶待無外，是爲絶待。又以十界萬法，各各互徧，各各互含，一一交羅，一一該徹，彼彼無障無礙，各各無壞無雜。如當臺古鏡，影現重重。如帝網千珠，回環交攝。

[一]「獨」，廣化寺本文集作「觀」。

此約諸法迭互相望，是爲圓融。今合絶待圓融爲一宗，正絶待時即圓融，正圓融時便絶待。非離絶待别有圓融，絶待，絶待其圓融。非離圓融别有絶待，圓融，圓融其絶待。絶待圓融，各皆不可思議。今共合爲一宗，則不思議中，不思議也。又超情離見爲宗，以但約諸法絶待，離過絶非，已超一切衆生情妄執著，三乘賢聖所見差别。若約諸法圓融，圓該四句，融會百非，尤非凡情聖見之所能及。故總立超情離見爲宗。初以唯心爲宗，次以唯佛爲宗，三以絶待圓融爲宗，末以超情離見爲宗。總此四重宗旨，方是一句彌陀正宗宗旨，豈易言哉？

此一念佛法門，如天普蓋，似地普擎，無有一人一法能出其外，不在其中者。如華嚴全經，雖有五周四分之殊，以因果二字，該盡無餘。四十一位因心，無一心而不趨向果覺。四十一位所修種種法行，豈非皆念佛法行也？而末後普賢以十大願王，導歸極樂，爲全經一大結穴，不其然乎？又華嚴者，以萬行因華，莊嚴一乘佛果，此萬行非念佛行耶？華嚴，具婆須蜜女、無厭足王、勝熱婆羅門等無量門，然皆顯示毗盧境界，此無量門，非即念佛門耶？法華一經，從始至終，無非開示悟入佛知佛見，此非始終唯一念佛法門耶？楞嚴最初顯示藏性，明成佛之真因也；其次揀選圓通，示成佛之妙行也；後歷六十聖位，圓滿菩提，歸無所得，證佛地之極果也。背此則成七趣沈淪，向此則明五魔擾亂。末後云：

「有人身具四重[二]，十波羅夷，瞬息即經此方他方阿鼻地獄，乃至窮盡十方無閒，靡不經歷。若能一念將此法門，於末劫中開示未學，是人罪障應念消滅，變其地獄所受苦因，爲安樂國。」此則徹始徹終，唯一念佛法門也。總佛一代時教，三藏十二部，半、滿、權、實、偏、圓、頓、漸，種種法門，無非顯示唯心自性，圓成無上妙覺而已，得非總一大念佛法門耶？至如禪宗，達摩大師西來，但當曰：「直指人心，見性便了。」而云成佛者，非宗門亦念佛門耶？故合二派五宗千七百則公案，不過指點當人本源心性，顯示本有清淨法身。法身横徧竪窮，無所不徧。而參禪人，要須時時現前，頭頭相應。此何在而非念佛法門哉？至如「佛之一字，吾不喜聞，一棒打殺，與狗子喫」等語，皆顯示法身向上勝妙方便，是真念佛也。往往無知之輩，謂宗門中人，不宜念佛。此不唯不知念佛，豈真知宗哉？不唯宗教兩門如是，即普天之下，士農工商，諸子百家，縱不欲念佛，不知佛者，亦不能出於念佛法門之外。以彼去來動静，咸率此道，百姓日用而不知也。所謂一氣不言含有象，萬靈何處謝無私。夾路桃華風雨後，馬蹄無地避殘紅。

一、真爲生死，發菩提心，是學道通途；二、以深信願，持佛名號，爲浄土正宗；三、

[二]「四重」，指殺、盜、淫、妄四種重罪。

以攝心專注而念，爲下手方便； 四、以折伏現行煩惱，爲修心要務； 五、以堅持四重戒法，爲入道根本； 六、以種種苦行，爲修道助緣； 七、以一心不亂，爲净行[一]歸宿； 八、以種種靈瑞，爲往生證驗。此八種事，各宜痛講。修净業者，不可不知矣。

衆生所以輪回者，六道也。餘趣衆生，爲驚瞋苦樂所障，無暇向道。可以整心慮，趨菩提，唯人道爲能耳。但失人身者，如大地土； 得人身者，如爪上土[二]。人身豈易得乎？人道衆生，從生至壯，以及老死，眼之所見，耳之所聞，無非世間塵勞生死業緣耳，佛法豈易聞乎？得人身已難，況得男子身，六根具足尤難。聞佛法已難，況聞彌陀名號，净土法門尤難。何幸而得難得之人身？何幸而聞難聞之佛法？聞之而猶不肯信，不深爲可惜也哉！不信姑置。即如信者，信而不願，猶不信也； 願而無行，猶弗願也； 行而不猛，猶弗行也。行之所以不猛，由願不切； 願之所以不切，由信不真。總之生真信難。信果真矣，願自能切。願果切矣，行自能猛。真切信願，加以勇猛行力，決定得生净土，決定得見彌陀，決定證三不退，決定一生補佛。既得生净土矣，曠大劫來生

[一]「行」，廣化寺本文集作「心」。

[二]雜阿含經卷十六云：「如甲上土，如是衆生，人道者亦複如是； 如大地土，如是非人亦爾。」

死業根，則從此永斷，既一生補佛矣。至極尊貴無上妙覺，則便得圓成。此一念真信所關係者，豈淺淺哉？苟非障道緣薄，生死業輕，久種善根，宿因深厚者，何以能爾？然吾人無量劫來，業力輕重，善根深淺，皆莫得而知。但業力由心轉變，善根在人栽培。是故宏法者，不得不善巧方便，懇切開示。而學道者，不可不竭力奮勉，勇往直前。但一言入耳，一念動心，皆可轉變業力，皆能栽培善根。雖聞種種緊要開示，都無一言所入；雖遭種種逆順境界，曾無一念奮發。是爲真業力深重，真善根輕鮮，則亦莫可如何也矣。

現前一念心性，本與佛同體。佛已久悟，而我猶迷。佛雖已悟，亦無所增；我雖猶迷，亦無所減。佛雖無增，以順性故，受大法樂；我雖無減，以背性故，遭極重苦。佛於同體心性之中，雖受法樂，以同體大悲，無緣大慈，念念憶念於我，念念攝化於我。我於同體心性之中，雖遭衆苦，不知仰求於佛，不知憶念於佛，但唯逐境生心，循情造業。曠大劫來，五逆十惡，種種重業，何所不造。三途八難〔二〕種種大苦，何所不受。言之可慚，

〔二〕「三途八難」，三途是指代表畜生道的血途，餓鬼道的刀途，地獄道的火途。八難謂見佛聞法有障難八處，除三惡道外，還有長壽天、盲聾喑啞、世智辯聰等。

思之可怖。設今更不念佛，依舊埋頭造種種業，依舊從頭受種種苦，可不愧乎？可不懼乎？今且知佛以大慈大悲，於念念中憶念攝化於我，則我今者深感佛恩，故應念佛；一向長劫枉受衆苦，欲求脱苦，故應念佛。已造之業，無可如何。未來之業，可更造乎？生慚愧心，故應念佛；同體心性，既曰本有，即今豈無？祇欠悟證耳，求悟心性，故應念佛。以求悟心念佛，念佛必切；以慚愧心念佛，念佛必切；以畏苦心念佛，念佛必切；以感恩心念佛，念佛必切。我不念佛，佛尚念我。我今懇切念佛，佛必轉更念我矣。大勢至菩薩云：「十方諸佛憐念衆生，如母憶子。子若逃逝，雖憶何爲？若子憶母，如母憶時。母子歷生，不相違遠。若衆生心，憶佛念佛。現前當來，必定見佛，去佛不遠。不假方便，自得心開。」此大士親證實到境界，吐心吐膽相告語也。我今念佛，必得見佛。一得見佛，便脱衆苦，即開悟有期。果得開悟，便可一痛洗已往之慚愧矣。佛尚可不念乎？

一切衆生，本來是佛，真心本有，妄性元空。一切善法，性本自具。但以久隨迷染之緣，未斷元空之妄，未證本有之真，善本具而未修，佛本是而未成。今欲斷元空之妄，證本有之真，修本具之善，成本是之佛，而隨悟淨之緣者；求其直捷痛快，至頓至圓者，無如持名念佛之一行矣。以能念之心，本是全真成妄，全妄即真；所念之佛，亦本全德立名，全名即德。能念心外，無別所念之佛；所念佛外，無別能念之心。能所兩忘，心佛一如。於念念中，圓伏圓斷五住煩惱，圓轉圓滅三雜染障，圓破五陰，圓超五濁，圓淨四土，圓念三身，圓修萬行，圓證本真，而圓成無上妙覺也。一念如是，念念皆然。但能念念相續，其伏斷修證，有不可得而思議者矣。以是全佛之心，念全心之佛。實有自心果佛，全分威德神力，冥熏加被耳。一句佛號，不雜異緣，十念功成，頓超多劫。於此不信，真同木石。捨此別修，非狂即癡。復何言哉？復何言哉？

問：「諸方皆有淨土，何專讚西方，求願往生耶？」答：「此非人師意也。乃金口誠言，分明指示故；大乘顯密諸經，同指歸故；令初心人專注一境，三昧易成故；四十八願爲緣，緣强故；十念爲因，因勝故；佛與衆生，偏有緣故。此土衆生，無論僧俗男女老幼善惡之人，當其處極順逆苦樂境緣之時，多必由中而發，衝口而出，念佛一聲。然不念佛則已，凡念佛必念阿彌陀佛。此誰使之然，蓋衆生久蒙佛化，久受佛恩，與佛緣深故也。且此彌陀一經，羅什最初譯成，東林遠祖，即與一百二十三人，結社念佛。其一百二十三人以次漸化，臨終皆留瑞應。雖鸜鵒、八八兒念佛，化時皆有瑞相。此非衆生與佛緣深，謂之何哉？又無量壽經云：『當來經道滅盡，我以願力，特留此經，更住百年，廣度含識。』夫不留他經，而獨留此經者，豈非以此法門，下手易而攝機普，入道穩而獲益速耶？以是而知，其時愈後，此法愈當機矣。」

世間衆生，當處急難痛苦之時，嘷叫父母，呼天唤地。不知父母人天王等，不能救我生死，盡我輪回，以其同在生死輪回故耳。三乘聖人，雖出生死，無大悲心，無益於我。諸菩薩等，雖有大慈悲心，以其心證各有分限，未能普利衆生，滿一切願。十方諸佛，雖皆證窮法界，然我感之不易。縱感極而見，不過暫時離苦，終非究竟。唯阿彌陀佛，但得一見，即頓脱生死，永斷苦根矣。唯此一句阿彌陀佛，是所當盡心竭力者。予曾有偈云：「世間出世思惟徧，不念彌陀更念誰〔二〕。」然而念佛不難，難於堅久。果能堅持一念，如生鐵鑄成，渾鋼打就。如一人與萬人敵，千聖遮攔不住，萬牛挽不回頭。如是久之，必能感通相應。若其未能如此用心，便謂佛言無驗，佛心難感者，夫豈可哉？但得一念感通，便頓出生死，直登不退，穩成佛果。豈易事也哉？

知小而不知大，見近而不見遠者，此衆生之常分也。如阿彌陀佛，於諸衆生有大恩德，衆生不知也。佛於無量劫前，對世自在王佛，普爲惡世界苦衆生，發四十八種大願。復〔三〕

〔二〕全偈云：「説著蓮邦雨淚垂，閻浮苦趣實堪悲。世間出世思惟徧，不念彌陀更念誰。」

〔三〕「復」，金陵本語録無。

依願久經長劫，修菩薩行。捨金輪王位、國城妻子、頭目腦髓不知其幾千萬億。此但萬行中内外財布施一行也。如是忍人所不能忍，行人所不能行，圓修萬行，力極功純，嚴成淨土，自致成佛，分身無量，接引衆生，方便攝化，令生彼國。然則如爲一人，衆多亦然；如爲衆多，一人亦然。若以衆多觀之，佛則普爲一切衆生也；若以一人觀之，佛則專爲我一人也。稱性大願，爲我發也；長劫大行，爲我修也；四土爲我嚴淨也；三身爲我圓滿也；以至頭頭現身接引，處處顯示瑞應，總皆爲我也。我造業時，佛則警覺我；我受苦時，佛則拔濟我；我歸命時，佛則攝受我；我修行時，佛則加被我。佛之所以種種爲我者，不過欲我念佛也，欲我往生也，欲我永脱衆苦，廣受法樂也。欲我展轉化度一切衆生，直至一生補佛而後已也。噫！佛之深恩重德，非父母所可比，雖天地不足以喻其高厚矣。非聞開示，安知此意？不讀佛經，安曉此理？今而後，已知之矣。唯有竭力精修，盡報歸誠，拌〔一〕命念佛而已。復何言哉？

一切衆生，爲利鈍十使所使，久經長劫，流轉生死，受大苦惱，不能出離，可悲也。十使者何？即身、邊、邪、見、戒，此五爲利使，以發動輕便故。貪、瞋、癡、慢、疑，此五爲鈍使，

〔一〕「拌」，金陵本語録作「拚」。

由利使所生，對利説鈍故。此之十使，衆生或多或少，各有偏重。若帶之修道，但唯增長邪見煩惱，決無相應分。如欲斷之實難，以此十使，於四諦下歷三界九地，有八十八使見惑，八十一品思惑。但斷見惑，如斷四十里流，況思惑乎？若見思二惑，毫髮未盡，分段生死，不能出離。此所謂豎出三界也，甚難甚難。然此十使，總名衆生知見。古德謂衆生知見，須以佛知見治之。佛知見者，即現前離念靈知也。然此靈知，不能孑然自立，必隨緣起。不隨佛界之緣，便隨九界緣起。離十界外，無別緣起故。欲隨佛界緣起，無如以信願心，持佛名號。但信貴深，願貴切，持名貴專勤。果以深切專勤之心，信願持名，即是以佛知見而爲知見。亦即是念念中，以佛知見，治衆生知見也。熾然十使心中，但置一信願持名之心，即轉生界緣起爲佛界緣起。此於修道門中，乃點鐵成金極妙之法。只須赤體擔當，久久勿替。管取金臺可以坐待，寶蓮不日來迎，是爲從此同居，生彼同居。横出三界，較之豎出者，不亦省力也哉！

一句阿彌陀佛，是阿伽陀藥，無病不療；是如意珠王，無願不滿；是生死苦海之慈航，無苦不度；是無明長夜之慧燈，無暗不破。但得一歷耳根，便爲有緣；但能一念信心，便可相應。信心果真，願不期發而自發。只將此信願二法，常存在心。如忠臣之奉聖[一]君密旨，孝子之受慈父嚴命，憶念不忘，作爲第一件要事。不論所處境界，静鬧閒忙，多念少念，總皆爲往生正因，只恐介在勤怠閒耳。吾人曠大劫來，久在輪回，豈永不發求出離之心，修向道之行耶？蓋皆廢於因循，敗於怠惰，所以常在生死，受大苦惱。今聞持名簡要法門，若仍循故轍，安於覆敗，可謂第一等無血性漢子矣。

所謂執持名號者，即拳拳服膺之謂，謂牢持於心而不暫忘也。稍或一念閒斷，則非執持也，稍或一念夾雜，則非執持也。念念相續，無雜無閒，是真精進。精進不已，則漸入一心不亂，圓成浄業[二]。若到一心不亂，仍復精進不輟，將見開智慧、發辯才、得神通、成念佛三昧，以至種種靈異瑞相，皆現前矣。如蠟人向火，薄處先穿，但不可豫存期效之心，唯當致力於一心不亂耳。一心不亂，乃浄業之歸宿，浄土之大門。若未入此門，終非穩妥，學者可不勉哉？

修習一切法門，貴乎明宗得旨。今人但知萬法唯心，不知心唯萬法；但知心外無佛，

[一]「聖」，廣化寺本文集作「明」。

[二]「業」下，廣化寺本文集有「焉」字。

但知轉山河大地歸自己，不知轉自己歸山河大地。然既不知心唯萬法，豈真知萬法唯心？既不知佛外無心，豈真知心外無佛？所謂一箇圓球，劈作兩半，離之則兩傷，合之則雙美也。是故念佛者，必以唯佛唯土爲宗。若唯佛唯土之宗不明，則真唯心義不成。果透真唯心義，則唯佛唯土之宗自成。既成此宗，則一句所念之佛，所生之土，全體大用，横徧豎窮，獨〔二〕體全真，包羅無外。所念既爾，能念亦然。是謂以實相心，念實相佛；以法界心，念法界佛。念念絶待，念念圓融。以絶待故，全超一切法門，無與等者；以圓融故，全收一切法門，無出其外者。此之謂法無定相，遇緣即宗，繁興大用，舉必全真。一句阿彌陀佛，須恁麼信，恁麼念，方是不思議中不思議也。

生佛不二，平等共有者，唯此現前離念靈知耳。諸佛以隨悟浄因緣，悟之又悟，浄之又浄，悟浄之極，故其靈知横徧豎窮，廣大無外也；衆生以隨迷染因緣，迷之又迷，染之又染，故其靈知局然促然，介爾微劣也。然即此介爾靈知，與諸佛廣大靈知，觀體不二，毫髮無差。使其得隨悟浄之緣，業盡情空，則此介爾之知，當下轉爲廣大無外之靈知矣。如一

〔二〕「獨」，廣化寺本文集作「覿」。

星之火，能燒萬頃荒田。然此現前一念靈知，若約所知之境，固有廣狹勝劣之不同；若約能知之知，則全體無異。如同一火也，燒檀則香，燒糞則臭，所燒雖殊，能燒之火無二。又如同一水也，清濁不同；同一鏡也，昏明有異。清濁雖殊，溼性不二；昏明雖異，光體是同。水同一溼也，濁者可使澄之而清；鏡同一光也，昏者可使磨之而明。光昏者爲帶垢耳，垢非光，光者鏡之本體也；水濁者爲雜塵耳，塵非溼，溼者水之本性也。此一念靈知，如水之溼，如鏡之光，如火之燒，舉體無異者也。唯其舉體無異，故於修道方便門中，便有多門。有但仰慕諸聖者，有但尊重己靈者，有外慕諸聖內重己靈者，有不慕諸聖不重己靈者。若但仰慕諸聖者，如本分念佛之人，以知諸聖皆已先證我之己靈，語默動靜，皆堪垂範。我曹若不仰慕諸聖，則進修無路矣。故或專持名號，或觀想音容，三業虔誠，六時敬禮，傾心歸命，盡報遵承。及乎時至緣熟，感應道交，心地大開，靈光獨露，乃知我之己靈，原與諸聖平等無異，亦不可不自尊重也。又但尊重己靈者，如宗門參禪者，以直指人心，見性成佛，故唯欲十二時中，四威儀〔一〕內，獨露當人面目，受用本地風光。離心性外，毫無取著，所謂任他千聖現，我有天真佛也。及乎造詣功深，悟證已極，乃知一切諸聖，皆久已先

〔一〕「四威儀」，指佛教中爲比丘、比丘尼所必須遵守之儀則，以保持嚴肅與莊重。

證我之己靈者，尤不可不仰慕也。又外慕諸聖，内重己靈者，夫欲尊重己靈，必須仰慕諸聖，唯其仰慕諸聖，正是尊重己靈。又仰慕諸聖，必須尊重己靈，若不尊重己靈，豈能仰慕諸聖。此則内外交修，心佛等重。既無偏執，進道彌速。至於力極功純，全體相應，乃知諸聖，但不過先證我之己靈而已，無庸仰慕。而我己靈者，亦不過平等齊於諸聖而已，何勞尊重。又不慕諸聖，不重己靈者，此謂寸絲不挂，心佛兩忘，徹底撒開，迥無依倚，外遺世界，内脱身心，一念不生，萬緣坐斷。至於久久功熟，圓滿證入，本靈獨露，諸聖頓齊。雖不仰慕諸聖，乃善仰慕；雖不尊重己靈，卻真尊重。此之四路，學者自諒根性，各隨好樂。但當一門深入，久之必皆有相應。切不可妄生執著，輕發議論，出奴入主，是一非餘。不唯背妙道而成障礙，將恐謗大法而招愆尤也矣。

楞伽經云：「諸聖所知，轉相傳授，妄想無性。」二祖云：「覓心了不可得〔一〕。」起信論云：「若有能觀無念者，即爲向佛智故。」華嚴合論云：「頓悟一念緣起無生，超彼三乘權學等見。」此佛經祖語，菩薩知識造論，皆就現前一念指點，顯妄性本空也。夫

〔一〕「覓心了不可得」，據景德傳燈録卷三記載，一日，二祖對達摩説：「我心未寧，乞師與安。」師曰：「將心來與汝安。」曰：「覓心了不可得。」師曰：「我与汝安心竟。」

妄本空而真本有，非佛而何。但衆生久隨汙染之緣，未能頓復其本空耳。須以清淨緣起，漸而轉之。以吾即佛之因心，念吾即心之果佛。因果從來交徹，心佛法爾一如。而吾即心之果佛，無緣大慈，同體大悲，本自不可思議。且吾即佛之因心，深信切願，專懇持名，亦復不可思議。能於念念中，齊澄衆染，圓顯本空，頓契靈源，直趣果海。然則清淨之緣，無過此者。但於念時，當萬緣放下，一念單提，如救頭然，如喪考妣，如雞抱卵，如龍養珠，不期小效，不求速成。但只一心常恁麽念，是名無上深妙禪門。此則根身世界，密隨其心，念念轉變，殆非凡心肉眼所能知見者也。及乎報終命盡，彌陀聖衆，忽現在前，或現異香天樂，諸靈瑞相，世人方謂淨業成就。然淨業之成，豈此時乎？

念佛當生四種心。云何爲四？一、無始以來造業至此，當生慚愧心；二、得聞此法門，當生忻慶心；三、無始業障，此法難遭難遇，當生悲痛心；四、佛如是慈悲，當生感激心。此四種心中有一，淨業即能成就。念佛當長久，不可閒斷。閒斷，淨業亦不能有成。長久當勇猛，不可疲怠。疲怠，淨業亦不能成。長久不勇猛，即有退；勇猛不長久，即無進。

當念佛時，不可有別想，無有別想，即是止；當念佛時，須了了分明，能了了分明，即是觀。一念中止觀具足，非别有止觀。止即定因，定即止果；觀即慧因，慧即觀果。一念不生，了了分明，即寂而照；了了分明，一念不生，即照而寂。能如是者，浄業必無不成；如此成者，皆是上品。一人乃至百千萬億人，如是修，皆如是成就。念佛者可不慎乎？

徹悟禪師語録卷下

嗣法門人了梅集〔二〕

雜著

般若浄土兩門大義

般若，乃即緣起而明性空，雖性空而不壞緣起；浄土，乃即性空而明緣起，雖緣起而不礙性空。此則空有兩門，互不相礙也。不特於此，正以緣起故性空，若非緣起，説誰性空，此則緣起爲性空之所以；又以性空故緣起，若非性空，何從緣起，此則性空爲緣起之所以。若然者，空有兩門，不但不相礙，且復迭互相成矣。如古所謂萬象參天，觀之而無色；群音揭地，聽之而無聲。愈有愈空，愈空愈有者矣。夫緣起性空，既在同時，任運便

〔二〕「嗣法門人了梅集」，廣化寺本文集作「門人喚醒、了睿輯録」。

有雙泯雙存之面目。雙泯雙存，同時無礙，即是向上圓融不思議第一義諦。圓融第一義諦，即是當人本源心性之異名。是知佛説種種般若門，無非顯示此本源心性；佛説種種淨土門，亦無非顯示此本源心性。從本源心性，流出種種般若淨土法門；而種種般若淨土法門，皆悉指歸本源心性。所謂無不從此法界流，無不還歸此法界也。昔有人問雲棲大師云：「參禪念佛，如何得融通去？」大師答云：「若然是兩物，用得融通著〔二〕。」噫！旨哉言乎。夫禪者淨土之禪，淨土者禪之淨土。本非兩物，用融通作麽。然則般若淨土兩門，既唯一本源心性，不唯分無可分，亦且合無可合。分合尚著不得，況可更論其相成相礙也哉？

西有解

西有者，謂西方的的是有，但含事理空有等種種義相耳。若謂定方實有，不可移易，此凡情執著之常有也。若謂一切境界，循業發現，即其現處，當體全空。此則非有而有，有即非有，真空妙有，二諦交徹之有也。若互奪雙亡，二諦俱泯，則非空非有之有也。若相成兩立，二諦俱存，則即空即有之有也。若正雙泯時，便雙存；正雙存時，便雙泯。雙泯雙存，

〔二〕「用得融通著」，金陵本語録作「即用融通得著」。

同時無礙之有也。又此有緣起性空，不墮有句； 性空緣起，不墮空句。二義只成一法，不墮亦有亦空句； 一法宛具二義，不墮非有非空句。此則四句全超之有也。又此有性空緣起，該得有句； 緣起性空，該得空句； 二諦雙存，該得亦有亦空句； 二諦俱泯，該得非有非空句，此則四句全該之有也。又唯全超故全該，設有一句不超，亦不能全該四句； 唯全該故全超，設有一句不該，亦不能全超四句也。此則圓教有門之有也。又西方依正莊嚴，皆一切衆生性所本具，特借彌陀大願爲增上緣因，一顯發耳，曾何片法之新得哉？此則西有者，乃自性本具真善妙有之有也。又有句固是有句，有句亦是空句，有句亦是亦有亦空句，有句亦是非有非空句，一句即四句也。一句既即四句，四句亦即一句。有句固是有句，空句亦是有句，亦有亦空句，亦是有句，非有非空句，亦是有句。全一即四，全四即一，一四圓融，不可思議。又此有空等四句，執之則成四種邪見，通之則爲四方便門。執成邪見網，永墮外道種族； 通爲方便門，便入聖賢階位。故曰：「般若如大火聚，觸著便燒，此謂四邊不容執著也。」又曰：「般若如清涼池，隨方可入，此謂四門皆堪入道也。」然全大火聚是清涼池，非離火聚別有涼池； 全清涼池是大火聚，非離涼池別有火聚。所謂毫釐有差，天地懸隔； 毫釐無差，天地懸隔也。

大方廣佛華嚴經者，乃毗盧遮那如來於菩提場初成正覺，七處九會，一音頓演，稱性法門也。案西域記，此經有三本，上、中二本，其偈品以世界微塵論，下本，猶有十萬偈，四十八品。結集之後，收入龍宫。以上、中二本，非閻浮提人心力能持，故龍樹大士但於龍宫記出此本，流布人間。而經來此土，有晉、唐兩譯。佛陀跋陀羅所譯，六十卷，三十四品；唐實叉難陀所譯，八十卷，三十九品，即今經也。然文雖未備，義已周圓，神而會之，存乎其人。文中前後，共有七處九會。古德〔二〕判爲五周四分，曲盡精詳，今古同遵。第一會，説毗盧遮那如來依正因果法門，經文凡十一卷，六品。即四分中舉果勸樂生信分，五周中所信因果周也。此中因果，乃聖位中修證之圓因妙果，非善惡因果之謂也。後皆倣此。其次六會，以次説十信、十住、十行、十回向、十地、等妙二覺法門，共四十一卷，三十一品。即四分中修因契果生解分，五周中差别因果，平等因果二周也。第八一會，説離世間法門，普慧雲興二百問，普賢缾瀉二千酬，重明因果行相，共七卷，一品。即四分中託法進修成行分，五周中成行因果周也。第九一會，有本有末。初如來現相放光，具答諸菩薩心念所請果海中事三十問，令其現證，爲本會。後文殊於福城東際大塔廟前，令六千比丘頓證十信滿心，指善財童子南參

〔二〕「古德」，指清涼澄觀國師。他在華嚴經疏中提出「四分五周因果」之説。

諸善知識，爲末會，共二十一卷，一品。即四分中依人證入成德分，五周中證入因果周也。以前三十八品，雖廣談法界因果，但令生信開解，起行進[一]修，至此方始證入。苟無此證，前之信解行俱爲虚設，故以證終焉。詳夫全經之大旨，統唯一真法界。蓋圓該萬有，唯是一心，觀體全真，融通交攝，是爲諸佛極證之果海，亦即衆生本有之心源也。然法界勢含四重，謂理法界、事法界、理事無礙法界、事事無礙法界也。重重無盡；因果緣起六位，即前信、住、行、向、地、等妙二覺也。位位圓融。圓融不礙行布，行布於圓融；差別非離平等，平等其差別。初則舉法界而全成因果，萬德萬行昭然；後乃融因果而混同法界，一毫一塵廓爾。雖四重六位有殊，隱顯開合無定。而原始要終，究不離乎一真法界。故曰：「無不從此法界流，無不還歸此法界也。」是以一心萬法，舒卷自由；三際十方，縱横無礙。十世古今互現，無邊刹境交羅。猶帝網之千珠，光含衆影；類天池之一滴，味具百川。故界標華藏，具見染淨之融通；而佛號毗盧，直示應真之不二。五周四分之金文，瀾翻於口海；六相十玄之妙旨，星燦於義天。可謂教啓無上圓宗，法窮甚深理窟者矣。故得若聞若見，圓文殊智鑑於自心；或誦或持，啓普賢行門於徧界。人人入金剛之藏，塵塵樹功德之林。直得一生

〔一〕「進」，廣化寺本文集作「造」。

事辨，則我即善財；但使法界願周，而誰非浄滿。經云：「此經不入一切餘衆生手。」論云：「唯付囑最上大心凡夫。」斯言豈無謂哉？故知排斥久修開士，聾瞽上德聲聞，是皆所以融權執，引大心之深意也。然則食金剛之少許，固已植乎聖因；剖大經於微塵，終有待夫智者。況一字法門，海墨書而不盡；千重樓閣，指聲彈而頓開。非貝葉之所能詮，豈管窺可得而測〔二〕？勉述大端，聊備采覽云爾。

如欲詳明者，藏中有清涼觀國師疏鈔，棗柏李長者合論。其疏盡精微，沖深包博。而論得大體，痛快直截。二者參而觀之，則華嚴大旨，無餘藴矣。

楞嚴二決定義

初義蓋示根中之湛性爲真因，真因得而後果證可期。二義蓋指根中之結相爲惑本，惑本明而後斷修有要。湛性者，六根之性也，不變之真也；結相者，六根之相也，隨緣之妄也。斯則唯一六根，特相妄性真之別耳。惟其相妄，故須解之令盡；惟其性真，故可依而爲因。然真既不變，則妄即本空；而妄既緣起，則真必全隱。約妄緣起而真全隱，修德固不可缺。且真不變而妄元空，性德尤所當明。性德固資修德而顯，修德全依性德而成。合

〔二〕「豈管窺可得而測」下，廣化寺本文集有「謬承叱命，愧乏精思」八字。

二門之義觀之，真妄交融，性修雙妙之旨，無餘藴矣。然則推此而往，根身世界，物物頭頭，真也妄也？圓陀陀，活潑潑，渾無定相。云爲動作，心心念念，性也修也？净灑灑，赤裸裸，了無定執。如[一]是則何惑不斷？何果不成？而實亦無斷無不斷，無成無不成。特對迷心倒見者强分别耳。

楞嚴頓歇漸修説

前云汝但不隨分别三種相續，狂性自歇，歇即菩提。何藉劬勞肯綮修證？似令一念頓歇也。此云菩提涅槃，尚在遥遠，非汝歷劫辛勤修證，雖復多聞，秪益戲論。似令歷劫漸修也。阿難之根，不劣於滿慈；而滿慈之位，差勝於阿難。何其修證難易之相懸若是耶？此蓋世尊據念劫圓融之理，頓漸不二之宗，顯妄空以奪法執，斥徒聞而策真修。即所謂看孔著楔，應病與藥也。試論之，一念歇狂，頓也，不了則流爲長劫；歷劫勤修，漸也，究亦不離於一念。此念劫頓漸，似相懸而實不離也。況乃念性元空，時節無體，迷時似有隔異，悟後本自圓融。一念本不殊長劫，而長劫原秪是一念，復何念劫頓漸之可疑哉？向使滿慈不索妄因而執實有，阿難不溺多聞而廢進修，則世尊頓歇漸修之説，亦不容拈出矣。

[一] 「如」上，廣化寺本文集有「夫」字。

金剛經實無有法發菩提心説

金剛經「圓明五眼，洞徹三心」一段〔一〕，乃解上文實無有法發菩提心者之義。謂衆生所以爲衆生者，爲有妄心故也。三心既不可得，衆生豈復可得？衆生不可得，誰爲能發之人？三心不可得，何爲所發之心？故曰：「實無有法發菩提心者。」又妄心不可得，則全妄即真；衆生不可得，則全生即佛。果見到全妄即真，全生即佛，是爲不發而發，稱性開發阿耨多羅三藐三菩提心。如此發心，何更有法可得？故曰：「實無有法發菩提心者。」

楞嚴經知見無見説

楞嚴經「知見無見〔二〕」一語，至爲要妙。總攝一切諸要妙句：以其即是見猶離見也；華屋之門也；狂心頓歇也；不取無非幻也；聞復翳根除也；歸無所得也；滅妄名真也；全修在性也；覓心了不可得也；心空及第歸也；子轉身而就父也；臣退位以朝君也；父子投機也；君臣道合也；以少方便疾得成佛也；緣起無生也；

〔一〕「金剛經圓明五眼，洞徹三心一段」，「五眼」指佛有肉眼、天眼、慧眼、法眼、佛眼；「三心」指經中所説「過去心不可得，現在心不可得，未來心不可得」。

〔二〕「知見無見」，楞嚴經全句曰：「是故汝今知見立知，即無明本，知見無見，斯即涅槃，無漏真淨。」

知之一字，衆妙之門也；　刹那而登正覺也；　體得無心道也；　休也；　諸聖所知，轉相傳授，妄想無性也；　一超直入如來地，回頭慚愧好兒孫也；　自是不歸歸便得，故鄉風月有誰争也；　撒手到家何所似，更無一物獻尊堂也；　知而無知，不是無知而説無知也；　即此見聞非見聞，無餘聲色可呈君也；　根既不立，塵無所緣，根塵兩亡，靈光獨耀也。類此句義，不能盡舉。唯此四句，攝盡無餘。所謂緊要處佛法無多子也。果能一念相應，是爲真轉全經。古德如慈明圓、權大道、棲賢舜、廣道者等諸人，於大見道後，皆作此功夫。謂之無心體道，以其是還鄉要路，歸真祕訣也。

一乘決疑論説

欲得不招無間業，莫謗如來正法輪。此古德大慈悲心，淚出痛腸語也。良以我釋迦如來爲衆生故，修證此法，無央數劫，行諸一切難行法行。捨所愛之國城妻子、頭目腦髓不知其幾千萬億〔二〕。至於道成，仍以平等大悲，順悉檀義而敷衍之。故凡一句一字，皆無明長夜之寶炬，生死苦海之慈航。凡在有情，孰不蒙益。而諸子以依通之見，肆口詆訶，障正法

〔二〕「千萬億」，廣化寺本文集作「萬千億」。

明[一]，瞎將來眼，疑誤衆生，殊非小小。謂其無罪，寧有是處？兹以一乘之理，剖決群疑，正大光明，直截痛快。蕩迷雲而浄盡，耀佛日以重光，誠爲法門一大金湯矣。當是時也，諸子天眼法執，果得已通已忘，自能深生隨喜。正使未忘未通，定當頓獲勝益。故知此論之作，非特有益於法門，實則有益於諸子。不唯有益於諸子，且深有益於天下後世之學者。請即流通，以廣法施。

相相離相心心印心略解

原夫境逐念生，念泯則相相離相；妄依真起，達真則心心印心。惟其離也，有相皆歸實相，即斯印矣。無心不屬真心，是以滯相迷真，頭頭障礙；背塵合覺，法法圓通。心相大端，略申管見。精微詳釋，以俟多聞。

浄土津梁跋

乙巳仲秋，衍法志公和尚會刻浄土經論文集成，囑跋數語。余因歷觀三經，明因舉果，大開浄土之門；三論顯理破迷，的示唯心之要；龍舒文[二]導初機而精詳曲盡；指歸集[三]

[一]「明」，廣化寺本文集作「門」。
[二]「龍舒文」，指宋王日休的龍舒浄土文，共十卷。
[三]「指歸集」，指明代大佑禪師浄土指歸集，分上、下兩卷。

采衆善於事理圓通；或問數紙，搜抉禪者孤陋之疑；法語一章，力振行人因循之弊；雲棲願文自注戒殺放生等篇，莫非往生急務，助行要門；至若蓮華世界詩，雖文出游戲，而理實圓常，況寫境傳神，引心入觀，攝化門中爲不可少。善哉，念佛一門，得此諸説，無機不被，無路不通，統萬流而歸净土，誠爲一大津梁矣。爰爲題名曰「净土津梁」。然而津梁雖設，履踐在人；撩起便行，阿誰無分。所貴賈勇先登，占寶蓮之上品；玄關直蹋，獲法忍於無生。佛記早承，願輪速轉。徧刹綱而縱横應化，盡劫波以展轉津梁。則苦海勞生，由是而蒙利濟者，可復量哉？如其逐世波而忘返，趨險道以苟安，或則玩津梁而不進，守津梁以自足，不驚汩没跉跰之苦，卒致問橋戀筏之譏，其何以慰集者之苦心？且深昧夫命名者之大義也矣。或曰：「和尚秉單傳之宗，以祖道自任，當依本分直截示人。夫唯心净土，當處現成；自性彌陀，覿體不隔。乃爲是津梁之説，以起人心外有法，去來取捨之見乎？」噫！通玄峰頂，不是人間；心外無法，滿目青山。本分直截耶？去來取捨耶？於此緇素分明，許汝會唯心自性；如或未然，莫寐語好。

跋德全禪人血書蓮華經

無我而靈者，佛知見也；有我而昧者，衆生知見也。生佛知見無殊，特一妄我閒之耳。夫大迷之本存乎我，而我之最愛者莫過身。苟衆生之身見不亡，我執不破，則生死輪回，曷能自已？德禪人密發九品净願，書成七軸蓮經。以無情之霜刀，刺難出之身血。十指瀝乾，一心不動。偉矣哉！真無邊苦海中頓空我見，直出生死之勇猛丈夫也！噫，禪人初發是念，蓮華種植時也；日漸刺書，蓮華增長時也；七卷功圓，蓮華光香具足時也。如是則禪人之净因已成矣。但當莫忘本願，繫心念佛，直待此方報謝，彼土華開。即見佛聞法，因圓果滿時也。雖然，即今試問禪人，方金刀裂肉，血筆縱横時，其知疼痛而成點畫者，靈耶？昧耶？我耶？非我耶？佛知見耶？衆生知見耶？於此了然，則佛國非遥，寶蓮正放。或猶未也，請分明記取，以質諸彌陀、老子。

跋明初禪人血書蓮華經

金刀未舉，斑管未拈，盡十方是部血淋淋的妙法華經。於斯見徹，謂靈山一會未散可也，謂靈山一會本不曾會亦可也。向當時喝散可也，於今日再會亦可也。大用現前，不存軌則，如王寶劍，殺活臨時。如是刺血，如是書經，是真精進，是名真法供養如來。可以暢本師出世之懷，可以來古佛泥洹之塔。直令十二類生[一]，迎刃而命根頓斷；無邊法藏，點

[一]「十二類生」，指卵生、胎生、濕生、化生、有色、無色、有想、無想、若非有色、若非無色、若非有想、若非無想。十二類生充塞宇宙，由于十二輪回顛倒起十二亂想，受十二流轉之苦。見大佛頂首楞嚴經卷七。

筆而文采全彰。莫不滴滴歸源，言言得髓。奚止刺無能刺，書無所書，鋪好華於錦上，指明月於天邊也哉。明禪人年齒尚少，向道唯誠。刺血書經，歸心樂土。果能聞是説而不生驚怖，是爲解第一義，上品生因。如其未然，直須十二時中，四威儀内，以書經之念，念念忘緣；刺血之心，心心憶佛。管取金臺可以坐待，妙諦不日親聞。否則必見我爲能書，經爲所書。彼是刺血時，彼是書經處。以生滅心，取實相法；轉不輕行，爲我慢幢。不特全迷妙法，遠背佛心，且深負此一點百劫千生不易發起之勇猛浄信，爲可惜矣！禪人其勉之。

書蓮華經普門品後

題標妙法，何法也？品號普門，何門也？説者謂一光東照，十界圓彰。隨類現身，應念脱苦。未爲非是，特其末耳。直須未舉以前，向世尊開口不得處，大士回避不及時，親見法法此法，門門此門。正與麽時，不與麽會，始具看經眼。否則入海算沙，執指爲月。不唯埋没己靈，見惜明眼。將恐普門漸閉，而妙法終隱矣。默超居士有見於此，得是經而裝帙之，囑綴數語。普爲見聞隨喜者，震塗毒鼓，食少金剛，其意豈淺淺哉？

二有室跋

經云：「從是西方過十萬億佛土，有世界名曰極樂；其土有佛，號阿彌陀。今現在説法。」此金口誠言，分明指示。而世之昧者，猶謬執唯心，横生異議，可悲也。因特書此以名余室，用警省焉。

余以二有名室，或者淺之。吁！是尚不知即空之有，有而非有。況復雙泯雙存，超四句，該四句，圓教有門之有，與夫性具本有之有耶？其謂之淺也宜矣，無庸辯。

跋禪人勇建血書楞嚴經莊嚴淨土

首楞嚴者，稱性大定之名也。以如來藏心而爲體性，以耳根圓通而爲入門，以窮極聖位而爲究竟。此依藏性之理，起稱性之行，還復證入藏性全體。一經大旨，義盡於斯，故文殊於是請結經名。此後復明昧此難免七趣[一]沈淪，修此須防五魔擾亂者。但反襯正宗，以補足其間要務耳。經中兼明淨土，其處有四：第一，大勢至法王子親稟念佛法門於超日月光佛，其所陳念法，至爲切要。而大士修因契果，自利利他，唯以念佛，皆悉具足。第二，乾慧地中云：「現前殘質，不復續生。」夫乾慧地雖圓伏五住，見思尚猶未斷，何以便不續生？蓋超同居穢土，生同居淨土矣。智者大師是其明證。第三，情想升沈中云：「純想即飛，必生天上。若飛心中兼福兼慧，及與淨願，自然心開，見十方佛，清淨國土，隨願往生。」前乾慧地猶屬聖位；此則博地凡夫，純想之心，便往生有分。此蓋我釋迦如來，大

[一] 「七趣」，指六道中的地獄趣、鬼趣、畜生趣、人趣、天趣、阿修羅趣，此外還有僊趣。詳見大佛頂首楞嚴經卷八。

慈悲心，熾然輪迴之中，特地拈出此橫出三界之要道耳。古今未入聖位之人，臨終往生者，是其證也。第四，流通分中，若有一人身具重罪，將招極惡；一念宏法，變其所受地獄苦因爲安樂國。重罪尚然，況輕罪乎？況無罪乎？無福尚然，況有福乎？況多福乎？一念尚然，況多念乎？況終年終身乎？其往生不在中下品矣。古今宏法諸師，現相往生者，皆其證也。夫念佛法門，普〔二〕逗十方之機，三根齊被；耳根圓通，專逗此方之機，唯利上根。且示阿難以就路還家，故文殊大士曲爲揀選。非謂耳根獨勝，念佛便劣也。讀經者不可不知。禪人血書此經，流通大法，實爲希有難能之行。其於往生，當必有分焉。

〔二〕「普」，廣化寺本文集作「專」。

覆香嚴居士書

月内廿九日得尊札，備悉一切，欣慰無量。讀札内有念佛期過三七，尚未見相好云云。觀此用心之切，立行之猛，此百日内，當必有大不思議之成就。但此時不可預存期效之心。存之則增躁動，而翻爲障礙矣。此係修行門中微細心病，不可不知。直須深信諦了，心外無佛，佛外無心；全心即佛，全佛即心。一念現前，即一念相應；念念現前，即念念相應。但使此念常現在前，便是真實效驗。離此念外，別求效驗，便是間斷，便不親切，便入歧路矣。經云「是心作佛，是心是佛」，正此之謂也。鄙見如此，不識居士於意云何？至如長水〔二〕之問，琅琊〔三〕之答，鍼鋒直截明白，不可更爲蛇足。果能於此正眼洞開，覷破琅琊，捉敗長水，楞嚴大旨，思過半矣。然雖如此，正好擲向他方世界，且自一心念佛。若曰開少解路，則更不勞拈出矣。柴紫録，久聞其名，第未親見其書，未可懸斷。寺中近日，唯嘉園居士兼旬或一至，此外別無客迹。不慧逐日與諸衲子揮麈談經，罷即焚香宴坐，或讎校華嚴，或檢閲津梁，別亦無事。楞嚴已講竟六卷，約於後七月間，可圓全部。因思半載之

〔二〕「長水」，名子璿，北宋人，參謁琅琊慧覺禪師有所省悟，住嘉興長水寺。

〔三〕「琅琊」，即北宋慧覺禪師，得法于汾陽善照禪師，後往滁州琅琊山。

内，兩終此經，亦閻浮提人生一大快事也。然唯循行數墨而已，絶無一字之新得。並書以博一笑。

答江南彭二林居士書

仰惟居士，深入浄宗，廣陳法施，自他並利，解行俱圓。可謂現居士身，修菩薩行，不違本願，不忘佛囑者矣。向得三經新論，妄爲評題，不見罪責，已出分外。兹復寄示種種新刻，囑令論定，益覺赧顔。山野唯教乘大旨，粗知向方，而幼失問學，語不成文，故兩處住持二十餘年，檀護之門，未投隻字。今感居士虛懷遠問，爲法之誠，遂頓忘固陋，罄己所知，直詞以告。其當否去取，唯高明以自裁焉。念佛、決疑兩論，皆發前人所未發，一以見慧解之超卓，一以彰衛道之真切。並没量大人，出格作用，可續入藏，永永流通。序跋皆精當，間有可商之處，簽辯於後。

與瑞一李居士書

屢有書來，曾未覆答，師資心契，諒不我疑。聞在南中竭力辦公，盡心護法，修持不輟，勸導維殷。此則自行化他，二利並舉；世法佛法，一道齊行。或雁信時通，或口碑傳誦。每一聞見，且慰且欣。因思道無不在，豈分朝野？而修證之際，實有易難。的論修道，出家尚不易，況在家耶？居家已難，況居官耶？故知即塵勞爲佛事，化熱惱作清凉。苟非忍證無生，位登不退，深入如來之室，權現宰官之身者，恐終不免塵緣漸染，而道念日微也。今賢契信向此道未久，便能於衝繁官署，猛切乃爾，非宿善根力，謂之何哉？雖然，猶須痛念三界無安，肉身苦惱，生死路險，人命無常。幸聞佛法，幸生信心。幻境幻緣，隻眼覷破；佛心佛行，赤體擔當。浄業得修且修，宦場可下便下。無少生留戀，無虚棄光陰。務期事辦一生，華開上品。庶幾不負自己多生熏習之善願，我佛長劫護念之慈恩，而成一世出世間之勇猛丈夫焉。

念佛伽陀附

嗣法門人了如録〔一〕

教義百偈

一句彌陀，我佛心要，竪徹五時，横該八教。一句彌陀，意旨如何，知音常少，木耳偏多。

一句彌陀，大意分明，蛇生弓影，藥出金瓶。一句彌陀，名異方便，普攝群機，旁通一綫。

一句彌陀，開往生門，是多福德，非少善根。一句彌陀，臨終佛現，四辯親宣，六方共讚。

一句彌陀，成佛標準，以念佛心，入無生忍。一句彌陀，證三不退，祇此一生，便補佛位。

一句彌陀，滿十大願，豈得普賢，錯教了辦。一句彌陀，白牛駕勁，其疾如風，行步平正。

〔一〕「了如録」，金陵本語録作「了如等述録」。

一句彌陀，如來藏心，水外無浪，器原是金。
一句彌陀，清浄實相，絶議絶思，難名難狀。
一句彌陀，大圓智鏡，身土影含，重重掩映。
一句彌陀，圓滿菩提，天更無上，雲不與齊。
一句彌陀，開般若門，十虚萬法，一口平吞。
一句彌陀，入王三昧，似地均擎，如天普蓋。
一句彌陀，性本自空，星皆拱北，水盡朝東。
一句彌陀，如鏡照鏡，宛轉互含，重疊交映。
一句彌陀，一大藏經，縱横交彩，絶待幽靈。
一句彌陀，一大藏論，當念心開，慧光如噴。
一句彌陀，渾全大藏，戒定慧光，流出無量。
一句彌陀，罕聞罕睹，影現鏡林，響宣天鼓。
一句彌陀，老婆心苦，運萬斛舟，發千鈞弩。
一句彌陀，的的是無，鎔他萬像，入我洪鑪。
一句彌陀，非有非無，捺著便轉，水上壺盧。

一句彌陀，妙真如性，春在華枝，像含古鏡。
一句彌陀，圓融法界，觀體全真，交羅無礙。
一句彌陀，空如來藏，萬法未形，一真絶相。
一句彌陀，大般涅槃，一輪明月，萬里空寒。
一句彌陀，華屋門開，從者裏入，快隨我來。
一句彌陀，得大總持，轉一切物，使十二時。
一句彌陀，法界緣起，浄業正因，菩提種子。
一句彌陀，似空合空，了無痕縫，卻有西東。
一句彌陀，一大藏律，瞥爾浄心，戒波羅蜜。
一句彌陀，一藏祕密，發本神通，具大威力。
一句彌陀，繩本是麻，柰何不會，翻疑作蛇。
一句彌陀，無可譬喻，古鏡當臺，水銀墮地。
一句彌陀，明明是有，四辯八音，婆心苦口。
一句彌陀，亦無亦有，夢裏山川，鏡中華柳。
一句彌陀，第一義諦，尚超百非，豈落四句。

一句彌陀，妙圓三諦，最清涼池，大猛火聚。

一句彌陀，有功者賞，王膳盈前，髻珠在掌。

一句彌陀，非難非易，九品蓮華，一生心力。

一句彌陀，横出娑婆，汝信不及，吾末如何。

一句彌陀，要在信深，蓮芽九品，抽自此心。

一句彌陀，要在行專，單提一念，斬斷萬緣。

一句彌陀，只恁麽念，百八輪珠，綫斷重換。

一句彌陀，愈多愈好，如人學射，久習則巧。

一句彌陀，譬猶掘井，就下近泥，價廉工省。

一句彌陀，全身頂戴，人命無常，光陰不再。

一句彌陀，妙圓止觀，寂寂惺惺，無雜無間。

一句彌陀，如水清珠，紛紜雜念，不斷自無。

一句彌陀，塵緣自斷，師子遊行，驚散野干。

一句彌陀，無相心佛，國土莊嚴，更非他物。

一句彌陀，無漏真僧，雪山藥樹，險道明燈。

一句彌陀，得大自在，轉變聖凡，融通世界。

一句彌陀，里仁爲美，居卜來歸，枯椿非鬼。

一句彌陀，就路還家，可惜癡人，棄金擔麻。

一句彌陀，歸元捷徑，緊要資糧，唯信願行。

一句彌陀，要在願切，寸心欲焚，雙目流血。

一句彌陀，誓成片段，拌此一生，作箇閒漢。

一句彌陀，不急不緩，心口一如，歷歷而轉。

一句彌陀，攝心密持，如人飲水，冷煖自知。

一句彌陀，類如鑽火，木煖煙生，暫停不可。

一句彌陀，如救頭然，盡十分力，期上品蓮。

一句彌陀，險路砥平，直抵寶所，不住化城。

一句彌陀，頓入此門，金翅擘海，直取龍吞。

一句彌陀，驀直念過，一蹋到底，香象渡河。

一句彌陀，無爲大法，日用單提，劍離寶匣。

一句彌陀，滿檀那度，裂破慳囊，掀翻寶聚。

一句彌陀，滿尸羅度，都攝六根，圓淨三聚。
一句彌陀，滿毗梨度，不染纖塵，直蹋玄路。
一句彌陀，滿般若度，境寂心空，雲開月露。
一句彌陀，一朶寶蓮，唯心之妙，法爾如然。
一句彌陀，一朶寶蓮，決定不信，真箇可憐。
一句彌陀，宏通敢惰，入大悲室，坐法空座。
一句彌陀，斷諸煩惱，全佛全心，一了百了。
一句彌陀，能空苦報，世界根身，即粗而妙。
一句彌陀，解難解怨，慈光共仰，法喜均霑。
一句彌陀，空諸惡趣，萬德洪名，那容思議。
一句彌陀，化兼小聖，回狹劣心，向無上乘。
一句彌陀，微妙難思，唯佛與佛，乃能知之。
一句彌陀，因緣時節，異香常聞，蓮社創結。
一句彌陀，感應非輕，少康化佛，善導光明。
一句彌陀，是無上禪，一生事辦，曠劫功圓。

一句彌陀，滿羼提度，二我相空，無生忍悟。
一句彌陀，滿禪那度，現諸威儀，藏甚枯樹。
一句彌陀，想寂思專，未離忍土，已坐寶蓮。
一句彌陀，一朶寶蓮，凡情不信，亦宜其然。
一句彌陀，一朶寶蓮，直饒不信，已染識田。
一句彌陀，無盡寶藏，八字打開，普同供養。
一句彌陀，滅除定業，赫日輕霜，洪鑪片雪。
一句彌陀，圓轉三障，即惑業苦，成祕密藏。
一句彌陀，報未報恩，裂纏緜網，入解脱門。
一句彌陀，機逗人天，參差三輩，掩映九蓮。
一句彌陀，超然無礙，文殊普賢，大人境界。
一句彌陀，列祖奉行，馬鳴造論，龍樹往生。
一句彌陀，利大象龍，永明禪伯，智者教宗。
一句彌陀，有教無類，雄俊入冥，惟恭滅罪。
一句彌陀，理非易會，百偈俄成，三尊加被。

宗乘百偈

一句彌陀，五宗〔一〕公案，八裂七華，不勞判斷。
一句彌陀，切忌莽鹵，瓜徹蒂甜，瓠連根苦。
一句彌陀，現成公案，但辦肯心，必不相賺。
一句彌陀，死了未燒，佛曾有約，天不須招。
一句彌陀，計甚易難，三條竹篾，七箇蒲團。
一句彌陀，親切受持，一牛飲水，五馬不嘶。
一句彌陀，悟機尤妙，念極情忘，寒灰豆爆。
一句彌陀，正好轉身，山盡無路，豁回有邨。
一句彌陀，萬重關透，佛手驢腳，面皮多厚。
一句彌陀，三玄三要，除卻楊修，阿誰知妙。
一句彌陀，全賓全主，師子咬人，鵝王擇乳。
一句彌陀，四種藏鋒，巖頭去後，誰善斯宗。

一句彌陀，指向上路，不可言傳，直須神悟。
一句彌陀，何敢相嘲，合取狗口，打折驢腰。
一句彌陀，正好活埋，拗折竹杖，燒卻草鞋。
一句彌陀，莫問宗教，未擲藤條，先焚疏鈔。
一句彌陀，拳拳牢執，捏鐵稱錘，出黃金汁。
一句彌陀，念來便好，不用分疏，顢蒙合道。
一句彌陀，誰知如此，百丈鼻頭，雲門足指。
一句彌陀，踢上頭關，水不是水，山依舊山。
一句彌陀，格外宗通，泥牛吼月，木馬嘶風。
一句彌陀，天然五位，只爲分明，卻難領會。
一句彌陀，四重料揀，收放卷舒，門頂有眼。
一句彌陀，藏身無迹，此意誰知，華亭空憶。

〔一〕「五宗」，指禪門的潙仰宗、臨濟宗、曹洞宗、雲門宗、法眼宗。

一句彌陀，本分禪宗，橫擔榔栗，直入千峰。
一句彌陀，大有來由，暗中書字，窗裏出牛。
一句彌陀，六八宏願，冷便穿衣，饑來喫飯。
一句彌陀，得要明宗，攬草成藥，破壁飛龍。
一句彌陀，舊案全翻，喝退臨濟，棒走德山。
一句彌陀，一點靈明，無星稱上，兩頭恰平。
一句彌陀，坐鎮寰宇，燒返魂香，擊塗毒鼓。
一句彌陀，重新指點，拽下禪牀，未是正眼。
一句彌陀，居不待卜，盜入賊家，僧投寺宿。
一句彌陀，君臣道合，聖德天淵，慚難報答。
一句彌陀，仔細商量，心外無法，東土西方。
一句彌陀，含靈普育，日麗山川，春榮草木。
一句彌陀，九品蓮華，布帛非儉，錦繡非奢。
一句彌陀，九品蓮華，壺盧架上，卻結冬瓜。
一句彌陀，今重告語，生實不生，去決定去。

一句彌陀，密轉不已，自己山河，山河自己。
一句彌陀，誰善舉揚，龜毛拂短，兔角杖長。
一句彌陀，是何宗旨，雪峰輥毬，天龍豎指。
一句彌陀，全機勘破，勝金剛王，超木上座。
一句彌陀，法身向上，如何若何，徒勞讚謗。
一句彌陀，一箇主翁，若然兩物，用著融通。
一句彌陀，切莫顢頇，月圓當户，日出連山。
一句彌陀，成群合夥，覷井覷驢，是渠是我。
一句彌陀，父子投機，慈顏咫尺，愧久背違。
一句彌陀，且淺商量，薰風南來，殿閣微涼。
一句彌陀，的當商量，店中焚被，庫下賣薑。
一句彌陀，九品蓮華。種豆得豆，種瓜得瓜。
一句彌陀，九品蓮華，故鄉作客，別國爲家。
一句彌陀，曾聞多觜，雁過長空，影沈寒水。
一句彌陀，念者爲誰，會得了也，猶欠鍼錐。

一句彌陀，撥塵見佛，佛亦是塵，塵是何物。
一句彌陀，願樂欲聞，草木真香，山水清音。
一句彌陀，別啓玄關，一般雲月，各自谿山。
一句彌陀，是活人劍，略露鋒鋩，龍騰豹變。
一句彌陀，臨機自由，芭蕉柱杖，黄龍拳頭。
一句彌陀，頗深意致，買石雲饒，移華蝶至。
一句彌陀，安樂故土，胡不歸來，鬧市有虎。
一句彌陀，法本常住，緑樹啼鶯，動便飛去。
一句彌陀，佛眼難窮，通身緜密，八面玲瓏。
一句彌陀，千車同軌，王庫寶刀，祖庭真髓。
一句彌陀，全心相委，似金博金，如水投水。
一句彌陀，常寂滅相，時至華開，鶯啼柳上。

一句彌陀，於意云何，兩段不同，收歸上科。
一句彌陀，惟德是馨，山不在高，水不在深。
一句彌陀，是殺人刀[一]，當場拈起，鬼哭神嘷。
一句彌陀，轟雷掣電，法眼卷簾，三平斷案。
一句彌陀，不用嘵嘵，但歸山去，自有柴燒。
一句彌陀，説山中話，六月松風，人間無價。
一句彌陀，轉身就父，無計承歡，何敢背忤。
一句彌陀，不勞融貫，心佛衆生，本來一串。
一句彌陀，△字三點，喚破沙盆，作正法眼。
一句彌陀，坐大寶蓮，彌勒非後，釋迦不前。
一句彌陀，百千卷經，水中鹽味，色裏膠青。
一句彌陀，是究竟道，下士聞之，呵呵大笑。

[一]「殺人刀」和「活人劍」，皆是禪林用語。刀、劍皆用來比喻智慧，凡能喚醒人本具之靈性者，稱爲「活人劍」；反之，能置人于死地者，稱爲「殺人刀」。

一句彌陀，殊非草草，救取丹霞，唤回趙老。一句彌陀，萬古空平，當人面目，大地衆生。

一句彌陀，明珠走盤，看則有分，道即應難。一句彌陀，豐儉隨家，香嚴錐子，真浄袈裟。

一句彌陀，建大法幢，寰中道契，化外魔降。一句彌陀，震大法雷，卧龍奮迅，蟄户洞開。

一句彌陀，吹大法螺，木童撫掌，石女高歌。一句彌陀，擊大法鼓，日月停輪，山河起舞。

一句彌陀，無邊衆生，同時度竟，豈待更稱。一句彌陀，無盡煩惱，輥成一團，全身靠倒。

一句彌陀，無量法門，慈氏樓閣，武陵桃源。一句彌陀，無上佛道，不許夜行，投明須到。

一句彌陀，且不是佛，名本非名，物原無物。一句彌陀，何止唯心，山自高高，水自深深。

一句彌陀，心佛雙彰，兩輪互照，一統無疆。一句彌陀，心佛兩亡，水歸滄海，雲去帝鄉。

一句彌陀，離見超情，水清月現，印壞文成。一句彌陀，恰有明證，趙州狗子[二]，卻無佛性。

一句彌陀，宗提格外，劫火洞然，者箇也壞。一句彌陀，道出大方，寂光有相，佛性無常。

一句彌陀，人人知有，從東過西，進前叉手。一句彌陀，大家委悉，向下文長，付於來日。

一、信生必有死。普天之下，從古至今，曾無一人逃得。

〔二〕「趙州狗子」，禪宗公案名，又作「趙州無字」。指趙州從諗禪師以狗子佛性的問答打破有無的執見。五燈會元卷四有載。

二、信人命無常。出息雖存，入息難保，一息不來，即爲後世。

三、信輪回路險。一念之差，便墮惡趣，得人身如爪上土，失人身者如大地土。

四、信苦趣時長。三途一報五千劫，再出頭來是幾時。

五、信佛語不虚。此日月輪，可令墮落，妙高山王，可使傾動，諸佛所言，無有異也。

六、信實有浄土。如今娑婆無異，的的現有。

七、信願生即生。已今當願，已今當生，經有明文，豈欺我哉？

八、信生即不退。境勝緣强，退心不起。

九、信一生成佛。壽命無量，何事不辦。

十、信法本唯心。唯心有具造二義，如上諸法，皆我心具，皆我心造。

信佛語故，則造後四；不信佛語，但造前四。故深信佛言，即深信自心也。修浄業者，能具此十種信心，其樂土之生，如操左券而取故物，夫何難之有。甲子七月，訥堂道人書。

徹悟禪師行略

師諱際醒，字徹悟，一字訥堂，又號夢東。京東豐潤縣人。俗姓馬，父諱萬璋，母高氏。師幼而穎異，長喜讀書，經史群籍，靡弗采覽。二十二歲，因大病，悟幻質無常，發出世志。病已，至房山縣，投三聖庵榮池老宿薙髮。越明年，詣岫雲寺恒實律師圓具。次年，聞香界寺隆一法師開演圓覺，師預[一]會焉。晨夕研詰，精求奥義，遂悟圓覺全經大旨。復依增壽寺慧岸法師，聽講相宗，妙得其要。後歷心華寺徧空法師座下，聽法華、楞嚴、金剛等經，圓解頓開。於性相二宗三觀十乘之旨了無滯礙。乾隆三十三年冬，參廣通粹如純翁，明向上事，師資道合，乃印心焉。是爲臨濟三十六世，磬山七世也。三十八年，粹翁遷萬壽寺。師繼席廣通，率衆參禪，策勵後學，津津不倦，十四年如一日，聲馳南北，宗風大振。每憶永明延壽禪師，乃禪門宗匠，尚歸心浄土，日課十萬彌陀，期生安養。況今末代，尤宜遵承，遂棲心浄土，主張蓮宗。日限尺香晤客，過此惟禮拜、持念而已。五十七年，遷覺生寺，住持八

［一］「預」，廣化寺本文集作「與」。

年，百廢盡舉。於淨業堂外，别立三堂，曰涅槃、曰安養、曰學士，俾老病者有所依託，初學便於誦習。師於禪淨宗旨，皆深造其精奥。律己甚嚴，望人甚切。開導説法，如瓶瀉雲興。與衆精修，蓮風大扇。遐邇仰化，道俗歸心，當時法門爲第一人。嘉慶五年，退居紅螺山資福寺，以期終歲。衲〔一〕子依戀，追隨者甚衆。師爲法爲人，心終無厭。遂復留衆，俄成叢席。擔柴運水，泥壁補屋，一飲一餐，與衆共之。如是者又十年。十五年二月，詣萬壽寺埽粹祖塔，辭諸山外護。囑曰：「幻緣不久，人世非常。虚生可惜，各宜努力念佛，他年淨土好相見也。」三月還山，命預辦茶毗事物。十月十七日，集衆付院務，命弟子松泉領衆住持，誡曰：「念佛法門，三根普被，無機不收。吾數年來，與衆苦心建此道場，本爲接待方來，同修淨業。凡吾所立規模，永宜遵守，不得改弦易轍，庶不負老僧與衆一片苦心也。」臨示寂半月前，覺身微疾，命大衆助稱佛號，見虚空中幢旛無數，自西而來。乃告衆曰：「淨土相現，吾將西歸矣。」衆以住世相勸。師曰：「百年如寄，終有所歸。吾得臻聖境，汝等當爲師幸，何苦留耶？」十二月十六日，命監院師貫一，設涅槃齋。十七日申刻，告衆曰：「吾昨已見文殊、觀音、勢至三大士，今復蒙佛親垂接引，吾今去矣。」衆稱佛號愈厲，

〔一〕「衲」上，廣化寺本文集有「奈因」二字。

師面西端坐合掌曰：「稱一聲洪名，見一分相好。」遂手結彌陀印，安詳而逝。衆聞異香浮空。供奉七日，面貌如生，慈和豐滿，髮白變黑，光潤異常。二七入龕，三七荼毗，獲舍利百餘粒。門弟子遵遺命，請靈骨葬於普同塔内。師生於乾隆六年十月十四日未時，終於嘉慶十五年十二月十七日申時。世壽七十，僧臘四十九，法臘四十有三。所著有示禪教律、念佛伽陀行於世。嘉慶十七年壬申九月既望，有師之弟子惺聰者，持師〔二〕行實，請述於余。余與師相契有年，素蒙開誨，啓迪良多。師真過量人也。六根通利，解悟超常，既具辯才，兼持苦行，終始如一。余所目覩。故此述〔三〕不容一字假飾。愧余不文，特質言之以傳信云爾。拈華寺慕蓮杜多體寬通申敬述。

〔二〕「師」下，廣化寺本文集有「之」字。
〔三〕「述」，廣化寺本文集作「録」。

附録

一、浄土十要作者傳記[一]

清智旭

智旭，字蕅益，姓鍾，吴縣人。父持白衣大悲呪，夢大士送子而生旭。少以聖學自任，著書闢佛，凡數千言。及閲雲棲竹窗隨筆，乃焚所著論。年二十，讀地藏本願經，發出世志，日誦佛名。天啓元年，年二十四，聽一法師講經，疑情忽發，用心參究，已而豁然，尋掩關於吴江。遇疾且殆，始一意求生浄土。疾少閒，結壇持往生呪，七日。説偈曰：「稽首

[一] 均據浄土聖賢録，作者順序按十要的先後次序排列。

無量壽，拔業障根本。觀世音、勢至，海衆菩薩僧。我迷本智光，妄墮輪回苦。曠劫不暫停，無救無歸趣。劣得此人身，仍遭劫濁亂。雖復預僧倫，未入法流水。目擊法輪壞，欲挽力未能。良由無始世，不植勝善根。今以決定心，求生極樂土。乘我本誓船，廣度沈淪衆。我若不往生，不能滿所願。是故於娑婆，畢定應舍離。猶如被溺人，先求疾到岸。乃以方便力，悉拯暴流人。我以至誠心，深心回向心。然臂香三炷，結一七净壇。專持往生呪，惟除食睡時。以此功德力，求決生安養。我若退初心，不向西方者，寧即墮泥犂。令疾生改悔，誓不戀人天，及以無爲處。仰願大威神，力無畏不共。三寶無邊德，加被智旭等。折伏使不退，攝受令增長。」其後歷住温陵、漳州、石城、晟溪、長水、新安，廣宏台教。而歸老於靈峰。時諸方禪者，多以净土爲權教，遇念佛人，必令參究誰字。旭獨謂持名一法，即是圓頓心宗。有卓左車者，嘗設問言：「如何是念佛門中向上一路？如何得離四句絶百非？如何是念佛人最後極則？如何是淆譌處腦後一鎚？冀和尚將向來自性彌陀、唯心净土等語，撇向一邊。親見如來境界，快説一番，震動大千世界。」旭答言：「向上一著，非禪非净，即禪即净。才言參究，已是曲爲下根。果大丈夫，自應諦信是心作佛，是心是佛。設一念與佛有隔，不名念佛三昧。若念念與佛無閒，何勞更問阿誰！净土極則事，無念外之佛，爲念所念；無佛外之念，能念於佛。正下手時，便不落四句百非，通身拶入。

但見阿彌陀佛一毛孔光，即見十方無量諸佛。但生西方極樂一佛國土，即生十方諸佛浄土。此是向上一路。若捨現前彌陀，別言自性彌陀；捨西方浄土，別言唯心浄土，此是淆譌公案。經云：『三賢十聖住果報，唯佛一人居浄土。』此是腦後一鎚。但能深信此門，依信起願，依願起行，則念念流出無量如來，徧坐十方微塵國土，轉大法輪。照古照今，非爲分外，何止震動大千世界！」又嘗示人云：「夫念佛法門，別無奇特，只是深信力行爲要耳。佛云：『若人但念彌陀佛，是名無上深妙禪。』天台云：『四種三昧，同名念佛。念佛三昧，名爲三昧中王。』雲棲云：『一句阿彌陀佛，該羅八教，圓攝五宗。』可惜如今人將念佛看做淺近勾當，謂愚夫愚婦工夫，所以信既不深，行亦不力，終日悠悠，浄功莫尅。或有巧設方便，欲深明此念佛三昧者，動以參究誰字爲向上。殊不知一念現前之心，本自離句絶非，不消作意離絶。即現前一句所念之佛，亦本超情離見，何勞説妙説玄。只貴信得及，守得穩，直下念去。或晝夜十萬，或五萬、三萬，以決定不缺爲準。畢此一生，誓無變改，而不得往生者，三世諸佛便爲誑語。一得往生，則永無退轉。種種法門，悉得現前。切忌今日張三，明日李四。遇著教下人，又思尋章摘句；遇著宗門人，又思參究問答；遇著持律人，又思搭衣用鉢。此則頭頭不了，帳帳不清。豈知念得阿彌陀佛熟，三藏十二部極則教理，都在裏許；千七百公案，向上機關，亦在裏許；三千威儀，八萬細行，三聚浄戒，亦在裏許。真能念佛，放下身心世界，即大布施；真能念佛，不復起貪瞋癡，即大持戒；真能念佛，不計是非人我，即大忍辱；真能念佛，不稍間斷夾雜，即大精進；真能念佛，不妄想馳逐，即大禪定；真能念佛，不爲他歧所惑，即大智慧。試自簡點，若於身心世界猶未放下，貪瞋癡念猶自現起，是非人我猶自挂懷，間斷夾雜猶未除盡，妄想馳逐猶未永滅，種種他歧猶能惑志，便不名爲真念佛也。要到一心不亂境界，亦無他術。最初下手，須用數珠，記得分明，刻定課程，決定無缺。久久純熟，不念自念。然後記數亦得，不記數亦得。若初心便要説好看話，要不著相，要學圓融自在，總是信不深，行不力。饒汝講得十二分教，下得千七百公案，皆是生死岸邊事。臨命終時，決然用不著。」順治十一年冬，有疾，遺命闍維後，屑骨和粉，分施禽魚，結西方緣。明年，正月二十一日晨起，病良已。午刻，趺坐繩牀，向西舉手而逝，年五十七。既寂三年，如法闍維。啓龕，髮長覆耳，面如生，門人不忍從遺命，收其骨，塔於靈峰。靈峰宗論。

宋遵式

遵式，字知白，台州寧海葉氏子也。母夢噏明珠而生式。稍長，往東掖山依義全師出家，勤苦自厲。初學律部，繼入國清寺，然指普賢像前，誓傳天台教法。雍熙初，往四明寶雲寺，事義通法師，嘗行般舟三昧。積勞嘔血，兩足皮裂，以死自誓。忽見觀音垂手指其口，引出數蟲。又指端出甘露灌之，覺身心清涼，所患頓失。已而頂高寸許，聲如洪鐘，慧辯無礙。通示寂，式反天台。淳化元年，居寶雲。至道二年，結緇素專修浄業，作誓生西方記。咸平中，歸東掖，建精舍，率衆修念佛三昧。祥符七年，應杭人請，主昭慶寺。尋赴蘇州，講經開元寺。復反杭，主靈山。王欽若判杭州，奏復天竺寺舊名，賜式號曰慈雲。式嘗以天台智者放生故事語欽若，欽若因奏請以西湖爲放生池，報可。先後依經撰集諸懺法，圓融三觀，以浄土爲歸。又因知府馬亮問道，述往生浄土決疑行願二門。其決疑門略云：「佛法有二：一者小乘不了義法，二者大乘了義法。大乘中，復有了義不了義。今談浄土，唯是大乘了義中了義之法也。此教詮旨，圓融因果，頓足佛法之妙。經云：『十方諦求，更無餘乘，惟一佛乘，斯之謂與。』是則十方浄穢，卷懷同在於刹那；一念色心，羅列偏周於法界。並天真本具，非緣起新成。一念既然，一塵亦爾。故能一一塵中一切刹，一一心中一切心。一一心塵復互周，重重無盡無障礙。一時頓現非隱顯，一切圓成無勝劣。我心既然，生佛體等。此則回神億刹，實生於自己心中；孕質九蓮，豈逃乎刹那際内。信此圓談，則事無不達；昧斯至理，則觸類皆迷。故云：『諸佛如來是法界身，入一切衆生心想中。』乃至『是心作佛，是心是佛』。今但直決疑情，令知浄土百寶莊嚴，九品因果，並在衆生介爾心中。理性具足，方得往生事用，隨願自然。免信常流，執此非彼。」其行願門，文多不載。別有論往生坐禪觀法云：「欲修往生觀者，當於一處，繩牀西向，易觀想故，表正向故。跏趺端坐，頂脊相對，不昂不傴。調和氣息，定住其心。然所修觀門，經論甚多，初心凡夫，那能徧習。今從要易，略示二種。於二種中，仍逐所宜，不必併用。其有於餘觀想熟者，任便。但得不離净土法門，皆應修習。所言二種：一者扶普觀意。坐已，自想即時所修，計功合生極樂世界。當便起心，生於彼想。於蓮華中，結跏趺坐，作華合想，作華開想。當華開時，有五百色光來照身想。作眼目開想，見佛菩薩及國土想。即於佛前，坐聽妙法，及聞一切音聲，皆說所樂聞法。所聞，要與十二部經合。作此想時，大須堅固，令心不散。心想明了，如眼所見，經久乃起。二者，直想阿彌陀佛丈六金軀，坐於華上，專繫眉間白毫一相。其毫長一丈五尺，周圍五寸，外有八楞。其毫中空，右旋宛轉，在眉中間。瑩净明徹，不可具說。顯映金顔，分齊分明。作此想時，停心注想，堅固勿移。然復應觀，想念所見，若成未成，皆想念因緣，無實性相，所有皆空。一如鏡中面像，如水現月影，如夢如幻，即空即假即中，不一不異，非縱非横，不可思議。心想寂静，則能成就念佛三昧。」天聖中，別於寺東建日觀庵，送想西方，爲往生之業。尋講維摩經畢，與衆訣別，以講席付弟子祖韶。作謝緣詩，示將歸寂。其明年，爲明道元年，十月八日，有疾，卻醫藥。仍爲衆略説法要。令請彌陀像，或以觀音至。禮炷香祝曰：「我觀觀世音，前際不來，後際不去。十方諸佛，同住實際。願受我一炷之香，諸佛證明，往生安養。」或叩其所歸，對以寂光淨土。至晚坐脱，年六十九。人見大星隕於靈鷲峰，紅光赫然。樂邦文類、佛祖統紀、蓮宗寶鑑。

清成時

成時，號堅密，姓吴，徽州歙縣人。少爲諸生。年二十八，出家。於禪教二宗，參訪略徧。及見蕅益法師，遂終身依止，卒傳其道。歙人延時居仰山，山中猛獸皆馴伏。自撰齋天法儀，感天神現身，人多見者。後往江寧，駐錫天界半峰，宏靈峰之遺教。勤修淨業，日有定課，雖甚寒暑不少懈。刻淨土十要，爲之序，以暢其旨。其文曰：「淨土法門者，法界緣起也。何謂法界？吾人現前一念之心，不唯非塊然，亦復非倏爾。纔有能起，即屬所緣，非能緣者，不得已强名之曰無相。然虚空兔角，亦受無相之名。而虚空有表顯相，兔角有斷無相，非真無相。又不得已，强名此無相曰真。唯其無相而真，故十方三世依正色心自他凡聖等法，皆在我現前一念無相真心中，炳然齊現。心無相而真，從心所現一切諸法，莫不無相而真。是故於中隨拈一毫末，一一皆具十方三世依正色心自他凡聖等法，而無餘欠。乃至一欻一掉，一名一字，罔非自心之全體大用。而欻掉名字之外，更無一法可得。

此所謂法界也。何謂法界緣起？聖凡皆此法界，非麤妙，無減增，不涉生死，不干迷悟。而悟順法界故，出生二種涅槃；迷逆法界故，妄現二種生死。迷逆生死，法界宛然。無奈衆生從未悟故，終不能了。諸佛菩薩愍之，從一真法界，起種種因緣，世出世間，事類無算。一介螻蟻，萬聖互援。神力既同，慈心亦等。而衆生迷逆妄故，受化不齊。於諸佛菩薩平等光中，有有緣無緣，及緣中淺深久近之異。緣分差等，化辨從違。若或無緣，徒勞引領。此所謂法界緣起也。是故建化門中，只論繫珠一義。如法華妙典，廣談宿因。先聖以四釋闡明，因緣釋、約教釋、本迹釋、觀心釋。而必以因緣居首。由緣匪一，故教網弛張；由教無方，故恩德貫徹。由恩不可窮盡，故得消歸自己，領納家珍。故知因緣，即第一義。是旨也，精研藏教，備考群宗，由忍土而遐攬十虛，從末流而曠觀三際，則求生淨土一法，誠法界第一緣起矣。説者謂阿彌願勝，駕越諸方。然諸佛願等、子等、心等，法性海中，豈容優劣。而千經萬論，極口指歸樂邦；十方廣長，同聲勸讚光壽者，何哉？緣在故耳。緣何謂在？信也。何謂不在？不信也。信不在處，惡業障之。又諸佛四土，上三土容有横義。至同居土，大抵有竪無横。唯極樂同居，横具四土。是故有情以凡夫而例一生補處，國土即緣生而顯稱性法塵，佛身因應化而見法身真常，説法從衆鳥而聞梵音深遠。以要言之，法法圓融，塵塵究竟。教海無一名相可筌蹄，法門無一因果可比擬。然此等希有，十方罕聞。而唯在極樂者，何哉？緣深故耳。緣何謂深？信深也。緣何謂淺？信淺也。信根淺處，恒情域之。諸佛度生，皆經累劫。從凡階聖，不退爲難。今求生極樂，但七日竭誠，十念傾注，雖陷惡逆，悉記往生。纔得往生，便圓踞三不退地。且見阿彌，即見十方諸佛；生極樂，即生一切刹海。乃至阿彌一光，極樂一塵，悉能於中頓證十方三世依正色心自他凡聖等法，而不出刹那際三昧。夫諸佛度生如彼難，阿彌度生如此易者，何哉？緣久故耳。緣何謂久？信久也。緣何謂近？信近也。信緣近處，時分限之。如上所論，專重有緣。緣深，則境界難思，非十地等覺所能測；緣久，則神力迅速，非三祇百劫所可倫。要之，阿彌非有加於吾心也。吾心一念離絶，故聖凡無在；吾心萬法頓融，故四土無在；吾心不屬時劫，故十世刹那無在；吾心不屬方隅，故微塵刹海無在。吾何歉乎哉？特仗增上因緣，一顯發之耳。故净土一門，至簡至妙。唯以現前一念無明業識之心，專稱阿彌陀佛名號，無閒一心，未有不親證親到者。但恐法門之戲論難忘，生死之天懷不切。或執摩尼而視同瓦礫，或以指爪而撮摩虛空，或抉瞖而與眼以明，或傳經而苦舌之鴂。如此，則揚之與抑，總莫暢乎本懷；而信之與疑，皆不成乎三昧。閒有大智，知進知退，知存知亡，而未遘至人，未獲圓悟，未窮極致，未學要詮，欲升永明之堂，入楚石之室，居五濁之世，闡難信之宗，殊非聊爾。昔靈峰老人選定净土十要一書，剞劂未全。乙未以後，梨棗四散。成時竊念浄土諸書，唯此十種盡善盡美。爰加點評，稍事節略。自以觀經初門、彌陀行儀二種附之。訂訖，倡募流通，而大心緇白共成焉！於是成時合掌稽首，重爲告曰：『浄土持名之法，有三大要焉。一者，六字洪名，念念之間，欣厭具足。如出幽獄，奔託王家，步步之間，欣厭具足。是故萬緣之唾不食，衆苦之忍莫回。高置身於蓮華，便訂盟於芬利。蛆蠅糞壤，可殺驚慚。二者，參禪必不可無浄土，爲防退墮，寧不寒心。浄土必不可入禪機，意見稍乘，二門俱破。果能專修浄業，不須更涉餘宗。冷煖自知，何容强諍？三者，一句彌陀，非大徹不能全提，而最愚亦無少欠。倘有些子分別，便成大法魔殃。只貴一心受持，寧羨依稀解悟。乞兒若見小利，急須吐棄無餘。棒打石人頭，嚗嚗論實事。』已上三要，頗切今時。倘能真實指迷，我願捨身供養。十方三世，共聞此言。」康熙十七年十月十五日，卒於江寧半峰。三日前，異香繞室。餘學齋集、浄土十要。

隋智顗

智顗，字德安，姓陳，潁川人。母孕時，夢煙五采，縈繞懷抱。及誕，室内光明洞然。眼有重瞳。臥必合掌，坐必面西。少長，見像即禮，逢僧必敬。年十八，投湘州果願寺法緒出家。誦法華經，兼通律藏。性樂禪悦。詣光州大蘇山禮慧思禪師。思一見曰：「昔日靈山同聽法華，宿緣所追，今復來矣。」即示以普賢道場，爲説四安樂行。顗乃於此山修法華三昧。始經三夕，誦至藥王品，是真精進，是名真法供養如來。身心豁然，寂而入定，照了法華，達諸法相。陳光大元年，初至金陵，居瓦官寺，創宏禪法。大建七年，往臨海天台山，結庵於北峰，居焉。未幾，奉詔入金陵。陳亡，去之廬山，又周遊荆、揚間。隋開皇十四年，歸天台。前後造寺三十六所，佛像八十萬軀，親度僧一萬四千人。贖魚簄溪梁六十餘所，作放生池，表聞於朝，嚴禁採捕。龍天致敬，道俗向化，法教於斯大盛。晉王廣，從受菩薩戒，奉以名曰智者。嘗著淨土十疑論，其末篇，示欣厭二義。曰：「欲決定生西方者，具二種行，定得生彼。一、厭離行；二、欣願行。厭離行者，凡夫無始以來，爲五欲纏縛，輪迴六道，備受衆苦。不起心厭離五欲，未有出期。爲此，常觀此身，膿血屎尿，一切惡露，不淨臭穢。涅槃經云：『如是身城，愚癡羅刹，止住其中，誰有智者，當樂此身。』又經云：『此身衆苦所集，一切皆不淨，扼縛癰瘡等，根本無義利。至諸天身，皆亦如是。』行者若行若坐，若睡若覺，常觀此身，唯苦無樂，深生厭離。縱妻房不能頓斷，漸漸生厭，作七種不淨觀：一、觀此淫欲身，從貪愛煩惱生，是種子不淨；二、父母赤白和合，是受生不淨；三、住母胎臟，是住處不淨；四、在胎唯食母血，是食噉不淨；五、十月滿足，從產門出，是初生不淨；六、薄皮覆上，其内膿血徧一切處，是舉體不淨；七、死後膖脹爛壞，是究竟不浄。觀身既爾，觀人亦然。所愛境界男女身等，深生厭離，常觀不浄。能如此觀者，淫欲煩惱，漸漸減少。又發願，願我永離三界雜食臭穢膿血不浄，耽荒五欲男女等身，願得浄土法性生身。此爲厭離行。欣願行，復二種：一、先明求往生之意；二、觀彼浄土莊嚴等事，欣心願求。明往生意者，所以求生浄土，爲欲救拔一切衆生苦。即自思忖，我今無力，若在惡世，煩惱境强，自爲業縛，淪溺三途，動經劫數。如是輪轉，無始來未曾休歇，何時得救苦衆生。爲此，求生浄土，親近諸佛。若證無生忍，方能於惡世救苦衆生。故往生論發菩提心者，正是願作佛心。願作佛心，則是度衆生心。度生〔二〕心，則是攝衆生生佛國心。又，願生浄土，須具二行：一、須遠離三種障菩提門法；二、須得三種順菩提門法。何爲遠離三種障菩提法？一、依智慧門，不求自樂，遠離我心貪著自身故；二、依慈悲門，拔一切衆生苦，遠離無安衆生心故；三、依方便門，憐愍一切衆生，欲與其樂，遠離恭敬供養自身心故。若能遠離三種菩提障，則得三種順菩提法：一、無染清浄心，不爲自身求諸樂故，菩提是無染清浄處。若爲自身求樂，即染身心，障菩提門。故無染清浄心，是順菩提門。二、安清浄心。爲拔衆生苦故，菩提是安隱一切衆生清浄處。若不作心拔

〔二〕「生」上疑脱「衆」字。

一切衆生，令離生死苦，即違菩提門。故安清浄心，是順菩提門。三、樂清浄心。欲令一切衆生證大菩提涅槃故，菩提涅槃，是畢竟常樂處。若不作心令一切衆生得畢竟常樂，即遮菩提門。故樂清浄心，是順菩提門。此菩提因何而得？要因生浄土，常不離佛，得無生忍已，於生死國中，救苦衆生，悲智内融，定而常用，自在無礙，即菩提心。此是願生之意。二、欣心願求者，希心起想，縁彌陀佛，若法身若報身等。金色光明，八萬四千相，一一相八萬四千好，一一好放八萬四千光明，常照法界，攝取念佛衆生。又，觀彼土七寶莊嚴妙樂等，備如無量壽經、十六觀經等。常行念佛三昧，及施戒修等一切善行，悉以迴施衆生，同生彼國，決定得生。此欣願門也。」顗化縁既畢，往剡東石城寺，謂弟子曰：「吾當卒於此矣。」命施牀東壁，面向西方。專稱阿彌陀佛，般若觀音。又令多然香火，唱無量壽經及觀經題竟。讚曰：「四十八願，莊嚴浄土。華池寶樹，易往無人。火車相現，一念改悔者，尚得往生。況戒慧熏修，聖行道力，功不唐捐矣。」弟子請云：「未審大師證入何位？没此何生。」顗曰：「吾不領衆，必浄六根。損己利人，但登五品。吾諸師友，今從觀音、勢至，皆來迎我。」言訖端坐，如入三昧。年六十七，時開皇十七年十一月二十四日也。天鄉寺釋慧延聞顗遷化，感咽無已。欲知顗生處，因寫法華經，以求冥示。夜夢顗從觀音西來，顧謂曰：「疑心遣否？」其外靈異數著，類如此。（續高僧傳、佛祖統紀、十疑論。

唐飛錫

飛錫，不詳其所出，初學律儀，後與楚金法師研習天台教觀。天寶初，遊京師，止終南紫閣草堂，撰念佛三昧寶王論三卷。其上卷，明通念三世一切佛門。略言：「夫帝綱未張，千瓔焉覩。宏綱忽舉，萬目齊開。浴大海者，已用於百川。念佛名者，必成於三昧。而世人念過去釋迦，想現在彌陀，獨未聞念未來諸佛，何耶？以諸佛爲至尊也，衆生爲至卑也。高下出焉，群妄興矣。敬傲立焉，一真隱矣！般若云：『一切有情皆如來藏，普賢菩薩自體徧故。』夫貧女懷王，米在穅穭，鏡然可觀。人皆侮未來玉毫，不敢侮過現金色。起罪之由，在當來佛上，非已今佛上也。衆生苟非，當佛焉在？若知母因子貴，米以穅全，有叶法華不輕之心，則念佛三昧，不速而成。是故孌女群盜，不可或輕。鬼獄畜生，亦宜普敬。乃至無善可擇，無惡可棄，故隨所念，無非佛矣。」其中卷，明念現在佛專注一境門。略言：「悲華經言：『密蘇王子發心已來，行時步步，心心數法，常念諸佛。今登正覺，生妙樂刹，即阿閦佛是。』吾謂經行廣陌，徒步幽林，固當如密蘇之見。即鳴珂入杖，動佩朝天，肅肅羽儀，騣騣車馬，又安得不用心於步步間哉？夫含齒戴髮，死生交際，未有無出入息者。世人多以寶玉、木槵等爲數珠，吾以出入息爲念珠焉。稱佛名號，隨之於息，有大恃怙。安懼一息不還，即屬後世者哉？余行住坐臥，常用此珠。縱令昏寐，含佛而寢，覺即續之。必於夢中，得見彼佛。如鑽燧煙飛，火之前相，夢之不已，三昧成焉。面覩玉毫，親蒙授記，萬無一失也。問：『然則但能繼想，無取高聲乎？』答：『辟散之要，要存乎聲。聲之不厲，心竊無定。有五義焉：拔茅連茹，乘策其後，畢命一對，長謝百憂，一也；聲光所及，萬禍冰消，功德叢林，千山松茂，二也；金容熒煌以散彩，寶華淅瀝而雨空，若指諸掌，皆聲致焉，三也；如牽木石，重而不前，洪音發號，飄然輕舉，四也；與魔軍戰，旗鼓相望，用聲律於戎軒，以定破於强敵，五也。喧静兩全，止觀雙運，叶夫佛意，不亦可乎？華嚴經：『寧受無量苦，得聞佛音聲。不受一切樂，而不聞佛名。』然則佛聲遠震，開善萌芽，猶春雷之動百草，安得輕誣哉？』其下卷，明理事雙修即生無生門。略言：「世人謂念佛有念也，吾則謂念佛無念也。又念即是空，焉得有？非念滅空，焉得無？念性自空，焉得生滅？又無所念心者，應無所住也。而修念佛者，而生其心也。無所念心者，從無住本也。而修念佛者，立一切法也。無所念心者，念即是空也。而修念佛者，空即是念也。此明中道雙寂雙照。照而常寂，無所念心矣。寂而常照，而修念佛焉。如來寂照三摩地，念佛三昧究竟之位也。故此三昧，能生首楞嚴王師子吼定。菩薩念佛三昧經破相偈曰：『念佛真金色，安住無著心。觀法何名佛？攝心恒相續。金色非如來，四陰亦如是。離色非如來，想色應當知。此是佛世尊，最勝寂静處。善能滅一切，外道諸邪見。如龍王降雨，澤及於一切。』此經明六度萬行，未有一法不是念佛三昧也。大品經：『佛爲鈍根人，説諸法空寂，以其動生執見也。爲利根人，説諸佛相好，知其蓮不染塵也。』坐禪三昧經：『菩薩坐禪，不念一切，唯念一佛。如清泠海中金須彌山，乃至功德法身，亦如是念。』故知不得以不念爲無念。觀佛實相，觀身亦然。遇境皆真，無心不佛。必不離念存於無念，離生立於無生。若離而别立者，斯不了煩惱即菩提，衆生即諸佛矣！既離之不可，即念佛真無念也，即往生真無生也。其義焕然，若秋天澄霽，明月出雲矣。」永泰初，詔於大明宫内，同良賁等參譯仁王護國般若經及密嚴經，充證義正員。後不知其終。宋高僧傳、寶王三昧論。

元維則

維則，字天如，姓譚，永新人。出家後，嗣法中峰本禪師。至正初，住蘇州師子林。屢召問，稱疾不赴。則既密契單傳，復推天台、永明之旨，兼宏净土之教，著净土或問。破諸疑惑，策進修行。今録其尤警切者。或問：「一生造惡，臨終念佛，帶業得生，又無退轉。

然則我且做世事，待臨終念佛，可乎？」答曰：「苦哉，苦哉！賺自己，又賺天下僧俗男女，皆此言也。逆惡凡夫，臨終念佛，是夙有善根，故遇善知識，而得念佛。此等僥倖，萬中無一。群疑論云：『有十種人，臨終不得念佛：一、善友未必相遇，無勸念之人；二、業苦纏身，不遑念佛；三、偏風失語；四、狂亂失心；五、遭水火；六、遇豺狼；七、惡友壞彼信心；八、昏迷致死；九、陣亡；十、墜高巖。』此皆尋常聞見，不論僧俗，人皆有之。宿業所招，現業所感，忽爾現前，不容迴避。忽然遭著一種，便做手腳不得了也。直饒無知識活佛，救不得了也。便隨業向三途八難中受苦，到那時，要聞佛名，不聞了也。直饒無此惡緣，好病而死，未免風刀解體，四大分離，如生龜脱筒，痛苦逼迫，怕怖慞惶，念佛不得了也。更饒無病而死，世緣未了，世念未休，貪生怖死，擾亂胸懷，又兼家私未明，後事未辦，妻啼子哭，百種憂煎，念佛不得了也。更饒未死以前，只此少病痛在身，未免忍疼忍苦，叫喚呻吟，問藥求醫，祈禱懺悔，雜念紛飛，念佛不得了也。更饒未病以前，只是年紀老大，衰相現前，困頓龍鍾，愁歎憂惱，向箇衰老身上，左安右排，念佛不得了也。更饒未老以前，正是少壯，稍或狂心未歇，俗務相關，東攀西緣，胡思亂想，業識茫茫，念佛不得了也。更饒清閒自在，有志修行，稍於世相照不破，放不下，把不定，坐不斷，些子境界現前，一箇主人翁隨他顛倒，念佛不得了也。你看老病之時，少壯清閒之日，稍有一事挂心，早是念佛不得，況臨終時哉？更道且做世事，你真癡人，説癡話，敢保你錯用心了也。且世事如夢，那一件替得生死。縱饒造伽藍、增常住、攀名位、結官豪，將謂多做好事，殊不知犯了不體道本，廣造伽藍等戒。豈不見道，有爲之功，多諸過咎，天堂未就，地獄先成，生死未明，皆成苦本。眼光落地，受苦之時，方知平日所爲，盡是枷上添枷，鎖上添鎖，鑊湯下增柴炭，劍樹上助刀槍。袈裟下失卻人身，萬劫難復。鐵漢聞之，也須淚落。祖師如此苦口，曾許你臨終念佛乎？死心禪師道：『世人財寶如山，妻妾滿前，日夜歡樂。争奈前程有限，暗裏相催。符到奉行，不容住滯。閻羅老子，不順人情，無常鬼王，有何面目。且據諸人眼見耳聞，前街後巷，親情眷屬，朋友兄弟，强壯後生，死卻多少。世人多云，老來念佛。豈不知黄泉路上無老少。古人云：莫待老來方念佛，孤墳多是少年人。』死心如此苦口勸人，曾許你且待臨終念佛乎？人生在世，能有幾時，石火電光，眨眼便過。趁未老未病，抖擻身心，撥棄世事。得一日光景，念一日佛名；得一時工夫，修一時淨業。由他命終，我之盤纏預辦，前程穩當了也。若不如此，後悔難追。」或問：「定力未成，念頭無主。眨得眼來，千里萬里去了。又或惹著一毫世事，便是五日十日，半月一月，擺脱不去，當何策以治之？」答曰：「嗚呼！此天下學者之通患也。汝當閒斷之時，若不痛加鞭策，則專修無閒之念，永無成就之期。余聞古人有三種痛鞭之策：一曰：報恩；二曰：決志；三曰：

求驗。第一報恩者，既修淨土，當念報恩。佛恩國恩，固未暇論。只如父母養育，師長作成，此恩豈非重大？你出家以來，便説要報重恩。離鄉背井，二三十年，父母師長，艱難困苦，你總不顧。父母老病，你又不看。及聞其死，你也不歸。如今或在三途，受罪受苦，望你救他，望你度他。你卻念念閒斷，淨土不成。淨土不成，自救不了，如何救他？既不能相救，你是忘恩負義，大不孝人。經云：『不孝之罪，當墮地獄。』然則一念閒斷之心，便是地獄業也。又且不織而衣，不耕而食，僧房臥具，受用現成。你當勤修淨業，圖報信施之恩。祖師道，此是施主妻子分上，減刻將來。道眼未明，滴水寸絲，也須牽犂曳耙，償他始得。你卻念念閒斷，淨土不成。淨土不成，酬償有分。然則一念閒斷之心，便是畜生業也。

第二決志者，若學專修，志須決定。你一生參禪，禪既不悟。及乎看教，教又不明。弄到如今，念頭未死。又要説幾句禪，又要説幾句教，又要寫幾箇字，又要做幾首詩。情挂兩頭，念分四路。祖師道，毫釐繫念，三途業因。瞥爾情生，萬劫羈鎖。你卻志無決定，情念多端。因此多端，閒斷正念。然則一念閒斷之心，便是三途羈鎖業也。又且守護戒根，志不決定。或因身口，念念馳求。教中道，寧以洋銅灌口，不可以破戒之口受人飲食；寧以熱鐵纏身，不可以破戒之身受人衣服。況因諸戒不嚴，邪心妄動。因此妄動，閒斷真修。然則一念閒斷之心，何止熱鐵洋銅業也！又且斷除憎愛，志不決定。每於虛名浮利，自照不破。名利屬我，便生貪愛；名利屬他，便生憎妒。古人云：『貪名貪利，同趨鬼類。逐愛逐憎，同入火阬。』你卻因此愛憎，閒斷浄土。然則一念閒斷之心，便是餓鬼火阬業也。第三求驗者，既學專修，當求靈驗。你如今髪白面皺，死相現前，知道臨終，更有幾日。須在目前，便要見佛。只如廬山遠法師，一生三度見佛。又如懷感法師，稱念佛名，便得見佛。又如少康法師，唱佛一聲，即有一佛從口飛出。此等靈驗，萬萬千千。你若心無閒斷，見佛不難。閒斷心生，決不見佛。既不見佛，與佛無緣。既無佛緣，難生浄土。浄土不生，必墮惡道。然則一念閒斷之心，便是三途惡道業也。如上三策，當自痛鞭。使其念不離佛，佛不離念。感應道交，現前見佛。既見樂邦之佛，即見十方諸佛。既見十方諸佛，即見自性天真之佛。既見自性天真之佛，即得大用現前。然後推其悲願，廣化一切衆生。此名浄土禪，亦名禪浄土也。」蘇州府志、浄土或問。

明梵琦

梵琦，字楚石，姓朱，寧波象山人。母夢日墮懷而生琦。九歲，出家永祚寺。十六得度，依晉翁詢師，閱楞嚴經有省。詣徑山參元叟端公，不契。尋應詔書經，抵燕京，聞西樓鼓聲，豁然大徹。還徑山，謁元叟，遂蒙印可。元泰定中，出主海鹽福臻寺，遷主永祚，歷嘉興本覺。賜號「佛日普照慧辯禪師」。再遷報恩、光孝。尋退隱永祚，築室，號西齋，一意淨業。定中，見大蓮華充滿世界，彌陀在中，衆聖圍繞。作懷淨土詩傳於世。今録其百韻詩曰：「欲生安養國，承事鼓音王。合掌須西向，低頭禮彼方。觀門誠易入，儀軌信難量。佛願尤深廣，人心要久長。嬰兒思乳母，遠客望家鄉。鄭重迎新月，殷勤送夕陽。分明蒙接引，造次莫遺忘。飲啄齋稱首，熏修策最良。五辛全斬斷，十惡永隄防。勿用求名利，毋勞論否臧。布裘遮幻質，藜糝塞空腸。擺撥多生債，枝梧九漏囊。精神纔懶慢，喜怒便搶攘。水滴俄盈器，江流始濫觴。積來功行滿，趁取色身强。室置千華座，鑪焚百種香。新衣經獻著，美饌待呈嘗。莫點殘油炬，宜煎浴像湯。形骸同土木，戒檢若冰霜。想念離諸妄，跏趺在一牀。刹那登淨域，方寸發幽光。骨肉都融化，乾坤極杳茫。太虛函表裏，佛刹據中央。蓮吐葳蕤萼，波翻瀲灩塘。鮮飆隨動蕩，綵仗恣摇颺。燦爛黄金殿，參差白玉堂。樓將四寶合，臺備七珍妝。鏡面鋪階砌，荷心結洞房。珊瑚裁作檻，瑪瑙製爲梁。田地琉璃展，園林錦繡張。内皆陳綺席，外盡繞銀牆。覆有玲瓏網，平無突兀岡。璚林連處處，琪樹列行行。果大甜如蜜，音清妙似簧。喬柯元自對，翠葉正相當。一一吟鸚鵡，雙雙集鳳凰。瑶池無晝夜，珠水自宫商。渠瑩金沙底，風輕寶岸旁。高低敷菡萏，深淺戲鴛鴦。異彩吞群鳥，奇葩掩衆芳。千枝分赤白，萬朶間青黄。暫挹身根爽，微通鼻觀涼。頻伽前鼓舞，共命後飛翔。竟日鶯調舌，沖霄鶴引吭。悟空寧有我，知苦悉無常。大士談玄理，聲聞會寶坊。經宣十二部，偈演百千章。直指菩提徑，俱浮般若航。挽回尋劍客，唤醒失頭狂。九品標贔妙，三乘互抑揚。錬深終絶鑛，簸净豈存糠。示現真彌勒，咨參妙吉祥。聖賢雲靉靆，天樂日鏗鏘。俊偉純童子，優伊絶女郎。語言工問答，進退巧趨蹌。火齊恒流燄，摩尼益耀芒。不須懸日月，何處限封疆。食是天餚饍，餐非世稻粱。挂肩如意服，擎鉢自然漿。脱體殊清净，含暉更焜煌。袈裟籠瑞靄，瓔珞襯仙裳。徧往微塵國，周遊正覺場。慈顔容禮覲，供具任持將。側聽能仁教，還令所得亡。及歸彈指頃，翻笑取途忙。每受經行樂，誰云坐卧妨。普天除鬪諍，市地息災殃。南北威靈被，東西德化彰。幾番經劫燒，四海變耕桑。此界無虧損，斯人但壽昌。户丁休點注，年甲罷推詳。滿耳唯聞法，充飢不假糧。永懷恩入髓，且免毒侵瘡。試説娑婆苦，争禁涕淚滂。内宗誰復解，邪見轉堪傷。忍被貪瞋縛，甘投利欲阬。賊同村裏住，戈向室中戕。儘愛錢堆屋，仍思米溢倉。山中搜雉兔，野外牧牛羊。奪命他生報，銜怨累世償。太平逢盜賊，離亂遇刀槍。好飲耽杯酒，迷情戀市娼。心猿抛罥索，意馬放垂繮。逸志摧中路，英魂赴北邙。干戈消禮樂，揖讓去陶唐。戰伐愁邊鄙，烽煙徹上蒼。連村遭殺戮，暴骨滿城隍。鬼哭聞陰雨，人悲弔國殤。歲凶多餓死，棺貴少埋藏。瓦礫堆禪刹，荆榛滿教庠。征徭兼賦税，禾黍減豐穰。念佛緣猶阻，尋經事亦荒。素襟龍奮迅，高步鵠騰驤。載顧同群鴈，毋爲獨跳麞。聖胎吾已就，法侶爾相望。寶地同瀟灑，金臺共頡頏。翹勤山岌業，積德海汪洋。曠劫功彌著，纖毫過即禳。三心期遠到，十念整遥裝。必欲超魔界，從今奉覺皇。」明洪武元年，詔入京師，説法蔣山。尋復應召者再。三年秋，詔問鬼神情狀。琦館天界寺，集經論成書。將入奏，忽示微疾。越四日，具浴更衣，書偈曰：「真性圓明，本無生滅。木馬夜鳴，西方日出。」謂同召僧夢堂噩曰：「吾行矣。」問何往？答曰：「西方。」噩曰：「西方有佛，東方無佛耶？」琦厲聲一喝而化，年七十五。闍維，齒舌數珠不壞。護法録、西齋浄土詩。

明妙叶

妙叶，明州鄞縣人。元明之際，出家爲僧，精研台教。專修念佛三昧，著念佛直指上下卷。其直指心要一篇，斥妄顯真，最爲精造。文曰：「大雄氏觀娑婆有生老病死業繫諸苦，教人念阿彌陀佛，求生極樂國土。去聖逾遠，人世澆漓，錯解諸法在心，便認胸中六塵緣影，謂樂土在内，不求生彼。此六緣影，皆屬前塵，本無自體。前塵若無，此心即滅，云何有土在此内耶？或謂悟道便爲佛土在心，既見性，豈有反執緣影之理？世無此見最下劣矣。汝欲悟真實本心者，當觀所認六塵緣影之心，本在汝胸。胸住於身，身居國土，及一切净穢刹海，悉在虚空。虚空無際，十界依正，一切在中。此空雖大，我不動真實本心，非大極大。彼空在我真心如小片雲點太清裏，云何净穢刹海，不在本心中耶？然則佛説諸法在心者，非在胸中妄想緣影心内，乃在現前一念本真心内也。此心離知覺、超聞見，永斷一切生滅增減之相。既一切身土皆在此心，則知極樂娑婆等境，乃全我心。任意於中，捨東取西，厭穢忻净，熾然著相而求，皆不離我心也。故極樂彌陀相好現時，即自心顯。自心顯時，即彼佛現。我心彼佛心，彼佛我心佛，一體無二。故云：『唯心净土，本性彌陀。』非謂西方無土無佛，不須求生。但在汝生滅緣影之中，名爲唯心本性也。求彼佛即求自心，求自心須求彼佛。云何今時破法散僧，閒道遊儒，與泛參禪理者，不知即境即心，求不礙真之理？反於不二法中，分内分外，辨境辨心。教人捨外取内，背境向心。使愛憎轉多，分别更甚。一分其境，便以極樂爲外，教人不必求生。一分其心，便妄指六塵緣影虚僞妄想爲心，謂極樂在内，又思此心無質，本無一切因果善惡修證之法。從是恣意妄涉世緣，教人不須禮佛、燒香、然燈、誦經、懺願等，謂之著相。而於天堂地獄，及樂土塵刹，雖曾聞名，因不見故，直説爲無。反言快樂便是天堂，苦楚便是地獄。其見卑哉！如來説爲可憐愍者。不知我心實與佛心同一理故，彌陀願力威德光明在我心中，承我心愚癡之力，作一切佛事，無時不引導於我。我心亦於彌陀願心之内，修念佛求生一切善行，無行不具含佛德。了彼佛德，成我三昧。故知彌陀願力，始發心，終究竟，無一法不直趣我心，以我心即佛心故。我亦於無始至今，盡未來際，修一切三昧，無一法不攝歸佛海，成本來佛，以佛心即我心故。如是依正色心，因果浄穢，雖同一心，而實不妨一一自分，各住其位。以一心故，雖浄穢不同，所求不出於真心。以自分故，雖一心，而必捨穢取浄也。捨穢取浄，則感應道交，見彼本性彌陀。了悟一心則浄穢自分，可悟唯心浄土。如是而修，如一滴投海便同一味，方知大海即自己也。豈有一行虚棄，不成功德者哉？村愚夫婦，雖不識理，以信實有彼土故，於命終時，反得往生。畏有陷空之人，因認緣影爲心，謂無外土，故雖修道行，還受生死。是故凡求生者，當深心起勝願行，或稱名持呪，或旋繞禮拜，燒香散華，六時懺悔，盡撥世緣，一心專注，觀白毫相，心不懈廢，命終便生彼國，更能孝養父母，奉事師長，慈心不殺，修十善業。受持三歸，具足衆戒，不犯威儀。發菩提心，深信因果，讀誦大乘，勸進行者。修如此法，亦生彼也。如此念念求生，正是無念無求無生。何故？即精修是無修，非不修是無修也。人命無常，轉息來世，塵事連環，鉤鎖不斷。若不能於塵勞鬱結，及得志歇手不得處，一割割斷，起願力行，盡力一跳，焉得應念生彼？我今作禮，奉勸佛子，當一心而行也！」念佛直指。

明傳燈

傳燈，姓葉，衢州人。少從進賢映庵禪師薙髮。隨謁百松法師，聞講法華，恍有神會。次問楞嚴大定之旨，百松瞪目周視，燈即契入。百松以金雲紫袈裟授之。一生修法華、大悲、光明、彌陀、楞嚴等懺，無虚日。卜居幽溪高明寺。先有土人棄祺，葬親寺後。夢神云：「此聖道場地，將有肉身菩薩，大作佛事，可速遷。」祺不信，俄舉家病困，懼而徙焉。翌日，燈至，即其地立天台祖庭，學侶輻湊。嘗於新昌大佛前登座豎義，衆聞石室中天樂鏗鏘，講畢乃寂。嘗著生無生論，融會三觀，闡揚浄土法門。又有法語一篇，最爲切要。曰：「楊次公云：『愛不重，不生娑婆；念不一，不生浄土。』娑婆有一愛之不輕，則臨終爲此愛所牽，矧多愛乎？極樂有一念之不一，則臨終爲此念所轉，矧多念乎？夫愛有輕焉、重焉、厚焉、薄焉、正報焉、依報焉。歷舉其目，則父母妻子、昆弟朋友、功名富貴、文章詩賦、道術技藝、衣服飲食、屋宇田園、林泉華卉、珍寶玩物不可枚盡。有一物之不忘，愛也；有一念之不遺，愛也。有一愛存於懷，則念不一；有一念不歸於一，則不得生。或問：『輕愛有道乎？』曰：『輕愛，莫要於一念。』『念有道乎？』曰：『一念，莫要於輕愛。』蓋念不一，由散心異緣使然。散心異緣，由逐境紛馳使然。娑婆有一境，則衆生有一心。衆生有一心，則娑婆有一境。衆緣内摇，趣外奔逸。心境交馳，紛若塵沙。故欲輕其愛者，莫若杜其境。衆境皆空，萬緣都寂。萬緣都寂，一念自成。一念既成，則愛緣俱盡矣！』曰：『杜境有道乎？』曰：『杜境者，非屏除萬有也，亦非閉目不覩也。即境以了其虚，會本以空其末也。萬法本自不有，有之者情。故情在物在，情空物空。萬法空，而本性現。本性現，而情念息。自然而然，非加勉强。楞嚴所謂見與見緣，并所想相，如虚空華，本無所有。此見及緣，原是菩提妙浄明體，云何於中有是非是？是以欲杜其境，莫若體物虚。體物虚，即情自絶。情絶，則愛不生，而唯心現，念一成。故圓覺云：知幻即離，不作方便。離幻即覺，亦無漸次。一去一留，不容轉側。功效之速，有若桴鼓。學道之士，於此宜盡心焉。』曰：『輕愛既聞命矣。一念如何？』曰：『一念之道有三：曰信、曰行、曰願。求生極樂，以敦信爲始。必須徧讀大乘，廣學祖教。凡是發明浄土之書，皆須一一參求。悟極樂原是我唯心之浄土，不是他土。了彌陀原是我本性之自佛，非是他佛。二、修行者，行門有二：一正、二助。正行復二：一稱名、二觀想。稱名，如小本彌陀經，七日持名，一心不亂。有事一心，理一心。若口稱佛名，繫心在緣，聲聲相續，心心不亂。設心緣外境，攝之令還。此須發決定心，斷後際念，撥棄世事，放下緣心。使念心漸漸增長，從漸至久，自少至多。一日二日，乃至七日，畢竟要成一心不亂而後已，事一心也。苟得此已，則極樂之浄因成就，垂終之正念必然。親見彌陀，垂手接引，得生浄土必矣。理一心亦無他，但於事一心，念念了達，能念之心，所念之佛，三際平等，十方互融，非空非有，非自非他，無去無來，不生不滅。現前一念之心，便是未來净土之際。念而無念，無念而念。無生而生，生而無生。於無可念中，熾然而念。於無可生中，熾然求生。是爲事一心中明理一心也。二、觀想者，具如觀無量壽佛經。境有十六，觀佛最要。當觀阿彌陀佛丈六之身，作紫磨黄金色像，立華池上，作垂手接引狀。身有三十二種大人相，相有八十種隨形好。此二種正行，須相須而進。凡行住睡卧時，則一心稱名。凡趺坐，則心心作觀。行倦，則趺坐以觀佛。坐出，則經行以稱名。苟於四威儀中，修之不閒，往生净土必矣。二、助行，亦有二。一、世間之行。如孝順父母，行世仁慈，慈心不殺，具諸戒律。一切利益之事，若能回向西方，無非助道之行。二、出世之行。如六度萬行，種種功德，讀誦大乘，修諸懺法。亦須以回向心而助修之，無非净土行也。更有一種微妙助行，當歷緣境，處處用心。如見眷屬，當作西方法眷想。以净土法門而開導之，令輕愛以一其念，永作將來無生眷屬。若生恩愛時，當念净土眷屬，無有情愛。何當得生净土，遠離此愛。若生瞋恚時，當念净土眷屬，無有觸惱。何當得生净土，得離此瞋。若受苦時，當念净土，無有衆苦，但受諸樂。若受樂時，當念净土之樂，無央無待。凡歷緣境，皆以此意而推廣之，則一切時處，無非净土之助行也。第三、願者，净土舟航，要以信爲柁，行爲篙櫓檣纜，願爲風帆。無柁則無所指南，無篙櫓檣纜則不能運行，無風帆則不能破浪疾到，故次行以明願也。第願有通别，有廣狹，有偏局。通，如古德所立回向發願文；别，則各隨己意。廣，謂四宏，上求下化；狹，謂量力，決志往生。局，如課誦有時，隨衆同發；偏，則時時發願，處處標心。但須體合四宏，不得師心妄立。如此三法，可以期生淨土，速覲彌陀。一切淨土法門，舉不外於是矣！」燈每歲修四三昧，身先率衆，精進勇猛。註楞嚴、維摩等經，凡染翰，必被戒衲。前後應講席七十餘期。年七十五，預知時至。手書妙法蓮華經五字，復高唱經題者再，泊然而寂。法華持驗、淨土法語。

明袁宏道

袁宏道，字中郎，號石頭居士，湖北公安人也。兄宗道，字伯修。弟中道，字小修。三人先後舉進士，皆好禪宗。萬曆中，宏道爲吴江知縣。後爲禮部主事，謝病歸。初學禪於李卓吾，信解通利，喜辯論。已而自驗曰：「此空談，非實際也。」遂迴向淨土，晨夕禮誦，兼持禁戒。因博採經教，作西方合論，圓融性相，入不二門。其論五種行門，尤爲切要。其略云：「一、信心行者。經云：『信爲道元功德母。』一切諸行，信爲正因。乃至菩提果滿，亦只完此信根。如穀子墮地，迨於成實，不異初種。如稚筍參天，本是原竿。初心菩薩，無不依信力成就者。蓮宗尤仗信爲根本。一者，信阿彌陀佛不動智、根本智與己無異。

如太虛空，日映則明，雲來則翳，虛空本無是故，又雲日即虛空故。二者，信阿彌陀佛那由他劫，難行難忍，種種修習之事，我亦能行。何以故？無始漂溺三途，生苦死苦，披毛戴角，鐵牀銅柱，一切無益之苦，皆能受之。況今菩薩萬行濟衆生事，豈不能爲？三者，信阿彌陀佛無量智慧，無量神通，及成就無量願力等事，我亦當得。如來自性方便，具有如是不思議事，我與如來同一自體清淨性故。四者，信阿彌陀佛不去不來，我亦不去不來。西方此土，不隔毫端，欲見即見。何以故？一切諸佛，皆以法性爲身土故。五者，信阿彌陀佛修行歷劫，直至證果，不移刹那。我亦不移刹那，位齊諸佛。何以故？時分者，是業收，法界海中，業不可得故。如是信解，是入道初心，信一切諸佛淨土之行。二、止觀行者。台宗三觀，示一心之筌蹄，攝諸法之要領。西方十六觀，一一具此三義。妙宗鈔云：『性中三德，體是諸佛三身。即此三德三身，是我一心三觀。若不然者，則觀外有佛，境不即心，何名圓宗絶待之觀？亦可彌陀三身，以爲法身。我之三觀，以爲般若。觀成見佛，即是解脱。舉一具三，如新∴音伊。字。觀佛既爾，觀諸依正，理非異途。』廣如疏鈔，不能具述。知此，則知念佛一聲，具足三觀。了能念之心，非肉團，非緣影，是空觀。了所念之佛，若依若正，各各主伴圓融，竪窮横徧，是假觀。了能所絶待，雙亡雙照，是中觀。又能念，即一心三觀。所念，即一境三諦。能所不二，即諦觀不二。三諦，即法身。三觀，即般若。諦觀不二，念佛相應，即解脱。舉一即三，如新△字。是則念佛一聲，能浄四土。如拈一微塵，變大地作黄金，是謂法界圓融不可思議觀門。三、六度行者。起信論：『菩薩深解現前，所修離相。知法性體離慳貪故，隨順修行禪波羅蜜；法性無染，離五欲過故，隨順修行戒波羅蜜；法性無苦，離瞋惱故，隨順修行忍波羅蜜；法性無身心相，離懈怠故，隨順修行精進波羅蜜；法性常定，體無亂故，隨順修行禪波羅蜜；法性體明，離無明故，隨順修行般若波羅蜜。』故修浄土者，不越一行，具此六義。念念離，行於施；念念浄，行於戒；念念寂，行於忍；念念續，行於進；念念一，行於定；念念佛，行於智。當知離、浄、寂、續、一，必有事相隨縁而起，而皆從念佛流出。正助不二，事理不二。是故念佛一行，能該諸行。以念佛是一心法門，心外無諸行故。若廢諸行，即是廢心。四、悲願行者。諸佛菩薩，性海無盡，供養無盡，戒施無盡，乃至饒益無盡。故天親菩薩浄土五念門，以禮拜、讃歎、作願、觀察四種，爲成就入功德門。迴向一切煩惱衆生，拔世間苦，爲成就出功德門。菩薩修五念門，速得阿耨菩提。難曰：『浄名經言，菩薩觀於衆生，如呼聲響，如水聚沫等。是則衆生本空，發願利生，將無眼見空華耶？』答曰：『智度論引佛云無佛者，破著佛想，不言取無佛相。當知無衆生者，破衆生想，不言取無衆生相。故浄名謂菩薩作是觀已，自言我當爲衆生説無衆生法，是名真實慈也。故知菩薩種種度生，是深達無衆生義。

若見有衆生，即有我，慈悲心劣，豈能行如是饒益之行？』五、稱法行者。法界海無量無邊，行海亦無量無邊。故菩薩一切行，皆稱自性，非有非無，非行非不行。稱法自性，非初心得，非後心得。今當略出其相：一者，菩薩度一切衆生，究竟無餘涅槃，而生界不減。如登場傀儡，悲笑宛然，唯一土泥，空無所有。二者，菩薩行五無間，而無惱恚。至於地獄，無諸罪垢。至於畜生，無無明憍慢等過。如女子離魂，乃至生子，而身常在母前。三者，菩薩自身入定他身起，一身入定多身起，有情身入定，無情身起。如猛虎起屍，跪拜作舞，唯虎所欲，而屍無知。四者，菩薩於小衆生身中，轉大法輪，然大法炬，震大法雷，魔宫摧毁，大地震動，度無量無邊衆生，而此小衆生不覺不知。如天帝樂人，逃入小女子鼻孔，而女不知覺。五者，菩薩欲久住世，即以念頃衍無量無數百千億那由他劫。欲少住世，即以無量無數百千億那由他劫，縮爲念頃。如小兒看燈中走馬，計其多寡首尾，了不可得。若證如是不思議行者，一念中，三世諸佛浄土，攝入無餘。是謂菩薩莊嚴浄土之行。以無思智照之可見，非情量所能猜度。何以故？自性超一切量故。」書成，而宗道、中道同時發心回向浄土。已而宏道起故官，再遷至稽勳司郎中。復移病歸，抵家不數日，入荆州城，宿於僧寺，無疾而卒。中道，官南禮部郎中，乞休，老於家，居常勤於禮誦。萬曆四十二年望夕，課畢趺坐，形神静爽。忽入定，神出屋上，飄然乘雲。有二童子導之西行，俄而下至地，童子曰：「住。」中道隨下，見地平如掌，光耀滑潤。旁爲渠，廣十餘丈。中有五色蓮，芳香異常。金橋界渠，欄楯交羅，樓閣極整麗。揖問童子：「此何地，卿何人？」曰：「予靈和先生侍者也。」問：「先生爲誰？」曰：「君兄中郎也。今方佇君，有所語，可疾往。」復取道至一處，樹十餘株，池水汩汩。池上，有白玉扉。一童子先入，一童子導。過樓閣二十餘重，至一樓下。一人下迎，其顔如玉，衣如雲霞，長丈餘。見中道，喜曰：「弟至矣。」諦視之，則宏道也。上樓交拜，有四五人來共坐。宏道曰：「此西方邊地也，信解未成，戒寶未全者，多生此。亦名懈慢國。上方有化佛樓臺，前有大池，可百由旬。中有妙蓮，衆生生處，既生，則散處樓臺，與有緣净友相聚。以無淫聲美色，勝解易成，不久，進爲净土中人。」中道問：「兄生何處？」宏道曰：「我净願雖深，情染未除，初生此少時，今居净土矣。終以戒緩，僅地居，不得與大士升虚空寶閣，尚需進修耳。幸宿生智慧猛利，又曾作西方論，讚歎如來不可思議度生之力，感得飛行自在，遊諸刹土，諸佛説法，皆得往聽，此實爲勝。」遂攜中道上升，倏忽千萬里。至一處，光耀無障蔽。琉璃爲地，界以七寶樹，皆栴檀吉祥，出衆妙華，作異寶色。下爲寶池，波揚無量自然妙聲。池中衆寶蓮，葉五色光。池上隱隱危樓迴帶，閣道旁出，皆有無量樂器，演諸法音。宏道曰：「汝所見者，净土地行衆生依報也。過此，爲法身大士住處，甚美妙，千萬倍於此，神通亦千萬倍於此，吾以慧力遊其間，不得住也。過此，爲十地等覺所居，吾不得而知。過此，爲妙覺所居，唯佛與佛乃能知之。」語罷，復至一處。無牆垣，有欄楯，光耀逾前。坐頃之，宏道曰：「吾不圖樂之至此極也。使吾生時，嚴持戒律，尚不止此。大都乘戒俱急，生品最高。次戒急，生最穩。若有乘無戒，多爲業力所牽，流入八部鬼神衆去，予所親見者多矣。弟般若氣分頗深，戒定力甚少。夫悟理不能生戒定，狂慧也。歸五濁，趁强健，實悟實修，兼持净願，勤行方便，憐憫一切，不久當相晤。一入他途，可怖可畏。如不能持戒，有龍樹六齋法現存，遵而行之。殺戒尤急。寄語同學，未有日啓鸞刀，口貪滋味，而能生此土者也。雖説法如雲如雨，何益於事？我與汝空王劫時，世爲兄弟，乃至六道，莫不皆然。幸我得善地，恐汝墮落，方便神力，攝汝至此。净穢相隔，不得久留。」時宗道已卒，因問其生處。宏道曰：「生處亦佳，汝後自知。」忽陵空而逝。中道起步池上，忽若墜水，躍然而醒，自爲記如此。初宗道有子曰登，年十三，病痞。將終，語宏道曰：「死矣。叔父何以救我？」宏道曰：「汝但念佛，即得往生佛國，此五濁世，不足戀也。」遂合掌，稱阿彌陀佛，諸眷屬同聲助之。頃之，微笑云：「見一蓮華，色微紅。」俄而云：「華漸大，色鮮明無與比者。」俄而云：「佛至，相好光明，充滿一室。」頃之，氣促。宗道曰：「汝但稱佛字可也。」登稱佛數聲，合掌而逝。

明史、西方合論、白蘇齋集、珂雪齋外集、猗園。

二、浄土十要各要序跋

佛説阿彌陀經要解講義序

法門無量，統如來隨機而説。衆生既各入門，終令圓入佛道者也。夫彌陀經，乃釋尊普被三根，群攝利鈍之法。故佛於方等中，不俟請而矢口告舍利弗，廣讚極樂妙境，深歎彌陀光壽。勸人堅固信願，專持聖號，定得往生，終成佛果。斯經也，乃世尊以平等心，運無緣慈，於無量法門，開出方便中最方便，捷徑中最捷徑者。良由末世衆生，善根闇鈍，世緣囂雜，攝心尤難。若非至簡至捷，奇妙方便法門而圓收，豈易入道？是故佛經自東漸震旦以來，持誦之盛，往生之驗，無尚此經。由此自古先達注疏殊多，皆如日星俱麗於天，江海〔一〕皆匯於海。故諸緇素，其起信者，並持而專切者，由來盛矣。迄明智旭大師，特著要解以釋此經。更超前賢之不逮，發所蘊奥之未發。析義判教，勸導信願，若

〔一〕「江海」，疑當爲「江河」。

畫龍之點睛，宛轉精耀。徹净宗之骨髓，達佛意之普周，類六方之共讚，同諸佛之廣長，厥趣幽深。若非再添注釋，令人豈易入室？圓瑛法師受天津居士林請講斯解全文，欲使衆聞瞭若指掌，特先編輯講義，普令或聞或見，一目貫通。夫荆山之玉，務須剖釋；衣裏明珠，總賴指示。師爲現代知識，明眼宗匠。舒胸中之真彩，發鑛裏之精金。俾達要解而入經義，由經義而悟自性彌陀，唯心净土。則極樂蓮花不外當人一念，當念果證，步步皆是已矣。稿成付印而問序焉。余雖不敏，聊敘片言以弁其端，庶廣起信云爾。時壬午莫春，興慈謹撰。

（據廣濟寺本圓瑛法彙叢書）

西齋净土詩舊序

念佛三昧，群經所宣，諸佛共讚，諸大菩薩共修，實禪門往哲之所留意也。若永明之萬善同歸集、慈覺之葦江集，皆指净業爲入道之至要，可不信乎？世之學佛者，乍聞即空之説，不能精究。而泥於一轍，則視修净業者爲淺鄙，而輒詆排之。是排諸佛、群經、諸祖也。其無知亦甚矣！西齋和尚，禪門之上達也。觀其自童幼至於耆年，孜孜以净業爲務，精修密鍊，不舍晝夜。發爲歌詩數千首，皆三昧心中之所流出。宗説兼暢，教禪混融，掃蕩建[一]立，變化萬殊，未可以一轍觀也。夫以西齋材識之淵博，學者未易窺其涯涘，其留心浄土有若此者，然則念佛三昧其可忽哉？若海藏主，募衆刊行，非獨與世之修浄業者共，亦足爲不信者勸也。洪武十九年丙寅夏五，前住吴門北禪沙門大佑敬書。

唯心浄土之説，人皆知之，而鮮得其要者。蓋不知唯之一字，乃法界無外之稱。往往泥於名相，騖外而求。求之愈勤，而心土愈遠矣。若了依、正、色、心諸法，離名絶相，趣舉一法，法法互融。觸向對面，無非覺者。舉足下足，皆浄土焉。吾佛聖人於諸大乘經中，偏讚西方極樂世界。雖遠在十萬億佛土外，要其所歸，唯在一心。所以方便示人往生之捷徑也。廬山遠法師，招同志結蓮社，修念佛三昧。晉、唐諸賢，皆有念佛三昧詠。宋樝庵嚴教主，始作懷浄土詩。繼而和之者，亦不少矣。然未有若西齋老人，禪悦之餘，專意浄業。觸境遇物，發爲歌詩，凡數百餘首，歷歷與契經合。使人讀之，怳然如游珠網瓊林，金沙玉沼，殊不知有人間世也。苟非深達事理一貫心境混融者能之乎！而其臨終，措識明了，自言：「吾將往西方。」泊然而化。斯正念往生之效也。余時因赴召來京，寓龍河，目擊其

[一]「建」，原脱，據角虎集補。

事。今觀其所作，益知平昔用心勤矣。三宗學人，將繡諸梓，以壽其傳，爲修淨業者勸。余實嘉之，遂書其編首云。洪武二十一年龍集戊辰冬，上天竺前住山宏道序。

西齋淨土詩者，乃四明楚石琦禪師之所作也。禪師學行高一世，宗説兼通，禪寂之外，不嗜他好，專志淨業，直欲横截長鶩而後已。所謂有禪有淨土者也。嘗觸景遇物，發爲歌詩累數百篇，皆於念佛三昧心中流出，無不與契經合轍。一吟一詠，恍若神遊淨域，耳玉偈而目金容也。信乎全身坐於淨土中矣。昔東晉遠法師倡爲念佛三昧詩序，劉遺民作誓詞，王喬之、宗、雷諸賢皆作詩，珠回玉轉，至今輝暎簡册。唐、宋鴻儒碩緇，皆能嗣其徽音，連篇累牘，傳之爲盛。然未有若禪師之集如是之富且夥也。然是集初傳於兩浙，既已版行矣。今有修念佛三昧者，李覺悟、宋福順、汪普敬、陳覺興、王普敬、賈普江、金妙聲、嚴普廣等，因獲是集，惜其未廣布於中夏，謀於同道，重繡諸梓。使凡觀是集詠是詩者，發起念佛之心，偕爲蓮花勝友，而不終溺於苦域者矣！一日來徵言，以識歲月。予亦修淨業者，因不辭，書此以歸之。且相率勉厲策進乎淨業，將與禪師同遊于華池寶地之間，豈徒吟詠而已哉！永樂十六年十月初吉，四明延慶住山釋大同序。

西齋浄土詩序

原夫妙法難聞，凡心易染。猥云當下，逐妄迷真。驕語隨緣，虚生浪死。不知難非不易，法本唯心。心無其心，聖人所以渾身應妙。法無其法，學者所以立地超凡。故禪家開念佛之門，而慈氏顯西方之幻。精勤觀想，即想即觀，即妙明心。顯密圓通，非圓非通，非不住法。譬農夫之有畔，穮蔉自豐。即水火之無窮，叩門斯與。是處豈容擬議，到頭止有虔修。此立教者所爲，直指無岐。而闡教者共是，長言無已也。楚石禪師，家本明州，緣深我邑。衣傳永祚，室築西齋。秉妙喜之一燈，光浮七級。證天台之三昧，念徹千聲。蓋雖東西南北，顯化縱横。其間嗟歎詠歌，惟觀自在。顧當年浄土詩三百餘首，今即流通本什一無存。所幸千燈，還同一燄。吾友劉君子福，夙抱利根，皈依蓮池老師，長磨慧劒。前於師將怛化，偶然便謁雲栖，俾之亟訪前書。出忽相逢市肆，雖多脱簡，具是牛車。因歷名山，頓還衣寶。途間校定，役返呈師。歸而剞劂方新，師已涅槃。如幻迹其傾還底裏，真是本無去來。五十餘年之山斗，東南何容岐示。八十一歲之總持，衣鉢獨此家風。遥連楚石西齋，密邇高峰雙徑。初非逃儒歸墨，茲豈樂浄離宗。渺哉黍米之玄，卓爾參前之倚。將法還法，以心還心，何聖何凡，孰迷孰浪？用藉吾鹽勝事，通還法界信心。若曰聲聞，則吾豈敢！萬麻乙卯季秋之朔，武原病叟朱元弼齋沐稽首撰書。

（以上兩序據琳琅秘室叢書本）

刻寶王三昧念佛直指序

念佛三昧，爲如來勝異方便。凡聖均收，利鈍悉被。以一念直歸佛海，至圓、至頓，第一了義故也。而迷義徇名者，見五逆衆惡，十念往生，反以爲專攝凡劣，但化鈍根。可謂昧佛妙旨，謗讟深經矣！予慨末世行人，多疑多障，難悟難開。於深妙法門，非著事忘理，必執理撥事。著事者，猶堪下品生因。執理者，竟淪惡取空見。至此而直指之道，翻成斷滅深坑。非藉金錍，誰抉翳膜！妙叶導師，法紹宗乘，教興蓮社。應永明角虎之記，暢寶王三昧之談。境觀並彰，纖疑悉破。闡唯心之致，依正宛然。示自性之源，感應不忒。俾達者以理融事，而理非事外。愚者因事入理，而事挾理功。誠除惑前茅，生西左券也！二百餘年，流通機塞。蓮大師欲見未能，而願力不磨。韓居士從萬融禪師處得之。予獲借讀，如飫醍醐。悲劫濁方殷，喜津梁有在。急謀付梓，以廣厥傳。普願見聞隨喜，種樂土圓因。讀誦思惟，證寶王法印。轉相曉悟，共脱沈淪，庶不負希有良緣矣。

（據北京佛教居士林本蕅益大師淨土集）

重印浄土生無生論親聞記序

南嶽讓云：「生則決定生，去則實不去。」洵哉是言也。夫吾人現前心性，圓括十虚，聖凡平等，性絶去來，體本無生。至若返妄歸真，則不妨無生中而論生，無去來中而論去來也。蓋以衆生逐妄不休，死生難息。若不定其方鍼，誰能獲其歸趣？是論之作，良有以也。明天台幽溪無盡燈祖力扶台宗，弘演教觀，融通浄土，傑作斯論。即講於新昌大佛像前，感天樂鳴空，衆聞朗然。是知此論高契諸佛之意，遠逗衆生之機。然浄土一門，普被三根。此論玄詮，無不該統。其生也，所謂萬修萬人去；其無生也，所謂令無量衆生而入滅度，實無衆生入滅度者。何以故？衆生本佛，因迷有生。設悟自心，雖十萬億土之遥，便是舉足下足，無非浄土。但得現前心佛相應，念念即得身證浄土。何娑婆相妄之所有？是以雖生本無生也。奈人自迷，而不知返。千賢萬聖，切教憶佛念佛，現前當來，必定見佛。金臂垂手，應緣而至。身到蓮臺，隨念而生。是雖無生，決定有生也。達此二意，聲聲置身於浄土矣！然則斯論之義，可思議乎？時燈祖之嗣孫受教大師者，天機獨朗，親聆法音，隨聞隨録，而釋論文，名曰親聞記。論義圓融，無以加矣。縱圓機深切，非疏無以入其奥，此記所以由述，堪爲深入經藏之一良導也。趙雲韶、沈祥麟、郭涵齋居士等，善達佛理，信願誠切，同輪蜻蚨，重印流通。普願若見若聞，發蓮花之堅誓；或利或鈍，脱塵世之幻軀。既蒙問序，不揣愚庸，爰贅是語，以并於端云。辛未秋天台石梁比丘興慈敬撰。

净土生無生論親聞記序

記稱親聞者，表稟承非謬也。教髫年出家，即隨師祖大和尚往括蒼普慈寺，聽講圓覺。末聽此論，聯翩浹旬。爾時敷文極暢，闡義至精。座下聽衆，無有一人若身若心生懈倦而不開悟者。惟教神根既鈍，兼之童稚無知，若聾瞽觀場，不過隨人泣笑而已。既返幽溪，年齒漸進，而好樂之念日臻。非但數聽數承，兼復屢請屢問。隨聞隨記，散葉盈函。既無疑而不決，亦無義而不詳。苟不貫之集之，何以益人益己？若夫方言巧拙，可曰責在我躬。其於造詣精微，敢將質諸來哲。入門者，請徑升堂。而飡甘露，種種問橋，非所急也。

皇明天啓六年歲在丙寅春壬正月，天台山幽溪後學沙門受教下筆序。

净土生無生論序

昔楊次公云：「贊輔彌陀教觀者，其書山積。唯天台智者大師十疑論，最爲首冠。」

寧詎知後次公六百許年，而更出我幽溪和尚「生無生論」乎？括海藏以十門，融億刹於一念。廣古德之未備，闡今人所未聞。往生奥義，若指諸掌。蓋自其三昧流出，故不可得而思議。生今之世，獲覩是論，罔知猛省求生，豈不大可哀哉？發起之由，實始不慧。故亟圖剞劂，用布大慈。願戴髪含齒，盡未來際，普霑法乳，悉悟無生。至若讚是功德，則有十方恒沙諸佛，廣長舌在。毛道凡夫，聊序其大都爾。門人四明聞龍和南撰。

（以上三序據上海佛學書局本淨土生無生論親聞記）

淨土生無生論講義發刊序

淨土法門，其大無外。一切法門，無不從此法界流；一切行門，無不還歸此法界。實諸佛圓滿菩提成始成終之道，亦衆生仗佛慈力即生了脱之法。其理甚深，其事甚易。故致人多未能識其底藴。或求人天福報，不敢直下承當。或捨信願求生，專看念佛是誰。遂將如來普爲一切上聖下凡，特立仗佛慈力即生高預蓮池海會之法，仍成自力。以既無信願，縱令親見是誰，亦只是大徹大悟而已。倘煩惑未盡，則依舊輪迴，濁惡境緣，迷失者多。欲了生死，當在驢年，可不哀哉！幽溪大師乘願示生，教開圓解，宗悟自心。篤修淨業，普利人天。愍世之昧者，不知西方極樂世界，原是唯心淨土；導師阿彌陀佛，原是自性彌陀。

遂捨實事，執空理，令人念自性彌陀，生唯心淨土。竟將如來普利聖凡之道，認作表法寓言。只期一悟，餘皆不計。致高明者反不如愚夫愚婦顓蒙念佛者，爲能潛通佛智，暗合道妙，感應道交，蒙佛接引，即得往生也。其病由於好高務勝，實未深明高勝之所以然。竟致弄巧成拙，求升反墜，甚可悲傷。大師悲愍不已，特著生無生論，直顯心佛衆生三無差別之心性。此之心性，具無量德。不變隨緣，隨緣不變。在凡不減，在聖不增。由迷悟之不同，致十界之差别。即此十界，一一無非心具心造，心作心是。求生西方，即真無生。以生乎心具心造心作心是之西方，非彼執理廢事、空有其名、實無其境之西方也。乃決定生而無有生相，決定無生而無有無生之相之生無生也。以信願念佛，求生於自己心具心造心作心是之西方。故雖生而無有生相，雖無生而不住無生之相。此生無生論之大旨也。了此，則誰肯背性而作三途六道之因果。即出世三乘之因果，亦復不以爲極則，而直趣無上菩提之因果也。論凡十章，一一皆以心具心造、心作心是、三諦三觀之旨而爲發揮。俾循乞窮子，親見衣裏之明珠；旅泊孤客，還歸本有之家鄉。上契佛心，下契時機。故得論成講演，天樂盈空，以爲明證也。自明至今三百餘年，流通傳布，代有其人。近來世道人心，愈趨愈下。有心人思欲挽回，知非佛所説之三世因果，六道輪迴之事理，不能改變人心。非信願念佛，求生西方之法門，不能即了生死。故皆研究佛學，而復獨致力於淨土法門也。海門季新益居士，宿有慧根，篤信佛乘。曾於諦公會下親承講授。於天台三諦三觀之旨，諦了無餘。因蘇垣諸居士之請，爲之講解此論。以其所講，録之成書，顔曰講義。命光作序。因閲其文，可謂顯理深符實相，語妙比於天華。願我讀者同秉心具心造心作心是之義，以真信切願，至誠念佛，求生西方。方不負幽溪造論、季君講義之一番苦心也。

（據福建莆田廣化寺本印光法師文鈔）

重刻西方合論序

儒以三綱五常奠乾坤，而正人類。至於截生死逆流，出三界火宅，必資佛教。十方三世佛，而阿彌陀爲第一也。諸佛各有所攝受之浄土，而西方極樂世界爲第一也。念佛求生浄土，功行觀門無窮。而執持名號，一心不亂，爲第一也。古今聖賢讚浄土，教念佛，如天台十疑論、永明萬善同歸、天如或問、龍舒浄土文諸書已詳。而義類散見卷帙，分函至大。明雲棲大師彌陀疏鈔爲集大成。又有楚公安袁石公先生諱宏道者，所著西方合論，會通異同，決釋疑滯，闡發玄奥，直指趣歸。佛經而祖緯之，兄舉而弟揚之，誠儒家之無著、天親，論部之馬鳴、龍樹，可謂現宰官居士身，而弘同居同事攝矣。念佛至此，方爲圓教。浄土得此，方稱惟心。達理之士，宜人手一編，日披數次。顧疏鈔已盛行于世，而合論或罕識其文。今末法式微，劫運方起，娑婆四衆，速宜願生。而不無宗教之岐路，禪净之疑情，使蓮花忽開忽謝，净域若近若遠。此阿彌陀佛所爲悲切，以急需而假廣長舌相于袁氏之書，以疾呼也。之夔夙承佛恩，蹇滯濁界，歸命斯道。思廣是書，而艱於力。有居士道友甘爾翼，字右民，與其仲氏甡，字左民者，同志净業。適見合論，大慊本心，懽喜讚嘆，遂捐資授梓。俾衆成之，俾袁氏之水月重朗，而蓮池之華果普周。人人念佛見佛者，繇乎獲覩是書。人人得力是書者，繇乎重新斯刻。多一人生净土，宛轉作我導師。早一日證無生，長遠續佛慧命。凡忠臣孝子，義夫節婦，及蜎飛蠕動皆樂邦之伴侣。凡參禪誦呪，持戒脩福，與治生雜務，皆往生之資糧。凡勸念一聲，静閲一刻，演説一字，流通一處，皆功德壽命之無量。事理真寔不誑不妄，生佛平等非易非難。净土在我目前大願當人一念。吁，蔑以加矣！

彊梧大淵獻中秋望，菩薩戒弟子閩中周之夔稽首書。

（據續藏經本標注西方合論）

三、論浄土宗的四大特色

浄土宗又稱蓮宗，是中國傳統八大宗派之一，唐、宋以來，在民衆中廣爲流傳，逐漸成爲佛教主流宗派，其特色主要有四：

（一）向死而生

古人曰：「死生亦大矣！」生死之事是哲學與宗教共同關注的焦點。列于世界三大宗教之一的佛教也不例外。佛教法門衆多，有八萬四千之稱，其中廣義上含解脱法和人天善法。解脱法便是以直指人的生死大事爲目的，試圖通過特定的方法達到終極的解脱和對生死之事的把握，浄土法門便是解脱法中的方便法門。

浄土宗以信、願、行爲三大綱宗。其中願指的是願離現實的染汙世界，從這點上來看，實際上浄土法已給人們提供了一種「置之死地而後生」的信息。即此土八苦交煎不足戀，彼土快樂無極應當取，故此生不足戀，死亡不足懼，因爲我們死後會到一個更爲祥和、快樂的世界去。

這一論點和德國著名哲學家海德格爾的「先行到死中去」的觀點有異曲同工之妙。

海德格爾認爲真正的爲死而在就是「使自身自由地去爲此不可超越的境界而先行」，「先行到死中去」實際强調的就是一種直面死亡的態度。

面對死亡的威脅與恐嚇，净土宗把目標直接指向了來世，用對來世的渴求而降低了對今生貪生怕死恐懼心理的憂慮。這實際也是人們對死亡憂慮之後的一種理性升華。爲何要捨棄今生呢？佛教認爲我們所居住的娑婆世界是八苦交織的：受生時在胎獄中有難忍的住胎、出胎之苦，是爲生苦；容貌、氣力、壽命等衰退之苦隨時間流逝都會逐漸現前，是爲老苦；在生之日四大不調和，身體有各種疾病所惱，是爲病苦；生的盡頭，就是死亡，財富、地位、親友、眷屬乃至肉體都要分離，是爲死苦；活著的時候，親愛的人盼望相聚卻偏偏分離，是爲愛别離苦；對冤敵想逃避反而天天相遇，是爲怨憎會苦；心中的欲求常無法實現，是爲求不得苦；由色、受、想、行、識五種因素組成的身心生刹那變化，煩惱熾盛，是爲五盛陰苦。

而來生要去的極樂世界是阿彌陀佛所建立的國土：「彼國衆生，無有衆苦，但受諸樂，故名極樂。」蓮池大師在阿彌陀經疏鈔中對極樂國土與八苦相對的極樂境界有較爲詳細的描述：「彼國蓮花化生，則無生苦；寒暑不遷，則無老苦；身離分段，則無病苦；壽命無量，則無死苦；無父母妻子，則無愛别離苦；諸上善人同會一處，則無冤憎會苦；所欲自至，則無求不得苦；觀照空寂，則無五陰盛苦。」

通過對比，我們自然而然會對娑婆之苦産生厭倦之情，而對極樂之樂産生欣慕之願，從而降低了對死亡的懼怕。因爲篤信彌陀、願生西方，我們來生的生命就會找到一個比今生更爲圓滿、更加理想的歸宿，因此，浄土宗三綱宗的「切願」一法，已經爲浄土行人提供了一個穩妥地解決死亡問題的辦法，即向死而生：通過放棄對今生肉體生命的執著，而獲得精神與靈魂的解脱。可見，浄土法門是視死如歸的法門，即直向死亡、接受死亡，放下對這一期生命的留戀，是通過來生浄土獲得永恒生命的解脱。

所以，浄土宗的第一個特色可以説是向死而生的，即因爲無視死亡而超越生死，因爲來生有更美妙的修行場所，而放棄對今生這一世界及身心的留戀與執著，其效果是在臨命終時，得到阿彌陀佛的接引，而安然地往生到西方極樂世界去，故該宗是以無畏的精神視死如歸，以一種放棄娑婆、欣慕極樂的情懷向死而生。

（二）舍自歸他

在了生脱死諸法門中，佛教有聖道門與浄土門的區别，而浄土門因具有仗佛慈力接引的特點，而被稱爲特别法門。

聖道門是主張通過自己戒、定、慧之力修行斷惑證真達到解脱的，其依仗和强調的是行人自身的修持之力。由于佛法處于末法時期，靠自力修行往生是異常困難的，早在公元三世紀印度的龍樹便把專靠自力修行稱爲難行道，並在十住毗婆沙論易行品中指出自力修行的五種障礙：「難行道者，謂五濁之世，于無佛時，求阿毗跋致爲難。此難乃有多途，粗言其五：一者外道相善，亂菩薩法；二者聲聞自利，障大慈悲；三者無顧惡人，破他勝德；四者顛倒善果，能壞梵行；五者唯是自力，無他力持。如斯等事，觸目皆是。」

净土法門十分强調阿彌陀佛大悲願力的重要性，以自身信願持名的力量與佛的慈悲攝受之力産生感應爲立宗之本。關于難、易兩個法門的區别，印光法師在文鈔中有一段比較精彩的論述：「以一切法門，依戒定慧力，修到業盡情空地位，方有了生死分。業盡情空，豈易言哉。斷見惑如斷四十里流，況思惑乎？縱令見地高深，以煩惑未斷，仍舊輪回。再一受生，退者萬有十千，進者億少三四。自力之不足恃，敢矜己智，而不隨順如來誓願攝受之道乎。修净土法門者，但具真信切願，志誠懇切，如子憶母而念。其平素所作所爲，不與佛法世誼相悖，則臨命終時蒙佛接引，往生西方。縱絲毫惑業未斷，帶業往生者，其所得尚超過業盡情空之阿羅漢上，以種性不同故。況已斷者又何待言。以佛力不可思議，法力不可思議，衆生心力不可思議。合此佛法二不可思議之力，俾自心之力得以圓顯。固與專仗自力者，奚啻恒河沙數之天淵懸殊也。」

從中我們可以看到：這裏面佛力是關鍵，如果没有佛力的加持，浄土法與其他法門便混合了，失去了其簡易與方便的特色。因此，浄土宗特别是善導流一派非常强調阿彌陀佛的大悲願力與大威神力，認爲即便是業力煩惱具足的凡夫，乘坐上阿彌陀佛的大願輪，也能順利地抵達生死彼岸。

浄土宗三大綱宗第一個便是信心，即相信阿彌陀佛他力的救度。信心建立的同時，行者便會對彌陀的救度産生一種純粹的歸依與感恩之情，這與聖道門所説的「是心即佛、唯心唯識」等説法不同。其强調的是舍自歸他之思，是一種對阿彌陀佛純全的信任。因此，浄土行人便會放棄自身的各種努力與掙扎，而投靠到彌陀廣大無邊的願海之中。那些真正相信他力的人往往會對彌陀産生無盡的感激之情，不知不覺中就會憶念和稱誦阿彌陀佛的名字。

而阿彌陀佛也如同大慈父一般，以其廣大無邊的大誓願，當下擔當起拯救苦難衆生的責任，她對衆生有無盡的慈憫與關懷，不講條件，不問出身，不論貴賤，只要稱念佛名並願意到極樂世界去，阿彌陀佛都會滿足人們的願望。

就如同大勢至菩薩念佛圓通章所説，只要衆生與佛之間産生一種思與念的關係，兩者就像母子互相思念一樣，自然而然地産生一種感應：「十方如來，憐念衆生，如母憶子，若子逃逝，雖憶何爲。子若憶母，如母憶時，母子歷生，不相違遠。若衆生心，憶佛念佛，現前當來，必定見佛，去佛不遠，不假方便，自得心開。」

可見，净土宗認爲衆生能够往生西方是感應道交的結果。阿彌陀佛的願力具有强大的增上緣力量，在生死海中，自力是微不足道的，而佛力是廣大無邊的。打個比方就如同過數百里的大江大河，自力就是行者自身靠各種各樣的游泳招數過河，往往既勞累又危險；而佛力則是依仗船的力量順利到達彼岸，這裏船力指的就是阿彌陀佛的大願業力，兩者的難易程度可以説是有天壤之别的。

故净土宗認爲，修行者應捨棄自力而投歸到阿彌陀佛的懷抱，捨自歸他之思可以説是净土宗區别其他法門最重要的特色之一。

（三）指方立相

净土宗區别禪宗、華嚴宗、天台宗等的另一個特點就是該宗具有非常明確的目的性與方向性。它反復强調二有的存在：西方有國土名曰極樂世界，其土有佛名曰阿彌陀佛。和禪宗所説的本來無一物、華嚴宗的法界無礙、天台宗的一念三千等相比，净土宗在目標上無疑是更爲清晰和明確。

淨土宗是處處强調有的，有和無相比，有顯然更加容易把握和操作，故這使淨土宗具有「三根善被、利鈍兼收」的特點。禪宗等則被認爲只適合大根機人修行，如金剛經所説的「無我相、人相、衆生相、壽者相」等經文，没有一定悟性的人往往是很難當下契入和領會的。

淨土宗則不然，指方立相的特點讓任何行者都很容易把握。這裏的「方」是方位之意，指的是西方。這與唯心論和自性論解釋阿彌陀佛及其淨土有很大的區別。由于法身無色，行者就無法直觀，這就需要依靠使行者能够集中注意力的形相，也就是要「指方立相」，爲行人指明西方淨土的方位，樹立阿彌陀佛的形相。這一特色的優越之處在于只要行者相信西方有淨土及阿彌陀佛，並願意往生就足够了，「十方衆生，至心信樂，願生我國，乃至十念，若不生者，不取正覺」。依仗佛力，任何人都可以抵達極樂世界。

方和相的確定讓人有所依靠，更容易使行者住心而取境，集中心力專一修行。因此，古代大德在提倡淨土宗門時，多數主張在一開始時要專修淨土，如唐代的善導和尚在觀經四貼疏稱：「極樂無爲涅槃界，隨緣雜善恐難生，如來教人選妙法，教念彌陀專復專。」又如法然上人在念佛法語中説：「雖知三心，不念佛無益，縱雖不知三心，若一心向佛者，則具足三心，必生極樂。」又如印光法師在文鈔中言：「今見好心出家在家四衆，多是好高騖遠，不肯認真專修净業。總由宿世善根淺薄，今生未遇通人。若能念念在道，隨忙隨閑，不離彌陀名號，順境逆境，不忘往生西方，便可于父母之邦，隨緣常在。」

有無之争，在佛學界自古以來都是一個重要的哲學命題，是有勝于無還是無勝于有，争論一直很激烈，禪宗祖師顯然在無上面提倡的要多一些，而净土宗祖師則反其道而行之，指定西方佛國與佛的存在，即强調有。

也許，只有具有很大力量的大菩薩才可以無所依，即達到「青青翠竹，無非般若；郁郁黄花，盡是法身」的自如境界，而净土法門則是處處倡導有，這輕而易舉地使行者具有了明確的方向性，再加上專而復專的修行，净土宗顯然更適合多數人的根機。净土宗正是以「有招勝無招」的特點，贏得了廣大民衆的支持，成爲佛教在民間最爲流行的宗派。

（四）果覺因心

因與果是佛教最基本的一個概念，蕅益法師大師在阿彌陀經要解中在解釋净土宗三綱宗信的時候强調既要信因，也要信果，已經初步顯示出净土宗因果互含的特色，「信因者，深信散亂稱名，猶爲成佛種子，況一心不亂，安得不生净土，是名信因；　信果者，深信净土，諸善聚會，皆從念佛三昧得生，如種瓜得瓜，種豆得豆，亦如影必隨形，響必應聲，決無虚棄，是名信果」。

和佛教其他法門從因到果的特點相比，浄土宗具有「因心契果覺」的特殊含義。印光法師曾在文鈔續編卷下無量壽經頌序中對此有較詳細的説明：「浄土法門，其大無外，全事即理，全修即性，行極平常，益極殊勝。良由『以果地覺，爲因地心』，故得『因該果海，果徹因源』。于一代時教中，獨爲特別法門，其修因證果，不得以通途教義相繩。」因此，浄土法門被稱爲果地法門，相對而言，通途法門則是因地法門。果地法門的特點是從佛果起反向修行，具有「因該果海，果徹因源」的特點。

這裏「該」指的是包括、兼備，「徹」指完全透達、没有遺餘，説明在浄土宗裏面，因與果並非截然兩事。范古農在古農佛學答問中云：「蓋因爲未成就之果，果不外因，故曰該。果爲已成就之因，因不隔果，故曰徹。海源者，果因之喻也。」這説明浄土宗是因果相應、因果同時的，即在念佛與憶佛的因時，已經包含了成佛與作佛的果覺。比起從因向果修行的通途法門，該特色以其果地的殊勝抹去了漫長的修行過程，强調因果同時，可以一念頓超，一稱佛名，便已「全攝佛功德爲自功德」，因此又被稱之爲横出和頓超的法門。其超越時間性、超越根機性的特色顯然要大大優越于需要累劫勤修、因果異時的豎出法門。

關于横出這一特色，印光法師曾用「蟲子横咬」的比喻進行説明：「古人有個譬喻，拿來解釋，就把我們具足惑業的凡夫，比做一條蟲，生在一根竹裏最下的一節，這根竹子，就比做三界。這個蟲子要想出來，只有兩個法子，一個是竪出的，一個是横超的。竪出的，是自下至上，一節一節的次第咬破，等到最上的一節咬破了，才能够出來。這是比修別的法門，定要斷盡見思煩惱，才能出三界的。見惑有八十八使，思惑有八十一品，這許多的品數，就比做一根竹子的節數。那蟲向上直鑽出來，就叫做竪出。例如一個斷見惑的初果聖人，要經過七生天上，七生人間的長久時劫修習，才能證阿羅漢，了生死。二果，亦要一生天上，一返人間，才能證四果。三果，欲界思惑已盡，還要在五不還天，漸次修習，才能斷盡思惑證四果。這才算是出三界的無學聖人。如果是鈍根的三果，還要生到四空天，從空無邊處天，以至非非想處天，才能證四果。這竪出的法子，是如此艱難久遠的。横超的，就是這條蟲子不向上面一節一節咬，只向旁邊横咬一孔，便能出來。這樣的法子，比那竪出的，是省事得多了。」

由于浄土宗具備因果互含、因果相容的特點，行人在稱念南無阿彌陀佛的同時，便使凡夫心轉化成了佛心，全攝佛功德爲自功德，此生現世即已不退轉于佛果，往生極樂世界更是即時即證，故稱其爲横超法門再也恰當不過了。

（于海波著，原刊法音二〇〇九年第八期）

四、印光法師論念佛

（一）念佛的態度——至誠懇切

念佛法門注重信願，要想往生，首先要解決信願問題。在印光法師看來，淨土法門中，信願比一心還重要。在復朱德大居士書中印光法師云：「念佛法門，注重信願。有信願，未得一心，亦可往生。得一心，若無信願，亦不得往生。世人多多注重一心，不注重信願，已是失其扼要。而復又生一既未得一心，恐不得往生之疑，則完全與真信切願相反矣。此種想念，似乎是好想念，實則由此而益加信願，以致一心，則是好想念。若由因不得一心，常存一不能往生之心，則成壞想念矣，不可不知。欲得攝心歸一，第一要爲生死心切，第二要懇切至誠，第三要著實從心中念，勿只滑口讀過。」

若爲達到真信切願的效果，至誠懇切的心態是必要的。這種心態的外在表現，即是一種對佛法謙卑的恭敬，印光法師認爲，恭敬的態度是獲得佛法實益的關鍵，如在增廣文鈔卷一中印光法師云：「吾常謂欲得佛法實益，須向恭敬中求。有一分恭敬，則消一分罪業，增一分福慧。有十分恭敬，則消十分罪業，增十分福慧。若全無恭敬，雖種遠因，其褻慢之罪，有不堪設想者。凡見一切信心人，皆須以此意告之。此系從初心至究竟之決定實義。若當作腐僧迂談，便爲自暴自棄，豈特孤負印光，實爲孤負自己也已。」

(二)念佛的秘訣——都攝六根

印光法師認爲浄土一法的綱要是信、願、行，而念佛的秘訣在于「都攝六根」，如在復明性大師書中印光法師云：「又楞嚴經勢至圓通章末後云：『佛問圓通，我無選擇，都攝六根，浄念相繼，得三摩地，斯爲第一。』無選擇者，遍用根塵識大以念佛也。念佛仗佛力了生死，禪仗自力了生死。今人能悟者，尚不可多見。況證四果（藏教）及七信（圓教）乎？（四果七信，方了生死。）都攝六根，入手在聽。無論大聲念、小聲念、不開口心中默念，均須字字句句聽得清楚，此念佛之秘訣也。信、願、行三，爲浄土綱要。都攝六根，爲念佛秘訣。知此二者，更不須再問人矣。」

印光法師還稱都攝六根是念佛最妙的方法，認爲只有都攝六根，才會出現浄念相繼的效果，進而一心不亂，達到念佛三昧的境界。如在答幻修學人問中法師云：「念佛的宗旨，是生真信（即信），發切願（即願），專持佛號（即行）。信、願、行三，爲念佛宗旨。念佛用功最妙的方法，是都攝六根，浄念相繼。都攝六根者，即是念佛之心，專注于佛名號，即攝意根。口須念得清清楚楚，即攝舌根。耳須聽得清清楚楚，即攝耳根。此三根攝于佛號，則眼決不會亂視。念佛時眼宜垂簾，即放下眼皮，不可睜大。眼既攝矣，則鼻也不會亂嗅，則鼻亦攝矣。身須恭敬，則身亦攝矣。六根既攝而不散，則心無妄念，唯佛是念，方爲淨念。六根不攝，雖則念佛，心中仍然妄想紛飛，難得實益。若能都攝六根而念，是名淨念相繼。能常常淨念相繼，則一心不亂，與念佛三昧，均可漸得矣。祈注意。」

都攝六根之法即符合返念念自性之意，又與返聞聞自性相符，兼有佛力與自力，依次而修，利益無窮，在復張曙蕉居士書八中印光法師云：「今修念佛法門，當依大勢至菩薩所示，如子憶母之誠心，修都攝六根、淨念相繼之實行。果能死盡偷心，則一心不亂，念佛三昧，或可即得。然念佛三昧，乃三昧中王，且勿視爲易易。縱不即得，當亦相去不遠矣。都攝六根，爲念佛最妙之一法。念時無論聲默，常須攝耳諦聽。此乃合返念念自性，與返聞聞自性之二義而兼修者。返聞單屬自力，返念兼有佛力，則爲益大矣。心念屬意，口念屬舌，耳聽屬耳，眼皮下垂，即見鼻端，則眼鼻二根亦攝。五根既同歸一句佛號，身根焉有不恭敬嚴肅之理乎。故知都攝六根，下手在聽。能都攝六根，則心識凝靜而不浮散，便名淨念。以六根既攝，雜妄等念潛消故也。淨念又能常常相繼無或間斷。則念佛三昧，可即得矣。故下曰得三摩地，斯爲第一。此大勢至菩薩以教化九法界一切衆生者，實三根普被，有利無弊也。果肯依之而修，當必有觀行相似等利益可得也。」

（三）都攝六根的入手處——攝耳諦聽

印光法師認爲都攝六根的基本要求和方法就是隨念隨聽，自念自聽，念清楚，聽清楚。如在復修淨師書中印光法師云：「要字字句句，心裏念得清清楚楚，口裏念得清清楚楚，則妄想自漸漸消滅矣。即默念，也要聽。以心一起念，即有聲。自己的耳，聽自己心裏的聲，仍然明明了了。楞嚴經大勢至菩薩云：『都攝六根，淨念相繼，得三摩地，斯爲第一。』注重在聽。六根，即眼、耳、鼻、舌、身、意。心，即意根。口，即舌根。聽，即耳根。心念、口念、耳聽，此三根一攝，眼也不會東張西望，鼻也不會聞別的氣味，身也不敢放逸懈怠，故名都攝六根。都攝六根而念，自無汙雜妄念，故名淨念。淨念，必須要常常相繼不斷，故名淨念相繼。能淨念相繼，久而久之，則得念佛三昧。此都攝六根，淨念相繼，爲得三昧之第一妙法。故云：『得三摩地，斯爲第一。』三摩地，即三昧之別名。如此念之，決有淨念常存，妄念全無之一日。」

都攝六根之前，應當先攝一二三根。關于這點，印光法師在淨土法門說要中說：「大勢至念佛圓通章云：『都攝六根，淨念相繼，得三摩地，斯爲第一。』則知念佛之法，當都攝六根。都攝六根之前，尤當先攝一二三根。一二三根者，何也？即耳口心是也。將南無阿彌陀佛六字，一句一句，一字一字，口中念得明明白白，心中念得明明白白，耳裏聽得明明白白。稍有不分明處，即是不真切而有妄想（只念不聽，易生妄想）。念佛固要字句分明，不加思索。其他看經亦然……故知用功之道，端在專攝，不事情想。若無思想，哪有邪見。邪見既無，即是正智。」

而都攝六根的入手之處在于攝耳諦聽，在與張静江居士書中印光法師云：「念佛之要，在于都攝六根。當念佛時，攝耳諦聽，即是攝六根之下手處。能志心諦聽，與不聽而散念，其功德大相懸殊。此法無論上中下根人皆可用，皆可得益，有利無弊，宜令一切人皆依此修。」

耳根是都攝六根的前方便，聽得清楚最爲重要，在復明性大師書中印光法師云：「都攝六根，入手在聽。無論大聲念，小聲念，不開口心中默念，均須字字句句聽得清楚，此念佛之秘訣也。信、願、行三，爲浄土綱要。都攝六根，爲念佛秘訣。知此二者，更不須再問人矣。」

用耳聽容易使心歸于一，印光法師在復常逢春居士書七中云：「念佛下手，最要莫過于聽。聽則心沈而一，所謂都攝六根，浄念相繼者。」又在答善熏師問中云：「無論大聲小聲默念，總要自己聽自己之佛聲。默念中亦仍有聲，故亦須聽。能常聽，心自歸一。此念佛最妙之法也。」

（四）攝心念佛法的益處

第一、穩當省力。攝心念佛法比起觀心念佛等方法來，具有穩當不易受病等特點。如印光法師在復楊煒章居士書云：「當依一函遍復所説，生真信，發切願，志誠懇切，念佛名號。勿用觀心念法，當用攝心念法。楞嚴經大勢至菩薩説：『都攝六根，净念相繼，得三摩地，斯爲第一。』念佛時，心中（意根）要念得清清楚楚，口中（舌根）要念得清清楚楚，耳中（耳根）要聽得清清楚楚。意、舌、耳三根，一一攝于佛號，則眼也不會東張西望，鼻也不會嗅别種氣味，身也不會懶惰懈怠，名爲都攝六根。都攝六根而念，雖不能全無妄念，較彼不攝者，則心中清净多矣，故名净念。」

净念相繼而不間斷，時間一長自可得一心不亂之效果，「淺之則得一心，深之則得三昧。三摩地，亦三昧之别名，此云正定，亦云正受。正定者，心安住于佛號中，不復外馳之謂。正受者，心所納受，唯佛號功德之境緣，一切境緣皆不可得也。能真都攝六根而念，决定業障消除，善根增長。」

針對楊煒章居士心火上炎之病，印光法師勸其放棄觀心之法而選擇攝心之法，並稱攝心之法是最穩當、最省力、最契理契機的方法：「攝心之法不須觀心，而心自清净明了，又何致心火上炎之病乎。汝以極重之業力凡夫，妄用觀心之法，故致如此。觀心之法，乃教家修觀之法，念佛之人，不甚合機。都攝六根，净念相繼，乃普被上、中、下，若聖若凡，一切根機之無上妙法也。須知都攝，注重在聽。即心中默念，也要聽。以心中起念，即有聲相。自己耳聽自己心中之聲，仍是明明了了。果能字字句句聽得清楚，則六根通歸于一。較彼修別種觀法，爲最穩當，最省力，最契理契機也。」

第二、所作皆遂。除了穩當之外，印光法師認爲攝心念佛還有業消智朗、障盡福崇、所作皆遂等諸多優點。如在阜甯合興鎮净念蓮社緣起序中法師云：「須知念佛法門，以信、願、行三法爲宗。念佛之要，在于都攝六根，净念相繼。欲都攝六根，净念相繼，無論行住坐卧，常念佛號，或聲或默，皆須聽己念佛之聲。倘能如是，則業消智朗，障盡福崇，凡所作爲，皆悉順遂。士農工商之職業，不但了無妨礙，且能啓發心靈，精于本業。以心不散亂，作事有主，如理亂絲，神凝則易，心躁則難。所以古之建大功，立大業，功勳遍四海，言行垂千秋者，皆由學佛得力而來也。」

而業消智朗之後，經典之意自然而然就會明了了，在答幻修學人問中法師云：「若能都攝六根而念，是名净念相繼。能常常净念相繼，則一心不亂，與念佛三昧，均可漸得矣。祈注意。但祈都攝六根，净念相繼，則業消智朗，心地開通。何愁不解經義乎哉？」

第三、決定往生。攝心念佛的最大益處在于能够得到了脱生死，往生極樂的效果。如在淨土法會課儀跋中法師云：「如來一代所説一切法門，皆須斷盡煩惑，方可了生脱死。惟念佛一法，若具真信切願，即可仗佛慈力，往生西方。念佛法門，以信、願、行三法爲宗。信、願爲前導，念佛爲正修。有以專求一心，不講信、願。及注重開悟，不求往生者，皆不知念佛之宗旨者。棄佛力以仗自力，忽佛智而矜己智，其自誤誤人也大矣。念佛之心，必須懇切至誠，如子憶母。縱有他境當前，終不能令此憶母之心，或有忘失。當念佛時，或聲或默，均須攝耳諦聽，不令一字一句滑口念過。大勢至菩薩所謂都攝六根，淨念相繼者，即此隨念隨聽之一法也。果依此説，決定往生。若或討巧，定成大拙。自誤誤人，害豈有極。」

（五）十念記數念佛法

在諸多攝心念佛的方法中，印光法師最看重的是十念記數法，在增廣印光文鈔復高邵麟居士書四中解釋該法云：「所謂十念記數者，當念佛時，從一句至十句，須念得分明，仍須記得分明。至十句已，又須從一句至十句念，不可二十三十。隨念隨記，不可掐珠，唯憑心記，若十句直記爲難，或分爲兩氣，則從一至五，從六至十。若又費力，當從一至三，從四至六，從七至十，作三氣念。念得清楚，記得清楚，聽得清楚，妄念無處著腳，一心不亂，久當自得耳。」

印光法師稱十念記數法是制心的妙法，在復高邵麟居士書四中法師指出：「如或猶湧妄波，即用十念記數，則全心力量，施于一聲佛號，雖欲起妄，力不暇及。此攝心念佛之究竟妙法，在昔宏浄土者，尚未談及。以人根尚利，不須如此，便能歸一故耳。以心難制伏，方識此法之妙。蓋屢試屢驗，非率爾臆説。願與天下後世鈍根者共之，令萬修萬人去耳。」

並認爲該方法：「念一句佛，心知一句。念十句佛，心知十句。從一至十，從一至十，縱日念數萬，皆如是記。不但去妄，最能養神。隨快隨慢，了無滯礙。從朝至暮，無不相宜。」

印光法師所記述的十念記數法包括了三種記數方式，即一段（一氣）念法、二段（二氣）念法、三段（三氣）念法。

第一種從一至十反復的念，称为一段念法。口中稱念佛號，佛號後括號内的數字則心裏默記：

南無阿彌陀佛（一）↓

南無阿彌陀佛（二）↓

南無阿彌陀佛（三）↓

南無阿彌陀佛（四）↓

南無阿彌陀佛（五）↓

南無阿彌陀佛（六）↓

南無阿彌陀佛（七）↓

南無阿彌陀佛（八）↓

南無阿彌陀佛（九）↓

南無阿彌陀佛（十）↓

如此從（一）至（十），再從（一）至（十），周而復始的念佛，需念得清楚，記得清楚，是爲一段念法。

第二種從一至五，分二段（二氣）念法，口稱佛號，心裏默記數字：

南無阿彌陀佛（一）↓

南無阿彌陀佛（二）↓

南無阿彌陀佛（三）↓

南無阿彌陀佛（四）↓

南無阿彌陀佛（五）↓

南無阿彌陀佛（一）↓

南無阿彌陀佛（二）↓

南無阿彌陀佛（三）↓

南無阿彌陀佛（四）↓

南無阿彌陀佛（五）↓

如此周而復始從（一）至（五），再從（一）至（五），念得清楚，記得清楚，是爲一段念法。

第三種是三加三加四念法，分三段（三氣）念法，口稱佛號，默記數字：

南無阿彌陀佛（一）↓

南無阿彌陀佛（二）↓

南無阿彌陀佛（三）↓

南無阿彌陀佛（一）↓

南無阿彌陀佛（二）↓

南無阿彌陀佛（三）↓

南無阿彌陀佛（一）↓

南無阿彌陀佛（二）↓

南無阿彌陀佛（三）↓

南無阿彌陀佛（四）→

如此三三四再三三四，周而復始地專注念佛，是爲三段念法。

上述三種念法，無論是哪一種念法，當稱念、默記時，如果途中打了妄念，忘了或不曉得念到第幾句時，則必須再從第一句稱念、默記開始。當念佛者從第一句稱至第十句時，則可按一次計數器，或掐一顆念珠，或是心裏默記一，這樣在一定的時間内，則可以檢測出自己每次在固定時間内所持佛號的多寡以及攝心專注的程度了。

（六）十念記數法與其他念佛方法的比較

第一、與寶王隨息念佛法的比較。念佛三昧寶王論「此生他生一念十念門」中載有寶王隨息念佛法，此念佛法脱胎于天台止觀法門，影響深遠，歷代傳承不絶，如浄土聖賢録、樂邦文類、蓮宗寶鑒等都有相關記載。寶王論述其方法如下：「夫含齒戴髮，死生交際，未有無出入息焉。又一息不還，即屬後世者，亦誠如所問。世上之人，多以寶玉水精金剛菩提木槵爲數珠矣。吾則以出入息爲念珠焉。稱佛名號，隨之于息，有大恃怙，安懼于息不還屬後世者哉。」

此種説法，與唐代天台智者摩訶止觀一書顯然有傳承關係。印光法師十分推崇寶王隨息念佛法，認爲它有「借氣束心」的作用，曾把其推薦給諦閑法師。在給諦閑法師的信中，印光法師敘述了隨息念佛法的作用與出處：

「至寶王隨息法門，試用此法，遂覺妄念不似以前之潮湧瀾翻。想久而久之，當必有霧散雲消徹見天日之時。又查文類、聖賢録，皆録此一段。因悟慈雲十念，謂藉氣束心，當本乎此。而蓮宗寶鑒亦載此法。足見古人懸知末世機宜，非此莫入，而預設其法。然古人不多以此教人者，以人根尚利，一發肯心，自得一心。而今人若光之障重根鈍者，恐畢生不能得一念不亂也。」

和隨息念佛相近的還有隨念隨聽之法，大師在復周壽超居士書中云：「念佛以志誠爲主。若志誠，則不會大散。當用隨念隨聽之法。掐珠不過爲防懈怠，掐之有礙，則不必掐。隨念隨聽，比隨息好。當云隨息，不可云數息。光文鈔隨念隨聽之法，恐汝不善用。則但念得清清楚楚，聽得清清楚楚即已。」

十念記數念佛法與寶王隨息念佛法的共同點是兩者都是攝心念佛妙法。區別是：隨息念佛法是藉氣束心，藉呼吸幫助攝心念佛，而十念記數念佛法是藉數佛幫助攝心念佛，與呼吸無關。印光法師在答曲天翔居士問二十七則中云：「念佛記數，從一至三，從四至六，從七至十，何定呼吸。汝係學煉丹運氣之人，故稍見一二字相似于彼，即謂是彼之功夫。念佛記數，爲妄心難制者設。能如是念，如是記，如是聽，決定心漸調伏，此處誰令汝加一想佛二字乎。此係隨便念，何論呼之與吸。呼吸若使之長久，則傷氣受病，不可不知。」

第二、與掐珠念佛的比較。掐珠念佛法受到蕅益法師的推崇，在示念佛法門中蕅益法師云：「要到一心不亂境界，亦無他術，最初下手，須用數珠，記得分明，刻定課程，決定無缺；久久純熟，不念自念，然後記數亦得，不記亦得。」

印光法師認爲掐珠念佛既有利也有弊，在静坐念佛時不宜用。如在復念西大師書中法師開示説：「又有提倡掐珠記數者，此亦有利有弊。利則一句一掐，不輕放過，則心易歸一。弊則静坐時掐，必致心難安定，久則成病。」

印光法師指出十念記數念佛法在功用上比掐珠念佛更有優勢，隨時隨地都可以念，在復高邵麟居士書四中法師云：「掐珠念佛，唯宜行住二時。若静坐養神，由手動故，神不能安，久則受病。此十念記數，行住坐卧皆無不宜。卧時只宜默念，不可出聲。若出聲，一則不恭，二則傷氣，切記切記。」

第三、與晨朝十念法的比較。晨朝十念法出自宋耆山沙門遵式述往生净土決疑行願二門：「十念門者，每日清晨服飾已後，面西正立，合掌。連聲稱阿彌陀佛，盡一氣爲一念，如是十氣，名爲十念。但隨氣長短，不限佛數。唯長唯久，氣極爲度。其佛聲不高不低，不緩不急，調停得中。如此十氣，連屬不斷。意在令心不散，專精爲功故。名此爲十念者，顯是藉氣束心也。」

在元代天如淨土或問中亦有所記述：「十念者，每日清晨，面西正立，合掌。連聲稱阿彌陀佛盡一氣爲一念。如是十氣，名爲十念。但隨氣長短，不限佛數多少。唯長唯久，氣極爲度。其佛聲不高不低，不緩不急，調停得中。如是十氣，連屬不斷。意在令心不散，專精爲功故。名此爲十念者，顯是藉氣束心也。盡此一生，不得一日暫廢。」

關于晨朝十念，印光法師多有開示，如在復陳士牧居士書四中法師云：「晨朝十念，忙人決定須用。即閑人能作正課，于正課前，用晨朝十念，亦可。非能作正課，便不可用也。古人多有畢生用晨朝十念法，然後再作正課者，何妨礙之可云。」又如在復丁福保居士書四中印光法師云：「十念一法，乃慈雲懺主爲國王大臣政事多端，無暇專修者設。又欲令其淨心一心，故立盡一口氣爲一念之法。俾其心隨氣攝，無從散亂。其法之妙，非智莫知。」

可見，印光法師認爲晨朝十念可用來「藉氣束心」，但缺點是不能常用，「然只可晨朝一用，或朝暮並日中三用，再不可多，多則傷氣受病。切不可謂此法最能攝心，令其常用，則爲害不小」。

十念記數隨時可用，顯然比晨朝十念更有實用價值：「須知此之十念，與晨朝十念，攝妄則同，用功大異。晨朝十念，僅一口氣爲一念，不論佛數多少。此以一句佛爲一念。彼唯晨朝十念則可，若二十三十，則傷氣成病。此則念一句佛，心知一句。念十句佛，心知十句。從一至十，從一至十，縱日念數萬，皆如是記。」

（于海波著，原刊弘化二〇一〇年第一期）